SOLDIER

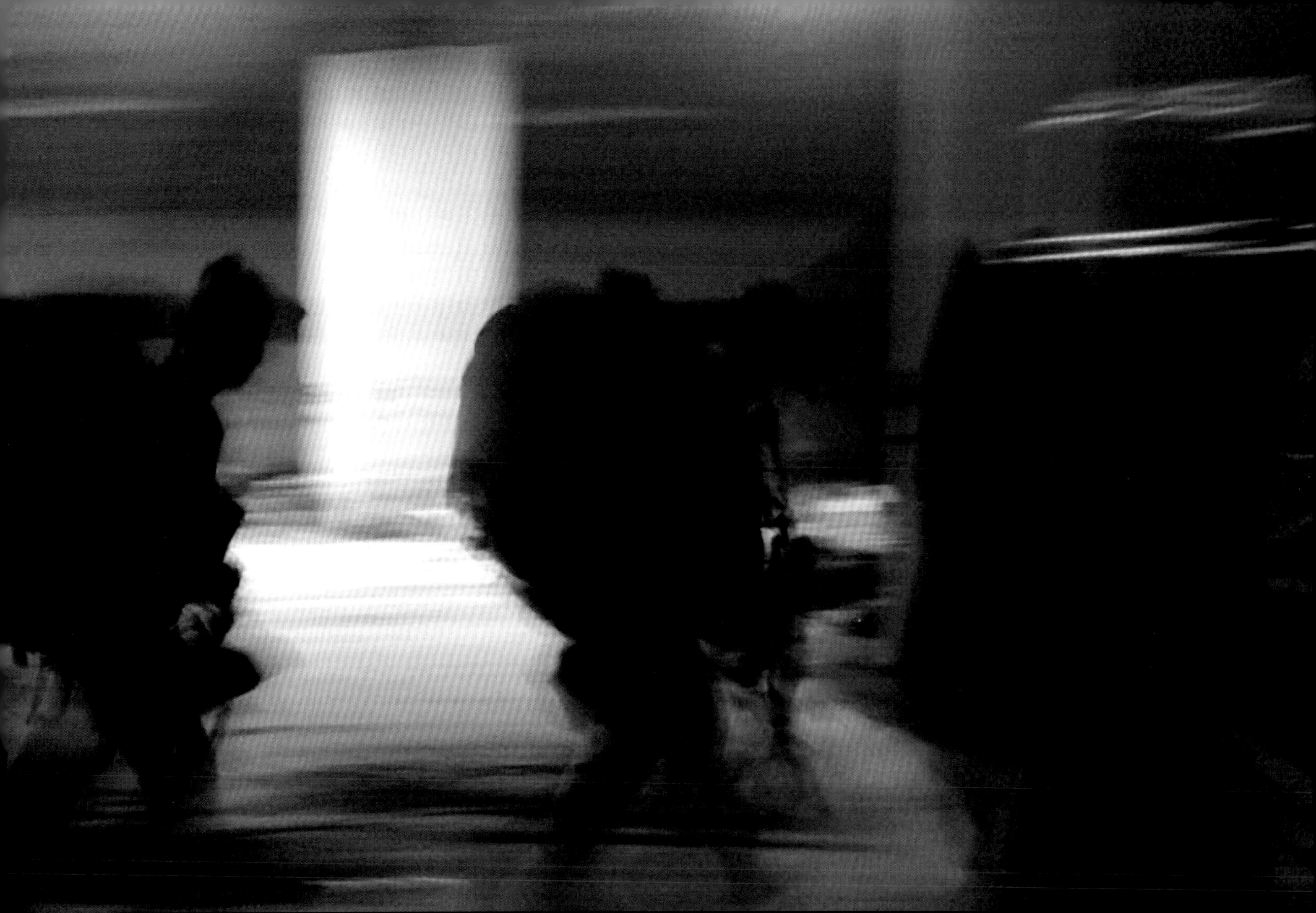

DK

士兵大百科

（英）R. G. 格兰特 著　甘阳 译

一部士兵、装备与战术的2500年视觉史

化学工业出版社
·北京·

图书在版编目（CIP）数据

DK士兵大百科 / （英）R. G. 格兰特（R. G. Grant）著；甘阳译.—北京：化学工业出版社，2018.6（2024.1重印）

书名原文：Soldier

ISBN 978-7-122-30543-5

Ⅰ.①D… Ⅱ.①R… ②甘… Ⅲ.①军事史-世界-通俗读物 Ⅳ.①E19-49

中国版本图书馆CIP数据核字（2017）第213652号

Original Title: Soldier

ISBN 978-1-4053-6508-6

First published in Great Britain in 2007. This compact edition published in 2011 by Dorling Kindersley Limited.

本书中文简体字版由Dorling Kindersley授权化学工业出版社独家出版发行。

北京市版权局著作权合同登记号：01-2017-6782

责任编辑：王冬军　张丽丽　王占景

装帧设计：水玉银文化

责任校对：宋　夏　版权引进：金美英

出版发行：化学工业出版社
（北京市东城区青年湖南街13号
邮政编码100011）

印　　装：鸿博昊天科技有限公司

开　　本：787mm × 1092mm　1/8　印张：44
字数：1089千字

2024年1月北京第1版第7次印刷

购书咨询：010-64518888

售后服务：010-64518899

网　　址：http://www.cip.com.cn

凡购买本书，如有缺损质量问题，本社销售中心负责调换。

定　价：218.00元

www.dk.com

混合产品
纸张 | 支持负责任林业
FSC® C018179

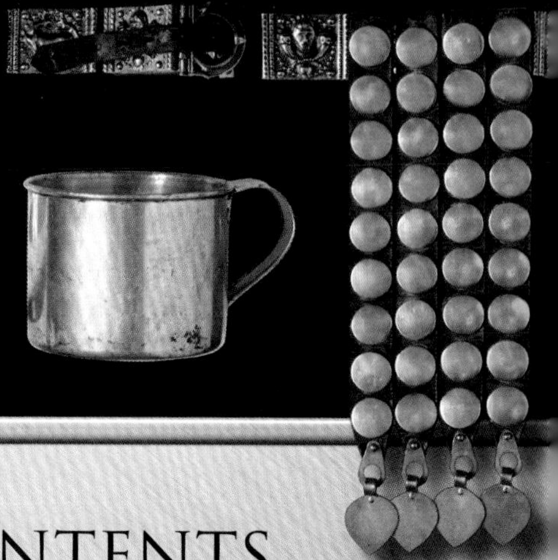

目录 CONTENTS

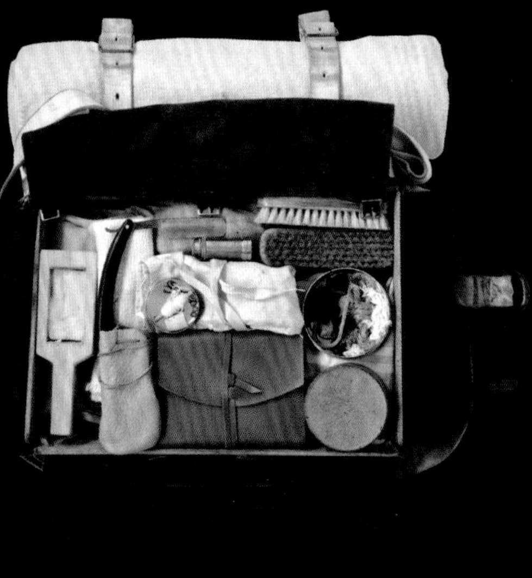

68
LI
2

CARTE D'IDENTITÉ
CARTE D'IDENTITÉ

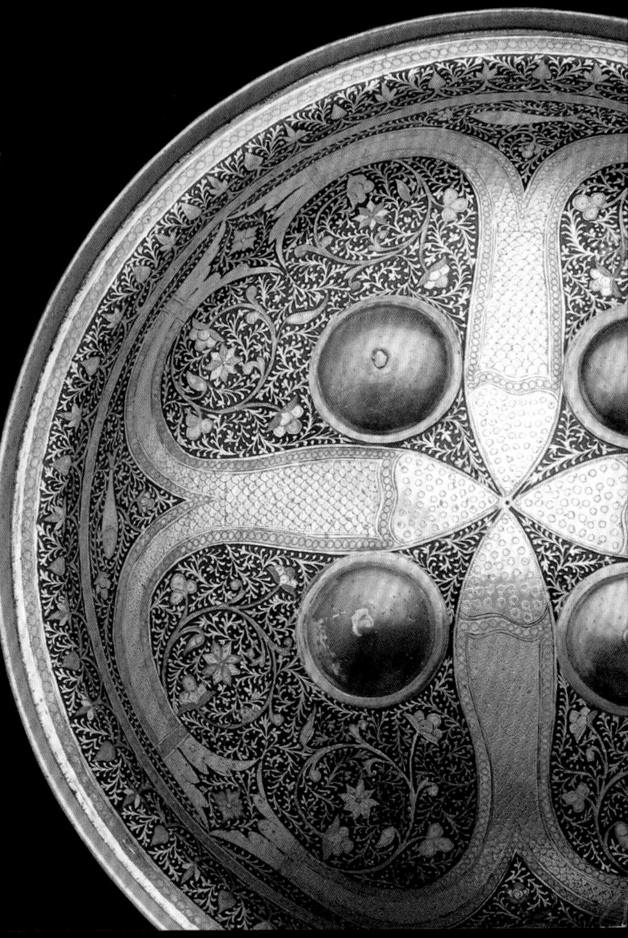

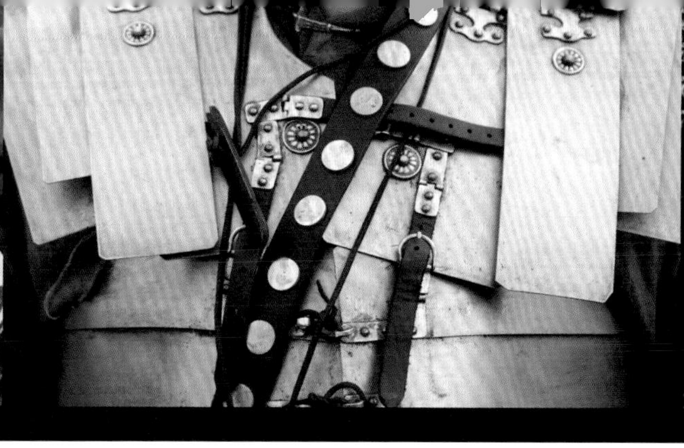

序

我至今仍不清楚，究竟是何种原因让我对士兵的生活如此感兴趣。诚然，我的家族一直有从军的传统，但是，比家族传统更吸引我的是一种更加强大的无形力量。吉卜林（Kipling）的书中有这样一句话：“爱尔兰人听从枪声的召唤，如同鲑鱼向往大海。”或许的确如此。我曾在具有 300 多年历史的英国皇家爱尔兰步兵团服役，也曾效力过与之相比成立时间短得多的英国特别空勤团，它们均在我的生命中烙刻下了不可磨灭的印记。是军队让我成长为现在的我——一名真正的男子汉。

在现代社会富裕的第一世界（世界上最繁华的工业化地区）中，军队日益成为勇敢者和怀揣梦想者实现自我的专属场所，成为一名职业军人仍然是一种荣耀，它可以让你拥有不一样的经历，改变自我，改变世界观和人生观，改变自己在世人眼中的形象。对于国家来说，维持一支军队需要花费大量的金钱，其中最大的开支是军饷。精英战士理应获得更高的报酬，一直以来都是如此。

甚至在人类尚未发明文字之前，人类社会就已经开始长期征募和供养大批的战斗精英。历史上，许多国王和皇帝都是当之无愧的精英武士，精英武士是他们的专属称谓，而其他如祖鲁兵团或斯巴达兵团之类的战斗团体则体现了一种武士精神，其根基深植于其社会结构之中。一些军人是高高在上、享有特权的社会精英，如拿破仑的皇家帝国卫队士兵；另一些军人则拥有更大的影响力，他们甚至敢于挑战国家权力，而国家本应是他们存在的根基以及他们本应誓死保卫的对象，如 18 世纪的奥斯曼新军（耶尼切亚近卫军）。

但有一点一直未曾改变，即几千年来的各种军事组织均反映了它们所属社会的基本情况，所属社会的社会标准是其存在的根基，也是其浴血奋战的动力。军事组织反映的不仅仅是社会的价值标准，也是这些社会自我认识的方式。本质上，社会组建军队的方式赋予其军队独特的品性。亚洲社会的部落和社会等级制度均保有尚武的传统。日本社会通过武士道，即武

士的道德规范，将尚武精神正式纳入社会行为准则之中。

在欧洲，有关其军事传统的通则是由中世纪骑士的观念发展而来的。然而，随着历史的发展，欧洲各地逐渐形成了不同的军事传统。在历史上的大英帝国以及当今的英国军队中，一直保有团级建制单位，其间存续了英军悠久的历史，每支兵团的历史均可追溯到其成立之初。在普鲁士和随后建立的德意志帝国，尽管精英部队中的某些兵团确实保留着自己独有的历史和传统，但作为一个国家，德国更引以为豪的是国家的历史。与此同时，法国在大多数精英部队或行事作风独树一帜的部队中创建了团队精神，即集体自豪感。

但是，历史、集体仪式和一种无形的、甘愿承担责任的力量结合而成的纽带，如同一条线一样贯穿在所有的传统之中。正是由于有了这种共同的需求编织成的这条线，两千多年来，全世界各大洲的国家和社会在组建与管理军队的方式上才会基本相同。

本书将带你游走于历史之间，了解世界各国的战争传统。书中重点介绍了 30 种主要的士兵和武士，包括水兵和飞行员，还简略地描述了其他 70 余种士兵和武士。书中不仅介绍了各大帝国的战斗精英，而且还涵盖了毫无战斗经验的征召兵和志愿兵。对于每一种主要的士兵类型，作者都详细地描述了他们的组织形式和战斗装备，深入探悉其战斗动机，并评价其战斗表现。本书能够让你感受古希腊重装步兵们的精神世界，他们相信，人生中没有什么比手持长达 2.7 米（8 英尺）的长矛、位列战斗方阵之中更光荣的事；本书也能够让你通过一名军团士兵的眼睛，见识他镇守的罗马帝国的遥远边陲；本书还能够让你了解英国红衫军的战斗状态，他们在战场上坚守阵地，绝不后退，不仅给火枪上膛的速度比对手快，射击精准度也高于对手。本书中亦介绍了近现代的军队，无论哪个时代，无论哪种士兵，其英勇、服从和战斗技能是一以贯之的，作者让读者沿着这条不曾间断过的线索，了解了人类各个历史时期的士兵类型。

蒂姆·科林斯上校
（Colonel Tim Collins）

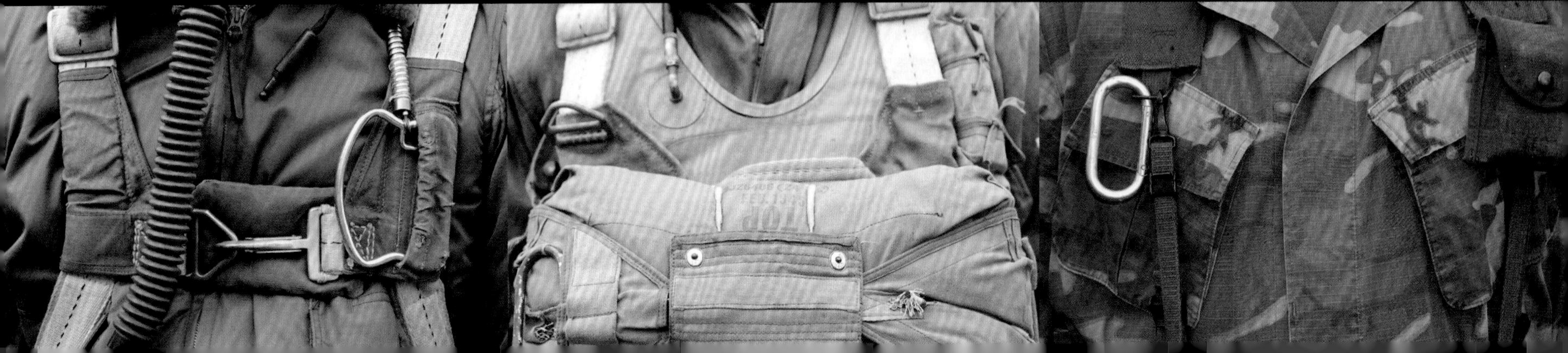

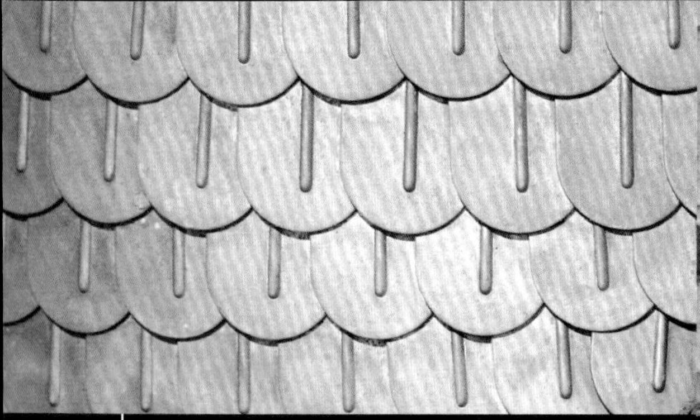

导 言

以前的社会很容易将战争视为正义的或者具备正面意义的行为。中世纪行吟诗人波特恩·德·波恩（Bertran de Born）曾说过："当我看见倒在沟渠中和草地上的军人，他们中间不仅有普通的士兵，还有了不起的将军，我体验到了一种从未有过的快乐。诸神啊，请质押出您的领地、城堡和城市，但千万不要放弃战争！"在当今社会，这种观点至少从表面上看来已经过时。20世纪有过几次重大的战争，现代化武器具备强大的破坏力，造成了巨大的人员伤亡，战争似乎让整个世界难以承受。尽管如此，人类从未停止战争，武士传统长久留存。实质上，自人类尚未建立国家之前的部落时代直至当下，武士一直存在，战争与狩猎一样，都是确定无疑的男性行为。无论引发战争的具体原因是什么，战争都是男性青年的成年礼，是族群或部落的仪式生活中一个不可或缺的组成部分。战争开始前会举行仪式和祭祀，武士们的服装和战斗装备上的饰物在宗教中具有重要的象征意义。为增强武士之间的感情，战争期间，他们通常离开家庭，与同伴们行住在一起，从而建立一支亲密的战斗团体；但与此同时，战斗风格仪式化，以鼓励武士们展现个人的英勇行为。在战争史上，这两种表面看上去互相矛盾的元素是普遍存在的事实，即战友之间的兄弟情谊和个人对荣耀的追求。

兄弟情谊

战团（warband）是历史上最早的常设军事组织。战团之中，战友情谊和个人主义并存。一名公认的具备高超战斗技艺和出色勇气的武士被推举为战团领袖，武士们甘愿为其效忠。参战动机并不全是为了获取物质上的利益（劫掠财物或者侵占土地），因为战争也给予个人机会，可提升其在集体中的地位。罗马作家塔西佗（Tacitus）在描述公元1世纪时的日耳曼战团时曾提到，武士们认为，"如果部落首领在勇敢程度上还不如他手下的武士，那么对于部落首领来说是一种耻辱；而如果武士们在勇敢程度上未及其部落首领，那么对于武士们来说也是一种耻辱"。塔西佗还提到，战团必须主动寻求战争，因为"在危险之中更容易博得

声望”。这种对待战争的态度被称为“武士道德规范”。武士们热爱战争，是因为战争赐予他们展示勇气、赚取荣耀以及稳固自己在团体中地位的机会。一个人的荣誉比生命本身更重要。无论是北美洲大平原上的印第安人，还是马其顿的征服者亚历山大大帝手下的勇士们，或是中世纪早期斯堪的纳维亚半岛上的维京人，都有着相关的武士道德规范。第二次世界大战期间，德国空军也鼓励其战斗机飞行员遵奉一定的武士道德规范。对于即将奔赴战场、想要在战场上英勇杀敌的任何男性组织来说，其组织中都存在着某种形式的武士道德规范。

战士和武士

不可否认，从古至今，许多士兵对战争毫无激情可言。大约 5000 年前，当国家中开始演化出等级制度时，统治者和被统治者、富人和穷人之间的差别逐渐变得越来越大。统治者们为了拓展帝国疆域，或抵御外来的侵略者，强迫来自下层社会的民众参军入伍。这些训练不足、装备简陋的士兵在道德规范方面与传统武士相去甚远。一份留存下来的埃及新王国时期古埃及文献形象地记录了一名普通士兵征战的经历：“他翻山越岭，参战远征。每三天喝一次水；水是咸的，且发出难闻的气味……敌人手持投掷武器，正从四面八方包围过来，他感觉自己生存的希望变得渺茫。上面下达命令：‘加快速度向前进，勇敢的战士！为你自己赢得荣誉！’他不知道自己参军的意义何在。他的身体十分虚弱，双腿已经迈不开步伐……如果他能侥幸活下来，长途跋涉本身就已经让他筋疲力尽了。”相信这种遭遇是历史上许多被迫参战的步兵都曾经历过的。

在这些等级森严的社会中，武士道德规范并未完全消失，但仅为统治阶级所独享。因此，在与上面提到的古埃及文献同一时期，埃及法老曾请人绘制自己驾着战车，用棍棒重击敌人，或用箭射杀敌人的场景。上阵杀敌仍然是受人尊敬的行为，但仅仅是与地位和权力联系在一起时。这也是欧洲中世纪享有较高社会地位的骑士对待其他士兵的态度，他们十分瞧不起那些来自社会底层的步兵。在欧洲历史上，一名骑士与一名地位低下的士兵的区别往往体现在，前者骑马作战，自以为高人一等，后者则步行

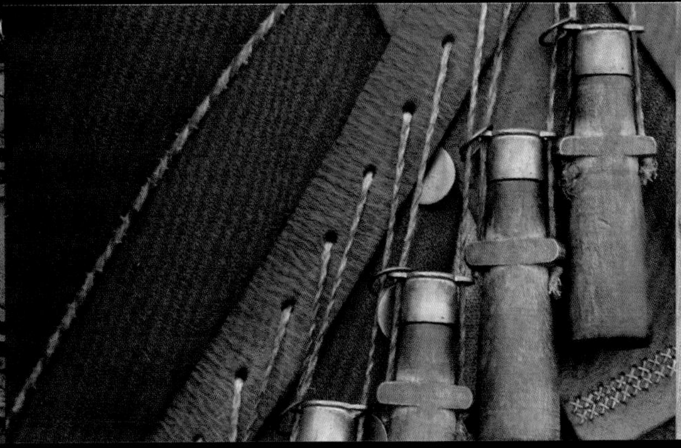
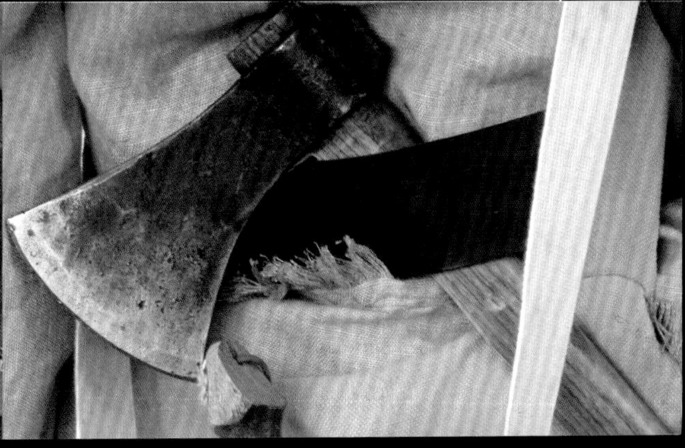

作战。在哥伦布发现美洲大陆之前，美洲没有马匹，然而在当时等级森严的阿兹特克、印加和玛雅社会中，贵族与平民之间的差距犹如天渊，贵族精英武士享有极高的社会地位，而大量地位低下的士兵则只能投石作战。

务实的士兵

贵族武士将战场视为展现自己英勇壮举的舞台，然而不幸的是，战争从根本上来说一直重在实效，战争的输赢决定了整个社会的未来发展方向。历史上曾多次有过这样的实例，来自社会底层的士兵，装备得当，在正确的指挥下，采用更加切实可行的战术，不以自我为中心，团结一致战胜精英武士。罗马帝国军团建立了这样一种军事模式，从社会底层征召士兵，组建常规部队，使其成长为训练有素、具备强大作战能力的职业军人。军团将责任感深植于每一名士兵心中，士兵为捍卫军团的荣誉愿意奉献一切，并甘愿忍受严格的纪律约束。他们集体观念极强，其从军目的不是赚取个人的荣耀，只是希望能在等级森严的军队内部获得升迁的机会。17 世纪到 18 世纪时，欧洲现代化常规军逐渐成长壮大，纪律和训练重新成为军队发展的重心所在，通过严格的训练，将那些通常被军官视为社会渣滓的底层士兵转变为勇敢、值得依赖的战士。武士准则中的荣誉和光荣从未被遗忘，军团系统使士兵产生了强烈的集体归属感，士兵视军旗和军队荣誉为生命的一部分。但是军中严厉禁止个人发挥主动性和炫耀战斗技能。对于这些着装统一的军队组织来说，森严的等级制度以及毫不犹豫地服从上级命令是其管理精髓所在。

公民士兵

公民士兵（citizen-soldier）的概念起源于古希腊。公元前 5 世纪的希腊，每位希腊公民都顶盔掼甲，成为重装步兵中的一员，义务上阵作战。这不单单是出于责任，也是其自由人公民身份所赋予的一种特权。文艺复兴时期（15 世纪到 16 世纪），当古希腊人的这一做法被现代欧洲人重新发现后，随即得到了他们的强烈认同，但是直到 1789 年法国大革命期间，法国为了壮大公民士兵队伍，才制定法案，规定人人生而平等，全体人民都享有公民的权利。

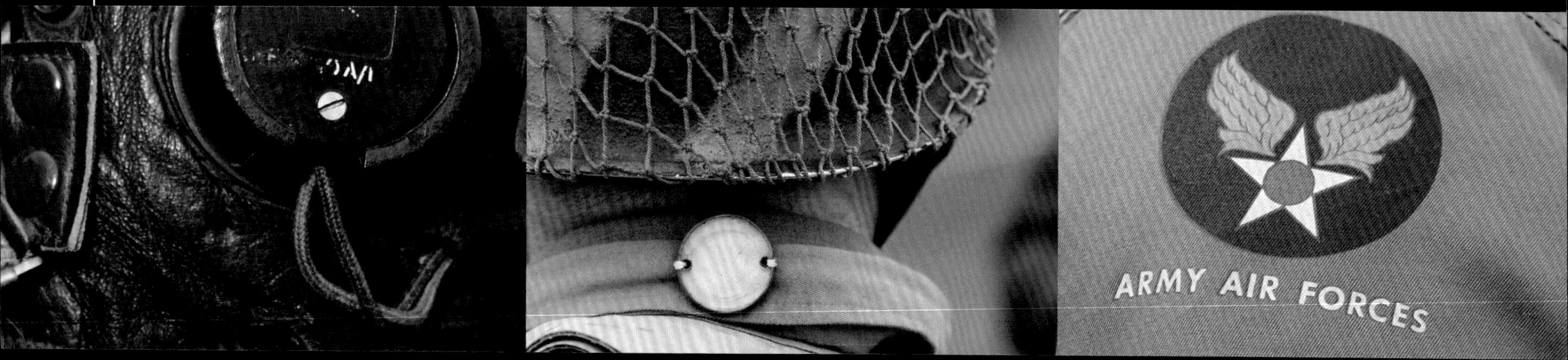

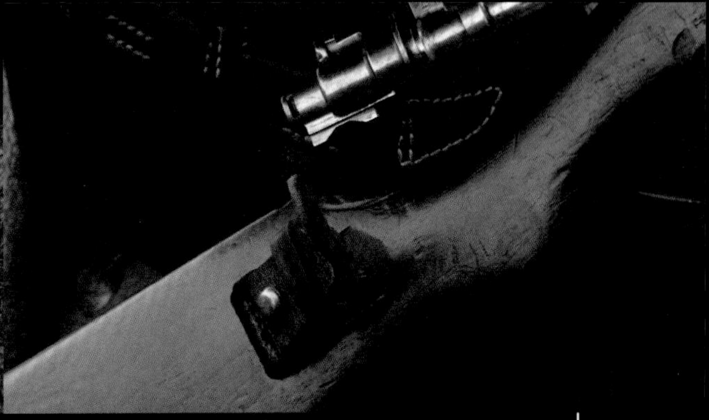

法国大革命后建立的拿破仑帝国于1793年实行“全民皆兵”的征兵制度，提议不将统治者的个人意志凌驾于人民之上而强迫民众参军入伍，但是呼吁民众履行公民的职责，为国作战。制度虽未明示，但士兵地位实质上得到了显著的改变——或许其改变并不尽如人意——这点甚至在当时法国大革命中作战的军队里也有所体现。1800年组建的英国来复枪旅规定，军官或士官“在下达命令时，应言语温和，考虑下属的情绪”，以及“不能利用威权简单粗暴地要求下属，而应该让下属心甘情愿、高兴愉快地履行职责”。60年后的美国内战期间，军官甚至是由士兵选举产生的，在很多情况下，只有当士兵认为上级下达的命令是正确的时候，他们才会遵从。

公民动员令使现代国家具备了强大的潜力，有能力组建一支人数达几百万的军队。在大规模战争的年代里，西方社会有意维护和重振武士精神。学校向孩子们灌输为保护祖国而战是光荣之举的理念。历史上的武士被奉为英雄，民众争相效仿。美国内战（1861—1865）爆发时，以及稍晚时期的第一次世界大战（1914—1918）期间，许多原本可以不用参军的年轻人争相入伍，急于在战争中考验自己。然而，由于19世纪和20世纪的战争破坏性极强，总的来说，那些志愿入伍、满怀抱负的年轻人并未在这些战争中实现其原本期望的英雄冒险传奇。爱国主义宣传者在两次世界大战中的一流战斗机飞行员或德国暴风突击队队员那样的精英战士身上，发现了他们一直在找寻的、值得颂扬的当代武士的身影。但是，在现实中，现代战争的残酷性更真实地在那些各国修建的无名英雄墓，以及为了纪念那些连姓名都未曾留下的普通士兵的勇气和牺牲精神而修建的大量军事墓园上得以反映。在葛底斯堡，在索姆河，在D日的法国海滩上作战的士兵是来自办公室、工厂或农场的普通人，他们通常与人们心目中的武士形象相距甚远。但是，当这些穿上军装的平民被迫投入到残酷的战争中时，他们一次又一次地证明自己无愧于战士这个称谓，并给世人留下了深刻的印象。

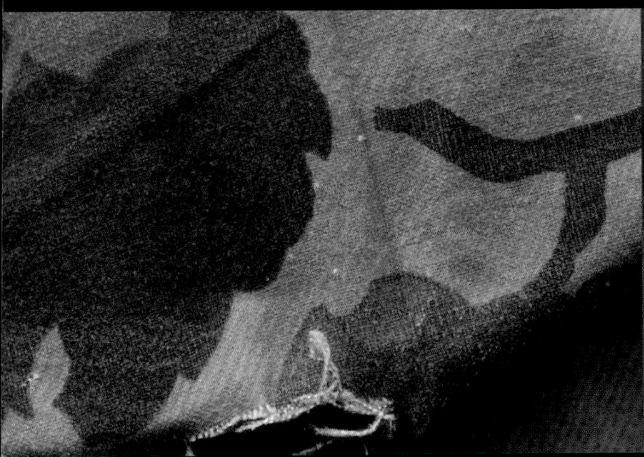

公元前600—公元450年

方阵与军团

大约5000年前，人类社会第一次出现了存在着各种等级制度的“文明”国家，但早在这些国家出现以前，大多数直到火药时代仍在使用的基本武器其实就已经存在了。在本部分所涵盖的时期内，弓箭、矛、棍棒以及刃类武器均得到了显著发展，尤其值得一提的是由于新材料的使用，实现了从石头到铜器、青铜器，最后发展到铁器的跨越。但是在对敌作战最基本的形式上，仍然不外乎是砍、刺或者投掷投射物。除了一些在围攻战中所使用的专业机械装置外，唯一重要的技术发明就是自公元前1700年左右开始在战争中使用的马匹，最初只是用马来拖拉战车，其后发展为士兵骑马作战。

等级和指挥体系

在早期，不同的社会所采用的军事技术并没有显著差别，所以战争演化的关键就在于军队采取何种方式对参战人员进行组织和激励。这使得古代世界的作战形式多种多样，让人惊叹。比如，部落社会里每一名成年男性都是一名武士，在战斗中他们会发现自己面对的是由职业军人组成的训练有素的军队，这些职业军人有职业生涯规划以及固定的服役期；作战时，部落社会的战士是骑在马上的弓箭手，而对手却是擅长近距离作战的步兵。

目前历史学家们已知的存在等级制度、有组织的军队最早于公元前3000年左右出现在美索不达米亚平原的苏美尔城邦中。从那时起到公元前1000年左右，无论在世界上的任何地方——从尼罗河谷到印度河谷，甚至远至中国——只要存在复杂的社会形态，就会有类似的军队结构。这些军队第一次提出士兵和平民之间存在差别，以及不同兵种的概念。军队制定了作战指挥体系，规定不同的武装部队在战场上应该发挥不同的作用。当埃及新王国（公元前1552年—

希腊战争
下图中刻画的是希腊重装步兵裸身作战，然而实际上他们在战场上会顶盔掼甲、持矛作战。矛是重装步兵的主要武器，长2—3米（7—9英尺）。当重装步兵组队结成方阵时，他们一手持矛前刺，一手持盾牌环环相扣以自卫。

罗马纪律

公元1世纪晚期，训练有素的罗马军团士兵顶盔掼甲，盔甲闪闪发光。对于任何危及帝国边境的敌人来说，罗马军团无与伦比，所向披靡。

前1069年）或亚述帝国（约公元前1000年—前600年）的军队在地中海东部地区活动时，现代社会人人皆知的差别待遇出现了，贵族武士或皇家武士与普通步兵在待遇上是不同的：贵族或皇家武士通常驾乘战车作战，遇人便夸夸其谈自己的丰功伟绩，与之形成鲜明对比的是，大量心不甘、情不愿被迫入伍的士兵们极力忍耐，祈求能平安熬过兵役期。

随着实力强大的国家逐渐发展成为帝国，其军队也会不断地吸纳来自不同民族的军队，呈现出多元化的特点。这些士兵顺理成章地被划分为三六九等，其中既有靠出卖军事技能讨生活的雇佣兵，也有需要向皇权纳贡的被征服国家进献的士兵。据希腊历史学家希罗多德（Herodotus）所述，公元前5世纪时，波斯帝国的军队由来自35个不同民族的士兵组成，每一支民族军队都会使用自己民族特有的武器以及其特有的战术手段作战。公元前218年，当汉尼拔指挥迦太基军队越过阿尔卑斯山入侵意大利时，其军队中也包括来自不同民族的士兵，比如北非骑兵及伊比利亚的投石兵。

公民士兵

自公元前6世纪起，希腊城邦崛起，其提出的公民士兵的概念极大地激励了人们。英勇的贵族武士和默默无闻的士卒间存在着巨大的对立和差别，但公民士兵提供了两者之外的另一选择。

公元前8世纪，特洛伊战争的传奇故事开始在世间流传，故事的主要内容就是敌我双方英雄人物之间的单挑独斗。由此可见，古希腊文化中十分推崇个人英雄主义，尊奉那些地位较高的勇士。但是，城邦的建立让集体英雄主义观念深入人心，人们认为战时服役不仅是公民的义务，也是一种荣耀。市民入伍成为重装步兵，与同伴一起组成密集队形与敌作战，其与敌人面对面近距离作战的英勇行为被广为颂扬。重装步兵军队的创建是为了证实一种极具影响力的军事模式，但只有到了公元前4世纪，当与亚历山大大帝统率下的马其顿骑兵并肩作战时，重装步兵部队才成为一支所向无敌、征服世界的一流军队。

希腊重装步兵的战斗效能远不如著名的罗马共和国和罗马帝国的军团。与希腊一样，罗马军队最初只有步兵，由公民士兵组成。其后，罗马建立了职业军队，但同时仍然坚持一种原则，那就是只有罗马的公民才能成为罗马军团的士兵。罗马军团纪律严明，训练有素，着装统一，它鼓励士兵将参军打仗视为正经营生。他们认为荣誉和名望属于集体，期望士兵能爱护军团的财产犹如自己的财产。那时居住在意大利之外的人也有机会成为罗马的公民，这就保证了职业公民军队的兵源。如果罗马的辅助军队不能从非罗马公民的民族中吸纳士兵，罗马就不可能问鼎世界强国。从某种程度上来说，罗马帝国晚期仰仗的是罗马将领统率下的外国军队。

战团

然而，各种“野蛮民族”——他们有时与罗马为敌，有时又会站在西罗马帝国一边为罗马人而战——推崇的却是旧时的勇士精神。比如，相比罗马军团的纪律和团结，法兰西和不列颠的凯尔特民族更看重的是个人的勇敢精神和个人表现。而日耳曼部落——如哥特人和汪达尔人——他们基于深厚的感情组成战斗团队，向一位兼具出色技能与勇猛精神的领袖尽忠。最终的结果证明，在战场上，这些相对简单的军事结构比组织性强、纪律严明的罗马军队拥有更持久的战斗力。在西欧，战团的统领们是那些继承了罗马帝国衣钵的人。

到公元450年，骑兵再一次成为战场上的主力。手持长矛作战的哥特人和汪达尔人作为铁甲骑兵取得了骄人的战绩，而匈奴人，这些从亚洲大草原西进入侵欧洲的游牧民族勇士，展现出的是弓骑兵敏捷的行军速度和卓越的战斗力。在亚洲，萨珊王朝（公元226—公元637年）的重甲骑兵被它的对手们广为效仿。在战争史中，下一个时代统治世界的勇士将会是一位马背上的勇士。

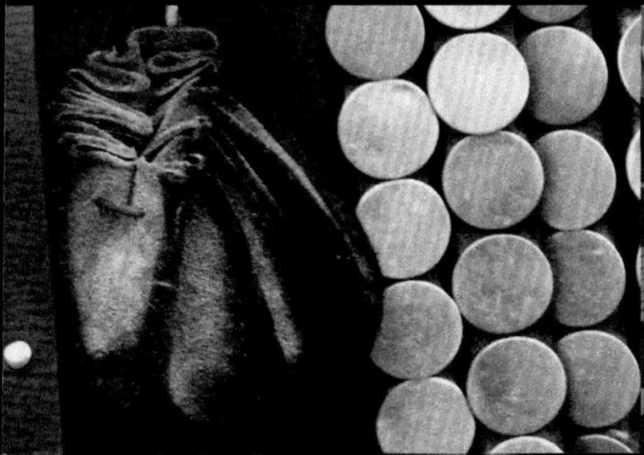

公元前600—前300年

希腊重装步兵

靠近敌人，使用长矛或刀剑近距离攻击，消灭敌人。脚抵住敌人的脚，盾牌抵住敌人的盾牌，头盔抵住敌人的头盔，盔翎与敌人的盔翎相碰，最后，胸与敌人的胸紧紧地贴在一起。

——斯巴达诗人提尔泰奥斯（Tyrtaeus）

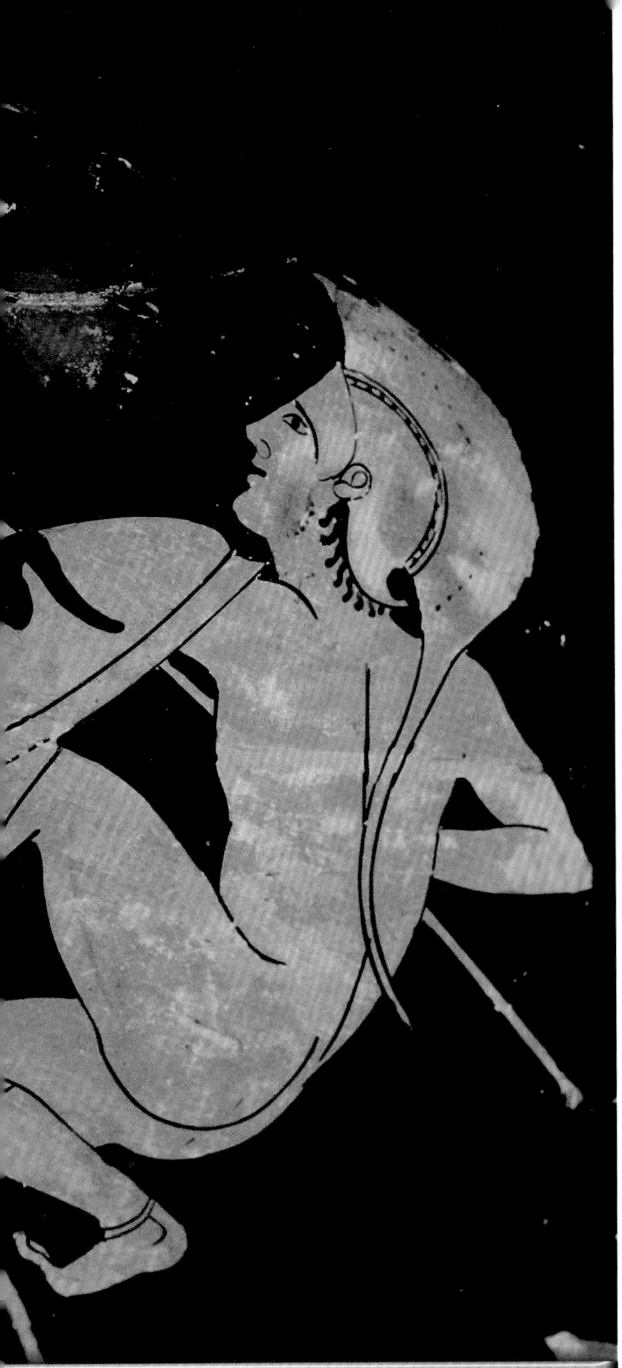

古希腊城邦创建了一支风格独特的顶盔掼甲的步兵队伍：重装步兵。公元前5世纪，这些手持长矛的公民士兵证明了自己的价值，他们首先击退了入侵的波斯人，随后又在伯罗奔尼撒战争中与斯巴达人浴血奋战。希腊重装步兵被公认为是那个时代最优秀的步兵，之后，他们在称霸世界的亚历山大大帝手下服役，当然，他们也作为雇佣兵为包括埃及和波斯在内的其他强权服务。

古希腊的地域范围不仅包括希腊本土，还沿着今天的土耳其海岸线延伸到地中海对岸，涵盖意大利南部以及西西里岛，甚至远至法国南部。尽管许多希腊城邦及其殖民地在文化上是一致的，但在政治上往往是分裂的。但是，他们却能够团结起来，对抗共同敌人的威胁，比如在荷马史诗《伊利亚特》中所叙述的史前传奇岁月里，他们联手攻打特洛伊城。在公元前5世纪早期，当波斯国王大流士及薛西斯企图入侵希腊时，尽管有人对联合作战提出异议，尽管几乎面临灭顶之灾，他们仍然再次站在了一起。然而，在公元前5世纪下半叶，雅典与斯巴达之间的较量引发了伯罗奔尼撒战争（公元前431—前404年）。其间，两大强权各自结成联盟，几乎所有的希腊城邦都被卷入其中，这导致城邦的公民不得不长时间处于备战状态。由此引发了漫长血腥的战争，其中大部分战斗中都有重装步兵的身影。

特洛伊战争

这件浮雕作品表现的是阿喀琉斯(Achilles)拖着赫克托耳(Hector)的尸体绕着特洛伊城墙奔跑的情景。

武器和战术

对于享有完全公民身份的成年男性来说，能够入伍成为重装步兵既是责任，也是荣耀。雅典军队和斯巴达军队这两支声名赫赫的城邦军队在装备和战术上大体相似。重装步兵身着厚重的青铜制盔甲——包括护胸铠甲、护胫甲以及头盔——右手持矛，左手持盾，此外还会随身携带一把铁制短剑。重装步兵的主要武器是长矛，他们以密集队形，也就是方阵作战，在通常情况下方阵纵深8排。

雅典重装步兵

然而，在军事组织和军事训练方面，雅典和斯巴达差异巨大。雅典的重装步兵由几乎没有受过训练的业余士兵组成，每当城邦需要，他们可能就会放弃其平民职业，参军入伍。他们必须要自己出钱购置装备和武器。当时整套甲胄的花费非常昂贵，可以肯定的是，这超出了几乎大多数雅典人的承受范围，大多数雅典人仅有能力购买一部分标准装备。另一方面，最富有的公民，会穿戴质量最好的盔甲来表明他们的身份。而那些穷得完全无力购买盔甲的人最后只能在雅典舰队里充当划桨手，哲学家苏格拉底就是当年的其中一员。

雅典人有举办竞走、摔跤等竞技运动的传统习惯，这些传统习惯使他们的身体得到了很好的训练。然而，他们似乎很少接受军事训练或操练，或者根本没有。但因为他们是为自己的城邦和荣誉而战的自由人，所以有时也会表现出高昂的士气和极度的忠诚。

杀敌的艺术

考古发掘出土的无数古希腊陶制餐盘和酒具上都刻画着古希腊重装步兵的形象。上图是一只公元前500年的碗，碗沿描画了一群拿着长矛的勇士正在埋伏且伺机行动；其形象生动，让人印象深刻。在之后的亚历山大大帝时代，希腊重装步兵使用的矛更长，此外还使用一种源于波斯的、让敌人胆寒的弯月形斩刀（见右图）。

斩刀，也是长砍刀的一种

当方阵遇上方阵

古希腊战争讲究高度的对称性。当战场交锋时，敌对双方的两组方阵均呈现出极其相似的排列与战术策略。方阵中，每排士兵均手举盾牌至胸前，盾牌左右相连，组成铜墙铁壁，盾牌之上，长矛如林。图中左侧有一位音乐人用双笛吹奏出一首斯巴达风格的战歌，以保持向前冲锋的重装步兵昂扬的情绪。

相反，斯巴达是一个完全军事化的城邦国家。斯巴达的公民人数可能比雅典少得多，但城邦拥有大量不具备公民身份的劳动者（也称为农奴），斯巴达人依赖这些农奴经营城邦的各种事务。这些农奴基本上都是隶属于国家的奴隶，不过与雅典城里隶属于私人的奴隶相比，斯巴达农奴对其政权的稳固构成了很大的威胁。斯巴达规定所有的男性公民必须从军，其中部分原因就是惧怕农奴暴动。

斯巴达人的教育方式

斯巴达的年轻人必须接受系统化的严格军事训练和团队精神训练。斯巴达的男孩从小就被暴露在大自然的环境中，让其坚强成长，他们在冬天也得赤足，并且穿着单薄；他们必须具备主动积极、勇敢无畏的精神，如果没能通过这项测试，就要接受惩罚。他们年满20岁即入住军营，在接下来的10年间，吃、睡都必须在分配的营房里，并且不能与女人接触。所有这些规定的最终目的就是为了培养出一支具有高度纪律性的作战部队。这些措施似乎卓有成效。斯巴达人能在音乐的伴奏下行军作战，这种技能令雅典人望尘莫及。随着连贯的音乐声中发出的各种军事指令，他们能够在保持队形完整的同时进行相对复杂的战场调遣。

希腊人对阵希腊人

城邦军队作战时间肯定不会太长，而且通常仅限于夏季。在那个时代，严格意义上的军需物资供应体系并不存在。大批奴隶（就斯巴达人来说，也就是农奴）会跟随部队行军打仗，寻找食物和烹饪的任务就落在了他们的肩上。通常，战争结束的原因仅仅是因为敌我双方大多数士兵需要回家收割庄稼。当城邦军队在战场上相遇时，他们首先会向神献祭，随后选择一块最平整的土地，面对面摆好方阵（因为在地形不平的地方，不能很好地施展其战术）。经验最丰富的士兵往往会排列在方阵的头三排以及最后一排，最后一排士兵的任务是阻止意志薄弱的士兵逃跑。散兵队伍会围绕着对手的方阵展开攻击，用石头、标枪、箭等武器骚扰敌人。散兵队伍里的大多数士兵是重装步兵们的私人奴隶。

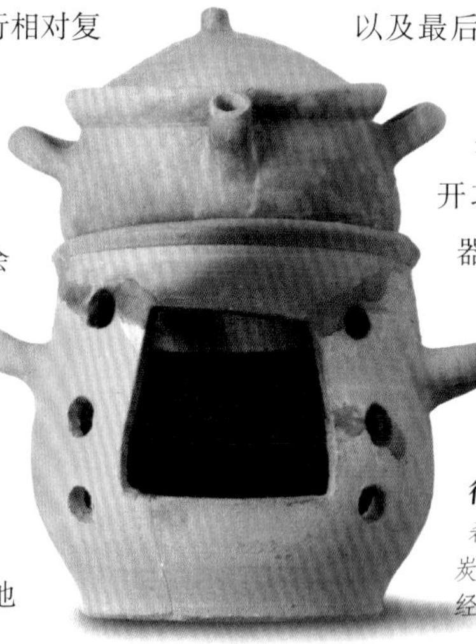

行军煮炊

希腊人制作的陶制厨灶携带方便，使用炭作为燃料。图中所示的物件很有可能曾经被希腊军队在行军途中使用过。

希腊海战

三桨座战船

一艘三桨座战船需要170名划桨手。后人重建了三桨座战船“奥林匹亚丝”号，并招募了170名志愿者划船，但发现想让所有划桨手动作协调一致非常困难。

希腊人擅长海战，他们驾驶一种轻快的三桨座战船。每艘船均由一名船长管理，他也被称为“战船司令官”。招募船员及支付薪金均是船长的责任，大部分船员承担划桨手的工作。一场战役可能需要一支由100艘战船组成的舰队，这让船长很难招募到足够多的船员。大部分参战的三桨座战船上的划桨手出身各异，有需要发放薪酬的本地公民、国外雇佣兵及奴隶。一艘三桨座战船上通常会配备10名水兵和4名弓箭手。船上非常拥挤，空间仅够存放3天的水和食物。船员们通常白天上岸寻找食物和水，晚上回船睡觉。

三桨座战船在船首安装了沉重的青铜制撞角。战斗中，船只会围绕着敌船移动穿梭，试图用撞角去攻击敌船两侧。同时，水兵和弓箭手会投掷大量投射物。一艘三桨座战船若拥有一位熟练舵手，再加上训练有素的全体船员，能用撞角撞沉敌船，或打翻敌人的船桨，以致敌船首尾反转，失去动力。或在撞击敌船后，水兵用长矛及斧头与敌肉搏，夺取敌船并登船。

“伴随着队列中吹笛人奏响的乐曲，斯巴达人缓慢前行……士兵们保持队形，动作一致，稳步逼近敌人。”

——修昔底德关于伯罗奔尼撒战争中斯巴达人在曼提尼亚（Mantinea）的第一场战斗中的场景描述，公元前418年

重装步兵们用左前臂套住盾牌，右手持矛，踏步向前，在战场上如果遭遇到如此威猛的重装步兵方阵，着实令人生畏。斯巴达人首创了一种风气，当他们向前行军时，全体士兵高声吟唱“颂歌”，或称战歌，这种习惯最终为大多数希腊军队所采用。当与敌方对阵时，士兵们难免会心生恐惧，唱歌会帮助他们克服无助和绝望的情绪。希腊历史学家修昔底德（Thucydides）曾在书中提及，让方阵保持直行是很困难的，通常会向右偏移。因为在左手持盾、右手持矛的情况下，恐惧会使每名士兵都试图靠向右边的同伴，以让自己没有任何防备的右侧身体躲在同伴的盾牌之下。他们会认为，盾牌靠在一起，越紧密越安全。但密集方阵队形被打散的风险总是存在的。希腊作家色诺芬（Xenophon）描述过这样一个场景，当“方阵中部分士兵脱离队形向前涌动时，被落在后面的士兵开始奔跑”，力求跟上前面的战友。

当与敌军相距一定距离时，重装步兵开始拔腿起奔，一边向前冲一边高声呐喊。当交战双方的方阵相遇时，盾牌的碰撞会发出刺耳的声音，前排士兵会将矛强行插入敌人盾墙的缝隙中。在战斗进行到某一时刻时，方阵的某一部分在对手的攻击下，会因不堪压力而崩溃瓦解。方阵一旦被冲垮，士兵便会试图逃离战场，溃败的一方一般会伤亡十分惨重。获胜方损失的士兵通常会在5%左右，通常在战斗中表现积极的前排士兵伤亡率较高。对战败一方来说，战场上士兵的伤亡率可能会在15%左右，其中大多数是在逃跑时为敌人所杀。

与波斯人作战

公元前490年，波斯大军第一次入侵希腊，并于10年后再度卷土重来，两次反击战让希腊重装步兵的战斗素质得到了彻底的考验。在第一次波希战争中，雅典人占绝大多数的希腊联军与波斯军队在马拉松展开交锋。波斯军队不仅在人数上占有绝对优势，而且还携有骑兵队伍参战。尽管在人数上处于劣势，希腊重装步兵仍然勇猛出击，杀入敌阵。

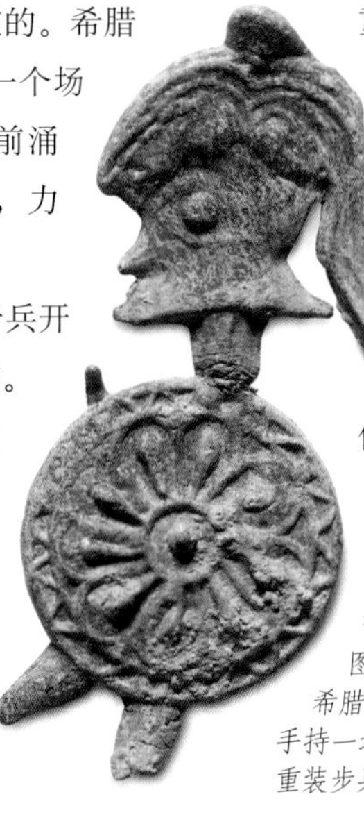

希腊勇士

图中这尊极富艺术气息的小雕像塑造了一位古希腊重装步兵的形象。他头戴装饰着盔翎的头盔，手持一块圆形盾牌。在古希腊世界的所有小城邦中，重装步兵的装束相差无几，作战方式也大致相同。

休战时期

在古奥林匹克运动会兴盛之时，希腊人会每4年举办一次泛希腊节，交战的城邦之间通常会因此休战。奥林匹亚保存最完好的遗址就是角力场，或者称为体育馆，也就是运动员训练的场所。

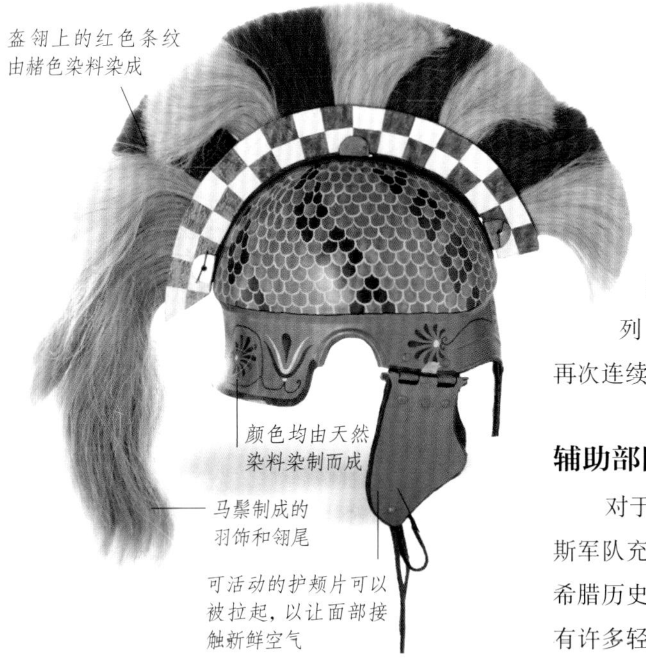
盔翎上的红色条纹
由赭色染料染成
颜色均由天然
染料染制而成
马鬃制成的
羽饰和翎尾
可活动的护颊片可以
被拉起，以让面部接
触新鲜空气

卡尔基斯式头盔
卡尔基斯式头盔曾经一度被认为是起源于希腊城市卡尔基斯（Chalcidian）。图中这顶装饰华丽的头盔制作于公元前5世纪意大利南部的希腊殖民地。

对于波斯人来说，在战场上发挥主要作用的是弓箭手、骑兵以及战车，他们不太习惯希腊步兵的大胆进攻。虽然他们为希腊的步兵战术所震惊，却成功击溃了希腊的核心部队。然而，希腊军队的两翼在实力上比波斯人更胜一筹，他们攻入波斯军队侧翼，迫使波斯人逃回船上。公元前480年，波斯再度入侵希腊。300名斯巴达重装步兵坚守在温泉关（Thermopylae）的狭窄通道，浴血奋战直至全体阵亡。温泉关阻击战后不久，波斯舰队在萨拉米斯（Salamis）被彻底击败。

第二年，在普拉提亚（Plataea）和米卡列（Mycale）两次陆上战役中，希腊联军再次连续击溃波斯军队。

辅助部队

对于享有公民身份的重装步兵来说，打败波斯军队充分证明了他们的勇气和战斗技能，然而希腊历史学家希罗多德曾明确指出，希腊方面还有许多轻装部队参与了战斗。例如，他写道，在普拉提亚，5000名斯巴达重装步兵在“35000名携带轻型武器的奴隶”的协助下作战；再如，同样在普拉提亚一役中，雅典军队中有800名弓箭手。在伯罗奔尼撒战争中，这些散兵发挥的作用越来越重要。在描述希腊战争残酷无情的同时，修昔底德的记述中同样也有轻装部队参与战斗的例子：公元前459年，雅典人设下圈套，试图抓捕大量逃跑的科林斯人，“雅典的轻装部队包围了科林斯人，用石头攻击了所有的人”。最著名的散兵是色雷斯人的轻盾兵。这些士兵身穿轻薄的束腰外衣，手持柳条编织的轻便盾牌。他们跑动的速度极快，将标枪投入敌军的方阵中，骚扰敌人。重装步兵因为盾牌和盔甲十分沉重而行动缓慢，很容易受到轻盾兵的攻击。在公元前390年，雅典军队中的轻盾兵在科林斯城外歼灭了一支斯巴达重装步兵部队，并因此战成名。

> “我们……即将对阵米堤亚人和波斯人。一直以来它们都是富庶之国，而我们呢，长年以来为了征战而四处奔波，时刻生活在危险中，然而正是因为我们所经历的一切，才让我们变得更加坚强……这将是一场自由人对阵奴隶的战斗。”
>
> ——伊苏斯战役（Battle of Issus）前亚历山大大帝发表战前动员讲话，公元前333年

伊苏斯战役
这幅图描绘的是公元前333年亚历山大大帝打败波斯国王大流士的场景。图中士兵们使用的马其顿风格的“萨里沙”（Sarissa）长矛非常显眼。

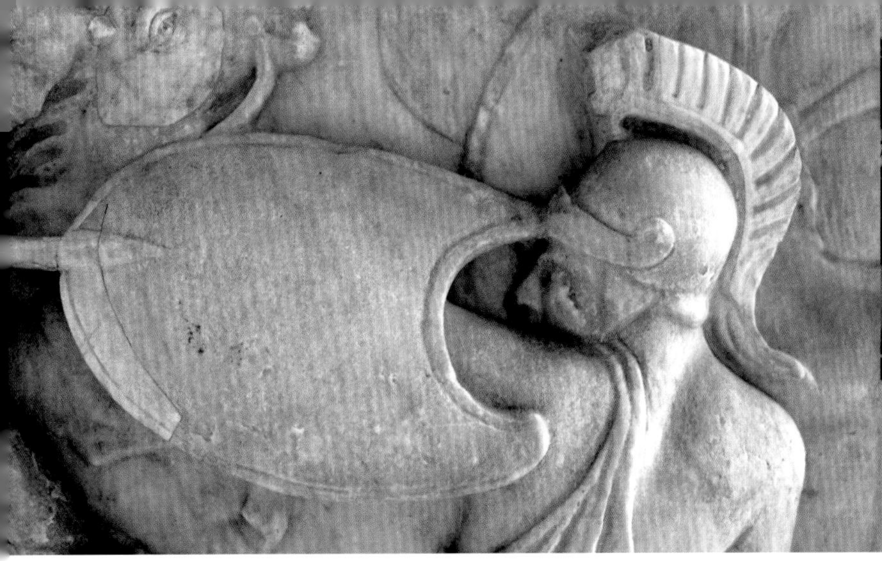

作战方式

古希腊人描绘战争时，通常会塑造一位持剑战斗的男性形象，左手拿着一面较小的椭圆形的“皮奥夏”(Boeotian)盾牌(图左)。目前尚不清楚这面盾牌和相关的作战方式属于更久远的英雄时代，还是属于以重型步兵方阵作战为主的时代。图右可见重型步兵手持的尺寸较大的圆盾,比较这两者的持盾方式，可见明显不同。

随着轻装步兵的战斗力不断增强，重装步兵的装备和战术也随之改变。公元前4世纪早期，雅典将军伊菲克拉特斯（Iphicrates）命令重装步兵停止穿戴金属护胸铠甲及护胫甲，换掉青铜镀制的盾牌，取而代之的是外面包裹了一层皮革的尺寸较小的盾牌。轻装上阵后，伊菲克拉特斯麾下的重装步兵得以更有力地应对轻盾兵和其他散兵的攻击。同时还增加了长矛的长度，当与敌军重装步兵对阵时，可以在较远的距离外向敌人发起攻击。

总体来说，希腊战争经历了一个逐渐专业化的过程。当战争持续时间越来越长、跨越地域越来越广阔时，公民士兵将打仗作为一项业余工作已经显得力不从心了。而具备专业技能的常规军和雇佣军可以围攻壁垒森严的城镇，展开旷日持久的战争。公元前380年，在军事天才伊巴密浓达（Epaminondas）的领导下，底比斯人成为希腊最强的军事力量。与曾经和波斯帝国抗衡的雅典和斯巴达军队不同的是，底比斯军队的核心是一群由国家发放薪金的全职军人，他们也被称作神圣军团（Sacred Band）。据说这支由同性恋伴侣组成的精英部队将伙伴般的亲密关系发挥到了极致。底比斯人将方阵布局进行创新设计，并使骑兵在战场上发挥主要的作用。协助骑兵作战的士兵们穿得很少，经过训练后奔跑起来可赶上马匹。在战斗中，包括神圣军团在内的底比斯重装步兵精英通常会被部署在左翼，组成纵深达48排的方阵，这对敌人造成了极大的威慑，当骑兵和轻装部队掩护方阵中部和右翼的同时，可以一举歼敌。

马其顿人和罗马人

自公元前337年始，马其顿国王腓力二世及其子亚历山大大帝相继统治希腊诸城邦。骑兵部队是马其顿的精英部队，而重装步兵在马其顿军队中发挥了仅次于骑兵的关键作用。自公元前334年至前323年，亚历山大大帝调遣纵深达16排至32排的方阵队伍，并为士兵们配备了6–7米（20–23英尺）长的“萨里沙”长矛，发动了多次令人震惊的对外征服的战役。重装步兵不再是具有自我意识的勇敢高贵的公民士兵，而是出身相对低微的全职军人，他们受过训练，在战场上表现稳定。同时还有许多希腊雇佣兵走上战场，与亚历山大的军队对阵交锋，因为希腊重装步兵的优秀品质闻名遐迩，作为雇佣兵，他们颇受波斯皇帝及地中海东部的其他统治者的欢迎。

公元前2世纪，罗马逐渐强大。在希腊与罗马两军交战前，手持长矛的重装步兵方阵在战场上的战斗力一直不容小觑。公元前168年的彼得那（Pydna）决战中，罗马人故意在崎岖不平的地形上佯装撤退，这让追来的马其顿方阵很难保持紧密队形。手持刀剑和标枪的罗马步兵也因此得以在方阵中砍出一条通道。一旦近距离交战，笨重的“萨里沙”长矛反而成了无用的累赘。重装步兵扔掉长矛，用匕首厮杀，但终敌不过罗马人的刀剑，被彻底击溃。步兵战争的新时代从此诞生。

重装步兵战术

当战争发生时，公元前5世纪的希腊诸城邦会用同样的密集方阵战术。双方方阵前排士兵向前推进时会手持盾牌组成盾墙，同时手举长矛，准备进攻。当双方前排士兵交锋时，后排会用盾牌向前推压，双方前列士兵靠后方战友提供的推力组成盾墙猛挤对手，企图迫使对手阵列后退并致其阵形瓦解，这就是“推挤角力”。然而，希腊重装步兵战术的细节一直颇受争议。一些历史学家质疑，当重装步兵跑动发动进攻时，其队形会散开；而当对手进攻，己方采取守势时，他们是有能力将盾牌组成盾墙阻挡住进攻的。

排成密集方阵行军

图中，士兵们排成密集方阵向前行进，迎击来敌。他们肩并着肩，手里的盾牌抵在前排战友的背部。只有前3排或前4排士兵手中的长矛能刺中敌人。当以后的长矛长度增加后，士兵们可能会将长矛夹在腋下。

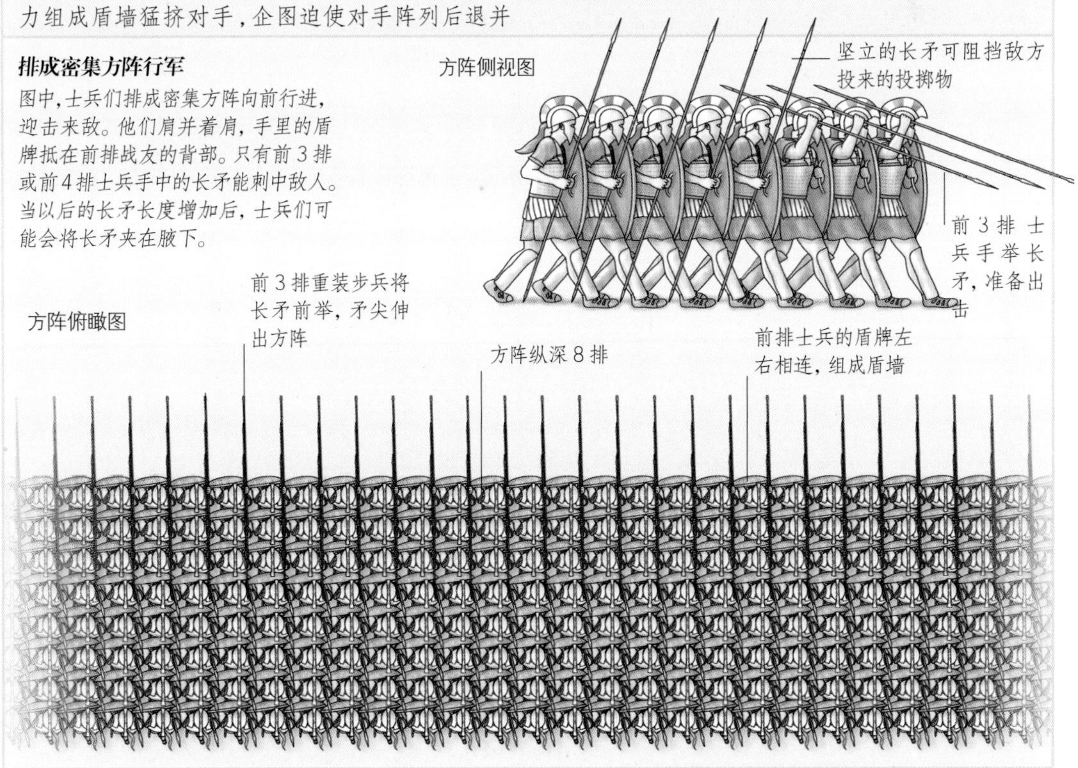
方阵侧视图
竖立的长矛可阻挡敌方投来的投掷物
前3排士兵手举长矛，准备出击
方阵俯瞰图
前3排重装步兵将长矛前举，矛尖伸出方阵
方阵纵深8排
前排士兵的盾牌左右相连，组成盾墙

希腊武器

早期的盔甲是青铜制造的，但稍晚时候，由于战术的改变，为了减轻负重，加快行军速度，改为造价较便宜、重量较轻、亚麻材质的盔甲。在战场上，外形着装和军事实力同样重要。在战斗双方相持阶段，如能在外形着装上威慑敌军，就能不战而屈人之兵。对重装步兵来说，最主要的武器就是长矛。在战场上对阵双方混战中，如果长矛的前半部分断掉，重装步兵仍旧能够使用长矛较重的后半部分作战，矛的后端亦装有尖头。

希顿
希顿（Chiton）是穿在盔甲里的衣服，通常被染成鲜艳的颜色。红色和蓝色是为军队所青睐的颜色。

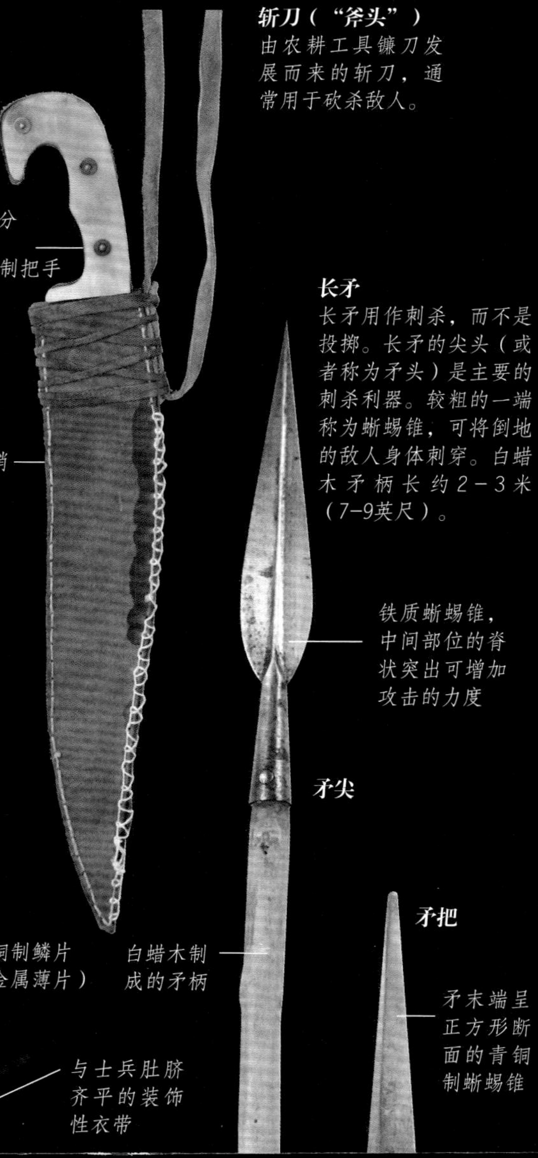

斩刀（“斧头”）
由农耕工具镰刀发展而来的斩刀，通常用于砍杀敌人。

长矛
长矛用作刺杀，而不是投掷。长矛的尖头（或者称为矛头）是主要的刺杀利器。较粗的一端称为蜥蜴锥，可将倒地的敌人身体刺穿。白蜡木矛柄长约2－3米（7–9英尺）。

系紧皮扣

盾牌后方的把手

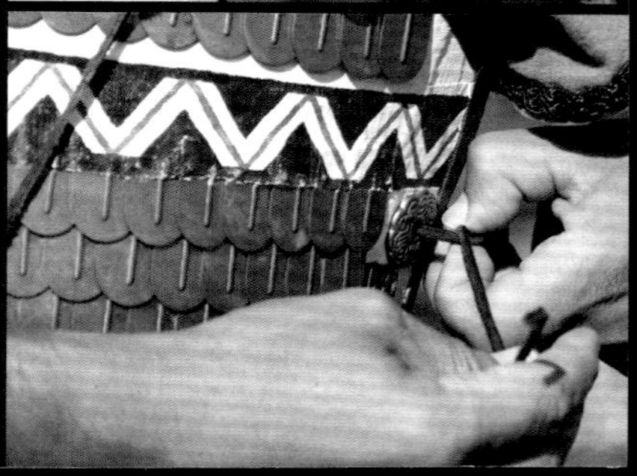
亚麻胸甲，于左方系紧

亚麻胸甲
这种由复合材料制成的胸甲流行于公元前5世纪。胸甲材质是亚麻，是将亚麻层层相叠制作而成的。整个胸甲大概有16–20层，而且胸甲上很可能还镶有皮革。当攻击性的锐器刺入衣物时，胸甲的厚度有效地削弱了锐器的杀伤力。

剑
铁质剑身靠近剑柄的一侧稍细，剑身下端较沉，士兵能在盾牌上方持剑进行劈砍。

盾
盾牌上的蝎子是格朗特雷城（Geronthrae）斯巴达人的标志。温泉关战役时斯巴达人可能使用过这种盾牌。

斧头
重装步兵的标配斧头是青铜铸成的。在硬度上青铜强于铁，然而如果青铜斧头被损坏，则需要重铸。

水壶
水壶外面裹覆一层未上釉的陶土，水从其间渗漏出来并蒸发掉，以此来使壶中所装之物冷却。这是一种简单却非常有效的冷却方法。

护胫甲和带子鞋
青铜被打造得很有韧性，可紧贴腿部，希腊人的这种工艺现已失传。为方便腿部用力及让腿部看上去比较美观，护胫甲上还铸有肌肉线条。另外，即使在严冬，士兵们也会穿着这种镂空的鞋子。

罗马军事工程

罗马皇帝图拉真（Trajan）对达西亚（Dacians）发动第一次战争时（公元101年–102年），罗马士兵行军通过多瑙河新建了一座浮桥。罗马图拉真纪功柱上的浮雕饰带记录了这一幕，同时上面还刻画了令人生畏的河神多瑙韦斯（Danuvius）在旁目送士兵远征的情景。

公元前 300—公元 450 年

罗马军团士兵

要想在每一场战争中都取得胜利，就不能仅凭借数量上的优势，或者天生的勇气，而必须依靠出色的技能和严格的训练……我们能够取得胜利，是因为我们招募新兵有技巧，传授战法战术经验丰富，惩罚懒惰散漫的行为绝不手软。

——维吉提乌斯（Vegetius），《军事汇编》（*A Military Digest*），公元4世纪

罗马军队在其全盛时期或许是古代世界中战斗力最强的军队。罗马军队创造了罗马帝国，到公元1世纪，罗马帝国的领土北抵不列颠，南达北非，西到西班牙，东至埃及。这个强大组织的灵魂便是军团士兵。这些坚韧顽强的专业步兵手持剑、盾与标枪南征北战，不管是正面激战，还是围地攻城，他们都所向披靡。他们惯常用残酷无情的手段迅速吓退敌人，或将敌人一举歼灭。

罗马军队最开始只是由业余士兵组成的民兵组织，当时国家规定每一名拥有财产的公民都有义务服兵役。公元前300年左右，罗马军团开始采用一种新的组织结构形式，这将使其日后成长为一支无敌劲旅。那个时候的罗马士兵尽管还不是全职军人，却总是能在战争中获胜，其中最著名的一次就是在布匿战争中打败了迦太基人。随着军队在战场上赢得一次又一次的胜利，罗马的疆域扩展到史无前例的广阔，对于罗马的军事需求来说，业余时间服兵役的制度显然已不能适应时代的需求了。如果普通公民只是兼职士兵，就不可能指望他们离家去远方参加漫长的战役，或去偏远的行省长时间驻防。于是到尤利乌斯·恺撒发动著名的高卢战争（公元前58—前51年）时，罗马军队已经发展成为一支由全职军人组成的常备军。

罗马军团士兵徽章

这片瓦块上有一头跳跃的野猪浮雕图案，这是驻扎在切斯特的罗马第20军团的徽章。

罗马军团及其辅助部队

军队的职业化当然也不是没有缺点。正规军士兵往往不是对国家，而是对自己的统帅表示忠诚，所以罗马一度因为将领之间的争权夺利陷入内战，国家四分五裂。但是自从奥古斯都称帝，成为罗马帝国第一位皇帝（公元前31—公元14年）之后，常规军就是罗马帝国立国的基石。罗马帝国常规军还包括辅助步兵部队，这支部队的士兵来自各色各样的“野蛮民族”，他们并不享有罗马公民的身份。此外，常规军里还设有骑兵队伍，他们通常情况下也属于辅助部队，虽然其在战场上发挥着重要的作用。然而毋庸置疑的是，罗马常规军的灵魂是享有罗马公民身份的步兵。

组成罗马军团士兵核心的是受过严格训练的步兵，他们使用短剑和标枪，以密集队形作战。罗马军团士兵肩负重担，维护着罗马帝国的鼎盛。尽管当军事危机来临时，人人都清楚会被征召入伍，但通常情况下，罗马人是志愿报名参战的，而且原则上他还必须满足某些条件。首先，他必须是一名公民。这并不意味着必须出生在罗马，但在帝国早期，这确实意味着他很可能至少是意大利人。但到了212年，罗马帝国所有的自由人都享有了公民身份。其次，奴隶被严格禁止加入军团，如发现有人谎称自由人加入军团，将受到严厉的惩罚。再次，犯有重罪的人及面临起诉的人也被禁止加入军团。此外，每名新兵被录取前还需要接受体检，一些新兵会因身高不够或健康原因而被拒录。

仗剑御天下

被罗马帝国征服的民族在帝国的统治下过上了和平安定的生活，而最终维持帝国领土完整的强大力量无疑来自罗马军团。公元3世纪的一块浮雕饰带（上图）刻画了罗马军队正在大肆攻击一群日耳曼人的场景。罗马军团士兵的主要武器是短剑。右图这些出土于莱茵河美因茨河段中的剑刃和剑鞘是公元1世纪的武器。

短剑和剑鞘

把他们的训练称为不流血的战斗，而把他们的战斗称为流血的训练，也未尝不可。

——犹太历史学家夫拉维·约瑟夫（Flavius Josephus）对罗马军队训练方法的形容

百夫长的头盔

在罗马帝国的前几百年间，一个军团总共有59名百夫长，级别最高的是第一作战大队第一百人队的百夫长，他也被称作首席百夫长。

虽然新兵录取是有条件限制的，不过，这并不意味着军团士兵都是精挑细选的精英。尽管之前的民兵军团录取新兵时，要求新兵必须享有公民身份并拥有一定的财产，但职业军队的报名者绝大多数来自社会底层，如农场主的儿子、工匠以及普通的无业游民。罗马新兵招募机构可能会倾向于选择个子高大、身体健壮、习惯于体力劳作的公民，但大多数时候来应征的人的条件只要沾一点边儿，他们可能也会接收。

军团生活

对那些如果不从军，生活就会缺乏安全感、前途暗淡的人来说，军团生活是有吸引力的。军团士兵的薪水微薄——可能仅与普通劳动者的收入相差无几——但是工作有保障，饮食有规律，而且还有升迁的机会。军团士兵刚入伍的年龄往往只有20岁出头，但他们却需要巨大的勇气作出承诺。20年的现役后，还要以“老兵”身份再干5年的轻便杂活。在这25年中，他可能会被派驻到帝国边陲，而且必须严格遵守纪律，否则就会接受残酷的惩罚，例如，如果在值勤时睡着，就会被判棍刑，被战友们乱棍杖毙。原则上，现役期间不允许结婚，但事实上，规章制度管不住人的本性，许多军人在服役期间生儿育女，组建家庭。服役期满，军团士兵有望获赠一块土地。这块土地通常会位于军事殖民区内，与其他退伍老兵的土地挨在一起。

军队在各个层面刻意培养士兵对集体的忠诚度，所以不管士兵们参军的目的是什么，他们很快就会与军队密不可分。

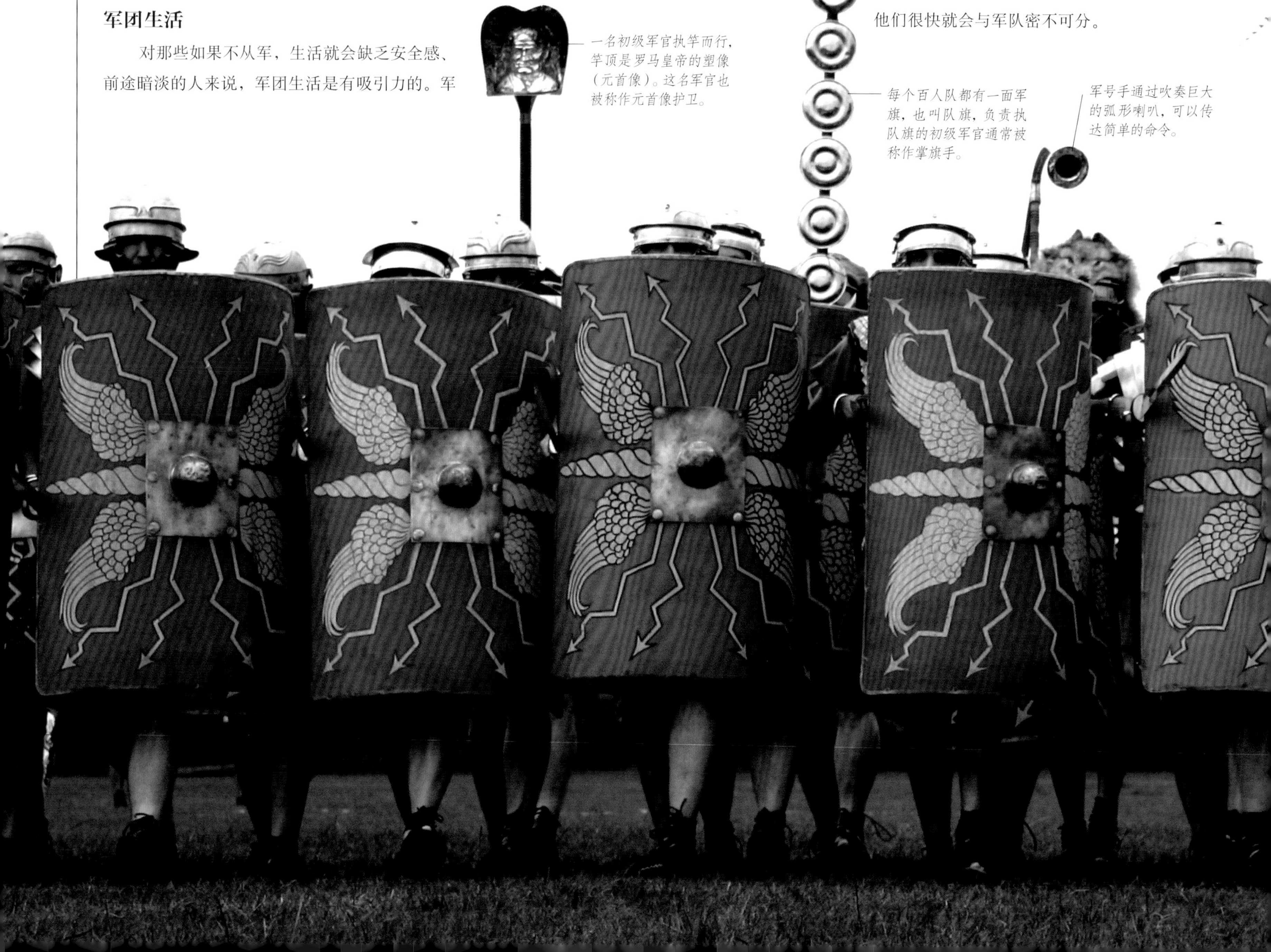

一名初级军官执竿而行，竿顶是罗马皇帝的塑像（元首像）。这名军官也被称作元首像护卫。

每个百人队都有一面军旗，也叫队旗，负责执队旗的初级军官通常被称作掌旗手。

军号手通过吹奏巨大的弧形喇叭，可以传达简单的命令。

一旦一名军团士兵颈上被套上铅制的身份牌，到达被指派的单位，他就加入了一个组织严密、等级分明的团队。他处于这个团队的最底层，属于8人小队中的一员，8人小队居住在营房中的同一个房间，一起进餐。10个8人小队组成一个百人队，由百夫长领导；6个百人队组成一个大队，10个大队构成一个军团。每个军团都有自己悉心维护的传统和标识，以此造就集体认同感，士兵不是瞧不起其他军团，就是视其为竞争对手。

百夫长，和他手下那些被称作“主力兵”（Principales）的下属士官们，共同管理士兵们的日常生活。百夫长在罗马军事系统中起着关键的作用，他管理着罗马军团最重要的基层组织，需要丰富的经验和坚定的领导力。一名军团士兵要想成为百夫长，首先需要在基层忍受至少15年的兵役之苦，但至少某些——也可能是绝大部分——百夫长是通过自己的努力，在军队煎熬多年才被提拔到这个职位上的。百夫长也需要有一定的文化知识，因为作为罗马军团的军官，无论其官职高低，都要经手大量的文件，并进行归档。百夫长级别以上的军官都是统治阶级的成员，由那些为军队赞助了大量资金的有权有势的人通过其影响力所指定。

训练和工作

大部分军团士兵会被派驻到靠近帝国边疆的某处偏远地区，或地中海东岸的城市之一，比如耶路撒冷。罗马视耶路撒冷为极不可靠地区，控制当地需要一支强大的帝国军队。战争往往是零星发生的，军团士兵可能在服役期间的大部分时间都不需要上阵杀敌，而是在军营中执行守卫任务。在这种情况下要让军团士兵保持高水准的军事技能必然是很困难的。在整个服役期内，军团士兵都需要接受军事训练。其训练有三个重点：体能和耐力、熟练使用武器、服从集体纪律。士兵们需要全副武装并在负重的情况下急行军30—50千米（20—30英里），并进行模拟战斗，从一对一厮杀，到整个战斗单位全体上阵参加经过精心设计的军事演习。当然，他们也会操练行军步调，还会进行编队操练，以应对密集队形战斗模式。

除了完成常规的训练、操练、守卫及军中杂役等任务，军团士兵还会对那些很有可能发生犯罪事件或很容易发生叛乱的地区，以及极易遭受境外武装侵犯的地区进行巡逻，以维护当地治安。他们也会承担大型的建设工作，建造民用和军用的建筑工程，包括铺设道路、修建要塞以及搭建引水渠等。例如，英格兰北部的哈德良长城就是军团士兵建造的著名工程之一，其每一段城墙都由不同的百人队修造而成。军团也会发挥制造商的作用，军团里的作坊为军队提供从陶器到武器等大量军需用品。

方形军旗上绘有军团的标志。在战场上，方旗所在之处，就是指挥官所在之处。

罗马军团作战序列

罗马军团士兵拔剑举盾向敌人前进。信号旗和其他军旗都是罗马权力的重要象征，对军团里的作战大队和百人队来说，也是战斗集体的凝聚力和号召力所在。

尽管军团士兵很少参战，但从军就是为了打仗。大多数士兵可能把参战作为逃避日复一日枯燥的驻防任务的一个机会，而且还可以把平日训练的军事技能派上用场。大部分战争都是为了平定帝国内部的叛乱或是抵御境外武装的侵略而开展的攻击性行动。战争的目的就是惩罚那些挑衅者，对他们施以毁灭性的打击，让他们承受刻骨铭心的痛苦教训，以免再生事端。在正常情况下，军团士兵的行军速度可望达到每小时6千米（4英里），如果发生紧急情况，速度会更快。但是罗马军队的实际行军速度是需要考虑补给马车、驮畜和随军攻城装备的移动速度的。一般说来，罗马军团的后勤管理是很出色的。在行军途中，人员和牲畜的伙食都会得到合理的安排，尽管有时他们也会在行军沿途临时搜寻一定量的食物和饲料，这也属正常行为。有时，在出征讨伐敌军时，军团士兵的主要任务就是在行军沿途摧毁整片地区、破坏庄稼、杀掠牲畜以及将村庄和城镇夷为平地。执行这种任务时，罗马士兵总是表现得毫不留情，他们野蛮残忍，甚至灭绝人性。

木制要塞军营

英格兰考文垂附近的伦特罗马要塞军营原为公元1世纪时修建，后世重建了此军营。城门塔的设计参照了图拉真纪功柱上所刻画的要塞城门塔。

建造任务

每天行军结束后，军团士兵都会搭建行军帐营。行军帐营是临时的防御阵地，帐营外会垒建防御土墙及深挖壕沟。所有参战的百人队均要派出人员——可能每队10个人——去干挖壕沟和建造防御土墙的辛苦工作。这些干活的人往往走在行军纵队的前部，其任务就是要在行军纵队到达之前修好营地。

当遇到天然屏障时，行军中的罗马军团会施展出卓越的工程技术能力，让人印象深刻。公元101年第一次对阵达西亚人时，罗马皇帝图拉真麾下军队在多瑙河上迅速搭建了一座浮桥，大军得以顺利过河。

“我很感激……所有人都在凿切石头，劳累了一整天，我作为主力兵却什么都没做。”

——摘自一名驻扎在埃及的罗马士兵所写的家书，109年

位于阿尔及利亚提姆加德的图拉真拱门

军团士兵在帝国各处铺设壮观的石板路，与此同时，皇帝们为了彰显其军事上的成功而大修纪念碑。这处拱门位于一座曾经繁华一时的北非城市中，是为了纪念罗马皇帝图拉真于公元114—117年打败帕提亚人而建的。

在5年后第二次决定性战役前夕，罗马军队二渡多瑙河，并为此修建了一座宏伟的石木拱桥，还在河边悬崖上凿出了一条引桥路。有人指出，军团士兵不应被看作是简单的步兵，而更应被视作战斗工程师。

在那个时代的战争中，围城战占据了重要的一环。围城战的显著特点就是，攻城器械的重要性不亚于作战武器。对于任何进攻队伍来说，想拿下对手誓死坚守的阵地都是十分困难的，但是罗马军团凭借其高超的工程技术和不服输的战斗精神一次又一次地取得了胜利。

马萨达要塞

公元73年，罗马军团士兵攻占了这座位于悬崖顶部的要塞，彰显出了其卓越的工程技术水平，以及顽强的意志力。罗马士兵围城两年后攻入要塞，城破之时，城内仅剩的敌兵全部自杀身亡。

围城战战术及武器

一般说来，围城战旷日持久，即使攻破城墙，拿下堡垒或要塞也非易事。强攻是不得已的下策，需付出巨大代价，守城卫士拒绝投降且顽强抵抗到最后，他们不会期望城破之后敌人会留情。在对要塞发起进攻期间及攻入要塞之后的肉搏战中，士兵亲眼目睹身边战友或牺牲或被投掷物所伤，所以他们一旦获胜，就会肆意烧杀抢掠并沉溺其中。这是对士兵攻城中所受辛苦和曾面临危险的“犒劳”，也是对给他们造成这一切的对手的报复。允许士兵胜利后如此也是罗马刻意为之，意在威慑其他试图挑战罗马权力的人。

军团士兵所承担修建的攻城设施，其规模之大往往让人叹为观止。公元前52年在高卢中部的阿莱西娅（Alesia），罗马军队在围攻韦辛格托里克斯（Vercingetorir）率领的高卢军队时，恺撒麾下军团士兵曾沿高卢军队据守的小山建造了一面带壕沟的防御土墙，将敌军据守的小山围在其中。土墙长18千米（11英里），其中包括23个要塞军营及100多座木制塔楼。在完成了这项大规模的工程后，他们又在土墙之外修了一圈更长的防御型城墙，用以抵御前来解救韦辛格托里克斯的高卢援军。

公元73年，第十军团围攻一群犹太叛乱者据守的巴勒斯坦马萨达山顶要塞。这处要塞修建在高200米（650英尺）的山顶上，旁边全是陡峭的岩石，在滚木礌石攻击下，罗马士兵从山脚到山顶修建了长达600米的斜坡，并且顺着斜坡将攻城槌运上了要塞，最终攻破了城墙。

罗马人还使用攻城炮对敌人进行炮轰。攻城炮大多是弩炮——一种表面上看起来像大弩一样的扭力机。在罗马帝国末期，投石机即单臂投射器代替了弩炮。但是，没有一种攻城机械有足够大的威力能攻破城墙或其他坚固的要塞。攻城机械往往只能在塔楼高处发射，以消灭防御土墙上的守卫军。

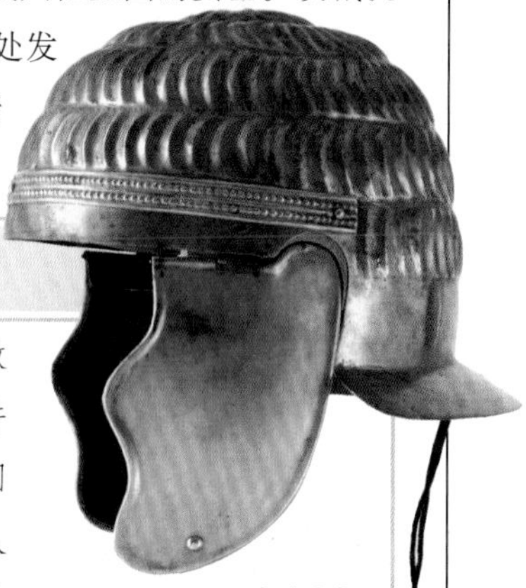

骑兵头盔

罗马辅助部队及骑兵

辅助部队的士兵通常来自罗马帝国疆域内的“野蛮民族”，但并不是罗马公民。“野蛮民族”为罗马军队提供了必要的辅助人员和特殊技能，尤其是用于小规模战斗的轻装步兵；此外骑兵部队中的大多数士兵也来自“野蛮民族”。

与军团士兵一样，辅助部队的士兵也需要服役25年。服役期满的奖励是本人及子孙都会获得罗马公民的身份。辅助部队中的一个大队一般是由来自同一个地区或民族的士兵所组成，但通常会被派遣到家乡之外的地方驻防。他们的薪水比军团士兵低，且似乎总被视为可有可无的人员而被投入到最危险的战斗中去。但另一方面，对他们的管理较松，工作较少，也不会让他们参加工事修建或工程建设，行军途中的负重也较轻。他们与罗马士兵接受几乎一样的军事训练，然而有些地区为罗马军队提供了拥有特殊技能的士兵，比如，巴利阿里群岛的投石兵以及叙利亚的弓箭兵。最重要的是来自巴达维亚、潘诺尼亚和色雷斯的拥有精湛骑术的骑兵。他们手持长矛、标枪和长剑在战场厮杀，是罗马骑兵部队的精英。尽管他们的马没有配备马镫，带角的马鞍却可以让其稳坐马上。

罗马骑兵的主要任务不是对敌方步兵部队实施突袭，而是护卫军队两翼、对敌军开展包围行动，以及在战斗获得胜利后，对败逃的敌军穷追猛打并实施抓捕行动。帝国晚期，骑兵部队的人数可能越来越多，并逐渐在战争中发挥越来越重要的作用。

骑兵训练

当代人重演罗马骑兵用长矛杀敌的训练场景。需要注意的是，罗马骑兵未使用马镫。

辅助部队士兵使用的盾牌

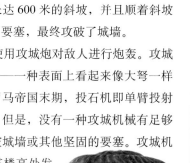

迭锁盾龟甲形攻城阵
使用这种阵形强攻城墙和城门，需要耗费士兵们大量的时间去练习，以保证所有参与进攻的士兵们动作协调一致（右图）。如果阵法成功，将无惧守城敌军射出的箭支和投掷的投射物（最右图）。

以免士兵……应该与同伴隔开，每一个大队的盾牌都会涂上属于自己大队的颜色。每一面盾牌都会写上士兵的名字、这名士兵所属大队的编号，以及所属百人队的名称。

——维吉提乌斯，《军事汇编》，公元 4 世纪

士兵们为了在城墙上撕开一条口子，发起猛攻，必须直接攻上防御城墙。这时就要用上著名的迭锁盾龟甲形攻城阵了。

用拉丁语“乌龟”（testudo）这个词命名这种阵型是非常贴切的——一队士兵在前进中用盾牌挡住头顶及四方，像龟甲一样把自己保护起来。当抵达城墙时，他们用金属撬杠或金属镐捣毁城墙，或尝试在墙下挖掘通道。

作战

爆发全面战争的可能性是很小的，但一旦发生，便是对一名军团士兵士气和战斗技能的终极考验。如果遇上来自“野蛮民族”的军队，罗马大军在战场上并不具备决定性的技术优势。通过使用小型的投石器，即著名的蝎子弩，他们确实部署过自己的野战炮兵，但即使这些投掷武器能准确有效地打击目标，也不能起到决定性的作用，以左右战局的成败。罗马人基本上不会构筑野战工事，只是采取措施保护作战队伍两翼。罗马军团常胜不败靠的是军团士兵们严格的纪律性、坚强的毅力和强健的体魄。固然，他们的盔甲比对手的坚固结实，但双方的剑、矛和盾的质量却是一样的。近身肉搏残酷无情，这需要情绪上的克制，以此来克服内心难以遏制的恐惧；而这时充分发挥作用的是并肩战斗的战友情以及士兵们对大队和军团荣誉的认同感。然而，罗马军团也不是逢战必赢。在公元前 53 年卡雷战役（Battle of Carrhae）中，罗马人被帕提亚弓箭兵击败。公元 9 年，三支罗马军团在条顿堡森林（Teutoburg Forest）被阿尔米纽斯（Arminius）率领的日耳曼部落包围并残酷杀害。公元 60 年，第九军团被爱西尼（Iceni）的布迪卡女王（Queen Boudicca）部分覆灭，随后第十四军团及第二十军团打败了布迪卡女王，再一次替罗马帝国取得不列颠地区的控制权。然而，公元 1 世纪及 2 世纪，罗马军团与帝国境内外的敌人作战时胜率极高，这使人印象深刻。

自公元 3 世纪起，军团时常成为野心勃勃的指挥官权力斗争的工具。经济问题的出现使军队只得采用较之早前更为便宜的盔甲，政治上的混乱则让军队的招募及供养更为困难。在帝国晚期，大多数士兵是应征入伍的，这导致公民 - 军团士兵和“野蛮”辅助人员之间的差别基本上消失殆尽。公元 5 世纪西罗马帝国的最终瓦解却不是罗马军团屡遭挫败的结果，罗马军队大部分的传统在东罗马帝国保留了下来。

罗马炮兵
一队军团士兵正在操作一门弩炮。其中两名士兵正准备将弓弦绞回到发射位置。这种弩炮可以发射石制投射物或重型标枪。

罗马军队战场战术

显然，罗马军队的战术随着时间的推移发生了重大的变化，他们会视对方是罗马人还是“野蛮人”而选择相应的战术策略。罗马人也会根据地形的不同，以及为了对阵由大量骑兵和马车组成的部队而重新布置战斗队形。罗马军团连同其骑兵部队和各种辅助部队，可能采取过下图所示的部队部署，以抵御基本上徒步作战的来自“野蛮民族”的敌人，例如公元1世纪的不列颠人。罗马步兵在战场上以密集队形排列好队伍，最可靠的士兵排在前列。每一支大队的第一个百人队都拥有这支大队最优秀的士兵，他们会被排在队伍的最前面，经验丰富的老兵排在队伍末尾。

战斗打响之前，通常双方的弓箭手、弹弓手和弩炮手会进行长时间的箭、石互射。战斗一旦打响，军团士兵们会迈着缓慢坚定的步伐不发一声向前行进，迎击向他们冲来的敌方士兵。正是这个时刻，军团士兵们的纪律性会接受最严厉的考验，当敌人离得越来越近，士兵们是不能有一点动摇的。其后指挥官会下达冲锋的命令。之前沉默的军团士兵们会发出一声令人毛骨悚然的大吼，将标枪扔入敌群，勇冲向前与敌人展开肉搏，他们会用盾牌推撞敌人，并将短剑刺入敌人身体。

军团战斗序列

一个军团的所有大队并肩排列，也可以是5个大队在前、5个大队在后的排列方式。大队之间会相隔一定的距离，百人队之间也会相隔一定的距离，这对战场上的调遣十分重要。但当敌人冲锋时，相隔一定距离的队列能迅速合拢。

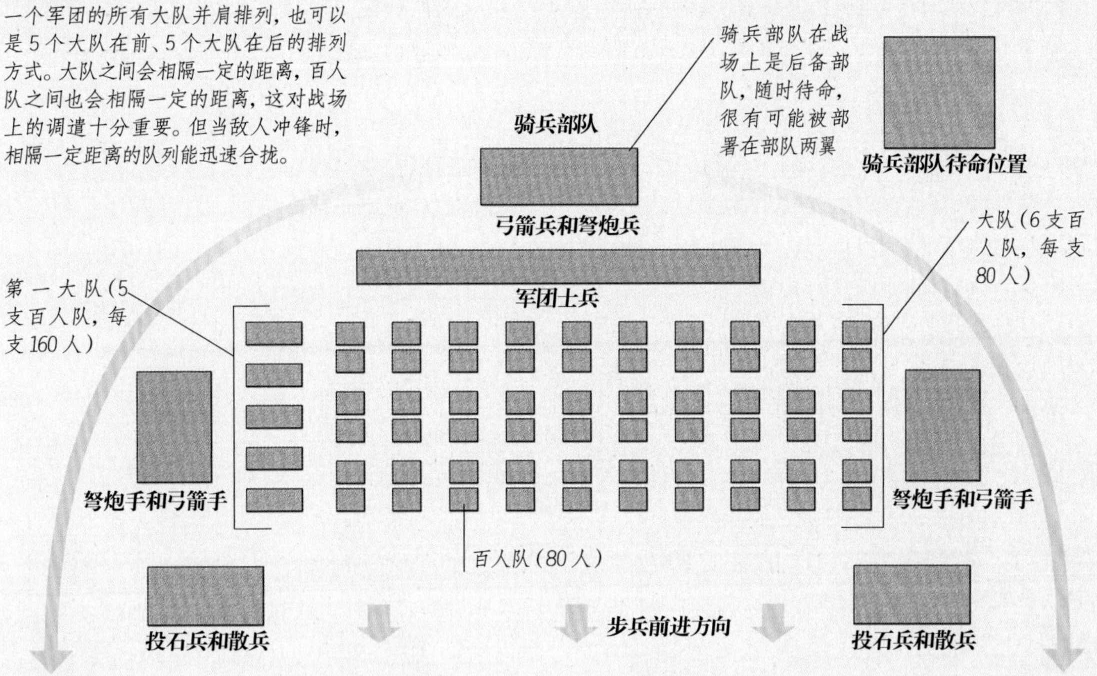

战斗序列

罗马军队视敌人的战斗序列采取不同的战术，可能会首先射箭和发射弩炮，或让散兵和投石兵骚扰敌人。当主力部队即步兵大军前进时，散兵和投石兵会向后撤退。

百人队行军序列

训练有素的军团士兵列队排好，走向战场，前面带队的可能是百夫长和旗手，旗手是执百人队队旗的初级军官。

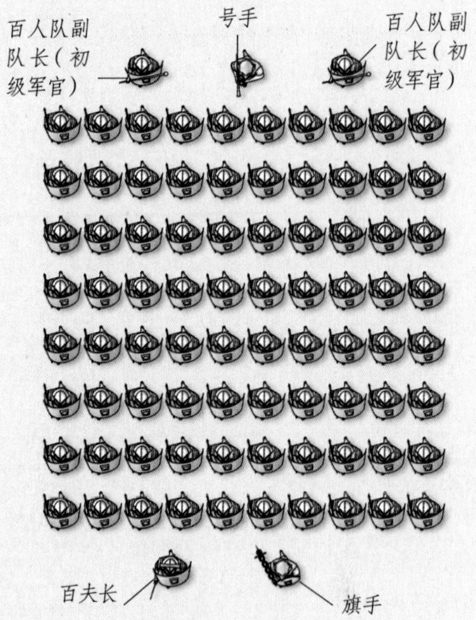

百人队进攻队形

进攻时，百人队部署成4排，首先向敌人密集投掷标枪，然后士兵们手持盾牌连成盾墙，以密集队形冲向敌人，势如破竹。

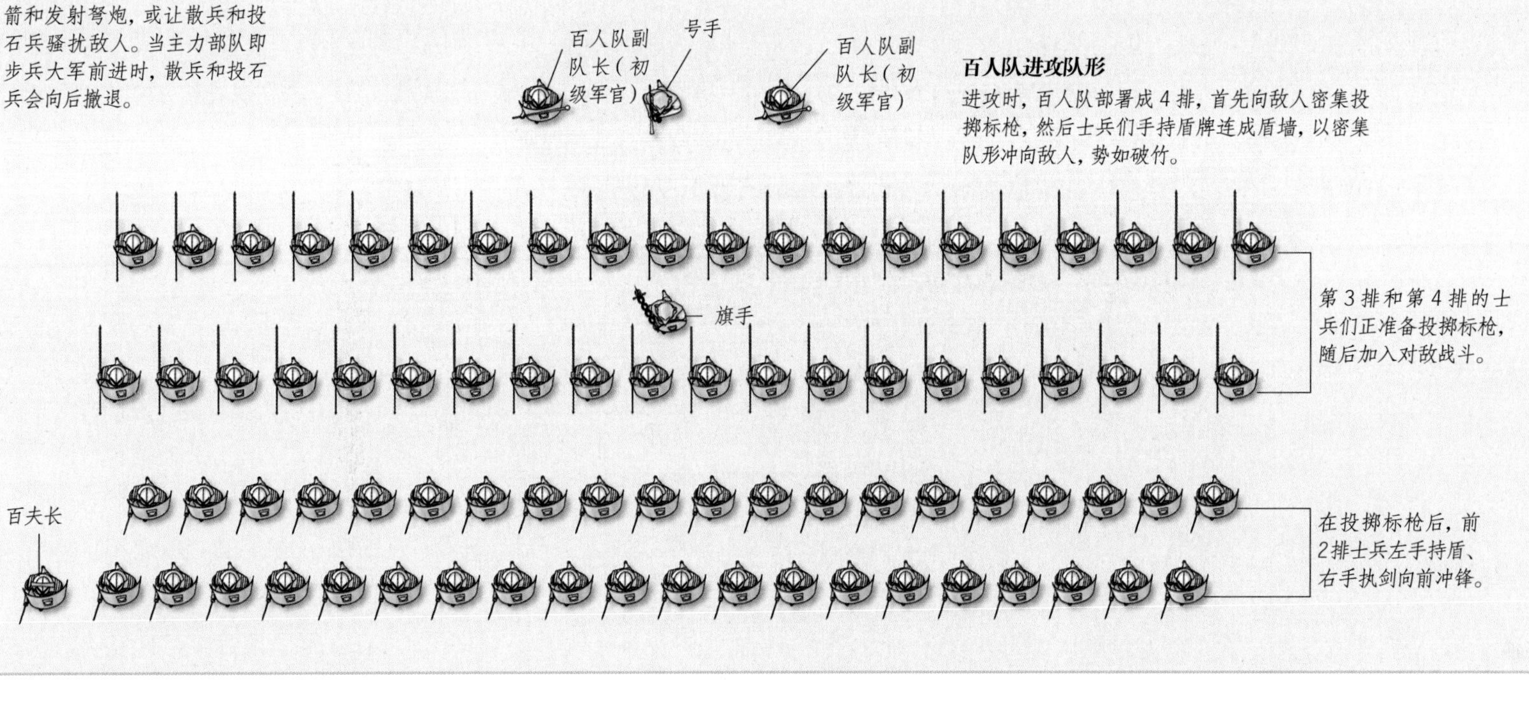

罗马士兵盔甲

罗马军团士兵盔甲的设计是一个折中方案，盔甲既能起到保护作用，又有轻便、穿戴上后行动自如的优点。铁制的头盔和护胸铠甲很好地保护了头、双肩和躯干，但双臂和双腿没有采取任何保护措施。可是，据说士兵们有时也会穿上护胫甲保护双腿，甚至也会戴上护臂，护臂由相互交叠的甲片组成，非常灵活。不论驻扎在帝国的任何地方，帝国军团在着装上都相当一致，特别是在公元 1 世纪时，但可以肯定的是，不同的军团在铠甲和头盔上时常会有自己独特的风格。

年轻的士兵必须经常练习，才能够在负重达 27 千克（60 磅）的情况下也能正常行军。

——维吉提乌斯，《军事汇编》，公元 4 世纪

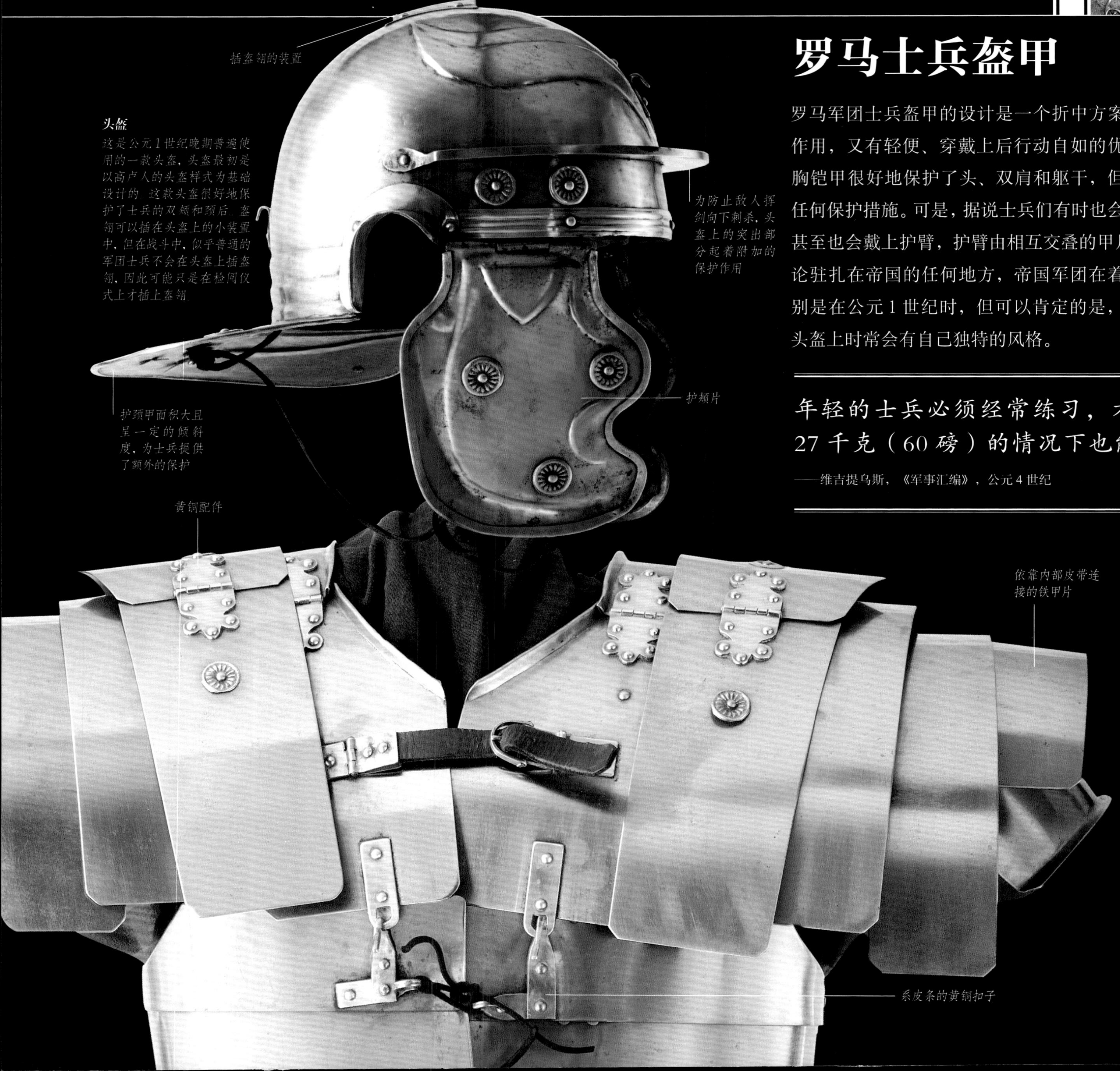

头盔
这是公元 1 世纪晚期普遍使用的一款头盔，头盔最初是以高卢人的头盔样式为基础设计的。这款头盔很好地保护了士兵的双颊和颈后。盔翎可以插在头盔上的小装置中，但在战斗中，似乎普通的军团士兵不会在头盔上插盔翎，因此可能只是在检阅仪式上才插上盔翎

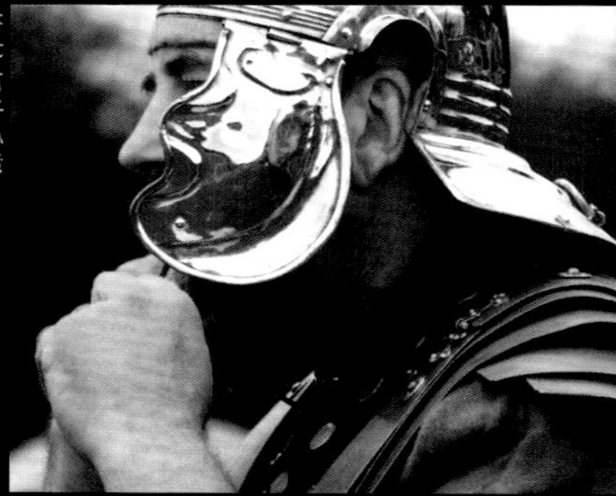
将护颊片系紧

挂在颈部的幸运牌

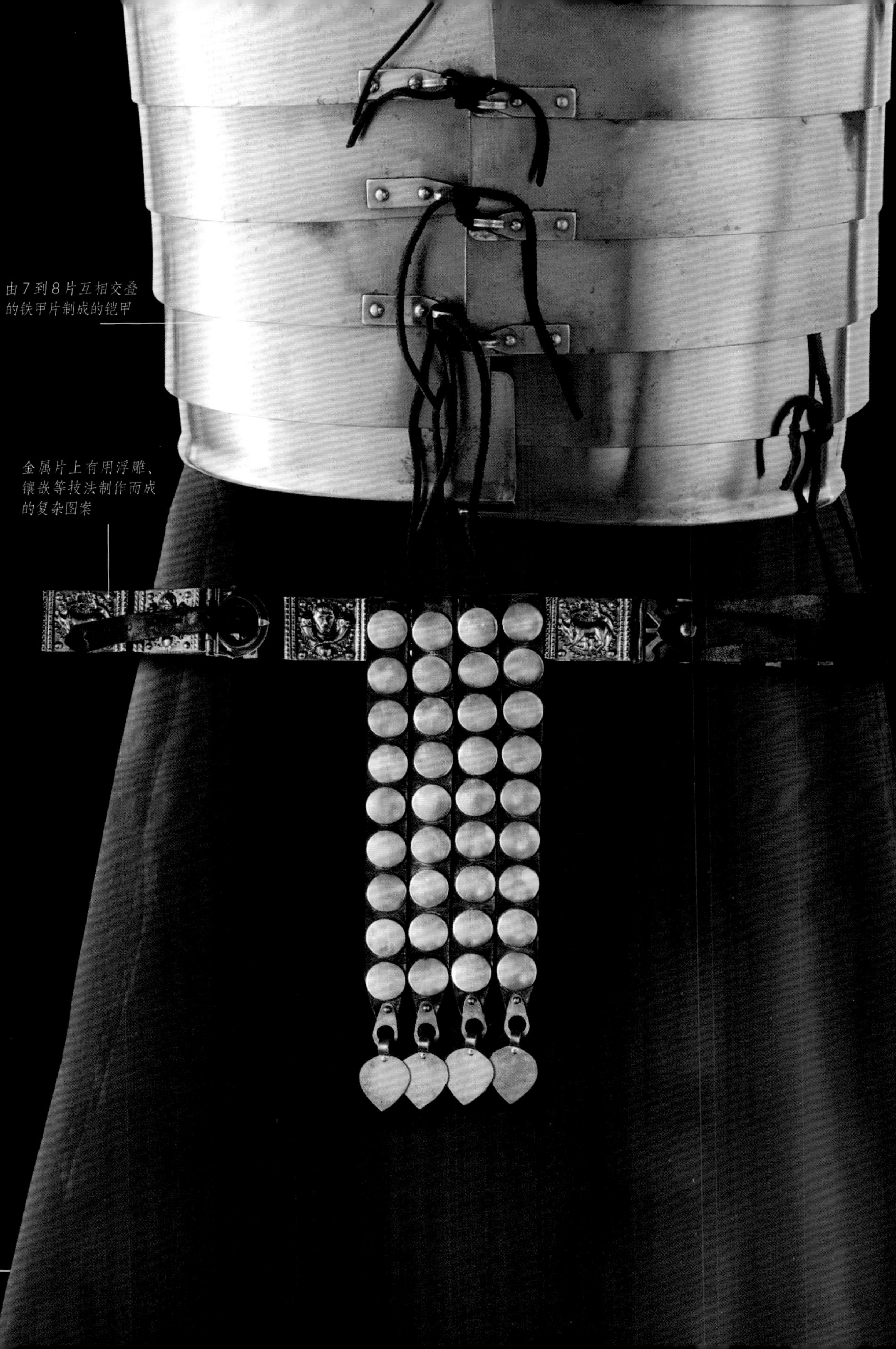

由7到8片互相交叠的铁甲片制成的铠甲

金属片上有用浮雕、镶嵌等技法制作而成的复杂图案

护胸铠甲

由互相交迭的铁制甲片做成的胸甲是很普通的，但在公元1世纪的时候绝不普遍。罗马图拉真纪功柱上刻画的军团士兵就是穿着这样的胸甲。胸甲可能重达9千克(20磅)，为使穿上胸甲的士兵坐着舒服，可能在胸甲里层缝了衬垫。

系上护胸铠甲

系在腰带上的皮制钱袋

腰带和围裙

当军团士兵没有穿戴铠甲时，他会系上装饰华丽的腰带，穿上围裙，围裙吊在腰带上，上面镶有饰钉，腰带和围裙表明士兵的身份。当士兵被开除军籍时，他会被正式地除去腰带。

束腰外衣(战袍)

罗马士兵的羊毛束腰外衣比平民的稍短，但其他细节基本上是一模一样的。颜色大概是灰白色或染成红色，可能会根据军阶不同而有所不同。

鞋面为整块皮料一次裁剪并镂空

铁钉图案对脚后跟和脚掌起支撑作用

军用带子鞋

士兵们穿的底部镶有铁钉的耐磨带子鞋，也称作战靴(Caligae)。公元1世纪，罗马帝国全国的军人都穿着几乎同样款式的带子鞋。

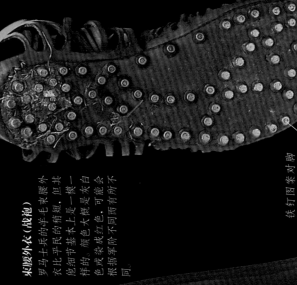

罗马士兵武器和装备

一名军团士兵在行军中不仅要携带自己的盔甲、盾牌和武器，其重量最高可达20千克（44磅），而且要背负一大包装备，从工兵铲到蒸煮食物用的锅碗瓢盆，这又会使他的负重再增加15千克（33磅）。骡子和牛车承载更重的东西，比如将小麦磨成粉的磨石。理论上，一些士兵不用背负装备，万一遇到敌人的埋伏，他们可以随时战斗。在帝国时期，一名步兵的标准武器是两支重标枪——用于阻止敌人的冲锋，或者在军队进攻前用于削弱敌人的战斗力，以及一支短剑，用于战斗打响时与敌人的肉搏战。此外，许多罗马士兵还会携带一把短匕首。

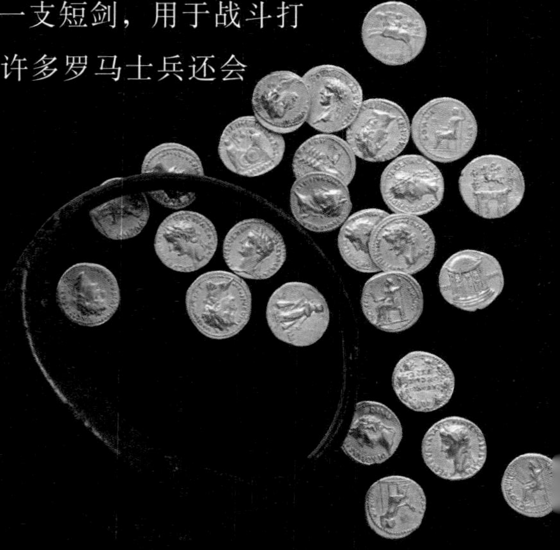

士兵薪水

这一堆金币出土于英国东南部的肯特郡，其年代可追溯到公元43年罗马入侵不列颠时期。金币也许是罗马军队某位军人的积蓄，大概是一名军官，因为这堆金币是一名普通士兵4年的薪水。士兵们将钱装在类似手镯状的钱袋里，只有从手腕上解下才能打开。

行军包

一名士兵的装备根据气候和战争性质的不同而有明显的变化，但正常情况下会包括搭设临时营帐和修建堡垒所需的基本工具，以及一只装有3天定量粮食和私人物品的随身包。而其他物品可以轻松地被绑在T形扁担上。

短剑

这把剑芒尖利的短剑是刺杀敌人的有力武器，训练有素的敌我双方进行肉搏战时，士兵可从盾牌内侧抽出短剑刺向敌人。图中的剑长约70厘米(28英寸)，年代可追溯到公元1世纪晚期，与图拉真纪功柱上的士兵所佩戴的短剑一样。剑柄、剑柄圆头和剑身的准确数据是根据庞贝古城出土的短剑测量而出的。罗马帝国晚期，短剑的长度明显增加。

他们携带……一把锯子、一只筐子、一把镐和一把斧子，以及一根皮带、一把镰刀……还有3天的定量粮食。事实上，步兵携带这么多的装备，他跟骡子没两样。

——夫拉维·约瑟夫关于犹太战争的描述，公元1世纪

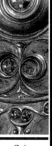

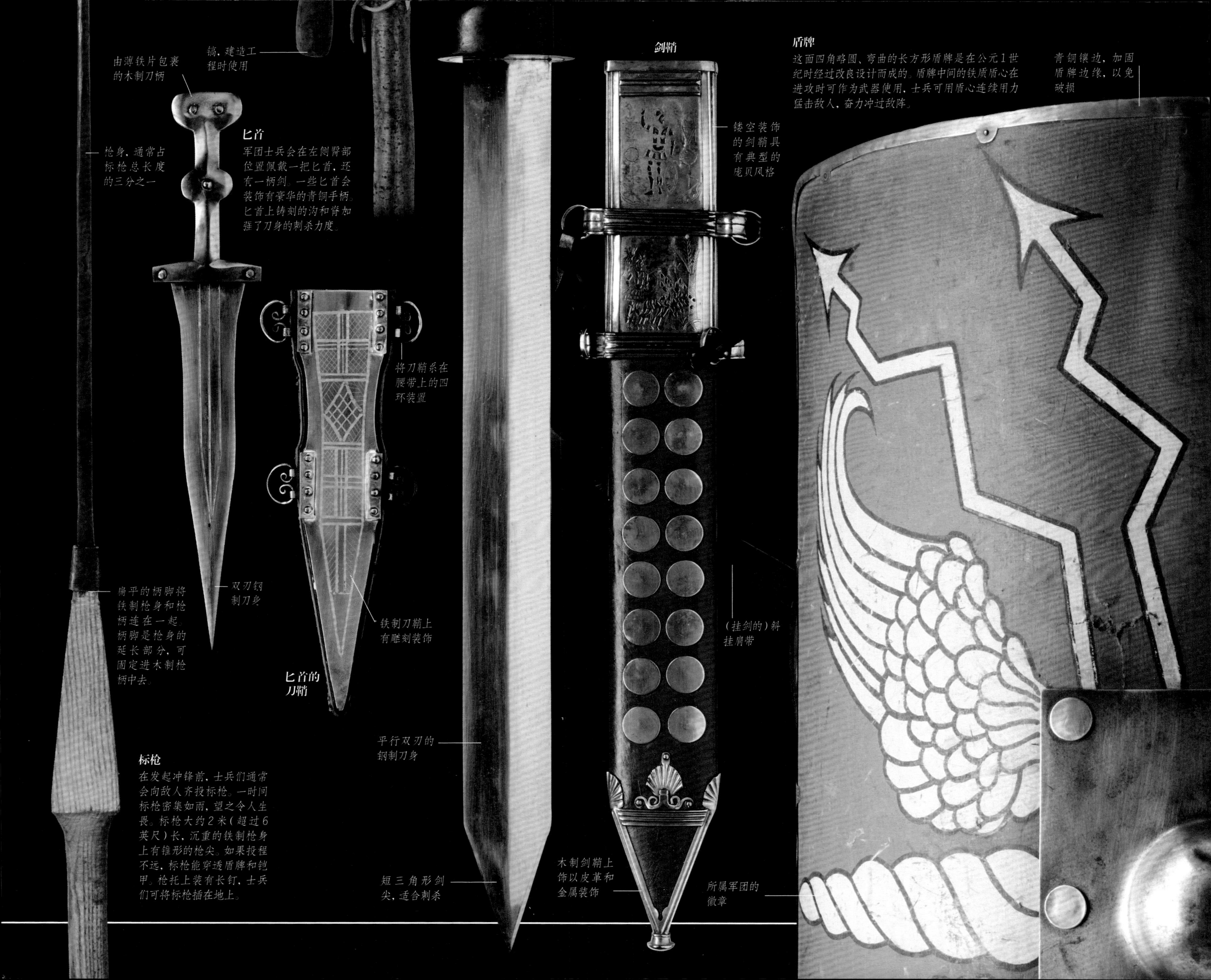

盾牌

这面四角略圆、弯曲的长方形盾牌是在公元1世纪时经过改良设计而成的。盾牌中间的铁质盾心在进攻时可作为武器使用，士兵可用盾心连续用力猛击敌人，奋力冲过敌阵。

剑鞘

匕首

军团士兵会在左侧臀部位置佩戴一把匕首，还有一柄剑。一些匕首会装饰有豪华的青铜手柄。匕首上铸刻的沟和脊加强了刀身的刺杀力度。

标枪

在发起冲锋前，士兵们通常会向敌人齐投标枪。一时间标枪密集如雨，望之令人生畏。标枪大约2米（超过6英尺）长，沉重的铁制枪身上有锥形的枪尖。如果投程不远，标枪能穿透盾牌和铠甲。枪托上装有长钉，士兵们可将标枪插在地上。

罗马城堡

在古代世界，罗马人是建造堡垒要塞最优秀的行家。在行军途中，一个军团会在每处驻扎地修建由防御土墙和壕沟环绕的城堡。建造城堡总是军团士兵们的活儿，而打仗可能就会落到相对缺乏良好训练的辅助人员头上。英格兰北部阿拜亚（Arbeia）的城堡可能就是由罗马人所建造，尽管城堡建好后是辅助部队的营地。

与重建的阿拜亚罗马城堡类似的永久性建筑都是石头建筑，而不是用作临时兵营的木头建筑。在可能存在敌对的占领区维持罗马的军事力量，城堡一般会用作兵营、补给站和指挥部。受过教育的士兵除了执行军事任务外，可能会被派去做一些文职工作，撰写一些罗马行政机构要求的书面记录。城堡作为罗马文化的前哨，罗马人并不会在修建过程中考虑当地的文化和气候，故而城堡在帝国的任何地方都呈现着相似的特点。城堡的生活条件简陋，居住狭窄，但有供热水的浴室和可用自来水冲洗的厕所。与差不多在2000年后克里米亚战争中军队的营房条件相比较，罗马城堡的卫生条件都要好得多。

为了服务罗马军队，当地平民在城堡周围聚集并形成定居点，许多当代的城镇就是由当初的罗马军事基地逐渐发展起来的。

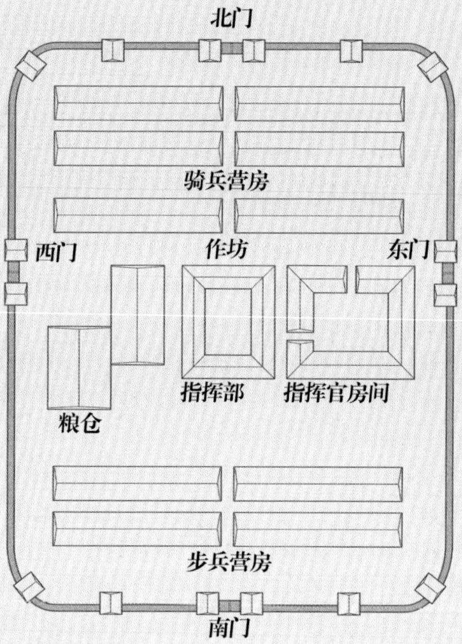

罗马城堡的布局
阿拜亚的这座城堡是一个小型的罗马城堡，大概能够容纳600人。能容纳5000人的军团城堡比这要大得多，但布局也与之相似。城堡中设骑兵营房、步兵营房、作坊、粮仓以及指挥部。

> “其他军队要花费几天做完的事，你们只需要一天就完成了：你们筑起了一道墙……在规定时间内筑起了一道覆盖草皮的防御壁垒。”
>
> ——罗马皇帝哈德良在现在阿尔及利亚的龙柏斯（Lambaesis）对军队的讲话

城堡驻防
罗马城堡的军营生活，对当代正规军中的任何一名士兵来说都是很熟悉的，包括早间检阅、操练、执勤、巡逻、训练演习、维修装备，以及清理厕所等。

建造城堡
军团士兵在达西亚战争（101年-102）期间建造了一座石头城堡。为防敌人突袭，士兵们在工作的时候也全副武装。

门楼上的城垛
从匾上的文字来看，这座城堡大约是由公元163-166年不列颠总督塞克斯塔斯·阿尔科尔尼乌斯·阿格里科拉（Sextus Calpurnius Agricola）统率下的第六胜利军团所建。

门
部落武士可能会袭击罗马占领下的不列颠，但却攻不破城堡坚固的墙和大门。

门楼

阿拜亚城堡位于英格兰北部泰恩河入海口处，其门楼系后人为恢复其原貌而重新修建的。城堡建于公元2世纪，为把守哈德良长城的军队提供补给。图中的双子塔楼很壮观，但却比其他一些罗马城堡的塔楼体量要小，那些城堡的门楼达四层楼高。

营房

阿拜亚城堡营房区的外墙用石头砌成，并抹上灰泥，内墙是外表涂泥的篱笆墙。驻扎于此的辅助军队也可能与军团士兵一样，分成 8 人小队或 10 人组。每个步兵营区住 5 个 8 人小队，每个 8 人小队住在一套狭小的两居室内，房间内除了住人，士兵们的大部分装备也放在其中。百夫长和级别较低的官员住在营房端头稍大一点的套房中。骑兵住的营房面积跟步兵的差不多大，每个营区住 30 名士兵，还需要容纳他们的战马，条件甚至还不如步兵。

信和尖头铁笔

士兵们用墨水在薄薄的木板上，或者用尖头铁笔在蜡上书写公函和家信。信的尺寸大概同大张的明信片差不多。

营房内外

房间里几乎没有窗户让阳光和新鲜空气进来，屋顶每隔一定距离会将屋瓦揭开用以安装通风口。阿拜亚的内墙是外表涂泥的篱笆墙（见左图），这种抹灰工程可节省成本。

宿舍

罗马军队 8 人小队的普通士兵们会在两居室中较大的那间度过自己军旅生涯的绝大部分时间。在这个房间中，他们或者盖着羊毛毯子睡在图中那样的床上，或者直接睡在放于地板上的床垫上。

卫生设备

许多城堡在驻地外有一间浴室，而指挥官一家却在自家有私人浴室。哈德良长城附近的公共厕所虽然缺乏隐私，但却配备有高品质的管道系统。

住宅庭院

整套住宅围绕一处敞开的庭院而建，庭院中可能还会安装有喷泉。庭院的围墙上可能装饰有花园的景致。带柱廊的走道通往住宅里的主要房间。

单间

这是分配给 8 人小队的套房中较小的那间房，这间房要么用来住人，要么存放士兵们自己的军事装备。

棋盘游戏

众所周知，无任务的时候，士兵们用骰子和筹码玩各种各样的棋盘游戏，用以消磨空闲时间。

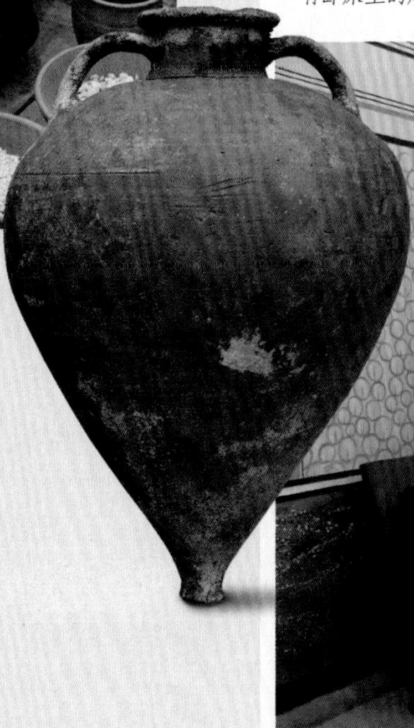

饮食

官兵们的饮食似乎相当多样化，品种包括面包，当地出产的肉、蔬菜和水果。装在双耳瓦罐里的奢侈品由西班牙和意大利海运过来，包括葡萄酒、橄榄油和鱼酱油（一种以鱼介类为原料的调味料，罗马人经常用作食物的调味剂）。

指挥官的住宅

与士兵们普遍清贫的军营生活形成了强烈反差的是，城堡指挥官配备有一座舒适的房子。罗马人不管走到哪里，都会把罗马国内的建筑风格带到那里。这套住宅模仿了典型地中海风格的大住宅，住宅里有几间餐厅、几间卧室、一间厨房和几间马厩，还自配有地下暖坑（地热系统）。建造这座住宅的主人完全无视当地的气候，住宅的房间围绕一个开敞的中央庭院而建，房间的通风效果很好。而在罗马帝国北疆的隆冬季节，这种豪华住宅的吸引力大大降低。

指挥官的卧室

与营房宿舍不同，住宅里的卧室都很宽敞。而且因为有地下暖坑，房间里很温暖。不管是家具还是装饰都反映了那个年代罗马城的品位。所有卧床上的雕刻都十分精致，有时还会涂上各种色彩。

罗马的敌人

罗马人四处征战，敌人从国家或帝国的军队——包括西方的迦太基人、东方的帕提亚人和萨珊王朝的波斯人——到部落战团和游牧民族的骑兵部队。这些不同的军队在技术上差别并不太大，甚至跟罗马军队也相差不大，但是，在战略上、在军队的组织结构上、在训练上以及对战争的看法上，他们之间却有着天壤之别。与追随部落首领作战的凯尔特或者日耳曼部落战士相比，迦太基这种会说数国语言的军队则更为复杂，而这两者的差异使他们在战场上的表现各异——迦太基军队差一点就征服了罗马城。

迦太基人

公元前218年，雄心勃勃的迦太基将军汉尼拔挥军入侵意大利，他统率的这支军队是一支有着多元文化背景的雇佣军，士兵们主要来自迦太基的北非联盟国家或其附庸国，以及西班牙。军队统帅并未尝试将这样的一支军队融合成一支各方面整齐划一的军队。相反，来自不同民族的士兵结成了自己的小团体，以自己的风格参加战斗。利比亚人是让人敬畏的步兵，而半游牧民族努米底亚人（Numidians）是出色的轻骑兵，他们骑着无鞍马，手持标枪和长矛作战。巴利阿里群岛人特别擅长使用弹弓，能用弹弓射出一阵雨点般的石头或铅弹。汉尼拔的战象是产自非洲的小型品种，大部分的战象都是努米底亚人提供的，战象能够扰乱敌人的骑兵部队，而且为弓箭兵或标枪兵提供一个射杀的平台。

将这支多元化的军队凝聚在一起并肩作战的是情谊，尤其是发自内心的对指挥官的忠诚。雇佣兵们只要能按时领取军饷或者能被允许在战争中抢劫掠夺，就会有一直战斗下去的动力。公元前216年坎尼之战，汉尼拔率军血洗战场，罗马人一败涂地，此后，汉尼拔在意大利征战15年，始终立于不败之地。当战场最终转向北非，迦太基军队中占绝大多数的都是在北非当地被征入伍的士兵。公元前202年，这支战斗力已经大为削弱的军队最终在扎马（Zama）被罗马人彻底打败。

装饰华丽的迦太基胸甲

异国军队

一位16世纪的艺术家试图描绘出自己脑海中汉尼拔统率下迦太基大军的印象，来自不同民族和地区的士兵聚合在一起，形成了独特的异域风情。战象的用途之一有可能是作为移动的战地指挥所。

日耳曼人

从公元前2世纪到公元5世纪，由日耳曼部落、条顿人、阿拉曼人、哥特人、法兰克人、汪达尔人及许多其他力量组成的日耳曼联盟，是罗马帝国最顽强和最坚韧的敌人。日耳曼人习惯于几乎是长期存在的部落之间的战争。在战争中，通常是一群部落年轻人跟随一名经验丰富、因英勇豪侠而远近闻名的勇士四处征战。他们的战斗阵形更紧密，更讲究士兵间的协调配合，这样的战场战术似乎与凯尔特人不同。

> “他们认为其温顺愚蠢……他们过去可能要靠流血才能得到的，现在只流汗就可以得到。”
>
> ——塔西佗关于日耳曼民族性格的描述，公元1世纪

根据恺撒在公元前1世纪的记录可知，他们手持铁质尖矛，以紧密的步兵方阵作战。

日耳曼人善于避免与敌激战，他们更多的是施行伏击战以及骚扰敌人、边打边跑的战术。正是应用这种战术，他们在公元9世纪条顿堡森林一战中，削弱并最终击败了由瓦鲁斯（Varus）统领的罗马军团。骑兵逐渐成为日耳曼军队的重要力量。骑兵步兵并肩作战。在东哥特人和汪达尔人中，逐渐出现了重装骑兵贵族，他们是中世纪骑士的前身。

被击败的日耳曼人

这块路德维希石棺上的浮雕制作时间大约在公元250年，浮雕刻画了胡子刮得很干净的罗马人击败身体多毛、面部留须的日耳曼勇士的场景。

许多日耳曼部落战士也在罗马军队中找到了差事，成为罗马辅助军队的一员，到公元4世纪，西罗马帝国晚期，日耳曼籍辅助人员在罗马军队中占据了举足轻重的位置。公元410年，哥特人洗劫了罗马城，而这些哥特人就曾经是罗马军队的士兵，当西罗马帝国分崩离析之时，正是哥特人和其他日耳曼部落的首领在帝国灭亡的废墟上建立起了许多新兴国家。

凯尔特人

西欧的凯尔特人——高卢人、伊比利亚人、不列颠人——有着与众不同的战争风格，与罗马人形成鲜明对照。一批批年轻男性，追随一位以力量和勇气远近闻名的领袖，频繁袭击邻近部族。部落战争可能非常着重于形式，首先是武士单枪匹马出阵显示自己的英勇无双，并向敌军提出挑战，要求单独决斗。进攻的时候，武士们伴随着嘈杂的人声疯狂向前冲。许多罗马历史学家都提到凯尔特人裸体打仗，其实他们通常还是会穿上一件束腰外衣，下身穿上长裤。精英勇士们会戴上头盔，甚至还会穿上锁子甲衣或皮制的铠甲，但是他们的主要防御工具还是盾牌。他们大部分时候步行作战，作战时使用长剑劈砍，用短矛刺杀。一些凯尔特部族会利用战车打乱敌人的军阵。

凯尔特人在公元前4世纪入侵意大利，正是在那时罗马人第一次与他们沙场相见，随后与之多次交战，最著名的当属公元前52年与韦森盖托里克斯（Vercingetorix）统率下的高卢人的一役，以及61—62年在不列颠镇压布迪卡女王领导的起义。罗马人对凯尔特人的强壮体力以及在战场上的蛮勇印象深刻，当提到他们的体力时，罗马人将之描述为个头较高的健硕肌肉男。

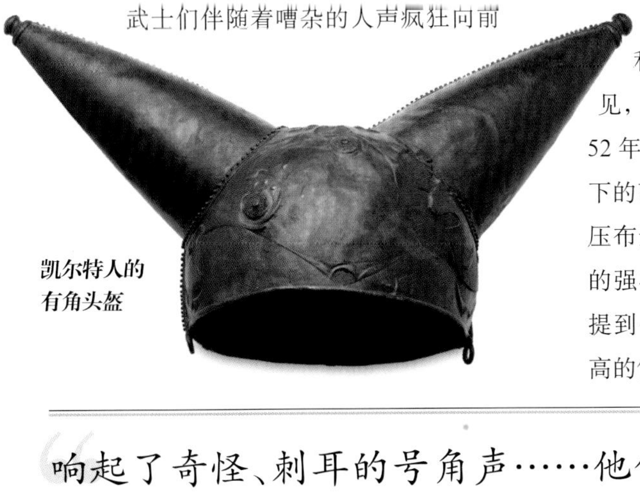

凯尔特人的有角头盔

仪式性盾牌

这面盾牌是由青铜制成的，上面镶嵌有彩色玻璃，曾经为不列颠地区的一位凯尔特精英勇士所使用。其制作时间是公元前2世纪，它可能使用于仪式而非作战。

> “响起了奇怪、刺耳的号角声……他们用剑有节奏地击打盾牌。”
>
> ——狄奥多罗斯·西可罗斯（Diodorus Siculus）关于战斗中的凯尔特人的描绘，公元前1世纪

公元450—1500年

征服与骑士制度

中世纪的战争中，在欧亚大陆的大部分地区，骑兵渐渐成为战场上的重要力量。一名地位较高的勇士则被定义为骑兵。到了公元6世纪，拜占庭帝国的重骑兵即铁甲骑兵成为军队的核心力量。受伊斯兰教新教义激发的阿拉伯军队，于公元7世纪以及8世纪在马背上征服了天下，远至阿富汗，西边横扫北非，直达西班牙。中世纪西欧的铁甲骑士，手持长矛在战场冲锋陷阵，无疑是军事史上最具代表性的战士之一。

黑斯廷斯战役

1066年10月14日，在黑斯廷斯一战中击败盎格鲁－撒克逊人的诺曼军队是一支骑兵与步兵各占一半的军队。这些重骑兵当时还没有能享受到同中世纪骑士一样的社会地位，他们只是能够出钱买得起一匹战马的职业军人。

突厥人与蒙古人

中世纪时，来自顽强坚韧的中亚游牧民族的骑兵勇士曾经在很长时期内金戈铁马，气吞万里如虎。他们以复合弓作为主要武器，在战争中屡次击败来自文明的定居民族那些行动迟缓的军队。塞尔柱突厥人于公元1071年在曼齐克特战役（Battle of Manzikert）中击败了拜占庭帝国军队，在接下来的那个世纪，女真人征服了中原宋朝的北方地区，而来自亚洲的塞尔柱突厥人和女真人都是在马背上得到的天下。不过，来自欧亚大草原最著名的骑兵勇士是蒙古人，公元13世纪早期，他们在成吉思汗的统率下开始了惊人的征服世界之旅。

当成吉思汗之孙忽必烈于1294年去世时，蒙古人统治了整个中国、中亚、东亚的部分地区以及东欧。完全是因为距离遥远，蒙古骑兵鞭长莫及，西欧才逃脱了被蒙古征服的命运——但当

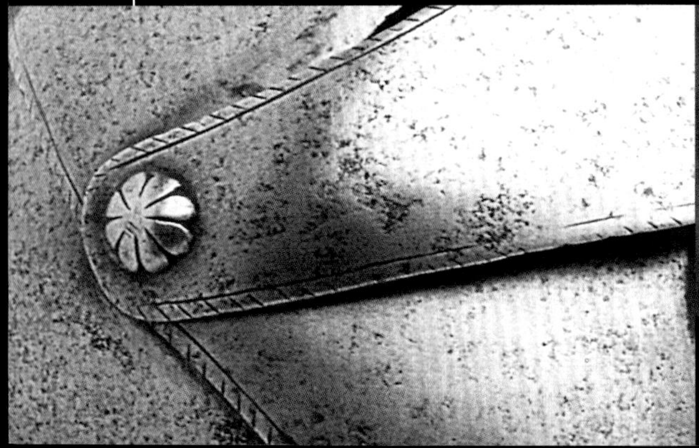

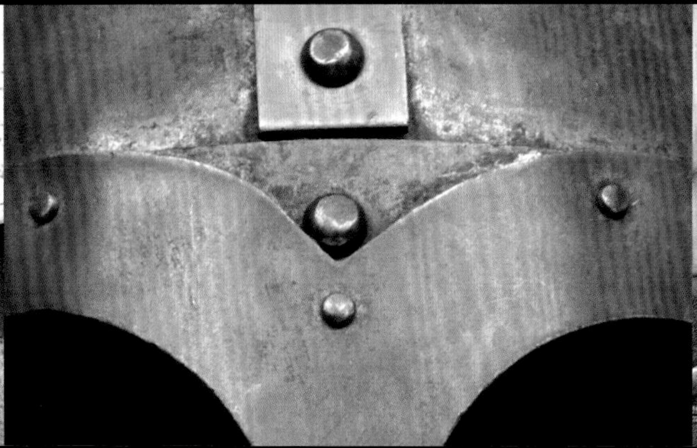

1241 年李格尼茨战役（Batle of Liegnitz）时，蒙古骑兵遇到了基督教骑士，战斗的结果是后者一败涂地。

基督教欧洲

在中世纪早期，日耳曼民族统治的西欧是一片相对落后的地区，其军事体系是建立在部落战团的基础之上的。穆斯林、马扎尔人（Magyars）、维京人不断袭击西欧，开展侵略行动，以致占领土地并殖民开拓。到了 9 世纪，法兰克人声称是西罗马帝国的继承者，更多地依赖文化吸纳而不是军事力量去努力维护其基督教的统治范围。这一切让维京人心生畏惧，他们与法兰克王国的臣民通婚并采用法语作为交流工具。另一方面，虽然诺曼人与其他基督教勇士并无二异，他们却在 11 世纪征服了盎格鲁－撒克逊英格兰、西西里岛以及意大利南部。

侠义骑士

正是中世纪的欧洲，那个世纪，重装骑士成为欧洲中世纪时期的精英勇士。在那时出现了大量描写骑士和颂扬骑士精神的文学作品，以骑士精神为行为规范的骑士是一种特殊的身份，在当时会举行公开授予仪式。骑士们完全相信，手持长矛和剑进行近距离战斗是唯一受人尊敬的战争形式。随着时间的推移，金属加工技术不断发展，产生了杀伤性极强的刃物兵器以及防护性能极为优越的板甲，骑士们从中受益颇多。11 世纪 90 年代，欧洲骑士开始了第一次十字军东征，这是对地中海东岸的穆斯林势力进行的一次侵略战争。一些骑士属于军事修士会组织，比如效仿僧侣修会设立的医院骑士团和圣殿骑士团。但是，身佩十字架图案披风的十字军骑士仍然于 1204 年洗劫了基督教的君士坦丁堡。13 世纪末，十字军被赶出了巴勒斯坦，但是他们继续讨伐基督教欧洲的周边区域——与西班牙的穆斯林以及东部的“异教徒”作战。

步兵和枪

在欧洲内部的基督教国家之间，基本上战火连绵不绝，欧洲大陆成了战斗技能和军事技术的试验场。尽管只有骑士被认为是真正的勇士，但在战争中求胜的目的推动了步兵作战方法的进一步研究，更有效的方法产生了。持长枪或长戟的底层步兵、持弩或长弓的弓箭兵在战场上杀敌效率都是最高的。在 1346 年的克雷西战役（Battle of Crécy）中，火药武器可能是第一次出现在欧洲战场上。随着火药制作的进步和金属铸件工艺的改良，火药武器得到了改进。到了 15 世纪下半叶，步兵开始使用火药武器，这标志着欧洲战场上重骑兵称雄一时的局面结束了。

得胜的武士

日本人是 13 世纪极少数打败过蒙古人的民族之一。1281 年，忽必烈率军企图入侵日本，最终兵败而归。图中，武士们正在守卫一堵建在海岸上的石墙，以阻止侵略大军登陆。

世界其他地区的军事发展

在那时世界上有些地方，军事上的发展走了自己的路，几乎不受欧亚大陆的影响。日本的武士类似于中世纪骑士，也是一名勇士，其行为理论上是奉行骑士精神的，日本称之为武士道（bushido）。但是武士不同于成群出现的持骑枪冲锋的骑兵，他们也不会轻视投掷武器的使用，因为他们最初选择弓作为武器。

美洲及南美洲地区在一千年的时间里已经形成了一个不同于其他任何地方的战争传统。因为没有马匹，当地人靠步行作战，其使用的武器几乎都是木头和石头制作的，然而他们在这些有限的军事基础之上却建立了高度文明的帝国。16 世纪，拥有马匹、剑、盔甲和火药武器的欧洲人举兵入侵，原住民们低劣的军事装备在侵略者面前不堪一击。

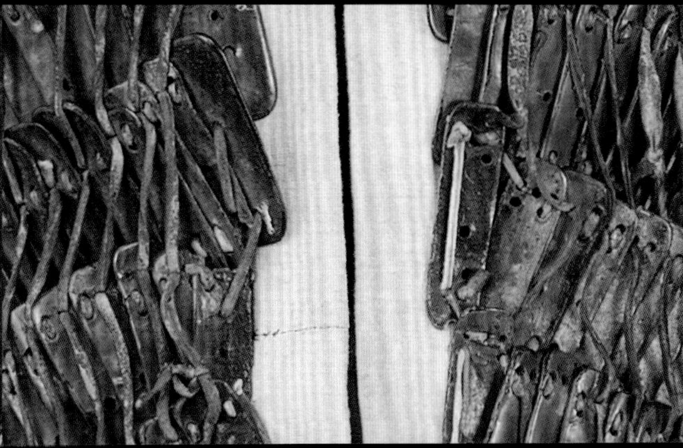

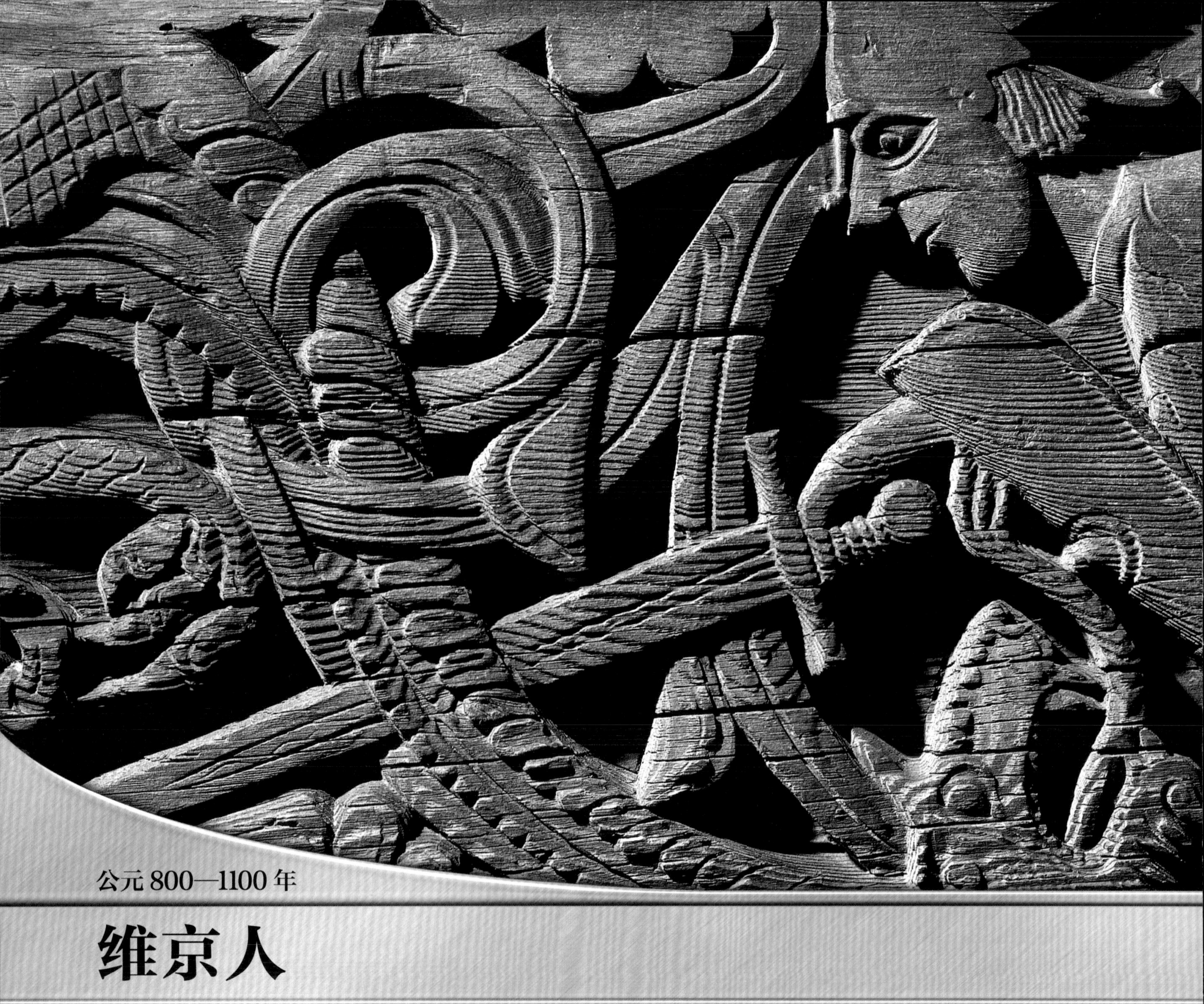

公元 800—1100 年

维京人

自维京海盗入侵不列颠后，北方的异教徒如带刺的大黄蜂般随之蜂拥而来。他们像可怕的狼一样四处乱窜，干着抢劫、破坏、杀戮……的勾当。

——达勒姆的西米恩（Simeon of Durham），《王者本纪》（*Historia Regum*），1129年

在公元8世纪末的历史资料中，第一次出现了来自斯堪的纳维亚半岛的维京勇士，他们在海上抢劫掠夺，并恐吓、威胁居住在西欧海岸附近的居民和海上的岛民。随着时间的推移，劫掠升级为对外征服战争，并殖民开拓，设立永久定居点。维京人的冒险航行最远到过北美，以及顺俄罗斯河流而下，直到黑海。维京人成功的关键在于维京长船的不同凡响以及他们海上冒险的精神及魄力，不过他们在陆地上也是令人闻风丧胆的战士。

为什么斯堪的纳维亚半岛上的农业和渔民聚居区会突然出现猖獗的海上匪盗，骚扰劫掠盎格鲁－撒克逊英格兰和法兰克王国的民众，这个问题没有确切的答案。最可能的解释就是，半岛上海边聚居区人口过密，那里的风俗是只有长子才能继承父亲的财产，所以其他的儿子们在当地找不到谋生的办法，只有到海外去寻找发财成名的机会。第一次海盗行径的出现，可能是两个相邻村落的几条船出海伺机抢夺贸易物品——白银和奴隶似乎是特别受欢迎的商品。仅仅40名武装分子就能轻松地制服一个英格兰海边小村落或是一处偏远的修道院。公元5世纪盎格鲁－撒克逊人入侵英格兰时，也差不多是同样的情况，起初只是数量很少的突袭小队开展突袭行动，后来渐渐发展为大队伍参与的侵略行径。

瑞典维京人的坠饰

维京人通常将外出打劫回来的白银熔掉，并制作成私人饰物。

历史上有记载的维京海盗第一次登陆英格兰的时间大概是在787年，当时尽管发生了流血冲突，但并没有发展成为劫掠活动。僧侣和学者的著作中描述了那一次令人震惊的劫掠行为。793年，林迪斯芳修道院——诺森比亚（Northumbria）海岸附近一座小岛上一所有名的基督教学习中心——被维京人眨眼间洗劫一空，这次暴力行径骇人听闻。学者阿尔昆（Alcuin）在给诺森比亚国王埃塞雷德（Ethelred）的信中写道："我们现在正在遭受异教徒的残害，这种恐怖的情况以前从来没有出现过。"稍后，达勒姆的西米恩在他撰写的一部编年史中描述了海盗们如何将僧侣们逼上绝路，并将其中一些人戴上锁链拉走，将修道院洗劫一空并抢走大量宝藏的情形。维京人带着大量的金银器皿登船离岸回到挪威，他们似乎将这种强盗行径视为一次成功之举。

膨胀的野心

直到9世纪30年代，劫掠行动都只是偶尔为之，规模也很小。但是之后丹麦维京人对英格兰南部、低地国家以及法国沿海地区展开了大量的袭击行动。例如，他们分别于836年和843年将安特卫普和南特两座城市夷为平地。845年，一位名叫拉格纳（Ragnar）的勇士率领舰队逆塞纳河而上，打跑了法兰克王国的军队，将巴黎洗劫一空。维京人逐渐野心膨胀，海上冒险的规模越来越大，在至少一支舰队绕过西班牙劫掠了地中海西岸的时候，另

神话和现实

维京神话中充满了勇士的传说。例如，图中12世纪的木刻上描绘的勇士西格德（Sigurd）用魔剑（见上图）消灭一条名叫法夫纳（Fafnir）的龙。维京人的常用武器是短刀（见右图），如果遇到麻烦，短刀也可当作短剑用。

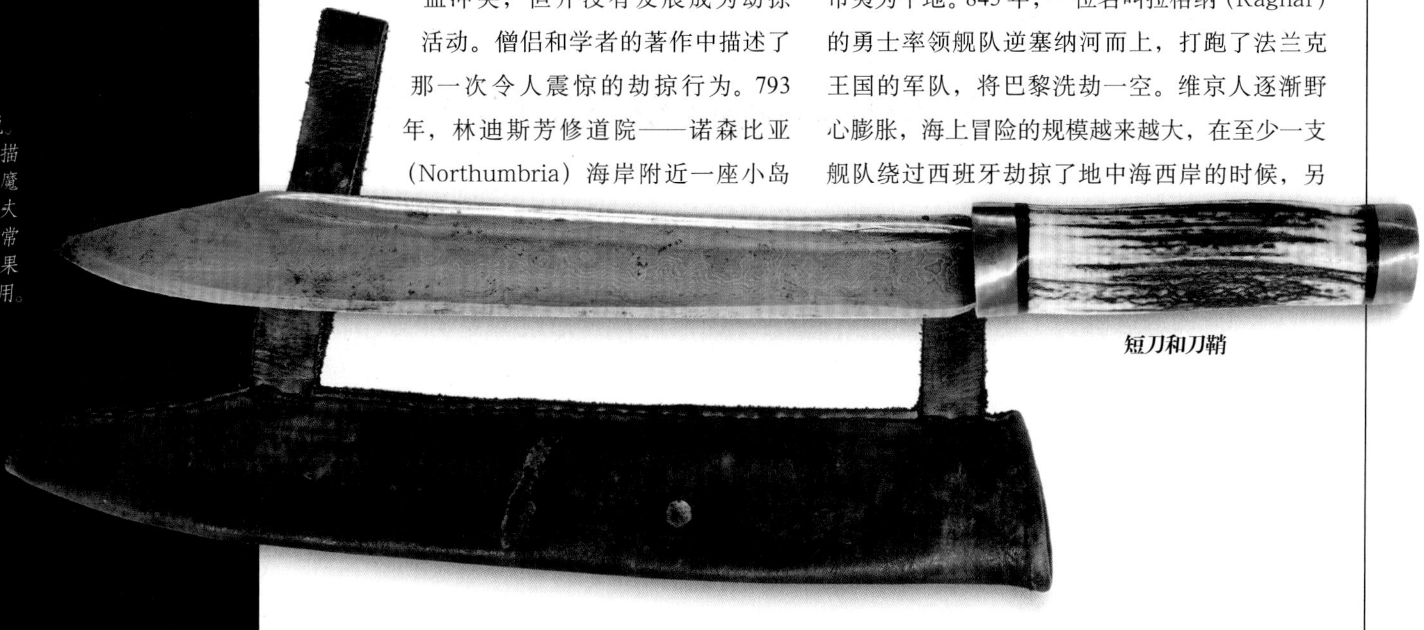

短刀和刀鞘

一支舰队沿着俄罗斯和乌克兰境内的河流到达黑海，出现在君士坦丁堡的城墙下。

维京人成功的要诀在于，他们能够以比防御方快得多的速度集中兵力，出其不意地展开行动。当驾驶维京长船越过北海，或沿着海岸线航行时，他们有能力在其选择的任何地方靠岸，并将船拖上海滩。尽管法兰克人和盎格鲁－撒克逊人为了防备维京海盗而建立了瞭望塔，却几乎没有时间去组织一次有重大意义的武装反击。维京长船的两端都设计有船首，因此能够在不掉头的情况下开船离开，有时需要快速逃离时，这种船的设计也让他们十分省力。当维京人进入内河逆流而行时，他们的速度慢了下来，更多地使用桨，可能也需要绕过浅滩或其他障碍甚至在陆地上短距离拖行船只。这给防御方一个很好的机会去组织兵力袭击维京人。但是，每艘维京长船上有大约 50 人，有大概 100 到 200 艘船参与过一些主要的袭击行动，例如 845 年洗劫巴黎，如果敌军集结大批人马试图阻挡维京人的前进之路，维京人与其较量也有很大的胜算。

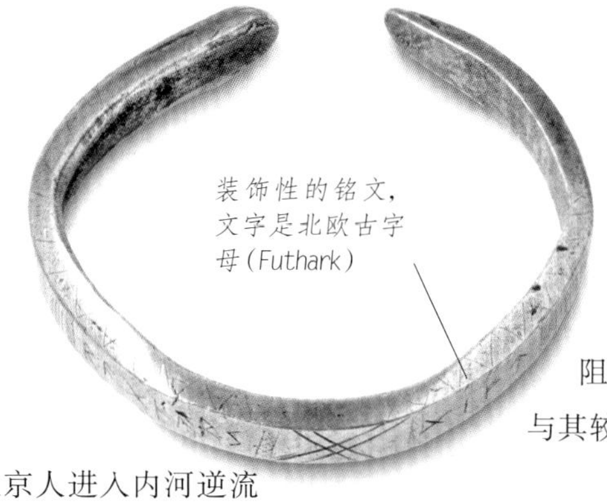

忠诚的象征
维京战团的指挥官们有时会将一枚沉重的银制臂环奖赏给一名特别忠心的下属。如果这名下属以后遭逢艰难时世，当他有需要时，可以将银环折断，弄点碎银渡过难关。

拉帮结伙

维京海盗袭击战的主要战斗力量是战团，也就是一群冒险分子被一名经过战场考验、既有胆魄又有能力的勇士吸引，进而鞍前马后追随这名

突袭
历史资料中第一次提到维京人突袭不列颠的事件是 793 年洗劫林迪斯芳修道院。这次袭击事先毫无预兆。

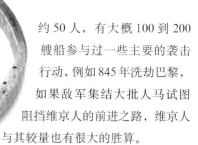

勇士。有些年轻人在家乡看不到前途，又一心想干点事业，于是他们会为了进入一个成功的战团而相互竞争。证明自己残酷无情、无所畏惧不仅能让他加入战团，而且最终能让他进入战团指挥官的内部小圈子。而战团指挥官，就其本人来说，如果想要应对其他战团的竞争，以及使其追随者们一直忠心耿耿，就必须要提供行动方案及掠夺计划使属下受益，旁人仰慕。每年的海盗冒险行为掠夺来的战利品维持了战团士兵们的生计，也满足了他们渴望刺激的需求——无疑，维京人喜欢战争的刺激，享受拼杀的十足快感，只要有机会，他们就沉溺其中。如果没有外部的攻击目标，维京勇士们就会互相厮杀。显然，一对一单挑是很普遍的事，或是为了解决谁瞧不起谁的问题，或是简单地出于赢家可以霸占输家财产的目的。

具体的军事训练在斯堪的纳维亚民族中几乎是不可能存在的。航行及战争的基本技能只是他们日常生活的一部分。狩猎和体育运动，以及维京人危险的生存环境，在某种程度上让所有的男性都了解了如何使用武器——公元9世纪的北欧历史资料中有这样的建议："在田里时，要时刻携带武器，因为你不知道什么时候会需要长矛。"斯堪的纳维亚工匠擅长金属加工，他们制作了锐不可当的劈砍剑和铁制斧头——长柄双手斧和较短的单手使用的钩斧。

长矛、匕首和弓的造价较便宜，所以也是比较常见的武器。出于防卫的目的，维京勇士会希望拥有一面饰以金属浮雕的圆盾，再者，如果他能负担得起，便会购置一件长及膝部的锁子甲和金属头盔。普通维京人大概渴望的无非是一件用皮或毛皮作衬垫的衣服。

由袭击劫掠到征服

在陆地上，维京海盗并不会刻意追求一场激烈的战斗。他们采取打了就跑的战术，目的是避免恶战。但随着时间的推移，袭击劫掠逐渐升级为殖民开拓和征服，维京人侵占他人的土地，并想定居生活，那么肯定就得面临冲突。自9世纪40年代始，战团开始在法国西海岸附近的诺穆提岛（Noirmoutier）、爱尔兰的都柏林

哥德兰岛的图画石

瑞典哥德兰岛发现的这枚公元8世纪的石雕上描绘了维京勇士进入瓦尔哈拉殿堂的情景——8条腿的马是奥丁的坐骑，名叫斯莱布尼尔（Sleipnir）。其下半部分是一艘维京长船。

以及英格兰东南海岸附近的赛尼特岛（Thanet）上的要塞军营过冬。其中一些军营成了永久性的军事基地。865年，在盎格鲁-萨克逊编年史上被称为"一次重大的异教徒集会"中，一支丹麦军队在东安格利亚（East Anglia）安居下来，并在接下来的十年里发起了一系列陆上战争，战胜了诺森比亚、东安格利亚以及麦西亚（Mercia）三个王国。面对强大的侵略攻势，盎格鲁-撒克逊韦塞克斯王国（Wessex）幸存下来。在法国，从885年到886年，一支维京军队包围巴黎几乎长达一年，直到法兰克王国国王和神圣罗马帝国皇帝"胖子查理"用钱将其收买。到那时为止，诺曼人还是不可动摇的存在，法兰克是认可这个事实的，并在911年将诺曼底的控制权移交予他们。在东边，其他维京人军队以诺夫哥罗德（Novgorod）和基辅为中心建立了王国。

维京人组建的陆上部队主力中仍然有大量的勇士，他们以战团的形式加入战斗，但整个军队中也包括相当多的普通农夫和工匠，而他们则是因为战争发生时临时需要士兵，被洗脑才从军入伍的。这些被征召入伍的士兵配备的武器很可能只有长矛。维京人一直有骑马的习惯——甚至出海突袭时，船中也常常载有几匹马。

船首

长船高耸的船首和船尾柱呈曲线形，通常雕刻成龙形。维京海盗四处作恶时，那些深受其害的人们仅看见船就会心惊胆战。

"船只的数量在增加，维京人越来越多，一眼望不到头，他们像潮水一样涌过来……他们占领眼前的一切，没人能阻挡他们。"

——法兰克僧侣艾蒙托斯（Ermentarius）

战斗方法和武器

维京人的主要武器是长矛和斧头，在战场上大力挥舞长矛和斧头而令对手胆寒。剑通常是指挥官的武器，是由技术纯熟的铁匠锻造的。剑在北欧神话中占有重要的地位。最右边图中的木雕刻画了西格德故事的一个片段：为测试神剑古拉姆而在铁砧上重重地击打神剑。

然而在大多数情况下，他们攻打哪个地区，才会在那里围捕马匹，然后占为己用。虽然维京人并不骑马作战，但他们会使用马匹加快换防和调动的速度——从劫掠到征服的战略转变并没有改变维京人对机动性作战和出其不意制敌的偏好。877 年至 878 年，维京人在英格兰与韦塞克斯国王阿尔弗雷德交战，他们用船和马匹将士兵迅速运至盎格鲁－撒克逊人的领地并占领了这里，双方并未交手，最终迫使阿尔弗雷德逃至无法穿越的沼泽地中避难。

作战队形

当维京人不得不面对一场激战时，步兵会整队集合，很有可能是排成一行，肩并肩形成盾墙，长矛林立，透过盾与盾之间的小缝隙向外伸出矛尖。披甲戴盔的精英勇士手持沉重的武器，紧靠指挥官站立，指挥官的旗帜飘扬在前排后方。战斗开始时，双方会互相投掷投射物，密集如雨。维京弓箭兵很少被提及，但他们是军队必不可少的组成部分。散兵会投掷长矛或小型斧头，弹弓大概也会被用到。在某一时刻，双方中有一方会发起猛攻。在 878 年 5 月的埃丁顿战役（Battle of Edington）中，古斯鲁姆（Guthrum）率领的丹麦军队无法突破盎格鲁－撒克逊军队的盾墙，筋疲力竭，最终被迫撤离战场。但是如果进攻方冲破盾墙，战斗队形四分五裂，战场上就会出现单人对单人的肉搏战以及小团体之间的近距离作战。

维京人殖民定居

随着维京人在英格兰、爱尔兰以及法兰克北部控制的区域越来越广，许多勇士被封赏土地，出外劫掠、冒险远航、武力征服不再频繁。维京男性开始与当地女性通婚，在诺曼底、英格兰中部及北部这样的区域，以及都柏林附近，迎来了维京人与当地人和平共处的一般时期。而在偏远地区，冰岛的维京殖民者面临的情形则大不相同：当地没有居民，因为严重缺乏女性，女性得用船从外地运来。最近的一项基因研究表明，今天冰岛人的女性祖先几乎无一例外都是爱尔兰人。

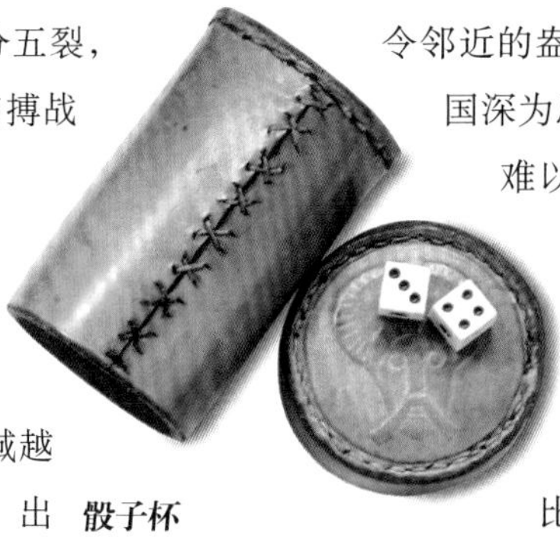

骰子杯

考古发现表明，维京人的兴趣爱好跟你想象中的勇士是一致的——饮酒及赌博。

维京人建立殖民地，进而发展为城镇，这并不意味着他们摒弃了尚武文化，他们的军队仍然令邻近的盎格鲁－撒克逊人和法兰克人的王国深为忌惮。面对面交锋时，维京勇士是难以对付的对手。维京人通常身体健康、身材高大，部分原因与他们在斯堪的纳维亚故土的饮食质量有关。战斗中，他们大力挥舞手中的巨剑和斧头，凶猛无比，因而他们的体力和耐力被高度推崇。

化身狂暴战士

维京文化的本质也在精神上强化勇士对战争应尽的责任和义务。独眼战神奥丁的狂热信徒们认为，勇士应该勇敢地战于沙场，而不应可耻地老于榻上，并再三重申其重要性。奥丁最狂热的信徒就是“狂暴战士”（berserkers）。尽管一些历史学家对“狂暴战士”的存在提出了异议，但古斯堪的纳维亚文学作品中却有对这些狂野勇士们的描述。诚然，作品中描述的大量事件发生300 年之后，才有人将其记录下来。似乎“狂暴战士”作战时身上仅披熊皮或狼皮，除此之外不着片缕，并且会在战前着了魔似地大发雷霆。据说，他们一旦进入着魔状态，在进攻中就感觉不到疼痛，进而行为便无法控制。有本书中将“狂暴战士”描写为“像狗或狼一样疯狂”，以及“像熊或野公牛一样强壮”。

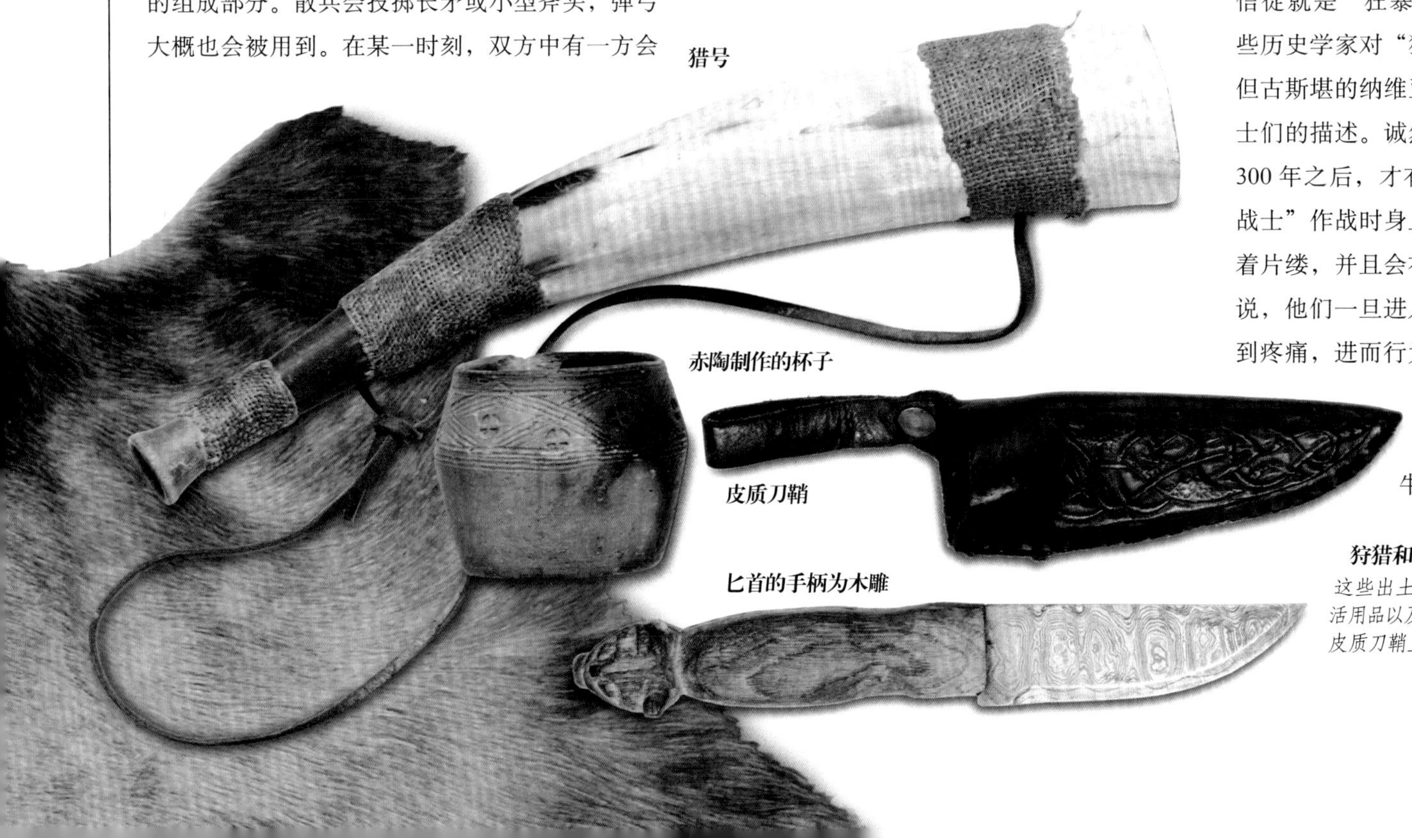

猎号

赤陶制作的杯子

皮质刀鞘

匕首的手柄为木雕

狩猎和吃喝

这些出土文物的复制品表明，维京工匠在日常生活用品以及武器、首饰上都绘制或雕琢了装饰图案。皮质刀鞘上的交织图案是常见的装饰图案。

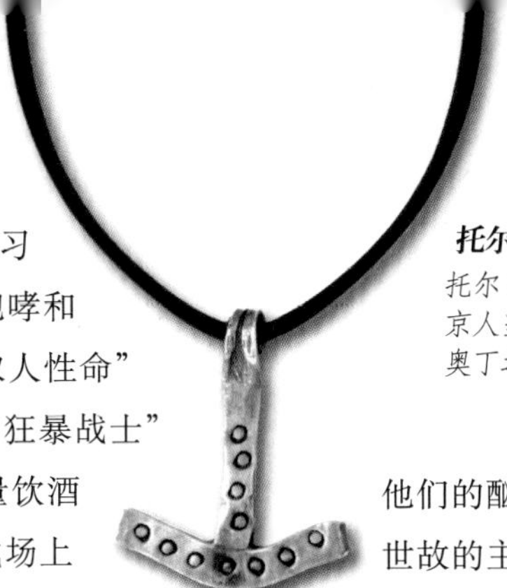

作战前，他们有一种奇怪的习惯——咀嚼盾牌的边缘，并发出咆哮和低吼。有传说称他们“一拳就可取人性命”以及“火和铁都伤不了他们”。“狂暴战士”或许是因为吞服了某种药物或大量饮酒才产生了这种怪异的行为，但在战场上这种行为肯定让他们难以有效地采取行动。虽然在某些地方奥丁信徒的活动被禁止，但据说一些战争领袖仍然会雇用他们作为私人保镖，或用作战争中的突袭部队。

对于那些非“狂暴战士”的维京勇士来说，或许他们在拜占庭帝国首都君士坦丁堡度过的雇佣兵生涯可以客观地表现出其战斗品质。甚至在远至叙利亚的战场上，他们都表现得十分出色，以致从10世纪晚期始，他们被组队编入皇帝的精锐瓦兰吉卫队（Varangian guard）。当然，拜占庭人喜欢对这些外国雇佣兵们摆出一副屈尊纡贵的样子，称呼他们为“拿斧头的野蛮人”。

托尔的铁锤

托尔（Thor）的铁锤形状的银质小吊坠被维京人当作宗教护身符广泛使用。托尔是战神奥丁之子，古斯堪的纳维亚的雷神。

他们的酗酒恶习与战争中的凶残同样令世故的主人们大感吃惊。但他们最珍贵的品质是力量和忠诚，这让他们备受宠信，并常因此得到慷慨的赏赐。

维京时代晚期的征服战争

维京政权在10世纪的大部分时间里相对稳定，但自10世纪80年代开始出现卷土重来的迹象。可怕的欧拉夫·特瑞格威森（Olaf Trygvasson）率军入侵盎格鲁－撒克逊不列颠地区，随后，在11世纪20年代，该地区再次遭受侵略，挪威国王克努特（Cnut）征服了英格兰，并成为英格兰的统治者。有段时间克努特也曾统治过丹麦，缔造了昙花一现的北海帝国，这时维京人的影响力盛极一时，虽然时间来得晚了些。挪威国王哈拉尔·哈拉尔迪（Harald Hardrada）是一名让人闻风丧胆的勇士，他流亡期间曾经在君士坦丁堡加入过瓦兰吉卫队。1066年，为维护自己的王位继承权，他率军入侵不列颠，但却在斯坦福德桥败于盎格鲁－撒克逊国王哈罗德二世手下。讽刺的是，随后哈罗德二世在黑斯廷斯一役中被诺曼人击败，诺曼人是维京人的后裔，而那时不管是在语言上，还是在文化上，他们已经完全法国化了。

“勇士之王，盾战中你所向披靡；嗜血的鸟儿啄食棕褐色的血肉：脚下遍地尸首，你赢得了胜利，陛下，你的剑因你而扬名……”

——《克涅特林加本纪》（*Knytlinga Saga*）一书对征战英格兰的克努特国王的描述，约1250年

勇士们的安息之地

丹麦北部林霍尔姆岛上的墓地中有700多座坟墓，坟墓大约建于公元700年至1100年间。墓中埋葬的全是骨灰。从墓地全景可以看到，石头被排列成船的形状来标记每座坟墓。

维京人的盔甲

维京勇士的服装多样化，从最基本的服装到更全面的装备都有。较为贫穷的维京士兵会凑合穿一件带皮质衬垫的防护服装，尽管据说驯鹿皮比锁子甲更能有效地抵御外界的进攻。制作锁子甲相当费工费时，特别是如果每个金属环都单独铆接的话，工作量可想而知。锁子甲相当沉重，但也很难被刀剑枪矛等武器刺穿。制作头盔需要相当好的手艺，头盔有多种款式，其中之一是有眼洞的头盔。人们对维京头盔的普遍印象就是头盔上有角或有翼，但这只是传说而已。

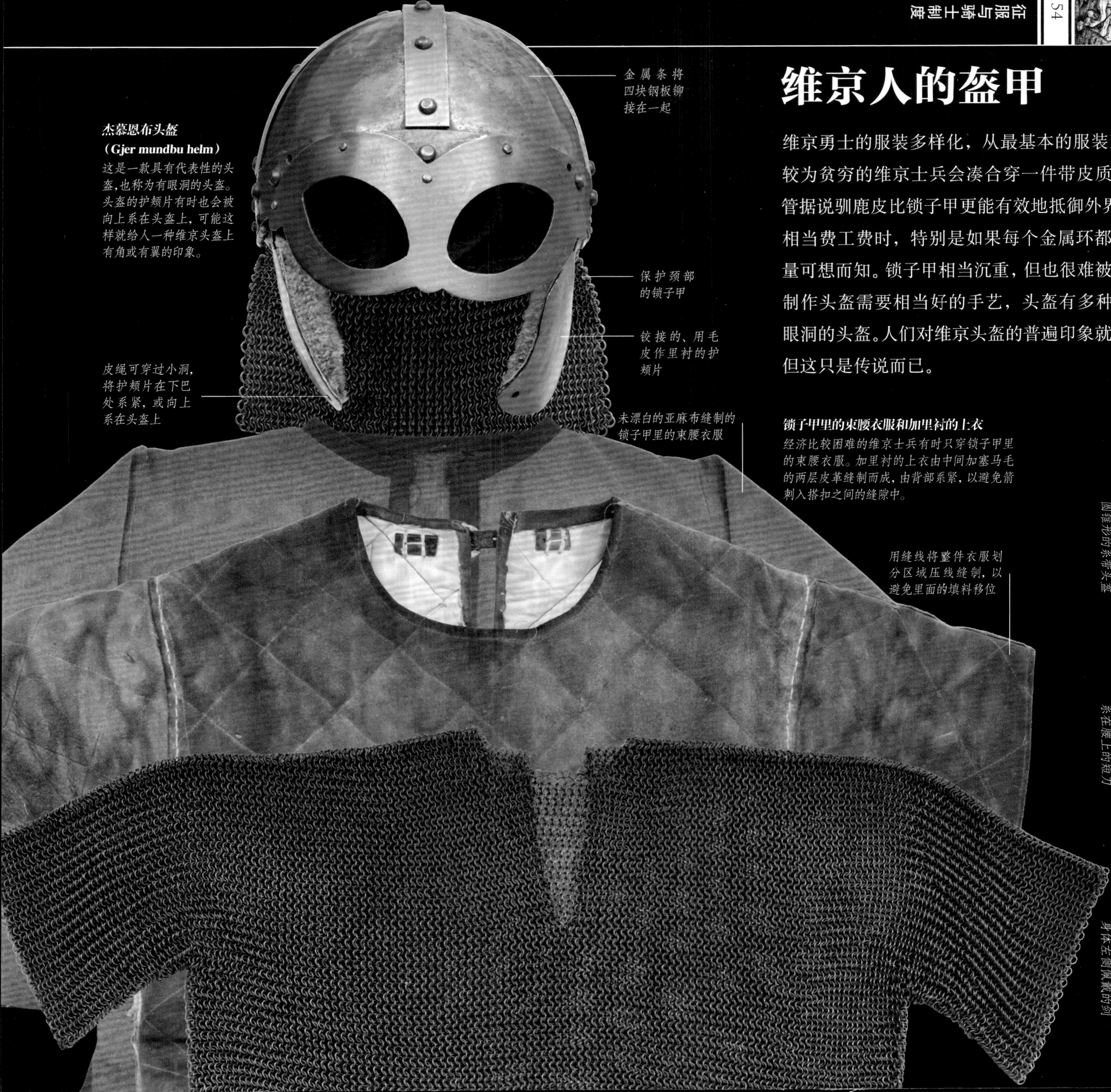

杰慕恩布头盔（Gjer mundbu helm）

这是一款具有代表性的头盔，也称为有眼洞的头盔。头盔的护颊片有时也会被向上系在头盔上，可能这样就给人一种维京头盔上有角或有翼的印象。

金属条将四块钢板铆接在一起

保护颈部的锁子甲

铰接的、用毛皮作里衬的护颊片

皮绳可穿过小洞，将护颊片在下巴处系紧，或向上系在头盔上

未漂白的亚麻布缝制的锁子甲里的束腰衣服

锁子甲里的束腰衣服和加里衬的上衣

经济比较困难的维京士兵有时只穿锁子甲里的束腰衣服。加里衬的上衣由中间加塞马毛的两层皮革缝制而成，由背部系紧，以避免箭刺入搭扣之间的缝隙中。

用缝线将整件衣服划分区域压线缝制，以避免里面的填料移位

圆锥形的系带头盔

系在腰上的短刀

身体左侧佩戴的剑

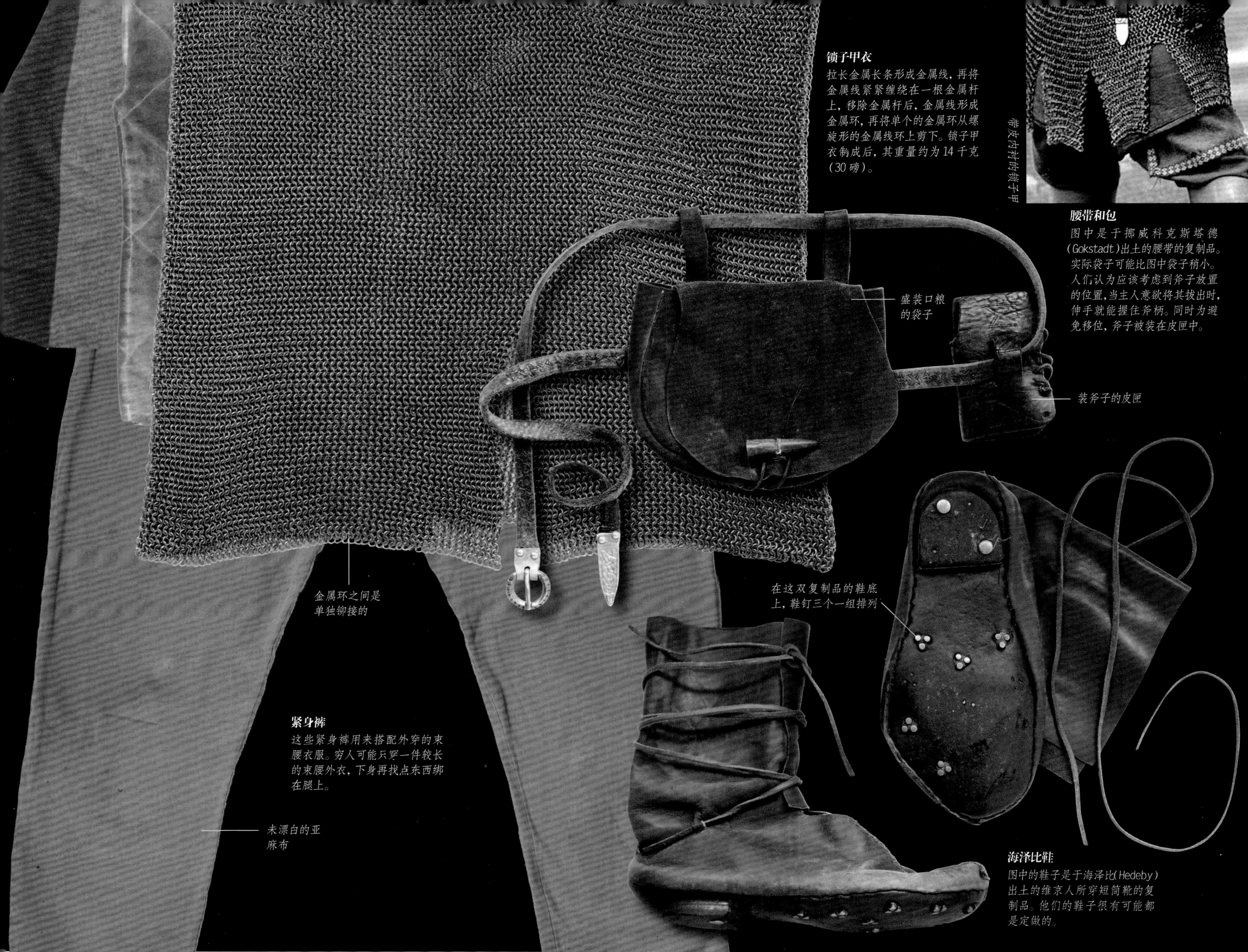

带皮内衬的锁子甲

锁子甲衣

拉长金属长条形成金属线，再将金属线紧紧缠绕在一根金属杆上，移除金属杆后，金属线形成金属环，再将单个的金属环从螺旋形的金属线环上剪下。锁子甲衣制成后，其重量约为14千克（30磅）。

腰带和包

图中是于挪威科克斯塔德（Gokstadt）出土的腰带的复制品。实际袋子可能比图中袋子稍小。人们认为应该考虑到斧子放置的位置，当主人意欲将其拔出时，伸手就能握住斧柄。同时为避免移位，斧子被装在皮匣中。

盛装口粮的袋子

装斧子的皮匣

金属环之间是单独铆接的

在这双复制品的鞋底上，鞋钉三个一组排列

紧身裤

这些紧身裤用来搭配外穿的束腰衣服。穷人可能只穿一件较长的束腰外衣，下身再找点东西绑在腿上。

未漂白的亚麻布

海泽比鞋

图中的鞋子是于海泽比（Hedeby）出土的维京人所穿短筒靴的复制品。他们的鞋子很有可能都是定做的。

维京人的武器

维京人使用的武器多种多样，选择何种武器主要取决于他们能够负担得起多少金属材料的费用。长矛是常见的武器，因为制作矛头的钢用量很少，而且如果矛柄在战场上破裂，更换起来也容易。至于简单常见的斧子，比较穷的农夫也能置办一把以供家用，而剑是非常值钱的物件，只有最有成就的维京勇士才拥有一把剑，并且世代相传。武器上面常有装饰，用来显示其地位和财富。

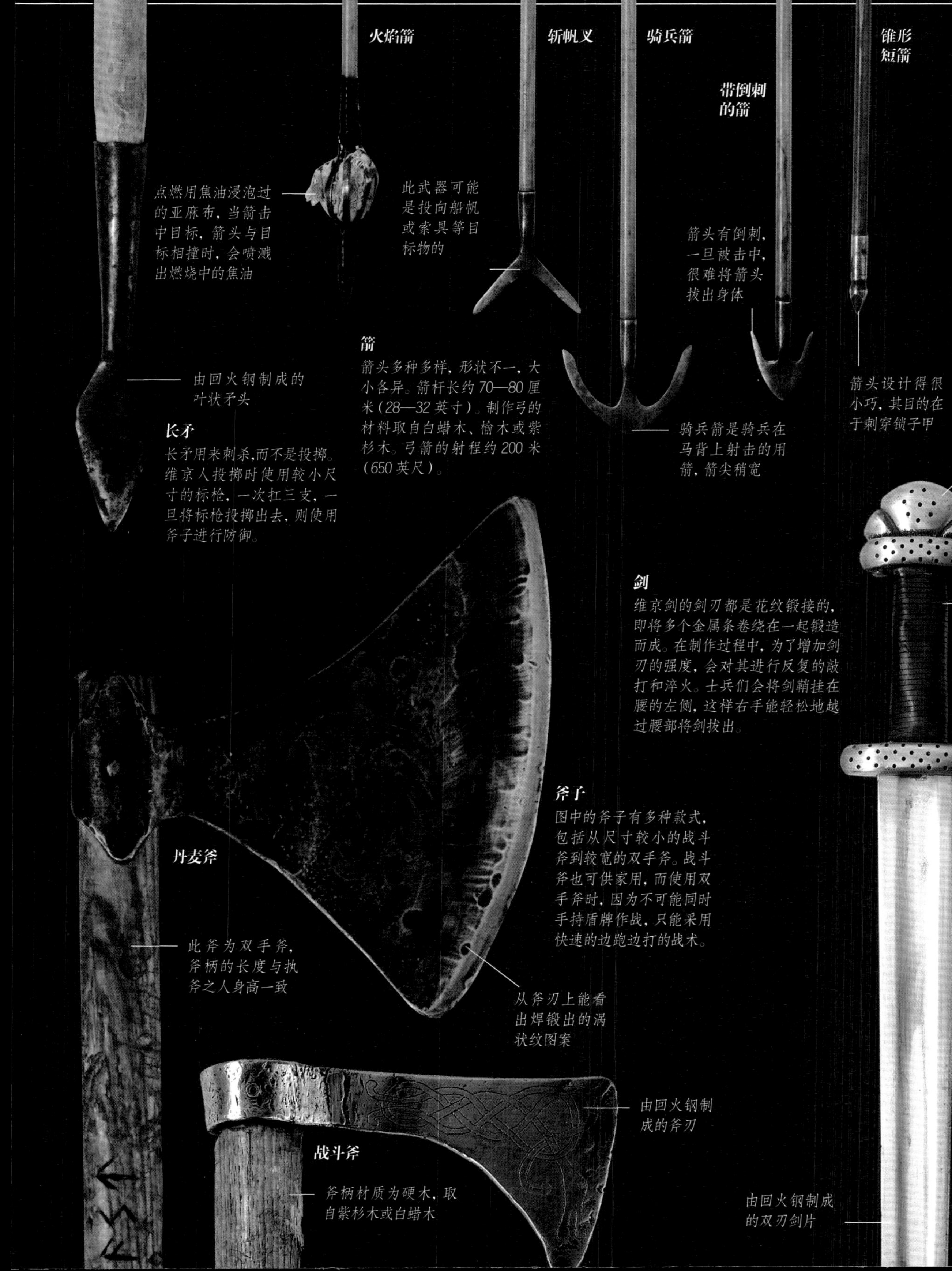

箭
箭头多种多样，形状不一，大小各异。箭杆长约70—80厘米（28—32英寸）。制作弓的材料取自白蜡木、榆木或紫杉木。弓箭的射程约200米（650英尺）。

长矛
长矛用来刺杀，而不是投掷。维京人投掷时使用较小尺寸的标枪，一次扛三支，一旦将标枪投掷出去，则使用斧子进行防御。

剑
维京剑的剑刃都是花纹锻接的，即将多个金属条卷绕在一起锻造而成。在制作过程中，为了增加剑刃的强度，会对其进行反复的敲打和淬火。士兵们会将剑鞘挂在腰的左侧，这样右手能轻松地越过腰部将剑拔出。

斧子
图中的斧子有多种款式，包括从尺寸较小的战斗斧到较宽的双手斧。战斗斧也可供家用，而使用双手斧时，因为不可能同时手持盾牌作战，只能采用快速的边跑边打的战术。

此斧可钩住并拉
开敌人的盾牌
单手钝斧
许多维京武士会为
自己的武器命名
斧刃的“胡须”部分并
不锋利，以免卡在敌人
盾牌里拔不出来
石板斧
石板斧本来是一种工具，
但也被用作武器，佩戴
在腰前。尺寸较大的石
板斧也称作长刀。
鹿角斧柄
连接着斧鞘的皮
圈可套在腰带上
皮质斧鞘，
青铜镶边
斧鞘上的图案是
“大虫”欧玛古
德(Ormagundr)，
经常被误认为龙
海豹皮
双刃钢制剑
片，剑尖圆润，
适用于砍杀，
而不是刺杀
圆盾
圆盾是用椴木板铆接在
一起制成的，盾边包以
生牛皮，盾牌上饰以手
绘图案。

维京长船

维京长船是一种迅捷、坚固耐用且具有多种用途的军用交通工具。长船由船帆或船桨推进前行，能越过一望无垠的大海，因为其吃水浅，故也能进入内河航行，还可将其拖上岸边。这里着重介绍的长船丹麦语名为“Havhingsten fra Glendalough”（格兰达洛的海上种马），是20世纪60年代在丹麦罗斯基勒峡湾（Roskilde Fjord）中挖掘出土的一艘长船的复制品。

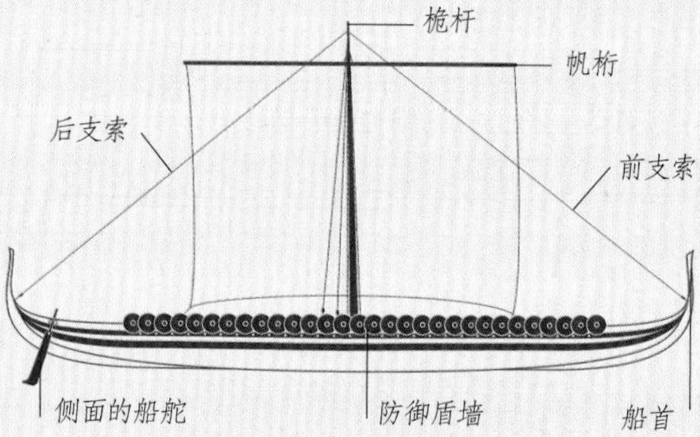

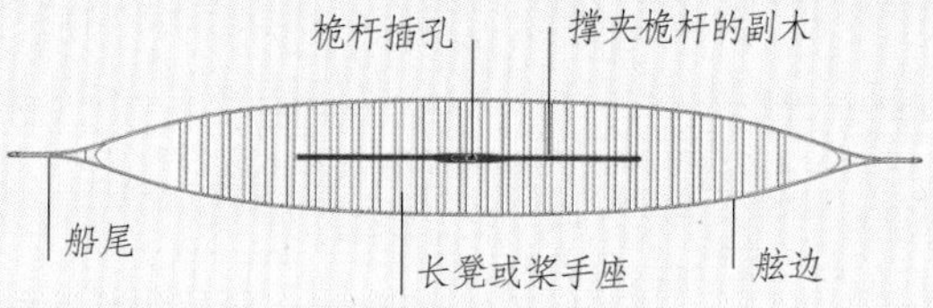

长船剖面图
长船船身长且窄，此设计目的在于修长船身可增加航行速度。“斯库勒莱乌2号”长约30米（98英尺），但仅有3.8米（12.5英尺）宽。水深不足1米（3.25英尺）处亦可行驶。

公元11世纪晚期，“海上种马”的原型，被称作“斯库勒莱乌2号”的长船以及其他四艘一起被有意凿沉。这样做的目的是阻塞峡湾口，保护当时作为丹麦首都的罗斯基勒免受来自海上的攻击。对制船的橡木进行的研究显示，建造此船的时间大约是公元1042年，地点在爱尔兰的都柏林，该地是当时一个重要的维京殖民地。

长船的两端都设计有船首，靠侧面的船舵用来控制船只的行进方向。长船是重叠搭造的——就是说，船体是由互相交叠的木板搭接制成。重建长船时，人们尽量使用维京时代的工具、技术以及材料——建造这艘船所使用的木材采自300棵橡树。这样大小的长船应该是由一位极具财富和权势的人士委托建造的，建造时间可能会耗费掉整个冬季。

划动这艘长船需要至少60名桨手。他们的肌肉力量能够传递的持续速度为5–6节（海里/小时），但是当船帆升起，顺风而行的时候，持续速度可达15–20节。

> “以前从未发生过如此可怕的事……也从未有人想过会发生来自海上的侵袭。”
>
> ——阿尔昆（Alcuin）关于林迪斯芳遭劫一事的描述，793年

登陆
维京人会等待老天到起顺风才起帆远航，外出劫掠。从丹麦航行到英格兰虽然只花大概两天时间，但却令人筋疲力尽，几乎夜不能寐。

盾牌
当划船抵达敌方海岸时，维京人会使用盾牌御敌，但至今仍不清楚他们是如何将盾牌绑到船侧的。

重叠搭接法
铁钉将互相交叠的木板，或称“船板”，钉在一起。白色的物件是用来密封桨口的。亚麻籽油涂料中只加入了维京人当时能找到的原料。

风帆的动力和船桨的动力
系紧在系索耳（左）上的绳索是控制帆桁的其中一根拉帆绳，帆桁是用于支撑帆的粗壮木杆。当升起船帆，不用桨划船时，桨口（右）会用一种特殊的锁闸密封住，以免进水。

桨口和侧肋骨
桨口的设计是为了让整条桨叶通过桨口伸入水中。相隔一定距离会在最上方的三块木板上钉装上侧肋骨（中），以加固船体。

风向标

许多维京时代晚期的船只上都会安装一个装饰性很强的风向标，它由镀金的青铜制成。

为速度而建造

“斯库勒莱乌2号”是维京造船技术的巅峰之作。“海上种马”是其在当代的化身，其上安装的船帆面积达112平方米（1200平方英尺）。这艘船拥有巨大的船帆和极富流线型的船体，如果顺风而行，据说其速度可达到20节。

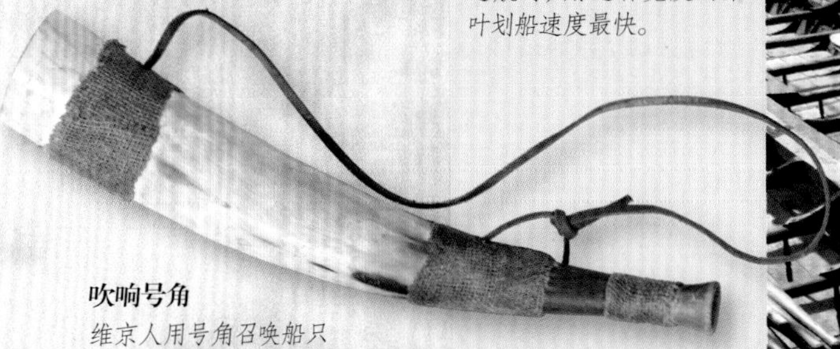

吹响号角

维京人用号角召唤船只集合。号角的声音可以传播到很远的地方，尤其在夜晚和雾天更为有用。

船桨

松木船桨长约4.55米（15英尺），桨叶宽仅15厘米（6英寸）。实践证明，在海上远航时，用这种宽度的桨叶划船速度最快。

桅杆和撑夹桅杆的副木

内龙骨是船底的一块木头，桅杆插在内龙骨上。图中“撑夹桅杆的副木”的位置在船的正中间舱板上。

划桨手座位安排

狭窄的长凳可能看上去很不舒服，但这样的座位设置却能让划桨手在漫长的航行途中定时换位置。而且中间有足够的空间能让人躺下休息。

划到岸边去

维京人将他们的盾牌固定在长船的舷边，以抵御长矛和剑的攻击。做好战斗准备的长船会让敌人一见就心惊胆寒。

维京时代的其他武士

西罗马帝国四分五裂之后，欧洲和地中海地区处处危机四伏，维京人的劫掠和殖民只是其中一部分。到了公元7世纪，罗马在东方的继承者拜占庭帝国甚至缺乏足够的财富来装备一支庞大的正规军并支付其开支。盎格鲁-撒克逊人仰仗的是一个人数很少的全职勇士战团，这个战团的后援是数量远多于前者的自筹装备被强征入伍的士兵，盎格鲁-撒克逊人的这种情况在当时并不罕见。公元8世纪和9世纪时，法兰克重骑兵沙场浴血，屡战屡胜，随后法兰克人在西欧创建了庞大的同时也很脆弱的帝国。然而维京人的后裔——说法语的诺曼人才是那个时代最令人闻风丧胆的战士。

盎格鲁－撒克逊人

盎格鲁－撒克逊的统治者自公元5世纪起就控制了英格兰地区，最初仍然沿袭日耳曼人的传统，即统领私人战团。到阿尔弗雷德国王（871–899年在位）与丹麦人作战时，他率领了一支由征募入伍的士兵，也称作“民兵”（Fyrd）组成的军队，民兵们是按地区征召的。一名当地的贵族或大乡绅不得不亲自从底层的自由人中募集适当人数的士兵。入伍时，士兵们必须自配基本的盔甲和一件武器。民兵们不仅要加入国王的军队去沙场征战，而且需要维护和驻防被称作“堡”（burghs）的军事要塞，堡是当地防御的中心。公元11世纪的几任盎格鲁－撒克逊国王也拥有一支常备的专业军队“国王侍卫队”（housecards）——这是从丹麦人那里学来的。这些锐不可当的战士由国家税收收入供养，他们是国王的护卫和随从，也是战斗中国王军队里的中坚力量。

大多数盎格鲁－撒克逊士兵骑马远征，可他们总是下马打仗。侍卫们的武器有剑或锐利的双手斧，而双手斧原本是维京人的武器。大多数民兵持长矛上阵，长矛对于当地的铁匠来说，是最容易制作的武器，对于未受过训练的人来说，也是使用起来最简单的武器。弓箭兵在盎格鲁－撒克逊军队中是常规组成部分，尽管几乎没有弓箭兵参与公元1066年的黑斯廷斯战役。战场上，盎格鲁－撒克逊人以密集队形列阵，形成一堵盾墙。侍卫们时常处于持盾士兵和长矛兵的保护之下，能用双手斧一斧就砍倒一匹马。盎格鲁－撒克逊人在打败挪威国王哈拉尔·哈拉尔迪之后，由约克郡向北行进，经过长途跋涉，筋疲力竭，但在黑斯廷斯村附近与诺曼骑士交手时，仍然凶猛无比，所向披靡。但是这次战役很容易便有了另外一个结局。

最后一战

贝叶挂毯上绣有公元1066年黑斯廷斯战役中，盎格鲁－撒克逊侍卫们身穿锁子甲制作的“短袖战衣”，拼命抵挡诺曼骑兵冲锋的场景。

盎格鲁–撒克逊盔甲、武器和服装

到公元 11 世纪，整个北欧的勇士们都穿着相似的锁子甲衣。对于盎格鲁–撒克逊人来说，剑是富有勇士的武器。

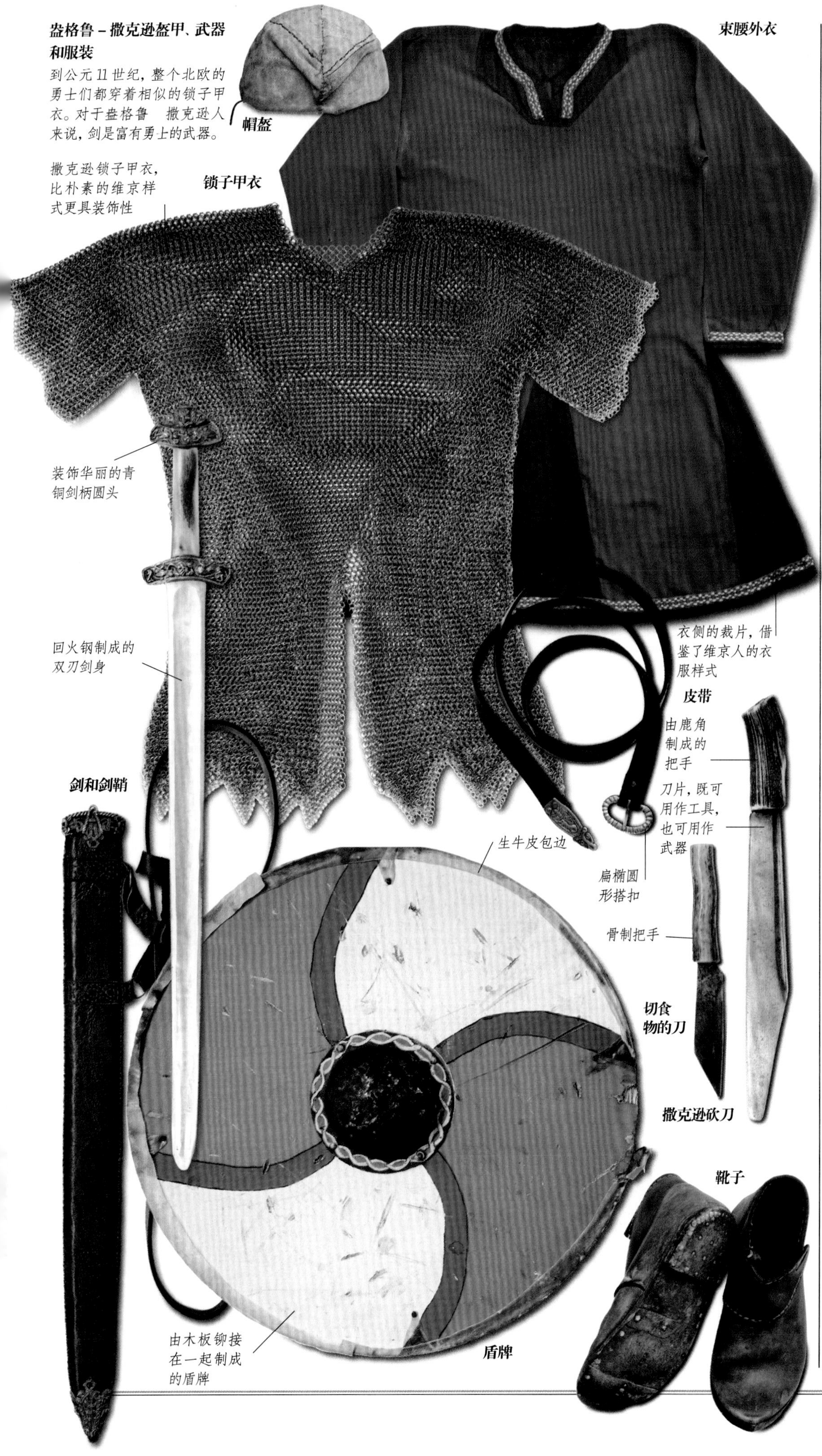

法兰克人

法兰克人是日耳曼民族的一个分支，西罗马帝国灭亡后，法兰克人在高卢建立王国。在法兰克人最伟大的国王查理曼（771–814 年在位）统治期间，他们征服了一个势力范围涵盖基督教西欧绝大部分地区的帝国，在边境附近与撒克逊人、丹麦人、穆斯林以及阿尔瓦人（Avars）年年战火不断。

在公元 8 世纪和 9 世纪，法兰克军队的绝大多数士兵是被强征入伍的。只要国王下令，在当地伯爵的带领下，所有被断定为有足够经济能力购买盔甲和武器的自由人必须自荐入伍。比这些兼职士兵更重要的是那些组成重骑兵军队的训练有素的勇士们，他们构成了国王的皇家军队和贵族们的私人卫队。贵族们以军事服务作为回报，在王国中身居高位。这些贵族会接到命令，要求他们在某个时间率领全副武装的骑兵随从们出现在某个地点，而且自备供给车队，装上三个月战争期间所需的食品和其他必需品。

法兰克骑兵身穿锁子甲或甲胄，手持盾牌。他们的主要武器是冲锋骑枪、长矛以及剑。根据查理曼制定的法令，他们也可能还配有弓。732 年与阿拉伯劫掠者在著名的普瓦捷一战中，法兰克人步行作战，但到查理曼统治时，他们骑马作战，马镫和高背鞍座的使用给予他们一个足够稳定的平台得以施展武器。拥有这种战斗风格的他们是中世纪鼎盛时期骑士的前身。

法兰克骑兵

冲锋时手持冲锋骑枪——如正在格斗一样将其平举——是法兰克骑兵战斗的一种方式；他也会将武器举过肩头，采用刺杀的动作。

拜占庭人

拜占庭帝国是罗马帝国在东方的延续，其军队最初沿袭的是罗马正规军的模式。但在公元7世纪，当帝国面临阿拉伯穆斯林军队的威胁时，一种新的军事组织形式应运而生。帝国被分为许多军事区，每个军事区都被置于将军或称为“军事总督”（strategos）的控制之下。因为帝国没有能力给士兵们付薪，所以士兵们都分得土地，实行自给自足。

自公元8世纪始，拜占庭更多地依赖“皇家近卫军”（tagmata），即直接听从皇帝指挥的骑兵团和步兵团。那时也越来越多地招募来自国外的辅助人员及雇佣兵，其中就有著名的瓦兰吉卫队。帝国的精锐军力是重骑兵，即铁甲骑兵。重骑兵与西欧骑士不同，他们的武器不仅有弓，而且还包括剑和骑枪；同时他们并没有享有骑士所拥有的那种特殊社会地位。通常，铁甲骑兵会在箭雨的掩护下一波又一波地手持骑枪向前冲锋，他们的目的在于拖垮敌人，而不是试图利用一次大规模的冲锋攻破敌阵。到公元11世纪初，人称“保加利亚人的屠夫”的巴西尔二世（Basil Ⅱ）在位期间，拜占庭军队是世界上最强大的军队之一。但是，自公元1071年曼齐刻尔特战役（Battle of Manzikert）中被塞尔柱突厥击败后，拜占庭军队再未从这次失败中完全恢复过来。

拜占庭铁甲骑兵

跟其他中世纪重骑兵一样，不作战时，拜占庭铁甲骑兵会将盾牌挎在背上。他们的战马有时也会和骑兵一样身披甲胄。

诺曼人

公元911年，法兰克国王糊涂查理（查理三世）同意罗洛指挥下的一支维京战团在法国北部定居。罗洛的后代们世袭诺曼底公爵。因为与法国居民通婚，到11世纪，诺曼人的斯堪的纳维亚血统被大大稀释，但祖先血液中英勇剽悍的勇士精神仍然流淌在他们的身体里。诺曼人征服了许多地方，地域辽阔。在地中海地区，诺曼冒险家罗伯特·圭斯卡德（Robert Guiscard）及其兄弟们于公元1053年在奇维塔特（Civitate）击败神圣罗马帝国亨利三世的军队后，占领了意大利南部和西西里岛。他们与拜占庭希腊人多次交锋并获胜后，于11世纪80年代威胁要进攻君士坦丁堡。诺曼人在第一次十字军东征中也有非常突出的表现，这次东征于公元1099年从穆斯林手中夺取了耶路撒冷。在叙利亚西北地区，罗伯特·圭斯卡德的儿子波希蒙德（Bohemond）建立了诺曼安条克公国并获得统治权。但诺曼人最著名的征战无疑应是征服英格兰，公元1066年被称为“杂种威廉”的威廉公爵及其追随者穿越英吉利海峡入侵并占领了英格兰。

诺曼头盔

诺曼人的头盔由薄铁皮制成，呈圆锥形。圆锥形头盔虽然也有一定的保护作用，但可能不够坚固，承受不住剑或斧子的直接攻击。

战斗方法

诺曼军队中总是有数量相当多的步兵。步兵包括持长矛的重装步兵及弓箭兵——持猎弓的轻装弓箭兵和相对来说数量较少的十字弓箭兵。但诺曼军队的精英是重骑兵部队，这些骑兵尚未享有中世纪骑士的社会地位，他们只是能买得起一匹战马的职业军人而已。诺曼骑士会加入贵族侍从的行列，希望能通过打胜仗得到赏赐。在征服英格兰之后，成熟的“封建”制度才发展起来，作为得到土地（“封地”）的回报，骑士为封建领主服务，封建领主为上一级阶层服务，以此类推，最终为国王效力。

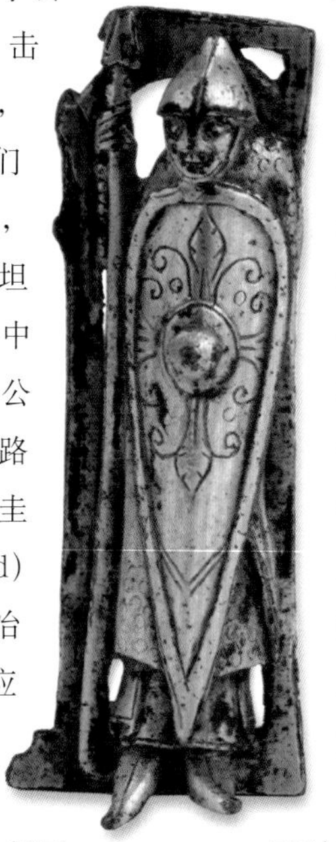

圣战骑士

这名骑士头戴诺曼头盔，右手持长矛，左手拿诺曼盾牌。这面长盾呈鸢形，形状十分独特，盾牌上饰有十字架，表明他是一名十字军战士。

诺曼人战法高强，其原因在于他们平时注重加强训练。诺曼底是突袭战和围攻战的常发地，这让诺曼士兵应接不暇。他们建造城堡非常在行，尽管12世纪之前的城堡大多并不是石头建筑，而是土木结构。建造城堡对诺曼人来说是一种防御手段，他们将其视为军事基地，并由基地派遣机动部队前往被征服地区，实施管辖。

西西里要塞

保存至今的军事遗址是诺曼人军事实力的见证，其中一些散布于今天的西西里岛，比如图中这座城堡就是当年诺曼人所建，位于西西里岛西部埃里切的一处悬崖顶部。

诺曼人是如何发动战争的？入侵英格兰是一个最具代表性的例子。诺曼人组织了一支超过700艘船的舰队，载了约10000名士兵、3000匹战马及所有必需的装备跨越英吉利海峡，这一切都表现出了诺曼人卓越的组织能力。黑斯廷斯一役中，诺曼人的战术是，首先箭如雨发，以削弱盎格鲁－撒克逊人的战斗力，然后骑兵们骑着矮小粗壮的战马，手持骑枪向盾墙发起冲锋。战斗最后阶段，他们佯装撤退，对手上当猛追，阵形一片散乱，诺曼骑士趁乱用剑刺杀对手。诺曼人在此战中大胜，随之征服了英格兰，这一切均表现出诺曼人为获取权力而意志坚定、冷酷无情。

> “他暴怒而急切，剑刺之处，盾牌、头盔和锁子甲为之战栗；他手持盾牌，猛撞敌阵，敌人颓然倒地……”
>
> ——奥德里科·维塔利斯（Orderic Vitalis）对黑斯廷斯战役时的威廉公爵的描述

黑斯廷斯战役

在现代重演当年场面宏大的战争场景中，身披锁子甲的诺曼步兵向前线推进，进攻盎格鲁－撒克逊的防线。

黑斯廷斯战役

现代人再现了公元1066年诺曼人入侵不列颠的战争场景。画面中，诺曼人与盎格鲁－撒克逊人于沙场交锋。征服者威廉率军击败国王哈罗德二世的军队，这也是历史上最后一次对英格兰成功的军事征服。

公元 1000—1500 年

中世纪骑士

骑士的作用是什么？保卫教堂、与异教徒作战、尊重神职人员、保护穷人免受伤害、为兄弟洒尽热血……如果需要，不惜献出自己的生命。

——索尔兹伯里的约翰（John of Salisbury），《论政府原理》（*Policraticus*），1159年

欧洲骑士是令人敬畏的勇士，是手持骑枪和佩剑上阵杀敌的重装骑兵，这通常是从实际情况来看的，若不按惯例，从理论上来说，骑士凭借自身出类拔萃的战斗技能成为主宰中世纪战场的主要力量。骑士也代表了一种文化理想，那就是基督教信仰中体现出来的男子汉气概，其荣誉、英勇及美德等品质在那个年代的史诗中被赞颂。而实际上，作为职业军人，骑士必然会陷入中世纪战争不光彩的泥淖中去，在数不清的掠夺和搏斗事件中污损自己的名声。

公元 9 世纪和 10 世纪，为法兰克统治者查理曼及其继任者们的王国效力的重装骑兵是中世纪骑士的前身，随着时间的流逝，历史的长河里出现了中世纪骑士们的模糊身影。他们在战争中发挥着重要的作用，但却没有特殊的地位或声望，只是为当地领主或国王服务的普通士兵。自公元 11 世纪中期开始，骑士开始被视为精英勇士，享有显要的社会地位。十字军东征运动明确突出了骑士作为基督教勇士及教会保护者的形象。骑士的声望急速上升，到 12 世纪，贵族们都乐意自称是骑士，尽管大多数骑士并非贵族。

骑士的诞生

骑士的特殊地位需在公开场合举办仪式，并授予相关人士某种标志以示骑士身份，才得以确认。骑士身份一经确定，即受法律法令的保护，当时的法律法令试图确保骑士身份的与众不同。饰有纹章的徽章过去常常用来装饰旗帜、盾牌及外套，这样一来，在比武或战斗中，很容易辨认出骑士的身份，后来这些徽章发展为一套标志系统，不同的标志表明每位勇士在骑士等级制度中所处的位置。经过一段时间，出身低微的人被明确禁止获得骑士称号，骑士身份在很大程度上是世袭的。出身于享有一定社会地位的家庭的男孩子们首先被送到一名骑士家里做侍童，然后成为侍从，这名骑士应保证这些男孩子学会骑术及学会使用佩剑和骑枪。当他们到一定年龄，被认定为可以成为一名合格的骑士时，就会举行“骑士授予典礼”。

昂贵的身份

历任国王逐渐将骑士身份的授予权利握在自己手中，对想要获得这种荣誉的人收取高昂费用，并以此作为增加税收的一种手段。到 14 世纪，许多出身于享有一定社会地位的家庭的人，在血统上满足成为一名骑士的条件，但他们会竭力避免拥有骑士身份必须产生的费用及因此身份必须要履行的繁重义务。他们也会尽量避免举办骑士授予典礼，因为举行典礼必须置办一定数量的装备和坐骑，这会产生大量的开销。一名骑士入伍时至少需两匹马，一匹用于平常骑乘的驯马，一匹用于沙场征战的出色的军马，或称战马。骑士的甲胄从锁子甲和板甲混合使用渐渐过渡到了全身板甲，其造价昂贵，可抵御投掷物和剑刺的伤害，但其重量轻巧且分布均匀，当步战时身体可十分灵活。骑士也需要配备一支骑枪、一把剑、一面盾牌，或者配备一把硬头锤、战锤或战斧。

许多年轻人在军事上有远大的抱负，也愿付钱买马匹和装备，但却无力负担获得骑士身份需要花费的巨款。也有人出身低微，血统上不满足必要的条件，他们会一直以侍从或骑兵的身份与骑士并肩作战。侍从或骑兵可能希望在战场上立下战功而受到奖赏，被授予骑士身份。骑士、侍从和骑兵统称为“重装骑兵”。

战斗中的骑士

公元 1346 年 8 月，英格兰国王爱德华三世与法国国王菲利浦六世率军会战于法国北部的克雷西（上图），这是英法百年战争早期一次主要的战役。当一名骑士出征作战时，总是全副武装；他会带上至少两匹马以及一名侍从，还会携带沉重的盔甲和武器。右图中的轻钢盔有一个非常特别的尖形面甲（被称作“狗头盔”）。

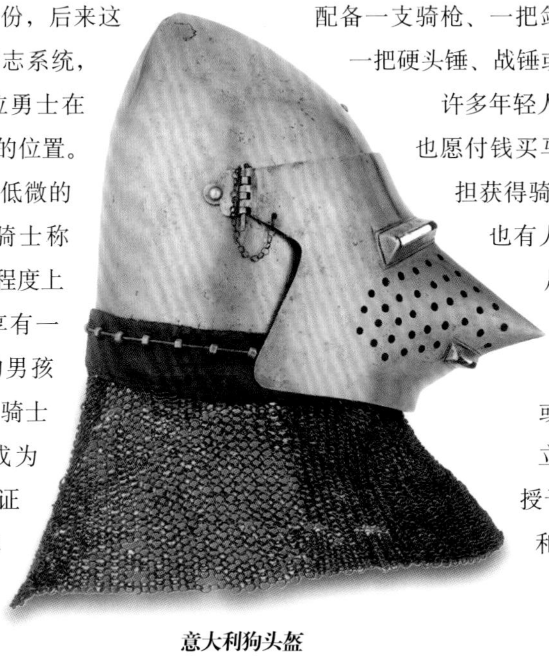

意大利狗头盔

纹章

上图来自《卡波迪利斯塔法典》(Codex capodilista)。图中这名15世纪骑士展示的这面盾牌上饰有纹章。在当时，饰有纹章的物件不仅是军事地位的象征，也体现了社会地位。

忠诚和相互义务制度塑造了中世纪社会，而骑士制度也大致可纳入此制度。

例如，他们会为了获赠封地而成为领主，或国王的封臣与部下，以军役回报领主或国王——这是“封建”制度的经典模式。但在中世纪晚期，货币替代兵役的做法逐渐出现。不管骑士是居住在自己的封地上或是成为贵族的家臣，到14世纪时，他们会希望能以军役换取金钱，尽管骑士为贵族或国王服务在封建制度下被视为一种责任。出于同样的原因，他们也时常会为不服军役而支付金钱——盾税或称“兵役免除税”。

骑士精神和荣耀

中世纪社会非常鼓励有一定社会地位的年轻男性到战场上去建功立业，追寻荣耀人生。在当时的文学作品和传说中有大量对骑士事迹的描写和骑士精神的颂扬，比如，亚瑟王传奇或法国“尚松”叙事曲这类虚构的文学作品，以及有关那个年代现实生活中的英雄——英格兰的黑太子或法国王室总管伯特兰·杜·格斯克林(Bertrand du Guesclin)的传说，这些都为当时的年轻人提供了榜样。不管怎样，如果是针对“异教徒”或进行其他正义事业，战争就可归入神圣之列，此外，骑士精神还规定了一名骑士应遵守的行为守则。

骑士精神包含了许多勇士道德规范里的常见原则，比如对上级或战友的忠诚，以及源自基督教的价值观，比如尊重穷人和有需要的人。但骑士精神也是对骑士的一种切实可行的规定和约束，以降低战争的风险。对骑士来说，对立双方级别相同，而且常有血缘或姻亲关系，他们对决战至死没有兴趣。若面临失败，他们通常会投降，相信作为战俘会受到优待，对手收到赎金后最终会放掉自己——但也有例外，1415年，英格兰国王亨利五世在阿金库尔下令杀掉了法国战俘。

赎金可能是大笔的金钱，所以显然地，留住战俘的性命是有盈利动机在起作用的。

对骑士来说，不管前方等待他们的荣誉和荣耀是如何灿烂，通常他们还是会被眼前的利益所诱惑。许多骑士远非富裕之人，其封地可能只是与佃农耕种的土地面积差不多，他们甚至并不是家中长子，无望继承父辈遗产。熟练使用武器让他们有机会获得更好的生活。他有可能像格斯克林一样，虽出身乡下，原本前途暗淡，但却在军队里成就卓然、飞黄腾达，或如十字军战士一样，因参加了东征而获赏土地。

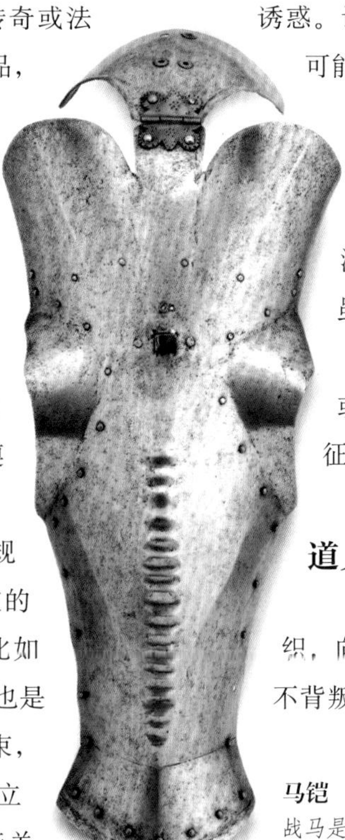

马铠

战马是骑士最昂贵的，也是最重要的装备。在战斗或格斗时马铠可保护马匹，降低其受伤的概率。图中是15世纪德国的马面甲。

道义和利益

一些骑士加入了军事修士会组织，向其首领宣誓效忠，向同伴发誓绝不背叛。通常情况下，这些修士会在骑

骑士的发展

自11至16世纪，欧洲骑士头盔和护甲的不断改良反映了金属加工技术的进步，也反映了骑士社会地位的提升。11世纪骑士的基本护甲是锁子甲，这种短袖甲长及膝盖，甲衣上还带有兜帽（头巾帽）。骑士会在兜帽上再戴上铁质头盔，头盔呈圆锥形，并带有护鼻。锁子甲的缺点很明显，事实上，骑士作战时仍然会携带盾牌，以避开对手的攻击。

接下来的几百年里，锁子甲的部分位置开始采用板甲。起初，板甲只是遮蔽身体上易受攻击的部分，比如小腿、手臂和肩膀，到了1400年左右，开始使用全身板甲制成的铠甲，包括双脚都有板甲覆盖。为了使头部得到最大限度的保护，骑士的头部先戴一顶钢帽，再罩上锁子甲头巾帽，最后加上平顶或圆顶的头盔，头盔上还附有面甲。

当骑士穿上全身铠甲时，旁人无法辨认，故在其头盔或布外套上插上羽毛以示身份。布外套有一个作用，就是在烈日下可使金属铠甲的温度不致太高。自15世纪始，全身铠甲的制作极尽精美，俨然是奢华的艺术作品。与此同时，随着火药武器在战场上的普及及战场上使用长枪、训练有素的步兵队伍的出现，骑士的作用被逐渐削弱，铠甲的功能性也慢慢丧失。骑士及其盔甲的效用性越来越弱，装饰性越来越强。

10世纪的头盔

这顶圣文萨雷斯样式的头盔由一整片铁皮制作而成，还带有护鼻。这一时期的护甲大部分是锁子甲衣。

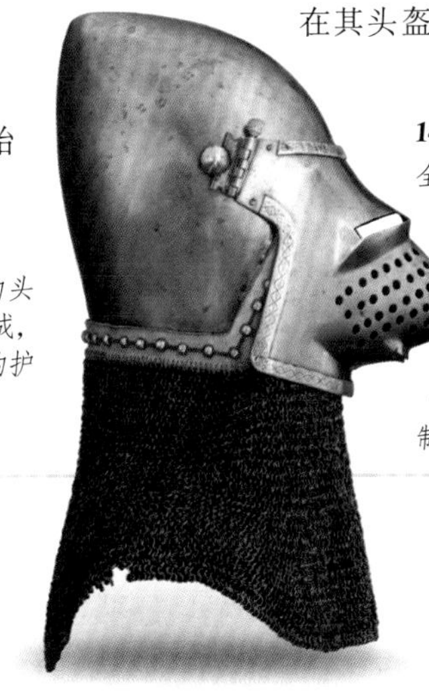

14世纪的轻钢盔

全身板甲并非一夜之间就取代了锁子甲衣，而是逐渐发展起来的。这顶意大利轻钢盔是锁子甲与板甲混合使用的例子：由锁子甲制成的护颈，由板甲制成的可移动的圆锥形面甲。

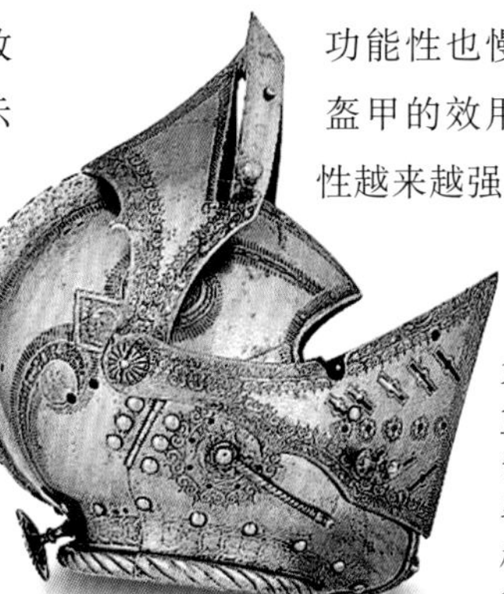

16世纪的头盔

16世纪时，头盔和护甲的制作技术最为成熟，随着骑士在战场上发挥的作用越来越弱，盔甲的制作却愈加精美。

> **“当比武进行到一定阶段，骑士们……纷纷落马，一些丢掉性命，一些落下永久残疾，这不像是人类的运动，倒像是恶魔的运动。”**
>
> ——康多玛斯（Thomas of Cantimpré）关于诺伊斯的比武大会上的情景描述，1241 年

士中属于精英们的组织，有如决意遵从僧侣规则的医院骑士团、圣殿骑士团和条顿骑士团这样的宗教组织，或如勃艮第的金羊毛骑士团、法国星辰骑士团和卡斯提尔红肩带骑士团那样的世俗组织。另外一些骑士则成为彻头彻尾的雇佣兵，率领实质上是私人职业军队的“自由兵团”，向那些没有能力供养一支常规军队的城市和国家出卖服务。因此，一位中世纪国王统领的作战队伍里有着各种性质的参战人员。

在最坏的情况下，骑士可能会在时局动荡以及社会崩溃时堕落而沦为强盗土匪，运用他们的一技之长去抢劫掠夺以谋生。

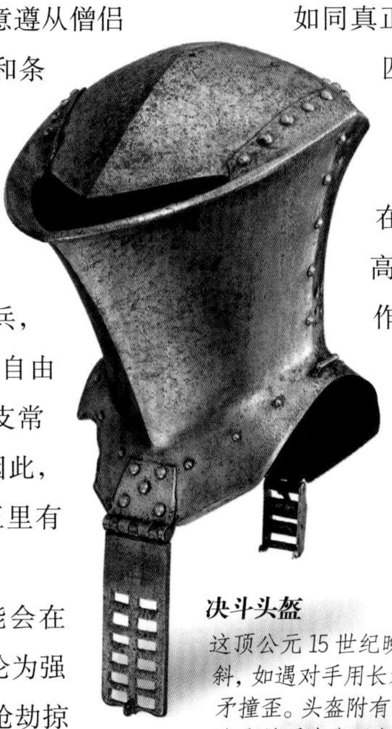

决斗头盔
这顶公元15世纪晚期的德国头盔侧面倾斜，如遇对手用长矛攻击，可用头盔将长矛撞歪。头盔附有钢制的附件，可将头盔牢牢地系在身甲上。

比武

骑士属于武士阶层，而武士阶层一旦确立，他们就需要一直寻找各种各样的借口到处打仗，去实现所追求荣耀和利益的雄心壮志。通常情况下，他们总是能找到打仗的借口，如果在自己的国家没有机会，那基督教世界的周边地区多少总是存在针对穆斯林或异教徒的十字军东征运动。从12世纪开始，整个西欧一直盛行骑士比武，比武场也是骑士们尚武精神和好战心理的宣泄口，是实现他们野心和抱负的地方。尽管比武也有军事训练的作用，但其根本上是运动——不仅能在竞争中获得乐趣，而且也是有才能的参赛者追名逐利的公共竞技场。

最初，骑士比武是模拟作战，双方在广阔的乡村田间展开角逐。如同真正的战斗，输的一方成为俘虏，马匹和装备归赢者所有，在当时这是一笔贵重的奖品。有人被杀或受重伤在比武中也很常见，1241年在诺伊斯举行的一场骑士比武代价高昂，据说有60多名骑士被杀，且作战区域内也有大量房屋受损严重。到14世纪，这种破坏性强的自由混战基本上被严格正式的格斗取代，格斗中使用钝武器，并制定了严格的规则。格斗成为比武的重心。格斗时，骑士单人匹马，放平骑枪冲锋，最后下马持剑决斗结束比武。骑士文学风靡一时，受此影响，骑士们会为了心爱的女人，怀揣爱情信物，为爱决斗。宣令调度官负责审核参加比武的骑士身份，他有权拒绝那些被视为不配为一名真正的骑士的人参加比武。骑士们会穿戴定制的更加沉重的特殊盔甲，这也进一步降低了格斗中可能出现的严重伤害。然而，13世纪时，比武常被视为浪费生命之举。到15世纪，比武大会被奚落为一群懦夫展示虚荣和浮华之所。

作战

中世纪骑士心目中理想的战争模式理应是，勇士们骑马上阵，与对手近距离战斗，他们凭借过人的勇气、强健的体力及高超的技术在战场上展开一场公平的较量。但实际的战争场面却往往大相径庭。

比武大会
右图为公元15世纪出版的傅华萨（Froissart）所著《编年史》（Chronicles）中的一幅插图。图中描绘了中世纪晚期比武大会中盛大浮华的场面。

围城战

图为《查理七世编年史》（Chronicles of Charles Ⅶ）中的插画。1443 年，一群骑士和其他普通骑兵在法国皇太子路易的带领下攻打迪耶普监狱。

作为职业军人，骑士们参战频率很高，而在战场上，如此有贵族风范地与对手较量的情景基本上不存在。中世纪战争中以围攻战为主。当时，城堡和要塞的建筑技术已十分发达，围城战时常发生，且耗时漫长。偶尔骑士们进攻城堡时，会有机会展示一下其英勇之举，但多数情况下，他们发挥的作用不太重要，因为有专业人士操作攻城机械或于对手防御工事下方挖掘坑洞。围城战期间，不管是对在城外恶劣的环境中扎寨宿营的攻城军人来说，还是对被困在城中的守城军人来说，基本上只感觉到艰苦和烦闷，在单调乏味的战争期间，敌我双方为找点乐子而举办比武大会是众人皆知的事实。如果攻城军队遭遇守城方顽强抵抗而最终只能采取强攻的方式破城，战争的规则允许胜利者在城里抢劫掠夺、恣意妄为，以发泄心中的不满与愤恨。骑士们充分利用了这种权利，如 1099 年，十字军战士攻破耶路撒冷城，顿时城内溪中之水涨赤血，山头积尸变成土；1307 年，黑太子又率军队攻下了里摩日城（Limoges）。

近距离作战

除了围城战，中世纪战争一般来说还包括突袭战以及对敌方区域施以毁灭性的破坏，后者对敌占区给予最大打击，让当地民众付出最大

基督的骑士

1099 年，耶路撒冷附近的阿卡斯隆（Ascalon），一排十字军骑士发起冲锋。一队秩序井然的重骑兵向前进攻的冲击力巨大，尤其是当对手并不是重装上阵时。

激战战术

中世纪军队里的骑兵队伍被分成若干组，30 或 40 名士兵成一组，每组士兵在战场上列队站在其指挥官旗帜后。几组士兵，再加上步兵，就构成一支“作战队伍”。两支或三支“作战队伍”组成一支走上战场的军队。在战场上，一名经验丰富的指挥官调兵遣将，力求占尽先机。自信满满的一方希望通过骑士与其他普通骑兵的迅猛冲锋，赢得胜利。

冲锋与反冲锋

一名指挥官若打算采取守势，他会利用如树篱、沟渠或松软地面等天然障碍物阻挠敌军的冲锋攻势。或者他会令士兵建造人工障碍物、挖掘战壕或设置木栅。战斗打响时，起初阶段会有小规模的接触战，尤其是弓箭兵会发射箭雨，以削弱敌军战斗力。之后，其中一方的骑士会发起冲锋，他们手举骑枪、钉头锤、斧子和剑，骑马或步行突入敌阵厮杀。如果攻方士兵首次冲锋无果，守方士兵会步行向前猛冲，与敌方混战，或跃上战马发起一轮反冲锋。

> “当战斗打响，高贵的骑士脑海里唯有一个想法，粉身碎骨但求留下一世盛名。”
>
> ——法国男爵、吟游诗人伯特兰 · 德伯恩（Bertran de Born，约 1140—1215）

代价，这种极度混乱无章的战场上极少有骑士上场。

然而每当战场移到旷野之上，骑士们骑马上阵，便成了所向披靡的重装骑兵部队。1214 年在布汶（Bouvines），公元 1356 年在普瓦捷（Poitiers），骑士们华丽亮相，展开了中世纪战争史上最经典的博弈，他们骑马或步行与对手展开混战，场面野蛮而残忍。

骑士们穿上做工精良的铠甲，不仅能得到上佳的保护，且使用骑枪、持剑或手拿斧子作战时，马上步下都能灵活自如。当然，近距离作战战况激烈，对体力和耐力的要求非常高，特别是天气炎热的时候，沉重的铠甲更让人难以忍受。骑士们深谙个人荣誉及责任准则，一旦战斗打响，极少退缩。他们的主要弱点是毫无节制的侵略行为，以及某些头脑发热的士兵一心想荣耀加身，动不动就与人争执。有关中世纪战争的编年史多次讲述了骑士们私自结队，无视事先制订的战斗计划，为了表现大敌当前时的无所畏惧，愚蠢地擅自出列，对强敌发起冲锋。在战场上，骑士们的纪律性与其蛮勇相比，基本上不值一提。

欧洲的骑剑

中世纪早期的剑宽大沉重，挥剑能砍穿锁子甲。随着板甲技术日益精湛，剑也逐渐演变，长度增加，剑尖更加锐利，以期刺透板甲。

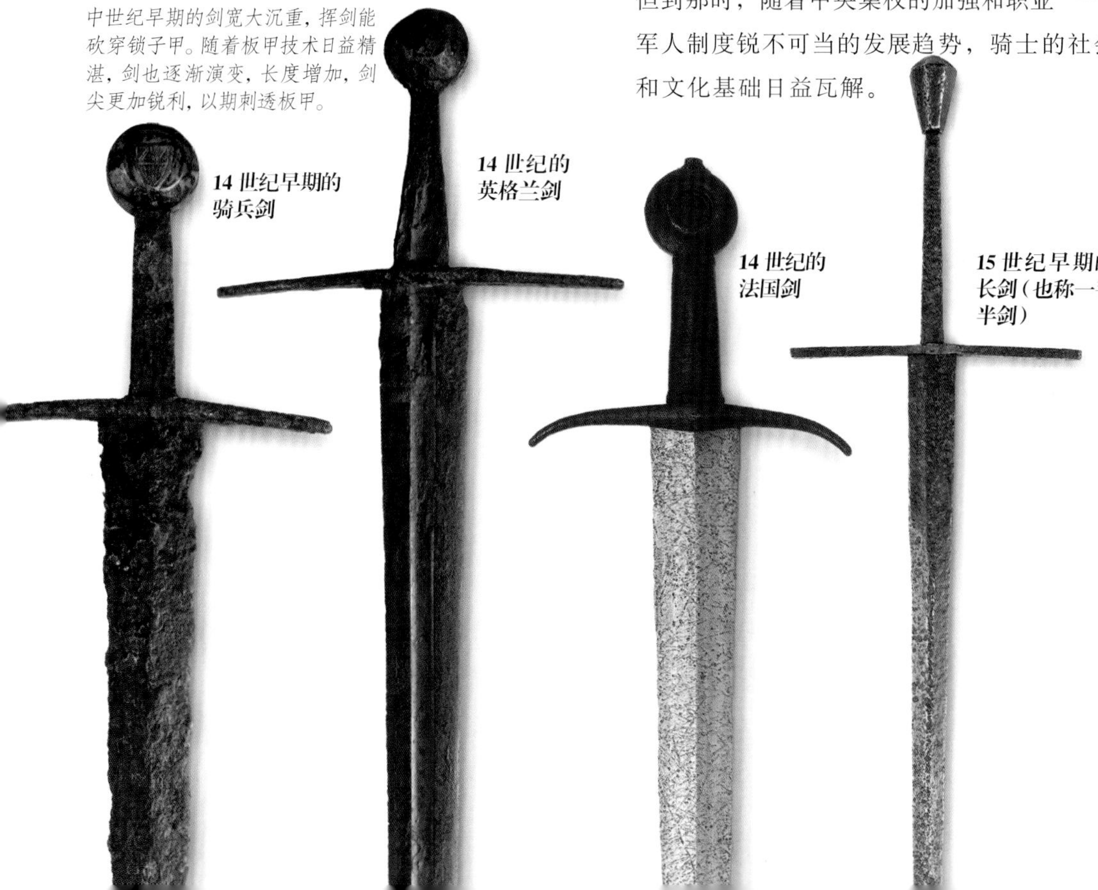

14 世纪早期的骑兵剑

14 世纪的英格兰剑

14 世纪的法国剑

15 世纪早期的长剑（也称一手半剑）

骑士比武盔甲

16 世纪，比武时使用特制盔甲是很常见的情况。这套装饰华丽的德制盔甲的主要特点是，对比较容易受伤的左臂和肩加制了保护装置，而在面甲的右侧留置了通风口。

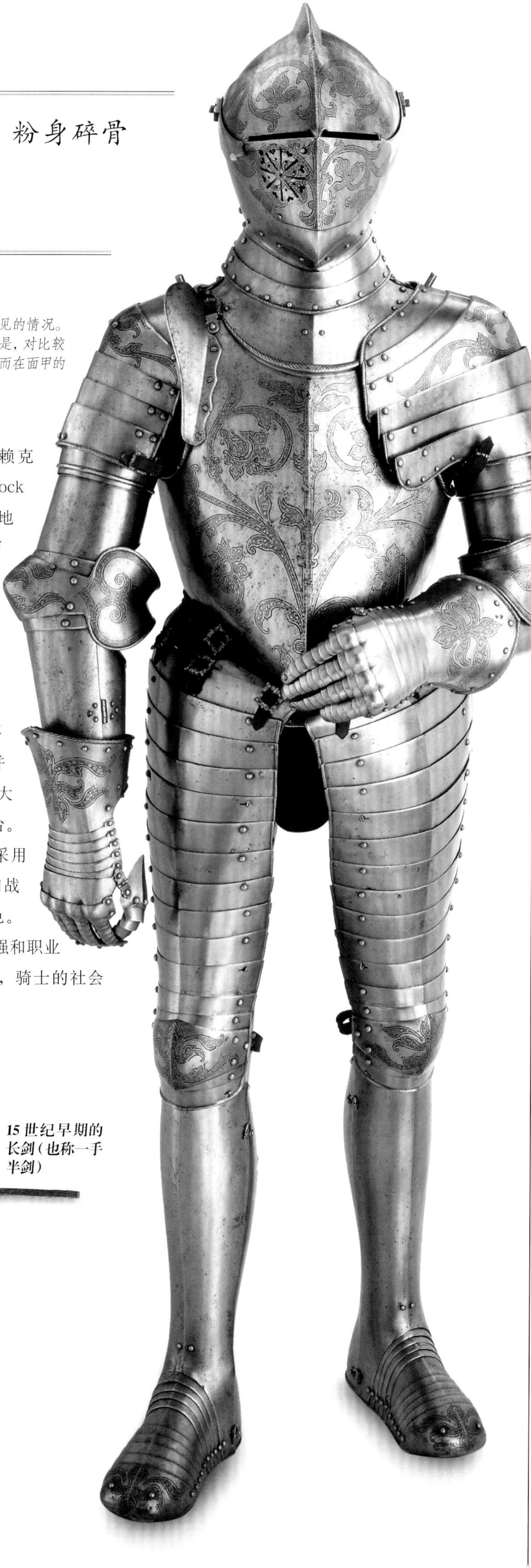

继续战斗

14 世纪的时候，在科特赖克（Courtrai）和班诺科波（Bannock burn），骑士在战场上的主导地位受到了轻装步兵的挑战；而在克雷西战役中，弓箭兵也发挥了较骑士更为重要的作用。自 15 世纪后半期开始，火药武器在战场上的优势越来越明显，同样，训练有素的长枪步兵也在战场上发挥着日益重要的作用。即便如此，重装骑兵并未因战争中开始大量使用箭、大炮和火枪而退出战争的历史舞台。直到 16 世纪末，重装骑兵仍采用与中世纪时相差无几的装备和战术，在战争中扮演着重要的角色。但到那时，随着中央集权的加强和职业军人制度锐不可当的发展趋势，骑士的社会和文化基础日益瓦解。

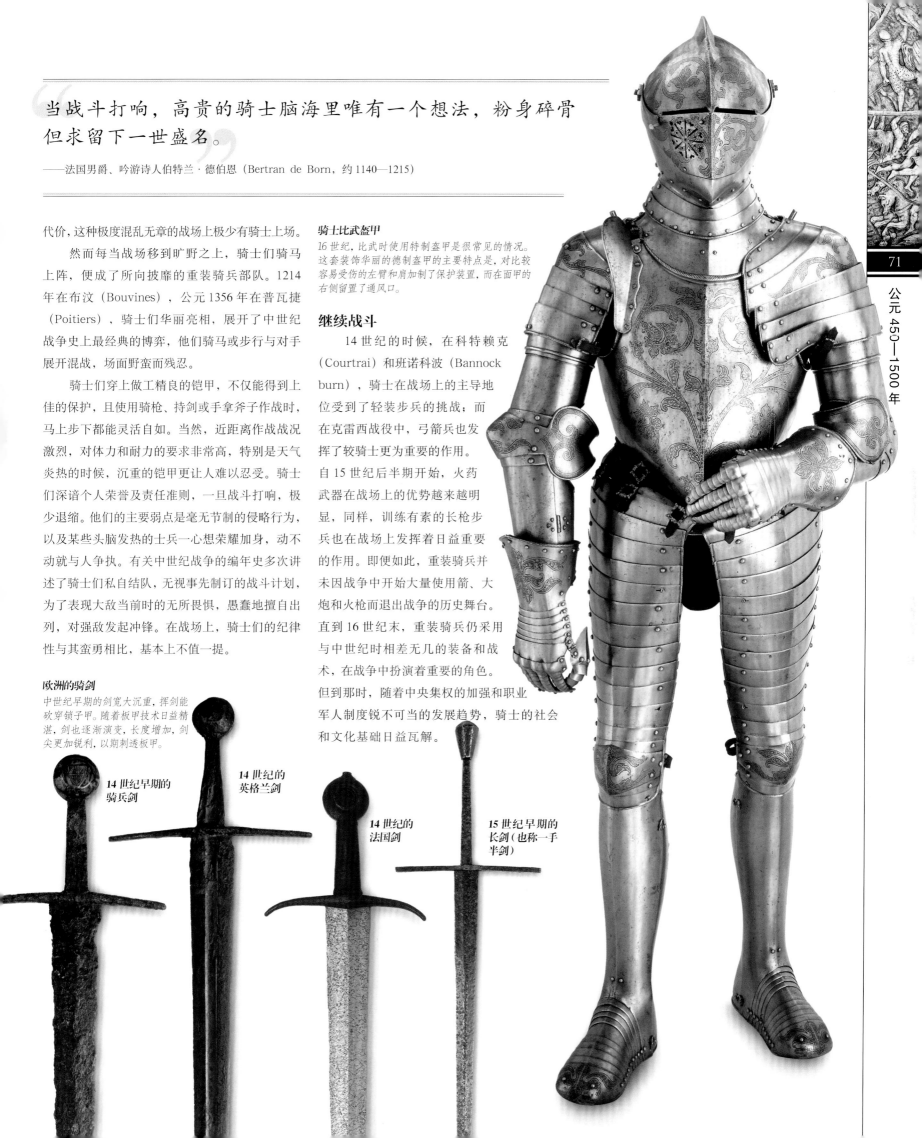

骑士的武器

15 世纪骑士们开始使用全身板甲。尽管全身板甲非常沉重，而且穿戴耗时，但一套制作精良的盔甲却能将其重量均匀分担于全身，并给予身体适当的灵活度。骑士们后来也不会在全身板甲之上再套件外套，这样就可以炫耀下造价昂贵的盔甲了。头盔有一定程度的弯曲，当敌人剑刺头盔时，其斜面有助于撞偏敌剑，头盔上还带有可移动的面甲，有利于更好通风透气。全身板甲对剑刺有很好的保护作用，故如铁锤和硬头锤这样的重击兵器日益普及。

意大利盔甲
这是一套16世纪制造的盔甲。封闭式头盔紧紧地包裹头部，装在枢轴上的面甲分成三部分，面甲本身以及半面甲（护颚）。覆盖躯干的护胸铠甲包括前面的胸甲和后面的背甲（图片上未显示），胸甲和背甲之间有皮带连接。胸甲下面是裙甲和腿甲，保护下腹部和腿的上部。所有的这些保护措施再加上颈部、臂部和小腿的护甲对士兵进行了从头到脚的保护。

战锤
当骑兵在马背上挥舞战锤时，在不穿透甲胄的情况下，战锤的力度也可对敌造成极大的毁坏。战锤的尖锥能击穿钢板。

硬头锤
设计凸缘硬头锤的目的在于，士兵在马背上也能挥舞硬头锤对敌作战，哪怕是面对厚重的盔甲，也能实施威力十足的打击。这把 16 世纪的钢制硬头锤上有 7 个装饰华丽的凸缘。

镶叉匕首
这是一把极具代表性的16世纪匕首。作为随身佩带的武器，它主要用于肉搏战。
由黄铜制成的皇冠状剑柄圆头
黄铜制饰钉
黄铜制镗叉(护手)
波浪纹的骨制手柄或纹理细密的木制手柄
三角形单刃剑身
由相互交叠的钢板制成的钢甲靴面
双刃剑身
木制剑柄
握柄
剑柄上的镀金饰圈
握柄
剑
图中这把15世纪欧洲剑长约1.1米(43英寸)，作战时单手或双手握剑均可。
系牢护胫甲的金属钩
护胫甲
保护小腿的护胫甲
钢甲靴
由整块钢板制成的护腕
带铰链的钢板
防护手套
护肘
保护大腿的护腿甲
护膝甲
腿甲
带铰链的钢板，活动时士兵的腰部可灵活自如
护腿甲
将护腿甲系在腿上的皮带和搭扣
将裙甲和腿甲连接在一起的皮带
腿甲上的铆钉

盔甲的演变

此为一本14世纪法国手稿中的一幅插图。图中描绘了血腥的战争场面，骑士们穿着锁子甲和板甲混合制成的盔甲。每位士兵都在锁子甲护颈披肩上戴着一顶带面甲的头盔，并在色彩鲜艳的布外套下穿着锁子甲衣。

中世纪城堡

在中世纪欧洲，从为保护主要城镇而建的高高的城墙和堡垒，到用作军事据点和指挥中心的城堡，军事要塞随处可见。位于英格兰南部的博丁安城堡(Bodiam castle) 建于英法百年战争期间，是典型的中世纪私人城堡，这座城堡是爱德华 · 达灵瑞奇爵士 (Sir Edward Dallingridge) 的私人住宅，这名富有的骑士认为自己的家有面临被法国军队攻击的危险。

在整个中世纪，城堡的设计不断改良。最初欧洲城堡的建筑材料是木头和泥土，自 11 世纪始，开始用石头建造城堡，建造成本较之前昂贵，但以此建成的城堡更加坚固，不惧水火，不畏岁月，而且体现了主人的声望和威信。最早的石头城堡包括一个中央塔楼，也叫作“城堡主楼”，塔楼的周围环绕着防御城墙。到 1385 年博丁安城堡建成之时，塔楼与城墙连成一体，门楼成为城堡防卫最坚固之处。从一座城堡可以看出其主人财富的多少、权力的大小和名望的高低。然而，城堡实际上也是一座军事建筑，其巧妙的设计给予城堡主人最大的胜算以御敌于城门之外。城墙和塔楼必须能够抵挡投石机之类攻城器械的进攻，也必须建造坚固，以使得对方工兵很难挖掘地道进入城内。自 15 世纪开始，大炮的使用逐渐普遍，高大厚重的石头城墙难以承受威力巨大的炮弹连续猛击，最终不再坚不可摧，由是中世纪城堡被逐渐废弃。

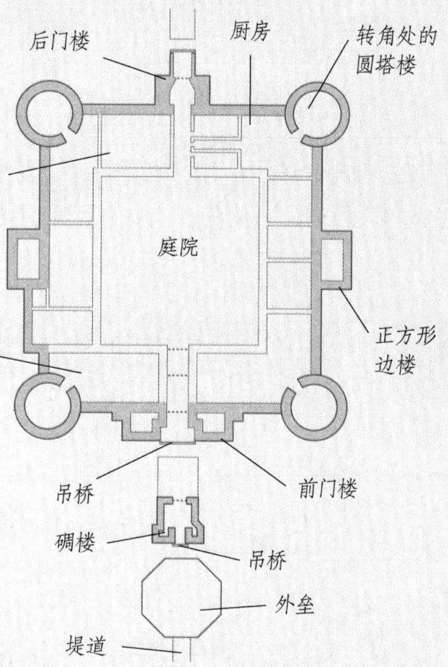

博丁安城堡
城堡围绕庭院而建，每面城墙的正中位置均矗立着正方形边楼，四个转角处有圆形塔楼拱卫，城堡的前后均设有防御性的门楼。

身着盔甲的骑士
城堡里堆积着大量的盔甲和武器。15 世纪骑士们开始穿戴全身板甲和带面甲的头盔。就带面甲的头盔的形状来说，其设计十分精巧复杂。

“来自中世纪的博丁安独占永恒孤寂之美，并无丝毫现代世界的痕迹。”

——凯德尔斯顿的寇松勋爵（Lord Curzon of Keddleston，1859—1925）

攻城机械
扭力弩炮是中世纪欧洲从罗马帝国那里继承过来的。弩炮实质上就是一种威力巨大的十字弓。

水为屏障
从城堡俯视图中可看出，护城河环绕城堡，任何意欲攻入其中的敌人只能通过城堡前面狭窄的堤道发动攻势。

城堡大门
城堡大门经受不住攻城槌的连续猛击，这或许是防守的弱点。但在攻城战中，大门前面的铁闸门会被放下，这对大门是一种保护措施。

石头盾牌
城堡大门上方雕刻着装饰有纹章图案的盾牌，这种做法有意让来访者记住城堡主人的身份。然而这座城堡前前后后的许多主人，实际上最初是地位卑微的骑士，他们因抢劫掠夺而致富。

城垛
城垛以枕梁为支撑，设有供弓箭手使用的垛口。

大厅

城堡是一位富人的设有坚固防御堡垒的庄园住宅，因此，其大厅的设计在那个年代非常高雅时尚，有着哥特式的拱形窗户。

坚固的城墙

从用作射孔的窗户可看出，城堡的外墙异乎寻常的厚。因为城堡有防御的作用，所以窗户开口都很小，室内非常昏暗。

精致的天花板

城堡内部房间有着相当精美的穹形天花板。这种装饰风格也从另一方面显示出城堡主人富有和高雅的品位。

石头房间

即使天气酷热难当，城堡内部仍然十分阴凉。石头砌成的地面铺满灯芯草、稻草或药草，四面墙上装饰有挂毯。

童话城堡

在设计博丁安城堡的时候，着重考量的是军事防御功能，但同样看重的还有建筑的审美功能。建造这座城堡意在满足拥有一座中世纪传奇文学中描述的美丽城堡的理想化需求。

堞口

城垛向外突出，支撑城垛的枕梁之间开有洞口，称为堞口。城堡的守军可以从堞口向下朝攻城的敌军抛掷投射物。图中为城门楼上的堞口。

射孔

城堡外墙上布满射孔和垛口，供城堡守军向外射击。图中射孔处于门楼墙下部。

圆塔楼

墙角处的圆塔楼是观察周围乡间的绝佳有利位置。塔楼圆弧形的外表可使攻城机械投掷的投射物歪斜，使其偏离预定路线。

内室

城堡内部众多的小房间是骑士及家人的住处，同时也作为武器和盔甲的储藏室。

中世纪的马上武士

在大多数情况下，中世纪时的军事技术水平确保重装骑兵在战争中起决定性的作用。这些士兵尽管同样用骑枪和剑在战场拼杀，但其所在队伍的作战方式却变化多样。1098年至1291年，东征的十字军在穆斯林控制的地中海东岸建立和管理了不少基督教王国。众所周知，僧侣勇士们为“圣战”而东征，而激励他们的敌人走上战场的也是宗教信仰。而另一个极端是，没有宗教信仰的骑士率领一帮雇佣军见利忘义，为私利而战，有时经过一地便劫掠一地，徒留下一地荒芜。

圣殿骑士团

1119 年，驻扎在所罗门圣殿的十字军骑士创建了圣殿骑士团，它是第一个僧侣军事修士会组织。圣殿骑士们如同僧侣一般，生活上谨守贫穷、贞洁和顺从的戒律。圣殿骑士团由大约 300 名“骑士兄弟”组成，被视为十字军队伍中最有纪律的一个精英组织。因为基督教欧洲虔诚的信徒们慷慨捐款，圣殿骑士们也是最有钱的军人，故他们修建规模宏大的城堡，雇用大量步兵。圣殿骑士们为了保卫十字军王国英勇战斗。1291 年，当十字军在圣地的最后一处据点阿卡港落入埃及的马穆鲁克们（埃及奴隶骑兵）之手时，圣殿骑士团大团长博热的威廉牺牲在了战场上。

圣殿骑士们的财富最终导致了他们的毁灭。1307 年，囊中羞涩的法国国王菲利普四世拘捕了法国国内所有的圣殿骑士，指控他们不敬上帝，道德败坏。1312 年教皇克莱蒙五世下令镇压圣殿骑士团，1314 年，最后一任大团长雅克·德·莫莱被在火刑柱上执刑。

“……他们看上去比羊羔还温顺，但实际上比狮子更凶猛。”

——圣殿骑士团成立初期，克莱尔沃的圣伯纳德（St Bernard of Clairvaux）曾对其如此赞誉

条顿骑士团

1198 年，来自德意志地区的十字军骑士在耶路撒冷王国的阿卡创立了条顿骑士团。它在十字军东征中战功累累，在欧洲享有盛名。自 1226 年始，骑士团征服了不信基督教的普鲁士人，在普鲁士建立了自己的国家。14 世纪，来自欧洲各地的骑士们加入了其对立陶宛的战争。骑士团也和其天主教邻居波兰人不和。其后，已改信基督教的立陶宛人和波兰人联手对付骑士团，1410 年，在格兰瓦尔德战役中一举将其击溃。条顿骑士团再未从这场失败中恢复，逐渐丧失了波罗的海沿海地区的所有领土。此后骑士团一直存在，至少称呼未变，但威风不再，1809 年最终解散。

圆手柄匕
当时，欧洲部各地的士普遍使用种样式的匕

十字军头盔
平顶的“水桶盔”是十字军东征中基督教骑士的标准配置。头盔上安装有带铰链的面甲。

圣殿骑士城堡
在葡萄牙，基督教骑士团占领了位于托马尔的圣殿骑士团总部。当时，圣殿骑士团还保留着武装僧侣的传统。

雇佣兵队长

14世纪至15世纪，雇佣兵队长带领的雇佣军队伍操纵着在意大利北部进行的战争。雇佣兵队长在拉丁语中的意思是“承包商”（condotta）。当时，商贸发达，米兰、佛罗伦萨、威尼斯和热那亚等城邦因此变得富有，而且也发展了制造业，但却没有自己的强大的军事力量。所以，雇佣兵队长与这些城邦签订合同，为其提供军力支持。最早的一批雇佣兵是来自意大利以外的地区，包括德国、西班牙、匈牙利和英格兰地区的漂泊骑士。之后他们被意大利人所取代，这些人同样想通过此职业发财致富。

镶铁皮甲

镶铁皮甲主要是雇佣军队伍中步兵穿的一种铠甲，是由帆布和铁皮制作而成的无袖身甲，身甲外再缝制一层价格较贵的织物。图中身甲外面的布料原本是一层深红色的丝绒，如今已经几乎朽化掉了。

生意就是生意

雇佣兵队长就是商人，他们认为雇佣兵行业就是赚钱的行业，为了个人私利，道义责任不值一提。他们召集的队伍通常由几千骑士和步兵组成，谁付钱就为谁而战。他们臭名昭著，甚至会临阵跳槽。有时，他们会为现任雇主向曾经效力的城邦开战。尽管喜欢在战场上表现，但他们却不愿战死。他们攻击平民，凶狠歹毒，但却不愿征战沙场，因为这有可能会搭上性命。相反，他们会贿赂敌人或受对方贿赂。

但一些雇佣兵队长享有很高的声望。白色军团的指挥官、英国骑士约翰·霍克伍德爵士1394年去世于佛罗伦萨，当时其拥有大笔财富。佛罗伦萨大教堂就有一幅他骑在马背上的壁画。一些雇佣兵队长逐渐产生从政的心思，其中不乏开疆拓土、建立一代王朝的强人。弗朗切斯科·斯福尔扎（Francesco Sforza）是一名雇佣兵队长的儿子，他反对教皇，与米兰、佛罗伦萨和威尼斯等城邦展开的一系列战争令人目不暇接，并以极快的速度取得了胜利，最后在1450年成为米兰公爵。

意大利轻盔

这顶极具代表性的轻式头盔制造年代在1480年左右，制造地是米兰。这种式样的头盔在15世纪中期曾经流行一时。

自15世纪晚期以后，在瑞士和德国的雇佣军协助下，法国和西班牙的军队抢夺了大半个意大利的控制权。在与这些军队合作的过程中，意大利雇佣兵队伍的缺点显现无遗，因此，到16世纪中期，与雇佣兵队伍合作的一贯做法彻底被淘汰。

穆斯林勇士

11世纪末，基督教军队入侵巴勒斯坦震惊了伊斯兰世界。这激发了杰哈德（宗教圣战）精神的复苏，在接下来的两个世纪，伊斯兰世界开始了一系列的反攻。1187年，库尔德地区出生的埃及统治者萨拉丁在海廷（Hattin）彻底击溃基督教军队，为伊斯兰世界夺回了耶路撒冷。号称“狮心王”的英格兰国王理查一世和法国国王菲利浦·奥古斯都率领的欧洲军队抵达圣地才力挽狂澜，圣地的控制权重回十字军手中。

相邻的几个伊斯兰国家因为意见分歧而闹不和，基督教国家因此有机会得以休整。1260年，马穆鲁克们，在埃及推翻了他们的主人并夺得政权。在雄心勃勃的拜伯尔斯（Baybars）将军指挥下，他们让十字军遭受了一系列惨败，并在阿音札鲁特战役（Battle of Ain Jalat）中战胜了蒙古军队。在1291年阿卡陷落之前，十字军就已经败仗连连，筋疲力尽，无心再战了，而阿卡的陷落则标志着十字军远征巴勒斯坦以失败告终。

穆斯林军队的军事技术与他们的基督教敌人大致相同，但战术却相差极大。跟欧洲骑士不同，他们并不嗜好骑兵冲锋或近距离作战，而是避免与敌激战，往往会等到敌人的战斗力遭到削弱而不堪一击时，或诱敌进入包围圈后，再展开进攻。弓骑兵们可从远处对敌人造成损失，因此穆斯林军队充分利用其在战场上发挥散兵的作用，如果基督教骑士试图进攻，他们也有机会逃跑。较之基督教骑兵，穆斯林骑兵披挂的铠甲少很多，这样在天气炎热时也能更好地适应战场环境。总之，像埃及这样富裕的伊斯兰国家因为在离家较近的地方打仗，有能力调集比基督教骑兵数量庞大许多的军队，从更长远来看，确保了他们的最终胜利。

萨拉丁的军队

抛开宗教仇恨，十字军战士对穆斯林战士是认可的，认为他们是值得尊敬的、有骑士风度的勇士。许多欧洲艺术家将其描绘成高贵、虔诚的勇士。

公元 1300—1450 年

英格兰长弓兵

然后，全体英格兰弓箭兵上前一步，搭箭、满弓、射出，箭如雪飞——锋利的箭刺中敌人以及他们的战马，敌人及战马纷纷倒下。

——法国编年史学家让·傅华萨（Jean Froissart）关于克雷西战役的描述，1346年

长弓可以被准确地描述为“一种普通的木弓”。但是英格兰和威尔士弓箭兵的杰出技艺将这种相当原始的武器转变成为可以决定战争成败的技术。从14世纪至15世纪，长弓是历任英格兰国王关键的军事力量，长弓兵在克雷西、普瓦捷和阿金库尔接连击败“法兰西骑士之花”。弓箭兵是英格兰的精英部队，他们为英格兰王室的稳固和霸权作出了重要的贡献，但他们并没有享受到与之相匹配的社会地位。

13世纪晚期至14世纪早期，战场上开始出现使用长弓作为武器的弓箭兵队伍。一些历史学家断言，英格兰人从威尔士人那里学会了长弓的使用方法，而据说威尔士人曾使用长弓将爱德华一世（1271—1307年在位）的军队彻底击溃。尽管这种说法颇受争议，但威尔士南部确实是箭术兴盛之地。1298年爱德华一世领军在法尔柯克（Falkirk）击败苏格兰人时，其军队中既有来自威尔士也有来自英格兰的长弓兵。但是，在有效利用、部署弓箭兵，使之成为战场上具备大规模杀伤力的军种方面，爱德华三世（1327—1377年在位）功不可没。1333年他领军在哈利敦丘（Halidon Hiu）与苏格兰人交战，命令英格兰骑士下马作战，长弓兵队伍分立其两侧为护翼。编年史上提到这次战争时有这样的描述，弓箭兵满弓齐射，箭飞在空中“像阳光中的微尘那样密集”。根据某当代史料，苏格兰人“既没有能力应对弓箭兵的密集箭阵，也没有能力抵挡骑士的进攻”；另一史料则直接明了地写道，苏格兰人“被英格兰弓箭兵击败”。这次胜利后，爱德华三世及其继任者们继续在1337年至1453年之间与法国的战争（史称百年战争）中使用长弓兵队伍。

弓箭兵的力量

英法百年战争期间，英格兰长弓兵的声望显著增长。1367年4月纳吉拉战役中（Battle of Najera，见上图），英格兰军队在黑太子爱德华的率领下，打败了法国—西班牙步兵联军。右图中的箭镞是14世纪典型的带倒钩宽刃铁箭镞。一旦被其射中，箭镞极难拔出，且伤口既深又宽，但这种箭镞不易射穿铠甲。

规模和技术

十字弓是一种威力更大且更复杂的武器，长弓与十字弓相比，有一个很大的优势，那就是长弓的命中率大大高于十字弓。一名经验丰富的弓箭兵如果只是被要求向敌阵的大概方向射击，每分钟可射出12支箭。英格兰人曾设法在战场上部署数千弓箭兵。到15世纪，英格兰军队中长弓兵与骑士的比例是3比1，有时甚至上升到10比1。如果弓箭兵全体上阵，搭箭满弓齐射，箭如暴雨般倾泻而出，其“火力”几乎比得上现代的机关枪。1415年阿金库尔战役，据称当时英格兰长弓兵队伍有能力每分钟射发60000支箭。

当时的中世纪国家肯定认为要提供如此数量众多的弓箭是一件极困难的事情。1341年，爱德华三世寻遍全国，搜集了7700把弓和130000捆箭储存在伦敦塔及其他军械库中。据说13世纪50年代，因为国王搜集全国的弓箭去征战法国，整个英格兰竟找不到一支箭。

然而，与召集足够数量的弓箭兵相比，弓箭的供应不成问题。使用长弓是一门专业技术，需要终身训练——通常情况下，男孩子们从7岁开始学习射箭。弓箭兵也需要培养超强的体力。从考古出土的那个年代弓箭兵的骨骼可看出，因为长弓长度达1.8米（6英尺），反复拉弓射箭导致弓箭兵们左臂和肩骨畸形，以及脊椎严重变形。意识到需要培养大量长弓手人才，并从中选出优秀者进入军队服役，当时的英格兰王室积极采取措施，鼓励臣民练习箭术。

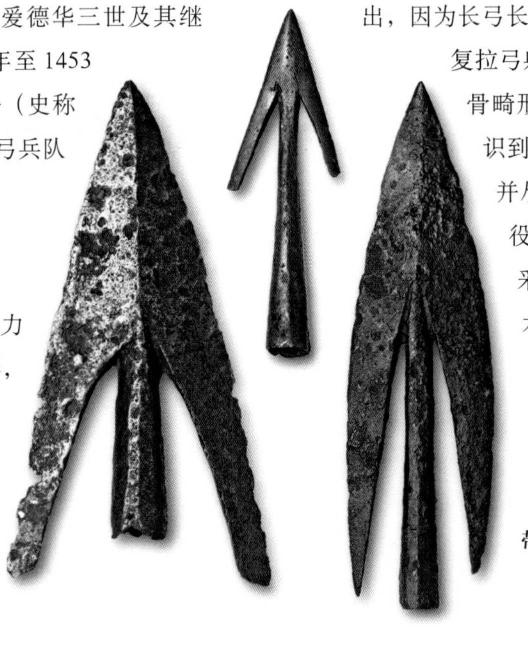

带倒钩的箭镞

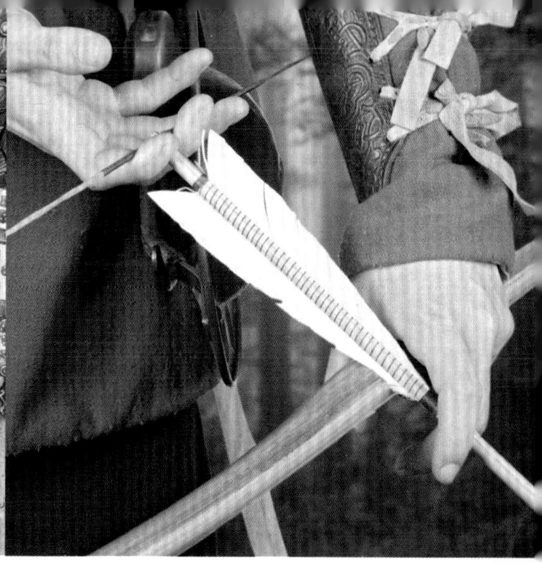

搭弓射箭

在1385年的阿勒祖巴洛特战役(Battle of Aljubarrota)中(见右图)，英格兰长弓兵协助葡萄牙人打败了法国和西班牙军队。这幅图和许多中世纪插图一样，图中大多数长弓兵满弓射箭时拉弓的姿势是错误的。现代重演当年战争场面时(右图)，士兵扮演者展示了拉弓的正确姿势。

王室举办比赛展示弓箭手的不凡技艺，颁布法令禁止或限制其他有可能比箭术更受欢迎的体育项目和娱乐方式。在14世纪60年代，国王除了下令禁止输出弓箭外，还规定没有他的特批，任何弓箭手不得离开英格兰，这大概是害怕弓箭手可能会加入敌军与己作战的缘故。

战斗的号令

在中世纪欧洲的战争中，投掷武器特别是弓和箭的使用普遍不受重视。骑士们故作姿态，鄙视远距离杀敌的战斗风格，谴责这种行为是懦夫的卑鄙之举。因此，贵族和绅士们不屑于作弓箭兵。弓箭兵通常来自社会的中间阶层，如小业主或“自耕农”，尽管有时候军中的大量弓箭兵是更穷苦、社会地位更低的百姓。绝大多数弓箭兵来自威尔士南部以及英格兰的大部分森林地区，因为箭术最初的用途是打猎。英格兰在中世纪没有常备军，因此弓箭兵不是全职军人，只是为某一场战争而被征召入伍的。为保证兵源的质量，王室颁发委任状，委托官员们从各郡郡长召集的候选者中挑选出最优秀的弓箭兵。同一时期稍后，贵族们与王室签订合同，承诺为国王提供兵源，在这种情况下，弓箭兵被征入伍，十有八九成为贵族与王室兵源合同上的契约军人。战争中，100名弓箭兵组成一个连队，由百人长（Centenars）指挥，20名弓箭兵为一队，由队长（Vintenars）指挥。弓箭兵的酬劳是普通步兵的两倍，所以我们可以认为，他们清楚自己特殊的精英身份。与其他所有中世纪士兵一样，弓箭兵们也期望能通过抢劫掠夺或向战俘索要赎金来增加自己的收入。可是，如果弓箭兵们在战场上被俘，他们却不能因为自己付出了赎金而得到原谅。他们会因为战场上的懦夫表现以及被赎回后低下的社会地位而受人鄙视，可能会被砍掉手脚、受尽折磨或者被即刻杀掉。

百年战争的最后岁月

图中描绘的是1450年法军(左)与英军在瑟堡相遇，双方军队中都有长弓兵，但其在战争中所起的作用却不复从前。

“英格兰长弓兵们从围桩后冲出，扔掉长弓……随后拔出剑……及其他武器，毫不留情地消灭了这些法国人。”

——法国编年史学家吉安·德·沃瑞（Jehan de Wavrin）关于阿金库尔战役的描述

在战斗中

战前一名长弓兵会为自己准备大约60支箭。由于战时需要极快的速度取箭上弦，所以这些箭不会被装在箭筒中，而是塞在士兵自己的腰带上或直接插在脚旁的地上，后者还有一个优势，就是可以让箭镞沾上泥土，一旦射中敌人，可导致其伤口感染。一些弓箭兵会戴上头盔及穿上一种锁子甲衣，但其他许多士兵基本上对自身没有采取任何保护措施。他们依赖重装骑兵的保护，以及仰仗天然或人工设置的战场屏障，比如树篱、沟渠，或者像阿金库尔战役中一样，在自己和敌方骑兵之间的地面上插上尖头朝上的木桩。除了射箭，弓箭兵战时也是轻装步兵，所以他们也会配备匕首、斧子和铅制“大槌”（铁锤或大锤）。战场上，一阵箭雨齐发，大大削弱了敌方重骑兵的冲锋力度，敌方马匹踢蹬双腿，纷纷倒地，落地的骑士晕头转向，这时弓箭兵会冲上前去用刃物武器手刃敌人，以及回收能被再次使用的箭支，因为箭支这样的“弹药”消耗很快。

披铠戴盔的弓箭兵

这名15世纪末期的英格兰长弓兵穿着轻装铠甲，戴着头盔，身上佩带剑及小圆盾。其实，克雷西战役和阿金库尔战役时期是弓箭兵的鼎盛时代，但即使在那个年代，弓箭兵也没有配备如此精良的武装。

长弓兵历史上的声望首先归因于英军打败法军的三次著名战役。第一次是1346年克雷西战役。当法国骑士仓促行事，向在人数上处于劣势的英军发起冲锋时，法国编年史学家让·傅华萨描述到：英格兰弓箭兵“全体搭箭、满弓、射出，箭如雪飞”。

经过这次溃败，法国贵族原本可以吸取教训，但在1356年的普瓦捷战役中，历史再次重现。这里再一次引用傅华萨的记述，英格兰重骑兵和弓箭兵部署“在一道树篱的尽头，藤蔓和荆棘丛中，人或马均无法进入”。战斗打响，法国骑士发起冲锋，当他们悉数冲入树篱的狭窄之处时，英格兰弓箭兵们开弓射箭，集中火力射击马匹，而不是骑马的士兵，因为箭镞极难穿透铠甲。法军马匹纷纷倒地，战场一片混乱，这时英军发起反攻，弓箭兵们的斧子和匕首派上了大用场。在与法军展开激烈的肉搏战之后，英军大获全胜。最后在1415年的阿金库尔战役中，约6000士兵（包括大约5000弓箭兵）的英军打败了人数四倍于己的法军。

战场上的长弓兵

英格兰弓箭兵采取防守型阵法，等待敌军首先发起攻势。战场上，弓箭兵的准确部署位置一直是历史学家们争论的问题，很可能是根据不同的地形及敌我双方士兵人数的多少来决定的。通常，他们被部署在军队的两翼，或者每支“战斗队伍”的两翼，而统帅依不同战场形势将军队分成若干支“战斗队伍”。但在阿金库尔，他们很可能被部署在重骑兵队伍前方或重骑兵队伍中间，削尖的木桩呈棋盘格状插在敌方重骑兵冲锋必经之路上。弓箭兵人数最多，他们的暴雨箭阵意在阻止敌军冲锋或打乱其冲锋阵形。一旦箭阵发挥作用，步兵及弓箭兵会冲上前去斩杀敌人。

长弓兵的衰落

但是，英格兰弓箭兵绝对不是打遍天下无敌手的。实际上，自阿金库尔一战后，英军几乎就没打过胜仗，特别是百年战争接近尾声时，大炮被法军有效运用，英军的胜算更小了。是否火药武器的兴起导致长弓被淘汰，这一点尚不清楚。16世纪时，长弓几乎从战场上消失，而同一时间，战场上恰好出现了火绳枪和滑膛枪。但是，300年后才出现与长弓在性能上不相上下的火器，它们能够1分钟发射12次，以及持续击中200米（218英尺）远的目标。

或许，深究长弓兵在战场上逐渐消亡的原因，最令人信服的解释是无法寻找到大量技术熟练的弓箭手，而这又在一定程度上归因于在历史上很长一段时间内英格兰处于相对和平的时期，大量弓箭无人使用，其直接的原因就是找不到足够数量会拉弓射箭的人。

长弓和箭

数量最大的一批英格兰长弓和箭发现于都铎王朝时期的一艘名为“玛丽玫瑰”号的战舰上。这艘战舰于1545年沉入海底，1982年被打捞出海。于舰上发现的长弓长度在1.87米与2.11米（6.1英尺与6.9英尺）之间。

长弓兵的装备

一些装备精良的弓箭兵通常服务于贵族门下，他们身披锁子甲衣并戴有头盔。另外一些士兵只是穿上有衬垫的、带夹层的衣服，但是许多士兵在着装上没有采取任何保护措施。长弓兵的职责就是远距离射箭以杀伤敌人，当他认为战斗进行得异常激烈、自己的安全无法得到保障时，通常会找个安全之处暂时躲避，或者依赖重骑兵的保护。但是如果必须近距离作战，长弓兵时常会随身携带诸如一把弯形大刀之类的短兵器，以及一面小圆盾。当战场上到处散落敌方骑士的尸首、战利品供人随意拿取时，他们会迅速掠走死者的武器和随身物品。

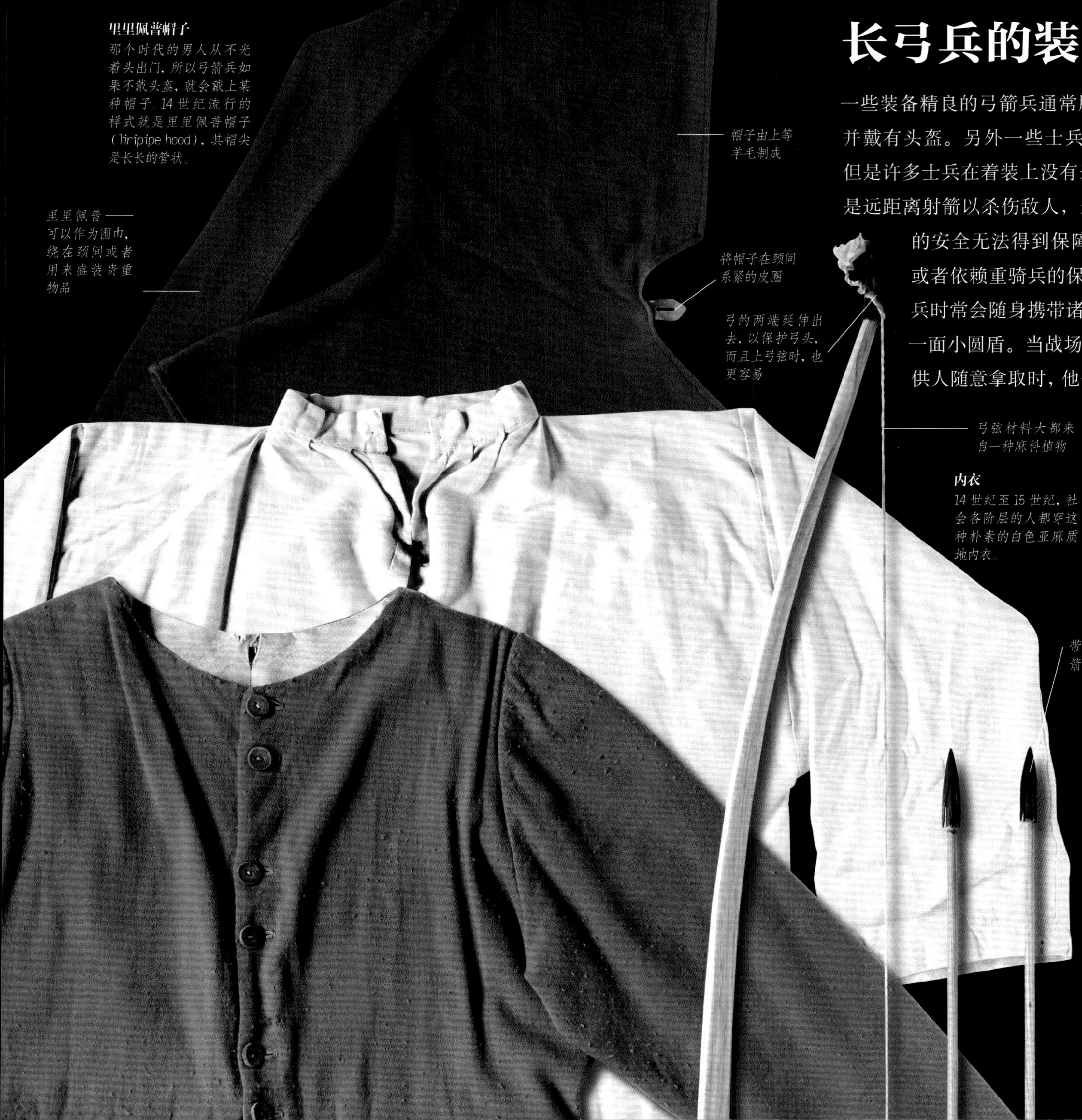

里里佩普帽子
那个时代的男人从不光着头出门，所以弓箭兵如果不戴头盔，就会戴上某种帽子。14 世纪流行的样式就是里里佩普帽子（liripipe hood），其帽尖是长长的管状。

内衣
14 世纪至 15 世纪，社会各阶层的人都穿这种朴素的白色亚麻质地内衣。

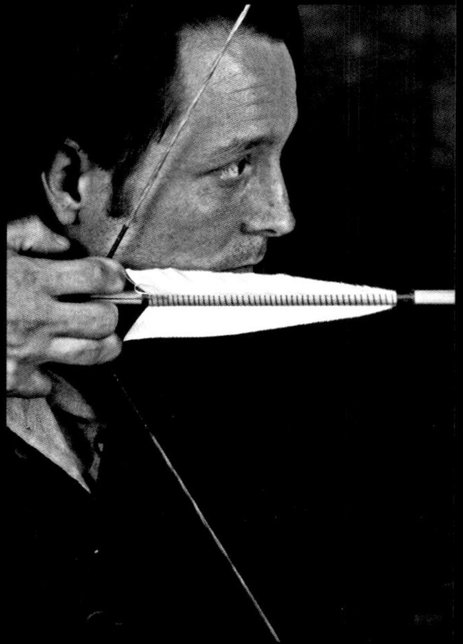
拉弓到耳边

手持剑和小圆盾，准备战斗

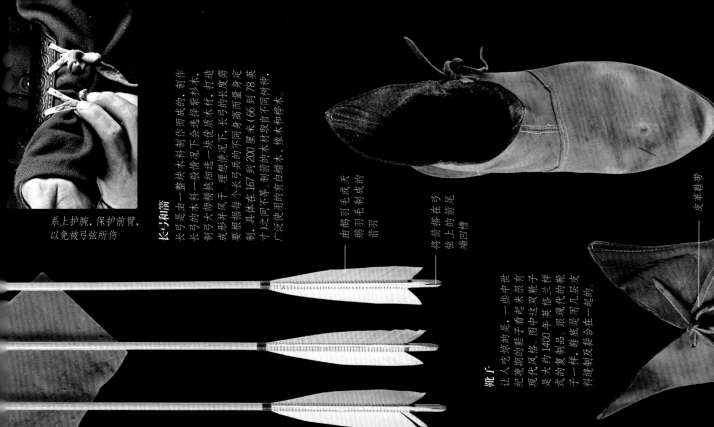

系上护腕，保护前臂，以免被弓弦所伤

长弓和箭

长弓是由一整块木料制作而成的，制作长弓的木料一般情况下会选择紫杉木，制弓大师精挑细选一块优质木材，打造成形并风干。理想情况下，长弓的长度需要根据每个长弓兵的不同身高而量身定制，具体在167到200厘米（66到78英寸）之间不等。制箭的木材取自不同树种，广泛使用的有白蜡木、橡木和桦木。

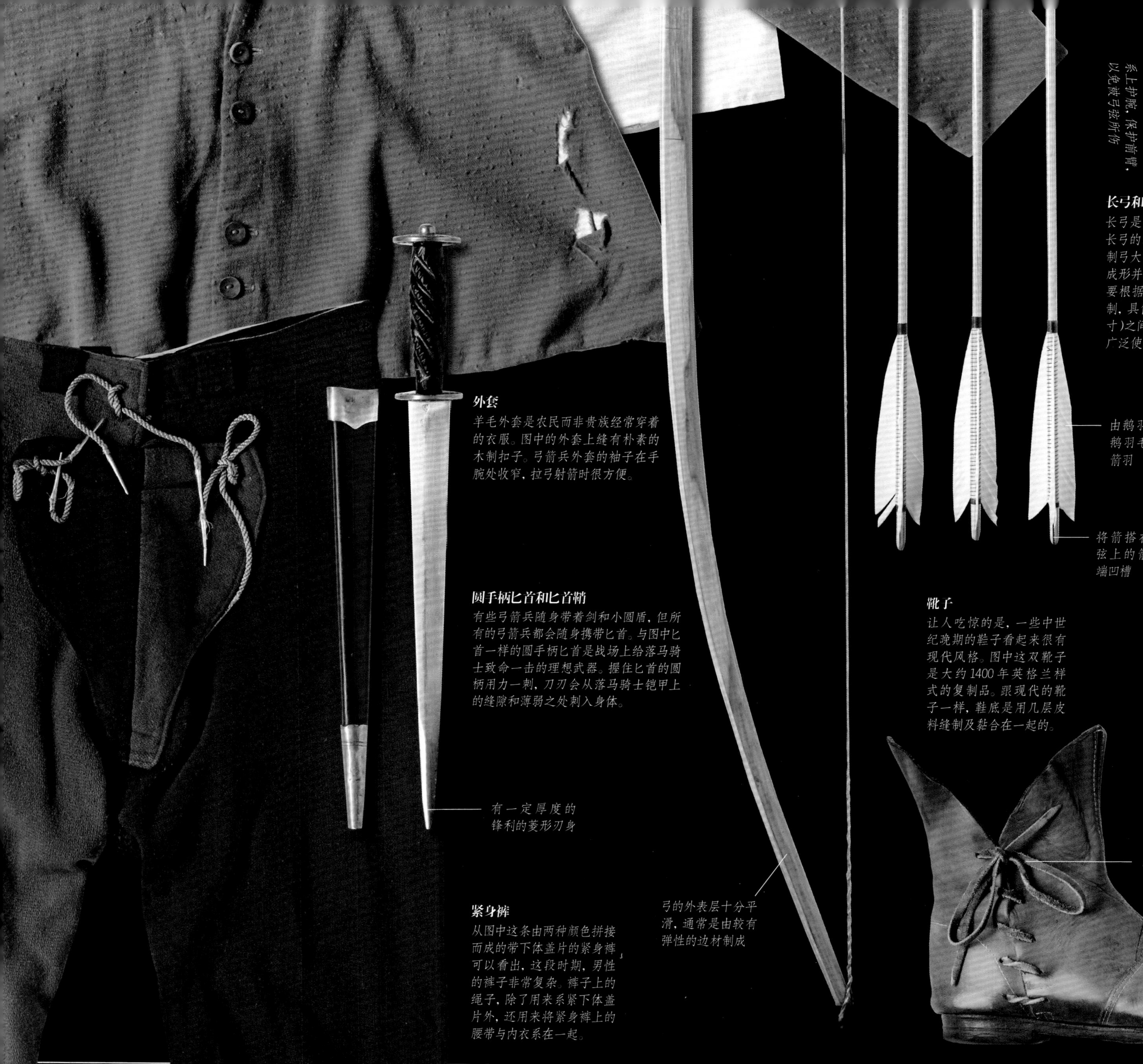

外套

羊毛外套是农民而非贵族经常穿着的衣服。图中的外套上缝有朴素的木制扣子。弓箭兵外套的袖子在手腕处收窄，拉弓射箭时很方便。

圆手柄匕首和匕首鞘

有些弓箭兵随身带着剑和小圆盾，但所有的弓箭兵都会随身携带匕首。与图中匕首一样的圆手柄匕首是战场上给落马骑士致命一击的理想武器。握住匕首的圆柄用力一刺，刀刃会从落马骑士铠甲上的缝隙和薄弱之处刺入身体。

靴子

让人吃惊的是，一些中世纪晚期的鞋子看起来很有现代风格。图中这双靴子是大约1400年英格兰样式的复制品。跟现代的靴子一样，鞋底是用几层皮料缝制及黏合在一起的。

紧身裤

从图中这条由两种颜色拼接而成的带下体盖片的紧身裤，可以看出，这段时期，男性的裤子非常复杂。裤子上的绳子，除了用来系紧下体盖片外，还用来将紧身裤上的腰带与内衣系在一起。

中世纪步兵

中世纪的骑士通常很瞧不起步兵，认为他们是出身低贱的下等人。在战场上，步兵是不可或缺同时也是让人惋惜的存在。在许多情况下，当步兵们有了正确的组织方式，并且意志坚定，他们手持长枪、棍棒和其他简单的武器足可与重骑兵部队一较高下。在投掷类武器的武装下，不管是长弓、十字弓，还是早期的大炮，步兵们均能够更加容易地颠覆社会制度。骑士们特别憎恨这些远距离作战的士兵，他们认为这不仅是一种懦夫的行为，也是不公平的，至少在用来对付自己的时候。一般而言，步兵如果被俘，是不会得到宽大处理的——毕竟，他们不可能付得出赎金。

佛兰德步兵

1302 年，法国派出一支包括大量骑士的大军去佛兰德镇压叛乱。佛兰德则组建了一支几乎全部由步兵组成的军队。这支步兵军队是由少数贵族统领的训练有素的城市工匠民兵队伍。他们的武器与众不同，是一种名为“古藤塔克”（goedendag）的“合成品”，一根长杆，杆的一头是长矛的矛尖，另一头则是硬头锤的锤头。7 月 11 日在科特赖克，他们占据了一片溪流纵横交错的地区，并增挖壕沟备战。这样就能在某种程度上抵御法国重骑兵的冲锋，他们也确实做到了，顽强地守住了自己的防线。佛兰德士兵随之包围了因为地形受阻的法国骑士，并逐个将其干掉。

科特赖克之战

尽管图中没有精确描画佛兰德人的铠甲和武器，但却描绘了他们如何阻止了骑士的冲锋，并有条不紊地将他们拉下马来杀掉的场景。

苏格兰长枪圆阵

13 世纪至 14 世纪，在与英格兰交战期间，苏格兰军队的核心战斗力量是步兵长枪圆阵。长枪圆阵是长枪兵肩并肩以类似于方阵的阵法集结，通常是圆形阵法。大多数步兵的装备依据自身经济条件而定，有的只有长枪，有的会有诸如剑、头盔、带夹层的护身甲和保护手套之类的辅助装备。身着铠甲的士兵会被安置在圆阵的前排。对于骑兵冲锋来说，长枪林立的圆形阵法是非常有效的防御阵法，但是也能转化为进攻阵法，例如 1314 年班诺科波战役（Battle of Bannockburn）中就出现过此类情形。然而苏格兰步兵的密集阵法却无法招架英格兰国王的长弓兵的箭阵。

胡斯党士兵

15 世纪波希米亚地区出现了要求世人谨守基督教义的胡斯党人（Hussites）。罗马教皇宣布胡斯学说离经叛道，胡斯党人不得不抵御十字军的围剿。在捷克乡绅扬 · 杰式卡（Jan Žižka）的领导下，一群农民、工匠和商人被组织起来，成为一支纪律严明的军队，他们遵守明文规定的有关奖惩、军营生活和战利品的分配等方面的条令。胡斯党人团结在信仰的旗帜下，唱着歌开赴战场。他们创造出崭新的战术，新旧武器同时使用。许多战士的武器就是简单的连枷和长柄武器，十字弓兵则骑马而战。但是他们也建造了用铁加固的战车，战车上布置了大炮和使用火器的士兵。这些战车作为移动的射击平台，列成纵队穿过敌军防线。1421 年的库特纳霍拉战役（Battle of Kutná Hora）是胡斯党人最著名的胜仗。

胡斯党人野外宿营

胡斯党人宿营时将马车围在营地正中，组成防御性宿营阵形，武器包括大炮、火绳枪、十字弓等。这种临时防御营地几乎能阻挡敌军的任何进攻。

> “你们是上帝的勇士，是基督真道的勇士，向上帝祈祷吧，上帝会助你们……”
>
> ——胡斯党人战歌

热那亚十字弓兵

1099 年，第一次十字军东征期间，来自意大利热那亚的远征军到达雅法，加入了十字军围攻耶路撒冷城的战斗。同威尼斯和比萨这样的海上共和国一样，热那亚为海上战争建立了十字弓兵队伍——在激战中他们可从船上向敌船射击。热那亚十字弓兵在围攻战中的表现让人印象深刻，足可留名史册。

驰誉欧洲

据说，十字弓与长弓相比有一个优势，就是人们几乎不需要经过训练或者具备任何经验就能够使用它。即便如此，欧洲军队在募用十字弓兵时，依然对其专业技能表现出了敬意，这是很明智的。当时，热那亚十字弓兵的声望非常高，热那亚人需要为一个多达几千人的兵团招募大量士兵，士兵的武器则由一家十字弓工匠行会提供。事实上，最初招募的十字弓兵并不是来自城市本身，而是来自多山的利古里亚（Ligurian）乡间。他们在城墙外的田野上练习射击，当地地主们对此颇有怨言。当需要的时候，兵团为保卫热那亚而战，但其他时候，他们会与出价最高的外国主顾达成交易，为他们提供十字弓兵。

经验丰富的十字弓兵射箭十分精准，足可在围城战时胜任狙击手一角。战场上，他们通常被部署在军队前方，在总攻之前向敌军发起进攻，以削弱其战斗力。拉弓时，他们一般会借助腰带上的铁钩；十字弓兵向前弯腰，将弓弦挂在铁钩上，站立，用后背的力量将弓张开。他们的装备除去弓箭，还有头盔、一些护身甲、一把匕首，以及一面大盾。他们有时会结队战斗，十字弓兵由一位手持大盾的仆从掩护，还可能有一位助手，当他持第一张弓射箭时，助手为第二张弓上弦放箭。

甚至在 15 世纪手持火器出现后，热那亚十字弓兵仍然继续在欧洲战场上发挥着重要的作用。遗憾的是，1346 年的克雷西战役是他们在历史舞台上最令人难忘的一次亮相，但却以惨败告终。作为法国雇佣兵，他们向英格兰军队的防线发起进攻，却徒劳无益，据说是因为他们的弓弦受潮松弛而无法使用。他们在英格兰长弓兵的暴雨箭阵下向后撤退，又遭到向前冲锋的法国骑士的踩踏。

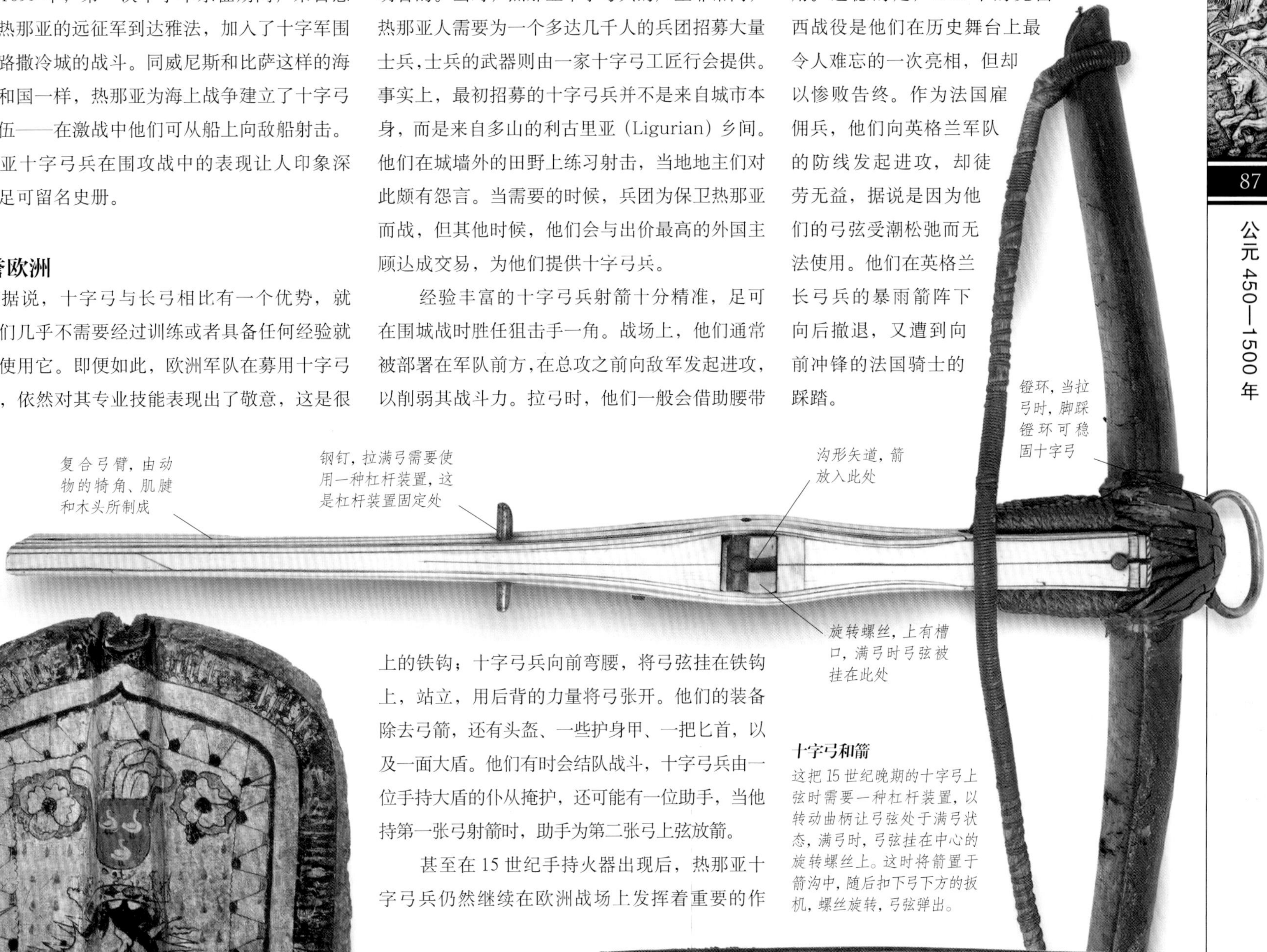

十字弓和箭
这把 15 世纪晚期的十字弓上弦时需要一种杠杆装置，以转动曲柄让弓弦处于满弓状态，满弓时，弓弦挂在中心的旋转螺丝上。这时将箭置于箭沟中，随后扣下弓下方的扳机，螺丝旋转，弓弦弹出。

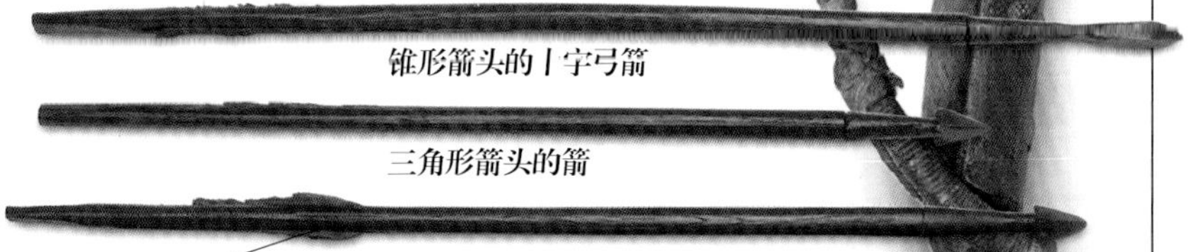

大盾
在围城战中，当十字弓兵朝城墙上的防御敌兵射击时，这种尺寸的盾牌是实用性最强的装备。当前轮射箭完毕，他们可以蹲伏在盾牌后再次上弦放箭。

> “无论这些箭镞碰巧击中什么目标，它们都不会向后反弹，它们射穿盾牌，然后刺入沉重的铁甲中。”
>
> ——安娜·康敏娜（Anna Comnena）对拜占庭军队首次遭遇十字弓兵的描述，《亚历克西亚德》（*Alexiad*），约 1148 年

公元 1200—1300 年

蒙古骑兵

他的勇士们像狮子一样勇敢，他们在战争中不知疲倦，也无惧艰难困苦。他们不知道放松，也不知道休息。当他们征服某个地方，不会在这里留下任何活物，无论大小。

——摘录自一份呈给花剌子模国王的有关成吉思汗军队的报告，1218年

蒙古人是来自亚洲大草原的游牧民族，他们在 13 世纪建立了世界上最大的陆上帝国之一。成吉思汗率领大军统一了历史上战乱不断的草原部落，随之开启了征服世界之旅，蒙古铁骑最远西达中东和欧洲，东抵太平洋沿岸。所向无敌的蒙古人凭借其敏捷的行军速度、迅猛的进攻以及超强的作战技能，一次又一次击溃了欧亚大陆定居文明的军队。

在后来被称作成吉思汗的铁木真崛起前，蒙古人只是戈壁沙漠以北草原上的众多突厥部落之一，他们居住在帐篷中，生存条件十分艰苦。根据历史记载，那个年代的蒙古骑兵时常抢劫掠夺，侵略骚扰中原北方的城镇，对其形成了一定的威胁。草原部落互相征战，长年处于战乱之中，直到 1206 年，他们推举蒙古统领铁木真为大汗（成吉思汗的意思是“天下的主”）。成吉思汗及其继任者们能力超群，带领部落骑兵们离开故土，从劫掠者转变为征服者。

坚强的战士

蒙古人一辈子都离不开他们强壮的马匹。据说蒙古男孩子在学会走路之前就学会了骑马。每一个蒙古男性除了是一名骑手，还是一名猎手和勇士。在幼年的时候，他就学会了使用复合弓，复合弓是一种由动物的犄角、肌腱和木头制成的威力巨大的武器。蒙古男性会参加大型的骑马打猎活动，这样就能有更多的机会熟悉复合弓的操作技巧以及锻炼骑马射猎的协调性，这对他在成年后征战沙场有很大的帮助。蒙古勇士在地方部落战争中磨炼了战斗技能，并且在草原艰苦的生活环境中锻炼了生存技能。

成吉思汗统率下的这些蒙古勇士行军速度非常快，常常长途跋涉几千公里四处征战。他们在最不适宜人类居住的地方也能长时间靠当地资源生存下来，所以当行军作战时，他们是不会因为供给缺乏而放慢速度的。蒙古骑兵的主要食物就是风干肉和经过发酵的马奶，有时也靠饮用新鲜的马血补充体力。每一名勇士会牵四五匹马，他会不停地换马骑，因此能够日复一日地长途行军。河流也阻挡不了蒙古勇士的远征之路——他们会脱下衣服，装在防水袋子里，然后和战马一起游到对岸。他们的武器通常很轻巧，其中弓骑兵的武器最多，他们会携带两三把弓以及几只箭袋。蒙古勇士非常独立，他们会带上供武器用的磨石以及针线，自己对衣服和皮质铠甲小修小补。

冷酷的胜利者

蒙古人凭借其极快的行军速度去发现、包围并摧毁敌军。他们是残忍凶猛的战士，但绝不是没有组织的乌合之众。一名蒙古士兵隶属于一个十人队（arban），十人队隶属于百人队，军队建制再往上还有千人队和万人队。蒙古军队有健全的指挥体系，高级官员由大汗任命，低级官员由士兵选举产生。实质上，这等同于论功提拔。低级的军事单位有很大的独立性，一定程度上可自行决定战场策略，但是蒙古指挥官也有在战场上协调大型军队的能力，他们使用狼烟、号角以及旗帜传达战争指令。

诺盖汗国头盔

令人闻风丧胆的蒙古弓骑兵

正在战斗的 14 世纪蒙古骑兵（见上图），他们的坐骑强健粗壮，武器是复合弓。通常情况下，蒙古士兵的头盔是尖顶的，由北方草原游牧民的尖顶毡帽变化而来。右图是蒙古时代晚期位于高加索山区的诺盖汗国头盔，是蒙古入侵欧亚大陆留下的“痕迹”。

蒙古人一旦战场获胜，对待俘虏绝不会手下留情，大多数情况下对待平民阶层的手段也同样凶残。伴随着蒙古军队不断攻城略地，其残忍的征服手段也越来越为人所知。1211 年，成吉思汗入侵中原北方，到 1215 年时就已经攻下了金中都（今北京城），那时丰裕富饶、人口众多的中原南方仍然处于宋朝的统治之下。1218 年，据说中亚花剌子模国王下令杀掉了两名蒙古国庇护下的商人，冒犯了蒙古大汗，蒙古人遂派兵攻打这个强大的帝国。战争让撒马尔罕（Samarkand）和布哈拉（Bokhara）两座名城以及其他许多历史古城沦为一片废墟，其中一些城市永远也不复以前的荣光。

> “一个野蛮的民族，面目可憎，四处搜刮战利品，像狼一样贪婪……像狮子一样勇敢……”
>
> ——格鲁吉亚女王鲁速丹（Russudan）关于蒙古人的描述

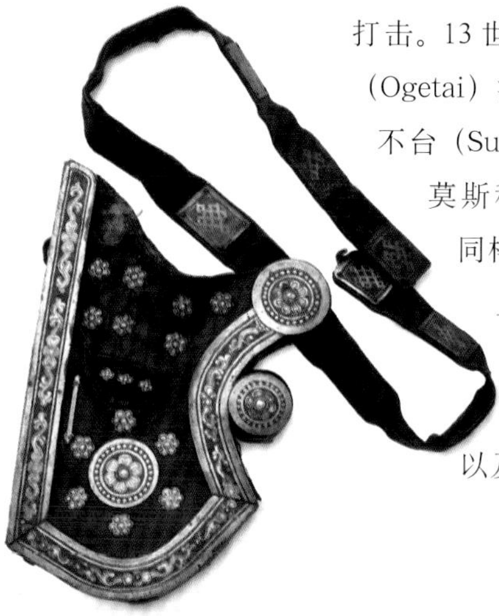

装饰精美的箭袋

蒙古勇士从很小的年纪起就学会了使用复合弓。箭袋是他们武器装备中非常重要的一件物品。

成吉思汗的遗产

1227 年，成吉思汗去世，但这并没能阻止蒙古军队的扩张战争和对途经地区的毁灭性打击。13 世纪 30 年代，成吉思汗之子窝阔台（Ogetai）派遣大军继续向西进发。蒙古将军速不台（Subotai）占领俄罗斯，1238 年洗劫了莫斯科。1240 年乌克兰遭受到与俄罗斯同样的命运，历史悠久的基辅城毁于一旦——5 年后，一名欧洲旅游者来到基辅城，发现“大量战争中被杀之人的头骨和身骨散落在原野上”，以及“仅存 200 幢房屋”。1241 年，速不台率领蒙古军队在利格尼茨（Liegnitz）和摩希（Mohi）的战役中打败欧洲骑士军队后，进入波兰和匈牙利。事实证明，蒙古骑兵机动性强，基督教重装骑兵队伍根本无法应对，蒙古征服西欧之路畅通无阻。当蒙古人逼近维也纳时，窝阔台的死讯传到了军中，基督教欧洲将此视为上帝显灵。来自亚洲的骑兵们掉头踏上返程之路，赶回去参加王位的争夺斗争。从此他们再也没有重新踏上西征之路。

改变战法

蒙古人与被征服国家之间并不是单纯的毁灭者与被毁灭者的关系。蒙古人受益于被征服国家较高的科技发展水平。成吉思汗第一次入侵中原时，就意识到部落骑兵的局限。中原城市有坚固

天生的勇士

大多数蒙古勇士骑着战马征战四方，他们穿上皮质身甲，行动灵活自如。蒙古勇士与他们的战马关系十分亲密，这在激烈的战斗中至关重要。

的城防设施，蒙古人围城攻地需要掌握攻城技术并且具备攻城器械。几乎可以肯定，蒙古军队雇用了中原人，并利用了其专业知识。在 1214—1215 年，他们有效利用攻城槌和投石机——投石机是一种沉重的投石弩炮——成功攻下北京城。从那时起，蒙古军队总会随军携带一辆攻城车，常常有中原和穆斯林工程师们利用他们的专业技能，为蒙古大汗效劳。

巴格达破城

正是得益于熟练的攻城战术，1258 年，旭烈兀率军占领了伊斯兰阿拔斯王朝的首都巴格达。包括哈里发本人在内，全城居民尽数被杀。这让基督教十字军感到高兴，彼时，他们正竭力维持其在巴勒斯坦地区的影响力。这次胜利打开了蒙古军队西征之路上阿拉伯世界的大门。1259 年，叙利亚落入旭烈兀之手，这时只剩埃及的马穆鲁克们仍在公然反抗蒙古帝国。

不过，蒙古人的目标再次受挫：次年，大汗的死讯迫使旭烈兀率领军队中的绝大多数士兵返回蒙古。留下的军队在阿音扎鲁特（Ain Jalut）被拜巴尔（Baibars）统领的马穆鲁克们打败——这是蒙古军队在战场上遭遇的唯一一次惨败。

蒙古人在中原

在中原，蒙古军队的战争方式最后经历了几乎彻头彻尾的改变。1260 年，成吉思汗的后裔忽必烈在北京称帝后，对仍控制中原南部的南宋王朝开始了一系列的征服之战。忽必烈的军队使用复杂的中国武器，从威力无比的十字弓或弩炮，到各种火药武器，包括能投射炮弹的投石机、原始的喷火器以及手枪的早期版本。蒙古人也从中原人那里学会了如何进行水战和海战。忽必烈最终在崖山海战中打败了南宋王朝，成为无可置疑的中国皇帝。

无疑，忽必烈为这次成功感到振奋，他接着将目标转向了日本，尝试从朝鲜半岛由海路进攻日本。1274 年，忽必烈派遣了一支由 900 艘战船组成的舰队攻打日本并执行侦察任务。7 年后，超过 4000 艘战船组成的蒙古舰队打响了对日本的全面入侵战争。与蒙古人交战，日本武士无疑大为震惊，他们从来没有经历过弓箭兵密集作战的方式，也没有见过火药弹丸。但是日本人顽强的抵抗，再加上可怕的台风来袭，使蒙古人的远征付出了昂贵的代价，最终一败涂地。

旧习难改

蒙古人本质上难改草原民族的习性。甚至在入主中原后，他们也一直以打猎为乐，尊崇骑术，置骑术于其他所有技能之上。他们的坏习惯也一直留存，从未停止过争夺皇位继承权的战争。到 13 世纪末期，蒙古帝国的疆域包括俄罗斯、中原和朝鲜，这庞大的国土却被分成了四个不同的汗国：一个以中原为中心，另外三个为中亚的察合台汗国、伊朗和伊拉克的伊儿汗国，以及俄罗斯的金帐汗国。他们的体内跳动着的仍然是一颗草原勇士的心脏，无法建立一个长久的帝国。1294 年忽必烈去世后，蒙古政权迅速衰落。

硬头锤、长矛和弓

14 世纪时，在成吉思汗（手拿硬头锤者）率领下的蒙古勇士们。这幅画准确地描绘了他们的武器，但是画中的战马与他们事实上矮小健壮的坐骑大不相同。

机动性和火力

蒙古骑兵通常分散作战。大多数骑兵受过散兵训练，战场上会采取边跑边打的战术。他们的武器是复合弓，复合弓有两种形式：重量较轻的弓适合在马背上使用，下马后则使用较重的弓。战斗刚打响时，弓箭兵会走入敌军射程范围内，持续将箭射入对方阵营中，致其伤亡，削弱其战斗力。同时，他们会避免与敌军交战，面对反攻，迅速撤退。

诡计多端的勇士

蒙古人喜欢在战场上耍耍花招，假装与敌军交战，引诱毫无戒备的敌军轻率行动、闷头追击，再出人意料地迅速掉头，包围毫无组织的敌军追击部队。最后，散兵的箭阵将敌人拖垮，令敌军恼火不已、筋疲力竭，这时蒙古人会命令自己的精锐重骑兵出击迎敌。重骑兵手持长矛、剑和硬头锤冲向敌营，与敌军近距离战斗并消灭他们。当总攻打响，蒙古军队队列两翼的骑兵会快速冲上前去形成包围圈，以切断敌军的逃生之路。

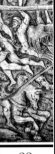

蒙古武器

大多数蒙古弓骑兵装备简单，但少数精英勇士除配有长矛和其他适合近距离作战的武器外，装备则更为精良。1246年，教皇派遣到蒙古大汗军中的使者在描述蒙古枪骑兵时说："头盔和皮质胸甲……胸甲由一掌宽的皮条缝制而成，这样皮条可以相互交叠，以方便士兵活动自如。"蒙古武器上的装饰十分华丽，这一点很大程度上受到被他们征服的文明所影响，特别是中原文明。

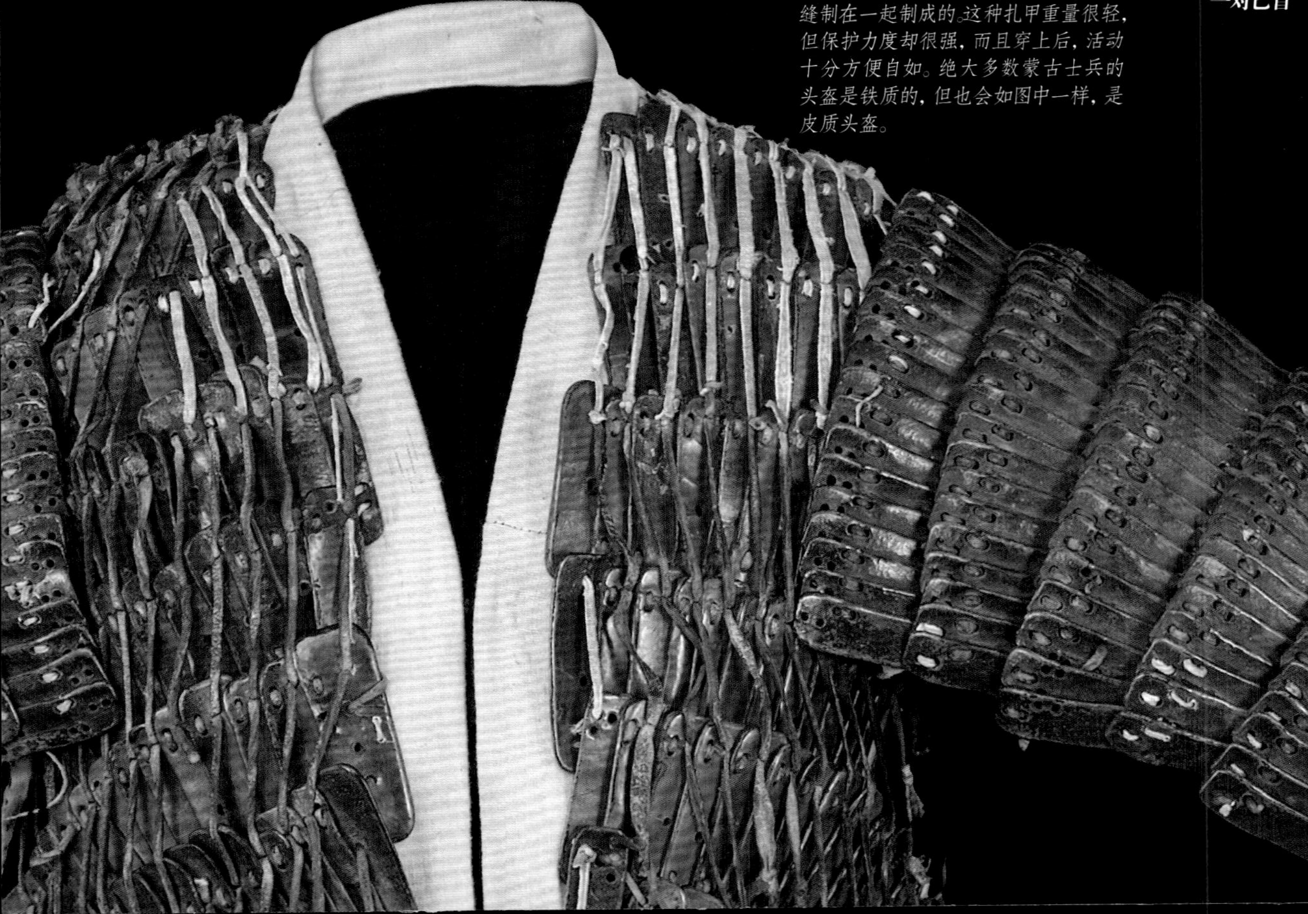

头盔和铠甲

蒙古的精英勇士们会与敌人近距离战斗，所以会穿着铠甲。与日本武士的铠甲类似，蒙古铠甲是将硬化后的皮料缝制在一起制成的。这种扎甲重量很轻，但保护力度却很强，而且穿上后，活动十分方便自如。绝大多数蒙古士兵的头盔是铁质的，但也会如图中一样，是皮质头盔。

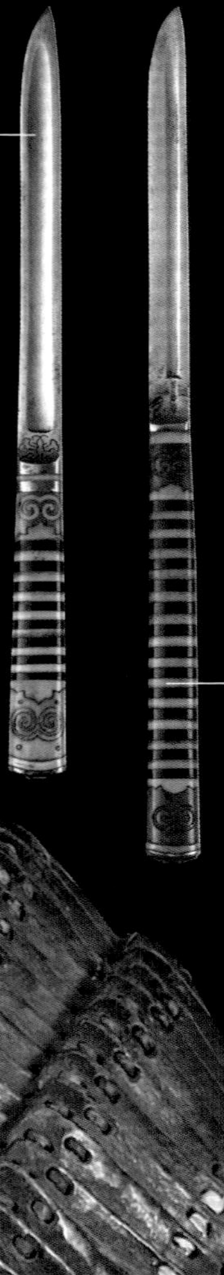

一对匕首

铁质硬头锤

近距离作战武器

14世纪硬头锤（见左图）上的精美装饰图案表明它的主人可能是一位地位很高的勇士，几乎可以肯定是大汗的一名私人随从。两把小型匕首也是奢华物品，银质刃身和象牙手柄十分醒目。匕首可用来杀死一名受伤的敌人，也可用于日常生活的许多方面。

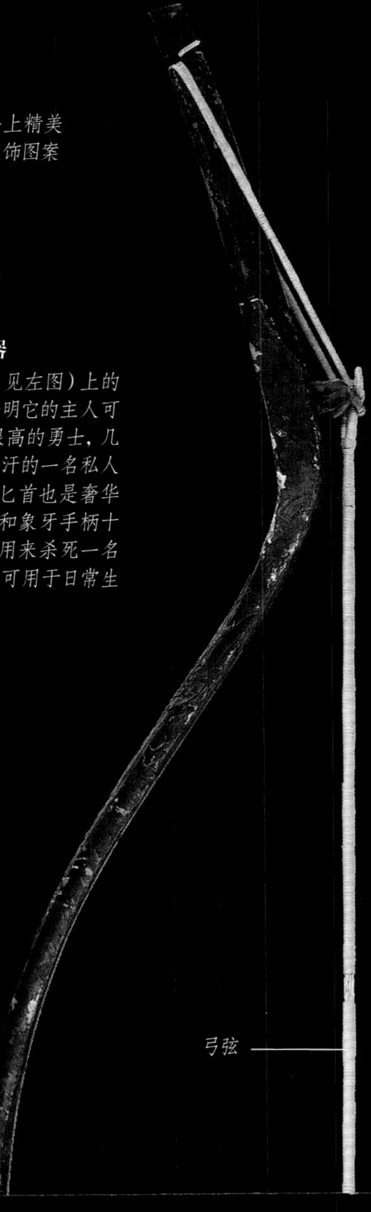

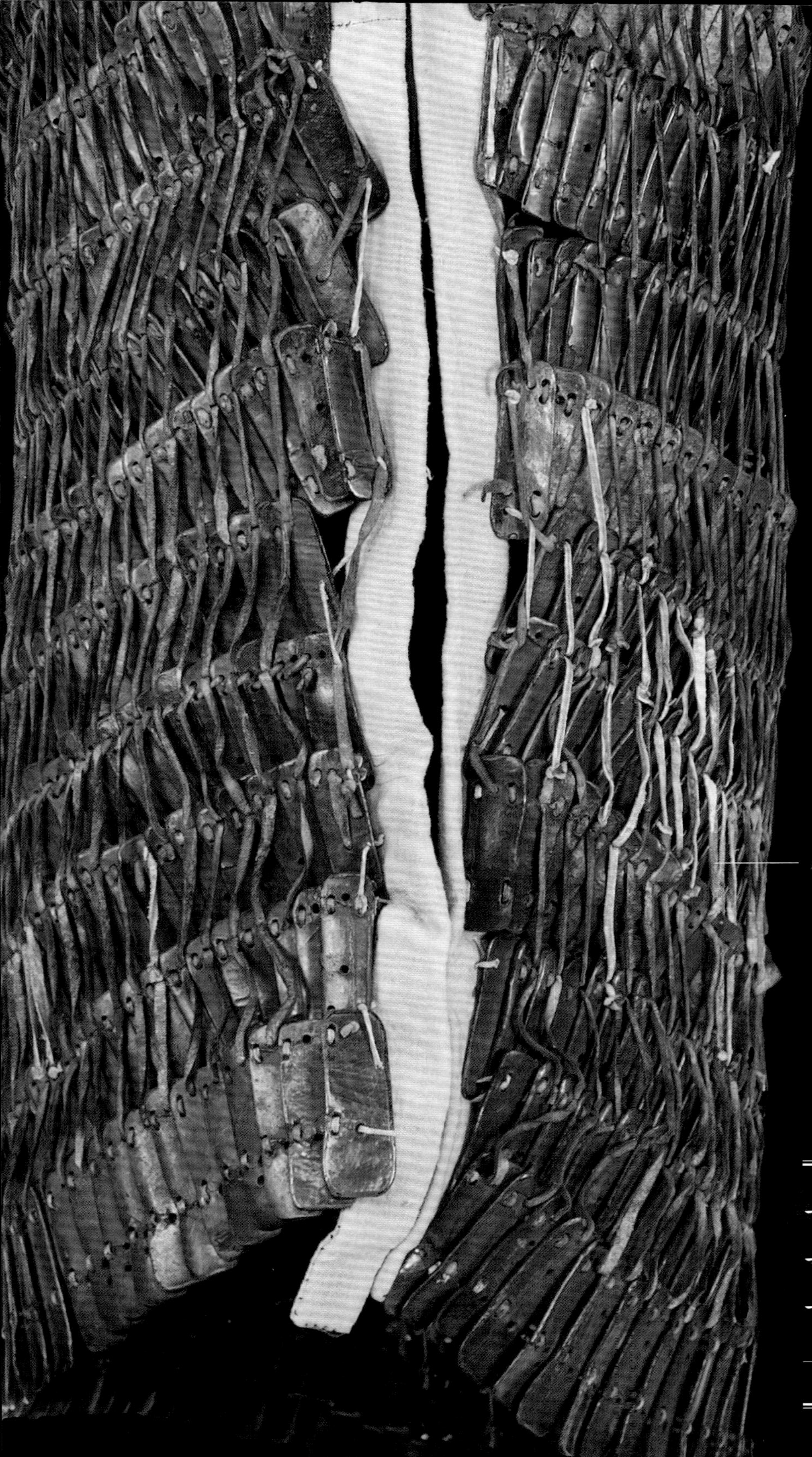

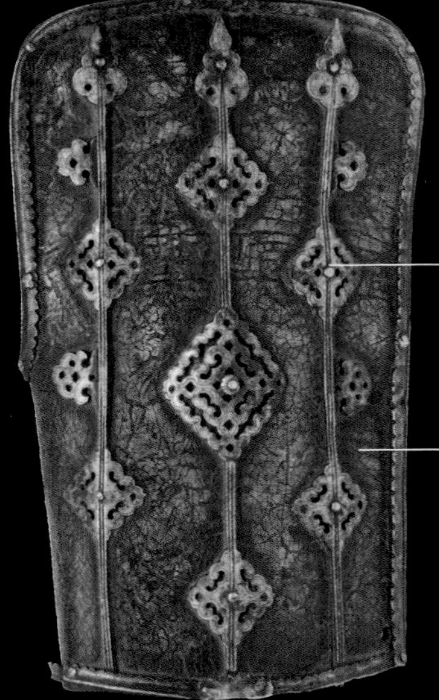

护甲

图中为 13 世纪时保护前臂的护甲，皮质护甲上装饰有金漆图案。护甲正中有三根铁条起加固作用，铁条上饰有卷云纹回纹图案。护甲边缘以细窄的荷叶边铁条加固。

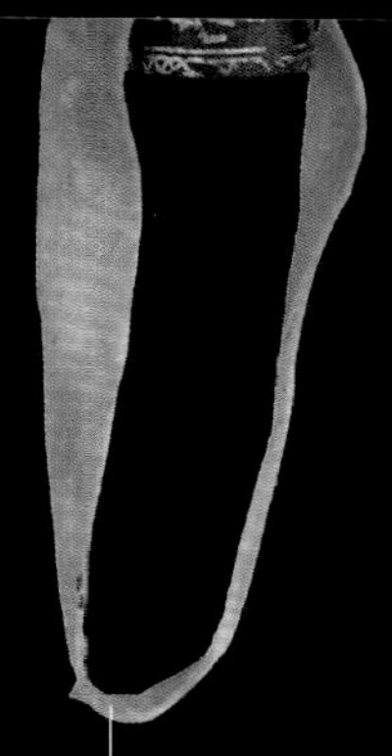

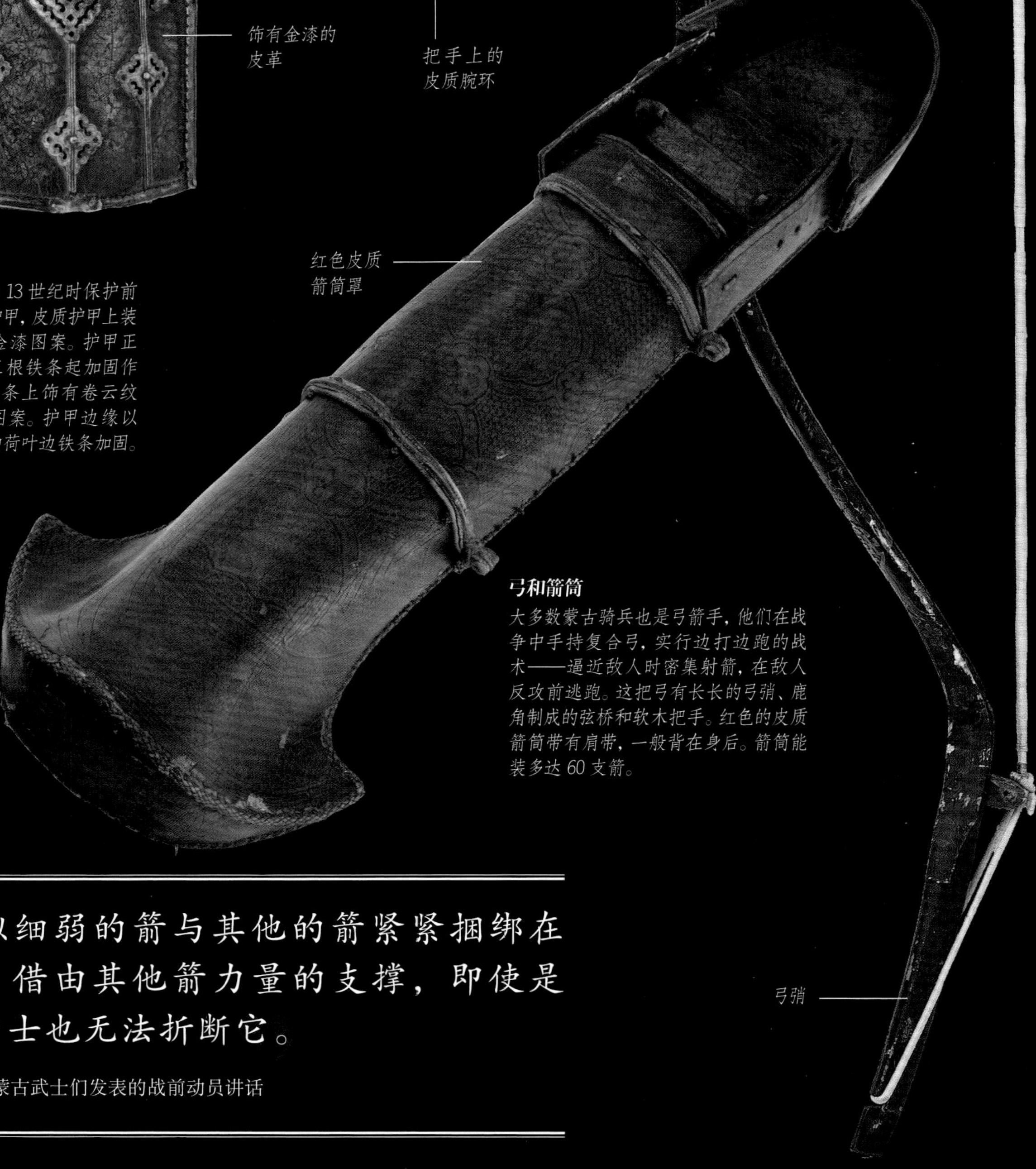

弓和箭筒

大多数蒙古骑兵也是弓箭手，他们在战争中手持复合弓，实行边打边跑的战术——逼近敌人时密集射箭，在敌人反攻前逃跑。这把弓有长长的弓弰、鹿角制成的弦桥和软木把手。红色的皮质箭筒带有肩带，一般背在身后。箭筒能装多达 60 支箭。

一支看似细弱的箭与其他的箭紧紧捆绑在一起时，借由其他箭力量的支撑，即使是一名大力士也无法折断它。

——成吉思汗对蒙古武士们发表的战前动员讲话

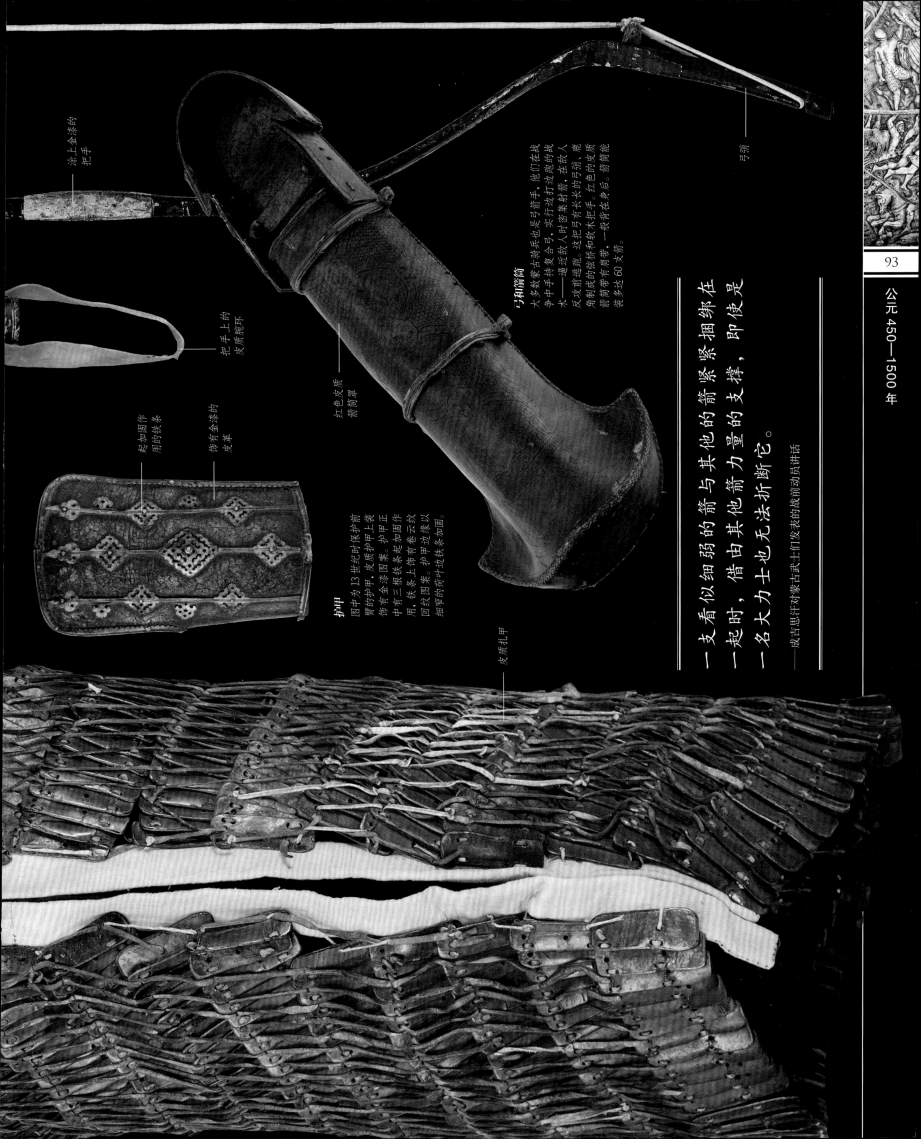

公元 1150—1650 年

日本武士

只要是我对主人应尽的职责，我愿意为此在他的眼前战死沙场。如果我死在家中，这种死亡则毫无意义。

——日本武将大久保忠教（Okuba Tadataka），1622年

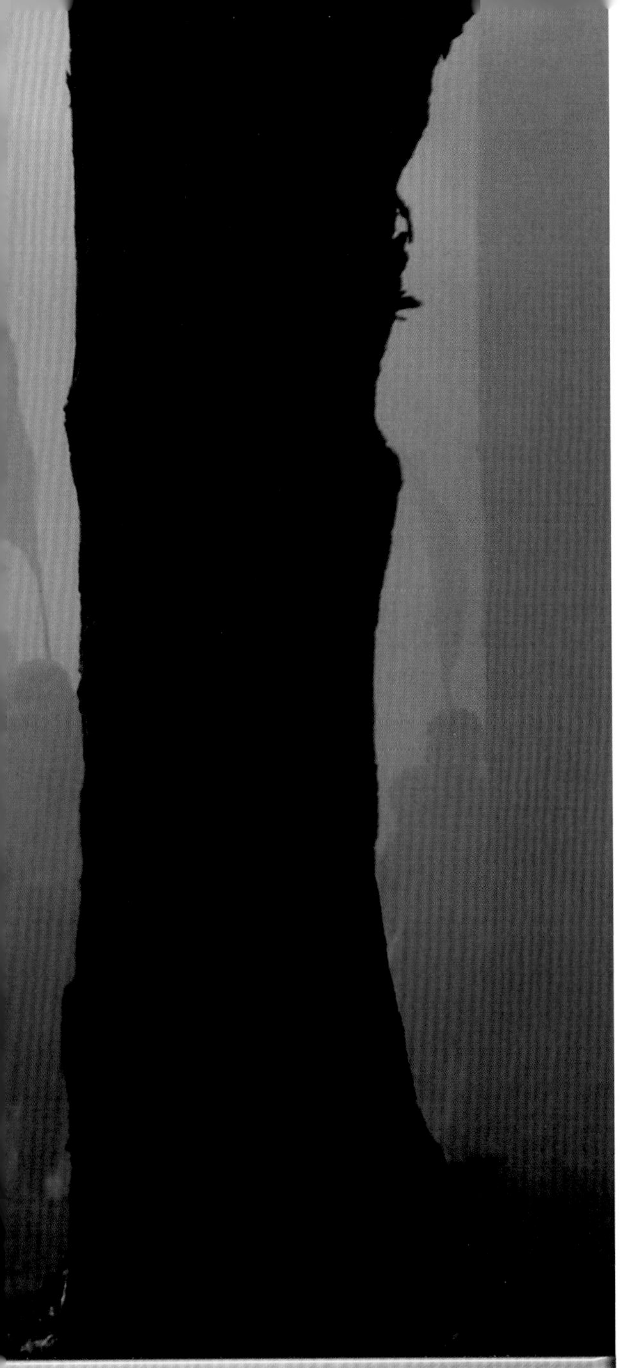

日本武士是中世纪日本社会中拥有精英身份的重甲骑兵勇士——从某种意义上来说，日本武士是欧洲骑士的翻版。欧洲的骑士精神，在日本叫作“武士道”，武士道的基本准则就是对自己侍奉的主人要绝对忠诚。自12世纪始，天皇成为傀儡，武士家族是日本实际意义上的统治者。武士军队互相征战，日本一直处于没完没了的内战中，直到17世纪德川幕府平定日本。

日本武士可能早在公元8世纪就产生了，最初是天皇的侍者。他们的职责是保卫皇宫，以及在各地树立天皇的权威。随着时间的推移，武士演化为出生于有一定社会地位家庭的贵族精英，当时的贵族精英是由出生来决定，而不是由一个人承担的职责来界定的。日本武士不再对他名义上侍奉的天皇效忠，转而对他自己的家族，或他的大家庭效忠。两大武士家族争夺至高权力的源平合战（1180—1185）是日本历史上的一次转折点。源氏家族打败对手平氏家族，源赖朝加封自己为幕府将军，即日本的军事统治者。

幕府建立之初，武士最重要的武器是弓，而不是剑。精英勇士似乎视战争为展示个人战斗技能和勇气的最佳机会。当敌我双方在战场上严阵以待，领队的武士会下马走上前去，吟诵族谱和祖先的赫赫战功。随后，两军持弓互射，待箭支落地，武士就会寻找与其匹配的对手进行单挑——对于一名武士来说，与比自己地位低的人交手是一件极不光彩的事情。这至少是勇士们追求的理想境界。与之相比，有时战场的情况复杂得多，不乏使诈和突袭。在1183年俱利伽罗峠战役中，据传说，源氏家族的军队偷偷绕过平氏家族军队的防御阵地，沿着山间小道行进，从其阵地后方实施突袭，而同时在阵地前方，将牛群驱赶入平氏队伍之中，双面夹击，大败平氏军队。

武士道

12世纪到13世纪的武士们十分在意自己的精英身份。一名勇士理应在文学和艺术上都有一定的造诣，而且也应该具备军事美德。年轻的勇士为了成为一名合格的武士，通常会与一名资深武士维持亲密的师徒关系，接受相关的训练，同性恋在这种复杂的关系中占据一席之地。武士的行为准则起初只是形成了书面文字的规范化的弓马之道（骑马和用弓的方法），其后演变为武士道（勇士的行为准则）。

武士道强调的是一名武士需要绝对的自我克制和自我约束，不允许任何形式的卖弄和炫耀。武士战争中遵守的某些习俗是野蛮和文明混合在一起的奇特产物。例如，在战场上，获胜一方的武士可以任意取一名敌方手下败将的首级，并将其清洗干净、修饰美容一番，然后放在一块带尖钉的木板上。这可以作为武士超强战斗技能的象征，同时也被认为是正常的行为。如果是级别很高的武士首级，那么将其送还给他的家族会被视为一种值得尊敬的行为。

冲锋陷阵
在步兵的支援下，一名日本马上武士在战场上冲锋陷阵，与敌对家族展开激烈厮杀（见上图）。日本武士的盔甲和武器多种多样。头形兜（头部形状的头盔，见右图）上的金漆额板十分醒目。头盔旁是一把入鞘的刀，刀身通常长60厘米（24英寸）。

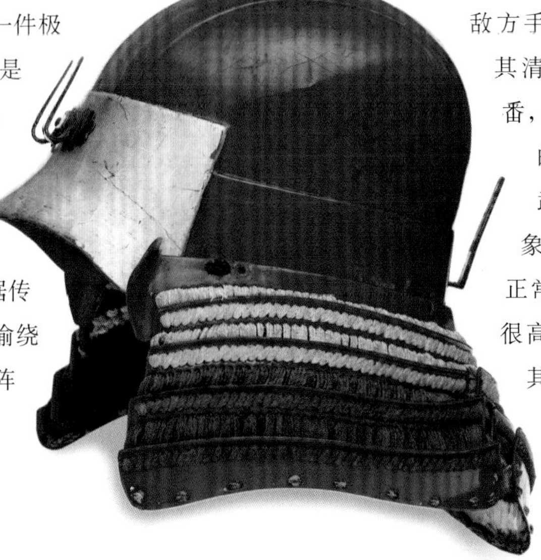

武士的头盔和入鞘的刀

日本武士的武器和盔甲
在历史悠久的日本京都时代祭上，一群日本武士行进在游行队伍中（见右图）。最右图为一些武士服装的藏品，其中有一把打刀，刀柄清晰可见。

光荣的死亡

日本武士对待死亡的态度与众不同，这是成就一世英名的必要条件，也是对唯美一生的最好诠释。源平合战是介于传奇与历史之间的战争故事，根据与其相关的现存史料记载，1180年，久经沙场的武士源赖政发明了切腹（仪式性的自决行为）这一日本独特的传统。源赖政在宇治川被平氏击败后，逃入附近一座庙宇避难。

他在一把扇子的背面写上了一首优美的诗，然后平静地用一把匕首切开了自己的腹部。对于任何一名遭受失败或侮辱的武士来说，这是一种公认的自决方式。源平合战结束时，平氏武士集体跳河自尽。稍后，一名叫三浦义元的武士将这种仪式演绎到了极致，他让人砍下了自己的头颅。当然，对战败者而言，自尽是光荣的死法，但这种情况并不为日本所独有，例如，古罗马的将军若战场失利，拔剑自刎也被视为高贵者的举动。但日本武士的传统引人瞩目，这是因为其极端强调的是死得光荣，而并非是战场上的胜利。

武士战争的半仪式化特点之所以能够维持下去，仅仅是因为武士们几乎只是互相争斗。当1274年和1281年，忽必烈从海路远征日本，双方在战场交手时，日本武士们最初仍然向敌人提出单挑的要求，蒙古人置之不理，日本人方寸大乱——部分原因是蒙古人没有这样的习惯做法，还有部分原因是他们不懂日语。但是日本武士却成功御敌于国门之外，这得感谢台风，日本人谓之“神风”的出手相助。自此，日本人再无机会与外人交手，直到16世纪90年代入侵朝鲜，但最终无功而返。到16世纪末期，日本社会制度发生变革，引进了国外的先进技术，武士战争产生了根本性的转变。

源义经和弁庆
这件象牙雕刻品（大型装饰性雕刻品）描绘了12世纪年轻的源义经与僧兵弁庆相斗的场面。

14世纪时，刀的发展取得重大的进展，很快，刀成为武士的主要武器。一名叫正宗冈崎的铁匠打造出了一把兼备软钢和硬钢双重特质的刀，刀刃更加锐利，耐磨度更强。正宗的高超技艺让日本刀（打刀）被视为东亚前工业时代最具攻击力的手持武器。许多使用此法打造的武士刀横渡中国东海出口国外，其中一些甚至远渡重洋出现在印度。在新刀送到武士手中之前，会先被用来劈开尸体或砍杀判了死刑的罪犯，以对刀刃性能进行测试。测试结果通常会被记录在刀刃和刀柄连接处的一块金属板上。

在15世纪下半叶开始的战国时代，日本陷入大规模的混乱之中。旧式贵族家庭逐渐衰落，许多来自下层社会的武士在战场上表现英勇，屡建战功，为自己打拼出了一片天地。一些武士没有可以效忠的封建主人，这些武士被称为“浪人”，他们在全国各地到处流浪，寻找军队里的雇用机会。

大名的战争

大名或军阀们自称是武士们的领袖，他们吸引了众多的追随者，控制领地，建立了自己的组织。大名之间的战争使日本四分五裂，持续时间长达150年。这时的日本武士几乎不会希求拥有旧时代武士所具备的教养和礼貌，他们只是庞大军队中占据区区一己之地的职业军人。熟练使用双手刀而非弓，是成为一名英勇战士的标准。在战场上，大量农夫出身的步兵，也被称为“足轻”，会随同拿刀的武士上阵拼杀，足轻们受过训练，有一定的纪律性，可为武士们提供一定程度上的支持。

16世纪下半叶至17世纪早期，为争夺日本的控制权，大名之间进行了包括围城战在内的一系列重要战争。尽管日本编年史总是将重点放在有名有姓的武士之间的单打独斗上，而这些实际上只是战争之中的插曲而已。显然，战争的成败实质上是由各兵种联合作战所决定的，这其中采用的战术十分复杂。在1575年的长筱之战中，伟大的将军织田信长在战场上部署了3000名手持火绳枪的足轻。

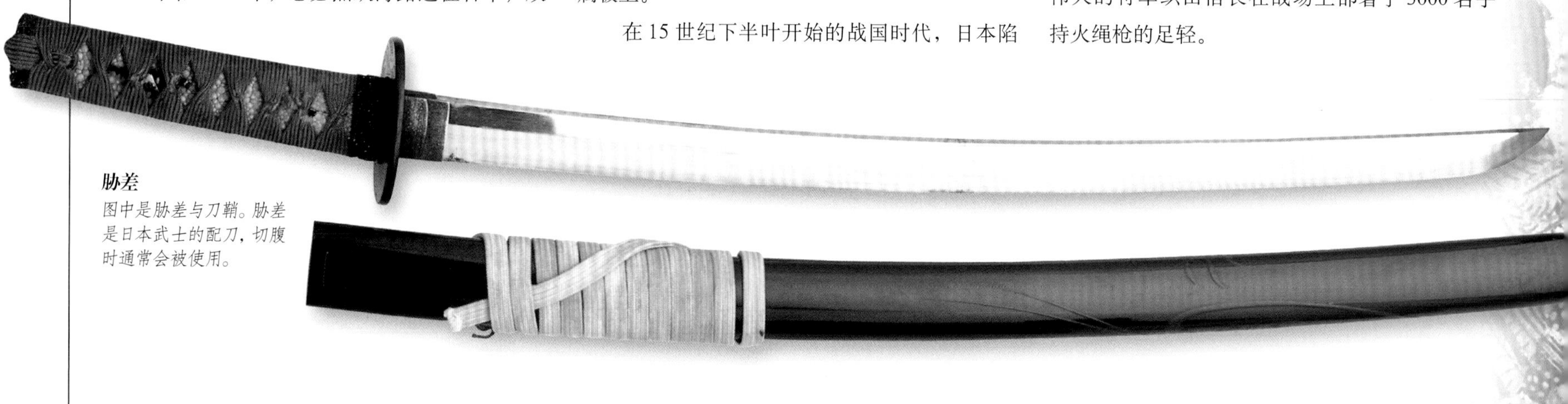

肋差
图中是肋差与刀鞘。肋差是日本武士的配刀，切腹时通常会被使用。

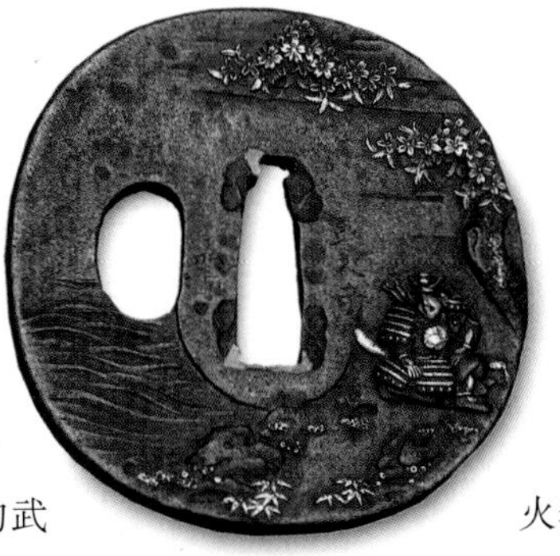

铁镡

刀镡（金属护手）上镌刻着一幅图，图中描绘了一棵开花的李子树下坐着一名武士的场景。这把刀可追溯到日本江户时代（1603—1876）。

3000名足轻队伍前方还立有木桩栅栏以及部署有其他手持长矛的足轻，作为防御武田胜赖统领的武士骑兵的第一道防线。随着火绳枪齐射，武田手下的骑兵纷纷倒地，武田军队面对接下来织田军队的致命反攻毫无招架之力。

僵化的传统

火药时代的来临并不意味着日本武士从此退出历史舞台，相反，日本保留了武士的地位并赋予其神话色彩。1582年织田信长去世后，统治日本的封建大名丰臣秀吉颁布法令，恢复了武士必须出身贵族的规定。他也规定只有武士才能随身携带武器。17世纪德川幕府平定了日本，在其统治下，火器基本上被禁止使用，因此，武士刀和刀术受到了推崇，且愈演愈烈。随着日本步入和平时期，武士道的传统被加以整理，形成文字，并受到极力颂扬。武士地位得到了提升，被尊为国家的财富，但因为处于无敌可战的和平时期，从而失去了所有实用功能。明治维新时期，天皇下令废除了武士阶级对军事的垄断，宣布效仿西方，实行现代化的兵役制度，1876年，武士阶级最终消亡。然而，武士的价值观念作为现代日本文化的必要元素被保留了下来。

> 即使一个人缺乏一定的天赋，他也能成为一名武士……总而言之，武士之道在于面对死亡绝不退缩的精神。
>
> ——宫本武藏，《五轮书》

画卷《火烧三条皇宫》中详细描绘了武士们斩首的场景。

武士盔甲

日本盔甲的设计围绕着两大主要功能：第一，必须足够坚固，以给予战场上的武士充分保护；第二，足够轻便灵活，武士拿刀在战场拼杀的时候应当活动自如。盔甲的样式源于亚洲扎甲（鳞甲），将金属甲片或皮甲片涂上漆后用丝带或皮带串联在一起。自 16 世纪以后，当世具足（日本的现代盔甲）出现了，当世具足的制作非常讲究，工艺极其复杂，不过最终制作逐渐偏重于装饰方面。

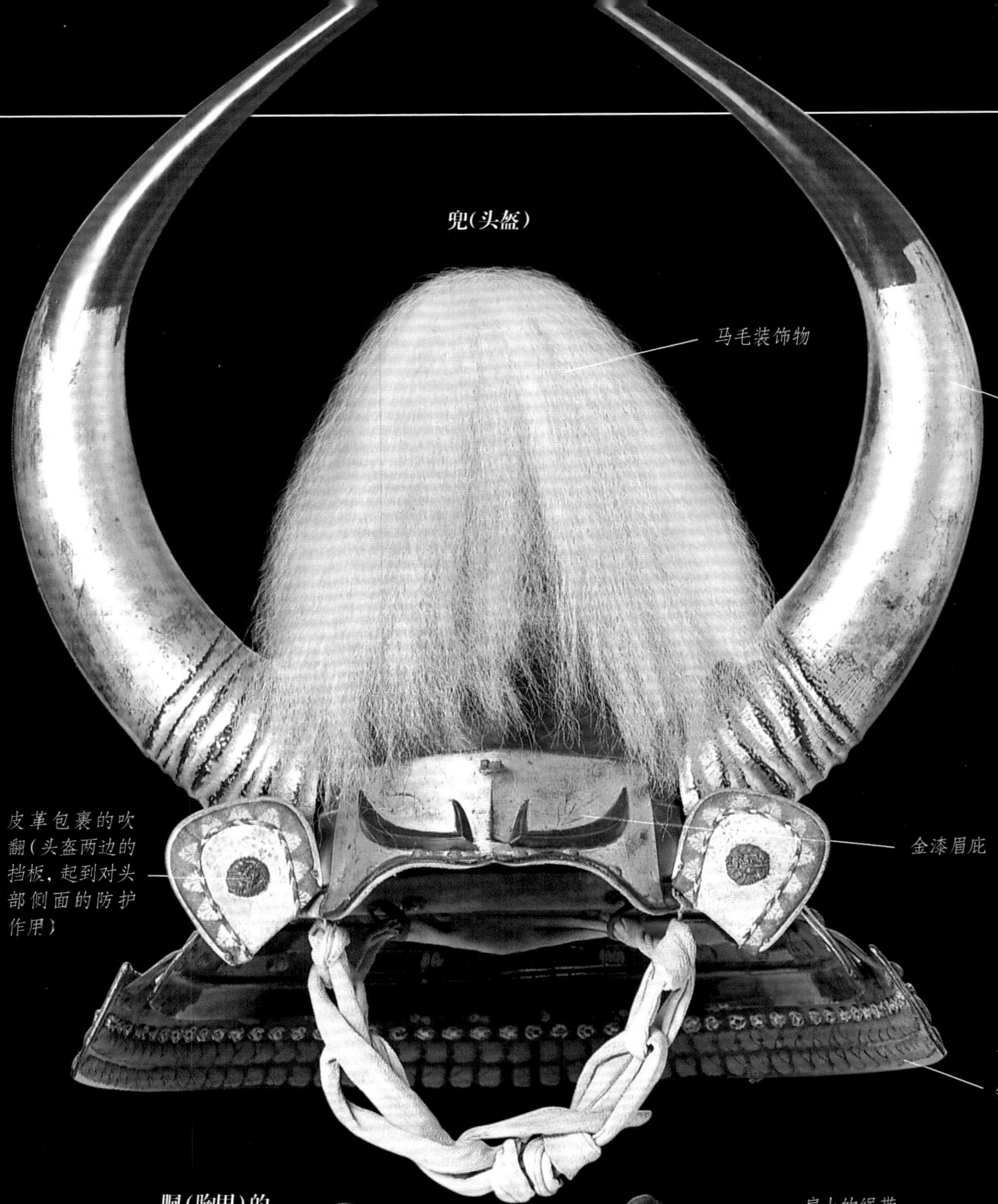

兜（头盔）

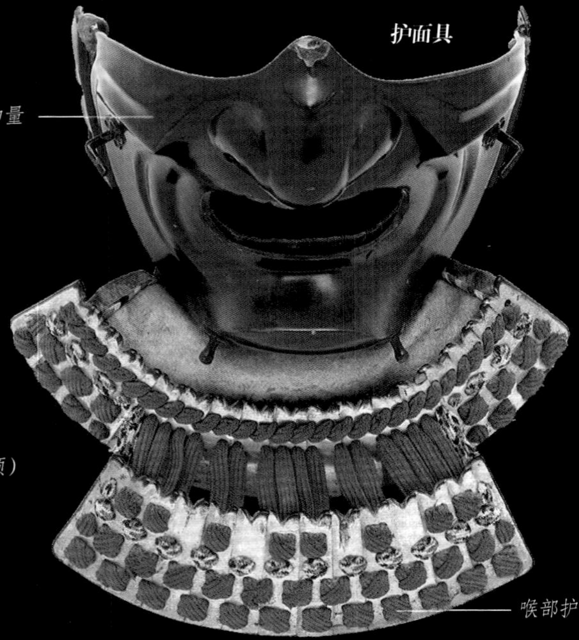

护面具

头盔和护面甲

武士头盔（最左图）上最醒目的是立物，或称胁立，模仿水牛角而制成（鹿角胁立也很普遍）。涂上黑漆的半截面罩，或称护面具（左图）有三种用途，首先可以很好地保护武士的下半截面部，其次有助于支撑武士头上的头盔，最后，佩戴这种护面具可以提升佩戴者的威严指数，特别是将眉毛形状雕饰于眉庇之上时（通常都会有这种情况）。左图的护面甲上没有胡子。

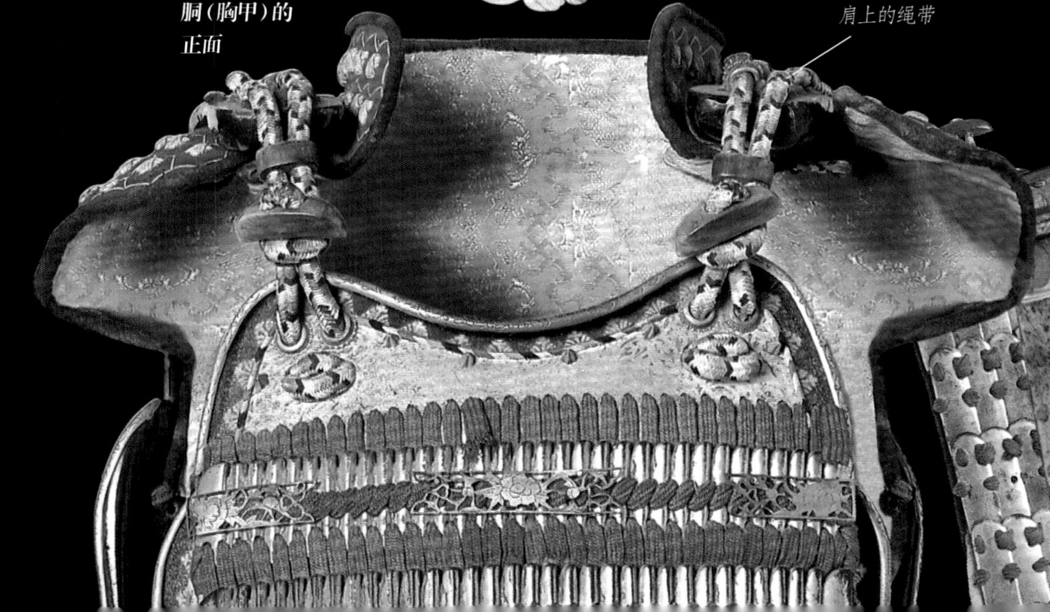

胴（胸甲）的正面

锴袖（护肩）

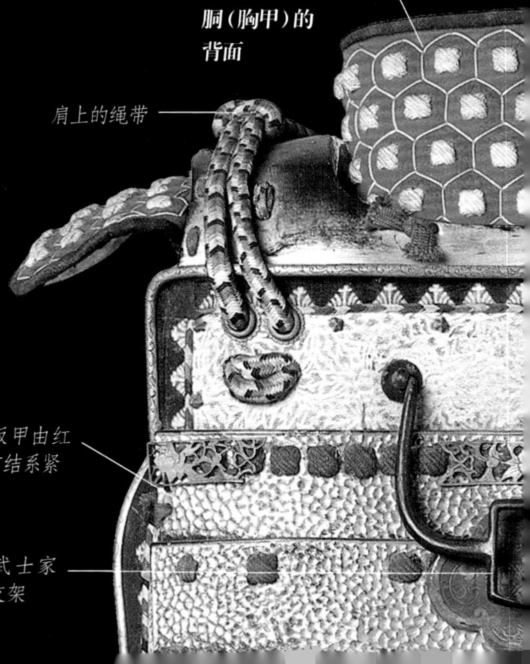

胴（胸甲）的背面

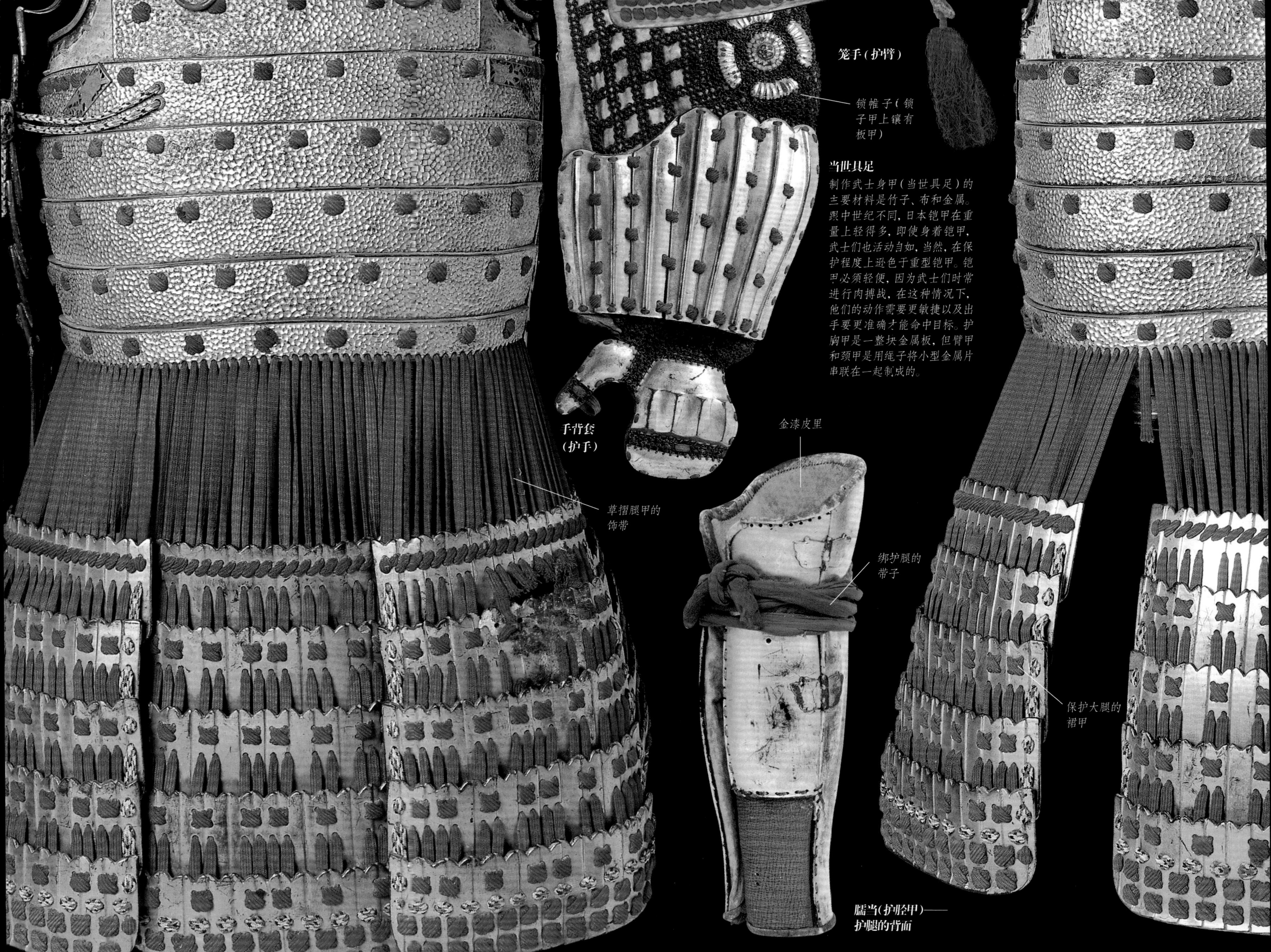

当世具足

制作武士身甲（当世具足）的主要材料是竹子、布和金属。跟中世纪不同，日本铠甲在重量上轻得多，即使身着铠甲，武士们也活动自如，当然，在保护程度上逊色于重型铠甲。铠甲必须轻便，因为武士们时常进行肉搏战，在这种情况下，他们的动作需要更敏捷以及出手要更准确才能命中目标。护胸甲是一整块金属板，但臂甲和颈甲是用绳子将小型金属片串联在一起制成的。

日本武士的武器

武士刀的生产过程非常复杂，这种复杂的生产过程成就了极具力度与格外锋利的刀刃。武士作战不用盾牌，而是双手持刀，进可攻，退可守。武士刀兼具极佳的韧度与强度，武士用刀的正反两面抵挡敌人的攻击。正面迎敌时，他会将锻造得极具硬度、易脆的锋利弯曲刀刃向下猛砍。

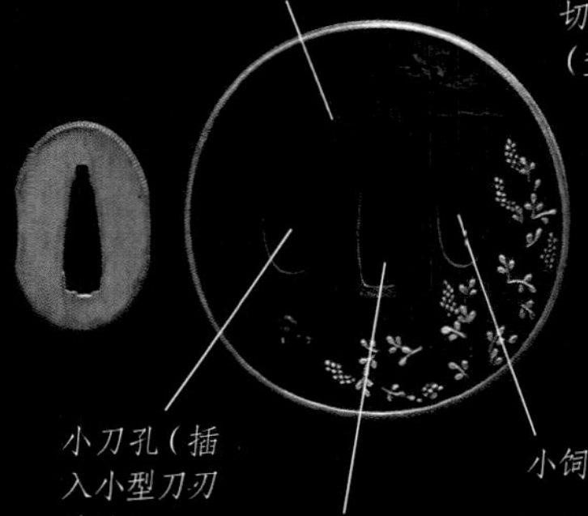

刀镡和切羽
金属护手，或称刀镡的中间有孔洞可以固定柄脚，旁边有两个孔，铜质的垫片(切羽)放在护手两边。刀镡饰以金或银质的镶嵌物。

打刀
江户时代，只有武士才能使用较长的刀(打刀)，而商人和市民均可携带胁差。在战争中，武士通常双手紧握打刀，故打刀的刀柄也较长，有足够空间可容纳双手。

鑓
鑓是日本长矛，其矛头笔直，长度在1米(3英尺)到6米(20英尺)之间不等。长度较长的名叫长鑓，较短的名叫短鑓。最长的长矛是步兵使用的，而武士配备的通常是较短的长矛。

短刀

入鞘的打刀
武士使用打刀较柔软的剑背去化解敌人的攻势，因为锋利的刀刃硬度高，如果与敌人的刀刃硬碰硬，则很容易折裂。

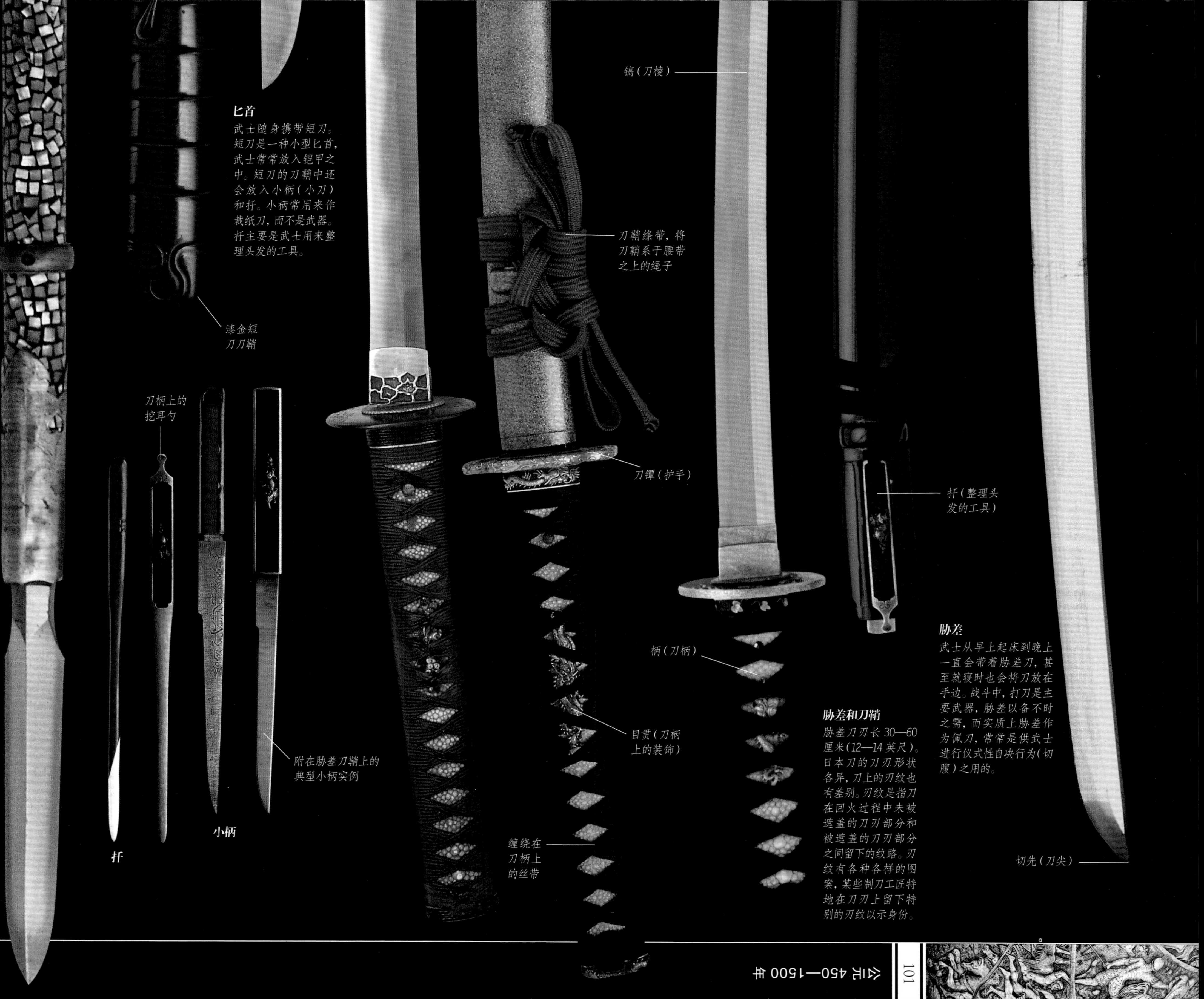

匕首
武士随身携带短刀。短刀是一种小型匕首，武士常常放入铠甲之中。短刀的刀鞘中还会放入小柄（小刀）和扦。小柄常用来作裁纸刀，而不是武器。扦主要是武士用来整理头发的工具。

肋差和刀鞘
肋差刀刃长 30—60 厘米（12—14 英尺）。日本刀的刀刃形状各异，刀上的刃纹也有差别。刃纹是指刀在回火过程中未被遮盖的刀刃部分和被遮盖的刀刃部分之间留下的纹路。刃纹有各种各样的图案，某些制刀工匠特地在刀刃上留下特别的刃纹以示身份。

肋差
武士从早上起床到晚上一直会带着肋差刀，甚至就寝时也会将刀放在手边。战斗中，打刀是主要武器，肋差以备不时之需，而实质上肋差作为佩刀，常常是供武士进行仪式性自决行为（切腹）之用的。

最后的武士大战

丰臣家族违反与德川幕府之间所签条约之后，1615 年，德川家康统率几千名武士第二次围攻大阪城。这幅壁画描绘了武士手拿战弓骑马疾驰迎敌的场面。

哥伦布抵达美洲大陆前的美洲武士

在15世纪末欧洲人抵达新大陆以前，美洲土著民族的战争文化已经独立发展了几千年。他们没有马匹，也没有任何形式的火炮，那时的土著军队中只有步兵一个兵种。武器主要是用木头或石头制成的。许多原始社会中存在着武士贵族，他们穿着装饰繁复的服装，在战场上临阵指挥。战争的一个主要目的就是抓获敌方士兵，以用作奴隶或宗教仪式的祭品。有一些国家，特别是阿兹特克和印加，集结了大量的军队，所以他们能够在政治上和军事上控制大片的以前属于独立酋邦的地区。

印加人

15 世纪下半叶，印加人在南美洲西部建立了一个庞大的帝国，疆域从厄瓜多尔北部一直延伸到智利中部。帝国的建立在很大程度上应归功于印加人的第十任统治者图帕克·印加（Topa Inca，1471–1493 年在位）的军事技能，他在继承王位前后都曾率军四处征服，攻城略地，扩大版图。他的军事行动展现出了当时难得一见的组织才能。例如，有一次阿根廷北部卡尔查基人（Calchaqui people）越过山脉到达太平洋沿岸，对帝国南部边陲造成威胁。图帕克·印加率军自首都——秘鲁的库斯科（Cuzeo）出发，越过安第斯山脉，长途跋涉 1000 千米（600 英里）。而工程兵则先于大军出发，在山中搭桥建路，以确保大军通过时顺利无阻，同时武器和食品等军需物资被装上轻木筏，通过海路运至目的地。印加大军抵达海岸，再一次补充给养后，向卡尔查基人发动进攻并取得了胜利。

印加帝国在其鼎盛时期是一个彻彻底底的军国主义国家。男孩子从 12 岁起就开始接受超大运动量的常规训练，长大后成为坚强的男子。此后，从 15 岁到 20 岁，他们必须参军服役。少数年轻的士兵在军中闯出了一片天地，其中一些因为在战场上的英勇表现而获得提拔，荣登高位。印加官僚机构会确保军需供应无虞。最常见的武器是弹弓、石刃长矛或斧子。印加家族成员是帝国的贵族和军队的高级指挥人员，他们的武器有时是青铜斧子。出征时，他们会与坐在轿中的军队统领并排行军。印加军队除了有驮载行李的羊驼队，还有妇女为大军背负物资，她们被重负压弯了腰。

军队中大多数士兵来自被迫向帝国臣服的族群，其中一些士兵对帝国的忠心存疑。帝国内部存在的不和，统治整个帝国的印加家族成员本身发动的内战，这些都是 16 世纪欧洲人侵略并征服印加帝国的主要原因。不过，从 16 世纪 20 年代到 70 年代，西班牙花了整整 50 年时间才得以彻底征服印加民族。

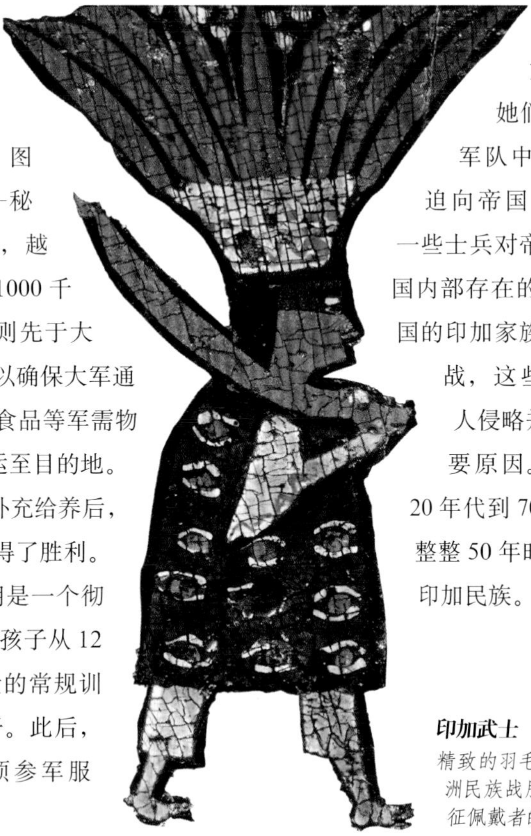

印加武士

精致的羽毛头饰是许多美洲民族战服的一部分，象征佩戴者的武士身份。

“敌人胆敢来犯，我们必将食其肉、饮其血……我们啃咬敌人的骨头，饮下敌人的鲜血。”

——印加战歌

玛雅人

中美洲的玛雅文明在公元 250 至 900 年达到巅峰。人们曾一度认为玛雅人反对战争，爱好和平，但近年历史学家们转变了观念，经过研究得出结论称玛雅人也曾经有过征服战争，并将战争中的俘虏用作奴隶或宗教仪式的祭品。

玛雅军队中的大多数士兵很可能是农民民兵，其指挥官是来自皇室或贵族的武士。神庙壁画上描绘着盛装打扮的军队——武士们戴着面具，头上插着羽饰，手拿绘有宗教符号的军旗和盾牌。更普遍来看，士兵们身上的铠甲是夹棉外套，手持各式刃物武器和投掷武器，包括长矛、木制石刃斧子、投掷棒、弹弓和弓等。专家们认为战争冲突如果需要流血的话，时间也是短暂的，因为农民民兵打了一段时间仗后，需回家照料农作物。16 世纪，当玛雅人遭遇西班牙人入侵时，他们因此发动的武装抵抗比印加人或阿兹特克人持续的时间长得多。直到 17 世纪 90 年代，西班牙人才彻底征服了玛雅人，自 19 世纪 40 年代直到 20 世纪，玛雅人不断发动起义，反抗墨西哥政权。

武士俑

这个陶土武士俑是在尤卡坦半岛附近吉安娜岛屿上的玛雅人墓地中发现的。

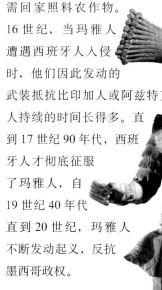

阿兹特克人

15 世纪，阿兹特克人是中美洲最强大的民族，统治着首都特诺奇提特兰（Tenochtitlan）周围大片区域里的其他城邦国家。他们的军队是军团建制，通常一个军团就多达 8000 人，军队为扩大帝国疆域或镇压附庸国的叛乱而频繁出征作战。

阿兹特克人找不到正当的理由发动战争时，就会安排“荣冠战争”（flower wars）。附庸国被迫派遣军队在指定的时间到达指定的地点与阿兹特克人作战。在这些战争中阿兹特克人的战斗技能得到了训练，而且也能抓获大批俘虏。战俘在阿兹特克人的生活中起着重要的作用，因为人祭的来源就是战俘。这些战争也能让阿兹特克武士有升职的机会。武士的地位取决于他抓获的战俘数量。因此，阿兹特克武士会攻击对手的双腿，目的在于让对手伤残，而不是攻击头部致其死亡。最厉害的武士加入“美洲虎武士”或“鹰武士”的精英行列。在哥伦布发现美洲大陆之前，阿兹特克人并不是战无不胜的民族，1478 年，他们在与邻近的塔拉斯坎部落（Tarascans）的战争中败北。但他们仍是凶猛、勇敢的战士。

“想想这个，鹰武士和美洲虎武士们，尽管……雕刻在玉石上，你们终究会被毁灭。”

——特斯科科国王内萨瓦尔科约特尔（Nezahualcoyotl）的诗，15 世纪

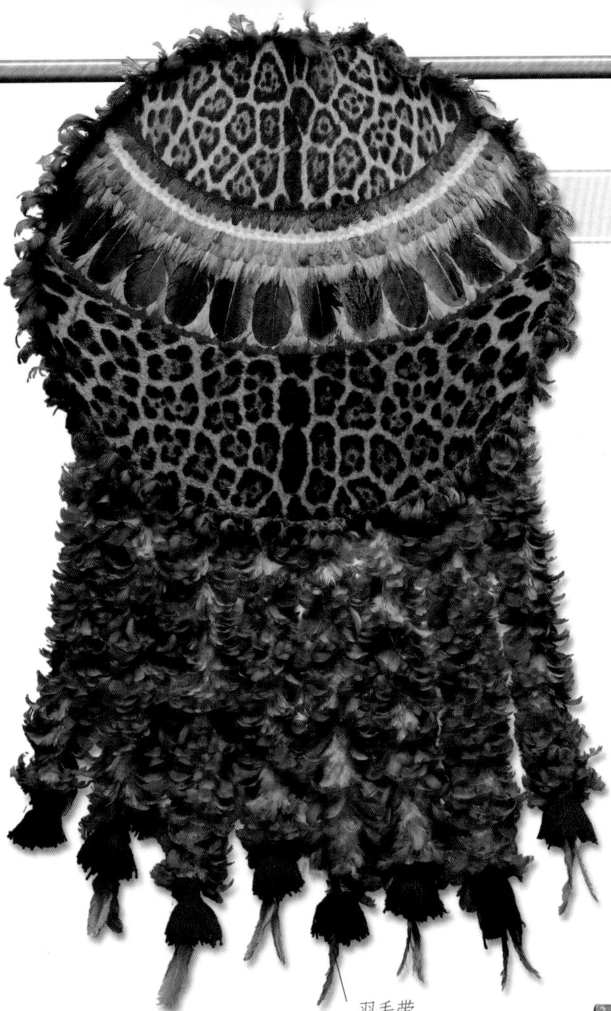

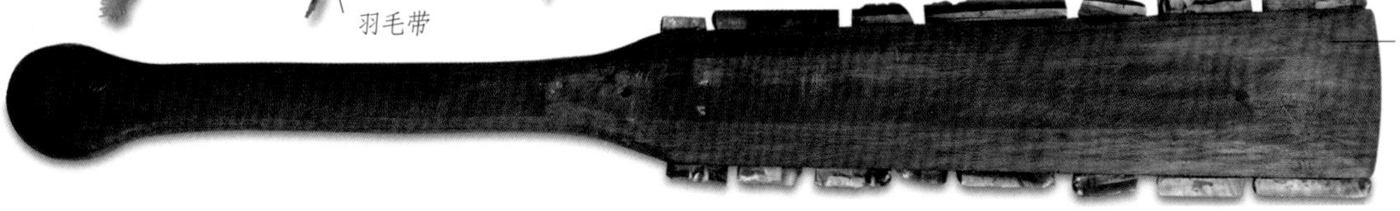

羽毛盾牌和战棍

通常情况下，阿兹特克武士使用的盾牌是圆形的，上面装饰有美洲虎虎皮和羽毛。他们的木制战棍边缘镶嵌有锋利黑曜石片。

阿兹特克的灭亡

1520 年，西班牙征服者科提兹（Cortez）率军与阿兹特克人交战并且获得胜利，踏上了通向首都特诺奇提特兰岛的堤道，由此征服了阿兹特克帝国。

公元1500—1775年

长枪兵与火枪手

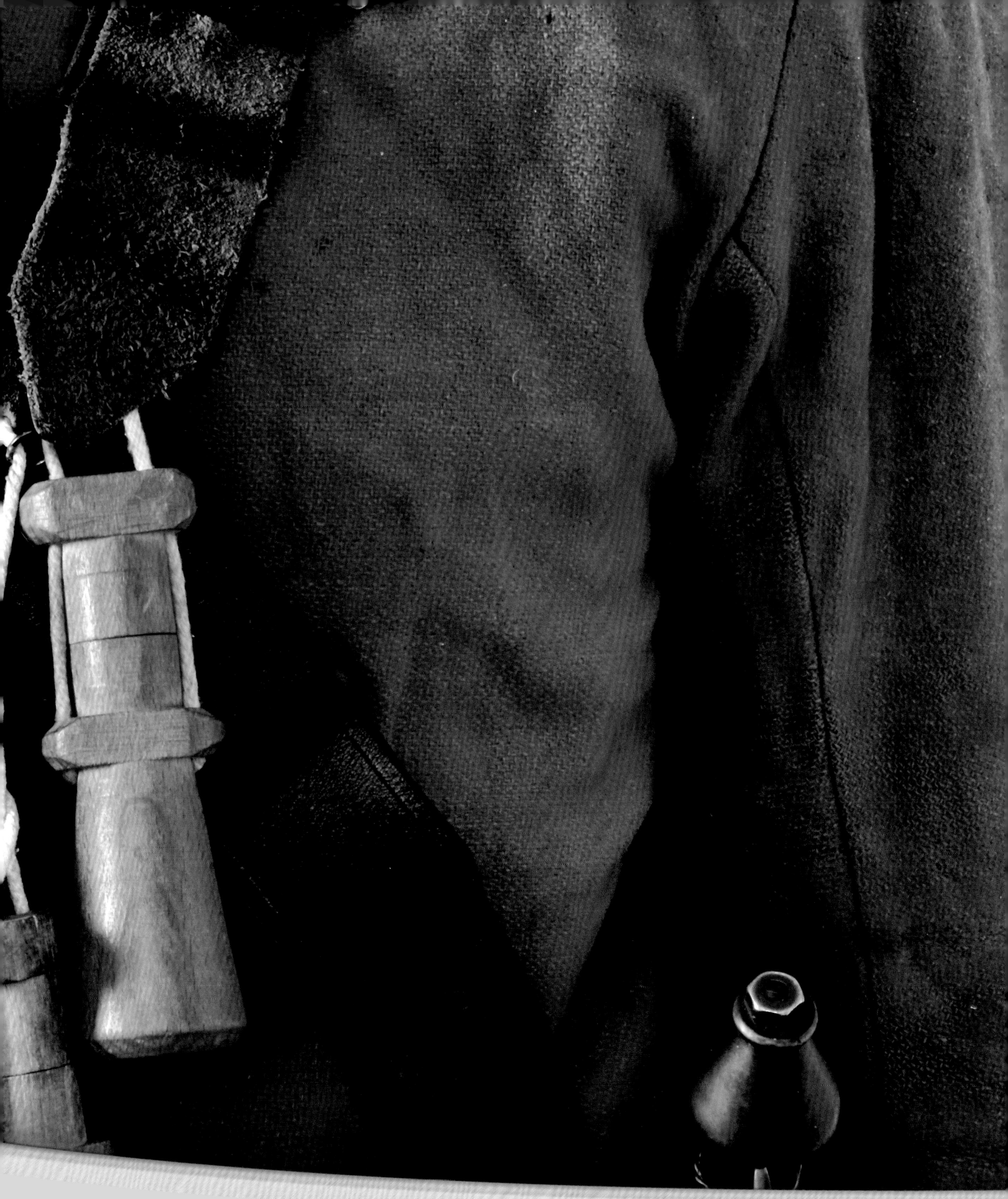

在1500年至1775年之间，随着火药武器的发展，欧洲战争的性质发生了翻天覆地的变化。火器由速度慢、稳定性差的火绳枪以及同样难以操作的火绳滑膛枪，发展到远胜前两者的燧发枪。武器的种类多了，移动性增强了，射速也变得更快了。刺刀最终取代了长矛。然而，较之这些科技上的发展，更重要的是欧洲军队的征兵制度、组织形式以及战场战术发生了根本性的转变。

处于防守状态的长枪兵
英格兰内战时，士兵用长枪摆好杀敌阵法。身穿胸甲、头戴头盔的长枪兵的责任之一就是保护未穿戴任何盔甲的火枪手，使其免受敌人攻击。

从雇佣军到正规军

16世纪时，欧洲军队中只有一小部分是常备军，最普遍的战斗人员是雇佣兵。雇佣兵是雇佣军中的一员，雇佣军常与准备发动战争的某国君主签订协议，以出卖武力为生。瑞士长枪兵雇佣兵团和德意志长枪兵雇佣兵团运用大致相同的战术，在同一个战场上互相厮杀，而由长枪兵和火枪手组成的西班牙大方阵采用正规军的编队方式，终身为西班牙国王服务。战场内外都很难分辨出雇佣兵和正规军。当军饷欠发时，不管是雇佣兵还是正规军，都容易出现兵变——就像经常发生的那样——进而升级为抢劫和攻击平民。

17世纪最开始，变化是缓慢的。尽管荷兰统治者拿骚的莫里斯（Maurice of Nassau，1567—1625）和瑞典国王古斯塔夫·阿道夫（Gustav Adolf，1594—1632）做出了一定的努力，改进了军队编制，但在17世纪下半叶，为国家终身效劳的、身着标准制服的常规军队才逐渐成

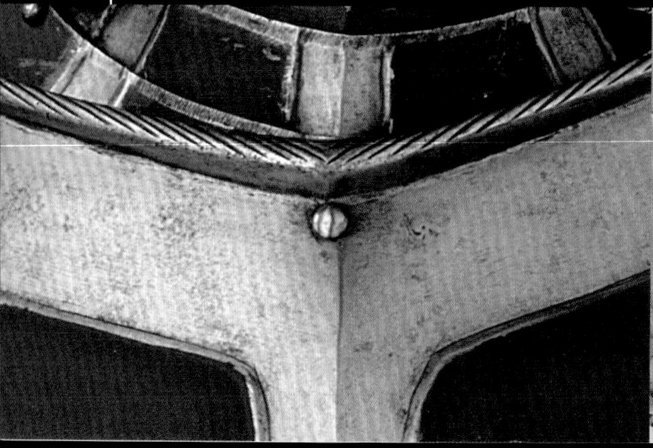

为主流。雇佣军中的指挥官和贵族骑士成为常规军队中的军官，并被授予一定的军衔。雇佣军是向他们所属国家的统治者处聘请的外国兵团，而不再像从前那样通过私人机构雇用。来自社会最底层的步兵们在腓特烈大帝（1713—1786）的普鲁士军队中得到了磨炼并日臻强大，严厉的纪律和严格的操练让他们无视个人品质上的差异，成为战场上意志坚定的机器。从前军队出征作战时，士兵们时常抢劫和掠夺平民，如今，定期支付军饷和供应军需使得此类事件的发生频率大大降低。

步兵战术

从 16 世纪一开始到 17 世纪下半叶，欧洲步兵战术的主要表现形式是利用长枪兵密集方阵进行作战，并在方阵两翼部署手持火器的士兵。起初，长枪是非常重要的武器，火器只起辅助作用，但随着时间的推移，火枪手不仅在数量上逐渐增多，而且在战场上的作用也越来越重要，而长枪兵的重要性却随之降低。17 世纪最后几十年，战场上引进了燧发枪和套筒型枪刺，长枪从战场上消失。到 18 世纪早期，欧洲步兵已是纪律严明、无坚不摧的战斗集体，他们训练有素，在战场上听闻令下，即举枪齐发，他们身无片甲，在枪林弹雨中冲锋陷阵。

不一样的骑兵

骑兵自古以来都是一个受人敬重的兵种，这个时代的骑兵部队仍然只向贵族士兵开放，即使欧洲愈加庞大的军队规模意味着骑兵部队的低层职位必须要从普通人中征召。然而，骑兵们面对越来越强大的火力攻击，也只能竭尽全力寻求最有效的战场战术。到 16 世纪，中世纪骑士使用的全身铠甲和骑枪已经被弃置一旁，但重骑兵仍旧是可以决定战争胜负的排头兵——1632 年，瑞典国王古斯塔夫·阿道夫在率领骑兵冲锋时阵亡。骑兵们的武器除了剑，还有诸如手枪或卡宾枪这样的火器——最著名的法国精英火枪手就是骑兵。

重装龙骑兵是欧洲军队中的重要组成部分，他们骑马上阵，当需要使用火器作战时会下马。

莫卧儿战争

莫卧儿皇帝阿克巴（Akbar，1556—1605 年在位）麾下士兵秉承伊斯兰勇士的精神，手持弯月形塔瓦砍刀（talwar）作战。除了传统武器，莫卧儿军队也开始使用现代化的火炮武器。

轻骑兵亦如此，但他们主要是执行侦察任务、发挥散兵的作用以及突袭敌军。波兰飞翼铁骑和俄罗斯哥萨克骑兵在战场上的表现不俗，他们为那些勇敢无畏的骑兵们树立了榜样。

欧洲以外

16 世纪，西班牙征服者们入侵中美洲和秘鲁，并且轻易就取得了胜利，实在出乎欧洲人的意料之外，他们错误地认为欧洲人的军事实力世界第一。事实上，这一时期的大部分时间里，欧洲以外的有些地区在军队建制、军事技术和战术方面与欧洲军队不相上下，甚至强于欧洲军队。16 世纪 20 年代，荷南·科尔蒂斯（Hernán Cortés）及其追随者们摧毁了墨西哥的阿兹特克帝国。穆斯林奥斯曼军队在曼哈赤（Mohács）击败了基督教匈牙利军队，并对哈布斯堡帝国首都维也纳形成了围攻之势。

火药武器成功地被非洲和亚洲的军队所接受。16 世纪 90 年代，摩洛哥军队远征撒哈拉沙漠以南地区时使用了火枪和大炮。17 世纪中期入主中原的满族军队在战场上部署大型火炮，一举击败对手。1575 年，在日本长筱之战中，织田信长一声令下，手持火绳枪的士兵们同时举枪向敌人射击，敌方溃不成军。印度莫卧儿帝国的建立在一定程度上应归功于帝国的缔造者巴布尔（Babur）1526 年在帕尼帕特战役（Battle of Panipat）中获胜，而在那场战争中起决定作用的因素是巴布尔对火炮的熟练使用。

莫卧儿帝国、奥斯曼帝国和波斯的萨非王朝（又称萨法维帝国）这些重要的穆斯林国家，在其军队中将传统武士的道德观与现代化的武器相当有效地整合在了一起。在奥斯曼军队里，有以传统中亚风格作战、在战场上发挥散兵作用的轻骑兵，还有基于半封建体系管理的重骑兵，以及纪律严明、高素质的步兵队伍（耶尼塞里奴隶士兵）。当然，军队中各种类型的武器是不可或缺的。到 17 世纪 50 年代，曾经辉煌一时的奥斯曼军队走向衰败，其原因与其说仅仅是军事上的失败，不如说是奥斯曼帝国内部不可逆转的制度上的腐败。

到 17 世纪末期，已经有明确的迹象表明，欧洲军队领先于欧洲以外其他国家的军队。穆斯林国家的军队中，武器的更新换代的速度十分缓慢，燧发枪迟迟未能替代火绳滑膛枪，而发明火药武器的中国人转而在武器的维护上依赖欧洲专家的技术支持。与 18 世纪训练有素、着装统一、在开放式战场上无坚不摧的欧洲常规军相比，亚洲国家的军队开始显得笨拙不堪且组织混乱。严格的军队管理纪律和强大的现代化武器装备为欧洲人迎来了称霸世界的时代。

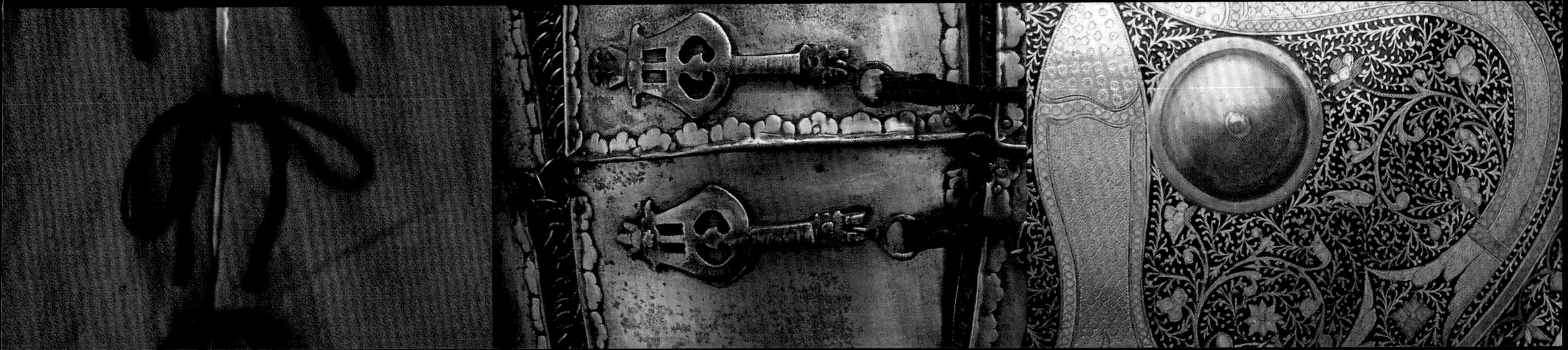

公元 1486—1550 年

德意志雇佣兵

我们闪电般地占领了罗马城，杀掉6000多人，在教堂里的所有人被全数抓获……放火烧掉了大半个城市，所有地方不是被拆，就是被毁。

——德意志雇佣兵保罗·多尔斯坦（Paul Dolstein）关于罗马城被洗劫一事的描述，1527年

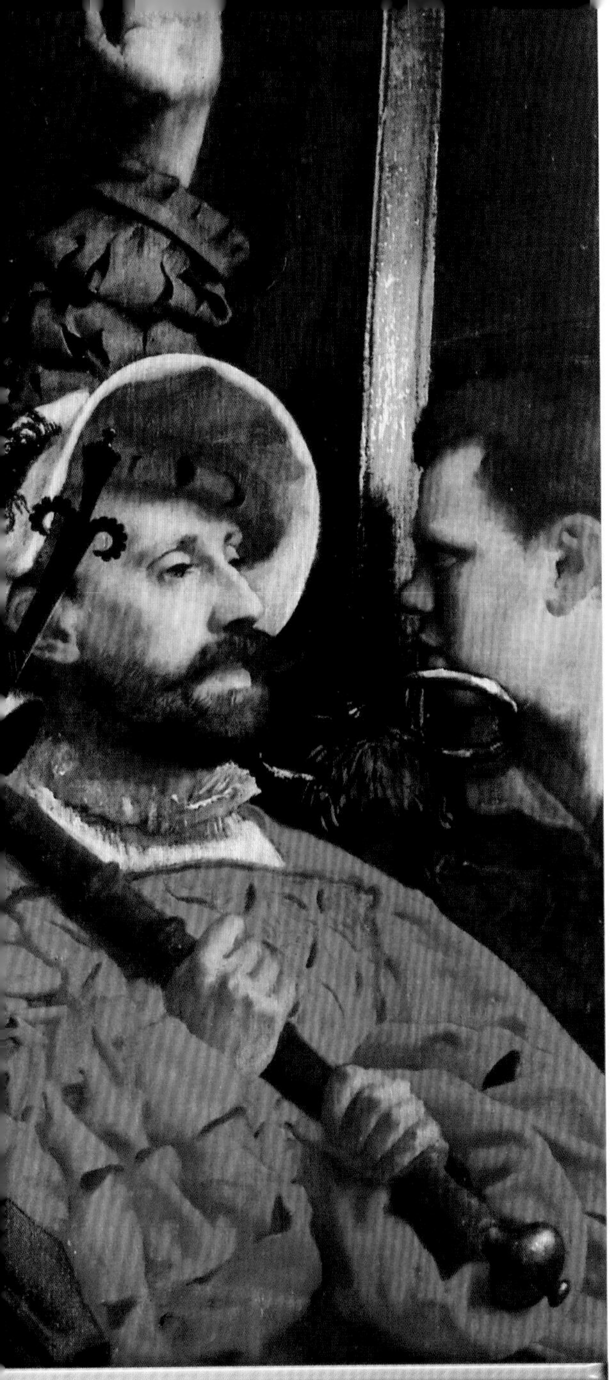

在15世纪晚期以及整个16世纪，着装艳丽的德意志雇佣兵是欧洲战场上一支不可或缺的战斗力量。他们在火器的掩护下，手持长枪以密集阵型作战。他们在战场上英勇非凡，是坚韧顽强的步兵战士。然而，一旦远离战场，他们对所有人都意味着是危险的存在，特别是雇主不能按时支付足够的报酬以及军粮供应不足时。动辄争吵不休以及反抗权威使得德意志雇佣兵名声堪忧，加之抢劫等行径更让他们恶名远扬，世人闻之皆不寒而栗。

第一支德意志雇佣兵团成立于1486年，那时欧洲战场上正发生着重大的变革。中世纪社会秩序的瓦解令君主们更加倚重雇佣军，而不是仰仗基于封建忠诚或责任而建立起来的军队。在法国和勃艮第，雇佣兵们被征召进入军队并且终身服役，他们被组建为常规军。同时，战术上的创新使重骑兵在战场上所起的突袭攻击队伍的作用受到质疑。在1476年到1477年间的穆尔滕（Murten）和南茜（Nancy）的战役中，手持长枪作战的瑞士步兵因击败以密集阵形作战的敌军而威名远扬。手下既无常规军建制，亦无手持长枪的步兵队伍的德意志皇帝马克西米利安一世从这些军事进步上感觉到了危机的存在。他解决问题的方法是拨款组建德意志雇佣兵（Landsknecht，德语字面意思为"国家之仆"）兵团。德意志雇佣兵团是按雇佣兵的标准支付军饷的步兵兵团，但如果皇帝一声令下，他们也可随时参加战斗。

兵团的组建

组建及统领雇佣兵团的人必须既是出色的军事领袖，也是雄心勃勃的企业家。一名雇佣兵队长与皇帝签订协议，提供一定数量的士兵，以及代替士兵们领取服务的报酬，并有望从中揩一大笔油。德意志雇佣兵绝大多数来自欧洲中部和北部的德语区，诸如莱茵兰、斯瓦比亚（Swabia）和阿尔萨斯等地区。但也有士兵来自遥远的地区，甚至还有来自苏格兰的志愿兵。对他们来说，直接的诱惑就是雇主承诺每月提供4个荷兰盾的军饷——这种水平的收入在那时是合理的，而且对任何时运不济的人来说，都是极具吸引力的。除此之外，当时的军旅生活还能提供所有的"传统福利"。比如，有机会大肆抢劫掠夺，以及伴随着外出征战，士兵们可以到处游历，享受冒险人生；此外，大多数士兵遇事喜欢大吵大闹、大发牢骚并乐在其中。

有可能成为新兵的应征者最起码必须自备一杆长度在5–6米（16–20英尺）的长枪。因为购买这种尺寸的长枪只需要1个荷兰盾，长枪低廉的价格足以清楚地解释军队普遍用其作为步兵武器的原因——当时大多数人都有能力满足这项要求。经济条件尚可的也许会自备剑和铠甲，甚至还会有士兵购买火绳枪以作自用。按惯例，应征者会接受一个简单的体能测试，要求跳过由三杆长枪或长戟构成的障碍物。如果通过测试，他就被认为达到了服役的条件，名字即被登记在册。

由于入伍条件并不严格，德意志雇佣兵的素质必然也参差不齐。一名优秀的雇佣兵队长需要一双锐利的眼睛来辨别手下士兵不同的个体素质。长枪兵以密集队形作战的方式也有一个相当大的优点，就是可以把没有战场经验的新兵安排在阵形中，以老兵带新兵的方式参加战斗。只要前排士兵勇敢无畏向前迎敌作战，后排士兵坚定顽强，临阵绝不退缩，中间的士兵别无选择，只有坚守阵地，与队伍共进退。最勇敢、最凶猛的战士会获得双倍军饷——他们的名号"双手剑士"（doppelsölden，德语）由此而来，翻译过来即为"双酬佣兵"——他们也会持双手阔剑或长戟在战场上与敌军捉对厮杀。

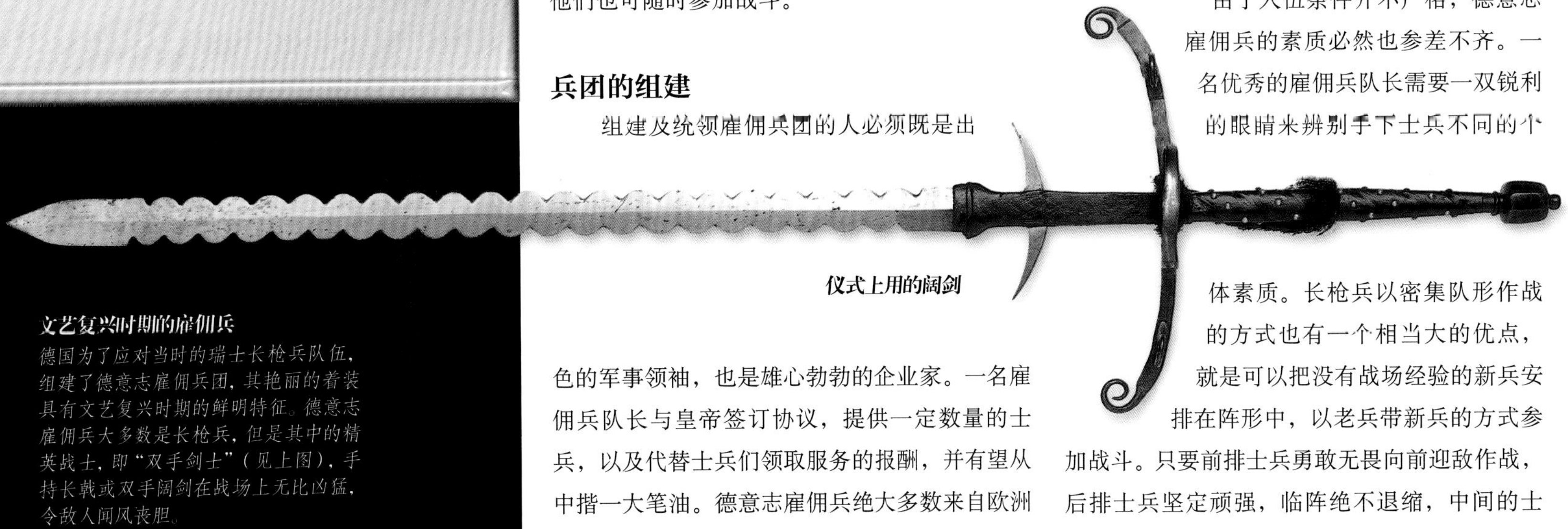

仪式上用的阔剑

文艺复兴时期的雇佣兵
德国为了应对当时的瑞士长枪兵队伍，组建了德意志雇佣兵团，其艳丽的着装具有文艺复兴时期的鲜明特征。德意志雇佣兵大多数是长枪兵，但是其中的精英战士，即"双手剑士"（见上图），手持长戟或双手阔剑在战场上无比凶猛，令敌人闻风丧胆。

马伦戈战役

1515年，瑞士和德意志雇佣兵在马伦戈（Marengo）交战。由图中前景可见一名士兵手举一把尺寸较短的德式斗剑，斗剑适合在肉搏战中使用且威力巨大。

德意志雇佣兵团也组建了精锐的血旗组织，对防守特别严密的敌方阵营实施近似自杀性的攻击。火绳枪兵为长枪雇佣兵提供火力掩护，但他们并不需特地接受大量的专业训练。事实上，火器的优点之一就是，无论个人素质如何，几乎每位士兵都能学会如何使用；与之相反，长枪或长戟则需使用者本身具备相当大的力量才能运用自如。

> “天气太热了，身披铠甲的士兵们呼吸困难，完全喘不上气来……当一名士兵去帮助另一名士兵解开铠甲时，他的手指一碰到金属片，就会被烫伤。”
>
> ——德意志雇佣兵尼古拉斯·古迪（Niklaus Guldi）在远征突尼斯途中的记录，1535年

风格与暴力

德意志雇佣兵团与众不同、招摇的着装风格是如何发展起来的尚不清楚，但似乎借鉴了他们最大的对手瑞士联邦军队的服装，只是在其基础上进行了太过夸张的改动和修饰。德意志雇佣兵们头戴宽大扁平的帽子，帽顶上插有大型羽毛，身着惹人注目的衣袖蓬松的短上衣，下身搭配不同色彩的紧身裤，并习惯将紧身上衣开叉穿着，从上衣下面拉出“蓬松”的衬衣。如此着装，旁人望之即有傲慢自大、有悖传统之感，但却对文艺复兴时期的时尚风格有着重要的影响。

雇佣兵队长

战斗打响前，一名雇佣兵队长骑在马上，手持指挥军队用的长矛，正在对保镖说话。

与当时其他普通士兵相比较，很难说德意志雇佣兵是否更难管教或者更加离经叛道。当然，在不作战的空休时间里，他们则沉溺于酒精与赌博之中。众所周知，许多雇佣兵并不是死在战场上，而是在与自己人的打架斗殴中被杀，掷骰子、玩牌时的运气好坏常常引起不和而起纷争。跟所有雇佣兵团一样，当无仗可打时，雇佣兵们旺盛的精力无处宣泄，也找不到抢劫掠夺的合法借口，就容易惹是生非。

支付雇佣兵们薪酬的雇主如果处事不当，往往会引发极其严重的骚乱事件。最臭名昭著的例子就是1527年罗马城被洗劫的事件。未得到酬劳的雇佣兵们集体哗变，擅自脱离神圣罗马帝国皇帝查理五世的军队，横冲直撞，到处抢劫掠夺，以凑足自己应得的报酬。他们和其他皇家军队一道（共约35000名士兵）袭击罗马，四处烧杀抢掠，恐怖时期持续了整整9个月，罗马城沦为一片废墟。雇佣兵们拒绝离开罗马城，直到他们将拖欠的薪水拿到手。

战斗兵团

德意志雇佣兵团作为一支战斗部队，在16世纪早期所向披靡，威名远扬。自1508年起，在德国骑士乔治·冯·福隆德斯伯格（Georg von Frundsberg）的领导下，皇帝马克西米利安一世的雇佣兵们被整编为一个多达10000人的兵团。雇佣兵团在意大利一系列的战役中表现十分出色。但在这些战役中，敌对一方也常常有许多德意志雇佣兵参与战斗。

官方不允许德意志雇佣兵加入皇帝的敌对一方，与皇帝为敌，但雇佣兵队伍如果发现皇室

钢盔

这顶轻巧的钢盔紧贴头颅，为公元1510年左右的德意志雇佣兵所佩戴。钢盔附有带子，可在下巴处系紧。钢盔不仅能为佩戴者提供基本的保护，而且也不会影响其视线。

给不了足够的报酬，或者付酬的承诺不够可靠时，他们就会另寻新主。法国国王弗朗索瓦一世会出钱给背叛祖国的德意志雇佣兵们组建的“黑色兄弟会”（Black Band）雇佣兵团为其作战，其他方面暂且不谈，至少黑色兄弟会在人数上与皇家雇佣兵团一致。

1515年，弗朗索瓦一世率军越过阿尔卑斯山进入意大利，与瑞士争夺米兰的控制权。彼时，瑞士长枪兵被认为是欧洲最精锐的部队。9月13日到14日，在马伦戈一役中，瑞士长枪兵志在必得，全力攻打法军。然而德意志雇佣兵牢牢地抵制住了瑞士长枪兵方阵的猛烈攻击，双方你来我往，进行了一场致命的推搡比赛。双方战战停停，整整对峙了28个小时，最终法军获胜。在这场胜利中，法军步兵发挥的重要作用不亚于骑兵与炮兵。不可避免的是，瑞士的失败促成了德意志雇佣兵的声誉猛涨。1525年，当新皇查理五世的军队与法军在帕维亚（Pavia）决战，双方军中德意志雇佣兵均占据关键位置。查理五世的军队大胜法军，皇家长枪兵团在这次胜利中功不可没，黑色兄弟会却赢得了更大的声誉，他们在法军其他士兵逃离战场后仍然坚守阵地，战至最后一人。

最后的没落

此后，德意志雇佣兵再也没有在战场上表现得如此拼命，以至血战到底。16世纪下半叶法国宗教战争期间也有他们的身影，但他们的雇主有时甚至会对其表现嗤之以鼻。西班牙将军阿尔瓦公爵（Duke of Alva）受托镇压丹麦人起义，他声称购买德意志雇佣兵们的服务不是因为他们在战争中能发挥什么作用，而是为了使他们不会加入敌对一方。然而，无论雇佣兵们在末期如何衰败，作为极具代表性的文艺复兴时期的雇佣兵，他们是一个永久的传奇。

德意志雇佣兵战术队形

德意志雇佣兵的战场战术主要是针对敌军长枪兵而设计的，战斗模式呈现出对称性特点。与瑞士士兵不同的是，德意志雇佣兵似乎并不曾利用长枪方阵向敌军阵线发起猛攻。相反，他们通常采取守势，或稳步缓慢向前推进。当敌对双方的长枪兵密集队形相互靠近时，部署在德意志雇佣兵方阵两翼的火绳枪兵或长弓兵会向敌军方阵开火射击，旨在动摇或打乱对方阵形。同时，令人闻风丧胆的双手剑士会首先冲出阵营，用长戟或厚重的双手剑攻击敌人。如果德意志雇佣兵坚守住阵形，士兵手举长枪形成无法穿越的屏障，除了投掷类武器，简直可以说是刀枪不入。然而，一旦队形被打乱，长枪的优势会瞬间消失，而变得笨重不堪。大多数德意志雇佣兵会随身携带一柄名为斗剑的短剑，可用于近距离战斗。

四方阵

四方阵形源自瑞士，通常，一个四方阵形就是一支由400名士兵组成的连队（连队一词在德语中原意为“小旗”，引申为“拥有一面旗帜的单位”）。战场上，由罪犯、囚犯和渴望晋升的志愿兵组成的先遣队或称“敢死队”会排在方阵前列。一个兵团下辖十支连队。

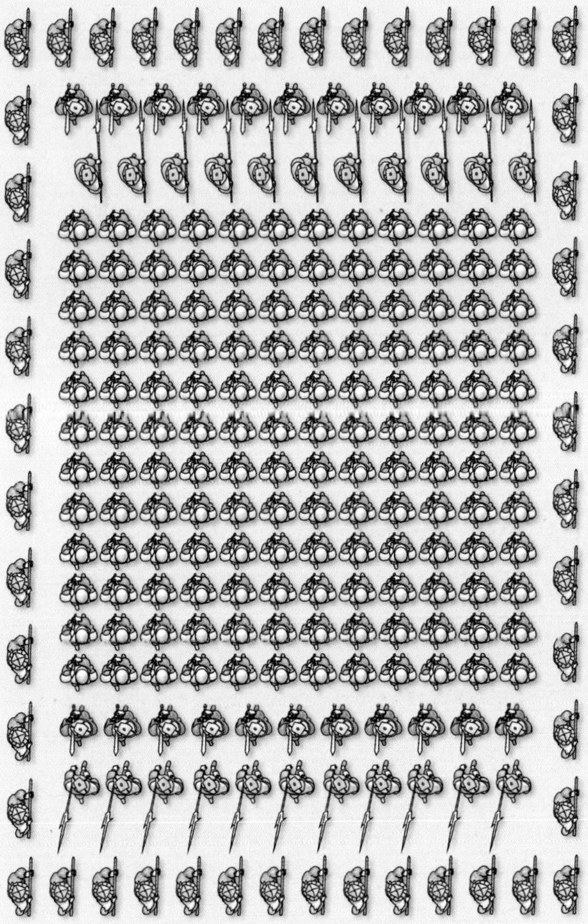

图例

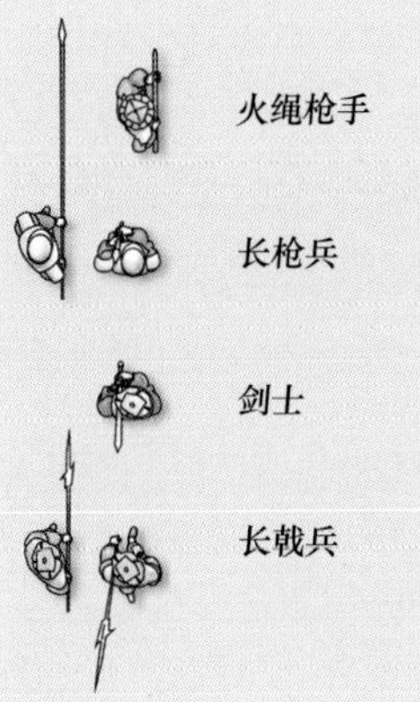

防御刺猬阵

当受到骑兵攻击时，连队士兵们会组成防御刺猬阵形。火绳枪兵退到第三排，长枪兵排到外围，面向四面八方举起长枪，枪尖对外。（实际战斗中的人数比图中所示要多得多。）

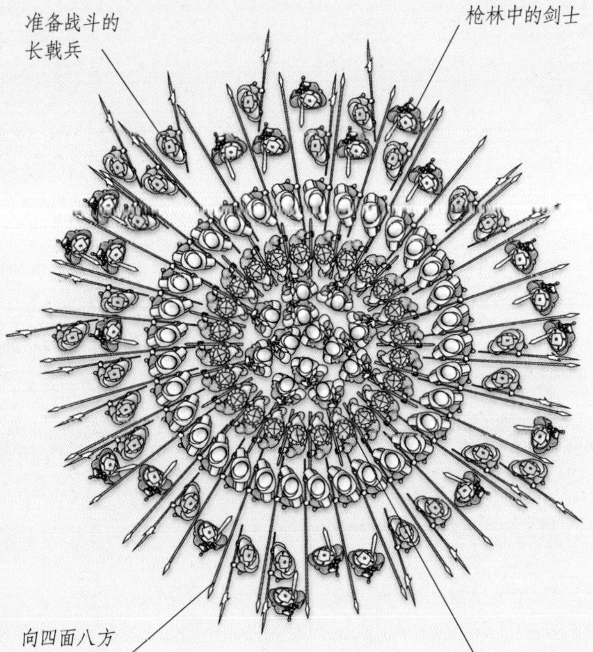

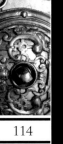

德意志雇佣兵的武器

正如战争史中经常出现的情况，士兵在军队中的地位决定了其所使用的武器和铠甲的种类。地位相当高的雇佣兵才能穿戴全身铠甲以及配备双手剑。中等地位的士兵手拿长戟，因此，长戟亦成为较低等级军官的身份标识。长枪是最基本的武器，但也是雇佣兵的入伍必备武器。一般而言，火器的地位很低，因为使用火器的士兵不参与近距离作战。

长枪
长枪的长度从4米到5米（14英尺到18英尺）不等，是德意志雇佣兵最主要的作战武器。钢制枪头安装在白蜡木的枪柄上。

钢盔

长戟
长戟最初是瑞士人在13世纪研制的兵器。长戟主要是一种砍杀武器，尽管其矛头可以用来刺杀。从1500年开始，德意志雇佣兵使用改良后的长戟作为武器。

双手剑
这柄庞大的钝头双手剑是在敌军长枪兵阵形中开路所用，也用于执行死刑。

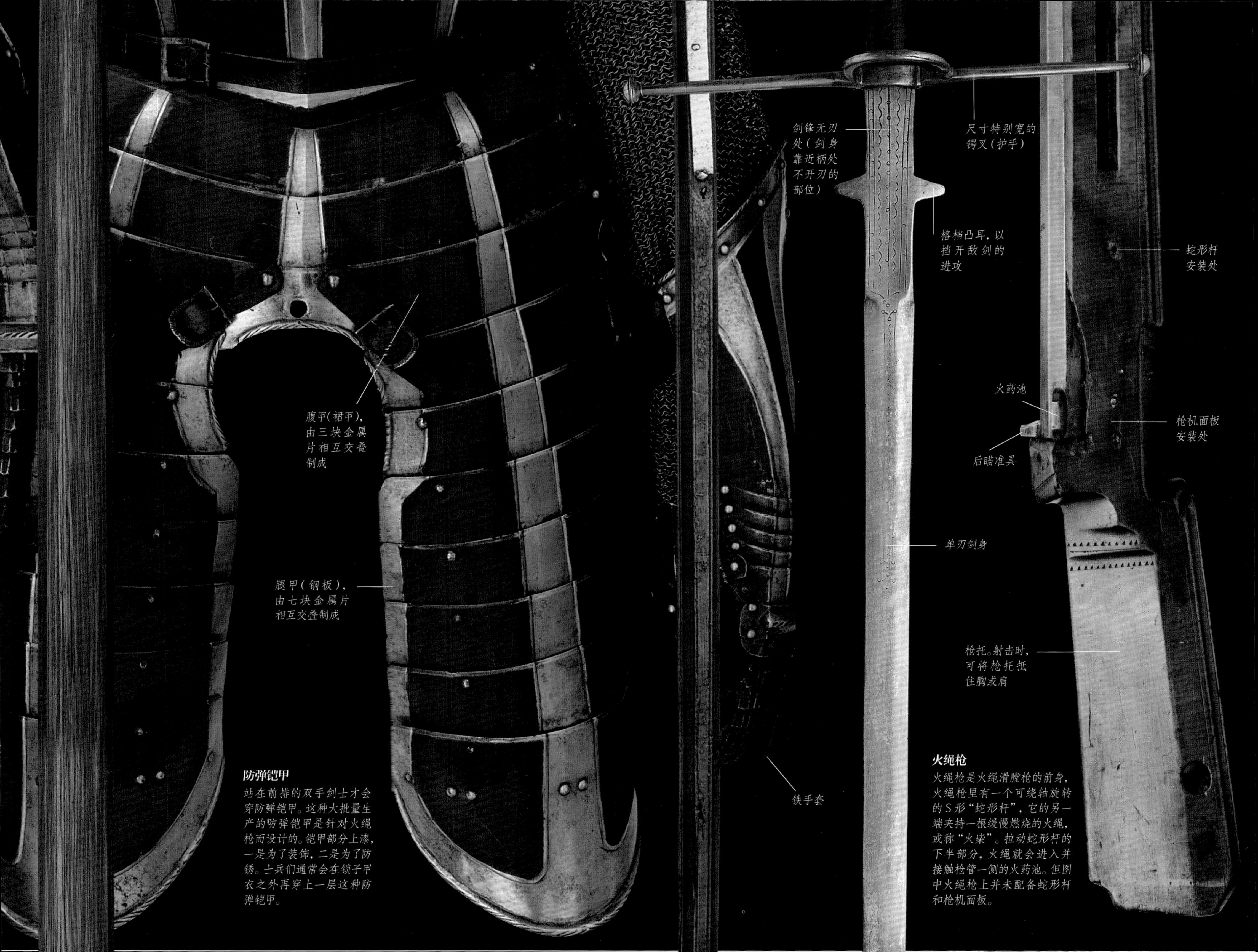

防弹铠甲

站在前排的双手剑士才会穿防弹铠甲。这种大批量生产的防弹铠甲是针对火绳枪而设计的。铠甲部分上漆,一是为了装饰,二是为了防锈。士兵们通常会在锁子甲衣之外再穿上一层这种防弹铠甲。

火绳枪

火绳枪是火绳滑膛枪的前身,火绳枪里有一个可绕轴旋转的S形"蛇形杆",它的另一端夹持一根缓慢燃烧的火绳,或称"火柴"。拉动蛇形杆的下半部分,火绳就会进入并接触枪管一侧的火药池。但图中火绳枪上并未配备蛇形杆和枪机面板。

文艺复兴时期的步兵

文艺复兴时期出现了许多新技术，其中最具代表性的就是火器和大炮，它们对战争产生了意义深远的影响。同时，如同艺术和建筑一样，欧洲人也希望能在战争方面向古典世界学习。军事思想家们对古希腊和古罗马的研究让他们相信，纪律严明、训练有素的步兵部队是战争成败的关键因素，然而在当时欧洲国家国库空虚、组织混乱的现实条件下，重塑罗马军队秩序和纪律的努力失败了。士兵们的制服各色各样，他们见利忘义、唯利是图，是稍有不满即烧杀抢掠、暴动兵变的危险分子。这一时期的长枪方阵类似于希腊步兵方阵，是战场上最具战斗力且成功地将火器与长枪方阵结合在一起的阵形。

瑞士长枪兵

1476年，瑞士联邦长枪兵因在格拉松（Grandson）和穆尔藤的战役中大败强大的勃艮第军队而声名鹊起。瑞士步兵是响应其所属州（自治区）的号召而入伍服役的民兵，瑞士社会的平等和团结精神体现在了士兵们的战斗风格中。他们手持长枪或长戟，排列成密集纵队，肩并肩小跑奔向敌军展开攻击，并在敌人的大炮或骑兵实施有效的反攻之前迅速打垮敌军。

瑞士人打败勃艮第人后，作为雇佣兵的他们十分受欢迎。从15世纪90年代开始，他们不是被所属州集体租借给国外的雇主，就是服役于独立的雇佣兵团。瑞士雇佣兵们穿着花哨，条纹紧身裤和蓬松的上衣袖子让他们看起来俗不可耐。在战场上他们总是尽力维持守势，仰仗密集阵形的战斗力击败对手。一些长弓兵或火绳枪兵会随队作战，但他们主要是协助长枪兵和长戟兵，发挥的作用一般。

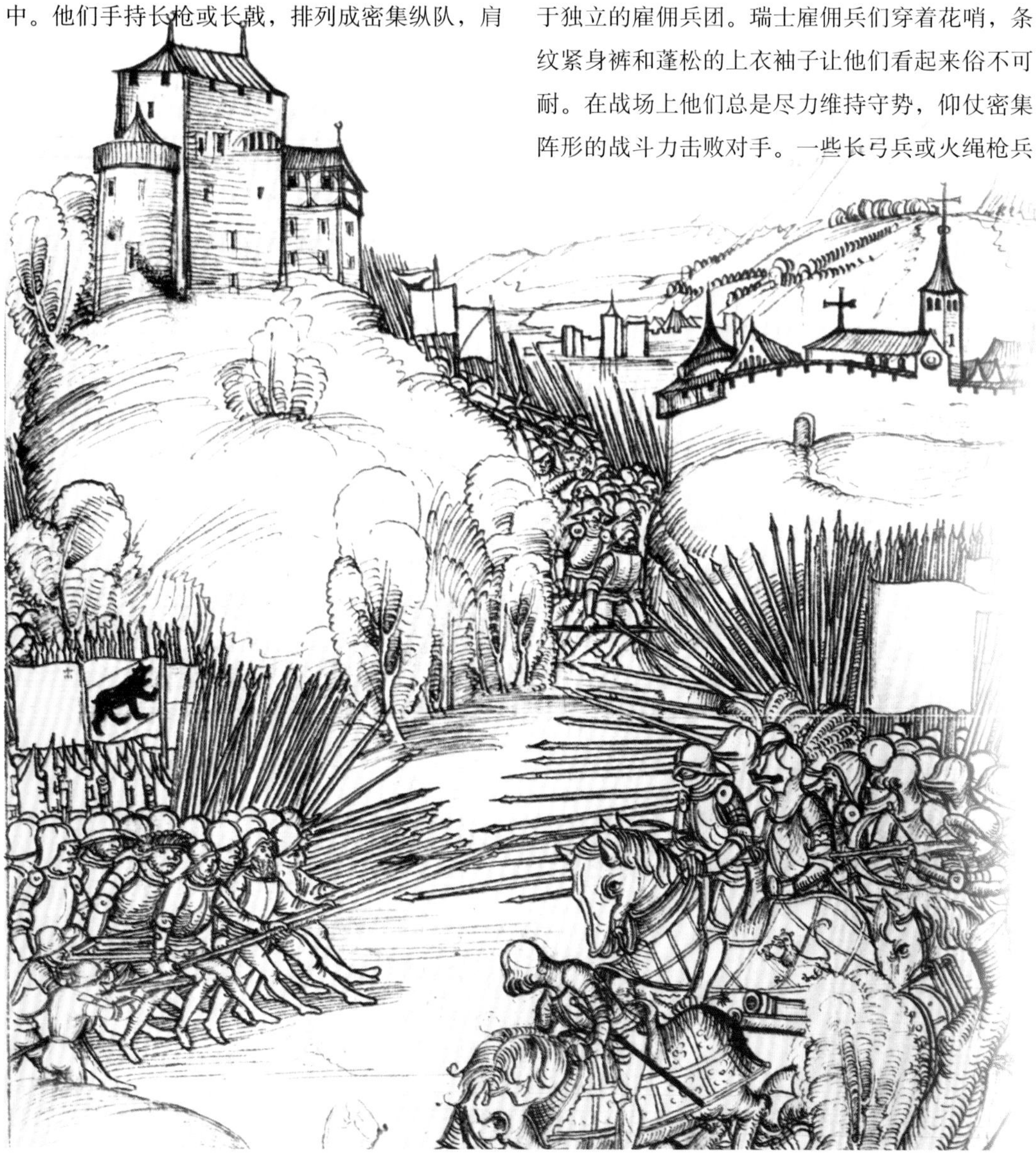

1476年瑞士长枪兵在格拉松战役中获胜
当第二支训练有素的瑞士长枪兵军队及时到达战场时，实在是出乎勃艮第骑士们的意料，战场局势由此逆转，瑞士人大获全胜，勃艮第骑士们仓皇逃窜。

来自德国人的竞争

1494年到1525年意大利战争期间，瑞士长枪兵在战场上取得过几次令人瞩目的胜利，特别是于1513年在诺瓦拉战役（Battle of Novara）中击败了法国人。其他国家的军队，特别是德意志雇佣兵团，照搬瑞士士兵的密集长枪阵形，成为其最大的劲敌。当瑞士军队尝试在长枪阵形外再结合运用复杂的火力攻势时，他们的战术弱点就暴露无遗了。在1521年的比可卡战役（Battle of Bicocca）中，瑞士军队的首次近距离“长枪肉搏战”攻势就遭到对手构筑的野战工事阻挡，其后，对手的火绳枪和大炮齐鸣，瑞士军队几近全军覆灭。

然而，在1525年的帕维亚战役中，瑞士人表现平平，惨遭失败，这实际上终结了瑞士长枪兵在欧洲步兵中占统治地位的时代。不过在16世纪下半叶的宗教战争中，他们仍然继续为法国皇室服务，作为雇佣兵四处征战。

16世纪的瑞士长戟

西班牙方阵

1492年西班牙征服了格拉纳达，实现了统一，其后，西班牙皇室建立了一支常规军队以保护其在海外的利益。1496年，第一批步兵连队被派往意大利参战。1534年，这批步兵连队被整合进入方阵之中，每个方阵下辖12支步兵连队。

意志坚定的职业军人

西班牙军队中大部分士兵来自国外，但方阵却是由西班牙本国的志愿兵组建的队伍。这支队伍经过了非常严格的训练，是按照那个时代的标准组建的精锐部队。他们原则上是终身服役的职业军人，老兵中的骨干成员身经百战，曾经在意大利执行过驻防任务，远征过穆斯林北非地区，在佛兰德地区与丹麦人交过战。战场上，重装长枪兵组成的方阵以密集方阵作战，两侧部署手持火器的士兵。他们也能在长戟兵的掩护下，分解为小股力量与敌周旋，同时，火绳枪兵组队发挥散兵作用，骚扰敌人。

时代的局限性也在西班牙方阵中有所体现。实际上，长枪兵通常不着片甲。尽管应该给士兵们发放月薪，但却总是拖欠，这直接导致士兵哗变，并且为以实物偿付欠发的军饷而洗劫城市。每年大概有百分之十左右的士兵因为不满严厉的纪律和不按时发酬而开小差跑掉。但方阵一直是欧洲最有战斗力的步兵队伍，直到1643年于罗克鲁瓦一战中败于法军之手，结束了其在欧洲的优势地位。

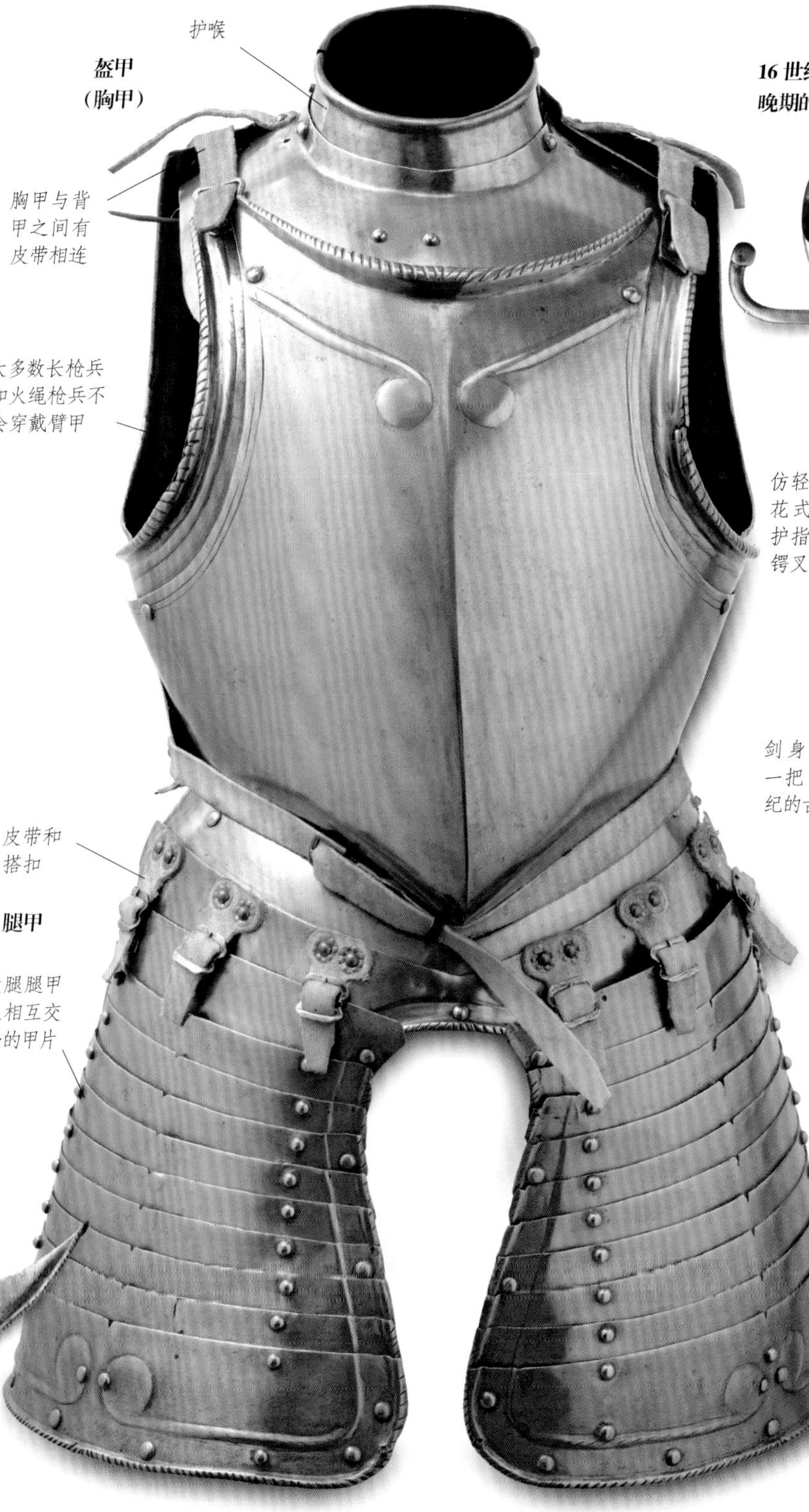

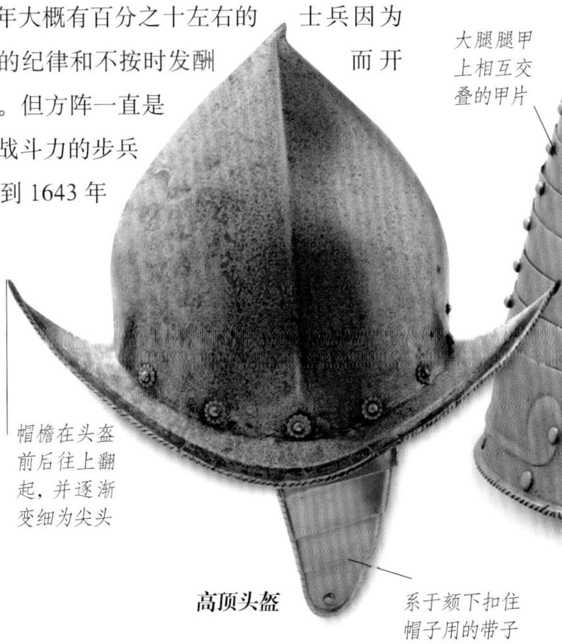

高顶头盔

西班牙盔甲

只有装备十分精良的方阵才会给所有士兵配发半身铠甲和高顶头盔。通常铠甲是在意大利制造的，当时西班牙在意大利占有大片领地。少数长枪兵会随身携带剑。

> “他们在战场上的英勇表现被大为赞颂，但我却要谴责其野蛮残酷的行径。”
>
> ——乔治·盖斯科因（George Gascoigne）曾目睹西班牙军队洗劫安特卫普的情形，1576年

公元 1300—1700 年

奥斯曼帝国士兵

“从早到晚，土耳其人不曾停止疯狂的进攻。天空突降暴雨，排水沟中，鲜血如雨水般流过，尸体飘到了海

在16世纪初期，奥斯曼土耳其帝国军队可能是世界上最具战斗力的部队。这是一支由各种各样的战斗人员组成的独特的多元化军队，酬劳丰厚，组织良好，而且因为在战场上常胜不败，士兵们的士气一直十分高昂。奥斯曼军队中最负盛名的兵团是耶尼塞里（janissaries），他们从很小的年纪起就开始受训并成长为精锐步兵的奴隶战士。不过，在苏丹对基督教和穆斯林势力的战争中，骑兵和炮兵也发挥了同样重要的作用。

奥斯曼帝国的崛起源于一帮数百人的土耳其伊斯兰教徒英雄（ghazis）。他们于13世纪时控制了安纳托利亚地区。奥斯曼帝国与拜占庭帝国比邻而居，拜占庭在当时仍是一个大国，但已几近瓦解。奥斯曼（1281至1326年在位）及其继任者利用拜占庭的弱点侵入欧洲，于14世纪占领了巴尔干半岛。1453年，又攻占了拜占庭首都君士坦丁堡，并将其设为自己的首都。16世纪，奥斯曼军队侵略基督教欧洲，一路凯歌高奏，直抵维也纳城下，同时，他们也向波斯萨非王朝和埃及的马穆鲁克发起挑战，控制了北非和中东的大部分地区。其征服战争规模宏大，取得了令人惊叹的战绩，这一切均得益于帝国的军事体系，该体系整合了来自不同国家和民族的战斗传统和战斗技术中的精华。

成功的学习者

最初，奥斯曼帝国军队的作战风格酷似草原骑兵。士兵是以复合弓为主要武器的弓骑手，尽量避免与敌近距交锋。移动迅速、手持投掷武器的骑兵在帝国全盛时期仍发挥着重要作用，但如果帝国没有发展具备超强战斗力的重骑兵、步兵和炮兵部队，以及没有创建自己的海军部队，仅仅是依赖骑兵部队，那么是不会取得如此大的成就的。在15世纪至16世纪，奥斯曼帝国统治中最引人注目的特点之一就是活力，这也使帝国才能及时适应崭新的作战方式。

一位欧洲观察家评论道：“每个国家都乐于采用别国发明的有用物件。”奥斯曼帝国效仿基督教欧洲引入了火器，最开始是火绳枪，然后是火绳滑膛枪，再之后是燧发枪（尽管他们从未创建过欧式长枪阵）。同样，他们也很快配置了大炮，当然最初是购买了欧洲技术。众所周知，“征服者”穆罕默德二世雇用了匈牙利人乌尔班（Urban），而乌尔班研发出了巨炮这一强大的军事武器。1453年穆罕默德利用巨炮攻破了君士坦丁堡的城墙。奥斯曼帝国因为在攻城战中使用巨炮而威名大振，但是他们也同样重视对轻型野战炮的运用，野战炮在帝国军队南征北战中也发挥出了较强的战斗力。

多元化的军队

全盛时期的奥斯曼帝国下辖一支由皇家士兵组成的常备军为主力的军队，而这些士兵的军饷是由苏丹发放的。苏丹的精锐步兵卫士，即耶尼塞里，也属于帝国常备军。苏丹禁卫军至少在17世纪晚期仍旧是奴隶士兵，其中还包括有非奴隶的骑兵。当苏丹率军打响一场战役，通过帝玛制度（Timar System，在某些方面类似于欧洲封建制度）招募的各行省军队会加入到这支人数相对较少的常备军中去。被称为西帕希弓骑兵（sipahis）的帝国骑兵有权收取地租，帝国以此作为他们在军队中尽忠职守的报偿。只要苏丹一声令下，他们就必须带上一定数量的随从，并自备武器，入伍参战。

奥斯曼帝国的扩张
上图是1526年莫哈赤战役（Battle of Mohascs）中的苏莱曼大帝（1494-1566），右图为一顶17世纪的奥斯曼帝国头盔。在苏莱曼大帝的统治下，奥斯曼帝国进入黄金时代，并成为世界强国。他率领帝国大军征服了贝尔格莱德、罗兹岛以及匈牙利的大部分领土，又围攻维也纳，兼并了中东的大部分地区。

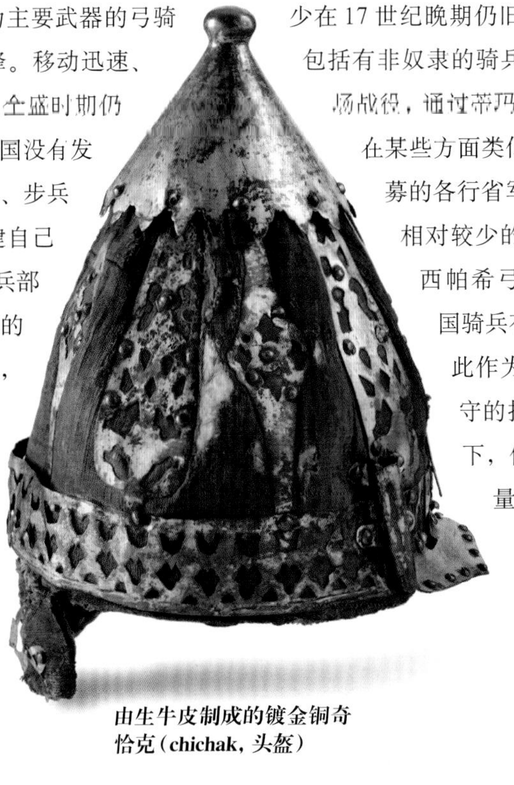

由生牛皮制成的镀金铜奇恰克（chichak，头盔）

奥斯曼帝国发动的战役
右图是1456年"征服者"穆罕默德二世苏丹领军围攻贝尔格莱德的场景；最右图是极具代表性的奥斯曼士兵所使用的武器和铠甲。贝尔格莱德围城战最终升级为一场大战，其间，约翰匈雅提（John Hunyadi）突然发起反击，占领了土耳其军营，苏丹也在这次战斗中受了伤，并最终被迫撤军。

"……其后，国王（巴耶济德）下令每名士兵将自己的俘虏就地正法，对那些不愿意这么做的士兵们，他都会指派其他士兵来替他们完成任务。"

——约翰·希尔特贝格（Johann Schiltberger）关于尼科波利斯战役（the Crusade of Nicopolis）的描述，1396年

其他的骑兵被称作"袭击者"（akinji，土耳其语）。他们是怀抱雄心壮志的年轻武士，有一匹属于自己的马，爱好冒险，将参军入伍视作在社会上出人头地的一次机会。作为轻骑兵，袭击者们的主要任务是在主力部队发动总攻前勘察敌情，或者发动突袭以试探敌人。他们靠抢劫掠夺大发横财，希望有朝一日上司能注意到他们在战场上的勇猛表现而被奖赏一块蒂玛封地。帝国军队最底层的士兵是被称作"阿赞布"（azabs）的弓箭手。军队里的体力活全归他们干；作为步兵，行军打仗全靠一双脚板走路；一旦走上战场，则被视为可有可无的炮灰。最后，为奥斯曼帝国军队作出重要贡献的还有向苏丹表示效忠的国家，这些国家向帝国派出指挥官和军队，例如14世纪晚期的塞尔维亚军队。

奴隶士兵

与大多数穆斯林国家一样，奥斯曼帝国不仅在高层管理机构中雇用奴隶做事，而且在军队中也有由奴隶士兵组建的精锐部队，埃及的马穆鲁克就是最典型的例子。奴隶士兵被称作"耶尼塞里"，意即新军，通过名为"德米舍梅"（devshirme）的壮丁制度征募而来，他们是从14世纪沦为奥斯曼帝国属地的巴尔干半岛上的基督教社区中选拔出来的男孩。奥斯曼帝国征兵队每年都会巡视巴尔干半岛，带走那些看上去最有培养前途的士兵苗子。这些男孩被迫离开他们的基督教家庭，被带往君士坦丁堡并受训成为穆斯林士兵。成年后，他们或为耶尼塞里，或为文职管理人员，为苏丹效力。他们不能结婚，不能拥有属于自己的私人财产，也不可能再与家人见面，无牵无挂，没有个人的野心和抱负，这些奴隶士兵们被视为苏丹最理想、最忠实的仆人。而帝国上层没有考虑到的情况是，耶尼塞里们对苏丹和军队的忠诚度随着时间的推移不可避免地有所下降，最终他们只会将自身的利益置于首位。可是，正当风华正茂的年纪时，个人利益并不是这些奴隶士兵们关注的重点，他们只是优秀的步兵，训练有素、勇敢无畏、克己禁欲，并且能够熟练使用各种火器。围攻要塞时，他们一心想要迅速攻破城

战士的盔甲
左图这件奥斯曼士兵穿的盔甲能够提供很好的保护，其上的金属片和护肩尤为突出。

奥斯曼帝国的武器
18世纪时奥斯曼帝国士兵使用的早期西班牙燧发枪和槌杖（硬头锤）。帝国军队在战场上大量使用火器，但他们却拒绝使用刺刀，并视其为"异教徒使用的武器"。

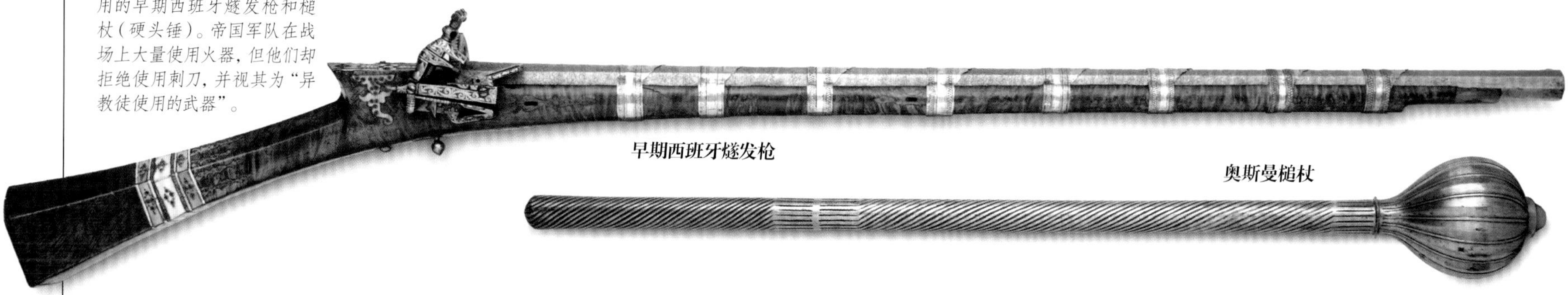

早期西班牙燧发枪

奥斯曼槌杖

奥斯曼帝国的扩张

奥斯曼土耳其人经过 150 年的时间，从一小群居住在安纳托利亚高原西北部的圣战武士，成长为横跨欧洲和亚洲的帝国统治者。他们的扩张规模是惊人的，仅仅在 16 世纪，他们就赢得了将近 20 场关键性战役的胜利，但自 17 世纪末，帝国开始走向衰落。

墙；面对敌军骑兵冲锋时，他们努力坚守阵地。

精兵猛将

尽管奥斯曼帝国军队十分庞大、士兵形形色色，但却素以军事纪律严明著称，军营干净整洁，士兵们在不打仗的空闲时间里发生醉酒和破坏性行为的情况也没有同时代基督教军队那么常见。士兵们武器上的装饰十分华丽，伴随着军乐队嘈杂的乐声，奥斯曼帝国军队看上去夸张浮华；不过，他们确实是纯粹的战士，擅长使用各种武器，在战场上训练有素，并且精于各种战术策略。与高效率的帝国军队相比，他们的敌人显得极为幼稚，时常犯下致命的错误。例如，1396 年在尼科波利斯战役中，一支基督教十字军骑士部队没有事先查明奥斯曼军队的人数和战略部署情况，轻率地向巴耶济德（Bayezid）率领的大军发动了进攻。骑士们驱散了被当作炮灰打前锋的阿赞布之后，才发现敌众我寡，自己已经暴露在巴耶济德率领的大队骑兵的反攻之下，在这种情况下，骑士们理所当然遭到了灭顶之灾。130 年以后的战争中已经出现了火药武器，而基督教骑士在莫哈赤一役中却遭遇到了相似的命运。他们像往常一样，向奥斯曼西帕希们发起了猛攻，而西帕希们假装不敌对手向后逃跑，引诱骑士们直接冲入大炮以及训练有素的耶尼塞里们的火枪射程范围内，使他们遭受毁灭性的打击。与此同时，骑士们也受到部署在奥斯曼军队两翼的轻骑兵的不断侵扰。最终，帝国军队中手持剑和长矛的重骑兵发起反冲锋，全歼了基督教骑士部队。

奥斯曼帝国军队在与穆斯林军队的多次交手中也同样战绩可观。1516 年，他们在叙利亚达比克草原（Marj Dabik）大败埃及马穆鲁克，这次胜利归功于奥斯曼军队对当时埃及人并不拥有的火药武器的有效利用。第二年在埃及里达尼亚（Raydaniya）的战役中，马穆鲁克在战场上部署了匆匆忙忙组装起来的大炮，然而同样摆脱不了失败的命运，拥有出众战斗技能的奥斯曼骑兵部队灵活敏捷，在其侧翼发动攻击，使埃及军队的火力失去了效力。

无法度过严冬的士兵

如果说奥斯曼军队有一个主要的弱点，那就是军队规模庞大，拥有数量众多的士兵和马匹，但却没有与之相应的后勤保障能力。帝国军队大部分时候是不可能劳师远征的，如果他们恰逢冬季征战欧洲中部，是不可能熬得过寒冷的冬天的。因此，当 1529 年苏莱曼大帝（1520–1566 年在位）围攻哈布斯堡帝国首都维也纳时，仅仅坚持了一个月就不得不挥军撤退，因为他们必须要赶在天气变冷之前长途跋涉赶回君士坦丁堡。在欧洲战场上，奥斯曼帝国军队只是一支夏季远征军。

衰落和灭亡

从 17 世纪到 18 世纪，奥斯曼帝国军队逐渐衰落，其原因也是整个奥斯曼社会面临的问题。当时西欧科学技术全面迅猛发展，奥斯曼帝国却无法跟上其步伐，再加上国家经济下滑，无法保障军事物资的充足供应。蒂玛制度走向衰败，最终被废止。

耶尼塞里的命运极为可悲。17 世纪时，他们不再是通过“德米舍梅”壮丁制度征召的奴隶，而是渴望进入享有特权的军事体制中的穆斯林自由人。耶尼塞里军队士兵数量猛增，苏莱曼大帝时期仅仅只有 2 万人左右，18 世纪末时却拥有远超过 10 万名士兵。这支膨胀的军队不再在军事上发挥任何积极作用，而是沦为骄傲放纵的社会上层阶层，反对任何企图对军队实施改革和现代化的举措。1826 年，在众所周知的“吉祥事件”（The Auspicious Incident）中，耶尼塞里遭到血腥镇压。而那时，奥斯曼土耳其已经衰落，其军队也只是危险地攀附在帝国废墟上的一支摇摇欲坠的军事力量。

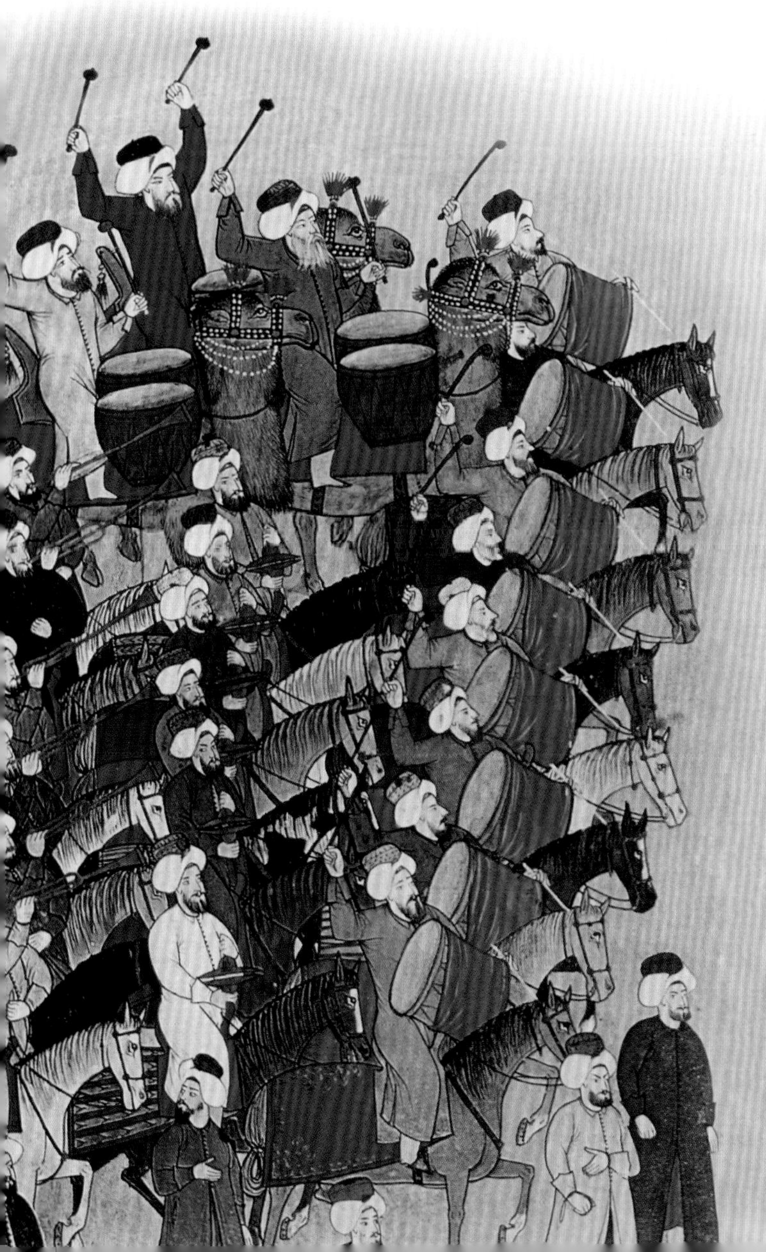

奥斯曼军鼓

如图所示，耶尼塞里们伴随阵阵军鼓声整装待发，战场上擂响军鼓以激励士兵们勇敢杀敌。

奥斯曼帝国的武器

15 到 16 世纪的奥斯曼帝国拥有一支非常多元化的军队。军队主力是配备有军刀和盾牌的重装骑兵，除此之外，兵种还包括轻骑兵、手持火器的步兵以及炮兵。本页图中所展示的铠甲和武器，例如链板甲衣、弯刀和圆盾，大体上与考古发现的同时期伊斯兰世界（包括萨非帝国和印度的莫卧儿王朝）的铠甲和武器相似。

奇恰克（头盔）
图中这顶 16 世纪的奥斯曼奇恰克属于奥斯曼帝国重骑兵的装备之一，头盔全部由板甲制成，并带有护面、护颈和护耳。头盔内部、护耳内部以及帽舌处都衬有内有填絮的红色织布。头盔中带和护颈上都镌刻有古兰经文。

切赫－古拉（链板甲衣）
这件奥斯曼帝国的切赫－古拉（zirh gomlek）可追溯到 15 世纪晚期。身甲是由一个个铁环铆接而成的坚固无比的链甲和上饰涡卷形树叶图案的板甲混合制成的。链甲上的铭文翻译后的意思是：“权力向我低头，手中的财富让我心满意足。愿一切结束时，人生达到最完美境界。”

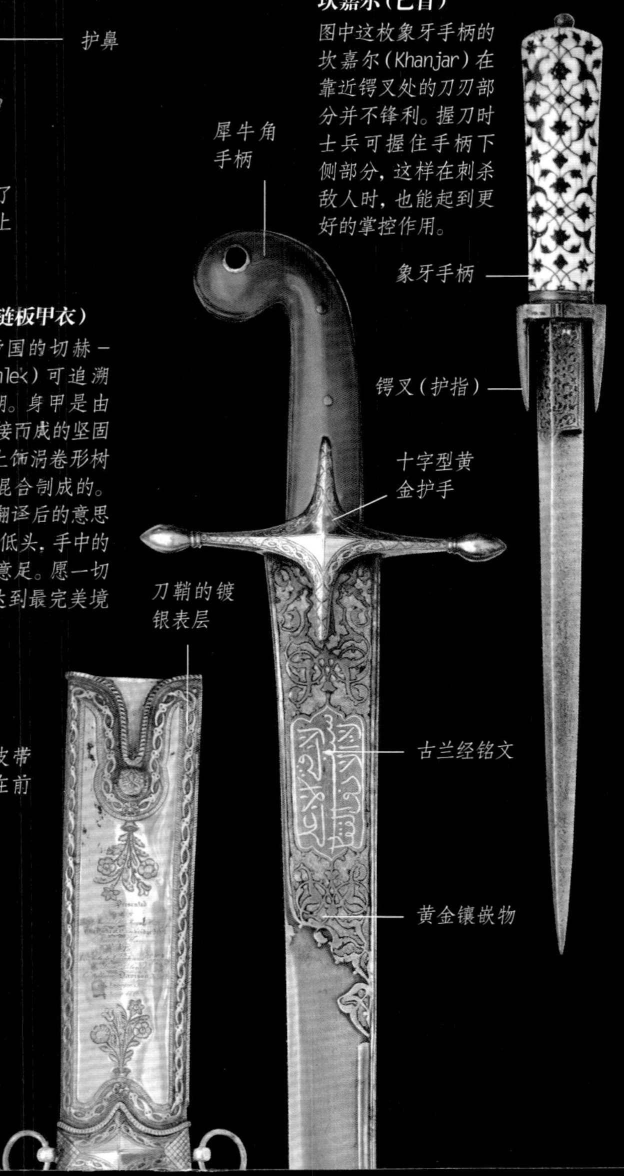

坎嘉尔（匕首）
图中这枚象牙手柄的坎嘉尔（Khanjar）在靠近镗叉处的刀刃部分并不锋利。握刀时士兵可握住手柄下侧部分，这样在刺杀敌人时，也能起到更好的掌控作用。

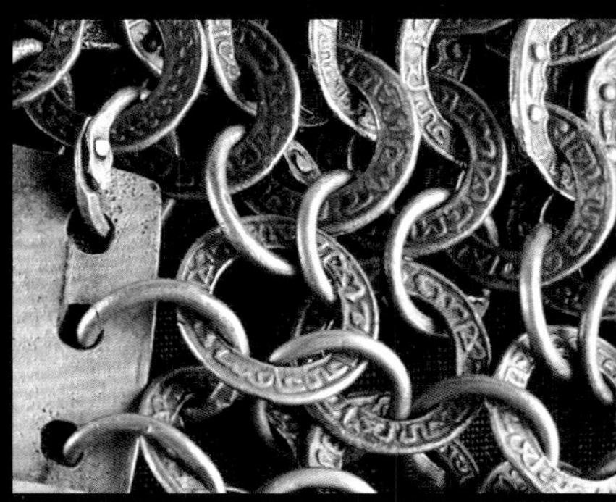
锁子甲护胸，铁环上镌刻有古兰经文

镀金刀身部位上的铭文

卡尔卡恩盾牌（kalkan）后面的手柄

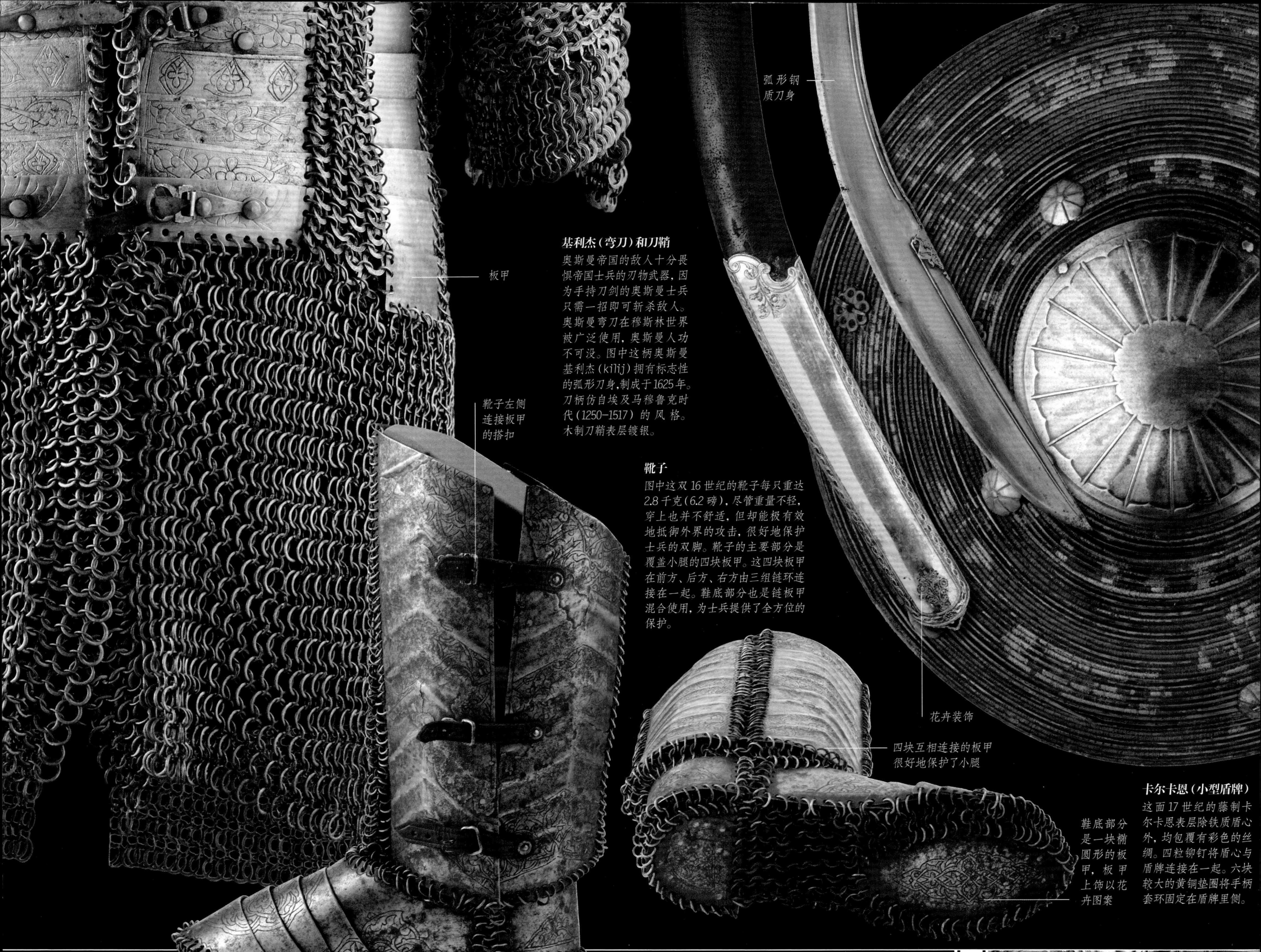

基利杰（弯刀）和刀鞘

奥斯曼帝国的敌人十分畏惧帝国士兵的刀物武器，因为手持刀剑的奥斯曼士兵只需一招即可斩杀敌人。奥斯曼弯刀在穆斯林世界被广泛使用，奥斯曼人功不可没。图中这柄奥斯曼基利杰（kilij）拥有标志性的弧形刀身，制成于1625年。刀柄仿自埃及马穆鲁克时代（1250—1517）的风格。木制刀鞘表层镀银。

靴子

图中这双16世纪的靴子每只重达2.8千克（6.2磅），尽管重量不轻，穿上也并不舒适，但却能极有效地抵御外界的攻击，很好地保护士兵的双脚。靴子的主要部分是覆盖小腿的四块板甲。这四块板甲在前方、后方、右方由三组链环连接在一起。鞋底部分也是链板甲混合使用，为士兵提供了全方位的保护。

卡尔卡恩（小型盾牌）

这面17世纪的藤制卡尔卡恩表层除铁质盾心外，均包覆有彩色的丝绸。四粒铆钉将盾心与盾牌连接在一起。六块较大的黄铜垫圈将手柄套环固定在盾牌里侧。

公元 1500—1750 年

莫卧儿王朝武士

“

我方大军在帕尼帕特待了七八天的时间，在箭雨的掩护下，有一次我方派遣士兵冲入伊卜拉欣的军营，砍下敌人的首级并顺利返营。

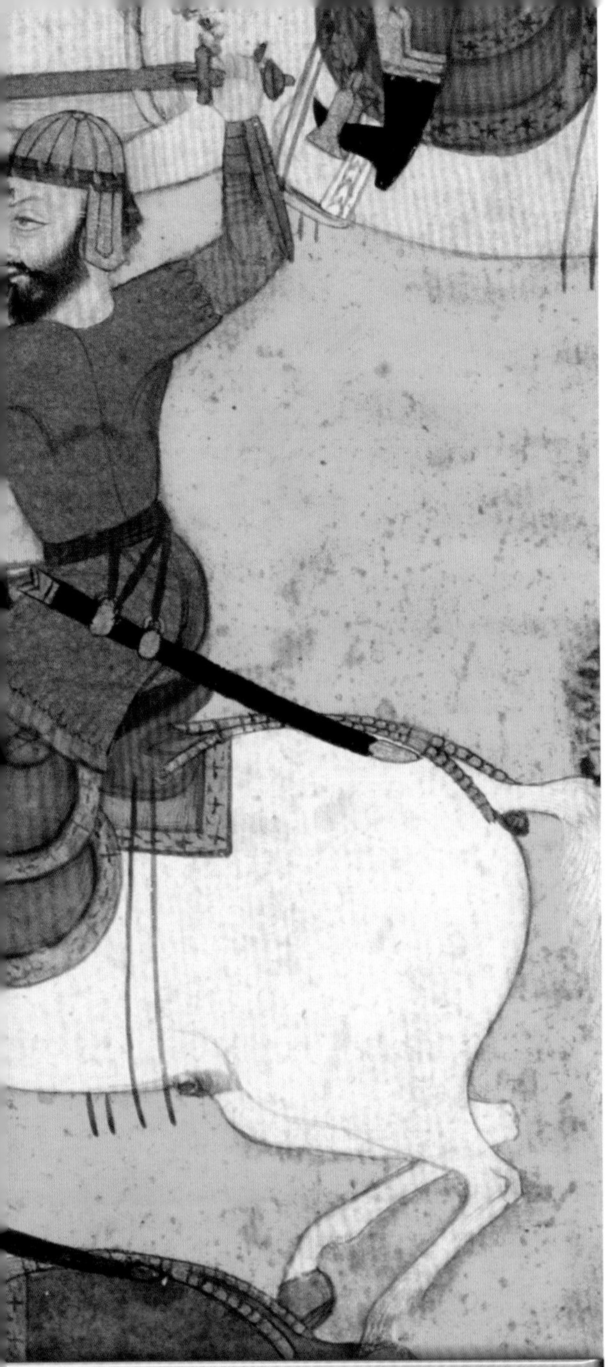

在16 到 17 世纪，印度莫卧儿王朝的鼎盛时期，莫卧儿皇帝统率的大军比同时代任何欧洲强国所拥有的军队都要庞大得多。与同为穆斯林的奥斯曼土耳其人一样，他们不仅传承了蒙古人和鞑靼人开创的中亚骑兵传统，而且也不排斥在战场上使用大炮和火器。但他们的弱点在于，第一，未认识到纪律严明的步兵队伍具有强大的战斗力；第二，管理结构混乱，无法有效指挥笨重且庞大、由多民族组成的军队。

莫卧儿帝国创建者巴布尔是让人闻风丧胆的征服者帖木儿的后代，突厥—蒙古族的后裔。他率领一群穆斯林武士，即伊斯兰教德英雄，于 1504 年占领阿富汗喀布尔，自 1516 年始，向南突袭进入印度。1526 年在帕尼帕特他率军击败德里苏丹国的洛迪王朝，于印度北部建立起自己的统治。然而，直到阿克巴当政，帝国统治的基础才逐渐稳固。阿克巴采取积极的军事行动，扩展了莫卧儿帝国在印度的统治范围，征召了来自不同背景，包括穆斯林和印度教的武士，组建了一支规模庞大的帝国军队。

帝国军队

莫卧儿帝国与中亚传统一脉相承，阿克巴创建的军队同样如此。帝国军队中包括来自游牧民族的战团，皇帝允诺与之共享帝国美好的前景是吸引他们加入的重要原因。来自中亚的图兰人（Turanis）也是战团的一分子。这些骑在马背上的勇士擅长使用复合弓，他们忠于战团首领，其原因可归于一个简单的道理：“谁给我一口饭吃，我就效忠于谁。”伊朗人和阿富汗人也远赴南方加入帝国军队。即使是来自被莫卧儿帝国征服的印度地区的武士，阿克巴及其继任者也大度接纳，让其成为帝国军队中的一员。例如，赫赫有名的印度军事贵族阶层的拉其普特人（Rajputs）也带领仆从及下属加入帝国军队，为莫卧儿帝国效力。他们遵从骑士荣誉守则，推崇近距离单人对决，鄙视以远距离投掷武器的方式作战。他们也强调自我牺牲的精神，宁愿高尚地死去，也不愿苟且偷生。据说，务实的莫卧儿人认为拉其普特人“知道如何去死，却不明白如何去战斗”，但他们欢迎这些印度武士们带来的骑兵队伍和武装农民队伍。

埃米尔和近卫军

那些携带仆从及下属加入帝国军队的军阀和贵族被称为“埃米尔”（amirs）。他们除了在法律上享有特权之外，属下的酬金也直接由莫卧儿国库支付，并且有权在自己管辖的行省内征税以为己用。帝国在任何时期都有数以百计的埃米尔，以及 10 万到 20 万名家臣。皇帝除了帝国军队外，还直接控制一支近卫军。近卫军由几千人的骑兵和火枪手、大量炮兵以及数量众多的战象组成。让人惊讶的是，皇帝没有任何的奴隶士兵，而奴隶士兵却是同时期土耳其、埃及和伊朗等穆斯林军队一大特色。

莫卧儿军队的作用主要是在印度次大陆维护及扩展帝国的版图。皇帝从未着意于创建一支自己人的军队。提到火绳滑膛枪在莫卧儿军队被广泛应用时，一位观察家评论道：“即使农民在耕地时，也将火绳点燃，将上膛的火枪系在犁耙上。”据估算，16 世纪晚期，莫卧儿帝国拥有超过 400 万名军人。

入侵印度
16 世纪 60 年代，阿克巴率军入侵印度，图中为莫卧儿骑兵战场杀敌的场景。莫卧儿人最初来自现在的阿富汗，但是阿克巴及其继任者创建的帝国军队中却包括来自中亚和印度次大陆各个地区的武士。

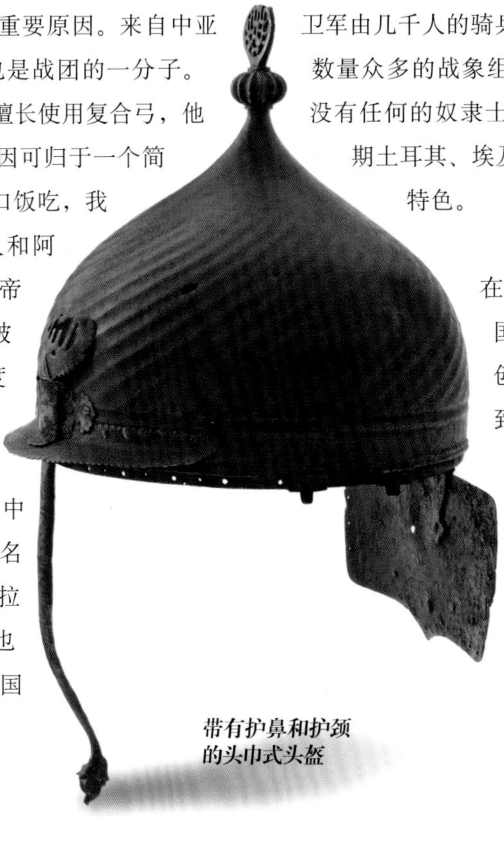

带有护鼻和护颈的头巾式头盔

为了维持如此庞大的一支军队，莫卧儿皇帝采取了相应措施，那些容易被敌对阵营拉拢并且可能成为士兵的人被大量征召入伍，为皇家军队服务，这同时也维护了帝国的声望。几任皇帝均花费大量时间巡视全国，而随他们出巡的是一个庞大的武装集团，其中军事人员及随从的人数可多达 50 万人。这是向臣民和附庸国展示帝国财富和声望的最切实有效的方式。

当巡视全国时，皇帝会带上 15 万人随行，其中包括骑兵、步兵、军官、妇女和儿童，另外还有 1 万头大象和大量的火炮。

——法国旅行家奥古斯汀 · 黑瑞特（Augustin Hiriart），约 1605 年

骑兵和步兵

骑兵是莫卧儿军队的主力作战力量。莫卧儿骑兵的数量之多令人叹为观止，有时几乎可以肯定有超过 10 万名士兵。如此大规模的骑兵部队当然需要大量的坐骑，特别是当每名士兵都希望能够至少拥有两匹马时，这让养马成为印度部分地区，尤其是旁遮普和信德的主要产业，但即便如此，战马还是得通过喀布尔从中亚大量进口。骑兵部队中大部分士兵属于轻装弓骑兵，但重装骑兵的数量也不少，他们的装备通常情况下是一顶头盔、板甲制成的胸甲以及锁子甲衣，主要的武器是剑。帝国对骑兵们寄予厚望，期望他们能打赢战争；但对由武装农民组建而成的步兵部队却几乎不抱任何希望。这些社会地位低下的人被征入伍，成为兼职士兵，帝国军队以极低的成本供养他们，食品供给少得可怜，主要是面粉、米饭、黄油和盐。那个年代的刃物武器多种多样，步兵们可能会随身携带其中一种，但他们的主要武器是火绳滑膛枪。

钢制武器

在下图的战争场景中，许多武士手中挥舞着莫卧儿印度地区十分常见的、极富特色的弯月形塔瓦坎刀。

火药武器

在 1509 年 2 月的第乌战役（Battle of Diu）中，弗朗西斯科 · 德 · 阿尔梅达（Francisco de Almeida）使用船载火炮击败了阿拉伯和埃及联军，火药武器从此进入印度次大陆。尽管将火药武器引入印度次大陆的功臣并不是莫卧儿人，但却是莫卧儿帝国于此地最早使用大炮和火器的。火炮和火枪在 1526 年帕尼帕特战役中发挥了至关重要的作用，最终为巴布尔赢得胜利。在火器的研发方面，早期的莫卧儿帝国严重依赖国外的技术。奥斯曼土耳其人和各色欧洲人，特别是果阿（印度西南部一地区）的葡萄牙人向莫卧儿人展示了怎样组装大炮以及制作火器和火药，并将相关技术传授给了当地人。印度的工匠学习能力很强，到 16 世纪末，莫卧儿人制作的火绳滑膛枪的性能胜过大多数欧洲火器，同时他们也生产出了黄铜和青铜制作的轻型及重型大炮。帝国也会雇用外国专家协助国人调整大炮的准度并增强其发射的力度。

当莫卧儿军队出征作战时，他们

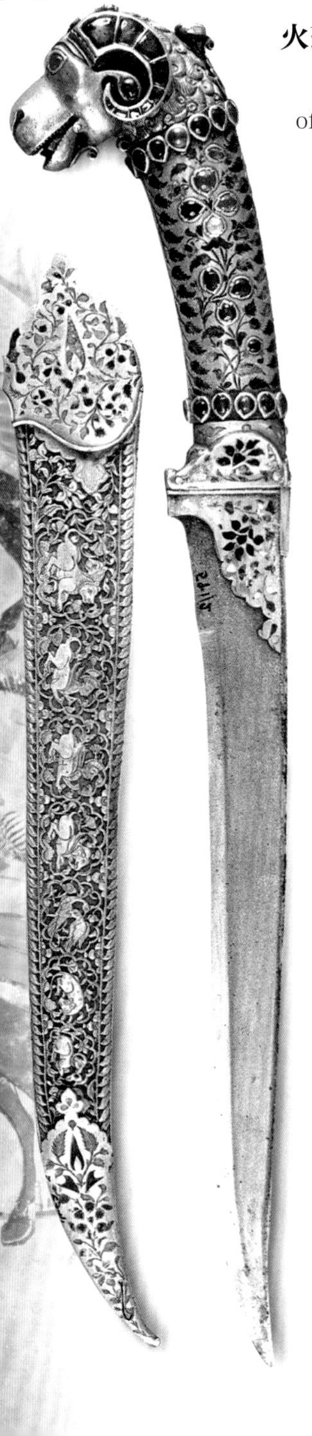

仪式上用的匕首

这柄装饰极其华丽的匕首及其刀鞘生产于 17 世纪，具有莫卧儿时期的典型风格。公羊头型的刀柄上点缀着半宝石。这柄匕首可能是莫卧儿人举行仪式时所使用的器物。

会用牛车拉载重炮，或者将重炮拆卸成零件，驮绑在骆驼的背上。轻炮使用马匹拖拉，围攻坚固要塞需要的特大型火炮则要在现场组装。尽管大炮是攻城战的主要进攻武器，但其发挥的效果却并不理想。莫卧儿军队也会沿用传统的战术，例如在要塞城墙下挖掘隧道，或直接切断被围攻城市的供给线，从而迫使守城将士不堪饥饿，打开城门，举手投降。大炮的主要作用是对守城部队造成心理上的震慑，使其不堪重压，最终投降。

在战场上

莫卧儿军队在战场上会组成特定的战斗队形，通常情况下是重骑兵居中，而数量众多的轻骑兵则护卫两翼。火炮部队和手持火枪的步兵部队会被部署为防守阵营，战象组队列于其后侧。火药武器的出现导致战象的防守功能失效，因为喊杀声和烟雾会让它们惊慌失措而难以为人所控制。它们亦可发挥战地指挥所和战场瞭望台的作用，并成为阵地的最后一道防线。战象体形高大，能对敌军造成心理上的威慑，在战场上同样发挥着重要的作用。

莫卧儿军队向敌军开战的方式通常是派遣阵形两翼的弓骑兵跃马上前，拉弓齐射，让敌军“沐浴”在箭雨中。这种方式大大地削弱了敌军的战斗力，其后重骑兵向敌军发起冲锋，与敌方展开近身格斗。而另一种战斗方案曾经在帕尼帕特战役和其他几次战斗中有效地击败了在数量上占优势的敌军，具体方案是莫卧儿骑兵假装寡不敌众，被迫撤退，引敌进入密集火炮和步兵火枪的射程内。在敌军被火器重挫后，骑兵部队会展开反攻，给予敌军以毁灭性的打击。

莫卧儿的弱点

1526 年巴布尔在帕尼帕特打败德里苏丹的洛迪王朝后，在印度北部建立了莫卧儿政权。以此为基地，在接下来的几乎 200 年间，莫卧儿帝国在阿克巴、奥朗则布（Aurengzeb，1658—1707 年在位）等巴布尔继任者的统治下，不断向南扩张领地并巩固胜利果实。

动物军团

对于莫卧儿人的敌人来说，战场上全副武装的大象是十分可怕的战斗机器。此外，勇士们可以充分利用所乘坐骑的高度来指挥战斗。

在奥朗则布的统治下，莫卧儿帝国的势力达到了顶峰，但也正是在这一时期，莫卧儿帝国军队的实力日趋衰落。自 17 世纪晚期开始，莫卧儿军队在印度南部多次败于马拉提人（Marathas）之手，最终不得不向其求和。18 世纪 30 年代，在英国实施占领印度的计划之前很久，莫卧儿人同样败于波斯统治者纳迪尔沙（Nadir Shah）率领的波斯和阿富汗联军之手。纳迪尔沙入侵德里，大肆掠夺，抢走了许多珍宝，其中包括于 1739 年被其劫走的孔雀宝座。

莫卧儿军队在许多方面都拥有非常先进的技术。例如，莫卧儿工程师是技术娴熟的筑路者，他们能够在人类几乎无法通过的地形上开凿道路，为军队扫除行军路上的障碍。然而在采纳和使用新的军事技术方面，他们的眼光却十分狭隘。莫卧儿骑兵没有配备手枪，步兵既无长戟，也无刺刀。他们直到 18 世纪还在使用火绳滑膛枪这样的老式火器，而更先进的燧发枪在欧洲却早已被普遍应用。他们不重视步兵，步兵训练一片空白，因此莫卧儿步兵在给火枪上膛方面速度缓慢，也没有学会齐发的技能。

莫卧儿政权的脆弱在很大程度上源于其军队基本结构的不合理，各地军阀携各自的家臣及侍从投奔皇室，莫卧儿军队由此建立。军阀们直接效忠并听命于皇帝，这导致了任何固定的指挥等级体系都不可能在这样的军队结构中被长期且有效地实施。不可避免地，埃米尔想要在自己的省级权力范围内享有独立自主的权力，而不是加入帝国军队，为帝国效力。一旦帝国国库不支，皇权衰落，职业军人就会为谋生计转而投靠其他雇主。理论上，莫卧儿帝国继续存在到 1857 年，但昔日的辉煌到那时仅仅残留下暗淡的背影。然而，帝国为后世留下了许多永久的遗产，大量莫卧儿时期的名胜古迹（最著名的当属泰姬陵）被保留至今。

印度卡德刀（匕首）和刀鞘

在莫卧儿帝国扩张时期卡德刀（kard）传入印度，它拥有笔直的单刃刀身。直到 18 世纪，它仍然被伊斯兰世界的大部分地区所使用。

莫卧儿帝国的武器

莫卧儿帝国军队的士兵来自不同的民族，有着各自独特的战斗传统，他们在着装或武器配备方面从来没有统一的标准。精锐重骑兵的核心干将们应该会身穿链板甲衣，手持一面皮制或钢制的圆盾。较之欧洲重骑兵铠甲，链板甲衣重量轻、价格便宜，最重要的是穿起来更凉爽。与敌军近距离战斗时，他们通常会手持一柄大刀，一般会是弯月形的塔瓦砍刀，以及诸如钉头锤那样的撞击式武器。

链板甲衣

地位较高的莫卧儿骑兵会穿上长及膝盖的链板结合甲衣，甲衣中的护胸部分为板甲制成，其余部分为链甲。这种混合甲衣提供的保护力度不及全身板甲，因为投掷物和刺杀武器有可能穿透铆接锁子甲，但是相对来说，混合甲衣重量较轻，活动更为方便。

头盔

这顶莫卧儿头盔（也叫作“顶盔”）基本上由锁子甲制成，重量轻到仅有 0.8 千克（1.75 磅）。头盔上两圈平行的互相交叠的板甲加大了对头部的保护力度，三角形状的锁子甲能起到保护面部的作用。

达斯塔纳（护臂甲）

达斯塔纳（dastana）是保护前臂的护甲，在欧洲被称为前臂铠甲。不管在任何形式的近距离战斗中，前臂显然都是容易受伤的部位。本图中的护臂由一片外侧护甲和一片安装有铰链的内侧护甲组成，两片护甲被用一根长销针固定在一起。

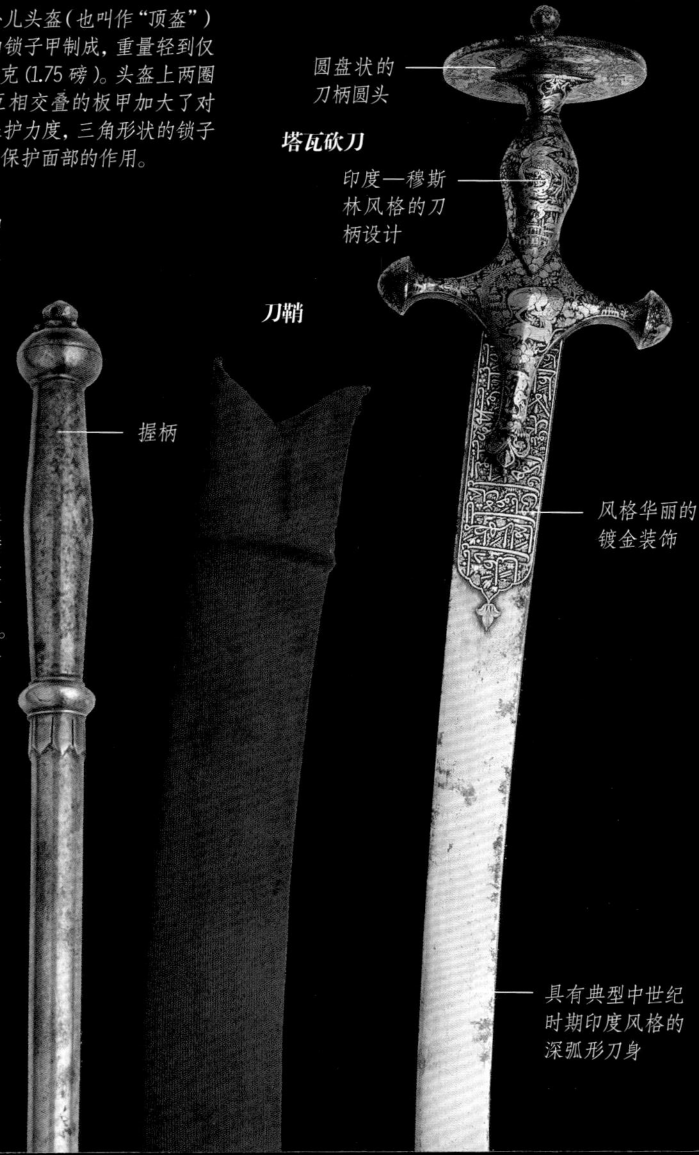

塔瓦砍刀

钉头锤

诸如图中这件武器一样的铁制硬头锤既简单又结实，在莫卧儿骑兵和步兵部队中被广泛使用。使用硬头锤可重击敌人致死。

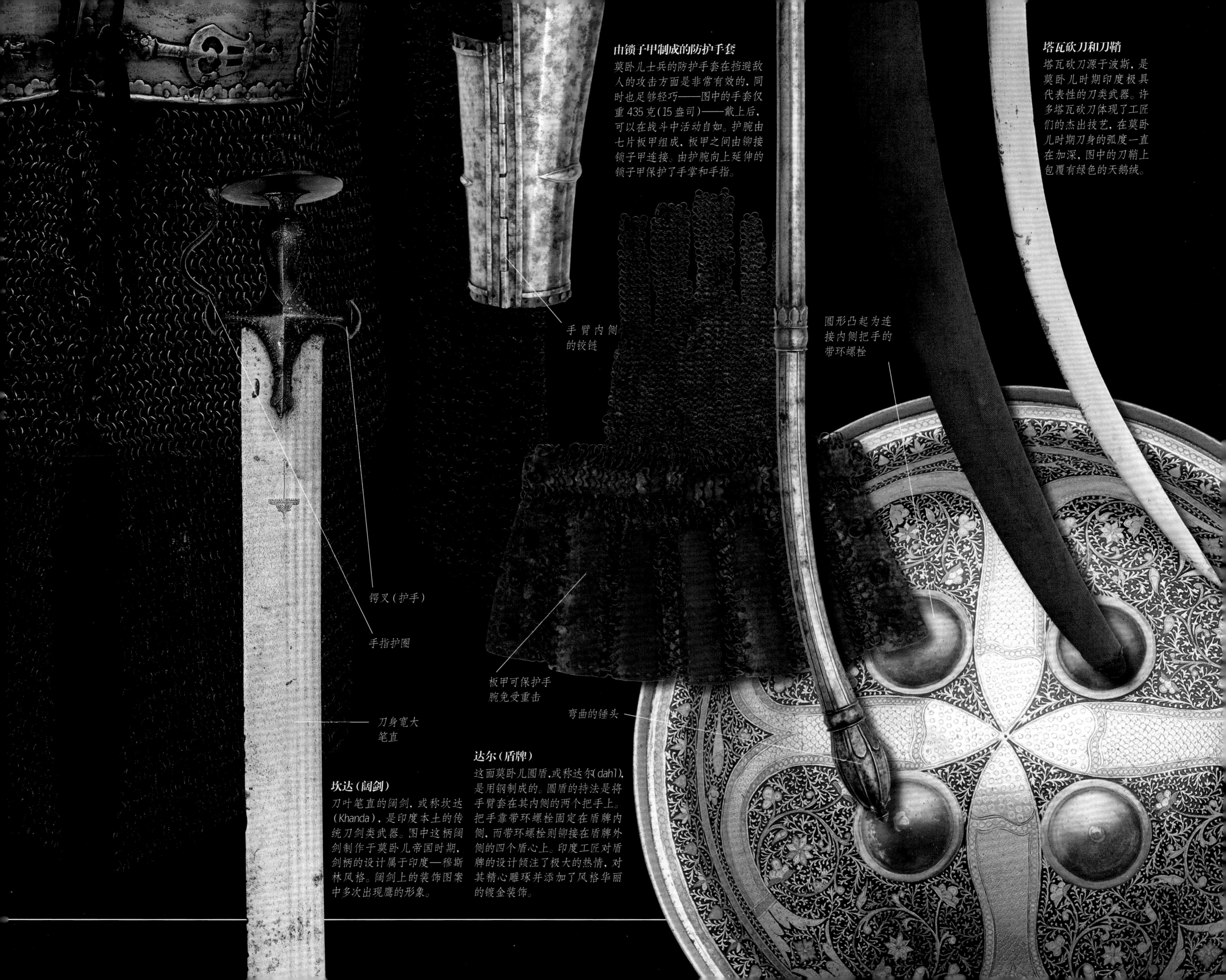

由锁子甲制成的防护手套

莫卧儿士兵的防护手套在挡避敌人的攻击方面是非常有效的，同时也足够轻巧——图中的手套仅重 435 克(15 盎司)——戴上后，可以在战斗中活动自如。护腕由七片板甲组成，板甲之间由铆接锁子甲连接。由护腕向上延伸的锁子甲保护了手掌和手指。

塔瓦砍刀和刀鞘

塔瓦砍刀源于波斯，是莫卧儿时期印度极具代表性的刀类武器。许多塔瓦砍刀体现了工匠们的杰出技艺，在莫卧儿时期刀身的弧度一直在加深，图中的刀鞘上包覆有绿色的天鹅绒。

坎达(阔剑)

刀叶笔直的阔剑，或称坎达(Khanda)，是印度本土的传统刀剑类武器。图中这柄阔剑制作于莫卧儿帝国时期，剑柄的设计属于印度—穆斯林风格。阔剑上的装饰图案中多次出现鹰的形象。

达尔(盾牌)

这面莫卧儿圆盾，或称达尔(dahl)，是用钢制成的。圆盾的持法是将手臂套在其内侧的两个把手上。把手靠带环螺栓固定在盾牌内侧，而带环螺栓则铆接在盾牌外侧的四个盾心上。印度工匠对盾牌的设计倾注了极大的热情，对其精心雕琢并添加了风格华丽的镀金装饰。

公元 1642—1651 年

英国火枪手

我们不只是受人差遣、可以为任何专制政权服务的雇佣军，也是听从祖国的召唤、为保卫自己的家园以及同胞的正当权利和自由而战的军队。

在1642年到1651年的英格兰内战期间，英格兰的军队指挥官们拥有在欧洲大陆丰富的作战经验，因此，他们的战略战术和组织手段采用当时流行的欧洲模式，在欧洲，训练有素、装备长枪和火枪的步兵部队被认为是战场取胜的决定性因素。然而在英格兰，很少有人接受过武器操作上的专业训练，最终，在历经了数年的时间之后，一支真正意义上能独立发展的军队才出现，那就是“新模范军”（New Model Army），它代表着英国军事发展的一个新的高峰。

自1642年始，英格兰、苏格兰和爱尔兰地区发生了一系列错综复杂的冲突事件，造成这一切的根本原因是国王查理一世和英格兰议会之间在政治上和宗教上的矛盾。参加内战的许多士兵原则性很强，不是保皇派，就是议会派。但是在开始的时候，也有许多士兵是属于哪派控制了他们的家乡，他们就为哪派而战的情况；一些士兵在不同的时期，曾经分别加入过保皇派和议会派的军队。

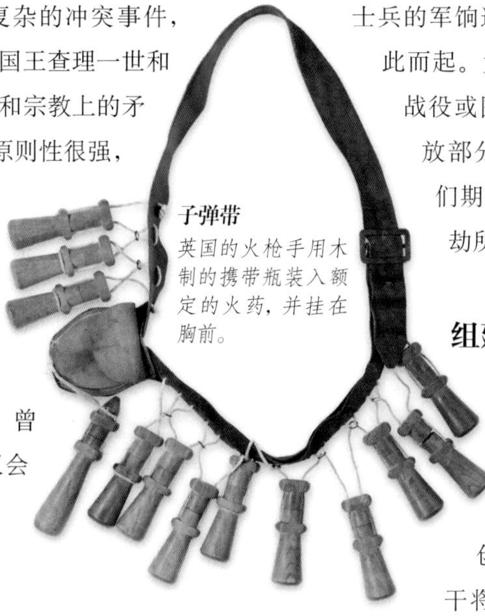

子弹带
英国的火枪手用木制的携带瓶装入额定的火药，并挂在胸前。

招兵买马

内战开始时，首批战斗人员中的大多数士兵是志愿兵或当地民兵组织［被称为训练公会（Trained Bands）］的成员。不过当冲突久拖不决的时候，交战双方都不得不靠征兵来解决步兵缺乏的问题。征兵过程无序可言，被征召的士兵大部分来自社会最底层，军队整体素质很差。在当时的条件下，合理解决士兵的装备和军饷问题是很困难的。经过极为艰辛的努力，交战双方为内战期间所有士兵都配备了基本的武器、鞋以及某种形式的制服。当时的普遍情况是士兵制服不统一，大家的穿着也各式各样，战斗打响的当天，交战双方会让各自的士兵佩戴诸如饰带这样的特殊物件，以区分敌我。士兵的军饷通常拖欠严重，兵变常常由此而起。为了动员士兵们参战，每场战役或围城战之前通常会向他们发放部分欠饷。未领到军饷的士兵们期望通过抢劫掠夺或获胜后洗劫所占城池来大发横财。

组建新军

1645年前，军队都是由地方招募并进行集训的，1645年英格兰议会为实现军事权力集中化，创建了新模范军。军队的骨干将士在政治上忠心耿耿，他们认为自己的队伍是“永生神的军队”。新军有统一的制服，这在当时的军队里是独一无二的，并还按时发放军饷。但新军也无法逃避那个时代所有军队都会面临的普遍情况。除死忠的核心骨干官兵，许多士兵入伍仅是为了钱或想拥有冒险的经历，或是被迫应征入伍的。约翰·维恩（John Venn）上校曾抱怨说，他征召到的士兵全是“监狱里的囚犯、零工、小商小贩及街上的流浪汉”。这些士兵需要武装警卫护送到其所属部队，许多士兵一有机会就开小差。新军也不总是按时发放军饷，所以士兵们也会像传统军队一样劫掠钱财。

士兵射击缓慢而稳健
一支皇家军团士兵们举枪齐射（上图）。英格兰内战期间双方军队的制服和武器都极为相似。因为火绳滑膛枪（右图）精准度低，并且上膛耗时较长，火枪手们射击时常常需要在大量长枪兵的掩护下进行。

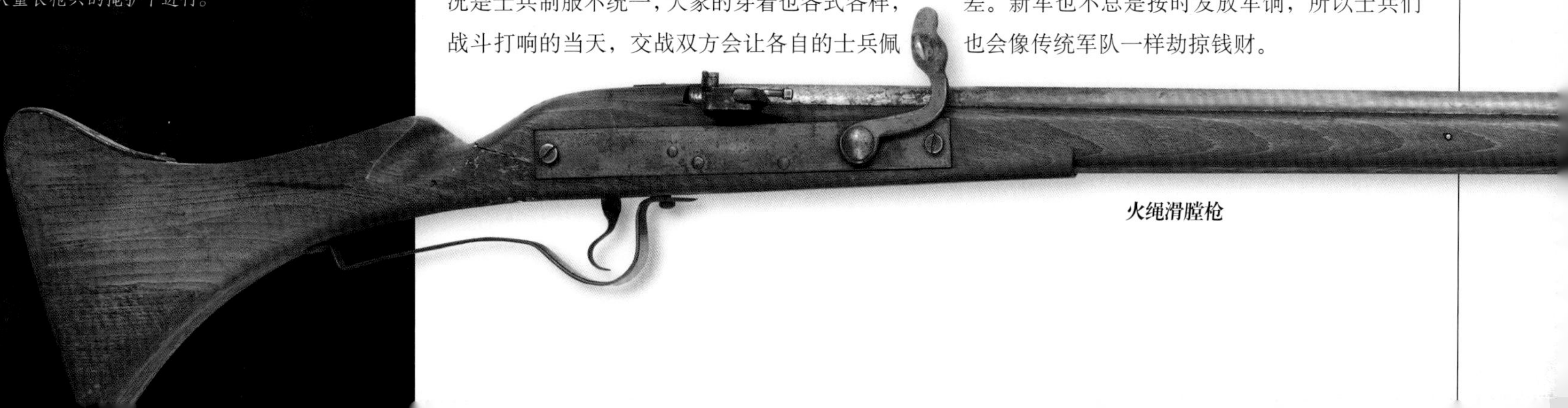

火绳滑膛枪

火绳滑膛枪使用指南

右图来自一本带插图的丹麦训练手册。第一幅图中，火枪手左手拿着一根已经点燃的火绳。第二幅图中，他从子弹带中拿出一个火药筒并从中倒出火药。然后压紧火药弹，随后将起爆炸药倒进引药池中。与此同时，他左手手指夹着冒青烟的火绳并注意与火药保持一定的安全距离。

1645 年新模范军在内斯比战役（Battle of Naseby）中击败保皇派，步兵们劫掠了战场，大量士兵为了带走战利品而开了小差。

军营生活

对于平民来说，行军途中的内战军队，不管哪一派，都是一群肆虐的蝗虫。士兵们离开驻地长途行军时，不会随身携带帐篷，不想露宿的他们就会去强占民房或粮仓过夜。除了要求当地居民提供住宿，还可能会要求其供应食物。因为军队在为士兵们提供饼干、奶酪、熟牛肉和啤酒等基本食物方面已经竭尽全力了，他们会要求当地居民为士兵们提供“免费食宿”，并向居民们许诺将来会以现金补偿他们。免费食宿的做法很容易就会转变为直截了当的武装抢劫，士兵们会抢走他们想要的或需要的任何东西。例如，骑兵部队和交通运输都需要马匹，而这些马匹通常是偷来的。1647 年新模范军哗变，士兵们的其中一项主要诉求就是要求不再追究他们在当兵期间犯下的偷窃马匹之罪行。

如清教徒般严格的新模范军指挥官们竭尽全力，想要改变士兵们的行为和态度。他们筹募款项为士兵们提供足够的食物以阻止掠夺事件的再次发生。随军牧师被认为是军队的重要成员，他们试图让士兵们相信现在犯下的罪孽会激怒上帝，遭到惩罚。如果连“上帝”都阻止不了，军队还有严厉的处罚措施，以期士兵们能谨守“美德”。如犯下亵渎上帝的罪名，会被烧红的铁丝刺穿舌头，开小差则会被处以绞刑。然而，新模范军这支步兵部队持续招募的士兵中不仅包括忠诚的、敬畏上帝的精英骨干分子，还有大量未经改造的恶棍和无赖。对于军人们来说，赌博、酗酒、打猎和嫖妓是军营生活的一部分，而禁止这一切意味着军队需要进行一场艰苦的斗争。尽管面临死刑的威胁，仍然有数千名士兵在行军途中逃跑，而双方军队也乐于招募敌对一方的逃兵。

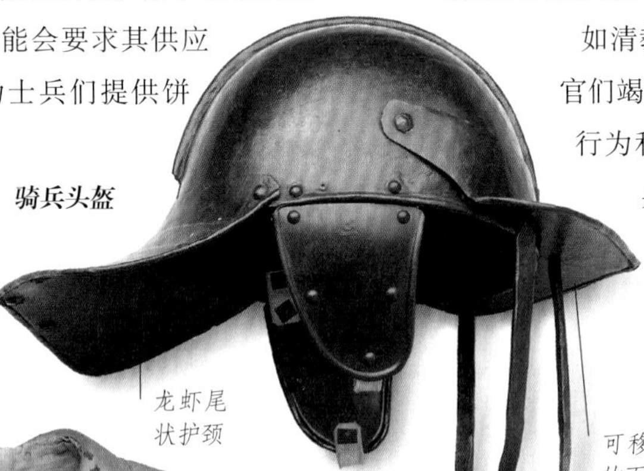
可移动的面罩

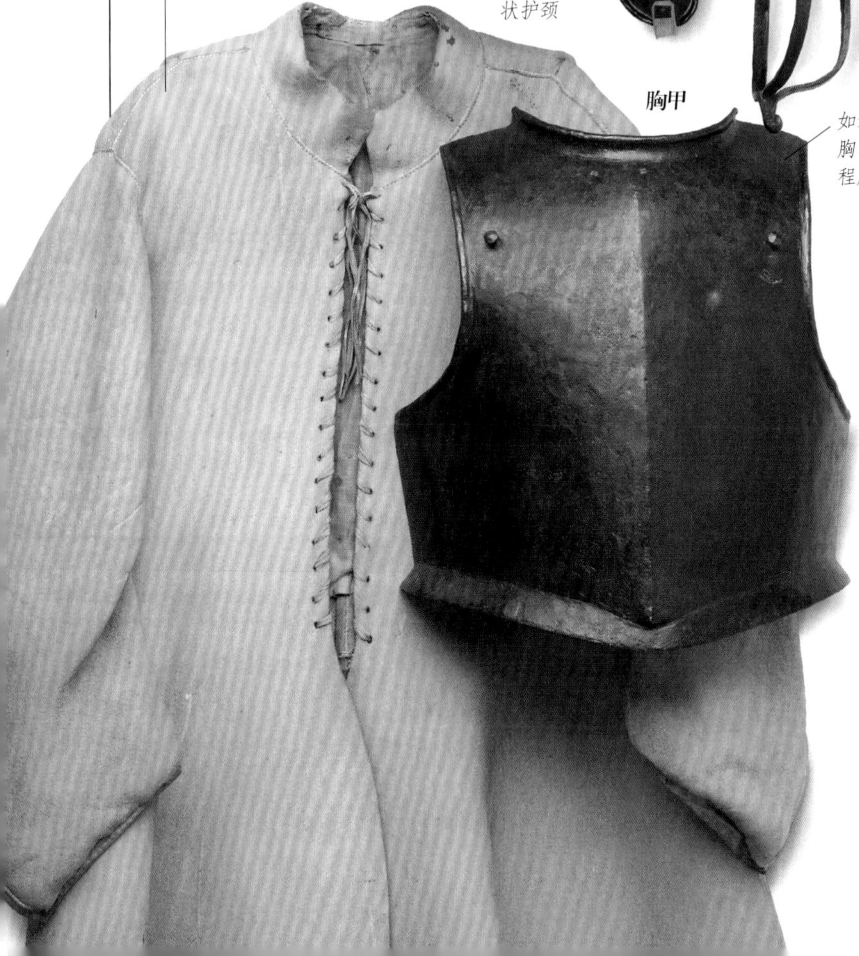
结实的皮料可在一定程度上抵挡刀砍剑劈
磨面绒革外套
如遇火枪射击，胸甲可起到一定程度的保护作用

新模范军骑兵盔甲

火枪手作战时通常不会穿戴盔甲，最有可能被火枪子弹击中，但他们会披挂铁制胸甲和背甲上阵。新模范军的“龙虾尾”头盔极具特色。

步兵训练

尽管招募的大量士兵不堪造就，内战军队仍然成功地培养出了一支训练有素的步兵队伍。火枪的其中一项众所周知的优点，就是哪怕是一名接受过一丁点儿训练的傻瓜都能举枪开火，而学会使用长枪则更加简单。一支步兵连的规定编制人数大约为 120 人，通常火枪手与长枪兵的比例是 2 比 1。士兵们在武器操作（“姿势”）方面会接受一定的系统训练——其中大部分的训练内容在当时的训练教材中都有所提及，还会学习如何布阵（“动作”和“位置变换”）。火枪和长枪是适合集体作战的武器，如果有人想要逞强表现一下个人英雄主义，那将有害无益。火枪手必须经过严格的集体作战训练，学会朝着敌军的大致方向尽可能快地齐发。所有步兵还必须接受阵法变换训练，以达到连贯有序。

> “大多数士兵都很年轻，有的甚至还是孩子……他们丢下手中的营生参战，并且已经习惯于这种荒淫无羁的生活，期望靠抢劫掠夺发大财。”
>
> ——同时期的见证者关于新模范军招募新兵情况的描述

战场上，一个营的士兵列队布阵时，长枪兵居中，两侧为火枪手。骑兵护卫两翼，后备军殿后。也可能会有一支由火枪手组成的机动小分队，当大军向敌方冲锋时，为骑兵提供火力掩护。一名手持长戟的军士立于机动小分队旁，组织管理其行动以及指挥火枪齐发。军士高声下令“准备”“瞄准”“开火”，列队站立成一排的火枪手们遵照执行——如果使用火绳滑膛枪，那么整个过程延续大概 30 秒钟——前排火枪手开火后，会立即给后排火枪手让位，后排士兵再重复同样的过程。近距离战斗开始后，火枪手们会将枪用作棍棒，用枪托重击敌人。步兵队伍能够向敌军发起冲锋，持长枪与敌人肉搏，或者采取守势，顽强抵挡敌军进攻。如果敌方骑兵部队冲杀过来，步兵手举长枪组成防御方阵。但因骑兵也会携带火器，而长枪仅 5 米（16 英尺）长，在其有效攻击范围内，不一定能置敌于死地。步兵中既有长枪兵又有火枪手，如果将士们头脑冷静并坚守纪律，将横扫战场。一旦阵形被攻破，步兵就会发现自己已无用武之地，只能孤注一掷，与敌混战。

胜利之师

新模范军的创建让议会派与保皇派相比，具备了更加显著的优势，尤其是在军队的组织管理方面。1645 年到 1652 年间，新模范军多次击败了保皇派、苏格兰人和爱尔兰人。当局从未对新军产生过好感，其原因不仅在于昂贵的军费，也在于新军逐渐成为滋生政治和宗教极端主义者的温床。然而按当时的标准，这是一支高度职业化的军队，指挥官们忠心耿耿、经验丰富，主力士兵们久经沙场。内战结束后，新模范军仍然存在，不过最终在 1660 年被查理二世下令解散。

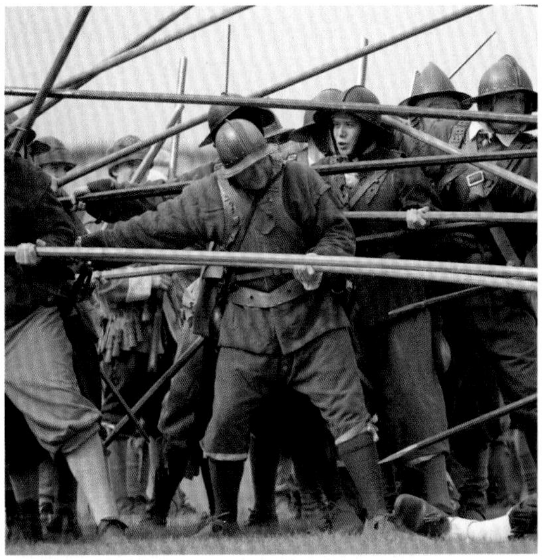

掩护火枪手

火枪手们极易受到敌方骑兵或长枪兵的攻击，尤其是当他们正在给枪上膛的时候。在战场上，他们总是与长枪兵共同布阵对付敌军，如遇敌方进攻，长枪兵会冲上阵前掩护火枪手。

火枪和长枪战术

17 世纪时，欧洲的军事指挥家和理论家都赞成在战场上部署长枪兵密集方阵以及应用火绳滑膛枪齐发战术。然而他们对于方阵中长枪兵与火枪手的比例配置、阵形的纵深程度以及最有效的火枪集体射击作战系统等方面却存在分歧。17 世纪前半世纪，火枪手的比例在不断增加，从最初与长枪兵数量相等的 1 ：1 增加到 2 ：1，是长枪兵的一倍。同一时期方阵的纵深却在减少，由大概纵深 10 排减到 6 排。至于使用火枪作战，则出现了两种著名的战术方法。荷兰统治者拿骚的莫里斯发明了反方向行进战术系统，此系统旨在达到火力稳定且连绵不绝。瑞典的古斯塔夫·阿道夫国王首创另一战术，三排火枪手向敌齐射。此种战术具有极强的火力效应，尽管火枪手们在齐射后需要时间重新装弹，而在这段时间里他们完全依赖长枪兵的掩护。在英格兰内战期间，指挥官们同时运用了以上两种火枪战术。

荷兰反方向行进战术

前排的火枪手们开火射击，然后反方向行进，即向后转行进到方阵的后排去为枪再次装上弹药，这时第二排的火枪手们踏步上前代替前者的位置。部署在方阵中间的长枪兵们可保护火枪手们免受敌方骑兵的攻击。

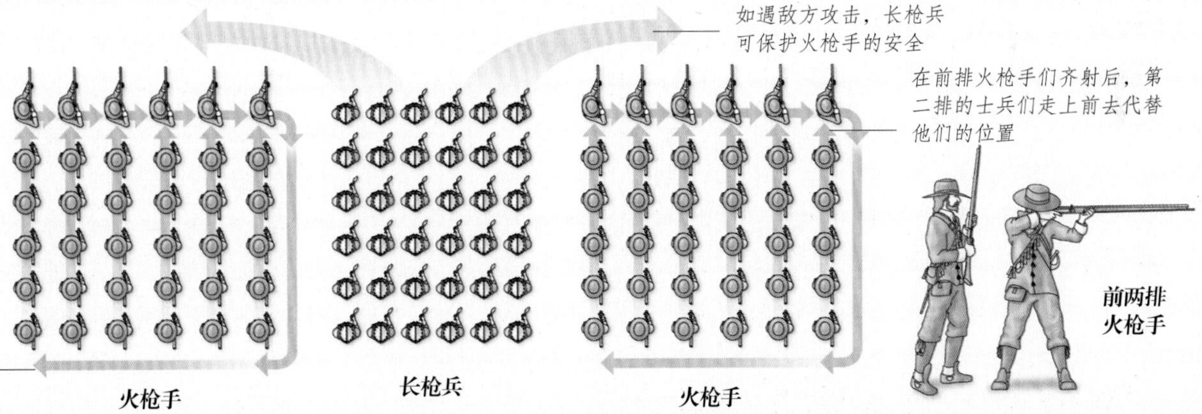
前排火枪手行进到后方去为枪再次装上弹药

瑞典火枪齐射战术

三排火枪手或站、或蹲、或跪，手持火枪齐射敌军。后三排士兵或等待头排战友后退为枪上膛时，走上前去代替他们的位置，或直接上前去与其同列，整支火枪队同时瞄准敌军一齐射击。

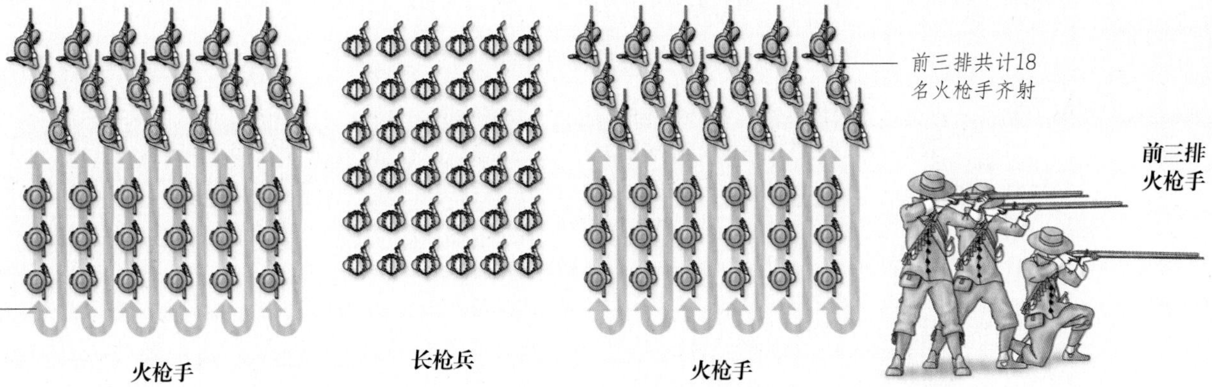
前三排火枪手转身后退到队尾，为枪再次装上弹药

火枪手的装备

由于对火器一直存在着偏见，火枪手在英格兰内战时期的步兵部队中地位低于长枪兵。在长枪兵普遍身着铠甲的同时，火枪手却连顶头盔都没有。英格兰内战期间使用的火枪大多数都是笨重的火绳滑膛枪。较先进的燧发枪只配发给了少数从事某项专业工作的步兵，例如，军火库保管员，因为火绳上迸发出的火星可能会引起军火库爆炸。与之前的相比，当时的火绳滑膛枪重量更轻。使用火绳滑膛枪时，也不需要再将枪斜倚在支撑物上射击。

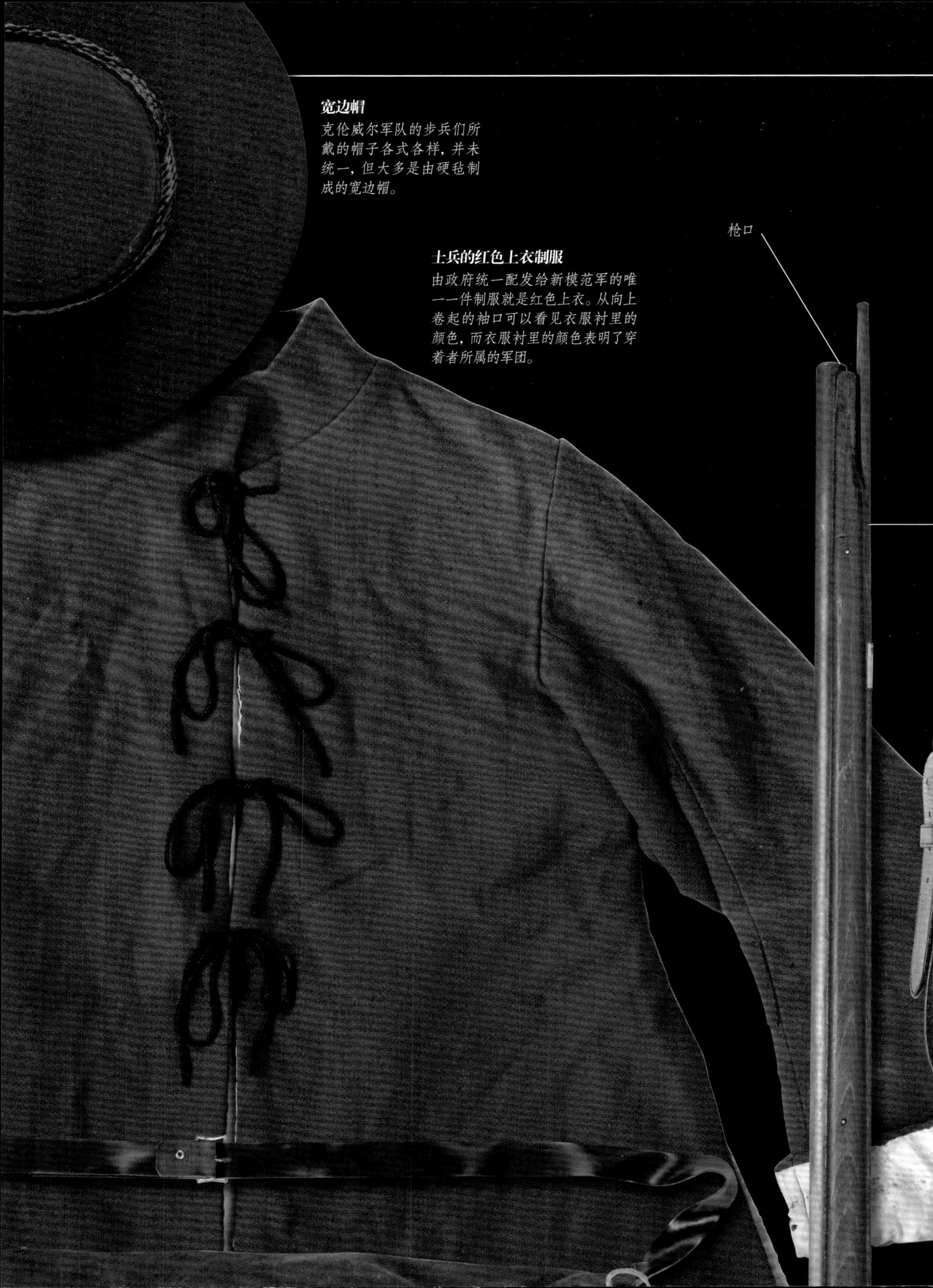

宽边帽
克伦威尔军队的步兵们所戴的帽子各式各样，并未统一，但大多是由硬毡制成的宽边帽。

士兵的红色上衣制服
由政府统一配发给新模范军的唯一一件制服就是红色上衣。从向上卷起的袖口可以看见衣服衬里的颜色，而衣服衬里的颜色表明了穿着者所属的军团。

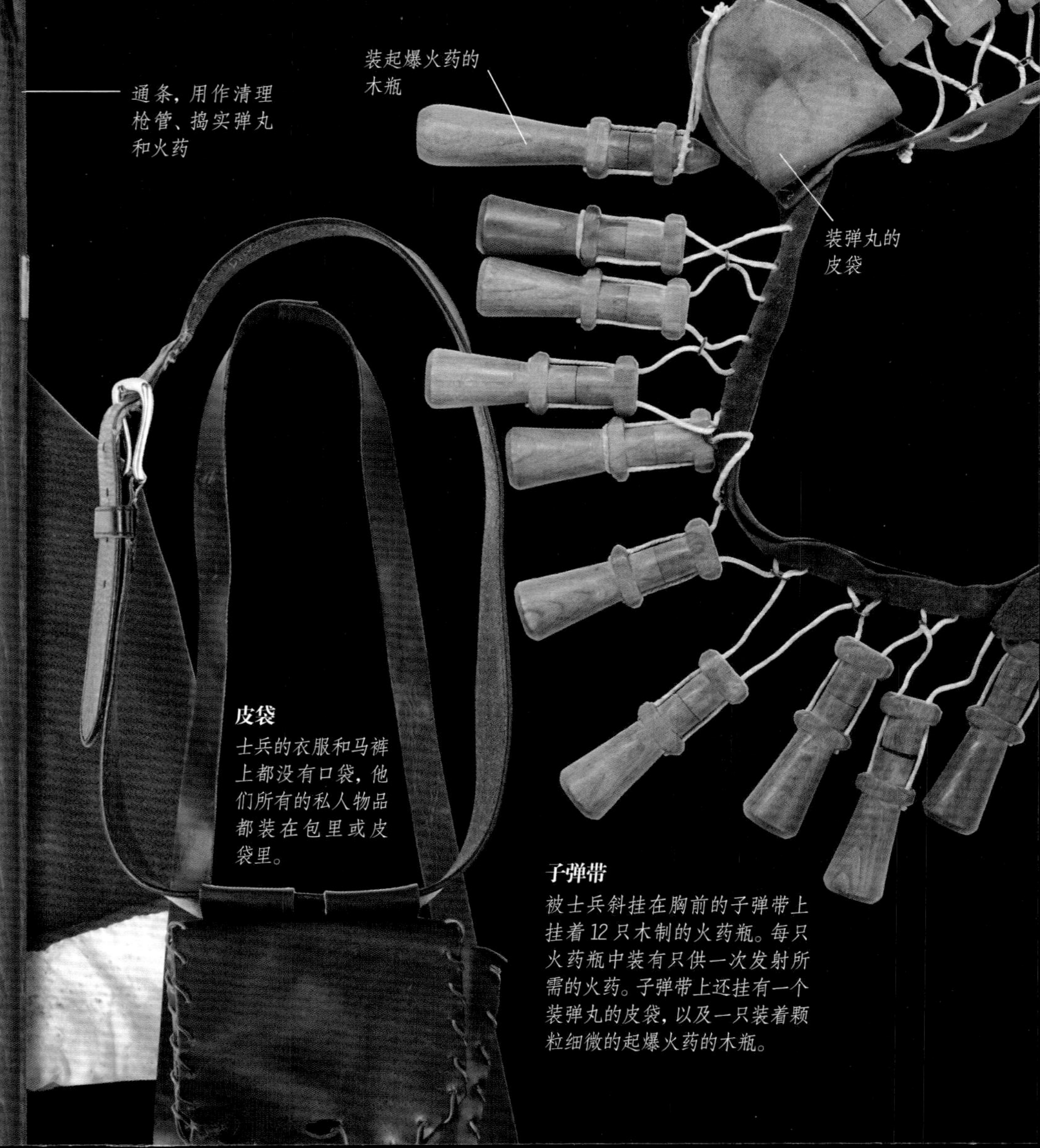

皮袋
士兵的衣服和马裤上都没有口袋，他们所有的私人物品都装在包里或皮袋里。

子弹带
被士兵斜挂在胸前的子弹带上挂着 12 只木制的火药瓶。每只火药瓶中装有只供一次发射所需的火药。子弹带上还挂有一个装弹丸的皮袋，以及一只装着颗粒细微的起爆火药的木瓶。

挂在胸前的子弹带

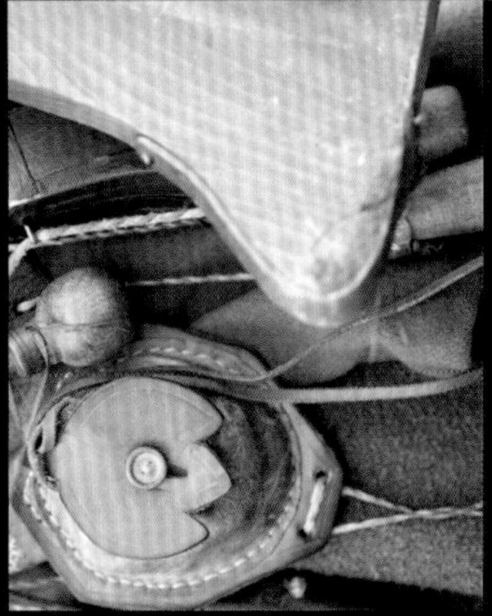

火绳枪套，用来装火枪子弹和弹药筒的袋子

弹药包
一些士兵会携带纸装弹药筒，即用纸板卷上火枪弹丸和一定量的火药。

牛角火药桶
一些没有子弹带的火枪手会携带一只牛角火药桶，这让他们看上去不像军人，更像猎人。他们会把牛角火药桶挂在左肩上，以便右手拿取自如。

扳机护圈

火枪手会用拇指按住喷嘴，以接取适量的火药

压下按钮，火药就会流入喷嘴

系带鞋
这是一双结实的系带厚底平头钉鞋。

鞋带是手工编织的方眼纹细绳

没有任何装饰的扁平枪托可在肉搏战中用于重击敌人

火绳滑膛枪
17 世纪的火绳枪还是一种相当原始的火器。蛇形金属弯杆上夹持的火绳引燃倒入起爆火药池中的起爆火药。扣动扳机会迫使金属弯杆向下推压，使火绳点燃起爆火药。起爆火药爆发出的火星通过枪管一侧的小孔引燃火药。

斜挂在左肩上的随身包，用于存放私人物品

蛇形金属弯杆，用于夹持火绳的工具

起爆火药池和起爆火药盖，可由侧面拉开

系紧马裤的彩色蝴蝶结

马裤裤腿在膝盖下扎紧

马裤和长袜
新模范军士兵需要自己置办马裤和袜子。图中的“萨德”（灰色）羊毛马裤和长及大腿的加厚羊毛长袜可能是当时新军士兵的典型装束。

西班牙方阵

在八十年战争（1568—1648）早期，西班牙方阵团（与团级部队类似的大型军事组织）使用方阵对抗荷兰军队取得了显著的成效。方阵由长枪兵与火绳枪兵组成。

17 世纪的欧洲士兵

17世纪对欧洲军队来说是一个过渡时期。步兵武器从世纪初的长枪、火绳枪或火绳滑膛枪发展到世纪末的燧发枪和刺刀。17世纪前半叶的战场主力大多数是军事企业家经营的雇佣兵队伍；到了后半叶，尽管统治者们继续雇用外国兵团为己服务，但战场上的主力已经转变为国家常备军。纪律标准逐渐提高和完善，军队管理质量也是如此。士兵按时领军饷，三餐无忧，兵变事件较之前大为减少，也少有发生对平民肆行暴虐的情况。尽管16世纪时骑兵在战场上的优势大不如前，但到17世纪时重振雄风，其兵种进一步细分为重骑兵、轻骑兵和龙骑兵。

荷兰步兵

16 世纪晚期，荷兰人在与西班牙方阵团的战斗中曾多次遭遇惨败，然而自 16 世纪 90 年代开始，在拿骚的莫里斯的领导下，他们的战场表现有所改观。荷兰军队有着当时罕见的可靠的军需供应和军饷发放体系，同时他们采用系统化的军事训练体系，士兵们皆训练有素。莫里斯及其顾问设计出一套比西班牙方阵团更灵活的战斗队形。荷兰步兵以一个多达 500 人的营级单位列阵，阵形中长枪兵与“射击”兵（即火绳枪兵或火枪手）的数量大致相同。

重装长枪兵阵形从头到尾的纵深通常为 10 排，而其横向列数尤甚。“射击”兵部署在长枪兵阵形两翼，他们会接受专门的军事训练，在战场上对敌军进行持续的火力攻击。每排士兵射击后，会向后退以便为枪重新装上火药，这时下一排士兵走上前来代替他们的位置对敌射击。长枪兵抵挡敌军骑兵部队的进攻，在关键时刻启用“长枪肉搏战”攻势将敌军驱离战场。尽管在与西班牙人作战期间，荷兰人从未真正占过上风，但哈布斯堡王朝最终于 1648 年承认了荷兰的独立。荷兰人的战斗系统对欧洲军事思想产生了广泛的影响。

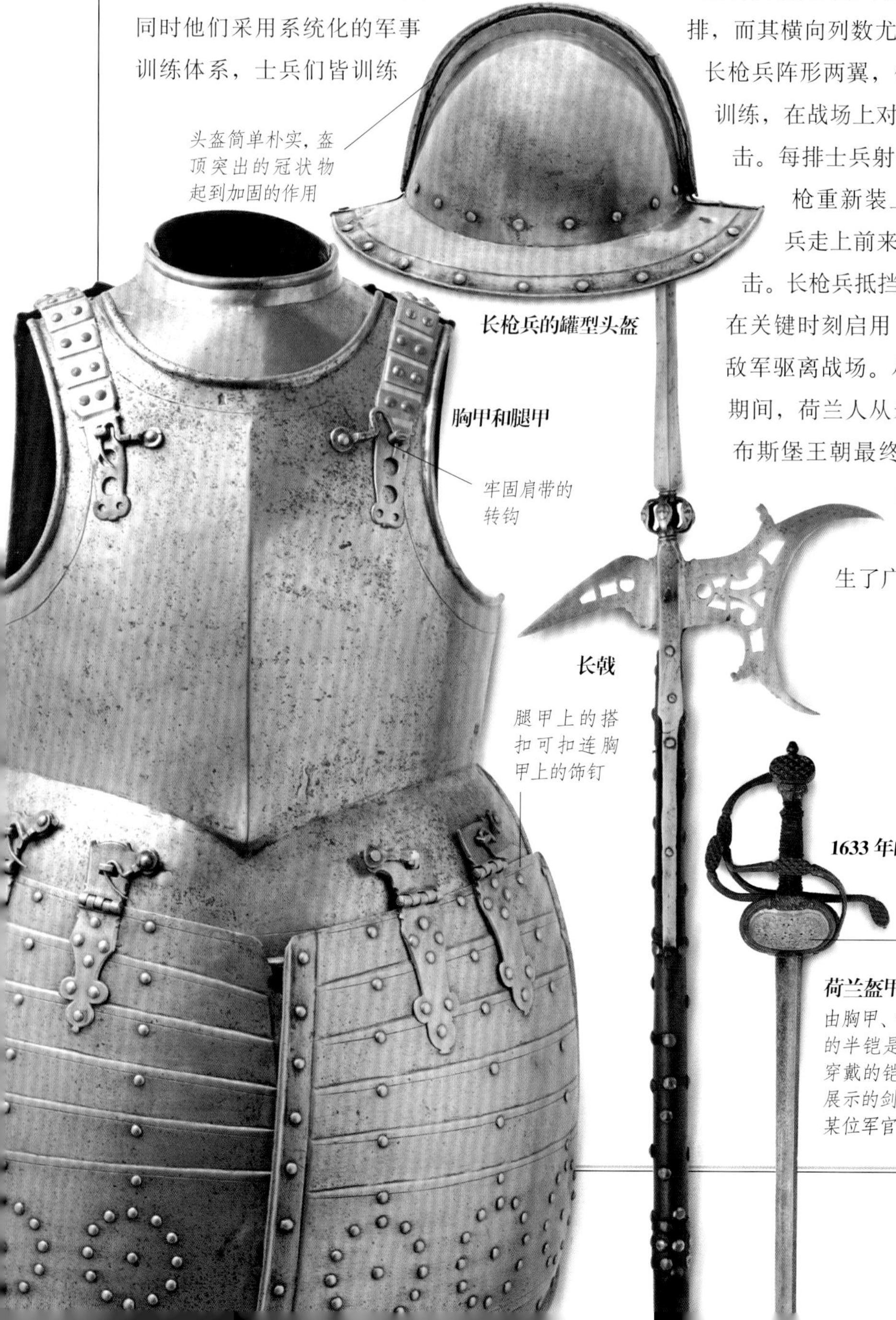

长枪兵的罐型头盔
胸甲和腿甲

长戟

1633 年的剑

荷兰盔甲和武器
由胸甲、背甲和保护大腿的腿甲组成的半铠是典型的 17 世纪早期长枪兵穿戴的铠甲。罐型头盔亦如此。左边展示的剑和装饰性很强的长戟可能是某位军官的武器。

瑞典军队

1620 年瑞典推出了《军人法令》，规定所有年满 15 周岁以上的男性进行兵役登记。每年大约 1 万名男性应征入伍。古斯塔夫 · 阿道夫国王利用国内的应征兵，连同来自信奉新教的德国的雇佣军，组建了一支强大的军队。古斯塔夫效仿荷兰步兵，将长枪兵阵形缩减到纵深仅 6 排，但将火枪手的比例增加了一倍。后者经过训练学会三排火枪齐射战术，他们以跪、蹲、站的姿势排列为三排，对敌作战中三排齐射。古斯塔夫也在战场上使用骑兵攻势，骑兵持马刀向敌人发起冲锋。瑞典军队介入三十年战争，起到了决定性的作用，但也付出了惨重的代价。

法国火枪手

1622 年，法国国王路易十三为皇家轻骑兵连装备了火绳滑膛枪。火绳滑膛枪在当时代表最先进的军事技术，因此这支连队当属精英部队。轻骑兵连与国王十分亲密，这让那些贵族子弟都愿意加入其中。17 世纪 60 年代，法国又组建了两支连队，即著名的“灰色火枪手”和“黑色火枪手”，其得名与士兵们的无袖外套制服的颜色有关。尽管连队名称与火枪相关，但连队士兵却普遍倾向于使用剑作为武器，而不是火枪，其原因在于当时人们对火枪的新奇感觉已消失殆尽，贵族士兵一向瞧不起火枪，认为火枪是适合出身下层的步兵们使用的武器。这两支浮夸招摇的连队一直存在到 1776 年。

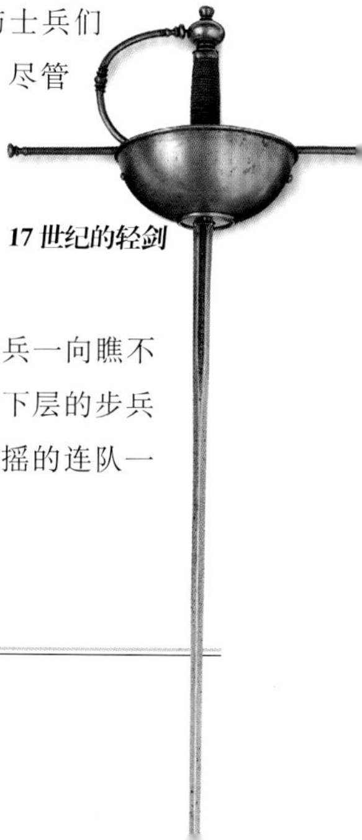

17 世纪的轻剑

波兰翼骑兵

17 世纪，骑兵在波兰军队中占据主导地位，人数大大超过步兵，与步兵的比例为 3 ∶ 1 或 4 ∶ 1，而在其他欧洲军队中骑兵与步兵的比例与之相反。翼骑兵（Winged Cavalry），或称“胡萨尔”（hussaria，即轻骑兵），当属波兰军队的精英部队，其前身是效仿匈牙利轻骑兵成立的轻骑兵部队，主要发挥散兵游勇的作用。到了 17 世纪，这支部队已经通过脱胎换骨的变化发展成为一支威震四方的重骑兵部队。

成为胡萨尔的一员意味着受人尊重并享有特权，这是吸引波兰贵族阶层的精英们自愿加入其中的重要原因。翼骑兵不仅需要自备骏马，也需要自己出钱置办全副甲胄和武器，包括胸甲、一顶称为“契斯卡格”（zischagge）的半圆护鼻头盔、一柄称为“艾斯托可”（estoc）的可砍穿铠甲的马刀、两把手枪，可能还有一柄称为“契肯”（czekan）的长战锤。国家配发的唯一装备是一杆“克匹”（kopia），这是胡萨尔的主要武器，一柄带钢制尖头的空心木制长骑枪。显然胡萨尔兵团看上去十分壮观，但同时也给人一种怪异的感觉。大多数翼骑兵后背上插着一对镀金的木制“翅膀”，上面装饰着老鹰的羽毛。他们也会穿上豹皮或虎皮披风，在骑枪上悬挂长长的丝绸长条旗。当向前冲锋时，翼骑兵背上的羽毛和长条旗发出预示着危险将至的嘶嘶声，据说这能从心理上威慑敌人，使其产生畏惧的心理。

胡萨尔在战场上的战术切实有效，具有极强的战斗力，并在多次战役中获胜。300 名骑兵组成的胡萨尔兵团在战场上集体作战，他们冲锋时，会加速冲向敌军，途中为了躲避火枪的射击，整个队伍开合自如。他们的骑枪比步兵长枪还要长，但一遇到冲击就可能碎裂，即使如此，骑枪也能起到打破敌军长枪兵防御方阵的作用。一旦敌军暴露在眼前，马刀和战锤就有了用武之地，它们能够刺穿或击穿敌军身上的甲胄。尽管披甲戴盔，骑行高头大马，但是胡萨尔仍然有着其前身——匈牙利轻骑兵的速度和灵活度，在战场上多次向敌军发起冲锋，表现出军队重新快速组合和大规模调遣的杰出能力，这一点远胜当时其他的骑兵部队。

波兰翼骑兵战功卓著，在战场上多次获胜，从 1610 年克卢希诺会战（Battle of Klushino）中击败瑞典—俄罗斯联军，到在扬 · 索宾斯基（Jan Sobieski）的率领下于 1683 年在维也纳城外击败奥斯曼土耳其人，赢得历史性的胜利。

> “翼骑兵将骑枪向下一刺，就有一名土耳其人被穿在了长尖上。”
>
> ——维斯潘让 · 科霍夫斯基（Wespazjan Kochowski）关于波兰骑兵冲锋时场景的描述，《维也纳解放之歌》（The Song of Vienna），1684 年

翼骑兵中队

当代波兰骑兵重现 17 世纪胡萨尔士兵行军时让人惊叹的壮观景象，他们披甲戴盔，手持令敌人胆寒的骑枪，背甲上插着一双奇怪的“翅膀”。胡萨尔是波兰军队的骄傲，他们抵制住了俄罗斯人、瑞典人、奥斯曼人和掠夺成性的哥萨克战团的进攻，保卫了祖国的安全。

18 世纪的欧洲军队

从1700年到1789年的法国大革命期间，法国、英格兰、奥地利、普鲁士和俄罗斯等欧洲强国的军事指挥官们渴望在军队中建立合理的秩序，创建一支理想化的军队。国家设立常备军，提供标准的装备和制服。在军队中施行严厉的纪律并且开展严格的军事训练，让被从下层社会征召的步兵们在纪律和训练中失掉个性，成为战场上执行命令的机器。当军队远征时，一支庞大的补给队伍会随军出征，为军队提供弹药及给养。整支军队的行进速度会因此而变缓，但却减少了因粮草不足而就地寻觅对行军沿途造成的毁灭性破坏。战争在开阔的地面进行，炮兵、骑兵、步兵多兵种联合作战，大胆进攻，战术多变，往往造成极大的伤亡。

普鲁士步兵

在 18 世纪的战争中，普鲁士军队是最受尊敬的战斗队伍，以纪律严明、训练有素而闻名。普鲁士步兵部队中大多数士兵是被征入伍的农民，他们不会受为国家和民族献身的精神所鼓动。他们像动物一样接受训练，犯错就会受到惩罚，逐渐形成条件反射。他们每天大量的时间都消耗在练兵场上，一旦行为不当，就会遭到来自棍棒或剑背的一记重击；如果犯了更严重的错误，就会被处以鞭刑，甚至被处死。

这种训练的结果就是普鲁士步兵可以在大约 30 秒的时间内完成燧发枪开枪所需要的 22 个动作。他们能够从行军模式迅速转变为战斗模式，并且当一声令下，即使身无片甲，也能在开阔地上保持密集队形向前冲锋，迎击敌军炮火。显而易见，步兵们不应该有丝毫的个人意志，任何行动都应该在军官或军士的指挥下完成。当然，训练出如同机器般的步兵部队的理想化状态却从未实现。出征途中，开小差的现象屡见不鲜，战场上，士兵们也会因为害怕而不能正确地为火枪装上火药弹丸，仅仅是装模作样持枪齐射，结果只是射出了起爆火药。即便如此，普鲁士步兵部队在战场上通常都拥有快速的换防调遣能力，具备强劲的火力攻势，士兵们装上刺刀向前冲锋的景象亦令敌人望而却步。

“如果我的士兵们开始思考，那么军队就容不下他们中的任何一人。”

——普鲁士国王腓特烈二世

1745 年的霍亨弗里德堡战役
腓特烈二世麾下的掷弹兵卫队在开阔的战场上迎着奥地利人的炮火向前冲锋。普鲁士军队采取了积极大胆的进攻策略，最终赢得了胜利，威名远扬。

普鲁士士兵制服

由腓特烈·威廉一世创建的普鲁士军队在他的儿子腓特烈·威廉二世率领下南征北战，立下赫赫战功。两任皇帝麾下的普鲁士军队士兵的制服都十分漂亮。大多数步兵团士兵都穿着长长的有着红色贴边和衬里的深蓝色外套。

燧发卡宾枪

当时最重要的武器是标准配置的燧发式火枪。普鲁士火枪质量好，是大多数人信赖的武器。图中是一支有膛线的卡宾枪，产自1722 年，是普鲁士胸甲骑兵和龙骑兵的武器。

哥萨克

18 世纪的欧洲大国陆续创建了纪律严明的军队，并以严格的规章制度加以管理和约束，其后，为了能获得优秀的侦察兵和散兵，他们不得不录用来自那些居住在各国边境线上桀骜不驯的民族的人，因其在行动中能充分发挥个人积极性和主观能动性。例如，奥地利百发百中的双筒火枪兵神射手来自克罗地亚和斯洛文尼亚，还有俄罗斯的哥萨克骑兵也属于这种情况。

15 世纪到 16 世纪，俄罗斯和波兰—立陶宛联邦不断扩张，一些斯拉夫人逃到南部大草原艰辛生活，他们宁要自由也不愿受奴役，这大概就是哥萨克游牧社群的由来。迫于残酷的生存环境，他们结成武士战团，成为战场轻骑兵。大多数时候他们为了维护自由和独立与俄罗斯和波兰军队对抗。其他时候，他们作为半独立的边防军，越过边境冲入奥斯曼帝国境内抢劫掠夺，或为俄罗斯抗击鞑靼人及为其向东扩张出力。

为俄罗斯效力

18 世纪时，成千上万的哥萨克人加入俄罗斯帝国军队，成为轻骑兵团的一员。除了传统的刀剑和匕首外，他们最重要的武器是主要用来防守的火枪或步枪，以及一杆细长的骑枪。他们在骚扰行进中的敌军两翼以及追击逃跑的步兵时手段残忍野蛮，令人生畏。1775 年，俄罗斯帝国元帅鲁缅采夫（Rumyantzev）肯定了哥萨克人在与奥斯曼土耳其人交战时的英勇表现，并称赞道：“在战场上首先向敌人发起冲锋的就是哥萨克，他们以非同寻常的勇敢闻名于军中。”

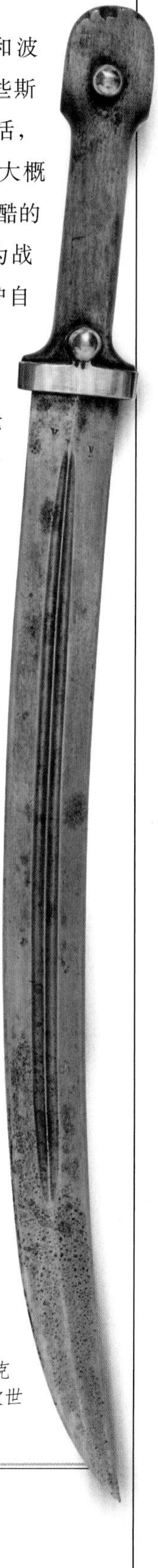

高加索双刃刀

这柄长长的弧形双刃刀和恰希克马刀（shashka，一种骑兵马刀）一样都产自高加索山脉，哥萨克长期使用这两种武器。而俄罗斯军队直到第一次世界大战才给士兵配发了这种双刃刀。

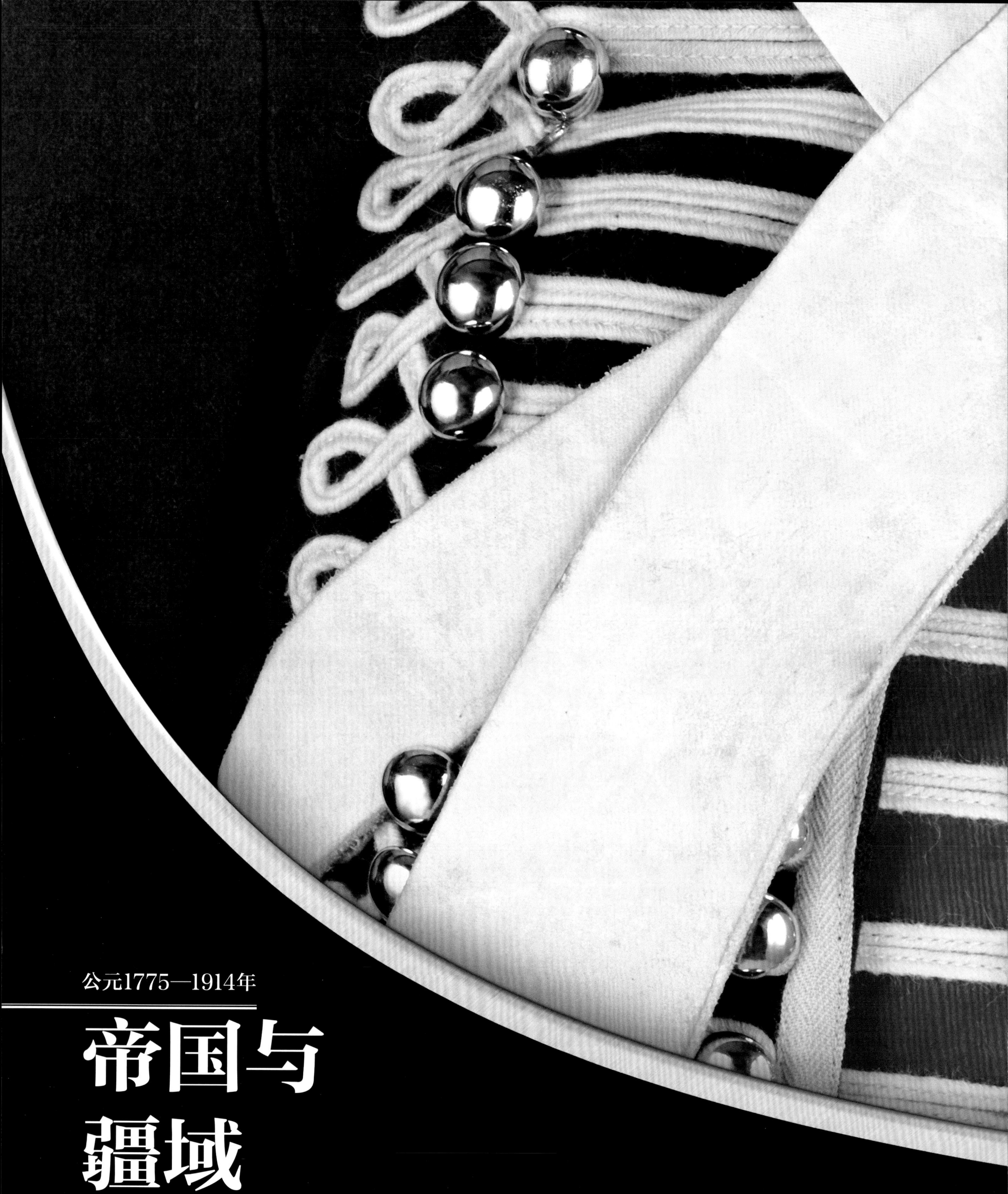

公元1775—1914年

帝国与疆域

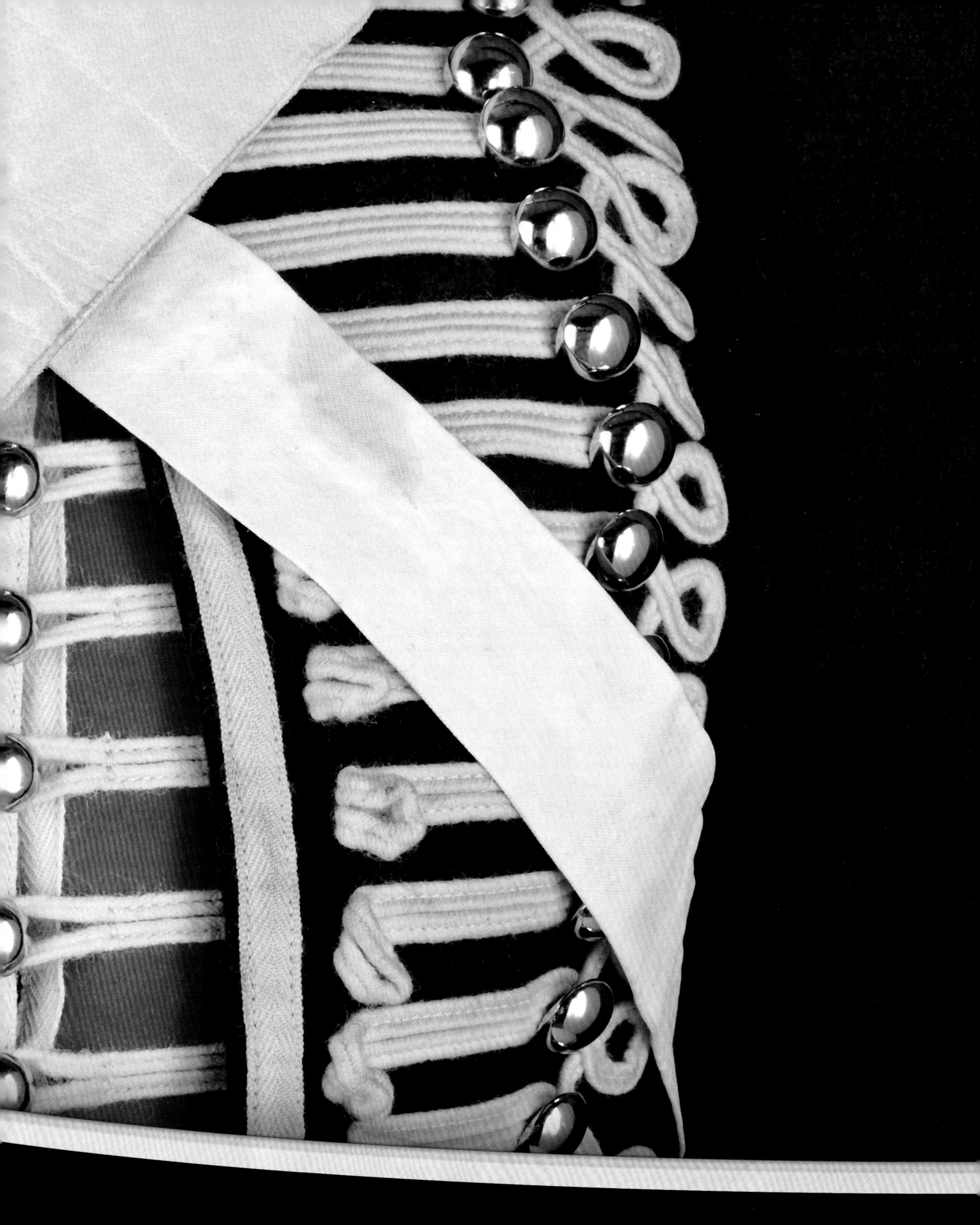

在18世纪的大部分时间里，欧洲战争在既定技术、组织结构和战术上基本没有任何改变。当1775年英国与其北美殖民地的革命者开战时，英国派出的"红衫军"是一支训练有素、纪律严明的职业军队，他们的武器是火枪和刺刀，擅长在开阔地作战。美国大陆军的作战方法与欧洲军队类似，尽管有时候，美国来复枪兵的游击战术会暴露出欧洲正规战法的局限性，但战争的主要元素大致相同。

英国红衫军

惠灵顿（Wellington）率领下的英国步兵在与拿破仑大军交战时，通常处于守势，期望以火枪齐射的攻势击溃敌军。在1808—1814年的半岛战争（the Peninsular War）和1815年的滑铁卢之战中，英国红衫军凭借其严格的纪律和训练有素抵挡住了法军的激烈进攻并最终获胜。

军队的规模化

1792年到1815年间的法国大革命和拿破仑战争带来了战争模式的巨大改变。1793年，推翻国王路易十六后建立的法兰西共和国宣布全民皆兵或大规模征兵。国民公会颁布法令，上书："年轻男性应该参军；已婚男性应该参与到制造武器以及运输军需的工作中去……年老的男性应当到广场上去，为军人们加油鼓劲。"

尽管法兰西共和国的军队离实现这个理想化的愿景距离甚远，但却成功地让全民皆兵的观念在全国推行，即作为"武装起来的国家"的一员，服兵役是每位普通市民义不容辞的义务。军事设备的工业化生产开始后，欧洲军队的规模急剧扩张，1813年参加莱比锡战役的人数超过了50万。拿破仑战争后，普鲁士首先推出了和平时期内的短期征兵制度，招募士兵时不再考虑其社会地位高低或应付军饷多少，而一旦战争爆发，受过军训的大量男性公民就能随时听从国家召唤。欧洲国家普遍采纳了普鲁士的这种做法，到20世纪早期时，德国、奥匈帝国、俄罗斯、法国和意大利等欧洲强国已经能够在极短时间内集结人数达百万之众的军队。

战略和战术

拿破仑是那个时代最杰出的指挥官，他独创了一种新战法以适应这个新的时代。他让麾下大军加快行军速度，设法出其不意发动进攻，将力量发挥到极致，彻底打垮敌人。

战场上，散兵首先出击，对敌人进行骚扰，然后炮兵发射密集炮火以削弱敌方实力，重骑兵和步兵随后发起冲锋，击败敌军。英国海军效仿拿破仑的陆上战法，只要可能，就会想尽一切办

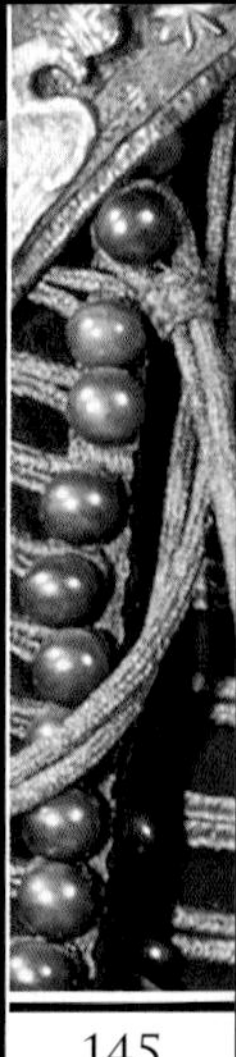

法迅速、果断地解决敌人。拿破仑使用此战法取得了多次重大战役的胜利，他最终战败的事实也丝毫无损其在战争史上的光芒。欧洲军队致力于发动大型战役，并发扬战斗到死的精神，这也导致了大量的伤亡，1812 年博罗季诺战役（Battle of Borodino）就造成了一天之内七万多人牺牲或受伤的惨状。

技术发展

19 世纪时，许多领域的技术得到了迅猛的发展，战争可能带来的毁灭性破坏也随之加大。随着前膛装填枪被后膛装填连发步枪所取代，以及自 19 世纪 80 年代起，又为全自动机关枪所取代，步兵武器的瞄准精度、射程和射速也不断改进。滑膛加农炮被淘汰，取而代之的是能发射远程高爆炮弹的带膛线的火炮。工业化国家生产的武器和弹药的数量以前所未有的速度增长。同时，铁路的建成也让大规模军队能无比快速地进行调防和部署，尽管一旦离开火车，军队的移动仍只能仰仗人和马匹。电报的发明也在一定程度上有助于大规模军队征战更加辽阔的地域。

美国内战（1861—1865）爆发之时，武器技术仍未高度发达。然而即使在以前膛装填枪和滑膛加农炮为主要武器的情况下，北方军和南方军在战场上仍然充分展示了战争的残酷性和杀伤性。与拿破仑式战争的愿景相反，美国内战中，密集火力往往可能会让处于守势的军队占尽上风，尤其是骑兵冲锋被证明是应该被淘汰的战法，因为面对敌方步兵和火炮的密集火力攻势，骑兵冲锋根本无法抵挡和支撑。

现代武器技术的高度发达增加了士兵们在战场上死亡的概率，而科技的进步也让他们的生活在许多方面大为改善。拿破仑战争时期第一次向作战军队配发罐装食品，罐装食品的发展对于长途行军的士兵们来说是一种福利。在一段时期内，刺刀的主要作用就是开罐头。总的来说，批量生产保证了工业化国家的士兵们比他们那些生活在农业社会的前辈们吃得饱，穿得暖。

工业化世界中普遍实行了社会变革，相应地，军队中的军事处罚也没有从前那么严厉，19 世纪 60 年代英美两国军队正式废除了鞭刑。克里米亚战争（1854—1856）期间英国护士弗洛伦斯·南丁格尔（Florence Nightingale）的开创性工作以及 1863 年国际红十字会的建立，都体现了社会上一种新的关注，那就是有关战争伤员得到治疗的问题。从前，战场上阵亡的士兵只占全部死亡人数的一小部分，大部分士兵的死亡原因归于战争持续时间非常长，士兵们长期处在艰辛的生存环境下，一旦生病也不会得到及时的治疗，而到了 20 世纪，卫生条件的改善和医疗知识的丰富让参战军队中第一次出现阵亡人数占死亡总人数绝大部分的情况。

美国内战

北方军的一名小鼓手在加农炮前留影。北方军有些小鼓手年龄只有七八岁。内战中最常用的大炮是被称为拿破仑炮的青铜制 12 磅野战炮。大多数加农炮都是滑膛炮，射程仅有约 1.6 千米（1 英里）。

皇权

19 世纪的欧洲工业实力强大，人口增长迅速，军事方面积极扩张，欧洲人及其海外后裔对于非欧洲国家来说，在军事上享有明显的优越感。中国政府多次战败，被迫接受丧权辱国的条约，英国在印度仅仅零星地打了几场胜仗，就控制了印度。欧洲的军事扩张当然不是完全没遇上过对手，让人吃惊的是，欧洲军队和土著居民之间的战争有时竟然只打了个平手。新西兰的毛利人改变了传统的战争模式，开始使用火器之后，有时连白人移民和殖民军都是其手下败将。19 世纪晚期，非洲许多土著民族都奋起反抗欧洲帝国主义的殖民统治，其中祖鲁人几次迫使英国步兵与其展开祖鲁长矛兵最擅长的近距离战斗。在北美，平原印第安人与美国骑兵展开了游击战，后者费了相当的力气才将其镇压下去。然而，如果一个工业化强国立志要倾尽所有以解决冲突，那么最终结果是不存在任何悬念的。

到了 19 世纪晚期，世界各主要强国在技术上遥遥领先于其他国家。在机关枪面前，诸如勇气和进取心之类的传统武士美德基本上不值一提。1898 年在恩图曼战役（Battle of Omdurman）中，英国军队仅仅损失 48 名军人，苏丹马赫迪大军却损失了大约 1.6 万名士兵。英国诗人希莱尔·贝洛克（Hilaire Belloc）有感于此写下了两行冷酷的诗句：“不论发生什么，我们都有马克沁机枪，而他们没有。”但是在 1914—1918 年期间，工业强国们却转而相互残杀，使用极具毁灭性的武器将欧洲变成了杀戮的战场。

公元 1775—1783 年

美国来复枪兵

这些士兵在丛林中出生、长大，从小就过着艰辛和充满危险的生活。他们一旦手持步枪走上战场，杀敌则如入无人之境。

——《弗吉尼亚公报》(*The Virginia Gazette*)，1775年

美国独立战争伊始，宣布脱离英国统治的北美殖民地创建了第一批来复枪兵连队与英军及其效忠者们作战。有一段时期内，欧洲军队标配的火器是瞄准精度较差的火枪，而美国边境神射手们的步枪却因其准确度高，成为令敌人充满敬畏的武器。尽管美国来复枪兵（即步兵）对军队正规的纪律训练非常抵触，但这些坚强独立的士兵们已经证明了自己是百发百中的狙击手和战场散兵，他们的强大战斗力令敌人胆寒。

来复枪兵们入伍前原是住在美国边境地区的农场主和猎人，他们移居北美，靠着手中的一杆枪在荒野中求生存。来复枪是德国和瑞士移民带入北美的，当时主要用作打猎。美国人对欧洲步枪进行了改良，精准度有所提高，射程也较之以前更远，这种枪则被后人称为肯塔基来复枪。生活在农场和林场中的青年们学会了用这种长枪管和小口径的步枪准确地射击目标，其命中率让人惊叹。他们在打猎中，在与印度安人的游击战中，在相互对抗射杀中磨炼出了优秀的射击技术，而射击也成了当时美国边境地区的一项特别受欢迎的消遣方式。例如，人们会将一只活蹦乱跳的火鸡放在大约100米（330英尺）远处，比赛谁能射中火鸡的头。边境居民们学会了如何在蛮荒之地生存下去，他们也以刚毅独立的精神为世人所知。因此他们在长途行军中表现出了惊人的耐力，也能轻装前行，当需要的时候能荒野求生。

金斯山战役

美国独立战争中来自边区的非正规来复枪兵们取得重大胜利的战役之一，就是在1780年金斯山战役（Battle of Kings Mountain）中击败了训练有素的效忠派民兵部队。边民们是优秀的狙击手和散兵，让他们大获全胜的武器就是原本用作猎枪的长管来复枪（见右图）。

独立战争中的美国来复枪兵

将这些边民培养成正规士兵绝非易事，但参加大陆议会的各殖民地领袖们在很短的时间内就达成一致，认可了他们的军事潜质。未来的美国总统约翰·亚当斯表示，他们是“世界上最优秀的射手”，也会成为“最优秀的轻步兵”。因此，1775年6月14日，议会决定：“宾夕法尼亚必须马上创建6支专业来复枪兵连队，同时，马里兰和弗吉尼亚也应分别创建2支。”宾夕法尼亚反响热烈，事实上，该地创建了9支专业来复枪兵连队。最初政府向志愿兵们承诺，服役期为一年，战争胜利后将会获偿一块土地。每支连队通常包括4名军官，8名军士以及68名士兵。他们的当务之急就是加入北美军事力量，奔赴波士顿，对英军及其效忠派实施包围任务。从边区开拔到新英格兰海岸全靠步行，这是一次艰难的行军，为赶时间人人筋疲力竭。在迈克尔·克雷萨普（Michael Gesap）的率领下，来自马里兰西部的来复枪兵们从招募点出发到波士顿，3个星期行走了990千米（550英里）的路程——沿途还时不时展示下射击技术。有一次，一名来复枪兵让他部队中的兄弟将射击目标夹在膝盖中间，然后举枪射击。

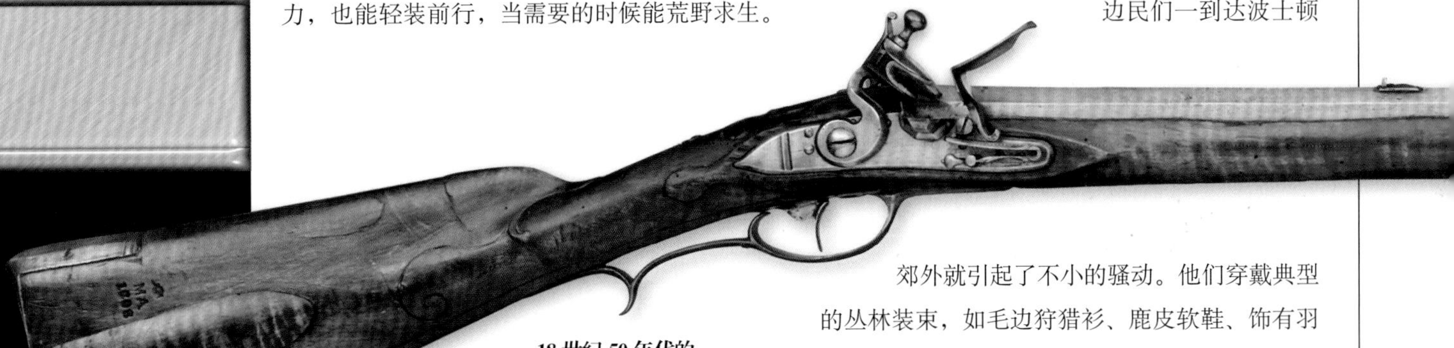

18世纪50年代的宾西法尼亚长管来复枪

边民们一到达波士顿郊外就引起了不小的骚动。他们穿戴典型的丛林装束，如毛边狩猎衫、鹿皮软鞋、饰有羽毛或动物尾巴的帽子，有些边民除了步枪外，还随身带有切刀和战斧。他们在波士顿郊外发挥狙击手的作用，枪法精准，消灭了不少英军的哨兵，甚至还包括一些竟然敢于在空旷地面露脸的冒失英军军官。

同时，从来自边区的士兵们在军队中的表现来看，他们是一群严重缺乏纪律性的家伙，是经常向普通士兵下手的惯偷，并且无视传统权威。相反，他们效忠于自己同类的军官们，比如，

狙击手和伐木工
在1777年的萨拉托加战役中，蒂姆·墨菲（Tim Murphy）击毙西蒙·弗瑞泽（Simon Fraser）将军的事件迅速成为传奇。在右图描绘的场景中，蒂姆埋伏在右侧的松树上，举枪瞄准远处的目标。美军来复枪兵连队身穿毛边衬衫上装，腰带上别着斧头（最右图），与英国正规军的装束形成了鲜明对比。

让敌人畏惧的弗吉尼亚人丹尼尔·摩根（Daniel Morgan），摩根曾在刚入伍时参加过法印战争，在战争中受重伤却幸存下来，一颗子弹打飞了他大部分的牙齿后，穿过了颈部和面颊。

大陆军总司令乔治·华盛顿将军相信，只有一支按照欧洲模式训练出来的纪律严明的军队才能打退英国人。但是他欣赏边区士兵们的战斗素质，特别鼓励摩根组建并领导由狙击手和发挥散兵作用的轻步兵组成的来复枪兵队伍。摩根的能力完全有资格匹配得上自己的信心，1777年美军击败英国人取得萨拉托加战役的胜利，在这次胜利中摩根功不可没。当9月19日约翰·伯戈因（John Burgoyne）将军率军沿着哈得孙峡谷南下时，其大军的右翼在弗里曼农庄与摩根手下的来复枪兵部队相遇。边区神射手们埋伏在空地一侧的树林中，消灭了大量英军先遣部队，尤其是几乎消灭了所有的英军军官。美军来复枪兵们试图扩大胜利果实，向英军发起了冲锋，但由于组织混乱，被训练有素的英军用刺刀挡回。在短暂的平静后，10月7日战斗继续进行，英军向贝米斯高地发动袭击。当英军最得力的军官之一西蒙·弗瑞泽骑着灰色的马匹率队勇猛地冲锋到了一片空旷地带时，本尼迪克特·阿诺德（Benedict Arnold）将军命令摩根除掉他。摩根手下一名名叫蒂姆·墨菲的极富传奇色彩的印第安勇士授命于距离远达275米（330码）处将弗瑞泽击毙。英军士气大伤，从此一蹶不振，这不仅直接导致此战告败，更是成为英军最终战败的重要原因。

> “如果向放在150码远处的一张纸牌瞄准射击，大多数士兵10次有9次都能击中。”
>
> ——一名英国军官于波士顿围城战时的描述，1775年

来复枪兵的粗帆布背包
来复枪兵们习惯了在殖民地的边境地区以打猎为生的日子，那时，他们凭借自己的聪明才智在丛林中求生存，而入伍后，因为以前的生活习惯而考虑到许多可能发生的情况，所以与正规兵相比他们在装备准备上要充分得多。

“不公平”的战略战术

使用狙击手击毙个别军官的做法对左右战争局势很有用，却也饱受争议。据说摩根测试新兵的方法就是要求他们瞄准英国军官的头像射击，一些对手认为他是名不折不扣的战犯。英军中尉威廉·迪克比（William Digby）抱怨说“这样冷酷的战场行为确属懦夫所为”，狙击手应该被“处以绞刑”。同样地，英军也对来复枪兵在战场上的散兵作战方式极为不满。来自边区的来复枪兵们擅长寻找隐蔽地点，以树丛、岩石或墙壁为掩护向敌军随意开火。当敌军发起反冲锋时，他们也会立即寻找藏身之处或者逃跑。接受过正规训练的英军士兵使用火枪齐发战术，即使处在空旷地带，面对敌人的炮火也绝不退缩，他们对来复枪兵的做法极为不屑。有人提到来复枪兵时颇有些愤愤不平：“如果让这些人与我们在开阔地公平决战，他们就什么也不是了。”

1780 年国王山战役

与效忠派对手相比，身穿鹿皮衣服、叛逆成性的北美非正规军人发现作战地形更合其意，于是他们很好地利用了长满树木的山的斜坡作为其埋伏地点。

自然地，这些边民士兵们对能激怒英国人是感到非常高兴的，并且还刻意经营自己的“野人”形象，以期打好心理战。摩根采用令人闻之毛骨悚然的野火鸡的咯咯叫声向士兵发出信号，当激战正酣时，士兵们常常与印第安人一样发出高声呐喊。

来自边区的非正规军

摩根手下来复枪兵们被收编进入华盛顿统率下的大陆军中，是在战场上发挥散兵作用的轻步兵。然而随着独立战争的深入，战场范围逐渐扩大，硝烟弥漫到了南方偏僻的乡间，更多的边民被卷入其中，这些非正规军士兵在自封所谓上校的带领下对英军及其效忠派进行骚扰，采用传统的打了就跑的游击战术以及伏击战术。来自南卡罗莱纳的弗朗西斯·马利恩（Francis Marion）就是其中之一，他被称为“沼泽地里的狐狸”，对英军来说是阴魂不散的存在，有时诸如马利恩之类的非正规游击队也会给英军造成重大的损失。

边区非正规军取胜的最著名的一场战役就是1780 年 10 月卡罗莱纳国王山战役。帕特里克·福古森（Patrick Ferguson）上校率领的英军及1000 名效忠派民兵被相比之下人数不多的一些手持来复枪的边民们包围，而讽刺的是，正是福古森自己首次提出使用来复枪作战的理念，但在这场遭遇战中，边民们“使用非正规战术将英军彻底击败”。福古森展开刺刀冲锋，试图赶走美军来复枪兵，但来复枪兵们仅是撤退，以避免与英军正面冲突，一旦英军停止冲锋，他们又卷土重来。此战中，英军 300 多人伤亡，其中包括福古森在内的 157 名军人阵亡，效忠派民兵则全部投降。

世界性的影响力

1781 年 1 月考佩斯战役（Battle of Cowpens）的胜利很可能是来复枪兵的巅峰时刻，摩根率领由民兵和大陆军组成的联军击溃巴纳斯特·塔尔顿爵士(Sir Banastre Tarleton)统领的英军队伍，让英军颜面尽失。英军最终于 1781 年 10 月在约克镇向美法两国陆军以及法国海军投降——这里需要注意，不管来自边区的来复枪兵们对战争作出了多大的贡献，单单只凭他们的力量是不可能赢得战争的。不过，他们的成功促使欧洲军队进一步重视使用来复枪作战的轻步兵队伍，而不再依靠使用火枪和刺刀作战、经过精心训练的步兵方阵。

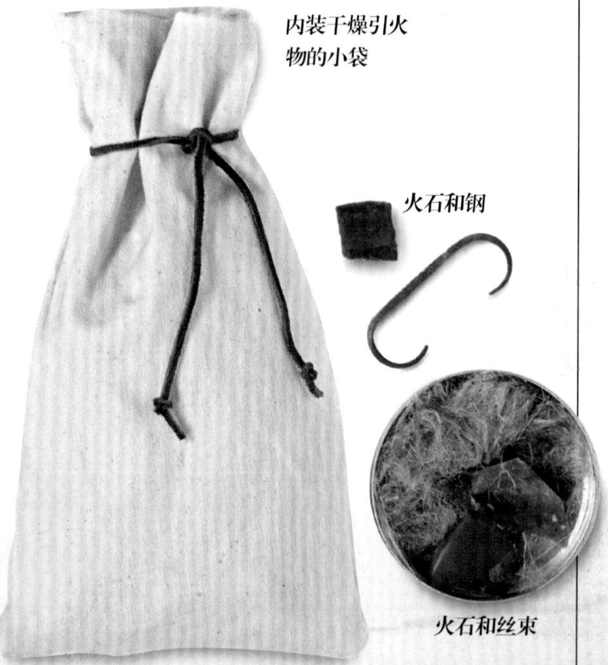

内装干燥引火物的小袋

火石和钢

火石和丝束

点火装备

接到指令后，来复枪兵就需要将火石和钢相互碰撞擦出火星，点燃丝束（大麻纤维或亚麻纤维）。他们常常会随身携带一个小袋，内装干燥的引火物。

考佩斯战场

在这片战场上，丹尼尔·摩根取得了自己战争生涯中的最大胜利。他机智地利用狙击手对英国龙骑兵实施打击，在英军中造成恐慌，随后下令开展反冲锋，最终迫使英军投降。

来复枪兵的装备

在美国独立战争时期，许多来自弗吉尼亚及其他边区殖民地的美国来复枪兵们都被整编进入了华盛顿的军队，他们一般身穿更常规的制服，而不是原本的毛边狩猎衫。而另一些士兵，诸如1777年萨拉托加战役中在丹尼尔·摩根手下服役的士兵们，和他们从未改变的独立精神一样，也一直保留着原本的服饰和装备，他们手持长管来复枪，在对敌作战中枪法精准，既是战场散兵，也是技术精湛的神射手。

毡帽

来复枪兵们的帽子花哨夸张，是丛林狩猎生活的某种反映。许多来复枪兵用动物尾巴装饰帽子，而不是羽毛。

染色羽毛头饰

帽檐向上翘，这样可以方便将来复枪扛在肩上

通条

狩猎衫

来自边区的来复枪兵们并没有真正意义上的制服，但是大多数士兵喜欢穿着这种类型的毛边亚麻衬衫，腰间系条皮带。他们通常会将衬衫染上褐色或绿色等自然色，这在丛林中是很好的保护色。

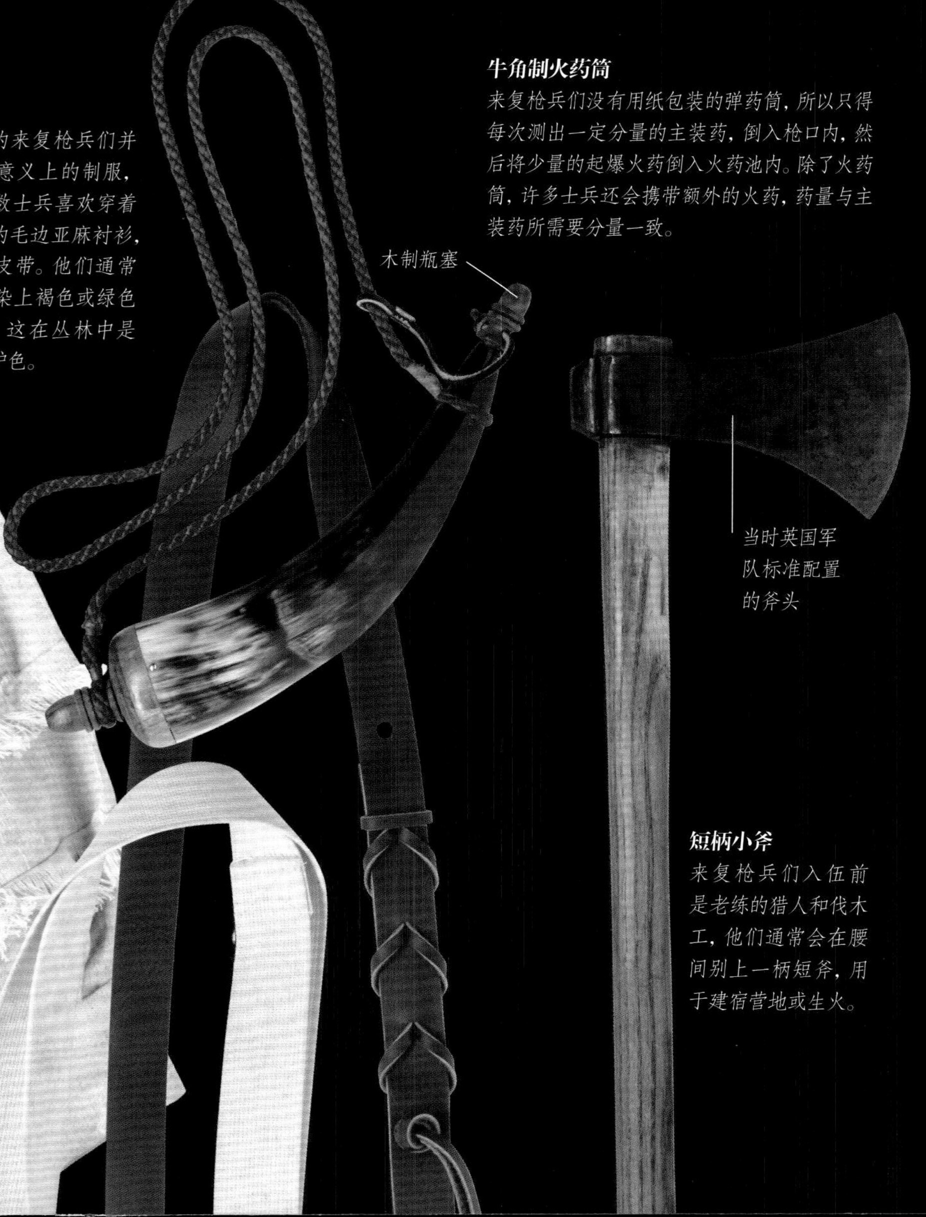

牛角制火药筒

来复枪兵们没有用纸包装的弹药筒，所以只得每次测出一定分量的主装药，倒入枪口内，然后将少量的起爆火药倒入火药池内。除了火药筒，许多士兵还会携带额外的火药，药量与主装药所需要分量一致。

木制瓶塞

当时英国军队标准配置的斧头

短柄小斧

来复枪兵们入伍前是老练的猎人和伐木工，他们通常会在腰间别上一柄短斧，用于建宿营地或生火。

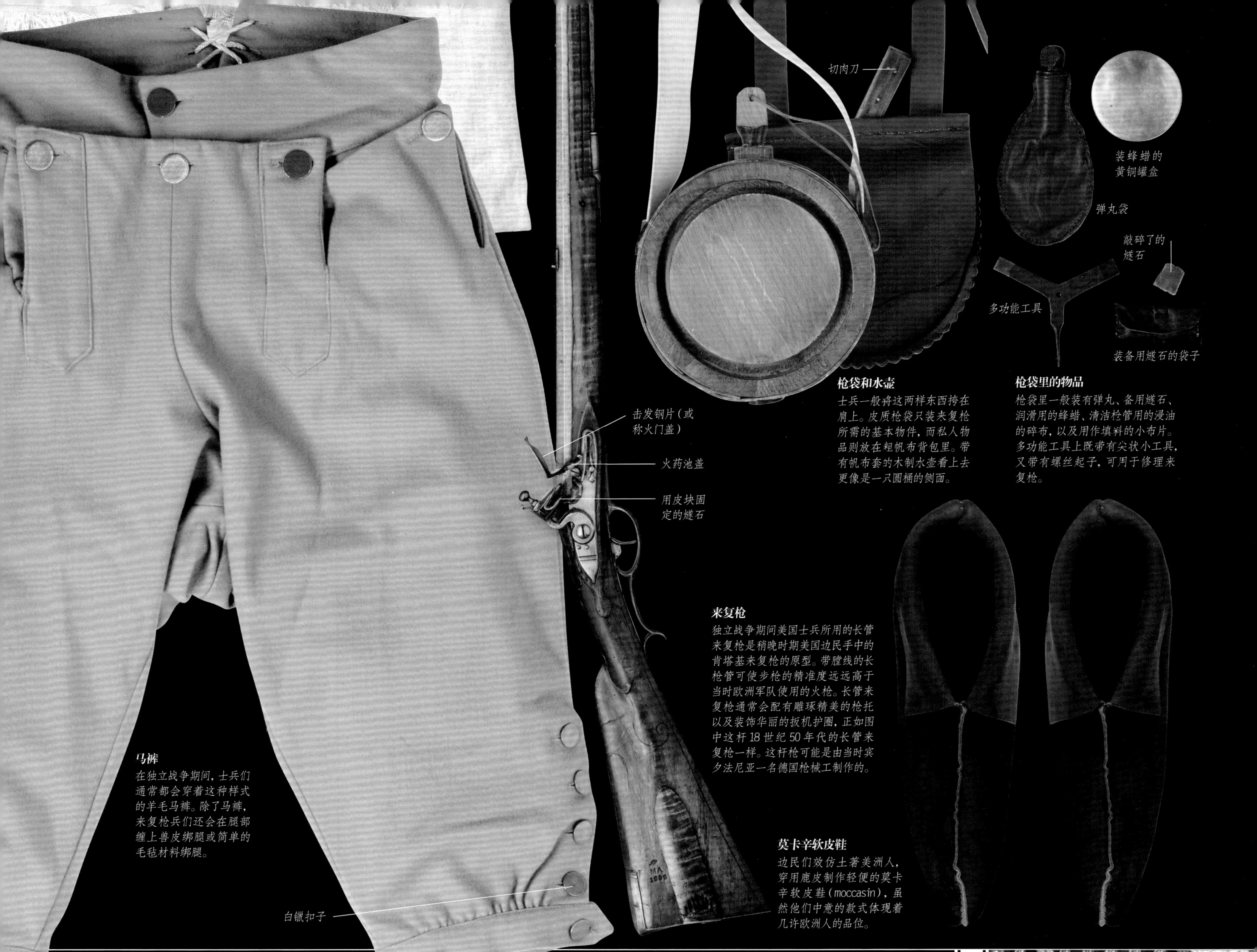

枪袋和水壶

士兵一般将这两样东西挎在肩上。皮质枪袋只装来复枪所需的基本物件，而私人物品则放在粗帆布背包里。带有帆布套的木制水壶看上去更像是一只圆桶的侧面。

枪袋里的物品

枪袋里一般装有弹丸、备用燧石、润滑用的蜂蜡、清洁枪管用的浸油的碎布，以及用作填料的小布片。多功能工具上既带有尖状小工具，又带有螺丝起子，可用于修理来复枪。

来复枪

独立战争期间美国士兵所用的长管来复枪是稍晚时期美国边民手中的肯塔基来复枪的原型。带膛线的长枪管可使步枪的精准度远远高于当时欧洲军队使用的火枪。长管来复枪通常会配有雕琢精美的枪托以及装饰华丽的扳机护圈，正如图中这杆 18 世纪 50 年代的长管来复枪一样。这杆枪可能是由当时宾夕法尼亚一名德国枪械工制作的。

马裤

在独立战争期间，士兵们通常都会穿着这种样式的羊毛马裤。除了马裤，来复枪兵们还会在腿部缠上兽皮绑腿或简单的毛毡材料绑腿。

莫卡辛软皮鞋

边民们效仿土著美洲人，穿用鹿皮制作轻便的莫卡辛软皮鞋（moccasin），虽然他们中意的款式体现着几许欧洲人的品位。

美国独立战争时期的军队

美利坚合众国的诞生源于一场战争。这场战争的起始只是英国军队和北美洲殖民地民兵之间的一次小规模遭遇战，最后却演变成为一场重大的世界性冲突。最初，英国人希望北美殖民地的效忠派承担起镇压当地叛乱的责任，但是这些人的表现令他们很是失望。之后英国向北美派遣了大量的英军士兵，除此之外，所部署的军队中还包括来自德国黑森州以及其他德国州的雇佣兵。但是，这支强悍的雇佣兵军队在这场战争中并未能给予大陆军什么致命的打击，相反，大陆军在1777年的萨拉托加一役中取得了胜利，并凭此战威名远扬。在北美辽阔的土地上，英国人并未能施展出他们正规军在作战技能上的优势。最后，法国陆军及海军的介入亦使得形势不可逆转地朝着不利于英国的方向倾斜。

北美大陆军

大陆会议是由13个宣布独立的殖民地组成的政府，其在1775年6月14日作出决定，要组建一支军队，而作出这个决定的原因是大家深信，只有靠一支正规军，而不是靠由市民组成的民兵组织，才能将英国红衫军赶出北美。乔治·华盛顿成为这支军队的指挥官，对民兵组织评价不高的他渴望组建一支纪律严明的欧式军队——他们训练有素，能够使用火枪连续射击，并学会装上刺刀，整队前行。

从一开始，大陆军就遇到了困难。最初能招募到的军人只有新英格兰的民兵，而且这些民兵也只是作为短期正规军人参军服役的，更有甚者，他们是来自落后的边远地区、未经过正规训练的步兵志愿兵。在1776年初的时候，即使是这支不入流的军队也扬言要解散，因为一旦服役期满，大部分民兵就要回家经营农场和照顾其他生意。直到1777年大家才认真努力地筹建了一支永久性的国民军队，这支军队以配额为基础从13个州招募士兵，服役期限为三年或以整场战争为一个役期。

为吸引自愿参军入伍者，政府许以奖金报酬——最初是20美元，后来，由于民众越来越不太情愿自告奋勇入伍，奖金迅速增加。无疑，完成配额任务、被征召入伍的是社会最底层的民众。流浪汉、罪犯、还有英国以及德国黑森州的逃兵和战俘被强征入伍。军队也允许奴隶和拥有自由身的非裔美国人加入，最初华盛顿方对此提出过反对意见。虽然一些兵源差额由其民兵入伍填补，但13个州却从来没法做到兵源充足，入伍的民兵需在大陆军的指挥下服役一年。

因为这个新生国家缺乏为军队提供足够的衣食保障的能力，在军人的薪资方面也不能充分满足其需求，这样看来，征召入伍的新兵人数不能按计划完成配额任务，也未尝不是件好事。

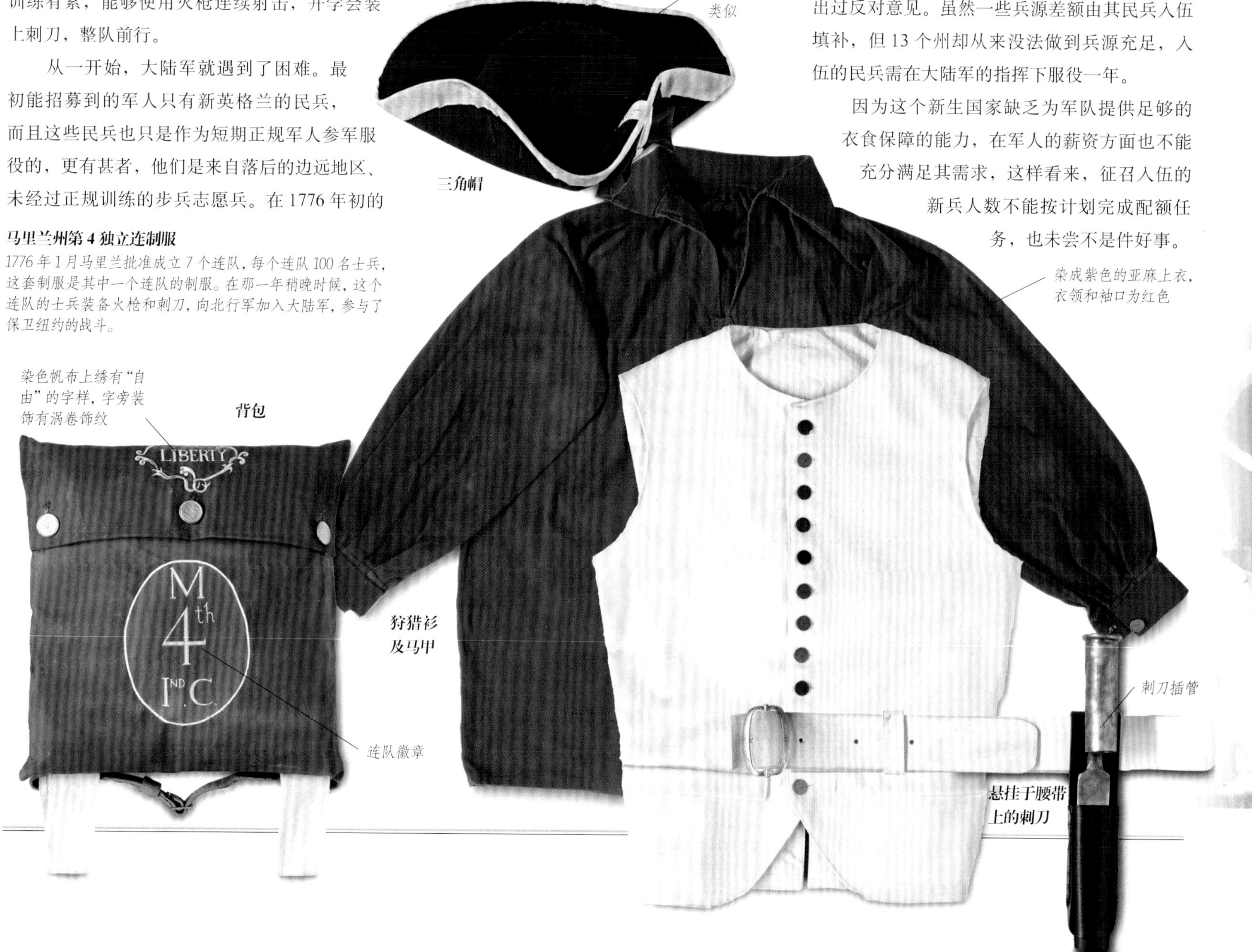

马里兰州第4独立连制服

1776年1月马里兰批准成立7个连队，每个连队100名士兵，这套制服是其中一个连队的制服。在那一年稍晚时候，这个连队的士兵装备火枪和刺刀，向北行军加入大陆军，参与了保卫纽约的战斗。

> 如果我们拥有一支优秀的正规军，那么我们应当很快就会赶走这些可恶的侵略者。

——托马斯·尼尔森（Thomas Nelson）写给托马斯·杰弗逊的信，1777 年

尽管有些地方的士兵一入伍即配有制服，但征战一段时间后，大多数都会缺衣少穿。军需供应最吃紧的时候，士兵们仅靠面粉和水做的“火饼”（firecakes）充饥。1777—1778 年，为挨过严寒的冬天，美军在宾夕法尼亚的福吉谷安营扎寨，此时军队的物资供应深陷于极度匮乏的境地。然而正是在此地，在普鲁士雇佣军军官弗里德里希·威廉·冯·施托伊本男爵的领导下，美军最终开始团结起来，练就成一支纪律严明的军队。他日复一日地训练士兵，提振军队的士气，惩罚目无法纪的行为，改善了驻地的清洁卫生条件，进而降低了疾病发生的概率。

军需供应不足和士兵军饷拖欠的问题始终无法解决。1780—1781 年又出现了一次重大的危机事件，1777 年入伍的士兵们三年服役期满，要求退役。1781 年 1 月宾夕法尼亚和新泽西的军队哗变最终被平抚。但华盛顿却成功地稳住了自己统率的军队。冯·克劳森男爵隶属于被派援助北美殖民地的法国远征军，他曾写道：“让人难以置信的是，美军中有着各种年龄的士兵，甚至还有 15 岁的孩子，既有黑人，也有白人。他们衣不蔽体，几乎全身赤裸，领不到军饷，吃得相当差，但却长途行军奔赴战场，在战场上坚定顽强，经受住了战火的考验。”英军于 1781 年 10 月在约克镇投降，这对于曾被英国将军约翰·伯戈因奚落为“一群拿枪的乌合之众”的美军来说是一场巨大的胜利。

福吉谷

在 1777—1778 年阴冷的冬天，华盛顿相信大陆军必须“有过挨饿、解散的经历，才能够继续存在下去”。然而最终大陆军幸存了下来，因为一起经历过的苦难，使其团结成为一支更加强大的军队。

训练有素的齐发

乔治·华盛顿心中的理想军队是一支训练有素、穿着漂亮制服的欧洲风格军队，但这种理想愿景却从未实现，尽管美军中某些队伍表现优秀，令指挥官倍感骄傲。

一分钟人

列克星敦战役

战役的第一枪在马萨诸塞的列克星敦打响，最后战斗以 8 名美国民兵的死亡而结束。

在战争最初阶段，北美唯一可用的只有民兵。当地传统就是当需要时所有的男性公民都有义务拿起武器，保卫家园。1774 年，在马萨诸塞，一部分民兵最先站了出来，成为当地反叛武装最早的中心力量，他们被称为“一分钟人”（minutemen）。通常是未婚的年轻公民聚集起来，选出指挥官，并发誓只要他一声令下，将立即战斗。1775 年 4 月在列克星敦和康科德，一分钟人和英军士兵交火，打响了独立战争的第一枪。在康科德，他们在与小股英国正规军作战时占了上风，将其驱赶回了波士顿。

民兵组织的作用

殖民地所有的民兵组织都归属到反叛军旗下，并且剔除了其中所有的效忠派分子。有时，民兵组织与大陆军会为抢占资源而相互竞争，但是他们也会为大陆军及其辅助部队提供必要的短期兵源，并且与正规军并肩作战，以示支持。

尽管战争期间民兵组织加强了训练，但这些直接从田间、工厂走上战场的兼职士兵很难与英军正面抗争。尽管素以战斗激烈时逃跑保命远近闻名，但是民兵组织作为安全部队在战争中发挥了非常宝贵的作用，他们驻防要塞，镇压效忠派的行动，确保了反叛军在地方上的胜利。

英国红衫军

身着红色制服的英军是那个年代极具代表性的欧洲军队，他们着装华丽且纪律严明，士兵训练着重强调的是对火枪和刺刀的熟练使用。红衫军是一支由职业军人组成的正规军，不过，为了镇压北美独立运动，红衫军需要招募额外的短期兵源以扩充军队，最终演变成为了事实上的抓壮丁。大多数士兵都是社会最底层人士，而其中许多人还是来自对政府心存不满的苏格兰和爱尔兰，但一般情况下，他们在战场上的表现仍然坚定顽强，不逊色于任何一名北美爱国者。

英军士兵一经横渡大西洋，就踏上了一块陌生和充满敌意的土地。反叛的北美民兵组织利用狙击战和伏击战对付英军，而接受过正规训练、习惯于正面作战的英军士兵对其做法大为震惊，难以容忍，一名英军少尉将其称为“躲在篱笆和墙后的鬼祟行为”。美军则嘲笑英军服装鲜艳，过于招摇，不明白潜伏和伪装才是他们最正确的选择。然而英军在战略战术上也不是僵化不变的，他们尽力适应当地环境，让轻装部队发挥散兵作用，为顺应环境作了一些小调整，如缩短外套的长度，以避免服装后面的下摆被矮小的树丛缠住。

火枪齐发

英军曾接受过火枪齐发的战术训练，并受训在战场上以线阵或方阵的作战序列与敌军对阵。在镇压北美叛军的过程中，大多数英军士兵被美军狙击手及其战术弄得晕头转向。

物流和供应

毫无疑问，英国人发现北美的作战条件非常艰苦。他们徒步行军，越过茫茫荒野，士兵极易因为疲惫与疾病而丧失战斗力。大部分供养需要从本土越洋进口，英军物资十分匮乏，从食物到马匹都供应不足。美国人不仅精于在树木葱郁的多山地带打伏击战，而且也擅长构筑防御工事。例如，在1775年邦克山战役以及1777年萨拉托加战役中，美军机智地利用天然防御，并在其上加筑壕沟和围桩，当英军与美军正面决战时，美军意志坚定，顽强抵抗，英军惨遭失败，士气大伤。从北方的加拿大到南方的佐治亚，反抗英国统治的武装活动此起彼伏，英军既要在辖区内安排士兵驻防，同时又要派遣大量士兵四处镇压叛军活动，人员缺口极大，实在是疲于应付。1781年英军在约克镇投降时，其军队总人数仅为其对手——美法联军的一半。

前膛燧发火枪（布朗·贝斯）

长型号的燧发火枪，也就是大家所熟悉的布朗·贝斯（Brown Bess），是1722年到1838年英国步兵的标准配置枪支。图中这杆枪的制造年代是1742年。

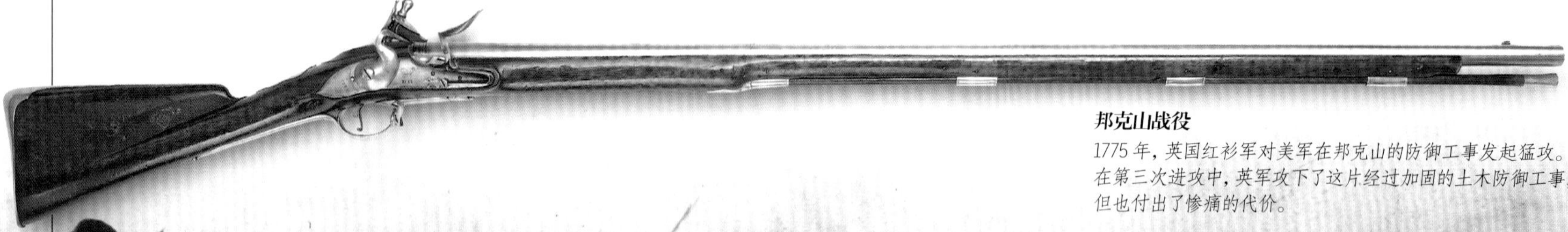

邦克山战役

1775年，英国红衫军对美军在邦克山的防御工事发起猛攻。在第三次进攻中，英军攻下了这片经过加固的土木防御工事，但也付出了惨痛的代价。

效忠派

“如果是考虑春季着装的话，绿色……是轻装部队士兵制服的最佳颜色……到秋天也磨损得差不多了，几乎跟树叶一样褪去了光泽。”

——王后骑兵团指挥官约翰·格雷夫斯·西姆科（John Graves Simcoe），1777—1783 年

战争中有相当多的美国人力挺英国，并加入英军作战。一些人参加了英军的地方兵团——例如，1776 年由加拿大效忠派难民创建的国王皇家团，以及由苏格兰移民创建的志愿者组织。事实证明，其中一些如王后骑兵团等队伍堪称精英。而其他队伍虽通常由英军军官统领，却是民兵或非正规军性质的组织，采取的是游击战战术。效忠派民兵与印第安人组成的巴特勒骑兵团是 1778 年怀俄明谷事件的罪魁祸首。在南北卡罗莱纳活动的塔尔顿突袭队也有着恐怖的名声。英军招募黑人奴隶从军，并许之以自由身，黑奴们作为正规军人加入 1775 年敦莫尔勋爵组建的埃塞俄比亚兵团。战争末期，大多数效忠派军人，都选择了离开美国。

皮制军帽上缀有半月形的帽徽
在王后骑兵团中，轻装连队士兵常常佩戴绿色和白色的羽毛头饰
汉诺威式黑色帽上的花结

被称为“圆形夹克”的绿色短夹克，其扣子上印有 QR 字样
弹药盒的铜制翻盖上刻有士兵姓名乔治·雷克斯（George Rex）的首字母 GR

帆布背包上绘有兵团的徽章

王后骑兵团士兵制服

王后骑兵团于 1776 年创建于纽约，是英军中为便于隐蔽，第一支身着绿色制服的部队。

黑森人

远赴北美镇压叛乱的英军士兵中大概有三分之一是政府为此次战争雇用的德国士兵。这些“黑森人”中不仅有来自黑森 - 卡塞尔和黑森 - 汉诺的，也有很多来自其他出产雇佣兵团的日耳曼小王国。18 世纪时，由政府出面与国外雇佣军签订雇佣合同是欧洲军队的标准做法。

黑森人不论是在战场表现上，还是在对待平民的态度上，与英军士兵相比并没有明显的差别。他们大多数接受过标准的火枪加刺刀的战斗训练，但是德语称之为“猎人”（Jäger）的轻装步枪部队却是优秀的战场散兵。这些德国猎手身穿隐蔽性强的绿色制服，有时在狙击战和丛林战方面甚至强过美国来复枪兵。

美国国会和各州政府试图用土地和牲畜贿赂黑森人。许多士兵的确为此开了小差，不过这对于远征作战的欧洲军队来说也是很正常的情况。三万名黑森人参战，战争结束时大约有百分之六十的士兵回国。他们的阵亡率很低，但是许多人死于疾病。而余下的士兵可能就留在北美开始了他们的新生活。

公元 1799—1815 年

法国骑兵

法国骑兵在战场上所向无敌的原因只有一个，那就是当指挥官一声令下，冲锋的号角吹响，所有士兵便会立即策马加鞭，全力向前冲锋，直捣敌营！

皇帝万岁

这幅19世纪晚期的油画描绘了1807年弗里德兰战役（Battle of Friedland）中第四骠骑兵团冲锋陷阵的场景（见上图）。画面中对拿破仑麾下大军的勇敢和爱国品质在某种程度上进行了理想化的渲染。身着全套制服的骠骑兵及其他轻骑兵们在画笔下显得比平日里更加锐气十足，勇猛无比。队列中一名猎骑兵头戴有檐平顶筒状军帽（见右图），帽顶插有一支华丽的羽毛，而不是平日在战场上常见的军帽上所插的绒球。

原本只是法兰西共和国一名将军的拿破仑·波拿巴，后来加冕成为法国皇帝，他的作战风格主要表现为迅速调遣军力，迫使敌人迎战，以及为了打垮对手而采取积极进攻的战场战术。他麾下的大军不断扩容，步兵、炮兵和骑兵都发挥着重要的作用。骑兵部队的主要作用是在战斗的关键时刻果断地向敌人发起冲锋，并且对败军穷追不舍，扩大胜利果实，以期取得压倒性的胜利。

1789年法国大革命对法国军队和法国社会的其他方面影响深远。一直以来，骑兵部队都是法国贵族参军入伍的首选之地，是法国武装力量最富有贵族气息的地方。当时骑兵部队里许多军官因反对革命而选择移民国外，而其他愿意选择继续留在军中为国效力的军官们则因为遭到极端革命分子掌控的政府对其贵族出身的不满而被开除出军队。马可斯·德·格鲁西（Marguis de Gouchy）就是其中之一，他在1793年被削去军衔，但稍后东山再起，成为拿破仑手下最杰出的骑兵指挥官之一。然而，革命却为一些出身寒微的军人带来了前所未有的机会，乔基姆·穆拉特（Joachim Murat），一名乡村邮政局长的儿子，1787年入伍成为一名骑兵，1795年荣升上校。同样是在1787年，桶匠的儿子米歇尔·奈伊（Michel Ney）加入法国骠骑兵部队，到1796年就已经被委任为将军并统率一个旅。

兵源和马匹

总体来说，革命提拔了一些有能力的人才，但同时也使骑兵部队陷入一片混乱之中，在法国大革命战争期间（1792—1801），骑兵部队表现十分差劲，胜率极低。到拿破仑称帝时，骑兵部队不仅马匹短缺，而且士兵训练不足，严重缺乏自信。拿破仑在执政官任上就着手对骑兵部队进行改革和提升，加冕称帝后仍然继续此项工作，并视之为重塑法军至关重要的一步。

两大关键元素成就了一支具有极强战斗力的部队，那就是兵源和马匹。拿破仑发现兵源问题较容易解决，他从1799年接管政府并成为第一执政官开始，便年年征兵以充实军队。源源不断的新兵加入帝国军队，与前君主制政体下的老兵们，以及1793年法国大革命开始以来实行全民皆兵（大规模征兵）政策后入伍的士兵们一起，为新帝国服务。骑兵团全部配发华丽的新制服。新制服颜色鲜艳，招摇时尚，这也是为了提升军队士气而采取的一系列成功措施之一。拿破仑政权激发了军人们的爱国热忱、革命激情以及对帝国的忠诚，因为帝国赐予他们更高的人生平台和更美好的生活。

较之兵源，马匹短缺的问题严重得多，而且极难解决，因为需要多年的培育才能够饲养出足够数量的、能冲杀疆场的强壮马匹。1805年，当拿破仑的大集团军第一次集结时，因为马匹数量不足，所以龙骑兵被迫步行作战。1805年奥斯特里茨战役（Battle of Austerlitz）以及1806年耶拿—奥厄施泰特战役（Battle of Jena–Auerstadt）的胜利使法国人从战败一方的奥地利人和普鲁士人手上缴获了大批马匹，这才有效地解决了马匹不足的问题。

第1猎骑兵团的有檐平顶筒状军帽

宿营过夜

1805年12月奥斯特里茨战役的前夕，一队骠骑兵围聚在营火旁。远处小山上数不清的营火让人联想到拿破仑军队的庞大规模。

“当我谈到优秀的法国骑兵时，我并不是要说他们是完美无缺的，而是他们的冲劲和勇猛让他们在战场上所向无敌。”

——拿破仑军中参谋、军事理论家安托万－亨利·约米尼（Antoine–henri Jomini）

风光和苦难

骑兵部队时髦华丽的制服、“不成功便成仁”的战斗传统自然吸引了一众爱好魅力与风格且极富冒险精神的年轻人。众所周知，拿破仑时期的骑兵们嗜酒如命，脾气暴躁，常常打架斗殴，尤其是长期沉迷于女色之中。但是骑兵的生活总体上来说远非奢华，甚至在不出征作战时也是简朴之极。

在兵营中两名骑兵睡一张床，床伴通常会成为亲密的战友。他们的训练十分辛苦。最开始是马术，首先要学会驾驭没有配备马鞍、马笼头或马蹬的马匹，然后再掌握一系列高难度的动作，例如翻身跃上马背的同时挥舞剑或马刀砍杀敌人，或者上马的同时操作卡宾枪射杀敌人。据说新兵接受初训的阶段，体重都会习惯性地大量减轻，所以入伍时对其身体条件要求很严格。喂马的工作当然也是一项很辛苦、毫无魅力可言的工作，事实上，法国骑兵常常被指责没有很好地尽到照看其坐骑的责任。

跟军队里的其他士兵一样，骑兵也同样享有公民士兵的待遇，理应受到上级们的尊重。拿破仑的军队体制与旧政权下的军队体制截然不同，这里没有不近人情、独断专行的条条款款，而是鼓励士兵们具备军人实打实的职业态度，但是骑兵们仍然在各个方面彰显其个性，比如将自己的头发留长编成细辫子。法国年轻人激情满怀，一心想着建功立业、扬名立万，很难适应枯燥的兵营生活，例如日复一日、没完没了的操练和清扫马厩，遇到出征作战总让他们感到无比欣慰。只要隶属拿破仑统领的军队，他们就从不会缺少上战场杀敌的机会。

重骑兵和轻骑兵

拿破仑管理骑兵部队最显著的特点就是重用重骑兵，也称为胸甲骑兵（cuirassier）。重骑兵部队除了胸甲骑兵，还包括两个卡宾枪手团（亦称火枪骑兵团），自1809年开始军队也为卡宾枪手们配发了盔甲。重装骑兵已被视为过时的形象，让人回想到中世纪骑士，但拿破仑却喜欢在战场上部署重骑兵部队，向敌阵发动猛攻，震慑敌军。胸甲骑兵们身材高大，其坐骑也是高头大

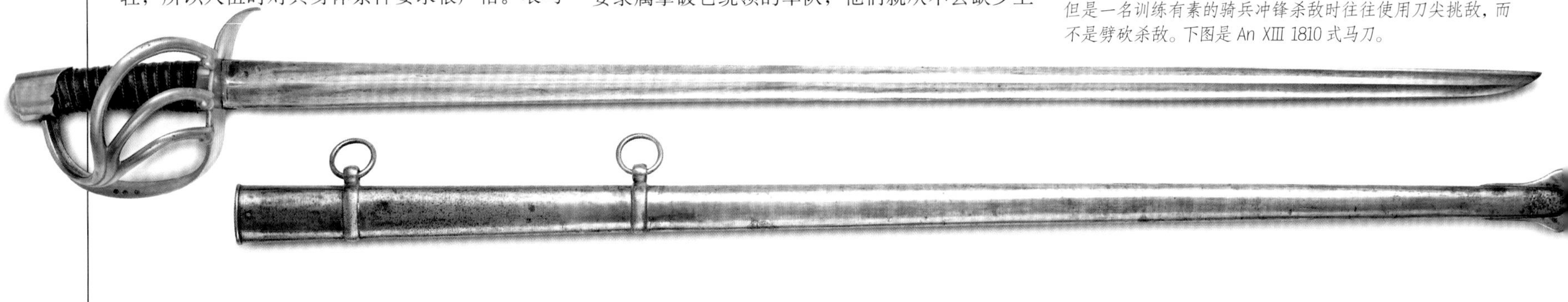

重骑兵所使用的马刀和刀鞘

胸甲骑兵所使用的马刀是笔直的单刃刀，属于劈杀类武器，但是一名训练有素的骑兵冲锋杀敌时往往使用刀尖挑敌，而不是劈砍杀敌。下图是An XIII 1810式马刀。

勇猛的骠骑兵

骠骑兵在世人眼中是蛮勇果敢、不惧死亡的战场斗士，他们总是试图在骑术上完败其他法国骑兵兵种。

马。他们头戴金属制成的头盔，身披板甲保护前胸和后背。他们携带一柄沉重的直刃马刀和一把手枪作为武器。与古往今来所有的重装士兵们一样，胸甲骑兵们也发现其身上的金属护甲在炎热的夏天会被太阳晒得滚烫，而令人闷热难耐，身体极为不适。此外板甲也非常昂贵。胸甲骑兵们在军中当属精英且自视甚高，他们是骑兵预备队（除了胸甲骑兵，还包括一些龙骑兵）的中坚力量。

预备队仅在战争处于关键时刻，经过仔细斟酌后才被允许加入战斗。他们主要在战场上对敌军展开大规模冲锋，这需要的是纪律和骑术，而不是蛮勇和自作主张。

相比之下，轻骑兵在拿破仑军中比较广泛，战场上，轻骑兵组成大型队阵，配合步兵和炮兵作战。最初，轻骑兵只包括骠骑兵和猎骑兵；稍后，增加了枪骑兵兵种。骑兵部队中骠骑兵自视最风流倜傥。在吸引女人方面，他们是出了名的，据说他们“被丈夫们仇恨和受妻子们喜爱”。与猎骑兵相比，骠骑兵极具优越感，他们认为猎骑兵身穿廉价制服，缺乏派头，双方之间的竞争也很激烈。猎骑兵手持卡宾枪，有时也会步行作战。在别的方面，骠骑兵和猎骑兵大致相同。作为侦察兵，他们在战争中发挥主要作用包括执行侦察巡逻任务、袭敌军、掩护主力的行动等。类行动一般由小队独立完成，有足够的机会让士兵们表现其主观能动性。战场上，轻骑兵们手握马刀并将手放低，在向前冲锋的同时马刀可戳穿敌军步兵。他们以进攻中表现出的勇敢无畏的精神，以及追击败军时迅猛的速度而令敌人畏惧。

胸甲骑兵的制服

胸甲骑兵的上衣不如轻骑兵制服那样华丽，但是上衣外面还会再穿戴一层铠甲，即胸甲和背甲。为弥补装饰不足的遗憾，士兵们通常会戴上华美精致、插有羽毛头饰的头盔。

重骑兵战术

拿破仑对胸甲骑兵的定位是，在一场战役的关键时刻以压倒一切的态势对敌军发动大规模冲锋，如有可能，彻底击败敌军。理论上，在冲锋前，应由炮兵部队首先对敌军施以炮火攻击，削弱敌军战斗力，然后战斗逐渐升温，直至胸甲骑兵出击与敌军正面交锋。

胸甲骑兵冲锋时，最初驱马小跑，稍后应略微加快速度，在距敌军约150米（500英尺）处时，突然策马疾驰，最后50米（150英尺）全速前进，猛冲向敌阵。不过实际上，法国指挥官们更愿意让胸甲骑兵以密集队形作战，但这样就不适合如上所述的猛攻战术。他们会下令让重骑兵部队以大规模密集队形前进，骑兵之间的间距非常窄。要保持如此密集的阵形是有一定难度的，骑兵们想要加快速度前进基本上也是不可能的，当然，这样也让个别骑兵没有任何机会表现出其主观能动性。然而，这的确建立了一支势不可当的进攻阵形，既能冲垮敌军骑兵阵形，亦能用马蹄和马刀摧毁敌人组织松散的步兵队伍。然而，胸甲骑兵却没有适当的战术能够从步兵方阵的刺刀攻防中杀出一条血路来，正如滑铁卢战役所遭遇的情况一样。当以密集阵形冲锋时，他们也尤其容易遭受到定位准确炮火的攻击。

枪骑兵和龙骑兵

拿破仑战争期间，军事技术方面发生的重大变革之一就是骑枪成为轻骑兵普遍使用的武器。18 世纪时，枪骑兵通常被视为欧洲战争中的一个奇特的、无足轻重的兵种。欧洲最著名的枪骑兵来自波兰，被称为乌兰骑兵（Uhlan），以其放荡不羁的行为作风和独立的战斗精神而远近闻名。

拿破仑的骑兵部队中第一批枪骑兵来自波兰，这并不足为奇。1811 年，当长度达 3 米（10 英尺）左右的武器越来越彰显出其战场优势时，一些龙骑兵团转编成为枪骑兵团。在对抗其他骑兵兵种奈何不了的步兵方阵上，枪骑兵能有效地发挥作用，因为骑枪的攻击长度超过火枪和刺刀。枪骑兵也是优秀的战场散兵，他们活动范围广，在袭击敌兵上有很大的自由度。然而，在近距离混战中，骑兵们长长的骑枪就显得极为笨重，成了累赘，不敌马刀的灵活轻便。为了解决这个问题，枪骑兵团并没有为所有士兵都配备骑枪。枪骑兵组队作战时，每队都会有一些手持马刀的骑兵作为支援。

龙骑兵是法国骑兵部队中所占比重最大的骑兵兵种。因为他们的武器是火枪，从最开始就是骑马上前线却在战场上步行作战，拿破仑希望他们在战场上能发挥步兵的作用。然而，事实证明他们没有真正的步兵战士所具备的严明的纪律性和坚定的意志，表现令人失望。而且，让他们拨出时间接受与骑兵训练完全不同的步兵训练，也容易造成他们在马背上发挥失于平日的水准。在拿破仑战争早期，作为发挥辅助作用的半重装骑兵队伍，龙骑兵与胸甲骑兵并肩战斗，在战场上大显身手。自 1807 年始，他们主要参与了西班牙半岛战争。除了与惠灵顿麾下大军多次交手外，他们深陷于这场残酷、肮脏战争的泥潭中，伏击西班牙游击队并对其开展报复性袭击活动。

第 8 骠骑兵团士兵所用马刀挂套

这个骑兵所用的皮包也称为马刀挂套，其特色鲜明，与马刀一起挂在骑兵腰间的皮带上并悬垂在战马左腹部位。它最初是用来装些纸笔的，到拿破仑时代，基本上成为装饰性的物件。

战场上的骑兵部队

拿破仑战争早期，法国骑兵部队就因长期在战场上立于不败之地而威名远扬。1800 年马伦戈战役中，当法军几乎已经面临失败的定局时，弗兰西斯·埃蒂耶纳·克勒曼（François Etienne Kellerman）将军指挥大约 400 名骑兵由侧面杀入多达 6000 人的奥地利步兵和骑兵战阵中，令奥军大为惊恐并且陷入混乱之中，最终仓皇逃窜。然而，在 1805 到 1812 年间，拿破仑的骑兵部队才达到其巅峰状态。他们穿着华丽的制服，配备精良的坐骑，接受过系统的训练，是一支充满自信心的精英部队，通过在战场上赢得一次又一次的胜利证明着自己的价值。1805 年在乌尔姆和奥斯特里茨的战役中他们为法军获胜立下汗马功劳，但是他们最令人惊叹的表现大概是 1807 年在埃劳战役（Battle of Eylau）中击败俄罗斯人。当战斗进行到最艰苦的时刻，穆拉特（见 P157）率领多达 1 万人的骑兵后续部队发动冲锋，横扫俄罗斯步兵战阵，随后法军骑兵再次重组阵形，对俄军

> “远处，你可以隐隐感觉到向前移动着一支长长的队伍，他们气势逼人，令人望而生畏……士兵们骑着马冲过来……马蹄声轰隆隆地响着，一时间地面似乎都在颤抖。”
>
> ——英国步兵关于滑铁卢战役中法军骑兵冲锋场面的描述

奥斯特里茨战役中的胸甲骑兵

拿破仑认为奥斯特里茨战役是他一生中的最漂亮的一场胜仗。他将手下士兵在战场四周进行了巧妙的部署，使战场局部地区兵力胜过敌军，随后在战争的关键时刻以及决定性的瞬间下令对敌军进攻。图中展示了胸甲骑兵们正在等待冲锋指令时的场景。

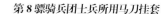

发动第二次冲锋，夺回了法军防线。

1812年拿破仑入侵俄罗斯，但最终却以惨败告终。甚至在战争初期，规模庞大的骑兵部队（其中仅仅骑兵预备队就达4万人之多）就出现了粮草短缺的问题，这意味着大批战马开始挨饿。一位当年战争的目击者称：“战马拖着瘦弱的身体艰难前行，每一分钟都会有马匹全身抽搐倒在地上，被摔下地的骑兵只有舍弃战马继续向前。”

事实证明，在骚扰、突袭敌军和执行侦察任务方面，俄罗斯哥萨克士兵更强于法国骠骑兵和胸甲骑兵。9月博罗迪诺战役（Battle of Borodino）中，胸甲骑兵取得了其军事生涯中最有名的成就之一，他们占领了固若金汤的敌军阵地大棱堡（Grand Redoubt），但也付出了惨痛的代价。于那年阴冷的冬天从莫斯科的撤退彻底摧毁了法军骑兵。大多数战马被杀以果腹，战争最后幸存下来的战马也只剩下不到2000匹。

1813年，绝境中的法军倾尽全力重建了骑兵部队，但其中大多数士兵都是并未接受过多少专业训练的新兵，马匹也极为短缺。尽管如此，骑兵部队仍然重振雄风，在1815年的滑铁卢战役中英勇地战斗到了最后一刻。此次战役进行到尾声时，法军已经无力回天了，奈伊（见P157）仍发起了大规模的骑兵冲锋，力在击垮英军步兵方阵。但是，迎着英军刺刀战阵、踏着泥滑的小山坡向上猛攻的法军骑兵们却最终在英军的加农炮和火枪攻势下溃不成军。

战争的教训

拿破仑最后对骑兵孤注一掷的做法在现在看来是太过自负的表现。拿破仑战争期间，军队规模的不断扩大意味着一支规模适当的骑兵部队需要大批马匹，这些马匹不仅在数量上要多于现役士兵，其来源也要简单便捷，而军队要长期为数量众多的马匹提供足够的草料基本上是不可能的。在战场上，炮火的攻击愈加猛烈，掌握刺刀攻防战术、训练有素的步兵队伍有足够的韧劲，受到攻击后迅速还击的能力强，这些因素都能在很大程度上抵消骑兵猛攻战术的冲击力。到1815年，勇敢无畏、视死如归的骑兵战士已经处在了被时代淘汰的边缘。

胜利和灾难

从1796年出征意大利首战告捷，到1805—1807年间多次取得辉煌的胜利，甚至在1814年法国拼死抵御外敌期间，拿破仑大军打过的胜仗也远远多过败仗。然而，英国海军对法国实施的长期封锁，再加上法国树敌太多，以英国、奥地利、普鲁士和俄罗斯等国为首的敌军联合作战，最终在滑铁卢一役中将拿破仑的美梦化为泡影。

猎骑兵制服

1799 年到 1815 年间，拿破仑骑兵团的服饰多次变更，每个兵团和每支连队的制服都有自己独特的鲜明特征。图中这套制服属于 1806 年前后法军第 1 猎骑兵团第 2 连。其衣领和袖口的红色贴边表明穿者所属团番号，而有檐平顶筒状军帽上的淡蓝色绒球表明其所属连队。除了基本的制服外，猎骑兵总会随身携带一件深绿色斗篷，不需要的时候会将其放在马鞍垫子（鞍褥）的下方。

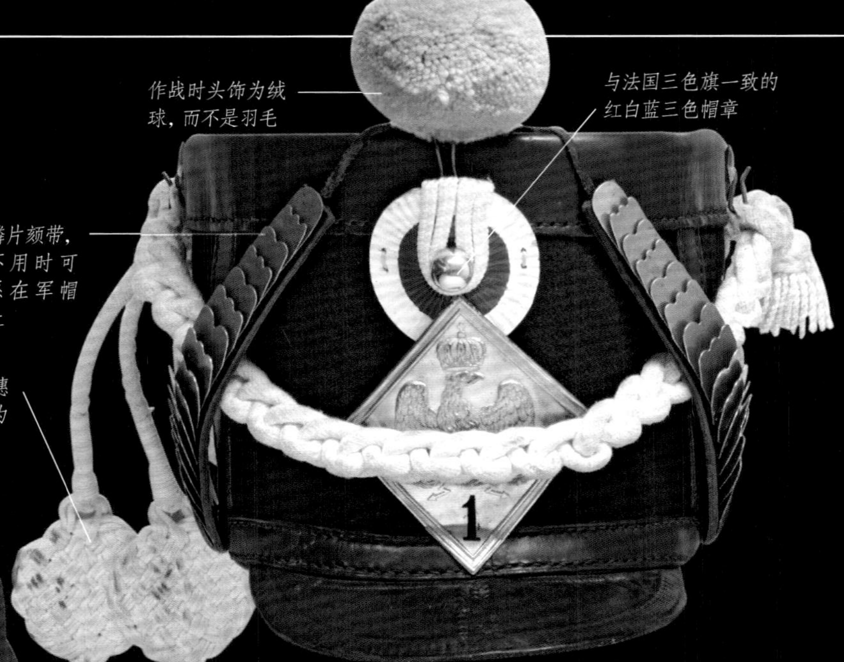

作战时头饰为绒球，而不是羽毛

与法国三色旗一致的红白蓝三色帽章

鳞片颏带，不用时可系在军帽上

军帽上的绳子和穗状物，此时已成为纯装饰性的物件

有檐平顶筒状军帽
18 世纪末期，欧洲许多骑兵团和步兵团的士兵们都戴有檐平顶筒状军帽。图中的这顶猎骑兵军帽制作年代为 1806 年，制作原料主要是毛毡和皮革，帽顶由防水材料制成。军帽可由黄铜鳞片颏带在下巴处系紧。

衬衫和领结
骑兵们会在制服里穿一件长长的白色棉制衬衫，将其扎进马裤后在双腿间打个结。一个低调的黑色领结将衣领系紧，领结的设计目的只是为了让颈部看上去漂亮整洁。

白镴扣子

多曼外套和马甲
这件饰有平行穗带的紧身上衣是猎骑兵和骠骑兵的制服，也称为多曼（dolman，源于土耳其语，其意本指与之相比宽松得多的外套）。法国猎骑兵制服一贯是深绿色的，士兵们喜欢只扣最上面四颗纽扣，露出里面华丽的红色马甲，趾高气扬地四处招摇。

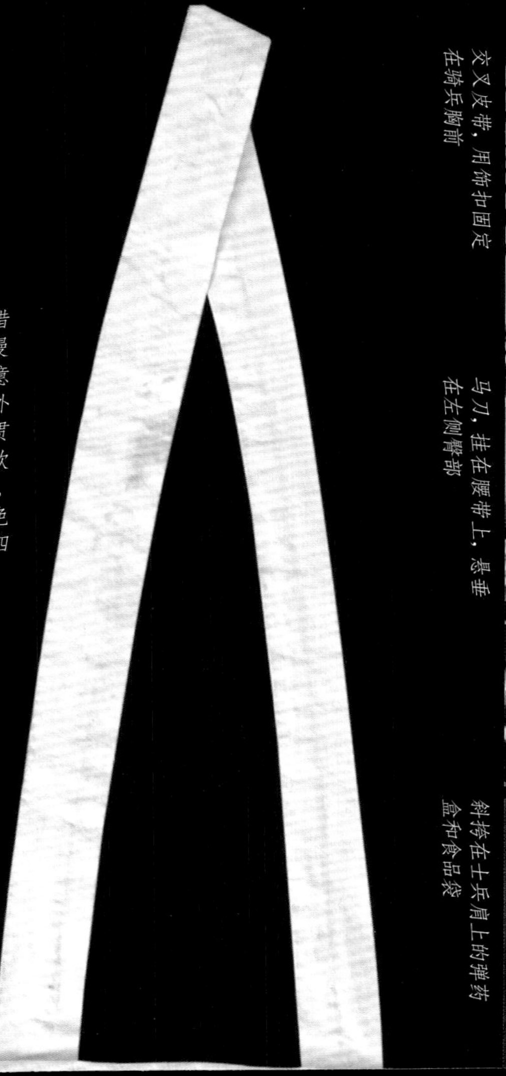

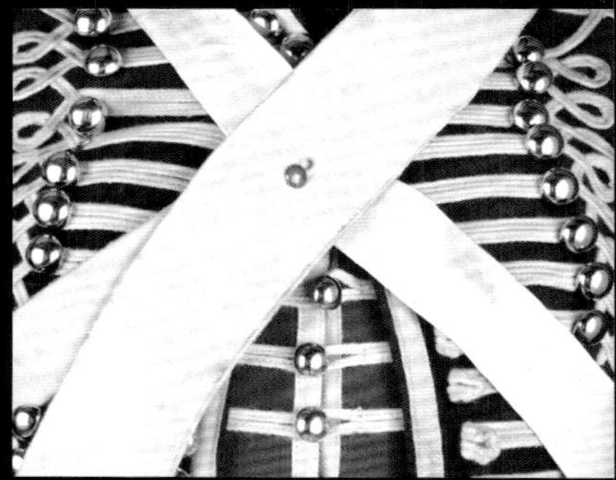
交叉皮带，用饰扣固定在骑兵胸前

马刀，挂在腰带上，悬垂在左侧臀部

斜挎在士兵肩上的弹药盒和食品袋

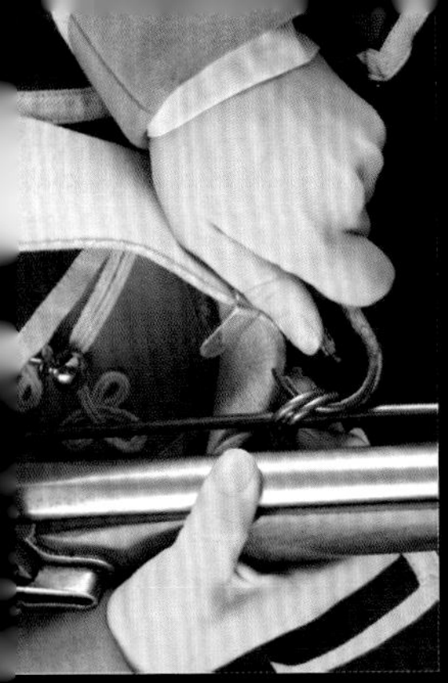

一名骑兵正在给卡宾枪装滑钩，以便将卡宾枪钩牢在交叉皮带上，猎骑兵们下马时会这么做

靴子的V形前部，可使膝盖活动自如

马刺前端用铁或黄铜制成的小齿轮

干粮袋
骑兵们会携带一个重量很轻的布包，用于装自己的干粮。他们没有军队配发的水瓶，只能自己配备装水的工具——通常是一只皮质的酒囊。

马靴
匈牙利轻骑兵传统风格的骑兵靴子是用软皮精心制作而成的。

衣领和袖口的红色贴边是第1猎骑兵团的标识

马裤
绿色的羊毛马裤配有背带。马裤前悬垂着宽大的布料。

固定交叉皮带的饰扣，交叉皮带中的右肩带上装有夹牢卡宾枪的钩子

弹药盒
弹药盒中装着预先准备好的卡宾枪和手枪的弹药，弹药盒挂在交叉皮带中的左肩带上。

军便帽（警式帽）被卷起来绑在弹药盒上

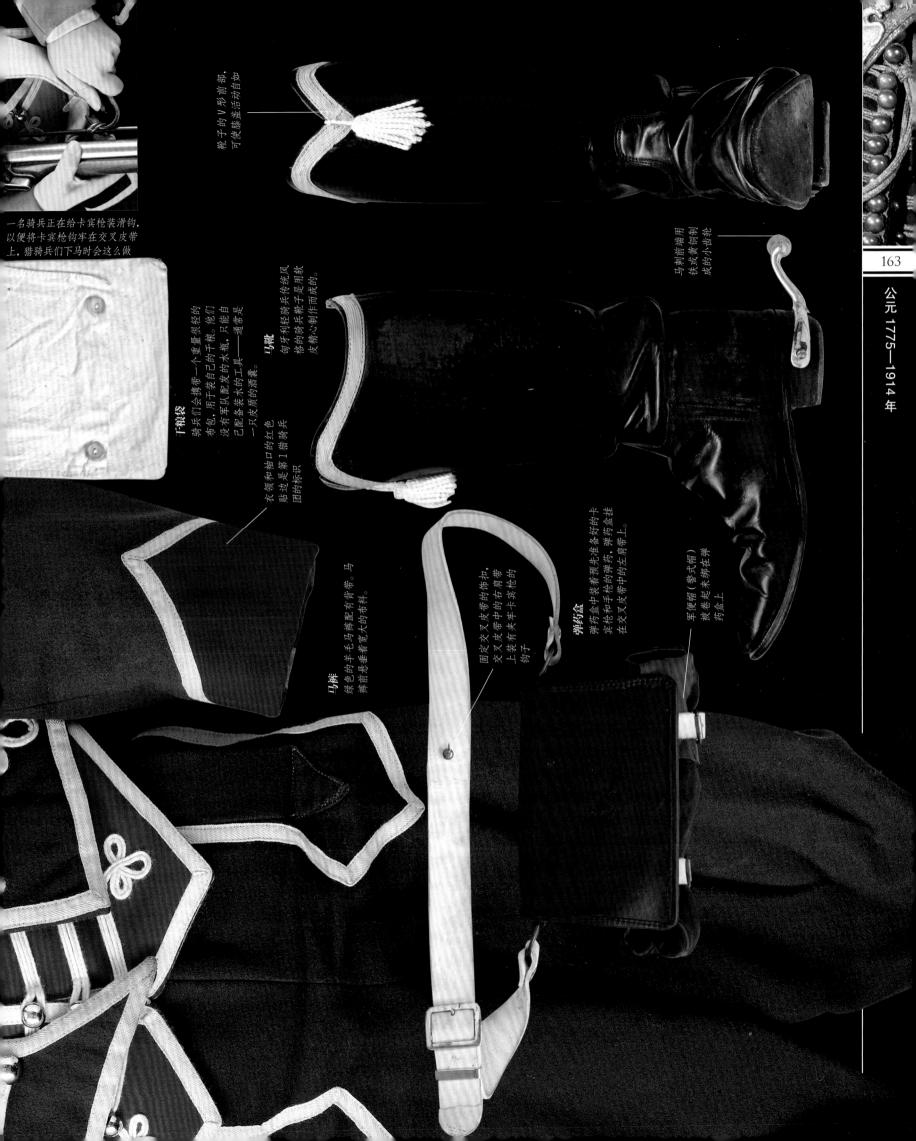

猎骑兵的武器装备

猎骑兵巡逻时会携带许多武器，包括马刀、卡宾枪，有时还会带上两把手枪。他们的主要武器是马刀——如遭遇敌军身处险境时，需要花费大量时间为火器重新上膛，所以火器只有在紧急情况下才会派上用场。显而易见地，猎骑兵们在执行战场散兵和侦察兵任务时，发挥重要作用的不仅仅是他们的武器，还有他们的战马和马具。

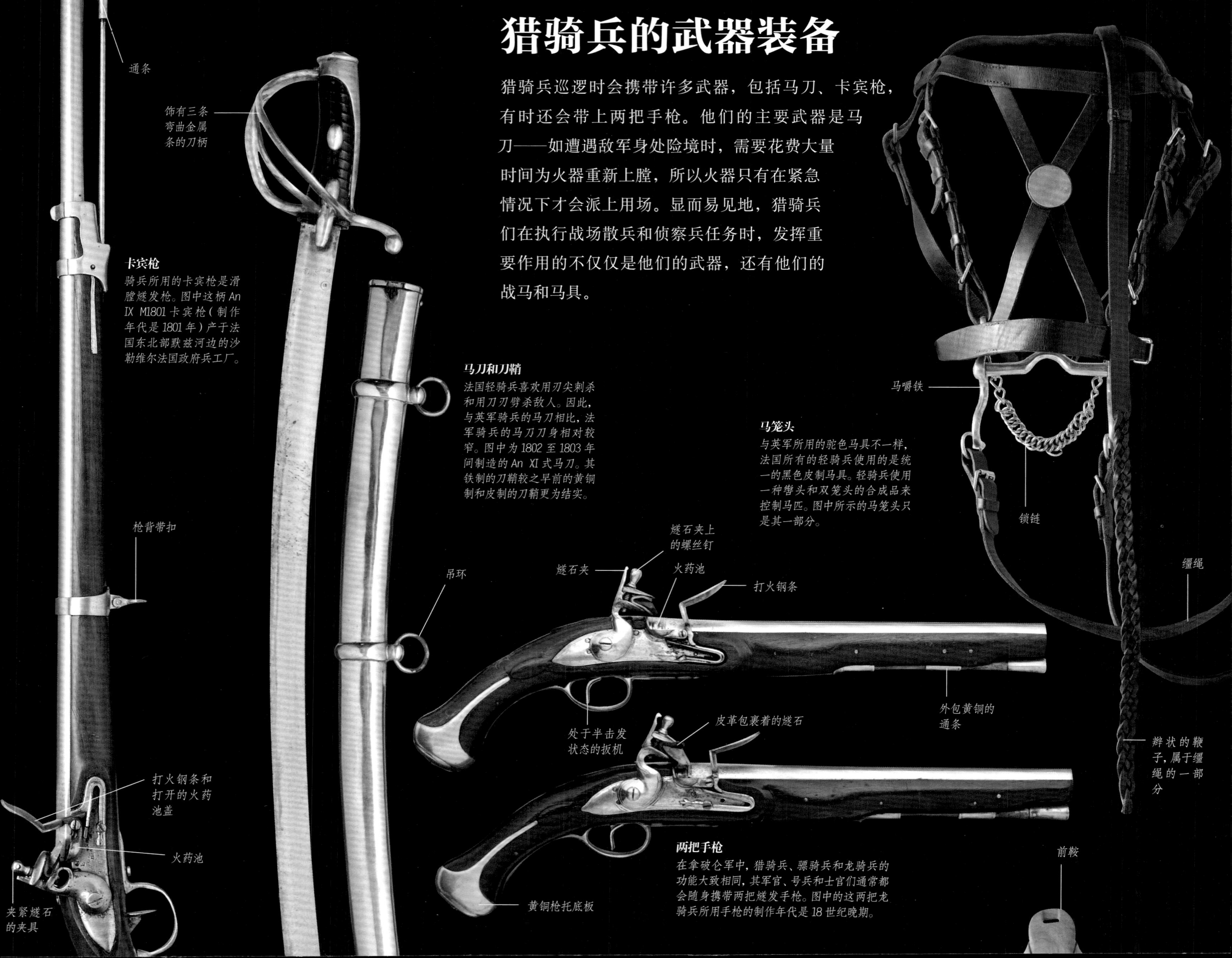

卡宾枪

骑兵所用的卡宾枪是滑膛燧发枪。图中这柄 An IX M1801 卡宾枪（制作年代是 1801 年）产于法国东北部默兹河边的沙勒维尔法国政府兵工厂。

马刀和刀鞘

法国轻骑兵喜欢用刃尖刺杀和用刀刃劈杀敌人。因此，与英军骑兵的马刀相比，法军骑兵的马刀刀身相对较窄。图中为 1802 至 1803 年间制造的 An XI 式马刀。其铁制的刀鞘较之早前的黄铜制和皮制的刀鞘更为结实。

马笼头

与英军所用的驼色马具不一样，法国所有的轻骑兵使用的是统一的黑色皮制马具。轻骑兵使用一种辔头和双笼头的合成品来控制马匹。图中所示的马笼头只是其一部分。

两把手枪

在拿破仑军中，猎骑兵、骠骑兵和龙骑兵的功能大致相同，其军官、号兵和士官们通常都会随身携带两把燧发手枪。图中的这两把龙骑兵所用手枪的制作年代是 18 世纪晚期。

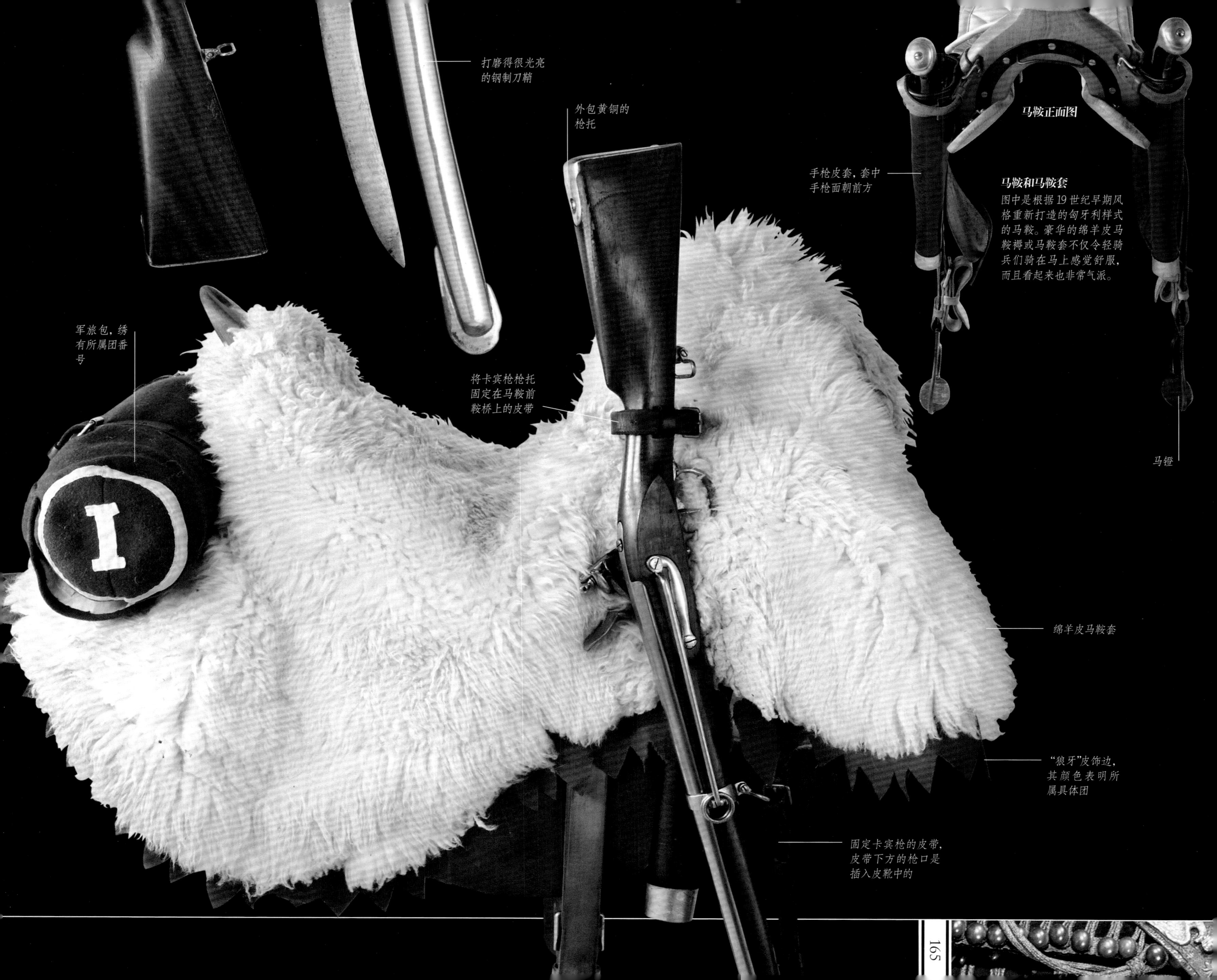

马鞍和马鞍套

图中是根据19世纪早期风格重新打造的匈牙利样式的马鞍。豪华的绵羊皮马鞍褥或马鞍套不仅令轻骑兵们骑在马上感觉舒服，而且看起来也非常气派。

拿破仑军队中的其他士兵

拿破仑在承袭法国大革命传统的基础上创建了他的大集团军，在军队中继续贯彻并深化“公民士兵”的理念。但是拿破仑激励士兵的方式不是依靠革命激情，而是唤醒士兵们的责任意识并且引发他们对于荣誉和光荣的渴望。最终拿破仑大军包括有大约160万出生于法国的士兵以及70多万出生于意大利、波兰和欧洲其他地区的士兵，而死亡人数估计超过100万，其中许多人战死沙场，但更多的士兵是因为艰苦的环境或患病而死在战地医院、外邦监狱里，或甚至直接倒毙路旁。然而，受到激励的士兵们愿为伟大的军事领袖奉献出生命和热血，他们在战场上严守纪律、勇敢无畏、坚韧顽强，甚至1812年远征俄国失败后，在面对持续恶化的外部环境时他们也始终如一，从未动摇。

步兵部队

1804 年，拿破仑大集团军旗下步兵超过 35 万人，分为线列步兵团和轻步兵团。拿破仑战争初期，步兵训练有素，在战场上能够快速准确地完成调遣换防任务。长期四处征战的消耗，以及因伤亡导致的老兵人数的锐减，使得步兵整体的质量再也达不到战争初期的标准。

步兵通常都是征召入伍的，大多数情况下并非自愿。一年一度的征召令下发时，全国就会发生大范围内逃避兵役的情况，也有人重金找人顶替服役。但一般情况下，步兵团的士气还是非常高昂的。新兵们一旦融入到集体之中，并在其中感受到团结友爱的精神，就会很快把军队当成自己的家。

拿破仑的战争风格就是对步兵要求极为严格，行军途中不时伴随着激战。步兵通常连续几周不间断行军，其速度可达到每天 25 千米（15 英里）。一旦离开法国境内，他们会在行军途中烧杀抢掠以补充军需。

战场上，步兵应该常常处于守势。如果展开进攻，则应是称作“尖兵”的一群散兵首先行动，随后，密集步兵纵队刺刀上膛，迎着敌人的火枪齐发向前进，设法与敌军进行近距离战斗或迫使敌军阵形瓦解并逃离战场。这时双方都会伤亡惨重，但不允许士兵们停止战斗帮助受伤的战友。甚至在 1812 年俄罗斯的战役中牺牲了整整一代士兵之后，比任何时候都更缺乏经验的步兵新兵们也从未停止战斗，他们始终充满激情并满怀斗志。

三色（红、白、蓝）帽章
表明所属团的绒球
帽子上的金属贴皮，上面刻有帝国雄鹰和所属团番号
拿破仑步兵所穿制服以深蓝色为基础色调，并配以白色饰边
表明下士身份的横条
上战场时，步兵们一般会穿着宽松的长裤，而不是齐膝的马裤

雷根斯堡围城战
1809 年，法军攻打奥地利时，在雷根斯堡围城战中使用云梯攻城。

步兵所戴有檐平顶筒状军帽

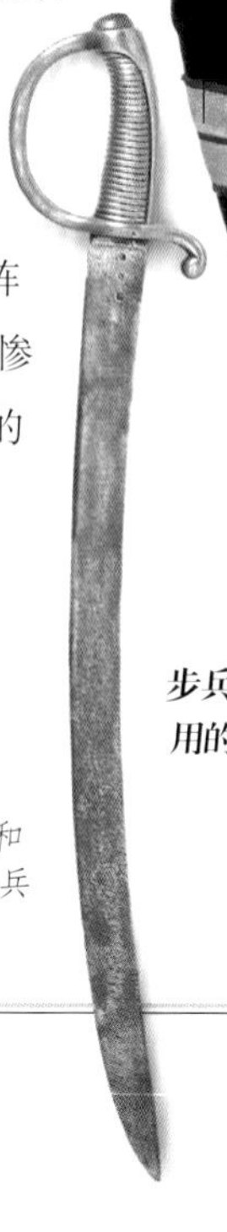

步兵所使用的剑

步兵的制服和武器
与英国红衫军一样，法国步兵的主要武器也是火枪和刺刀。而跟英国红衫军不一样的是，大多数法国步兵会随身携带一柄剑。

波兰维斯杜拉军团

因为拿破仑将大多数波兰人从俄罗斯和奥地利的统治之下解救了出来，所以波兰人积极支持拿破仑的军事行动。维斯杜拉军团曾参加过半岛战争，并跟随大集团军远征莫斯科。

炮兵部队

甚至在法国大革命爆发前，法国炮兵部队盛行的就是技术专家治军制度，有能力的士兵凭借自身的长处向上升迁。拿破仑在战争中的创新主要体现在战术上。他会在战场上决定胜负的时间点，下令加农炮集中火力攻击目标，并且将骑兵炮兵部署在极具攻击性的阵前方位置。

拿破仑的炮步部队非常专业。一组炮手能够在 1 分钟内 3 次发射 12 磅加农炮（M1857 型 12 磅野战炮炮弹）。炮手的工作需要得到马夫和工匠的支持，马夫负责照看马匹和马车，工匠负责维护和修理设备。发射加农炮是项苦活，炮手们的双手和脸部会因染上炮灰而变得黑乎乎的，也会经常因浓烟而看不清目标。1809 年瓦格拉姆战役中，法国炮兵 2 天之内共发射了 9.6 万发加农炮炮弹。骑乘炮兵与之不相上下，他们策马疾驰进入敌军射程范围内，并可在不到 1 分钟的时间内能完成取枪、瞄准、射击的动作。

即使 1807 年后，在军官训练时间急剧减少的情况下，炮兵仍具较高素质。然而，到 1814 年，火药和炮弹长期短缺。拿破仑从未让炮兵达到武器配比的理想状态，即每千名士兵配备 5 门加农炮。

帝国卫队

组建于 1799 年的执政官卫队于 1804 年更名为帝国卫队，它最初只是拿破仑的私人卫队，且人数不多。1804 年帝国卫队拥有约 5000 名步兵、2000 名骑兵及一支炮兵小分队。到 1812 年已发展成为一支拥有超过 10 万名士兵的大型军队。

帝国雄鹰

帝国卫队中所有军事单位都在装备和制服的显著位置上带有象征帝国的雄鹰和皇冠的图案。

帝国卫队的核心力量是从老近卫军中精选出来的老兵。一名士兵想要加入这支精英部队，必须经历过两次战役的洗礼、至少服过四年的兵役并且至少身高 1.65 米（5 英尺 5 英寸）。老近卫军中资历较深的步兵团是掷弹兵团，因为只有他们敢于当着皇帝的面抱怨，所以其绰号为“牢骚鬼”（“爱抱怨的人”）。所有帝国卫队的士兵都享有特权。与线列步兵相比，他们的军饷更高，吃得更好，装备更精良，享有更好的医疗条件。如处在同等职务，卫队士兵则比线列步兵高一个级别，例如，卫队里一名下士相当于线列步兵团里的一名普通的中士。在 1806 年至 1809 年间遴选组建的中近卫军里外国士兵占很大比例，其地位从未企及老近卫军士兵。1809 年开始从每年的新兵中挑选优秀人才组建了青年近卫军，但这支年轻的队伍几乎不能算得上是一支精英部队。

帝国卫队身着全套制服走上战场，威风凛凛，尤其是头戴熊皮高帽的掷弹兵团。然而，拿破仑并不愿意让老近卫军参战，而是将之视为自己的后备力量，不到迫不得已绝不动用。最出名的就是在 1812 年博罗迪诺战役中，法军伤亡惨重，但老近卫军却因未参战而幸免于难，但从此被嘲笑为“长生军”。1815 年滑铁卢战役中，老近卫军不敌英国和荷兰联军的火枪齐发战阵，拿破仑的军事生涯亦至此完结。

滑铁卢战役中的卫兵

随着帝国卫队被迫撤退的消息在战场上越传越广，余下的法军部队的士气遭到了巨大打击。

红衫军方阵

在1815年6月16日的四臂村战役（Battle of Quatre Bras）中，第28步兵团的士兵通过"组成方阵"多次抵抗住了法军骑兵的冲锋。这种与文艺复兴时期的长枪阵类似的纵深四排的刺刀防守，在实战中被证明非常有效。

公元 1808—1815 年

英国红衫军

“一次齐射之后，我们发出了三次欢呼声——三次非常响亮的欢呼声。随后周遭陷入了死一般的沉寂之中。突然他们出现了，号叫着直冲过来，正好迎面撞上我们的刺刀。”

——托马斯·波科克（Thomas Pococke）上尉关于维密尔战役（Battle of Vimiero）的描述，1808年

英国军队曾于1808—1814年在伊比利亚半岛、1815年在滑铁卢两次与拿破仑军一较高下，彼时英军中的绝大多数士兵是从社会最底层征召的。英军指挥官惠灵顿公爵曾说过一句很有名的话：“我军的普通士兵都是社会的渣滓。”然而，事实证明身着红色制服的英国步兵在战场上是勇敢顽强、意志坚定的斗士，无论是将防守严密的要塞城墙撕开裂口，还是直面法军的炮火攻击和刀剑劈砍，他们经受住了战争腥风血雨的考验。

拿破仑战争时期，英国军队中绝大多数士兵或是终身服役（实际上只有25年），或是应战争所需而短期服役的志愿兵。毫无疑问，一些士兵入伍是将军队视为逃避坐牢或其他私事的避难所。犯了诸如盗窃之类小罪的人，可能会选择进入军队，因为这样就可以逃脱被起诉的命运。债务缠身的人为了躲债，会视军队为其庇护所。为摆脱穷困，许多人也会选择参军，特别是处于半饥饿状态下的爱尔兰人。

国王的先令

积极向上的军营生活也会吸引满怀激情、踌躇满志的年轻人参军入伍，以“领取国王的先令”。驻扎在当地的兵团积极征召那些“心脏加速跳动，只为踏上荣耀之路”的年轻人。一支征兵队大概包括一名军官，几名士官（未委任军官）以及一名鼓手，征兵队会在公共场所搭台建棚，接受志愿者报名。1797年入伍的约翰·西普后来回忆他是如何被征兵宣传激发了对军营生活的美好向往的：“训练时快乐的生活，战场上火枪齐射、大炮轰鸣、军鼓声声、军旗招展，队伍猛冲向敌营，发出阵阵胜利的呼喊！”征兵队也会向可能应征的人们持续不限量地供应酒，许多人带着宿醉醒来，冲动之下应征入伍，做出承诺将一生献给国王和祖国；当然，一旦清醒，则后悔莫及。

荣耀之路

拿破仑战争时期，军队急剧扩编，兵源极度短缺。因此，为吸引平民入伍，政府提供了大量现金奖励，例如，1805年每人为12个基尼（英国旧时金币名）。当连现金奖励的诱惑都不足以征召到足额的兵源时，大量的民兵被征入伍，操作程序同样秉承自愿的原则，与正式的征兵制度相差无几。作为国内的维稳力量，民兵组织成员由投票产生，对于转入军队服役，他们是非常愿意的。民兵的训练和生活同军队一样艰辛，但却缺乏正规军队生活的冒险与刺激。

通过多种手段和方法，到1813年英国招募了一支约30万人的军队，而其和平时期的军队人数只有约5万人。旷日持久的战争也让军官的需求剧增。英军军官绝大多数来自级别较低的贵族或士绅阶层，牧师家庭出身的占了大约十分之一。这些军官未必富裕，但没钱没社会关系的人是不可能在军队里有大好前途的。升官通常是与花钱行贿、出钱赞助及年资联系在一起的。

红衫军列阵

在拿破仑战争期间，英军通常采用防守型战术，两排步兵列阵对抗冲锋而来的法军纵队。战场上英军以一个营为单位列队布阵，阵列的一头部署一队轻步兵（见上图），而另一头则部署掷弹兵。轻步兵也经常脱离阵列，在战场上发挥散兵的作用。为与身居阵列中部的战友们区分开来，他们头戴插有绿色羽状绒饰的有檐平顶筒状军帽（见右图）。

轻步兵的有檐平顶筒状军帽，帽顶插有绿色羽状绒饰

崔特背包

步兵背包，也称作“崔特背包”(Trotter pack)(见右图)对于士兵们来说，是极度厌烦的一样负重。有士兵抱怨说：“我相信步兵部队里许多战友就是因为背包太重而倒地身亡的。”最右图为1815年在乌古蒙(Hougoumont)的战斗中，英军第1近卫军轻步兵连抵抗法军凶猛进攻时的场景，由图可见士兵们在战场上甚至也没有卸下如此沉重的背包。

如果一名军官在战场上表现英勇，同时既和蔼又体恤手下士兵，那士兵们会为拥有这样的军官而感到骄傲且自豪……据我的经验，在我服役的部队中士兵们最喜欢有绅士风度的上司。

——步兵哈里斯（Harris），《回忆录》（*Recollections*），1808 年

一名普通军官职业生涯的第一步有可能就是先就任其父母花费大约 500 镑为他买的一个少尉的职位，这也是最初级的军衔。如果在他服役的团里少尉以上的职位出现了空缺，他也可以再次出钱购买。军队里也会偶尔出现一些不需要花钱就能得到的职位，但这必须严格按照年资而定，但也为那些没钱的士兵开通了一条缓慢的升职路线。有时候，在战场上立下赫赫军功，或者结交了身居要位的有影响力的朋友，也是不用花钱就能得到快速升迁的方式。普通士兵能升职当官不常见，但也确实有。军官中大约有二十分之一是由普通士兵升上来的。

军官们在战斗中往往表现勇敢，是可以信赖的指挥官，由于与法战争旷日持久，越来越多的军官在战争中历练成长为称职能干的指挥官。跟大多数军队一样，英军中有一些军官颇受手下士兵们的尊重与崇拜，而也有一些军官则为人所鄙视，被认为蠢笨差劲。不管哪种情况，军官在士兵心目中的印象是由其手下的军士和军士长的表现决定的，他们是连队中最有经验和最专业的士兵。通常情况下，军士长原本是普通士兵，通过表现良好或立功受奖而获得提拔而上。他不仅应具备一定的军事才能，还得有一定的文化基础，有处理事务性工作的技能，因为他的管理职能中包括大量的日常文书工作。

训练与纪律

拿破仑战争时期的英军与 18 世纪时欧洲其他国家的军队一样，其步兵在战场上的优秀表现全靠平时的严格训练以及严厉的纪律约束。步兵的主要武器是被称为“布朗·贝斯”的燧发火枪。精准度不高的燧发火枪使训练一致的火枪齐发成为必要战术——普通士兵在其中是没有发挥个人主动性的空间的。当大家都认为社会肯定是不公平的时候，那么也会认为下等人应接受野蛮的处罚方式。体罚是理所当然的，否则来自下层社会的士兵们就会很快沦为一群无组织无纪律、没有担当的乌合之众。如果违抗上司命令或犯下诸如酗酒之类的不正当行为（士兵酗酒当然是经常发生的事情），鞭刑是寻常的处罚方式。这套体制的设计目的在于创建一支无条件服从命令的步兵队伍，当他们走上战场时，能顺利完成调遣换防任务，及操作燧发枪时，能在尽量不误伤战友的同时给予敌人最大的打击。

然而，到了 19 世纪，军队的一贯做法遭到了权威人士的批评后，军队着手进行改革。轻步兵 [其昵称为“轻鲍勃”（light bobs）] 和来复枪团在半岛战争中为线列步兵提供了强大的支持，表现出了极强的战斗力。在此战中，英军鼓励士兵在一定程度上发挥个人主动性，并尝试在指挥风格上作出一些调整，与士兵相处是基于互相尊重的基础上，而不是让其因惧怕惩罚而被迫服从指挥。

不论在任何情况下，大多数士兵都一心想要在战场上建功立业，其原因比常人想象的更复杂，有常见的同辈压力，还有在所有战斗团体中都存在的朋友情和战友情。士兵们对兵团及其传统有强烈的认同感，他们时常为了护卫极具象征意义的兵团旗帜而战斗至死，而对国王和国家的忠诚也是其战斗驱动力。

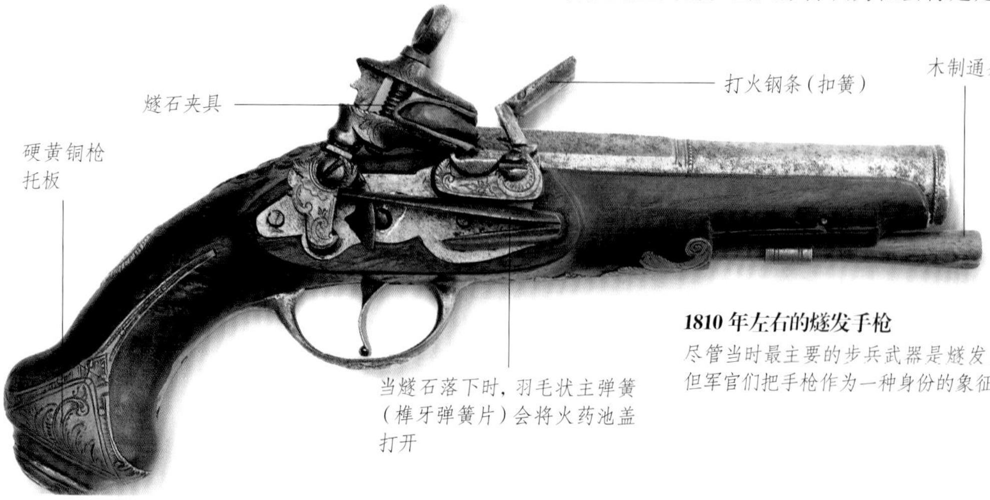

1810 年左右的燧发手枪

尽管当时最主要的步兵武器是燧发火枪，但军官们把手枪作为一种身份的象征。

火枪操作训练

英国红衫军以面对敌人炮火固守其坚定执著的战斗风格而闻名，这是严格的训练、严明的纪律以及长期战场实战的成果。

然而，就整体上来说，爱尔兰人不管是作为自己民族兵团的一员，还是英格兰兵团的一分子，身为天主教徒却为新教国王而战，加之他们来自一个正在酝酿一场反抗英国统治的活动的国家，其在战斗中的表现可以说是极其忠诚且值得信赖。

出征途中的军队

半岛战争中惠灵顿统率的是一支复杂的、在某种程度上笨重庞大的军队。这支军队的士兵来自不同的国家，不仅有苏格兰和爱尔兰人，还有许多来自联合王国之外的部队，最出名的就是英王德意志军团。步兵团并未与骑兵团或炮步团整合为一体，而是作为独立个体与他们并肩战斗。步兵这个兵种本身包括了各种不同的队伍：线列步兵“中心连”、作为“翼侧连队”的轻步兵、来复枪兵以及掷弹兵团队，每支队伍都有各自的制服和作战方法。除了作战士兵外，还有大量的随军人员，比如资历并不可靠的外科医生、牧师、兽医、军乐队队员和鼓手、战场上挖掘壕沟和在攻城战中深挖地道的工兵、安排给养的物资管理人员等。远征大军里还包括长长的一支交通运输工具和牲畜队伍，以及随行的附属人员。例如，随军队伍里会有大批的牛群，1813 年的战争中每天会宰杀 300 头左右供士兵食用。随军附属人员包括妓女，但也有军人的妻子，甚至有的军人全家随军，有记录显示某团开拔西班牙时，随军家属包括 48 个军人妻子及 20 个孩子。

战争进入错综复杂的拉锯战，军队在葡萄牙和西班牙之间年复一年地往返征战，这对士兵的耐力是一种极大的考验，特别是在炎热的夏季。一名普通士兵负重约 25 千克（60 磅），一天的行军里程可达约 25 千米（15 英里）。有时候军队会连续行军长达 30 天，每天日出上路，天黑落脚。来复枪兵哈里斯形象生动地描述了 1809 年拉锯战中英军向科伦纳和维哥撤退时的艰辛：“在这段漫长的旅途中，我们十分痛恨肩上沉重的背包，其程度不亚于仇视敌人。许多人沿途倒毙，我相信他们就是因为不堪重负而死，本来他们都能顺利到达终点的。”直到 1813 年，军队都未发放帐篷，士兵们要么随地找点材料搭建简易小棚屋，要么直接露天席地而睡。在整个半岛战争期间，英军士兵因发烧和疲劳致死的概率极大。

打开突破口

攻城战在半岛战争的一系列战役中占据了重要的地位，而红衫军的精神及缺点在攻城战中全然暴露。罗德里戈、巴达霍斯及圣塞巴斯蒂安等要塞城防均是经过长期的战前准备后被强攻夺下的。一名中尉曾说，在士兵的所有任务中，“攻城战是最令他们焦躁和厌烦的任务”。当炮手和工兵们谋划如何在要塞城墙上撕开一道口子时，接连几周，士兵们只得匍匐在敌墙下的壕沟中，成为敌人狙击步枪和迫击炮打击的固定靶子。

强攻巴达霍斯

1812 年 4 月英军突击队准备强攻巴达霍斯要塞。强攻最终取得胜利，其间共有约 3000 名英国以及葡萄牙士兵战死。

肩扛火枪的英国佬一片静默，站姿坚定沉着，看上去仿佛是一道长长的红墙……他们开始射击。英军平稳集中的火枪齐射打乱了我们的队伍。

——半岛战争中的法军步兵部队军官托马斯·彼固德（Thomas Bougeaud）

一旦打开缺口，士兵们就要想方设法攻破这道敌方拼死防守的缺口，并且是在十分危险的处境下。强攻缺口的任务由一名下级军官率领一群毛遂自荐的军人完成，这群军人历来被称为敢死队。这项极其危险的任务并不难找到自愿者，反而竞争十分激烈，特别是对于那些一心想要升迁的军官们尤其如此，因为他们一旦幸存下来，就必然会升迁。

强攻在夜幕的掩护下进行，但是当敢死队冲向堆满碎石瓦砾、常常遍布法军陷阱的城墙缺口时，不可避免地会遭遇法军强大的炮火攻击。一支200人的敢死队在巴达霍斯攻城战中牺牲了大约180人。敢死队先行，突击队随后，突击队里一些队员还扛着梯子。突击队员们踩着战友的尸体前行，他们的牺牲也会十分惨重。当时的战争规则是，一旦一座城堡的城墙被攻陷而守军仍然拒绝投降，那么攻方一旦拿下这座城堡，就有权在城中肆意劫掠。在罗德里戈、巴达霍斯以及圣塞巴斯蒂安等城堡要塞被成功拿下后，惠灵顿手下士兵充分享受了此项权利。历尽艰辛取胜的英军士兵为了发泄心中的恨意，立即展开报复行动，在杀人、强奸和抢劫的“盛宴”中，平民沦为牺牲品。

战场上

与法军正面对决时，英军一脱之前洗劫巴达霍斯城时醉醺醺、暴戾恣睢的模样，以专业步兵的形象走上战场。他们的“坚定执著”最让人惊叹，那些曾经亲历过拿破仑战争中极度恐怖血腥战场场景的士兵们对英军的此项素质十分崇敬。身无片甲的英国军人直面敌军的大炮、火枪、刺刀、骑枪和马刀时绝不退缩、坚定顽强，其伤亡必然惨重。1811年在阿尔布埃拉（Albuera）的战斗中，英国步兵遭遇法军猛攻，大约三分之二的士兵伤亡，但是他们仍然坚守阵地。有士兵骄傲地写道：“战友们像撞柱游戏里的小木柱一样接连被击中掀翻，活着的战友仍然死守，没有后退一步。”

在半岛战争一系列的战役中，惠灵顿着手利用英军的长处在战斗中采取守势，值得一提的是1810至1811年间在里斯本郊外，他率军顽强坚守托尔斯－维德拉斯阵地，彰显了英军的优秀素质。然而稍晚些时候，惠灵顿率军与葡萄牙和西班牙联军并肩战斗，才有机会展示出了其卓越的进攻能力，尤其是在1812年著名的萨拉曼卡战役（Battle of Salamanca）中，英军采用了经典的作战部署方法，其步兵先以纵队进攻，后因法军士兵阵形在战场上太过分散，重组排成行向着法军勇敢前行。

滑铁卢勋章

这是颁发给在利尼、四臂村和滑铁卢战役中表现英勇士兵的勋章，也是军队里通发给各种军衔军人的第一枚勋章。超龄服役两年的老兵也可以获得此勋章。

步兵方阵

在1815年的滑铁卢战役中，法军胸甲骑兵向第42高地团发起冲锋。当步兵营组成刺刀密集方阵时，骑兵冲锋无法攻破其阵形，几乎无计可施。

英军骑兵曾被惠灵顿嘲讽为一群无法无天、装模作样、贪得无厌的人，这次他们在战场上却表现得异常勇猛，对敌军的进攻大胆果敢，战功卓著。法军几近全面崩溃，伤亡大约 7000 人，被俘数目也与之相差无几。

滑铁卢

然而，半岛战争的一系列战役对于法军来说不只是一个插曲，法军的资源和人力在这场战争中损耗严重。正是 1815 年与拿破仑在滑铁卢之战中的较量极大地考验了红衫军的战斗精神，让其尽显英雄本色。当惠灵顿的手下利用小山背面的山坡作为掩护，一有危险即刻卧倒，威名远扬的法军炮兵只能发挥极其有限的作用。在野战炮兵部队发射的葡萄弹和霰弹炮火，以及排列成行的步兵火枪齐射的支援下，法军骑兵纵队的大规模进攻被英国和荷兰联军击退。正如同惠灵顿曾经说过的那样：“我认为敌军纵队一股脑儿向我方发起冲锋并与我方阵线相逢相杀的时候是最有趣的时候。”当法军骑兵向前冲锋时，英军步兵列成方阵誓死抵抗法军，绝不后退一步，法军骑兵围绕方阵一次又一次地发起冲锋，如同“海上一波又一波巨大的海浪冲击着海滩，却被海滩一次又一次地拍碎”。英国援军普鲁士军队的到来令当天的战斗决出了胜负，尽管打了胜仗，但惠灵顿手下大军仍然伤亡惨重，伤亡 1.5 万人。

红衫军战场战术

在拿破仑战争时期，所有的步兵部队都使用同样的战场部署方法，例如纵队队形（战场上协调行动、组织进攻时最理想的队形）及线列队形（火枪齐射时的最佳队形）。战场上，法军炮兵发射出实心弹、榴弹和霰弹，其威力迫使英军步兵尽可能地寻找隐蔽处。惠灵顿喜欢让自己的士兵以小山背面的山坡作为掩护，以使敌军的枪炮不能发挥作用，当一切准备就绪，才与敌军正面对决。

英军步兵列队成行，纵深两排。来复枪兵在战场上发挥散兵的作用，故以松散队形部署在线列步兵与敌军之间。军官和军士在战阵四周忙于组织协调、监督动员工作。一排步兵射击的同时另一排步兵为火枪重新上膛，步兵们一分钟可齐射六次，火力足可对冲锋而来的敌军造成极大伤亡。如遇骑兵冲锋，步兵们会组成刺刀方阵对抗骑兵。步兵刺刀方阵几乎坚不可摧，除非敌军炮轰击破方阵，骑兵才能乘虚而入。

营纵队

一个营下属 10 支连队，每支连队大约有 50 名士兵。单个营在战场上以纵队列阵，随后为与敌军交战，纵队队形会转换成线列队形。两支连队（轻步兵和掷弹兵）位居侧翼，时常会脱离队形，在战场上发挥散兵的作用。

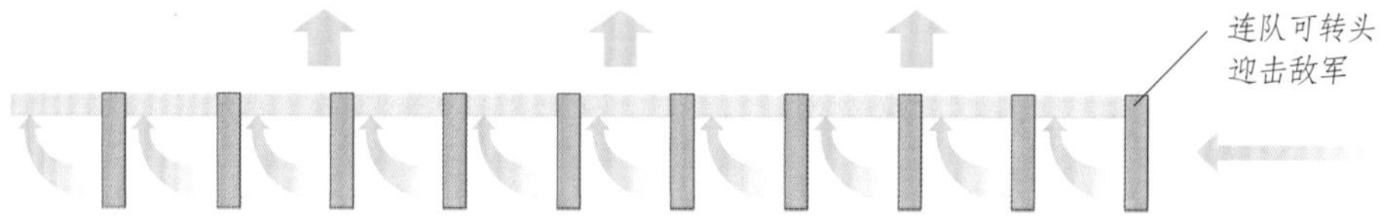
连队可转头迎击敌军
轻步兵
掷弹兵
8 支位居中间位置的连队

线列步兵连队

步兵排列为线阵，纵深两排，采用火枪齐射战术，每行一分钟可上膛三次。这样的上膛速度导致每营每分钟可向敌军发射 1500 发子弹，如此密集的火力可摧毁法军纵队。火枪齐射后步兵再进行刺刀冲锋。

线阵侧面图

单连线阵排列

连队方阵

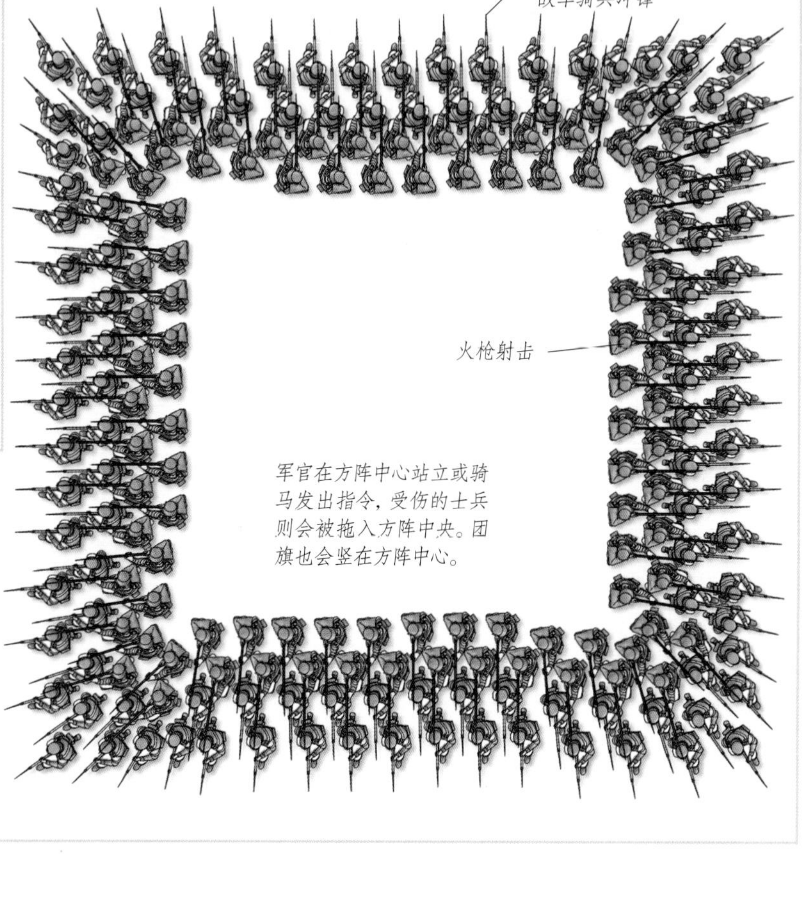
刺刀林立，对抗敌军骑兵冲锋
火枪射击
军官在方阵中心站立或骑马发出指令，受伤的士兵则会被拖入方阵中央。团旗也会竖在方阵中心。

连队方阵

步兵刺刀方阵源于中世纪晚期终结骑兵战场主导地位的长枪方阵。步兵方阵纵深四排，装上刺刀，一致对外，实施全方面保卫措施。前排坚守阵地，后排瞄准齐射。

方阵侧面图

红衫军制服

图中所示为拿破仑战争时期英国轻步兵的制服。他们跟线列步兵一样身穿耀眼的红色上装，当战场上硝烟弥漫时，鲜艳的色彩有助于分清敌友。战场上穿隐蔽色系服装是不可取的，甚至对于有可能发挥散兵作用的轻步兵来说也是如此。如同“烟筒”般的有檐平顶筒状帽在1801—1802年间被采用为英国步兵军帽。

> 我不知道这些士兵在敌军心目中的印象，但是上帝啊，他们确确实实吓到了我。
>
> ——惠灵顿公爵，半岛战争，1809年

有檐平顶筒状军帽
圆柱形、如同“烟筒”般的有檐平顶筒状军帽是带皮制帽舌的毛毡帽。帽上徽章为一把军号。徽章与帽顶绿色的羽状绒饰均为轻步兵的标识。

制服上衣
普通士兵的制服是砖红色单排扣短上衣。衣领、袖口和肩带上的绿色贴边，以及饰带的形状、颜色和间距都是轻步兵特有的标识。军官制服是双排扣短上衣，其颜色比砖红色更显鲜艳。

肩带在胸前交叉

轻步兵翼状肩饰

简单朴素的
白镴扣子

裤子
半岛战争期间，轻步兵的下装不再是白色马裤和黑色护腿，而是图中所示的由厚羊毛制成的灰色马裤和护腿，夏天穿着会感觉十分闷热。

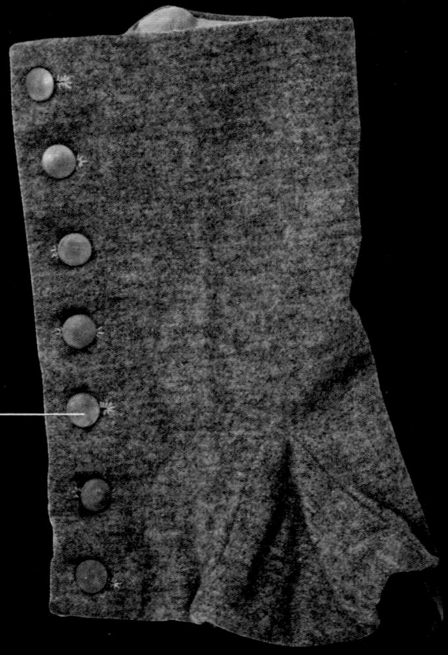

扣子用砖
灰和氨水
处理过

护腿
在那个没有靴子的年代，士兵们可穿上护腿以防石头进入鞋内。护腿穿在裤子里面，长及脚踝，需要系扣。

护腿上的皮
带需要绕踏
到鞋底

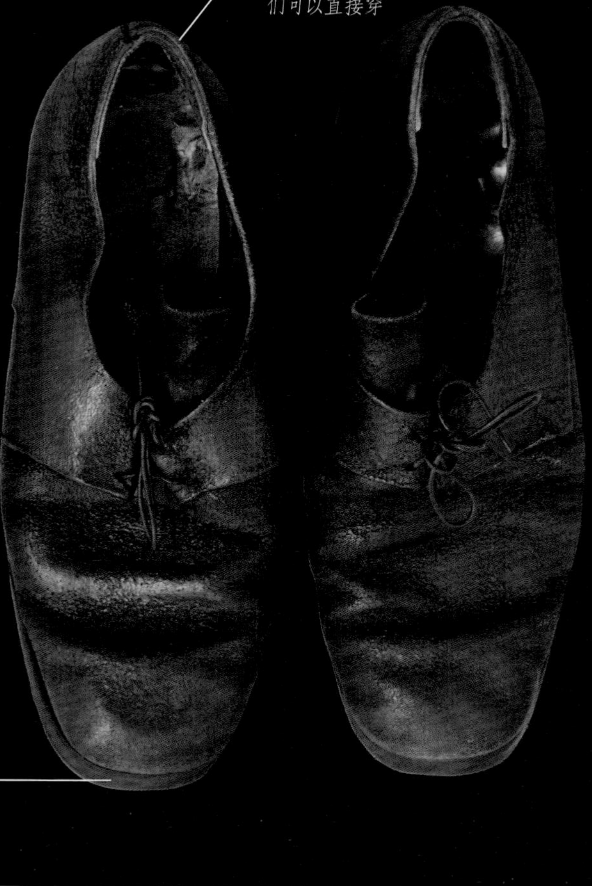

因为鞋子不分左
右脚，所以士兵
们可以直接穿

鞋
鞋子为直式鞋型设计（不分左右脚），通常质量极差。每名士兵一年只发两双鞋。

鞋底常常是仅用
胶水粘在鞋帮上

……的刺刀和军用水壶

系紧羊毛护腿

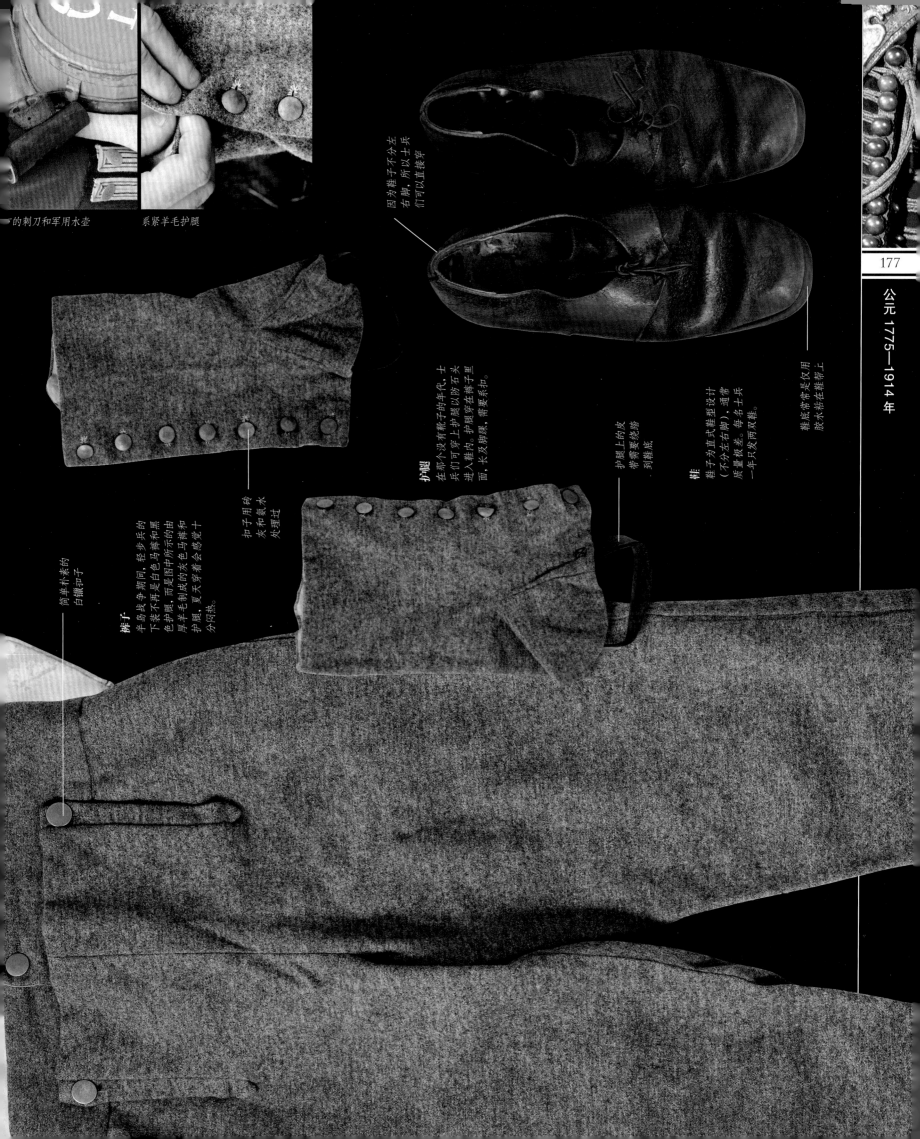

红衫军装备

英军士兵最重要的装备就是他们的武器，被称作布朗·贝斯的燧发火枪。其他装备还有大衣、毯子、粗帆布背包、小锅、食品包、军用水壶和弹药。全副武装的士兵一天行军大约25千米（15英里），沉重的装备让士兵苦不堪言。参加过半岛战争的步兵本杰明·哈里斯的笔下就曾描述过这样的情况：“许多人沿途倒毙，我相信他们就是因为不堪重负而死。”

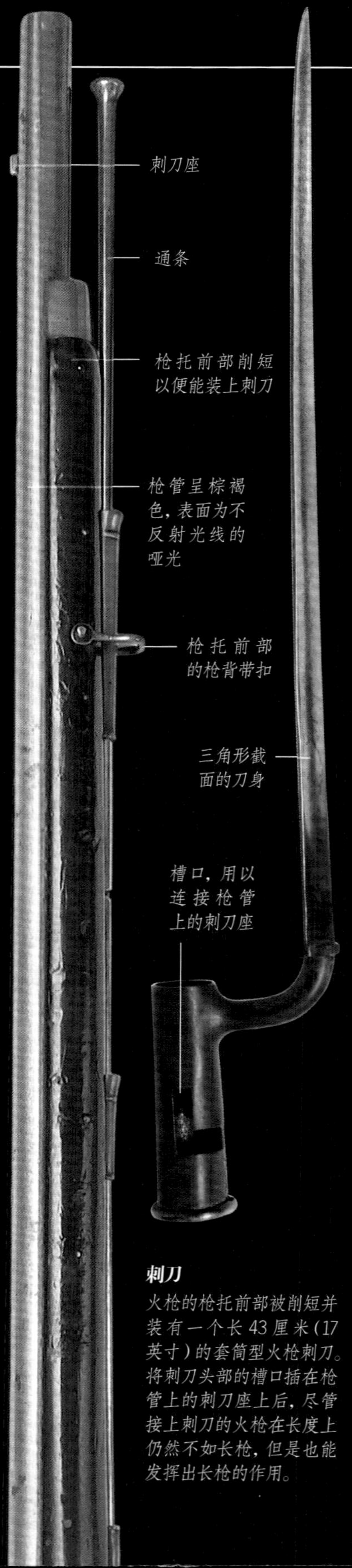

刺刀
火枪的枪托前部被削短并装有一个长43厘米（17英寸）的套筒型火枪刺刀。将刺刀头部的槽口插在枪管上的刺刀座上后，尽管接上刺刀的火枪在长度上仍然不如长枪，但是也能发挥出长枪的作用。

弹药包
弹药包中可装60个弹药筒，每个弹药筒中均含有弹丸和弹药。弹药可作为起爆火药和发射火药，而弹药纸则用作软填料，以防止弹丸从枪管中滑落出来。

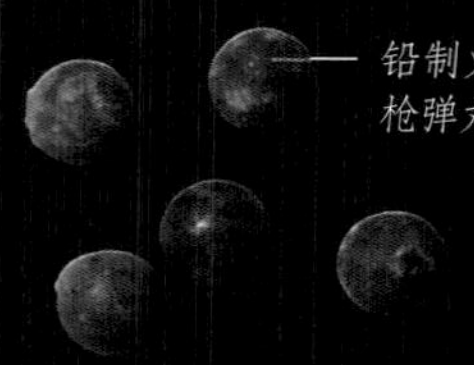

弹药
发射火枪首先需要用嘴咬开弹药筒（纸包定装弹）的一端，将一些火药洒在火药池中用作引药，然后关闭火药池，将剩余火药，也就是发射药倒入枪管中，随后将弹丸和弹药纸也放入其中。取下通条，将枪管内的火药、弹丸和弹药纸捣实，燧石撞击钢片引燃起爆火药，从而点燃发射药，使火枪发射。

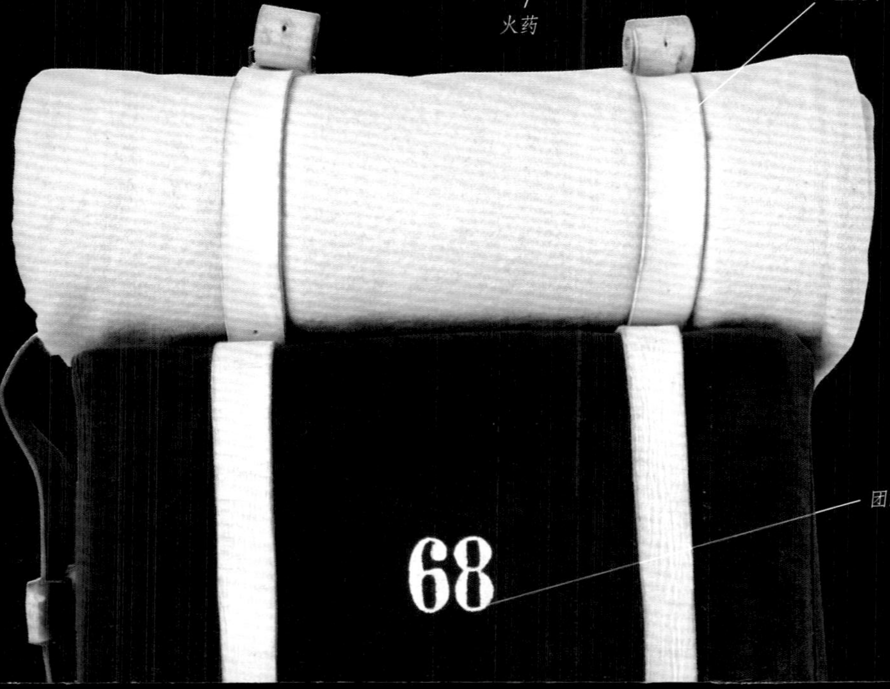

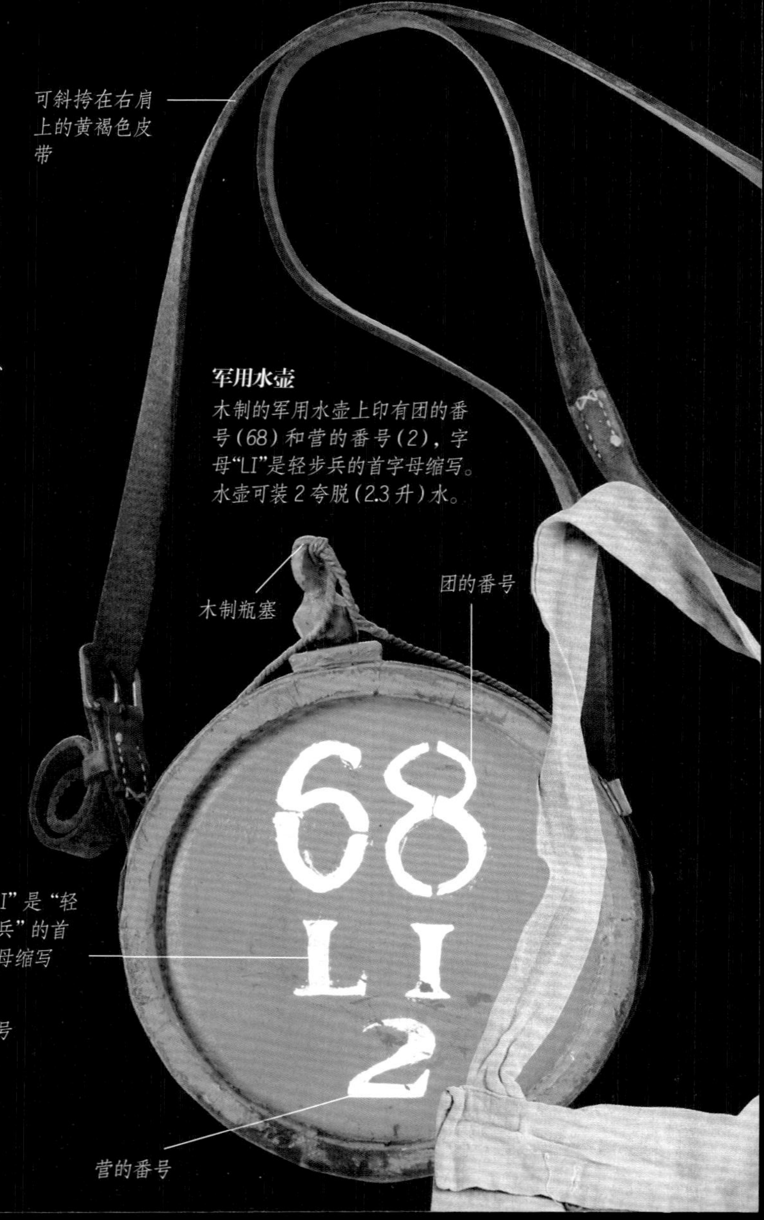

军用水壶
木制的军用水壶上印有团的番号（68）和营的番号（2），字母“LI”是轻步兵的首字母缩写。水壶可装2夸脱（2.3升）水。

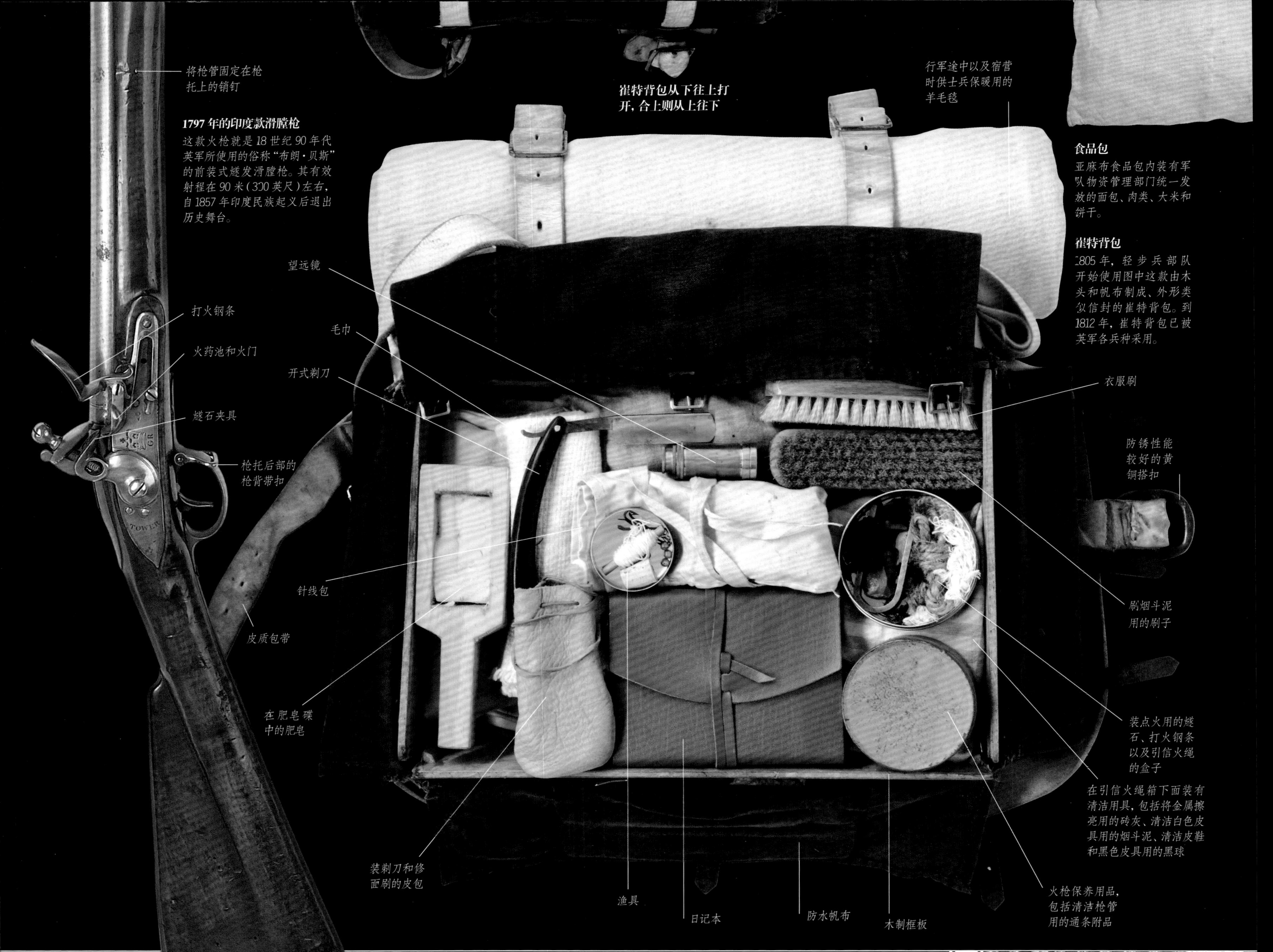

1797 年的印度款滑膛枪

这款火枪就是 18 世纪 90 年代英军所使用的俗称“布朗·贝斯”的前装式燧发滑膛枪。其有效射程在 90 米（300 英尺）左右，自 1857 年印度民族起义后退出历史舞台。

食品包

亚麻布食品包内装有军队物资管理部门统一发放的面包、肉类、大米和饼干。

崔特背包

1805 年，轻步兵部队开始使用图中这款由木头和帆布制成、外形类似信封的崔特背包。到 1812 年，崔特背包已被英军各兵种采用。

公元 1793—1815 年

英国海军

“

战斗中硝烟弥漫，我们常常无法分辨对方是敌是友，再加上轰隆隆的枪炮声震耳欲聋，我们什么也听不清，只有留意敌军大致的行动态势。

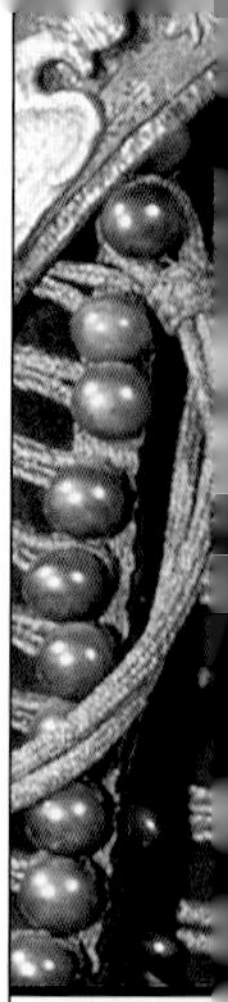

在1793至1815年的英法战争期间，英国皇家海军战绩卓著，不论遭遇与自己势均力敌抑或强于自身的对手，都取得了一系列重大战役的胜利。而其在战场上的优秀表现则源于一套完善的军队训练和管理体系，包括最基层的普通水手在内的各级别军人都拥有成熟的航海技术以及卓越的战斗技能。然而，有一点必须承认，那就是许多水手是被强征入伍的，在军队严厉的纪律约束下，军营生活的艰苦也是出了名的。

霍雷肖·纳尔逊（Horatio Nelson）是英国最著名的海军将领，他在1771年12岁时就加入了英国皇家海军，在其舅舅担任舰长的军舰上服役。不过这点没什么值得大书特书的，英国皇家海军军官大多数都出身于体面家庭，例如，纳尔逊的父亲是位牧师。他们至少应在14岁前参军，会通过某位亲戚或庇护者，或者因认识某位军舰上的舰长而找到差事，尽管船上生活较为恶劣，但军队为大家提供了诱人的职业前景。新入伍的男孩子们会学习复杂的军舰操作方法，包括错综复杂的航海技术，并且服役6年后有望通过考试而晋升为海军上尉。如果其庇护者有足够大的影响力，或者获得了上司们的青睐，年满21岁时有可能会成为一艘小军舰的舰长，他们也相信如果自己活得够长，未来的某一天会仅凭年资而荣升海军上将。军队里不仅有升职的机会，如遇战争，还有发财的机会，因为海军部会给擒获敌舰的官兵们颁发奖金。舰长如果运气好截获大量满载货物的敌军商船，那么他一夜暴富也是有可能的。

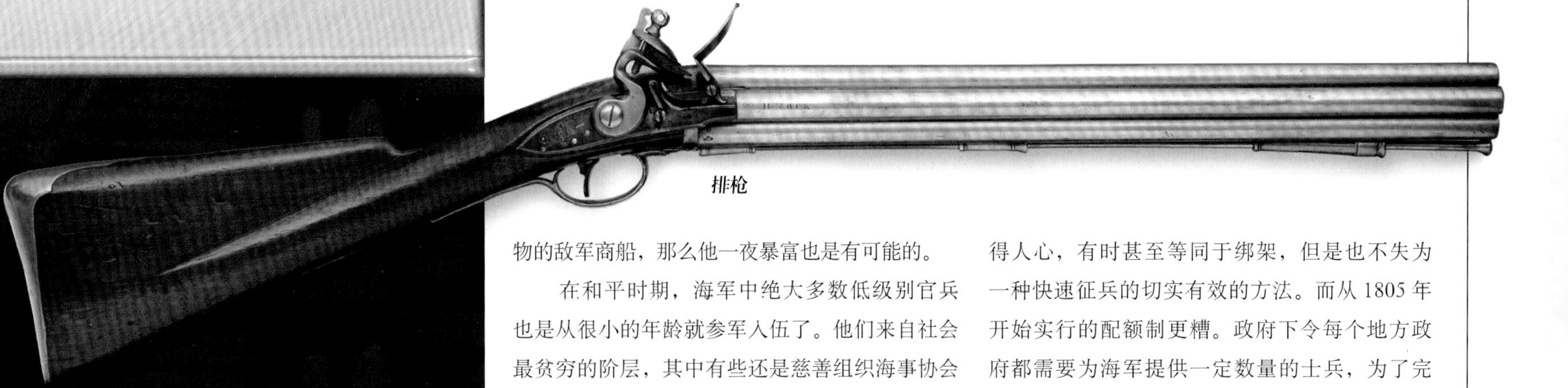

排枪

在和平时期，海军中绝大多数低级别官兵也是从很小的年龄就参军入伍了。他们来自社会最贫穷的阶层，其中有些还是慈善组织海事协会救助的流浪儿童。他们十一二岁就当上了一名最普通的水手，在船上从事最低端的工作，例如担任某位军官的仆从，或者动物看管员，那时海军出征会带上一定数量的动物以作为新鲜食物的来源。日复一日，他们在服役期间不仅练就了一身强壮的肌肉，而且还掌握了相关的海上生存技能。他们学会了光着脚在上下左右颠簸的甲板和绳索上灵活移动，因为多年来不停地抬举重物和牵拉缆绳也成就一名水手应有的宽肩阔胸的健美身材。这样的长期志愿兵便成为英国皇家海军的中流砥柱。

战争时期的海军

然而，在战争时期，海军士兵的数量剧增，例如，1793年法国大革命开始时仅有4.5万名士兵，到1799年就增加到了12万名士兵。如果没有臭名昭著的强征入伍（抓壮丁）制度，是不可能完成如此大额的征兵任务数的。英国皇家征兵队在各大港口码头四处搜索经验丰富的水手，例如那些在商船或内河船上供职的船员们，强征其入伍，为英国皇家海军服务。在海上同样如此，战舰会逼停商船，强迫商船船员中的佼佼者加入海军。强征入伍制度极为不得人心，有时甚至等同于绑架，但是也不失为一种快速征兵的切实有效的方法。而从1805年开始实行的配额制更糟。政府下令每个地方政府都需要为海军提供一定数量的士兵，为了完成配额任务，通常情况下，地方政府最终不得不清空监狱，用囚犯来充数，于是这些犯下各种轻微罪行的囚犯就此登上军舰成为水兵，而他们之前却是一生在陆地上生活、从未出过海的人，其中大多数人还是斑疹伤寒患者。

特拉法加海战

尽管纳尔逊已经受伤并倒在了"胜利"号的甲板上，但他手下那些训练有素的士兵们仍然各尽其责、各司其职（见上图）。在身穿红色制服的海军陆战队员们的协助下，水手们正在发射臼炮（一种装于船上宜于近距离射击的短筒加农炮）。多枪管排枪（见右图）是那个年代不常见的武器，用来射杀成群攻上战舰的敌军士兵。

强登敌舰

手持短弯刀的英国海员以及手持火枪的英国水兵正在强行攻占一艘法国战舰。

海上军旅生活

士兵们一旦登上军舰，就等于进入了一个封闭的复杂社会，舰长几乎拥有绝对的权力。舰长的性格决定了其手下士兵们的生活幸福程度，有的舰长让人难以忍受，而有的舰长不仅对手下官兵十分关心，同时也在军舰上维持了良好的纪律和秩序，创建了一支能够高度发挥主观能动性的队伍，每名成员都自觉自愿做好本职工作。水手们两班倒，这样军舰一天24小时都有人值守。除了轮班，每名水手还是一个8到10人小组的成员之一，小组成员通常会构成一个团结的小集体。

生活条件

舰船上的生活条件和工作条件都非常艰苦。无论天气情况如何，船只都必须出海，船员们当然会长时期处于各种各样的危险境地之中，许多人甚至付出了生命。即使船上一尘不染，拥挤的居住空间也利于疾病的传播。船员死于疾病的永远大大超过战死的，特别是在西印度群岛这种环境恶劣的地区。然而，较之那个年代的标准来说，船员们的饮食条件尚可，每天都有定量的腌肉、豆类以及压缩饼干，还有足量的啤酒和格罗格酒供应。船上的食物中很容易滋生象鼻虫和稍大一点的幼虫，这种幼虫被戏称为“船员”。如遇一位管理得当的船长，船员们还会享受到新鲜的水果、蔬菜和柠檬汁，以避免坏血病的发生。军官们的伙食好于船员，因为他们会自己掏钱购买额外的食物。

海军和陆军一样，都是靠体罚来维护军队的纪律和秩序。如果水手工作不认真，就会被用绳子或棍子随意抽几下，这算最轻的体罚，被称作“起跳（starting）”，更严重的是被用九尾鞭施以鞭刑，甚至处以绞刑。船员们对在棍棒驱使下干活深恶痛绝，1809年海军正式废除“起跳”。如出现从醉酒到值班时睡觉等一系列违反纪律的行为，会被施以鞭刑。实施鞭刑的过程是一种仪式性的行为，违反纪律的船员在全体船员的面前被水手长的同伴们持鞭行刑，这种做法尽管不被普遍接受，但却被广泛认为是有必要的。某些有虐待狂倾向的军官可能会滥施刑罚，但这是个别情况。被处绞刑的情况极少，叛乱和叛国才会被判绞刑。

战斗

在纳尔逊时代，皇家海军经受住了一次又一次的考验，体现出了自身优秀的素质。那时开展的许多军事行动，例如封锁法国港口，英军都表现出了沉稳低调、非同一般的航海技术，因为无论何种天气情况，军舰都需要长期巡视海面，这时英军妥善解决了军舰在运行途中进行维护保养的问题。实战很少，但如遇实战，全体船员都会做好充分的准备。当两艘敌对的战舰为争抢上风位或相对较好的位置而准备开战时，船员们会坚守炮位，严阵以待，当然，水手们也会被配发武器，这一切都是为了组队攻上敌舰或者击退登舰的敌兵。同时，海军陆战队员们手持火枪集合在一起，一些水兵向高处攀爬直到舰长认为适合的位置，以发挥狙击手的作用，炮手班则会执行一系列的命令——移开炮栓、上膛并将炮弹猛压到位、开炮、后移炮筒，大约一分钟对敌舰船舷进行一次猛烈攻击。即使舷侧被近距离射击的炮火击中，可致命的碎裂木片如激烈的雨点般在船上四处飞散，全体船员仍与敌鏖战，无暇顾及其他。与此同时，外科医生在甲板下的船舱内救治伤兵，即使面临如此恶劣的环境，他们截断伤肢的速度也非常惊人。

皇家海军舰船不但不会避开敌舰，为了荣誉和奖金，他们甚至还会主动寻求与敌相遇。英军会冒着生命危险切断敌舰后援，将其困在防守森严的军港里，或与全副武装的敌军炮舰面对面对决。两军交战时，船长会不顾枪林弹雨坚守在甲板上指挥战斗。不管是送炮弹的小男孩，还是船长，他们都是一闻到硝烟的味道就心跳加快的热血军人。拿破仑战争晚期，英国皇家海军凭借海军官兵的英勇和顽强而称霸全球海洋，这对他们来说是史无前例的巨大成功。

恐怖的海战

在1798年尼罗河海战中，法国海军旗舰“东方”号（左）发生爆炸，全船将士几乎全部阵亡。交战双方均为此惨剧所震慑，战斗因此中止了几分钟。

纳尔逊时代的海军战术

英国皇家海军战舰的战术时常采取不同于传统的单列纵队战列线作战的战斗方式。所谓单列纵队战列线作战，也就是当交战双方的舰队同向行驶时，会各自排成单列纵队，与敌并排行驶，进行同向异舷的舷侧方向火炮对射（交战双方舷侧所有火炮齐射）。纳尔逊及其追随者喜欢切入敌军阵线，进行一场纳尔逊所谓的“混战”模式。他们能够如此作战完全是因为其高超的航海技术。海战中，船上的火炮会被装上各式各样的炮弹，包括破坏敌船船体的大圆炮弹（传统的加农炮炮弹）、专攻船上索具和船柱的链锁弹（用一条链锁连接的两粒较小的炮弹）以及霰弹筒（一枚炮筒里装着许多小炮弹的杀伤性武器）。

舷侧

18 世纪海军的传统作战模式是单列纵队战列线作战方式。攻方对敌舰舷侧进行炮火猛攻。训练有素的炮手班能够准确算出舷侧火炮攻击的最佳时间，当军舰随着大海波浪的运动而上下起伏时，他们会于船在浪顶时炮攻敌舰的风帆和索具，而于船在浪底时攻击船体。

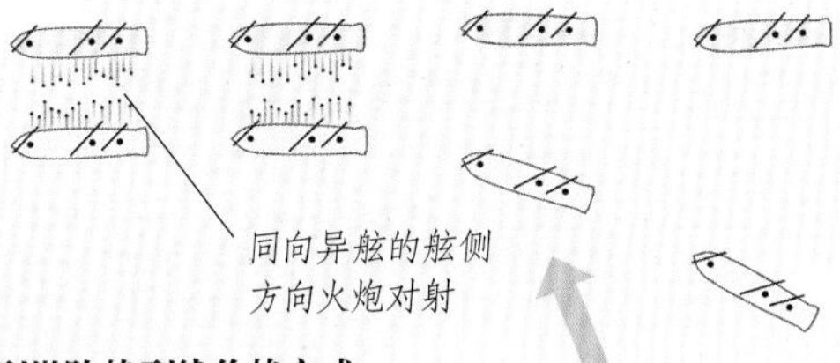

单列纵队战列线作战方式

攻方顺风驶向敌舰，发起猛攻。每艘军舰都会挑出一艘敌舰与之对决。

浪底炮攻

一心想要获胜的舰长会使用此种战术。将大圆炮弹对准敌舰船体射击，可摧毁敌船上的炮台，致敌兵伤亡。

浪顶炮攻

当舰长不打算追逐敌舰，而想使其彻底失控时，他会采取此种战术。船在浪顶时他会下令发射链锁弹和霰弹筒以摧毁敌舰的风帆和索具。

切入敌军阵线

在特拉法加海战中，纳尔逊使用此种战术获得了巨大的成功。英军舰队首先分为两个纵队，其后在皇家海军“胜利”号领头下单船作战，向法国－西班牙联军阵线发起了猛攻。

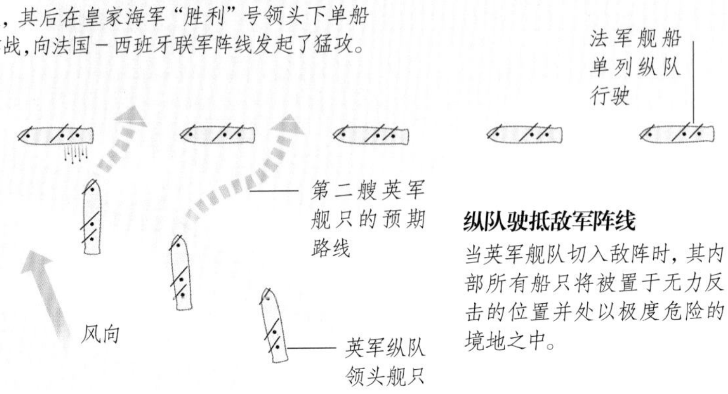

纵队驶抵敌军阵线

当英军舰队切入敌阵时，其内部所有船只将被置于无力反击的位置并处以极度危险的境地之中。

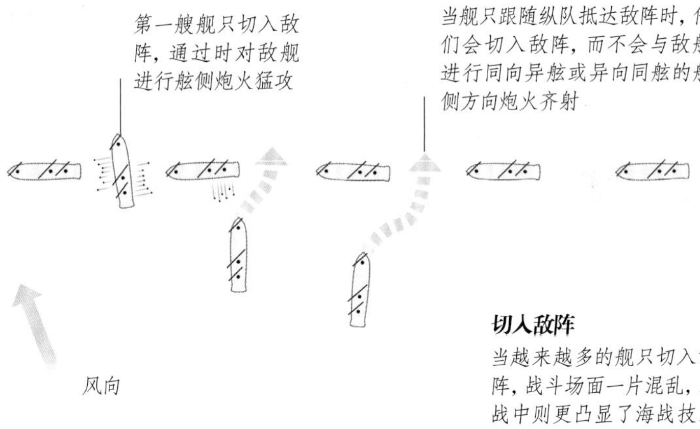

当舰只跟随纵队抵达敌阵时，他们会切入敌阵，而不会与敌舰进行同向异舷或异向同舷的舷侧方向炮火齐射

切入敌阵

当越来越多的舰只切入敌阵，战斗场面一片混乱，混战中则更凸显了海战技术的重要性。

双舷侧扫射

当舰只切入敌阵，它能进行双舷侧炮火齐射，而敌舰对其则无力反击。

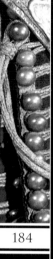

英国皇家海军装备

在纳尔逊时代，英国皇家海军并未配发制服。然而，衣着上沿袭传统的意识十分强烈，水手们一直以来都穿着格子衬衫、马甲和短上衣，辨识度极高。他们的主要职责是驾驶和维修战舰或发射舰载火炮，所以只有当他们攻上战舰或被敌军登舰时，才会被发放短剑、手枪以及其他武器。

上衣
上衣很短，不带燕尾，通常为蓝色，但也并非总是如此。水手们通常在同一家服装店或直接从轮船事务长处购买面料或者衣服，所以他们的服装相似度很高。

圆帽
水手帽多种多样。草帽在纬度较低的热带地区很流行，常常被涂上沥青以防水。“圆帽”与大礼帽类似，其帽筒更似一顶高高的王冠。

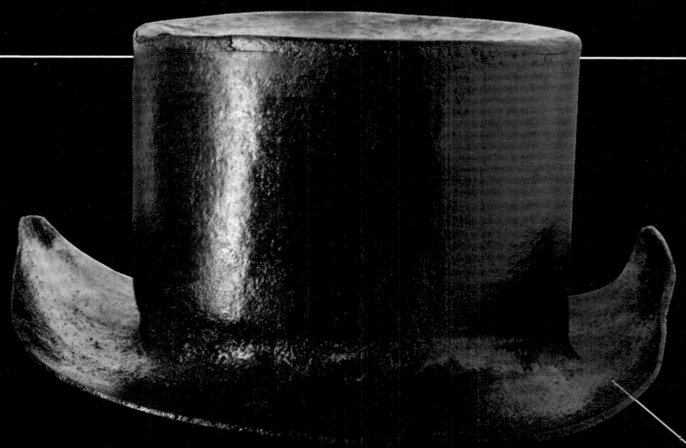

衬衫和颈巾
不管是在皇家海军战舰抑或商船，格子衬衫都十分流行，几乎是水手的标志性着装。同样受欢迎的还有颈巾。当在温度极高的下层甲板干活时，颈巾也可当作大手帕绑在头上，以防汗水流入眼睛。

马甲
对于英国水手来说，颜色鲜艳的马甲差不多是另一件标志性着装。许多英国水手修补风帆十分在行，针线活儿也很漂亮，他们的大多数衣服都是自己做的，破了自己也会缝缝补补。

短剑
这柄海军士兵所用的1804式制式海军短剑十分简朴，可砍可刺，多用于近距离肉搏战或砍断敌舰上的绳索。因此，使用短剑的士兵并不需要掌握高超的剑术。

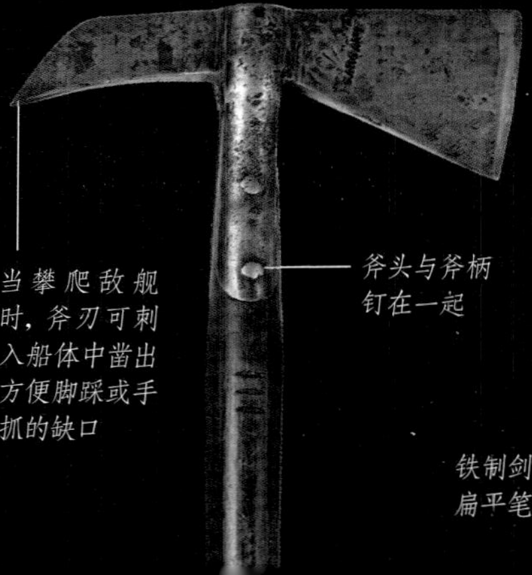

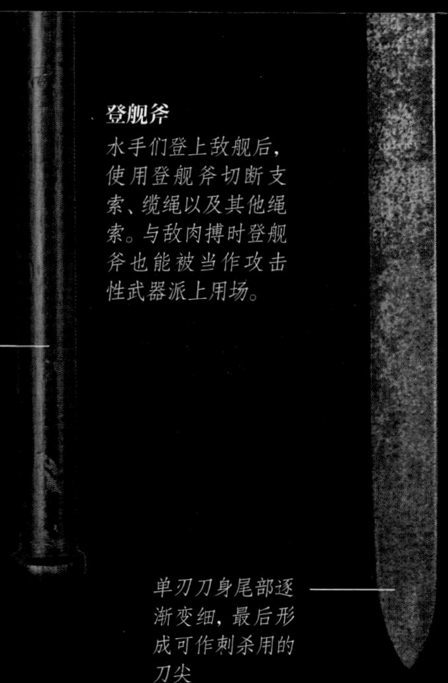

登舰斧
水手们登上敌舰后，使用登舰斧切断支索、缆绳以及其他绳索。与敌肉搏时登舰斧也能被当作攻击性武器派上用场。

坚固的硬木手柄

单刃刀身尾部逐渐变细，最后形成可作刺杀用的刀尖

红色的羊毛织物是当时非常流行的马甲面料

由黄铜或其他黄色金属制成的纽扣

吊裆门襟

皮带
水手们通常系一根带黄铜搭扣的、简单宽大的黑色皮带。

裤子
为了方便活动，水手们的裤子通常很宽松。耐磨的白色帆布是水手们最喜欢的面料，不过，裤子的颜色和款式很多，许多水手选择条纹裤。

搭扣和系带

扣带鞋
水手们大多数时间在船上度过，所以都是光着脚的，但是当舰长巡视军舰以及星期天去教堂做礼拜时他们会穿上自己最好的鞋子。

登舰战矛
战矛放在主甲板的架子上。在战舰被敌兵强行登上后的混战中，战矛是让敌人不能近身的方便实用的武器。

一些水手光着膀子，一些光着脖颈和手臂，其余的在头上绑着一条大手帕。所有的人都急切地等待着上面的指令，随时准备投入战斗。

——英国皇家海军陆战队 16 岁的保罗 · 哈里斯 · 尼古拉斯（Paul Harris Nicholas）关于特拉法加海战中皇家“贝尔岛”号军舰上水手们的描述

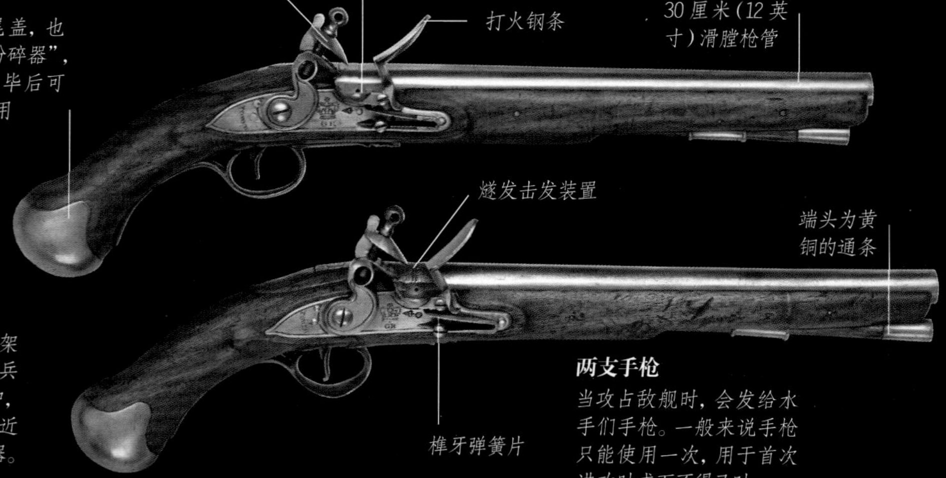

燧石夹具

火药池

打火钢条

30 厘米（12 英寸）滑膛枪管

黄铜枪托尾盖，也称为“头骨粉碎器”，手枪发射完毕后可当作棍棒使用

燧发击发装置

端头为黄铜的通条

榫牙弹簧片

两支手枪
当攻占敌舰时，会发给水手们手枪。一般来说手枪只能使用一次，用于首次进攻时或万不得已时。

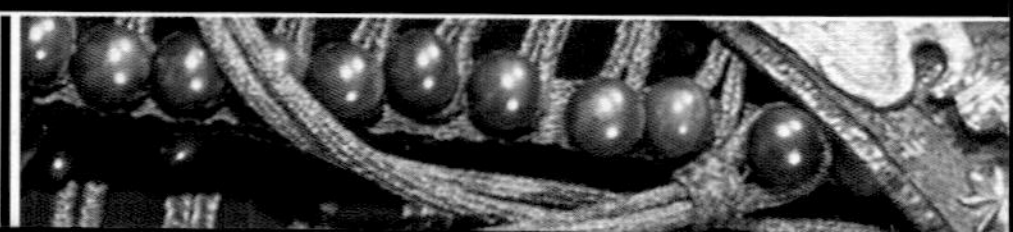

战列舰

皇家海军“胜利”号堪称“一级”战列舰，舰载 104 门火炮，850 名船员。其建造费用十分高昂，总计 63175 英镑，大约相当于今天的 5000 万英镑。建造此舰至少砍伐了 6000 棵树木，其中大部分为橡树。在 1805 年的特拉法加海战中，纳尔逊统率皇家海军击败西班牙—法国联军，“胜利”号作为纳尔逊的旗舰也因此名留青史。

英国皇家海军“胜利”号于 1765 年 5 月 7 日在查塔姆造船厂首次下水，但直到 1778 年英法交战时才开始服役。法国大革命期间（1792–1799）在地中海服役并担任皇家海军旗舰，1797 年圣文生角战役（Battle of cape st vincent）中率领舰队击溃法军盟友西班牙舰队。此役大捷后，服役多年、已显老态的“胜利”号宣布“存在缺陷”，改作医疗船。但自 1800 年始，“胜利”号经过了一系列重大的改建后，于 1803 年重返舰队，继续用作纳尔逊的旗舰。两年后，“胜利”号于 1805 年 10 月 21 日在著名的特拉法加海战中发挥了至关重要的作用，此战共阵亡了 57 名军人，其中包括舰队司令纳尔逊。

“胜利”号有三层火炮甲板，故也称作三层战舰。舰上最重的火炮是 32 磅炮，位于下层甲板，24 磅炮居中层甲板，12 磅炮居上层甲板。除三层火炮甲板，还有三层上甲板，即前甲板、后甲板和船尾甲板，及最下层甲板和水线下的底层舱。

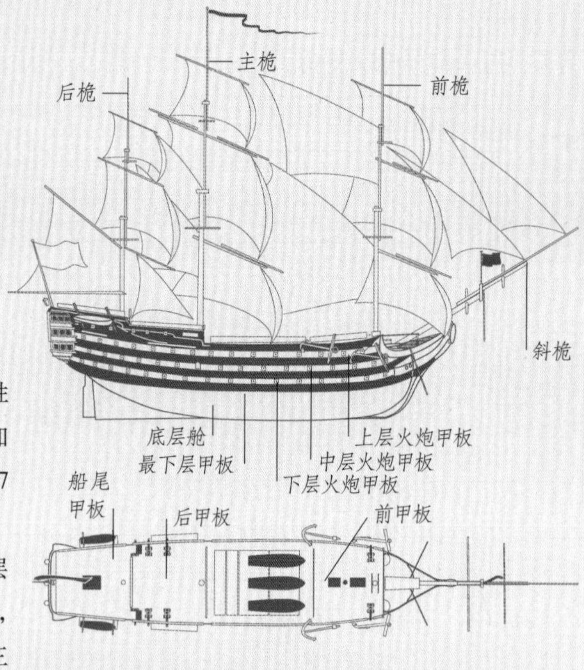

皇家海军“胜利”号的侧视图和俯视图

火炮甲板长约 57 米（186 英尺），战舰最宽处达 16 米（52 英尺）。船桅和船柱共撑 37 面风帆。

在船尾甲板上

站在船尾甲板上的舰长纳尔逊海军上将和几名军官（由现代人扮演）正在审视下方后甲板的情况。

> “每门火炮都在呼啸……上层甲板在开炮，下层甲板在开炮……火炮后坐力极大……所有的甲板都在震颤，船舷有碎裂的危险。”
>
> ——皇家海军“胜利”号海军陆战队中尉刘易斯·罗特利（Lewis Rotely），1805 年 10 月 21 日

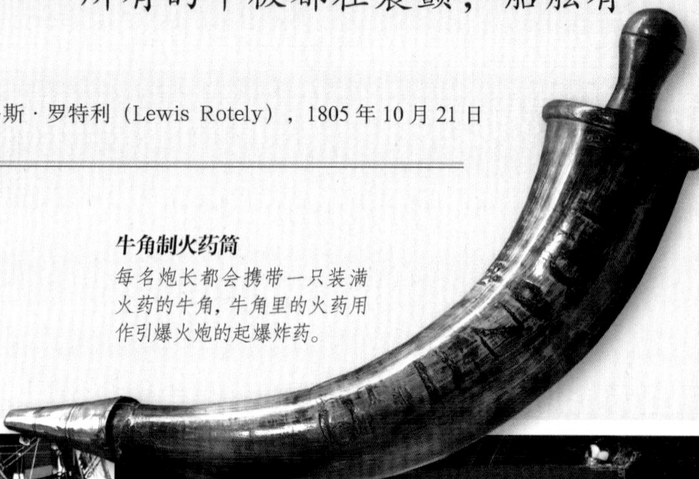

牛角制火药筒

每名炮长都会携带一只装满火药的牛角，牛角里的火药用作引爆火炮的起爆炸药。

船尾的窗户

船尾的三层窗户后是舰队司令、舰长和其他军官的卧室房间。

高挂的灯笼

这些挂在高处的灯笼以鲸鱼油为燃料，可让整支舰队在夜晚保持队形。

炮孔

这门长管炮的炮筒已经伸出了炮孔，但在发射前需要移除炮口的炮口塞。

索具

舰船上密密麻麻的绳索控制着总面积达 1.6 万平方米（4 英亩）的风帆。

滑轮绳索

经验丰富的水手对舰船上复杂的绳索系统了如指掌。

攀爬高处

主桅杆的最高点距离海平面 67 米（220 英尺）。当水手们爬到帆桁上去扬帆或收帆时，常有人不慎失足从高空坠落丧生。

下帆桁索滑车

在平台下面，每根桅杆上的下帆桁都被 4 块巨大的"木头"固定住，这 4 块木制器具被称作下帆桁索滑车。

修复"胜利"号

特拉法加海战前，皇家海军"胜利"号曾被修复一新。现今它仍停泊在英格兰南部朴次茅斯港的干船坞内。它是世界上仍在正式服役的最古老的战舰。

沉重的船锚

最大的船锚需要 144 人同时推动两个连在一起的起锚机才能移动，其重量超过 4.5 吨。

船头雕像

船头雕像是两个丘比特倚靠着皇家盾徽的形象。此雕像于 1803 年安装到位，比最初 1765 年的船头雕像简洁得多。

前甲板

前甲板控制前桅和主桅。甲板正中的大钟每半小时鸣响一次。甲板左边有两门射程较短的短程火炮。

下层甲板

大部分船员睡在吊床上，吊床悬挂在火炮甲板的横梁上，每张吊床宽约 53 厘米（21 英寸）。船员们也在此用餐，餐桌同样从横梁上悬挂下来。自然光线和新鲜空气仅来自炮孔，但为防止海浪灌入舱内，炮孔通常被堵塞住。吃水线以下的区域更加黑暗潮湿，但在战斗中这里却是最安全的地方，因此适合作为火药储藏室。随船的外科医生将医务室设在比下层火炮甲板更低的最下层甲板上，这里也是为伤员做手术的手术室。

下层火炮甲板
火炮的后坐力由一条粗大的炮索控制。炮索能使火炮从炮孔后移至舱内，以便再次上膛。

中层火炮甲板
这里空间较宽大也较低矮，这里除了放置大量的火炮外，也是大部分船员吃饭睡觉的地方(见下图)。

船上的食物
厨房位于中层火炮甲板，内部安装有铸铁的布罗迪火炉。水手们使用木制饭碗或自己的盘子食用口粮，口粮中包括水分很少的压缩饼干。

餐具
这是船上的桶匠制作的一种桶。吃饭的时候由一名炊事兵用此桶从厨房为自己同餐桌的伙伴装饭菜。

水手长储藏室
这间储藏室储藏有修理索具的工具和原材料。水手长负责管理舱面人员以及负责维护船上的绳索和船锚。

木工储藏室
维护和维修战船上的木制设施是一项日常工作。木工储藏室在底层舱的最前方。

病床

生病的船员会被搬移到上层火炮甲板前方的病房，这里光线好，新鲜空气充足。

圆形炮弹

舰载铸铁加农炮弹重达14.5千克（32磅）。

医务室

下层火炮甲板的下面是最下层甲板，最下层甲板的前方是外科医生的医务室。在同一层甲板上的后舱是他的手术室。

底层舱

图中的底层舱装的东西很少，只有用作压舱物的碎石和一些水桶。但是如果满载，底层舱可容纳航行半年所需的给养。

船舵和指南针

船舵和指南针位于后甲板近船尾处。双舵在风平浪静时需要四人操纵，而风暴肆虐时则需八名健壮水手掌舵。船舵前方是罗经柜，装有两个指南针。

战舰指挥中心

主桅后面的后甲板是指挥官们在船上工作或生活的隔间，同时也是船舵所在地。船尾甲板实际上是后甲板指挥官所住隔间的屋顶，并且也发挥导航平台和瞭望台的作用。后甲板和船尾甲板合在一起，堪称战舰的指挥中心，是高级军官们素常停留的地方。不当班的船员被限制进入战舰另一头的前甲板。在特拉法加海战中，纳尔逊就是在后甲板上被法国海军陆战队狙击手击中的。

舰长房间

后甲板的船尾处有舰队司令和舰长的房间，房间宽敞明亮，划分出就寝、用餐和工作的区域。

公元 1861—1865 年

美国联邦军步兵

“我们……都非常快乐，所有的人都期待着战争结束后返回家乡……很少考虑到前方等待我们的是何种命运。我们现在正在南下行军途中，未来会怎样？当然不是战斗就是死亡。

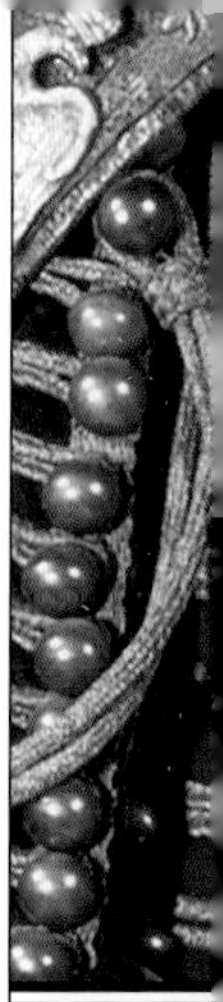

美国内战参战双方为持分离论的南方联盟军队（即南方军队）和北方联邦军队（即北方军队）。此次战争以步兵为主要战斗力量，大约百分之八十的参战军人是步兵。除了军队最高级别的指挥官，职业军人少之又少。毫无战斗经验的军人们学会了如何在凶险的战争环境中战斗并生存下来。在这场牺牲了四分之一军人的战争中，联邦军队士兵在严酷的战争条件下培养出了不屈不挠和坚韧不拔的品质。

在 1861 年 4 月萨姆特堡遭遇南方联盟军队炮轰后，亚伯拉罕·林肯总统首次号召志愿者挺身而出保卫联邦的统一和完整。最初政府恳请人们入伍服役 90 天，当时政府对镇压南方叛乱态度十分乐观，认为 90 天足矣，但很快就认清现实，将时间调整为 3 年。战争的狂热横扫北方诸州，志愿要求入伍参战的人员数量大大超过军队的实际接收能力。战争开始后的第一个冬天招募了大约 30 万人，到那时为止更多的想要参军的人已被军队拒之门外，未能得偿所愿。年轻人幼稚单纯，渴望战争的洗礼，战争原本预计的持续时间很短暂，他们急切地想要在战争结束前经历战斗。大多数人内心感受到一种模糊而又强烈的爱国情结，愿意献出热血和生命保卫美利坚合众国的领土完整；而极少数人是因为深受反对奴隶制度的理念所激励而参战的。

军便帽

帽上的徽章表示是第 124 纽约步兵团，此团为北方联邦志愿兵团。

不断完善的军队

新建的联邦军队中，美国原有的小型正规军只占一小部分。大多数兵团都是由一位当地有威望的人从零开始组建起来的，稍后政府即任命他人为该兵团上校。当招募了足量的志愿兵后，兵团会搭设营帐并选举出军官和士官。事实上，兵团的高级职务都是由上校指定的人选担任，而那些想要当上初级军官的人必须游说他们将来的手下为其投上一张赞成票。不管是被指定的还是被选上的，绝大多数军官都没有战斗经验，士兵亦如此。第一批入伍的士兵中有一些是当地的民兵，然而这些民兵甚至还不如那些喜欢成群结队穿着制服在街上游行的平民。

联邦政府无力为军队提供充足的军服和武器装备，只能仰仗地方发挥主观能动性解决此问题，因此北方军队的着装和武器无法统一。兵团各有各的着装风格，这样就造成联邦军队的制服形形色色，花样繁多，就连祖阿夫（Zouave，即义勇兵）也效仿法国驻扎非洲的军队，身着华丽的服饰，再配上一顶土耳其毡帽。这些穿着五花八门的士兵们在接受了少得可怜的军训后，坐上火车奔赴前方，驻扎在离前线咫尺之遥的军营中。他们首次参战的表现参差不齐，这一点不足为奇，勇气仅能在一定程度上弥补战斗技巧、经验和领导力的缺失。1861

红色英勇勋章

1895 年，斯蒂芬·克莱恩（Stephen Crane）以美国内战为背景写下了《红色英勇勋章》（The Red Badge of Courage）这部小说，其后被翻拍成电影。这张联邦士兵举枪瞄准敌军的图片就是电影中的一个画面。与独立战争相比较，带膛线的火枪和火力更加强大的加农炮使美国内战军队拥有更迅猛的火力，射程也大大增加。士兵们学会了以野战工事和壕沟为掩护及在战场上采取守势作战。

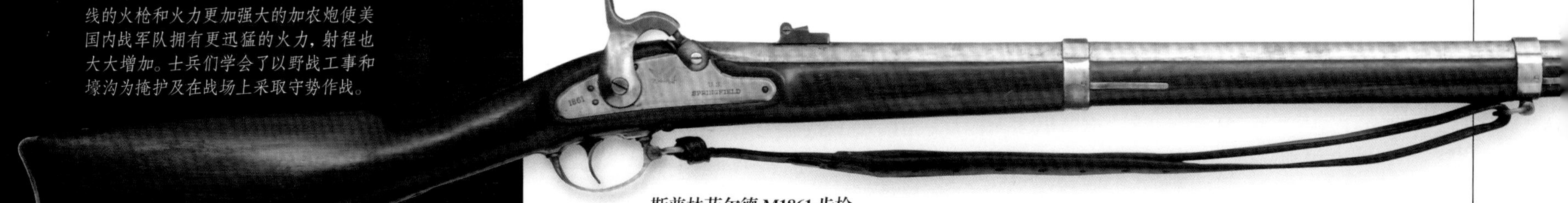

斯普林菲尔德 M1861 步枪

年7月布尔河（马纳萨斯）之战的失败令北方政府深感震惊，他们决定组建一支职业化军队，并采取了一系列长期备战措施。

到1862年，北方的工厂已经做好了为扩建后的新联邦军队生产标准配置的军服和武器的准备，很快北方军队的军需供应能力就远远超过了南方。高强度、日复一日的训练让军队看上去更加专业化。军官的选拔制度逐步淘汰、撤掉了许多不称职的指挥官。然而，与同时代的欧洲军队相比，其纪律性和训练程度仍然显得十分不足。大多数美国人天生就缺乏服从权威的意识，士兵们潜意识里认为自己是享有权利的公民，在这点上他们极其拗强固执，曾有一名士兵大发牢骚，指责军官们似乎"认为他们自己显然与下层士兵不是同一种人"。

社会出身

联邦士兵大多来自农村或城市里的工匠家庭，他们大多数都只有二十多岁。军队体现了北方社会的多样化特点：五分之一的士兵原籍德国，第二大族群为爱尔兰人，十分之一的士兵是新近从欧洲过来的移民。

非洲裔美国人最初是不被允许加入联邦军队的，但是兵源短缺的问题越来越严重，政府被迫在1862年修改决议允许他们参军入伍，尽管直到1864年6月他们的薪酬才与其他士兵持平。黑人士兵最初进入劳动营，随后被编入由白人军官担任指挥官的"有色"兵团。黑人士兵大多数都是逃跑的奴隶，被称作"战争违禁品"（Contraband），他们在许多联邦部队中受到带有恶意的歧视，当然如果被俘，也必会受到联盟军的残酷虐待。但是黑人士兵们在战场上的表现最终使北方白人的态度发生极大的转变，令白人士兵不得不向他们表示敬意，并且支持奴隶解放运动。战争结束时，非洲裔美国人的数量在联邦军队中约占十分之一。

非洲裔美国士兵

1865年美国107有色步兵团的士兵们在弗吉尼亚州科克伦要塞前合影。非洲裔美国士兵在内战中伤亡惨重，其数量远远大于白人士兵；联邦军队中，大约三分之一的黑人士兵献出了他们的生命。

战争经历

在战争打响的头两年，联邦军队吃了很多败仗，遭遇了很多挫折，但是1863年7月东部战场上的葛底斯堡战役和西部战场上的维克斯堡战役的胜利让战争的天平决然地向着联邦军队倾斜，同时将联盟军置于不利位置。从那时开始，南方军所能做的只是拖延战争，而不是赢得战争。有时，美国内战被形容为第一次"现代战争"，"现代"两字强调的是有多项新发明应用于战争中，例如在交通运输方面出现了火车，远距离通信方面出现了电报。然而对于普通士兵来说，军旅生活完全谈不上现代化。不可避免地，士兵们仍然需要背上沉重的背包和武器，这对于他们来说是一直想要减轻的负担，行军沿途时常能见到被丢弃的毛毯和其他装备。除非有严格的纪律约束，否则掉队的士兵往往会成群结队地半途开小差。

军营生活

1862年巴门基河上坎伯兰登陆点的联邦军营地。士兵们通常睡在圆锥形的锡布利帐篷中，不过，随着战争久拖不决，渐渐地士兵们只能睡在较小的楔形帐篷内。

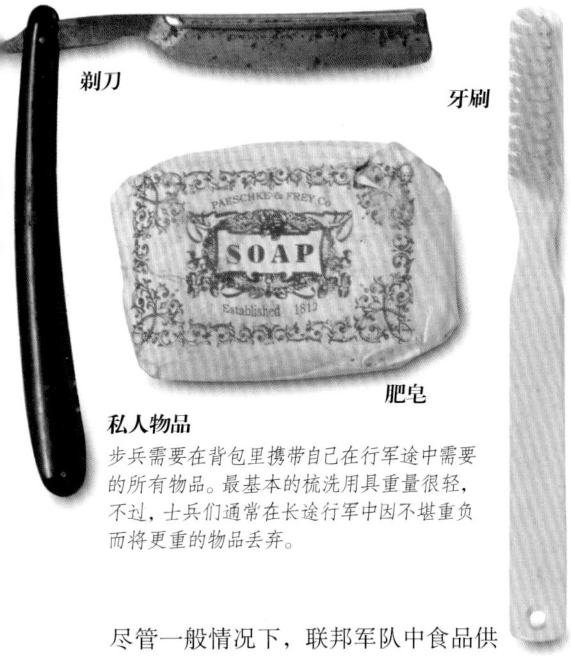

私人物品

步兵需要在背包里携带自己在行军途中需要的所有物品。最基本的梳洗用具重量很轻，不过，士兵们通常在长途行军中因不堪重负而将更重的物品丢弃。

尽管一般情况下，联邦军队中食品供应是充足的，但士兵们还是热衷于干些四处搜刮平民、抢劫掠夺的坏事。因为战场主要集中于南方，这些行为被指挥官们所无视，甚至还会受到纵容，最臭名昭著的劫掠事件发生在 1864 年联邦军队横穿佐治亚州到达海岸线的行军途中。

历史上自有军队以来，各个时期的军营生活虽相差无几，但也均有其鲜明的时代特点，联邦军队士兵的军营生活亦如此。士兵们每天都有例行的操练和必做的杂役，军号声或军鼓声被用来调整士兵们的作息时间。违反纪律会遭受到简单粗暴、严厉苛刻的处罚，从用一根绳子将两只手的大拇指绑住吊起来到一种会让人感到极其痛苦的刑法——将双手双脚绑在来复枪上。

军营中始终存在各种疾病，死于腹泻和痢疾的士兵远远多于战死的士兵。随着战争的不断深入，医疗服务水平也在逐步提升，再加之对士兵施行更加严格的纪律约束下，军营的卫生条件得到进一步改善，这一切都有利于降低士兵的非战死亡率。每当战争进入诸如维克斯堡和里士满攻城战之类的僵持阶段，军队中就会暴发流行性病情。士兵最惨莫过于当了俘虏，有成千上万的北方士兵死在条件极度恶劣的佐治亚州安德森维尔以及其他南方联盟军的监狱中。

军队的吸引力不复从前

从士兵伤亡人数上来说，战争或许还比不上疾病，但随着战争进入白热化阶段，激战频发，伤亡人数急剧上升。在 1862 年 9 月安提塔姆（Antietam）的战役中，联邦军队士兵的伤亡人数一天之内竟达 1.2 万人。第二年在葛底斯堡这一场决定性的战役中，大约 2.3 万名联邦军士兵伤亡，而其对手，南方联盟军损失则更加惨重。

战争时间的延长以及伤亡人数的不断上升致使联邦军队出现了兵源短缺的问题，同时也浇灭了平民从军的热情。当入伍奖金都失去了吸引力，军队不能招募到足够的士兵时，1863 年联邦政府下令实行征兵制。纽约出现了骚乱，北方各地平民逃避兵役简直成了潮流。富人出钱逃避兵役，将兵役折算成现金支付给军方或出钱找人顶替，而多数穷人仓促之下选择志愿报名从军，以获得军方提供的奖金。只有极少数的联邦军士兵是应征入伍的。

在实行征兵制的同时，政府着手鼓励那些 1861 年入伍、此时三年服役期已满的志愿兵延长役期。这些士兵因为长期参战已疲惫不堪，士兵间弥漫着对战争的倦怠感。从入伍之日算起，许多人三年从未回家探过亲，但是军方向其许诺如延长役期，则给予 30 天假期，大约有 20 万名士兵被说服留在军中直到战争结束。

这些骄傲的“资深志愿兵们”自认为与战争末期入伍的新兵截然不同，两者天差地别，新兵不是为了得到奖金入伍的，就是拿钱代人参军的，都是来自社会最贫穷阶层的见钱眼开之辈。一名叫弗兰克·威尔肯森的士兵将新兵们形容为“不知廉耻、胆怯懦弱的流氓无赖”，“一身正气的美国裔、爱尔兰裔和德国裔志愿兵们不屑与其为伍”。在联邦军中，士兵开小差的现象一直以来都很严重，他们或者逃跑回家处理棘手的家事，或者对军旅生活不适应而丧失了当兵的信心。但是众所周知的是，许多因为奖金入伍的或拿钱替人服役的士兵在一次性拿到应得数额的金钱后就从军中逃跑。尤利塞斯·格兰特（Ulysses Grant）将军曾于 1864 年 9 月抱怨道：“我们以这种方式招募的士兵几乎全跑光了。”

艰难的战斗过程

美国内战逐渐发展出了两条战线。在东部战场上，联邦军队波托马克军团战斗在弗吉尼亚州、马里兰州和宾西法尼亚州这片相对来说有限的区域上。而在西部战场上，战争最终发展到从肯塔基州和密西西比河地区到佐治亚州的海岸线上以及南北卡罗莱纳州。

葛底斯堡战役

在宾西法尼亚州葛底斯堡的厄伯斯特树林附近，受伤或阵亡的联邦军士兵横七竖八地躺在战场上。葛底斯堡战役是美国内战中规模最大和牺牲人数最多的战役之一。南北双方交战三天后，共有大约 50000 名联邦军和联盟军士兵战死。

步兵和技术人员

美国内战期间，交战双方日益重视战壕和野战工事的挖掘和构筑，这意味着在双方军中，如右图中这些属于第8纽约民兵团的工兵之类的专业技术人员能在战争中发挥极为重要的作用。在当代重演美国内战的场景中，一名头戴军便帽的北方联邦军正规军士兵（最右图）正在用军用水壶喝水。

> 我终日惶惶不安，对走上战场感到极度的恐惧……我害怕一听到受伤和垂死的士兵的呻吟声就会不可抑制地全身发抖，然而我希望，当然也相信我能获得力量坚强起来，像个男人一样尽到我的责任。
>
> ——一名叫爱德华·伊兹（Edward Edes）的士兵第一次走上战场前写给父亲的信，1863年4月

1861年，联邦军士兵大部分还是天真单纯的志愿兵，而到战争末期联邦军则成为一支由身经百战、经验丰富的老兵和素质极差的应征新兵组成的鱼龙混杂的军队。然而，无论联邦军士兵整体的质素如何改变，最终赢得这场战争胜利的都是联邦军的主力——步兵。骑兵也发挥了一定的作用，他们的主要任务是侦察和突袭。炮兵在战场上用炮火致敌大量伤亡。但是战争的决定力量依然是不论成功还是失败，面对敌军杀伤力极大的防御性作战面不改色，攻势一波接着一波的坚韧顽强的步兵们。北方军和南方军士兵都使用斯普林菲尔德式或恩菲尔德式带膛线的火枪，线膛枪是一种用撞击式雷帽取代燧石和火药池的前装式步枪。在射速、射程和射击精准度上，线膛枪都比拿破仑时代的滑膛枪更加强大。就连当时的加农炮都比滑铁卢战役中所使用的火炮具有更加强大的火力，与敌军正面对决的步兵必定会遭受严重的伤亡。

内战久拖不决，南北双方均加强了步兵和炮兵火力，这促使双方军队开始构筑野战工事。在1863年维克斯堡战役和1864–1865年彼得斯堡战役中的两军相持阶段，双方均构筑了庞大的野战工事，彼得斯堡的战地壕沟长约50千米（30英里）。这必然会引发后人联想，第一次世界大战西线战事僵局正是美国内战的堑壕战的前身。

在战争中，士兵们学会了利用诸如石墙或沟渠等现成的屏障作为掩护采取守势，以及构筑低矮的泥墙等野战工事。但事实上，一旦战斗打响，是很难找到藏身之地的。如果处于守势，士兵们面对看上去无休无止的敌军步兵冲锋必须守住阵地、镇定举枪射击，如上级军官下令撤退，必须有序撤出。如果采取攻势，士兵们则常常在敌军不间断的炮火攻击下，在无遮无挡的战场上排成线阵向前发起猛攻。

当然不是所有的人面对敌军炮火都表现得镇定自如。一些士兵会在混战中悄悄溜走藏起来。在夏伊洛和弗雷德里克斯堡战役中，联邦军阵营发生了群体性恐慌事件，但同时也有士兵在战场上表现得英勇顽强，彰显出个人英雄主义的精神。

香烟

军队允许一些小商小贩随军出征，他们在士兵中售卖从信纸到威士忌和香烟等各种小商品。许多士兵无聊时都喜欢抽烟斗来消磨时间。图中的烟斗是手工雕刻而成的。

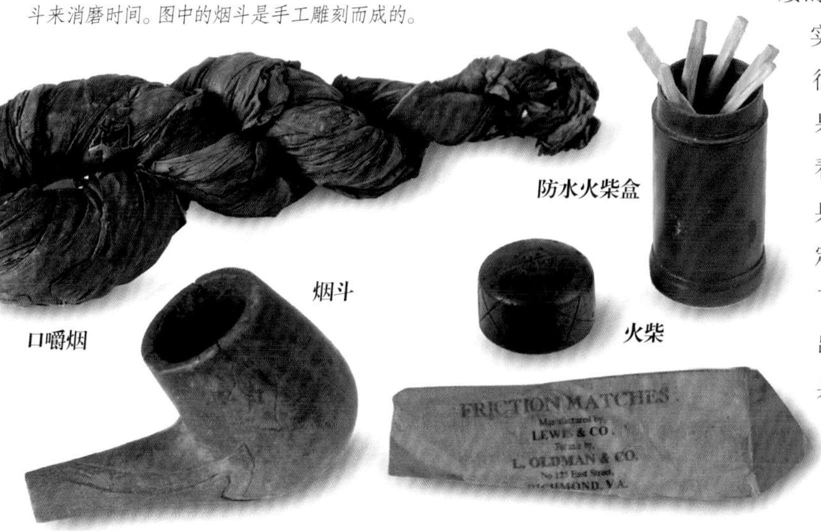

堑壕战

自从17世纪以来，甚至还可追溯到更久以前，挖掘壕沟便成了攻城战的常用方法。美国内战军队利用了传统的攻城武器，包括迫击炮和手榴弹。同样也与传统的攻城方法类似，联邦军中的工兵们于彼得斯堡城外，在联盟军的阵地下面挖掘了一条隧道，装入四吨重的炸药并引爆，炸出了一个巨大的地坑，然而此坑在军事上并无任何利用价值。堑壕战极度消磨两军士气。士兵们整日在壕沟中埋伏，百无聊赖，再加之长时间生活在条件恶劣的战地环境下，士兵中极易滋生并传播流行病、传染病等各种疾病。对于双方军队来说，堑壕战往往在消耗大量的人力和弹药后，战争却未见得能收到任何成效。

堑壕战

这是当代重建的美国内战时期的壕沟系统，此系统还配有木制支撑结构（护坡），这类似于 1864 年斯波特瑟尔韦尼亚战役中所建的壕沟系统。围绕“斯波特瑟尔韦尼亚血腥三角”所建的壕沟是当年野蛮残酷的近距离刺刀拼杀发生地。

火枪的操作程序比较复杂，先用牙齿咬开火药纸包，将弹丸和火药倒进枪管并捣实，再将撞击式雷帽放入发射位置。但在战斗白热化阶段，甚至那些坚定果敢的士兵们也会在匆忙之中将火枪先上膛后发射的程序搞混，例如，压弹丸和火药的通条都还没来得及从枪管中取出来就着急开枪射击，或者因为撞击式雷帽还未安装到位而导致发射失败。一些战役在林深叶茂的地区展开，两军交战后就谈不上什么战斗队形，士兵们在林中四处分散作战，陷入与未开化时代几无差别的残酷混战中。

消耗战的胜利

两军步兵之间展开近距离战斗是让人畏惧但同时又是令人感到振奋的战斗体验。内战末期的战争绝大多数为堑壕战，这种战法与前者截然不同，只会让人感到沉闷和无聊。在 1863 年在维克斯堡围城战中联邦军步兵部队发现了堑壕战的优势所在，但在 1864—1865 年的彼得斯堡战役中，堑壕战战法才被演绎得淋漓尽致，达到了登峰造极的地步。此次战役并未展现以往战场上两军激烈交战时的野蛮场景，每天南军和北军都会向对方阵地发射大量的炮弹并展开狙击战，士兵们使用铁镐和铁锹的熟练程度不亚于手中的武器。到那时，战争的吸引力所剩无几，1861 年志愿兵们争相入伍的场景已不复再现。对于大多数士兵来说，此次战争已经成为一项让人沮丧的、不得不坚持到底的艰巨任务。

鲸油蜡烛

蜡烛对于野外宿营的士兵来说是很重要的物品。上面的这个蜡烛罐由金属制成并使用了表面抛光工艺。当士兵在帐篷中点亮蜡烛时，只要金属罐摆放得当即可增强其亮度，且会避免火灾的发生。

联邦军终于在 1865 年 4 月获得战争的胜利，但也为此付出了惨重的代价。大约 36 万名联邦军士兵在内战中失去了生命，占士兵总数的八分之一。那些幸存下来的士兵们因为曾经在战场上发挥出最佳状态、战斗中表现不俗而能够心满意足地回家。比利 · 扬克（Billy Yank，北方军士兵昵称）们训练有素，身经百战，用一名军官的话来说，他们“绝对服从长官命令”，在战场上表现出了“英勇无畏的精神和坚韧顽强的作风”。南方联盟军士兵可能在战斗中常常采取主动，表现更加勇猛，但事实证明，联邦军士兵顽强的精神和冷静的头脑为他们赢得了战争的最终胜利。

联邦军炮兵

在 1864—1865 年彼得斯堡围城战中，联邦军械署官员站在火炮存放地点，随时听候命令调配火炮。炮兵在城市周围的堑壕战中发挥了重要作用。

联邦军制服

1861 年第一次布尔河战役后，美国陆军部统一了全军制服。联邦政府接管了本由各州政府负责的军服和武器供应工作，激发了国内相关工厂大规模生产的潜力。因此，当南方联盟军队无法为全军提供标准化的制服，只能在不择款式的条件下费尽心机让士兵们穿着五花八门的制服时，北方联邦军队已经能够为全体士兵标配统一着装，包括军靴在内。

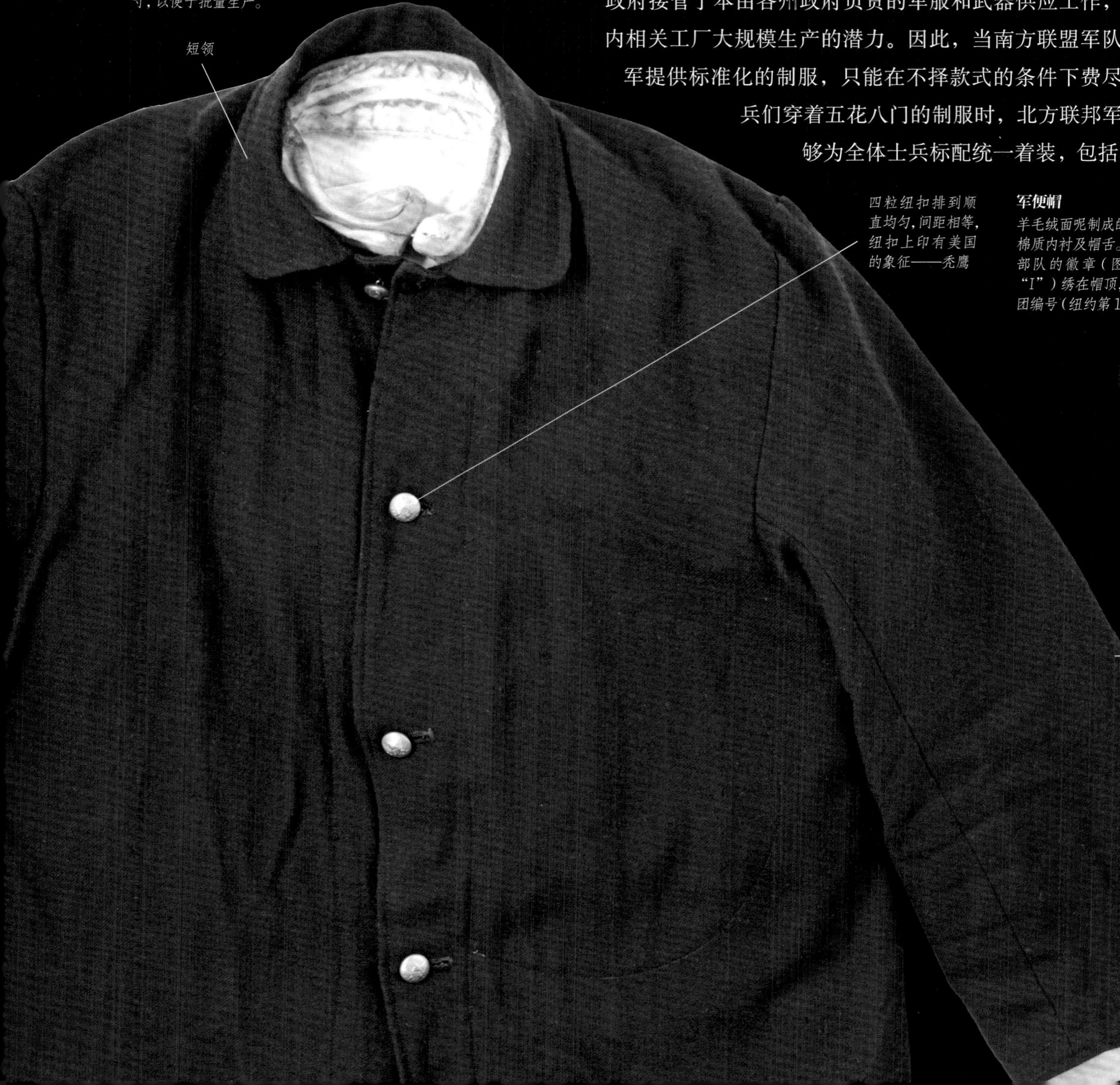

军便服上衣

联邦军士兵的深蓝色军便服上衣是由轻薄羊毛制成，衣服内侧有口袋，衣服前钉有四粒黄铜纽扣。与所有联邦军军服一样，便服上衣也有各种标准尺寸，以便于批量生产。

短领

四粒纽扣排到顺直均匀，间距相等，纽扣上印有美国的象征——秃鹰

双面厚绒布（棉经毛纬制成）提高了衣服的保暖程度

部队徽章的颜色为红色、白色或蓝色

皮质颏带（系于颏下以扣住帽子）

军便帽

羊毛绒面呢制成的圆形平顶军便帽带有棉质内衬及帽舌。军人们会将他们所属部队的徽章（图中这顶军便帽上是“I”）绣在帽顶，并将黄铜制成的所属团编号（纽约第 124 团）固定在帽顶。

几乎所有的北方士兵都认为军需处发放的军服的质量很好。

——JG · 兰德尔（JG Randall），《美国内战与重建》

将刺刀安装于线膛火枪之上

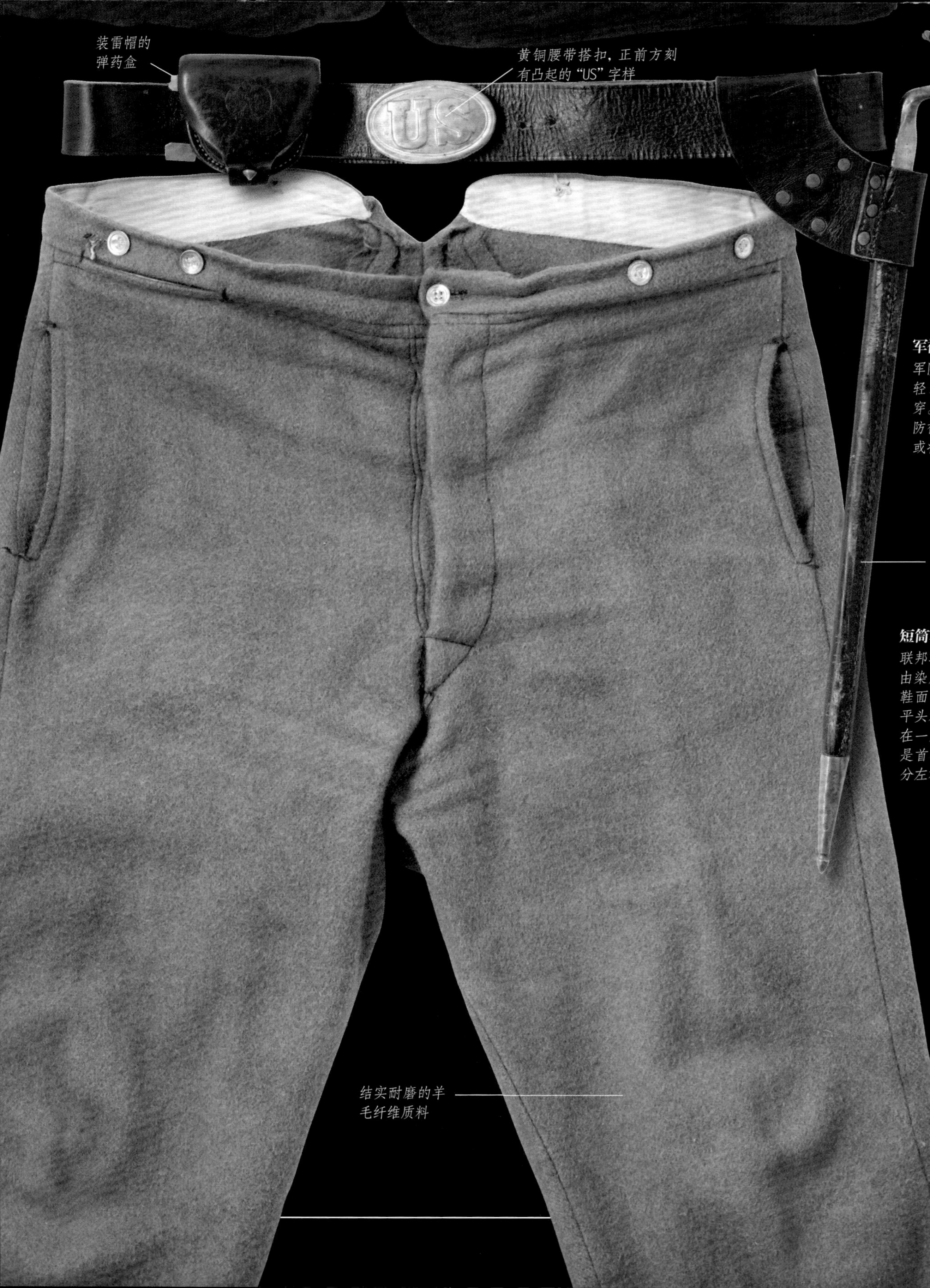
装雷帽的
弹药盒
黄铜腰带搭扣，正前方刻
有凸起的“US”字样
可固定在来复
枪枪口上
刀鞘
结实耐磨的羊
毛纤维质料

腰带和刺刀

每名联邦军步兵的腰带上都会挂上子弹盒和枪带、装雷帽的盒子和刺刀刀鞘。腰带是一条厚厚的黑色皮带，大大的黄铜搭扣正前方刻有凸起的“US”字样。

军裤

军队统一配发的蓝色军裤由轻薄的羊毛制成，结实耐穿。士兵们出征作战时，为防裤边磨损，习惯卷起裤边或将其塞入袜子之中。

短筒军靴

联邦军士兵所穿的短筒军靴是由染成黑色的厚皮料制成的。鞋面、沉重的鞋底和后跟是用平头木钉钉在一起或用粗线缝在一起的。图中这双短筒军靴是首次批量生产的军靴，并且分左右脚。

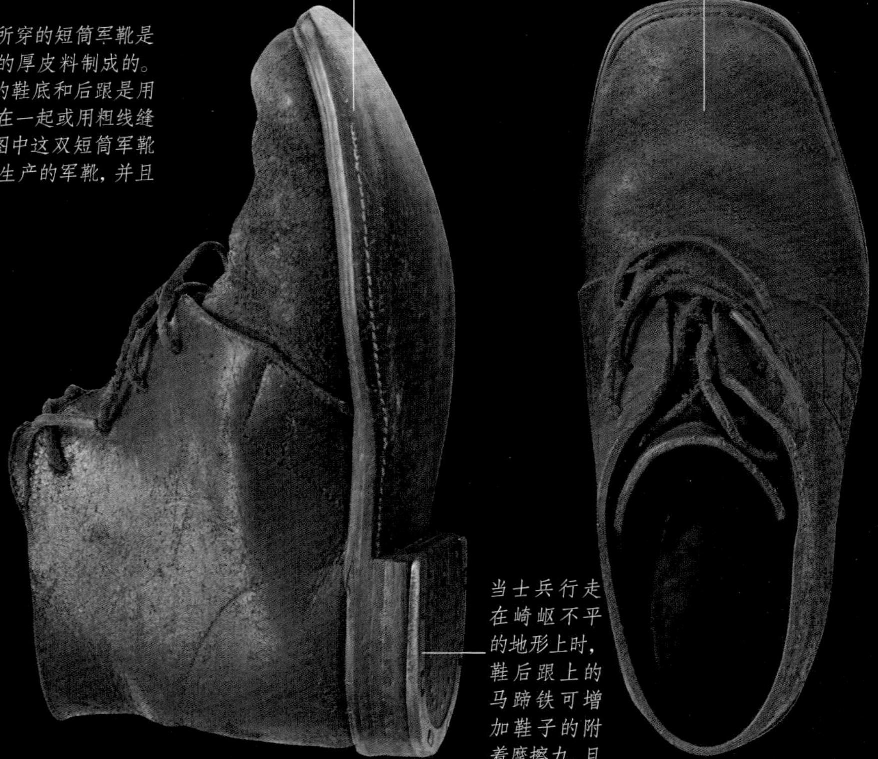
沉重的皮
制鞋底
只要士兵保
养得当，军
靴的使用寿
命相当长
当士兵行走
在崎岖不平
的地形上时，
鞋后跟上的
马蹄铁可增
加鞋子的附
着摩擦力，且
更耐磨。

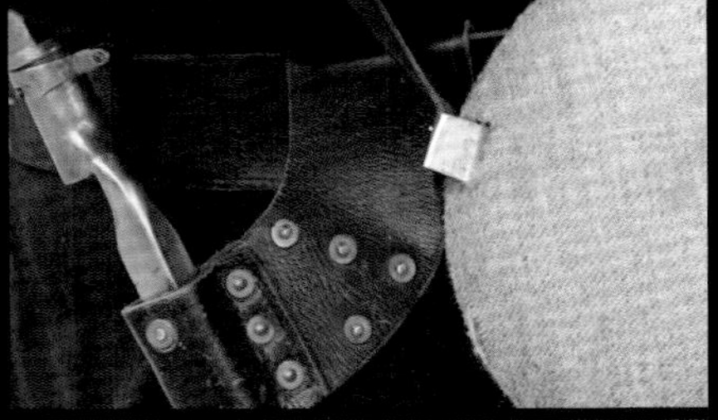

全副武装的士兵后视图，可见其插在腰带上的刺刀和悬垂的军用水壶

内装 40 个弹药筒（弹药筒是装米涅弹头和黑火药的纸制管状物）的皮制弹药盒

联邦军装备

联邦军步兵的装备可重达 23 千克（50 磅），其装备包括有 80 份弹药、三天的定量口粮、来复枪、衣服、帐篷（睡袋）和一些私人物品。新兵在很短时间内就会明白什么是必须带的东西，而什么又是不那么重要的东西。如果一场战役在早春打响，士兵们出征时背包是满载的，随着天气逐渐转暖，行军沿途的路边很快就零七碎八地到处都是他们为了减负而丢弃的大衣、毯子、穿不着的衣服和帐篷（睡袋）等物。

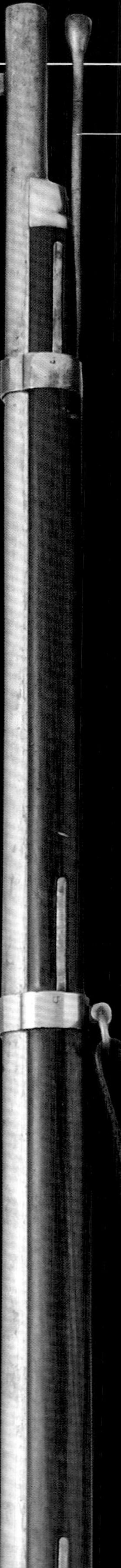

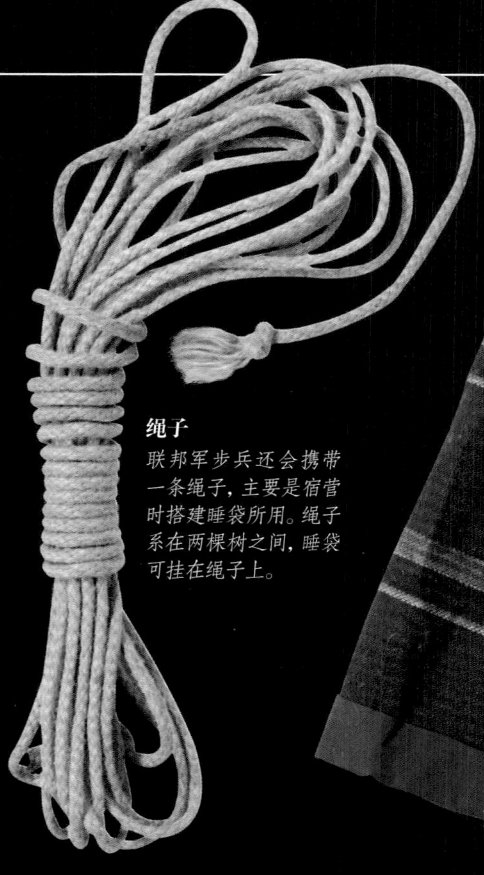

绳子
联邦军步兵还会携带一条绳子，主要是宿营时搭建睡袋所用。绳子系在两棵树之间，睡袋可挂在绳子上。

睡帽
士兵们会随身携带一些私人用品，例如，图中这顶睡帽（夜间头部保暖所用）就能够让新入伍不久的士兵在极度压抑的环境中感受到一丝舒适温馨的气氛，哪怕只是表象。

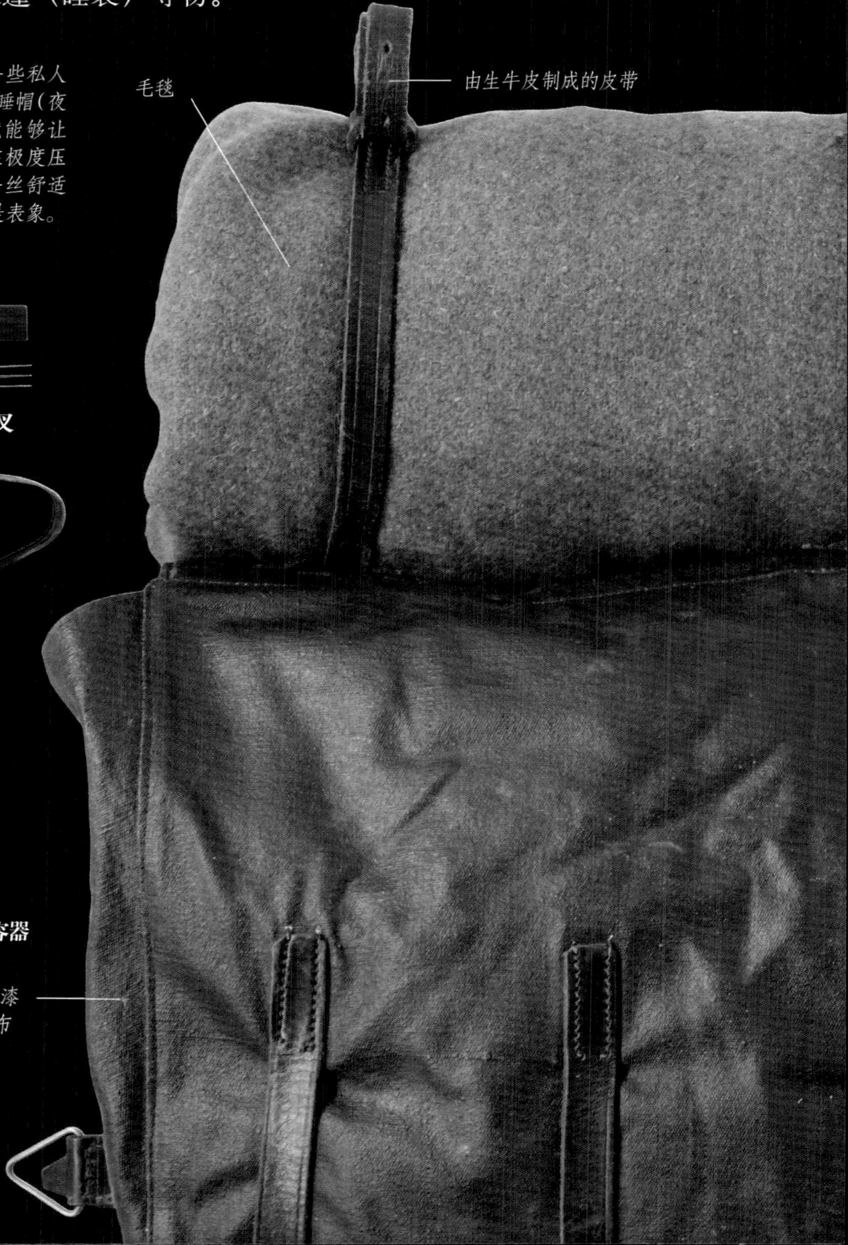

斯普林菲尔德 M1861 前装线膛枪和刺刀
斯普林菲尔德前装线膛枪射程可达到600米（2000英尺）左右，再加上其射击精准度较高以及可靠的性能，在美国内战期间成为使用得最广泛的武器。19世纪40年代，使用撞击式雷帽系统的斯普林菲尔德取代燧发枪成为军队的主要武器。斯普林菲尔德前装线膛枪还配有一把细长的三棱刺刀。

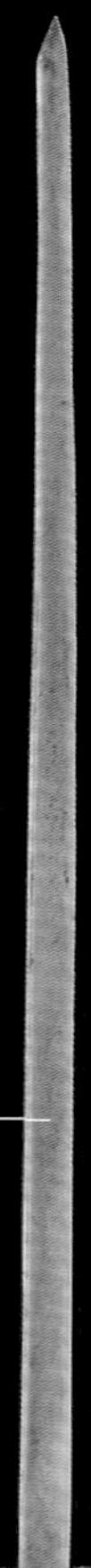

咖啡精粉

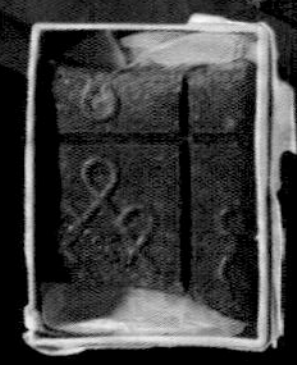
块茶

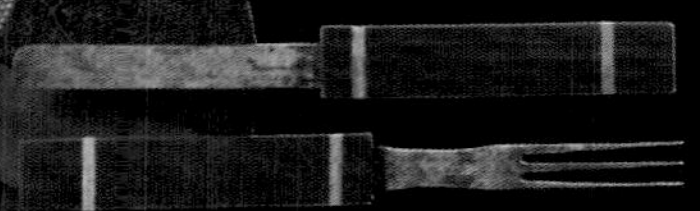
木柄刀叉

锡制的马克水杯

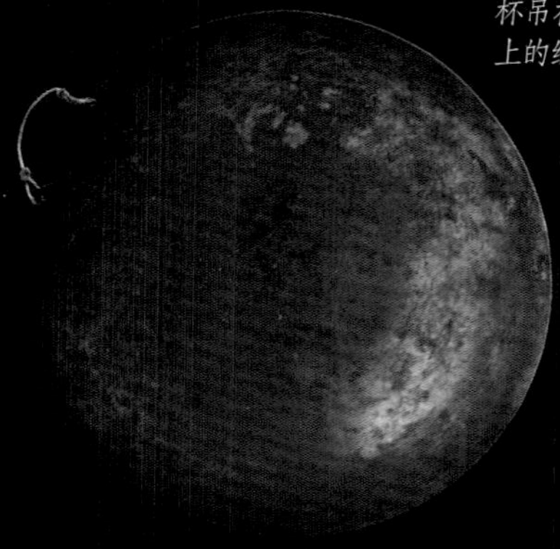
自制平底煎锅

烧水的容器

饮食和烹饪工具
可想而知，联邦军士兵们的烹饪工具是十分简陋的，但他们会带上一些咖啡精粉和茶，用热水冲泡后仔细啜饮，的确会多上一些风味。通常士兵们会一次性带上三天的定量口粮（经常是用盐腌过的猪肉），但总是会在第一天就把三天的口粮全吃光，然后靠采摘浆果来果腹。

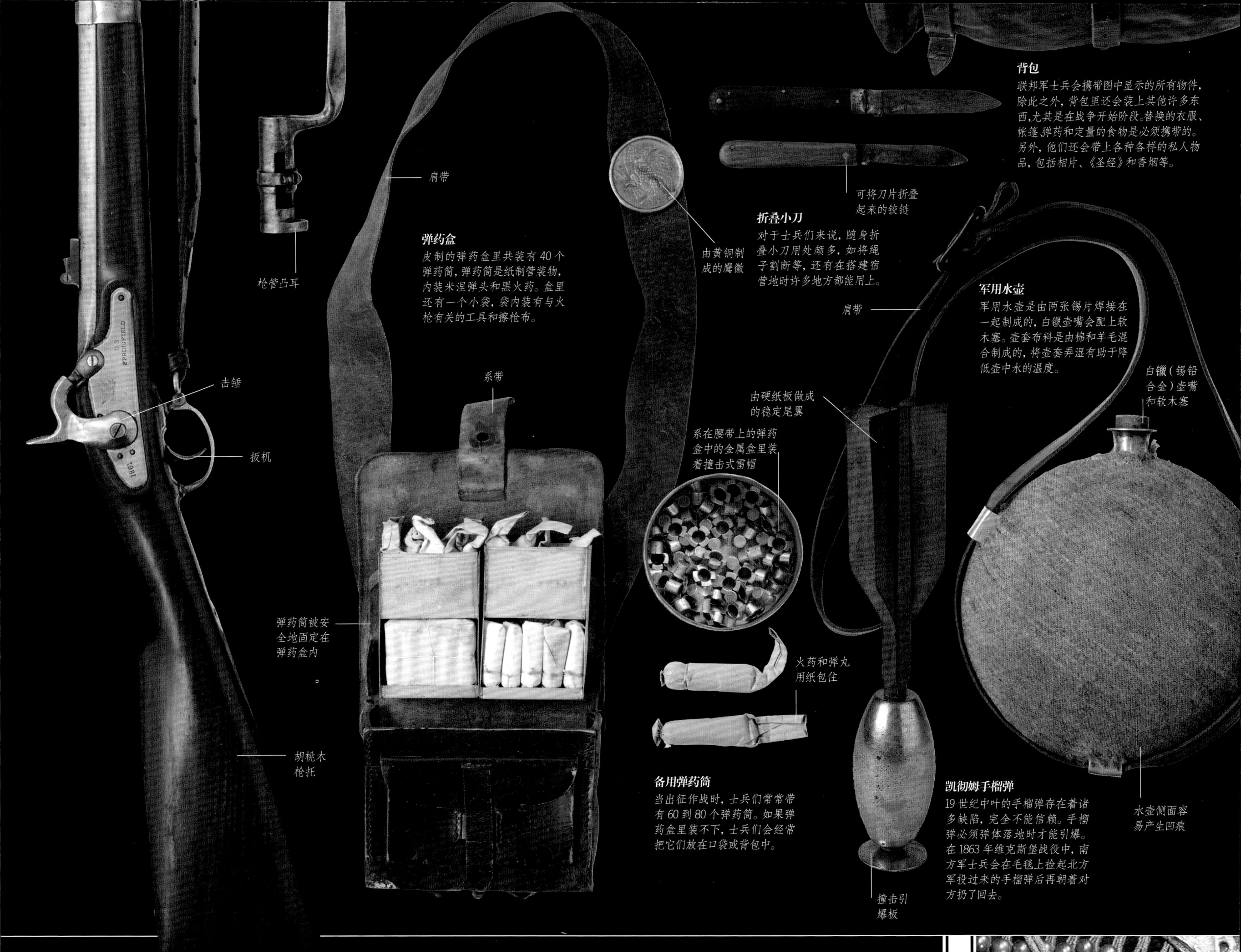

弹药盒

皮制的弹药盒里共装有 40 个弹药筒，弹药筒是纸制管装物，内装米涅弹头和黑火药。盒里还有一个小袋，袋内装有与火枪有关的工具和擦枪布。

背包

联邦军士兵会携带图中显示的所有物件，除此之外，背包里还会装上其他许多东西，尤其是在战争开始阶段。替换的衣服、帐篷、弹药和定量的食物是必须携带的。另外，他们还会带上各种各样的私人物品，包括相片、《圣经》和香烟等。

折叠小刀

对于士兵们来说，随身折叠小刀用处颇多，如将绳子割断等，还有在搭建宿营地时许多地方都能用上。

军用水壶

军用水壶是由两张锡片焊接在一起制成的，白镴壶嘴会配上软木塞。壶套布料是由棉和羊毛混合制成的，将壶套弄湿有助于降低壶中水的温度。

备用弹药筒

当出征作战时，士兵们常常带有 60 到 80 个弹药筒。如果弹药盒里装不下，士兵们会经常把它们放在口袋或背包中。

凯彻姆手榴弹

19 世纪中叶的手榴弹存在着诸多缺陷，完全不能信赖。手榴弹必须弹体落地时才能引爆。在 1863 年维克斯堡战役中，南方军士兵会在毛毯上捡起北方军投过来的手榴弹后再朝着对方扔了回去。

南方联盟军步兵

美国内战是一场不公平的较量，南方联盟军在人力和资源上远不如北方联邦军。尽管物资匮乏，生活条件艰难，但至少在战争开始的最初两年时间里南方军常常打败北方军，他们勇敢、忠诚，并拥有出色的指挥官。在战争结束的时候，南方军士兵人数超过了100万。其死亡人数大约为26万，包括战死的和病死的，几乎占总人数的四分之一。南方军杰出的指挥官罗伯特·E.李（Robert E.Lee）将军对手下士兵的战斗素质赞不绝口："他们在战场上表现出的勇敢精神与坚定品质，让他们足以有资格同任何时代任何军队的士兵相提并论。"

与北方联邦军一样，南方联盟军也几乎是从无到有创建起来的。政府的宣传让南方民众相信这是一场正义的战争，他们为追寻梦想和获得荣耀争相入伍。在战争开始的前4个月，联盟军就招收了大约20万名士兵。与北方军相似的是，大多数的连队和兵团也是由当地某位既有钱财又有地位的人带头组建起来的，连队的军官和士官最初也是通过选举产生的。联盟军里还包括大量美利坚合众国正规军军官，他们支持南北分离，选择从美军辞职出来为南方联盟而战。

> 牺牲的联盟军士兵不计其数，如同大片大片的青草倒在挥舞着的镰刀前。
>
> ——记者查尔斯·科芬（Charles Coffin）对安提塔姆一役后战场情景的描述，1862年9月17日

忠诚坚定的反叛者

1862年，南方政府考虑到兵源不足，只得实行征兵制，但是他们的征兵工作却比北方政府任何时候都做得好。南方政府规定，所有18至35岁之间的白人男性都有义务服兵役，不允许任何人出钱找人代服兵役。大多数南方军士兵入伍前都是农场主或农场工人，与北方军不同，南方军中很少有国外出生的士兵。

与顽强务实的北方军士兵相比，南方军士兵被普遍认为在战场上更有冲劲和激情。他们在战斗中发出的尖锐刺耳的"反叛者的怒吼"让敌军畏惧胆寒。战争中，南方军士兵通常比北方军士兵更勇敢，具有更强的牺牲精神。他们认为自己是在为保卫家园和整个生活方式而战。1864年，罗伯特·李将军在一次公开宣言中道出了大多数士兵的心声："如果战争胜利，我们的未来会充满希望；如果失败，我们的生活将一无所有。"就在战争结束前两年，随着战败的命运一步步逼近，宗教复古主义在南方军中盛行一时，许多士兵对祈祷会和唱圣歌极度热心。

誓死保卫阵地
尽管大多数时候与北方军相比人数上处于劣势，但是南方军士兵仍然会英勇地坚守阵地。

南方叛军衣衫褴褛的外表与其英勇无畏的精神形成了鲜明的对照，给人们留下了深刻的印象。1862 年夏末，一名妇女在弗吉尼亚州北部途遇行军中的联盟军部队，她从他们“凹陷的眼睛中知道饥饿正在侵蚀他们的身体，让他们憔悴瘦削”，她认为：“他们还能行军和作战似乎让人不可思议。” 然而正是这些士兵使得北方联邦军在安提塔姆付出了惨重的代价。

无望的战争

南方军士兵对战争的主要感受就是物资稀缺，什么都缺：靴子、衣服、毯子、帐篷、食物、弹药，当然还有军饷。除非能在战争中从伤亡和被俘的北方军士兵那里得到靴子，否则大多数士兵都是赤脚行军的。面对北方政府和北方军享有的明显优势，南方军只能仰仗士兵们在战场上的拼劲。南方军付出了惨重的代价却仍然输掉了战争，但他们赢得了世人的尊重。

南方军武器
南方军步兵的标准配置是有膛线的火枪。南方政府从英国进口了大量恩菲尔德线膛枪。

南方军制服
步兵的军服颜色不一，包括灰色、蓝色和灰褐色等。图中是 1862 年南方军步兵军服的复制品。

“他们是一群衣着五花八门的士兵，但上了战场一个个就变成了拼命三郎。”

——一名北方军士兵关于南方军士兵的评价

堑壕战

随着美国内战的发展，南北双方都在更大程度上利用了土木工事和壕沟作为战场掩护手段。此图显示了在 1863 年 5 月第二次弗雷德里克斯堡战役中，北方波托马克军团士兵在壕沟中等待冲锋号令的情景。

公元 1800—1870 年

毛利武士

"我们的孩子们啊，你们要勇敢！我们的朋友们啊，你们要强大起来！勇敢起来就不会遭受被人奴役的命运，我们的国家也不会沦为陌生人的掌中之物。

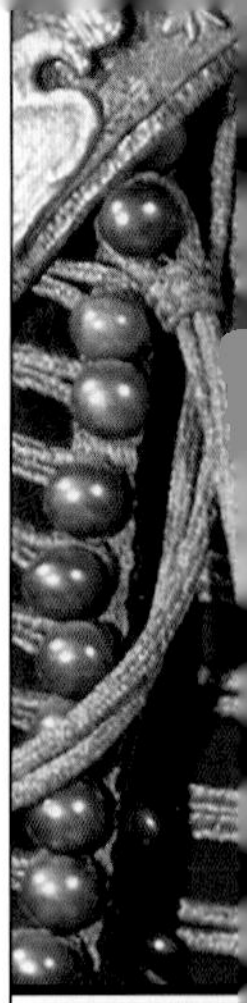

毛利人原在波利尼西亚群岛上靠农耕和打鱼为生，大约在公元800年至1300年间的某个时期来到现今的新西兰定居下来。战争在他们的传统文化中占据重要的位置，他们建造防卫性的村庄，每年都会发动部落战争。毛利人使用木制和石制的传统武器，而自从19世纪开始接触欧洲人后便学会了使用火枪。毛利人在火器的武装下进行了一系列代价高昂的战争，即“火枪战争”，包括部落间的战争和抵抗英军入侵的战争。

在前殖民时期毛利人的历史中，有很多存在争议的问题，包括发动战争的原因和战争的性质。似乎与近代以前的其他社会一样，毛利人也视战争为在一年中某个适当时期进行的正常活动。毛利人部落里的男性从小就受训成为战士，这些男性战士被称作“托阿”（toa）。因为毛利人部落都居住在靠海的可耕种土地上，那片地区人口稠密，部落与部落之间相隔不远，发动战争的原因多见，部落战争屡见不鲜。一些人类学家认为毛利人部落战争的主要原因应该是争夺稀缺的土地资源，但事实上，一些不太明显的理性动机似乎占了上风。毛利人对任何侮辱或伤害极度敏感，甚至可能结下世仇。部落酋长遭受到的无论何种冒犯都能成为发动战争以寻求报复的理由。战争本身也可成为理由，武士们有机会借此证明自己的勇气，酋长亦能靠此巩固自己的地位。

仪式和战斗

毛利武士在酋长的指挥下组队参战，通常由70人至140人组成一个战团，而70人则是毛利武士平时的交通工具——战舟的承载量。出征前需要举行各种仪式，包括声讨敌军的不义行径和忌吃某些食物。在毛利战争中伏击战和突袭战占主要部分，不过不可避免地，交战双方有时也会正面对决。战争开始前，武士们会跳上一段哈卡，他们一边跳舞一边大唱战歌并做出一些咄咄逼人的手势，再扮上稀奇古怪的鬼脸以恐吓敌军。

武士们很可能除了腰间系有一条腰带之外全身赤裸。作战武器是木制长矛和棍棒，锋刃则用石片、珊瑚、骨头或贝壳混合起来制作而成。尽管毛利人的仪式活动中会造成有限的人员伤亡，但战争中所呈现的场面才最为致命和残酷，如遇敌军企图逃跑，追击败军的手段野蛮残忍、必定致死。例如，跑动速度最快的武士会拔腿追上敌人，全力用长矛将敌人击倒在地。受伤跑不动的敌人被跑动稍慢的武士追上后，也会被用棍棒和斧头进行致命打击。同样地，一支不小心中了埋伏的战团一般都会做好被敌军全部消灭的心理准备。战斗获胜后，出于宗教目的而不是因为饥饿，一些阵亡的敌人会被作为战利品进行祭祀活动，他们的首级被抹上香料，在全村落巡展。

复仇的规则可能会导致部落灭绝战争，原因在于如果只消灭部分敌人，那幸存下来的敌人必然会回来寻仇。防止部落被敌人灭绝和奴役的最佳手段之一就是兴建坚固的防御设施。毛利人会在山顶建造“帕”（pa，即坚固要塞），环绕要塞修筑栅栏、沟渠和堤坝，要塞里还会建有存储粮食的仓库，以期熬过敌人漫长的围攻战。一旦撤入要塞中，哪怕敌军在实力上明显更强，毛利人也不太可能被打败。

玉人颈饰（项坠）

哈卡

哈卡（haka，字面上的意思是舞蹈）最初是战前武士们跳的舞，宣扬自身的实力和勇气，旨在震慑敌军。如今哈卡是毛利人为接待贵客和外国政要而举办的正式欢迎仪式中的重要组成部分（见上图）。武士们面部的图腾刺青是波利尼西亚地区的一种习俗，表明这名武士的出身、地位以及曾经的战功。玉人颈饰（hei-tiki，见右图）是毛利人颈项上戴的吊坠，玉石因其美丽的外表和坚韧的属性而深受毛利人喜欢。

火枪战争

到了1800年，捕鲸船、捕猎海豹的船舶以及商船沿途会停靠新西兰，毛利人开始和欧洲人有了接触。欧洲人带来的燧发枪显然对毛利武士极具吸引力。最初，这些本身操作起来很复杂、射击精准度不太高的火器对当地战争并没有产生多少影响力。1807年，普希部落（Nga Puhi）第一次在战争中使用火枪，却被其一直以来的敌人纳提瓦图瓦部落（Ngati Whatua）打得落花流水。但很快拥有火枪的部落开始在战场上占据了上风。商业贸易发展起来，毛利人用土豆、猪或亚麻与欧洲人交换火器和弹药。他们很快发现枪支也能用战利品来交换，欧洲人将俘虏用作奴隶，涂抹了香料的阵亡士兵首级在欧洲人眼里亦是小件珍奇物品。一些毛利酋长游历了澳大利亚殖民地，其中有一名叫作夯吉·西卡的酋长访问过英国，他甚至在1820年访问期间受到了英国国王乔治四世的接见。与外部世界的接触扩大了毛利酋长的眼界，鼓励他们开疆拓土，并且为他们带来了最先进的军事技术。

战舟

独木舟是毛利武士最常用的交通工具。独木舟长40米（130英尺），能承载总人数多达70人。两艘战舟就能容纳整支部落军队。如果战舟进水，戽斗（见下图）是必不可少的工具。

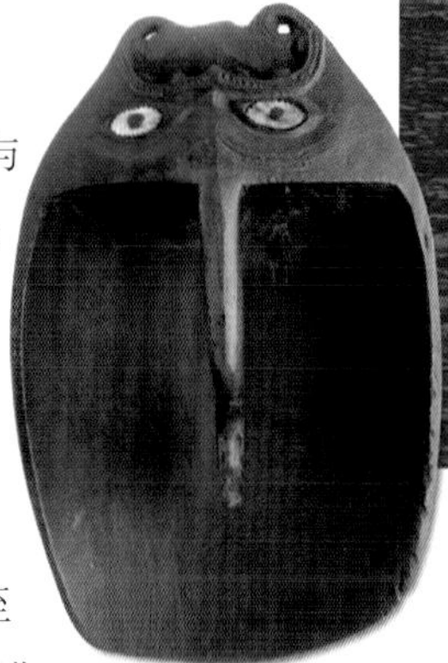

战舟的戽斗

从19世纪10年代至30年代，毛利部落之间进行了一系列破坏性极强的战争，史称“火枪战争”。这些战争与传统的毛利战争大致相同，军队攻打与其积怨甚深的部落，战死的敌兵会被吃掉，弱小的群体避入要塞。但与从前相比，在战争规模上却大得多。普希部落在夯吉·西卡的指挥下派出多达800或900名配备有火枪的士兵进行远距离突袭作战。其他部落也纷纷效仿，如纳提陶部落（Nagti Toa）在蒂拉帕罗哈（Te Rauparaha）的率领下也进行远征。势力较弱的部落被追杀、奴役或被从祖辈生活过的土地上赶走。

> “没有一个人逃脱。有一些人向远处跑去，我们追上去杀了他们，其他没跑的也一个不剩全被消灭。但也没什么了不起的，那只是我们的习俗。”
>
> ——毛利武士关于查塔姆岛战斗场景的描述，1835年

部落聚会

19世纪中叶和平降临在新西兰地区之后，武士文化得以保存下来。这幅毛利武士聚会的照片摄于1920年左右。

19 世纪 30 年代，部落之间的冲突逐渐平息，部分原因就在于，一旦所有毛利部落都用上了火枪，各部落之间在军事实力上的差距缩小，任何一方想要获胜都很难。据估计，两万名毛利人在火枪战争中战死，可能占毛利人总人口的五分之一。

陆地战

1840 年，英国与毛利人签订《怀唐伊条约》(Treaty of Waitangi)，将新西兰纳为其殖民地。不到五年的时间，毛利部落因为不服英国政府的统治，反对欧洲移民在新西兰攫取土地而爆发了一连串的抵抗战争。尽管自 1858 年始，毛利人组织运动试图统一抵抗力量，但一直有部分毛利人因部落矛盾而选择支持英国，加入英军作战[这部分人被称作“库帕帕”(kupapa)]。即使毛利人内部不合，与英军力量对比悬殊，英国军队、欧洲移民民兵组织和库帕帕加在一起组成的庞大军队在人数上也远远多于毛利抵抗组织，但事实证明毛利人是英国军队在其 19 世纪殖民战争中最强大的对手。毛利人的武器同样比不上英军，即使拥有线膛枪，他们也经常找不到足够的弹药，只能使用自制弹药。

实践证明毛利武士擅长游击战，但是他们也能成功改造其村庄级别的坚固要塞，以适应现代战争的需要。他们在坚固要塞“帕”的周围兴建错综复杂的土木工程和栅栏，让防御军队拥有充分的火力优势，以对抗敌军步兵的进攻。他们在要塞内深挖坑洞，敌人炮轰时将其作为掩体和地堡使用。他们故意躲入要塞，诱使英国人发动进攻，一旦给英军造成巨大伤亡，就立刻弃守。1864 年 4 月 29 日于陶朗加（Tanranga）的帕门(Gate pa)一役就展示了这套系统的效能。当时，不到 250 名毛利人据守要塞，而他们面对的却是在邓肯·卡梅伦(Duncan Cameron)将军率领下用迫击炮、榴弹炮和阿姆斯特朗炮武装起来的 1700 名英军士兵。卡梅伦的炮兵队摧毁了要塞的栅栏，但他手下的士兵向毛利人战壕发起猛攻时惨遭失败，伤亡巨大。随后，毛利人付出了极小的代价就成功地进行了战略撤退。

宗教仪式上用的进食斗

“库梅特”(kumete)是宗教仪式上用的食器，是武士在脸部刺青后不方便进食时所用的进食斗。刺青后脸上的伤痕很严重，连续几天都不能咀嚼，所以会将食物捣碎成糊状，通过进食斗喂进嘴里。

19 世纪 60 年代爆发了受到基督教启迪并在先知指引下的毛利人运动，运动的追随者们开展的游击战争极大地威胁了英国在北岛的殖民统治。1868 年，崔托柯瓦瑞(Titokowaru)的军队据守要塞，两次击退欧洲民兵组织和库帕帕的进攻；蒂库提（Ti Kooti）率领下的战团在马他辉瑞（Matawhero）对欧洲移民进行血腥攻击。但是第二年崔托柯瓦瑞的起义军就分崩离析了，而蒂库提的战团则孤军奋战到 1872 年。

传统的留存

事实证明，毛利人在战场上的表现与欧洲人相比毫不逊色，但是在大规模经济组织和持久战方面则能力欠佳。总体上来看，殖民冲突的血腥程度不如火枪战争，大约 2000 名毛利人死亡，约 750 名英军士兵、欧洲移民和库帕帕死亡。

新西兰战乱平息之后，毛利武士精神并未完全消失。曾有一支毛利先遣军营参与第一次世界大战，第二次世界大战也曾组织一支志愿营加入新西兰远征军。毛利人在包括希腊、克里特岛、北非和意大利在内的地中海战场表现出色。那些战斗在阿拉曼沙漠和卡西诺山坡上的毛利人继承并贯彻了祖辈的战斗精神。

准备战斗

一名身着传统服饰的现代毛利人在表演哈卡。他手持一柄可作刺杀和重击用的“塔阿哈”[(taiaha)，权杖]，腰带上别着一把“瓦哈卡”[(Wahaika)，扁棍]。

毛利人的武器

19 世纪中叶，欧洲人为毛利民族带来了火器，而在此之前，毛利人的主要武器是短棍、权杖和带石制矛头的长矛，在一系列旷日持久的部落冲突中这些原始武器发挥了极大的作用。毛利人在肉搏战中的娴熟技艺来源于古时的毛利搏斗技巧（意即“武器掌控技术”），所有毛利武士从幼年就开始接受此项训练。毛利人的战斗风格深受宗教象征和宗教仪式的影响，如哈卡（战舞），在表演哈卡时，武士们总是习惯将武器高举在空中。

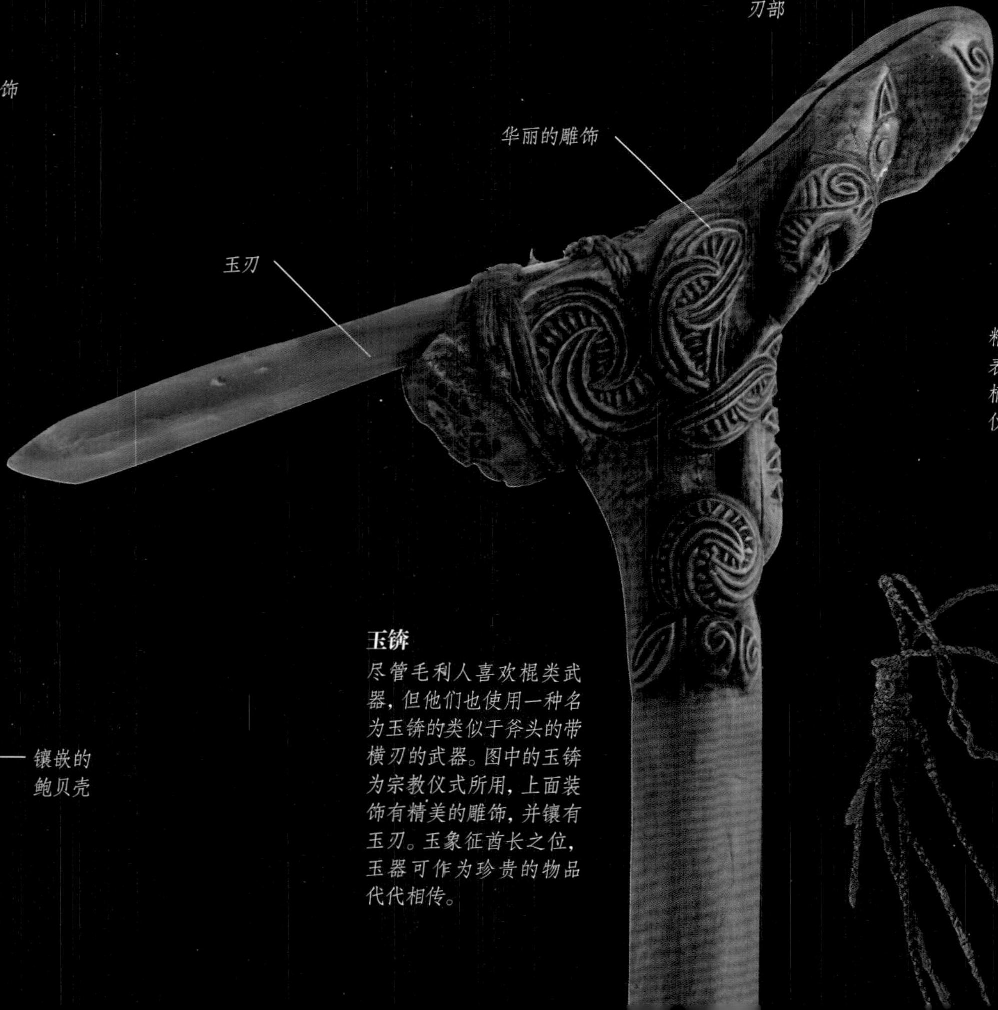

玉锛

尽管毛利人喜欢棍类武器，但他们也使用一种名为玉锛的类似于斧头的带横刃的武器。图中的玉锛为宗教仪式所用，上面装饰有精美的雕饰，并镶有玉刃。玉象征酋长之位，玉器可作为珍贵的物品代代相传。

宗教仪式上用的棍

这柄木制短棍似乎是瓦哈卡或用于切削的马瑞皮（maripi）的混合体。棍子的头部是一只鸟，其雕刻十分精美，鸟头被加长，带有鸟喙。

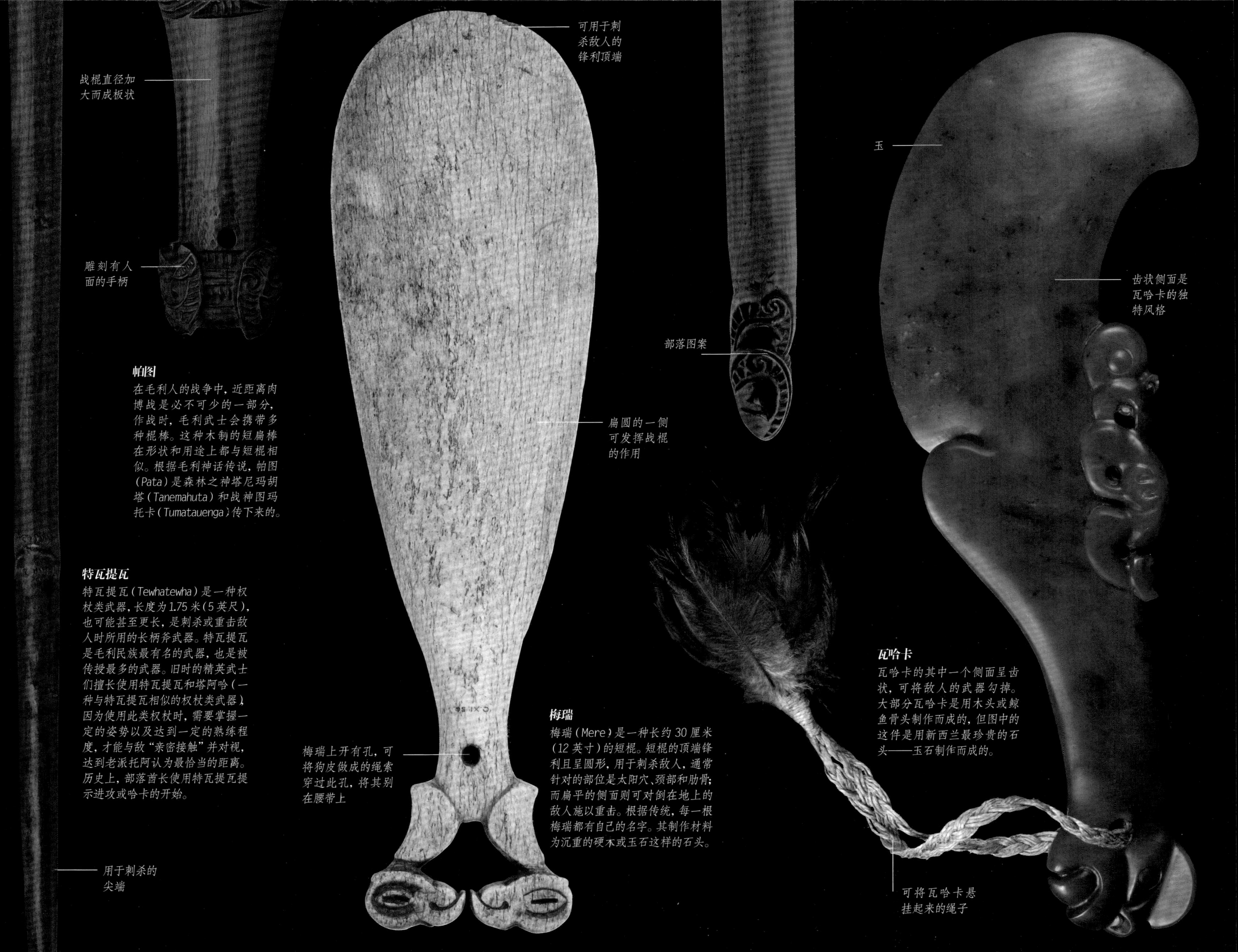

帕图

在毛利人的战争中，近距离肉搏战是必不可少的一部分，作战时，毛利武士会携带多种棍棒。这种木制的短扁棒在形状和用途上都与短棍相似。根据毛利神话传说，帕图（Pata）是森林之神塔尼玛胡塔（Tanemahuta）和战神图玛托卡（Tumatauenga）传下来的。

特瓦提瓦

特瓦提瓦（Tewhatewha）是一种权杖类武器，长度为1.75米（5英尺），也可能甚至更长，是刺杀或重击敌人时所用的长柄斧武器。特瓦提瓦是毛利民族最有名的武器，也是被传授最多的武器。旧时的精英武士们擅长使用特瓦提瓦和塔阿哈（一种与特瓦提瓦相似的权杖类武器），因为使用此类权杖时，需要掌握一定的姿势以及达到一定的熟练程度，才能与敌"亲密接触"并对视，达到老派托阿认为最恰当的距离。历史上，部落酋长使用特瓦提瓦提示进攻或哈卡的开始。

梅瑞

梅瑞（Mere）是一种长约30厘米（12英寸）的短棍。短棍的顶端锋利且呈圆形，用于刺杀敌人，通常针对的部位是太阳穴、颈部和肋骨；而扁平的侧面则可对倒在地上的敌人施以重击。根据传统，每一根梅瑞都有自己的名字。其制作材料为沉重的硬木或玉石这样的石头。

瓦哈卡

瓦哈卡的其中一个侧面呈齿状，可将敌人的武器勾掉。大部分瓦哈卡是用木头或鲸鱼骨头制作而成的，但图中的这件是用新西兰最珍贵的石头——玉石制作而成的。

公元 1800—1880 年

祖鲁武士

酋长被子弹射穿了头部，倒地而亡，但乌姆希秋兵团的武士越过酋长的尸体快速发起了攻击，他们用标枪猛刺，并将标枪投掷到营帐中去。

——乌邦纳比兵团武士关于乌姆希秋兵团武士在战场上的英勇表现的描述，伊山多瓦纳山战役

长途行军的武士
年轻的祖鲁武士们身体极其健壮。战争中，他们能够做到每日行军32千米（20英里），速度是英军的两倍。祖鲁武士的武器在前期主要是标枪、棍棒，后期也使用了火器，但他们最常用的武器是牛皮盾牌和刺矛（见上图和右图）。

在19世纪早期，祖鲁人逐渐发展成为一个具备优秀战斗技能的民族，他们拥有积极进取的武士精神，并且训练有素，其军事实力在南非地区首屈一指。在1879年祖鲁王国与大英帝国的战争中，尽管他们科技落后，但事实证明仍是英军不可小觑的敌人，尤其是在伊桑德尔瓦纳（Isandhlwana）的战役中，祖鲁人因打败英军而闻名遐迩。然而，以长矛和盾牌为主要武器的祖鲁人最终还是败在了来复枪和火炮压倒性的火力攻势之下。

在1816年伟大的部落酋长沙卡（Shaka）建立祖鲁王国前，祖鲁人只是一支无足轻重的游牧民族，从未奢望能在军事上有所作为。他们也参与了当时南非以放牧牛群为主的游牧部落之间爆发的传统战争，传统战争的特点就是战斗仪式化，伤亡最小化。敌对双方交战通常情况下都是为了解决由于某块牧场而引起的纠纷。战场上，一名武士会出场展示自己的勇气和胆量，并向敌方武士提出单挑。或者，双方会首先互相对骂，表现得非常克制，随后双方会远距离互扔投掷物。如果漫无目标投出去的标枪给对方造成了死亡，武士们会中止战斗，举行灵魂净化仪式，安抚死者。战斗力较弱的一方会坦然接受失败，而不会坚持战斗到底。

19世纪早期，在部落领袖丁吉斯瓦约（Dingiswayo）的领导下，祖鲁逐渐发展成崇尚黩武主义的社会，但在1816年沙卡掌权后才将之付诸实践。祖鲁人传统上以标枪为主要武器，沙卡上台后用刺矛代替了标枪，并鼓励手下武士在近距离作战中发挥刺矛优势，置敌于死地。在一系列史称姆菲卡尼（mefecane，又名弃土运动）的扩张性种族灭绝战争中，沙卡率领祖鲁人疯狂攻击相邻部族，迫使其屈服。到1828年沙卡去世时，祖鲁王国的北部疆域几乎与斯威士兰王国接壤。沙卡创建的战争机器以及祖鲁人的战争风格一直以来基本上无太大变化，直到1879年祖鲁王国在与大英帝国的交战中遭遇到了失败为止。

武士的培养

祖鲁武士年幼时即接受非正规的战斗技能培训，持木棍互殴。在艰苦的自然环境中他们也逐渐养成大胆独立的精神，身负重物跟随长辈长距离跋山涉水以及学会猎杀小动物等技能。在18到20岁时正式成为一名武士。相同年龄的武士们组成一支战团并建造自己的兵营。武士们随后将在同一支战团中服役20年。战团标识的差异主要是盾牌颜色的不同和衣服的一些细节上的不同。很显然，战团系统有助于培养战友情以及集体认同感。

根据传闻，在沙卡统治时期，武士们的训练方式是强行军和军事演习，而在其后任何时期内，似乎很少有证据能证明祖鲁武士接受过类似西方军队军训那样的高强度日常操练。实际上，祖鲁武士的军事训练内容基本上就是手持盾牌、棍棒或长矛跳上一段复杂的有韵律的舞蹈，这类似于西方军队的阅兵场操练以及武器操作训练。

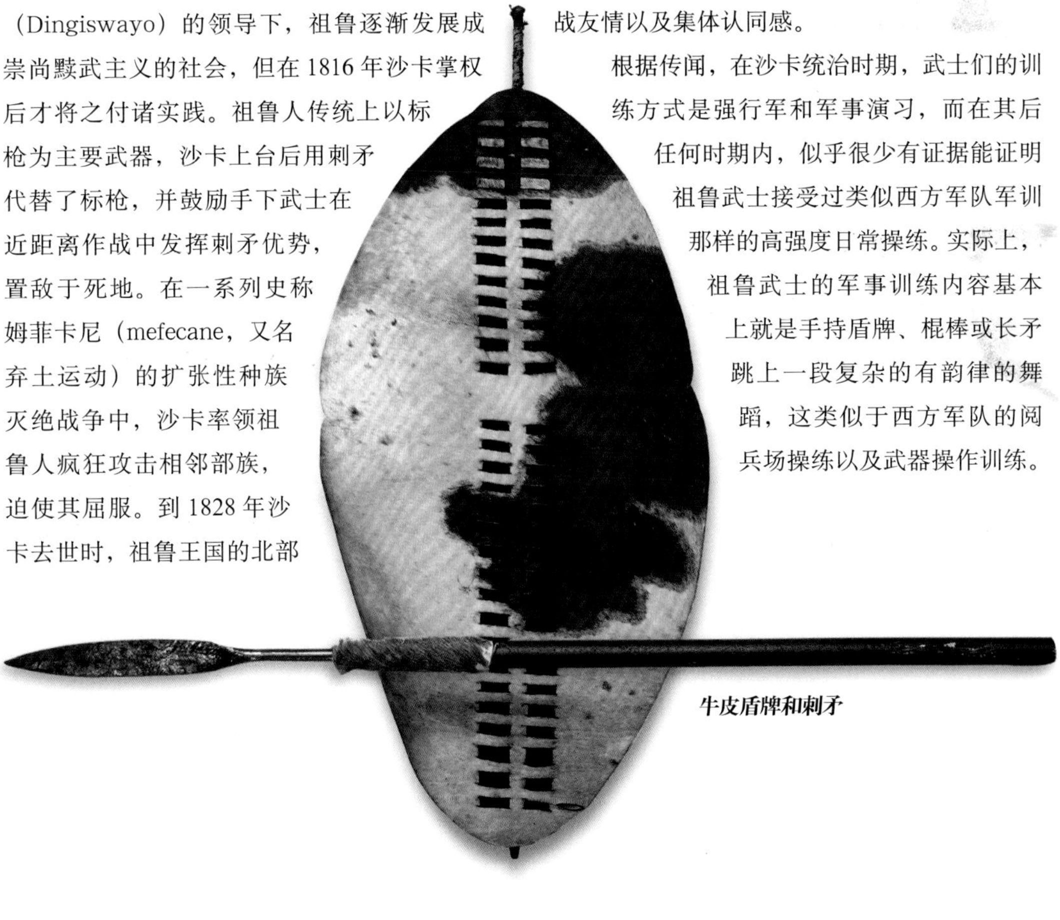

牛皮盾牌和刺矛

祖鲁战舞
全副武装的祖鲁武士手持牛皮盾牌、刺矛和圆头棒，跳着战舞（umghubha）。祖鲁武士在战前和战后都会举行跳舞和唱歌仪式，这对于他们来说具有十分重要的宗教意义。请注意照片中升腾起的阵阵尘土，这是光脚武士们用力踱地所致。

然而对于祖鲁武士来说，军营生活绝非浪漫美好四个字可以形容。武士之间，甚至战团之间随时都可能爆发冲突，他们挥舞粗重的圆头棒互殴。族长们（izinduna）对这些残酷决斗采取纵容的态度，他们认为决斗是一种训练，可以让武士们变得更加坚韧顽强，但也会严厉禁止决斗中使用长矛。战团的粮食由酋长负责供应，分量少得可怜，有时会引起武士们的严重不满。通常情况下禁止武士结婚，当他们年龄渐长，这条规定就越会让他们感到厌烦。事实上，武士们在服役大约 15 年后才能结婚，40 岁左右退役。

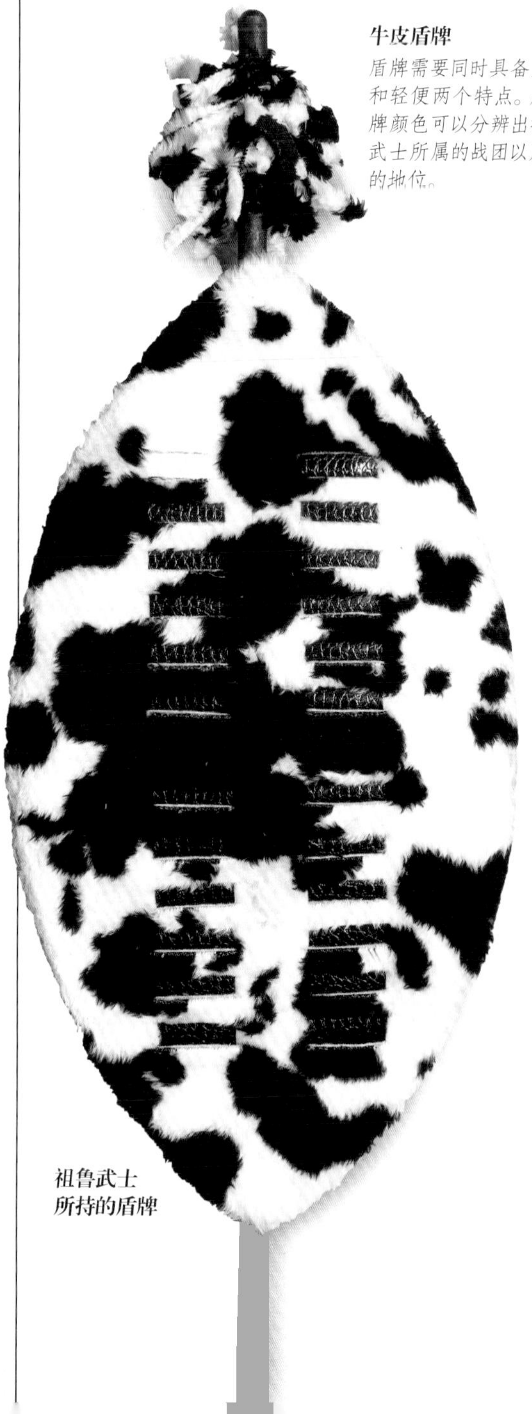

牛皮盾牌
盾牌需要同时具备坚固和轻便两个特点。从盾牌颜色可以分辨出持盾武士所属的战团以及他的地位。

祖鲁武士所持的盾牌

战斗方法

祖鲁军队行军速度快捷、采取积极进攻的战略战术，他们的主要战法是确定敌军位置后，近距离歼灭敌军。沙卡对军队实施的改革之一就是让武士们脱下草带鞋，赤足行军作战，因为他认为穿上鞋子会影响行军速度。一名欧洲观察家形容祖鲁武士的脚底硬得“像牛蹄子一样”。武士们列成纵队行军，一天大概可行进 30 千米（20 英里），而他们的炊具、睡垫和多余的武器都由不到 12 岁的男孩子们背负。他们有时出征时会随军赶带牛群，以供军队食用，但有时如果武士们必须轻装前行时，他们会在行军沿途就地搜寻食材果腹。

祖鲁军队行军速度快捷，并且对地形了如指掌，尽管这些优点一直以来被很好地加以利用，但他们却没有开展游击战。他们的目的在于一次性集中大量兵力与敌激战，力争在短时间内决一胜负。参战前，武士们会举行各种各样的仪式，包括在身上涂抹一种神奇的药水，以保自身平安。在战场上，战团会排列出传统的“水牛角”阵形，年轻的武士们组成水牛的两只角，形成围敌之势。而中间（或称“胸部”）则由经验丰富的武士们组成，在对敌发起正面冲锋时，他们首当其冲。居于“腰部”的是年纪较长的武士，他们发挥后备军的作用。

族长们利用手势或通过传令兵下达指令进行指挥。祖鲁军队很少改变其单调、已为敌人所熟知的战术。武士们会匀速小跑冲向敌军，有时会用刺矛有节奏地击打盾牌。一旦到达一定的距离，他们会全速进攻，当距离敌军约 30 米（100 英尺）远时，会将标枪投向敌人。近距离肉搏时，会拼尽全力使用刺矛和盾牌置敌人于死地。祖鲁军队从来不会俘虏敌兵，一直以来都是当场取其性命，并且一个不留。

火器的威力

祖鲁人与来自荷兰的非洲白人移民——被称作布尔人（Boers）——作战时，第一次见识到了欧洲火器的威力。1838 年血河一战，几百名手持火器的布尔人打败了 1 万人左右的祖鲁军队。祖鲁统治者随后就让手下武士们用上了火器，但却未能在战术上有所突破。他们继续采用密集步兵进攻阵形，如果敌人的来复枪军队早有准备，那么他们注定会遭受重大伤亡。

> “我们会冲上前去，吃光白人，把他们消灭干净。只要我们在这里，您就是绝对安全的。如果他们想要伤害您，首先必须从我们身上踏过去。”
>
> ——乌伦迪战役中祖鲁军队向国王塞奇瓦约（Cetshwayo）宣誓，1879 年

祖鲁人学会了在向敌军阵地冲锋的途中充分利用障碍物来保护自身的安全。与沙卡时代一贯采用的进攻阵形相比，他们的进攻阵形松散得多。然而他们还是以标枪为主要武器，来复枪发挥的是附属或替代的作用，只在总攻打响前，朝着敌军的大概位置时不时齐射出几轮零零散散的枪弹。

祖鲁王国与大英帝国的战争为其带来了灭顶之灾，在这之前，祖鲁王国可以说就已经开始衰落了。然而在 1879 年 1 月，国王塞奇瓦约仍然能够召集 4 万名武士以抵制英军的侵略行动。英军虽然在数量上处于劣势，但却拥有后膛装填枪、野战火炮和加特林机枪等先进火器。

1 月 22 日，祖鲁军队集齐半数士兵对驻扎在伊桑德尔瓦纳山防御极差的 800 名英军士兵及其非洲辅助部队发起进攻。在族长们的催促下，尽管遭受了巨大损失，祖鲁军队仍然继续进攻。甚至当祖鲁武士冲入英军防线，见识到了身着红色制服的敌兵手握刺刀、奋力拼杀的场景而深感恐怖时，他们也丝毫没有退缩。一名祖鲁武士稍后回忆道，武士们将标枪投向英军或朝向英军开火，而不会冒险靠近以刺杀他们：“他们躲开刺刀，因为任何冲上前刺杀敌兵的武士不是被刺穿喉咙就是被刺破肚子。”然而仅凭人数上的优势，祖鲁人迅速击败了英军并大开杀戒。同时祖鲁军队还向驻守在罗克渡口的英军前哨部队发起了猛攻，但却惨遭失败，尽管在这次战斗中，时而会再一次出现手握刺刀的英军与手持刺矛的祖鲁武士近距离肉搏的场面。

军国主义的国家政策

右图为国王沙卡祖鲁的侄子乌蒂姆尼（Utimuni），他穿着仪式礼服。沙卡统治期间（1816-1828），祖鲁军队崇尚武力和军事扩张，四处侵略，攻城略地。

权力的衰落

在这些以及后来的战争中祖鲁军队损失惨重，超出了其承受能力。具有讽刺意味的是，为了保卫家园，零零星星的祖鲁武士对英军进行了毫无组织的骚扰活动，而这些小规模低层次的游击战却胜率极高。尽管塞奇瓦约心里明白打赢是不可能的，但是他仍然致力于将手下武士，那些他认为被施予魔法的血肉之躯，投入到与英军的正面对决中，与英军的子弹硬碰硬。在 7 月的乌伦迪（Ulundi）一战中，祖鲁军队尸横遍野，昙花一现的祖鲁军权统治寿终正寝。英国人随后吞并了祖鲁兰，塞奇瓦约被俘，并被带往英国，在英国他被那些傲慢的胜利者们视为名人。

伊桑德尔瓦纳的荣光

总体上来说，在 1879 年，祖鲁军队并非英军炮兵的对手，但是 1 月 22 日在伊桑德尔瓦纳山，祖鲁军队在付出惨重代价后获得了战役的胜利。

祖鲁战服

尽管祖鲁武士的武器有标枪和圆头棒，到 19 世纪下半叶，他们在战争中也会使用火枪或来复枪，但其主要武器仍是沉重的刺矛和一面较大的牛皮盾牌。武士可通过服装上的细节和武器上的装饰来表明其地位以及对国王的忠心。尤其是盾牌可以作为这名武士效忠国王的象征，一位祖鲁指挥官将盾牌喻为“我们对国家深沉的爱”。

头饰

通常情况下，祖鲁武士的头饰是一顶带有护颈和护耳的猴皮帽，帽上绑着一条豹皮带或水獭皮带并装饰有繁复精美的羽毛。图中这顶 19 世纪的祖鲁武士头饰为宗教仪式上所用。

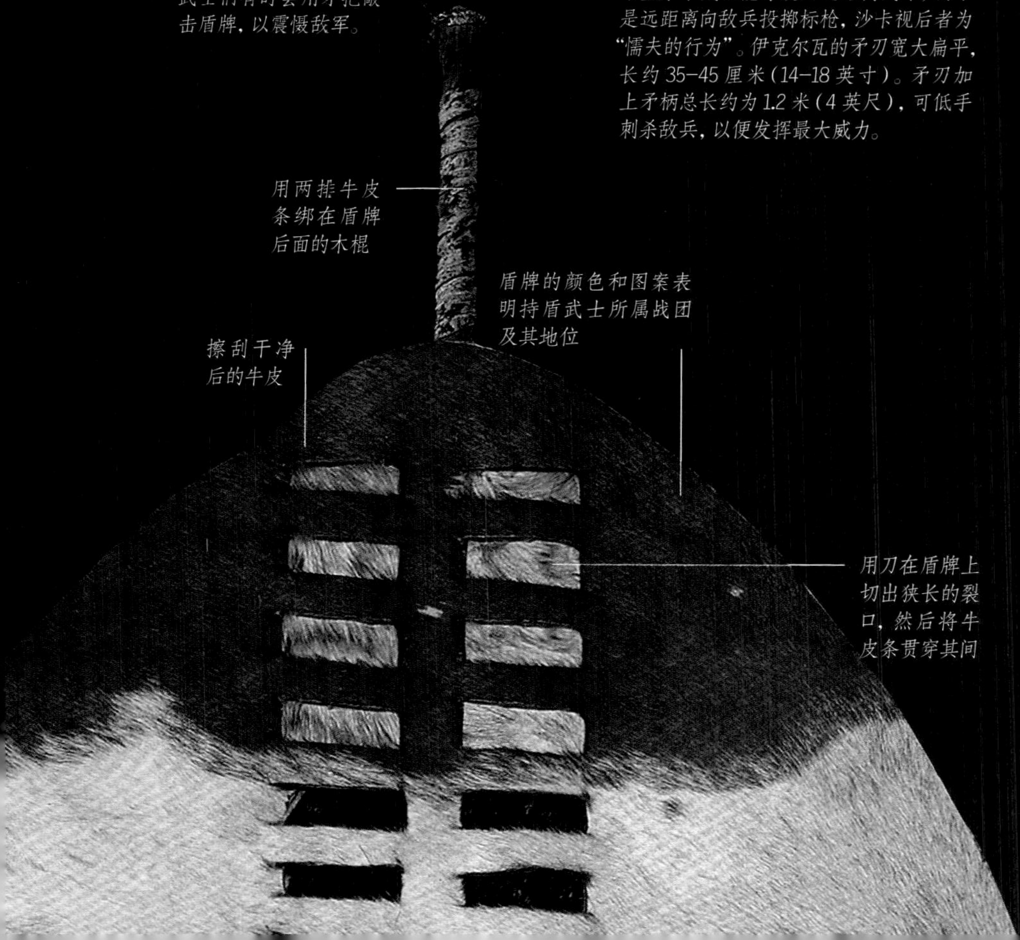

祖鲁战盾

这面盾牌是由牛皮制成的，而牛皮则来自国王的牛群。首先从牛身上剥下牛皮，清洁后在土里埋上几天，然后将其切割成形。当战场冲锋时，武士们有时会用矛把敲击盾牌，以震慑敌军。

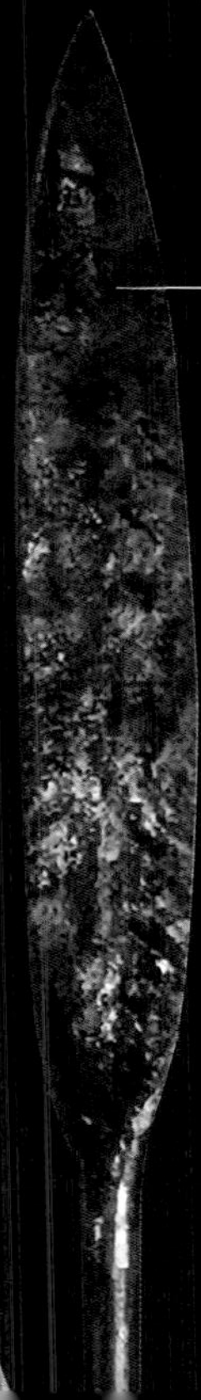

伊克尔瓦

最具杀伤力的祖鲁武器是伊克尔瓦（ikalwa），也称作短刺矛，据说其名源于将武器从尸体中抽出时的声响。根据传说，伊克尔瓦是沙卡国王发明的武器，他希望手下武士能与敌兵近距离战斗，而不是远距离向敌兵投掷标枪，沙卡视后者为“懦夫的行为”。伊克尔瓦的矛刃宽大扁平，长约 35-45 厘米（14-18 英寸）。矛刃加上矛柄总长约为 1.2 米（4 英尺），可近距离刺杀敌兵，以便发挥最大威力。

我们未放过营地里的每一个白人，连马和牛也都未放过。

——祖鲁武士甘姆佩噶·柯阿比（Gumpega kwabe）关于诺托姆玻河战役中祖鲁军队与英军战斗场景的描述，1879 年 3 月

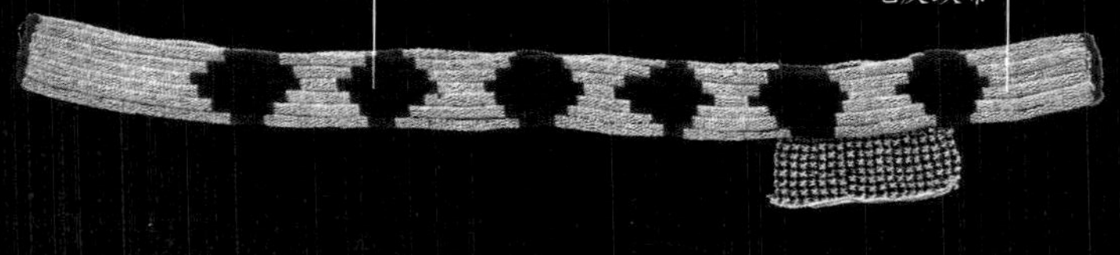

腰带

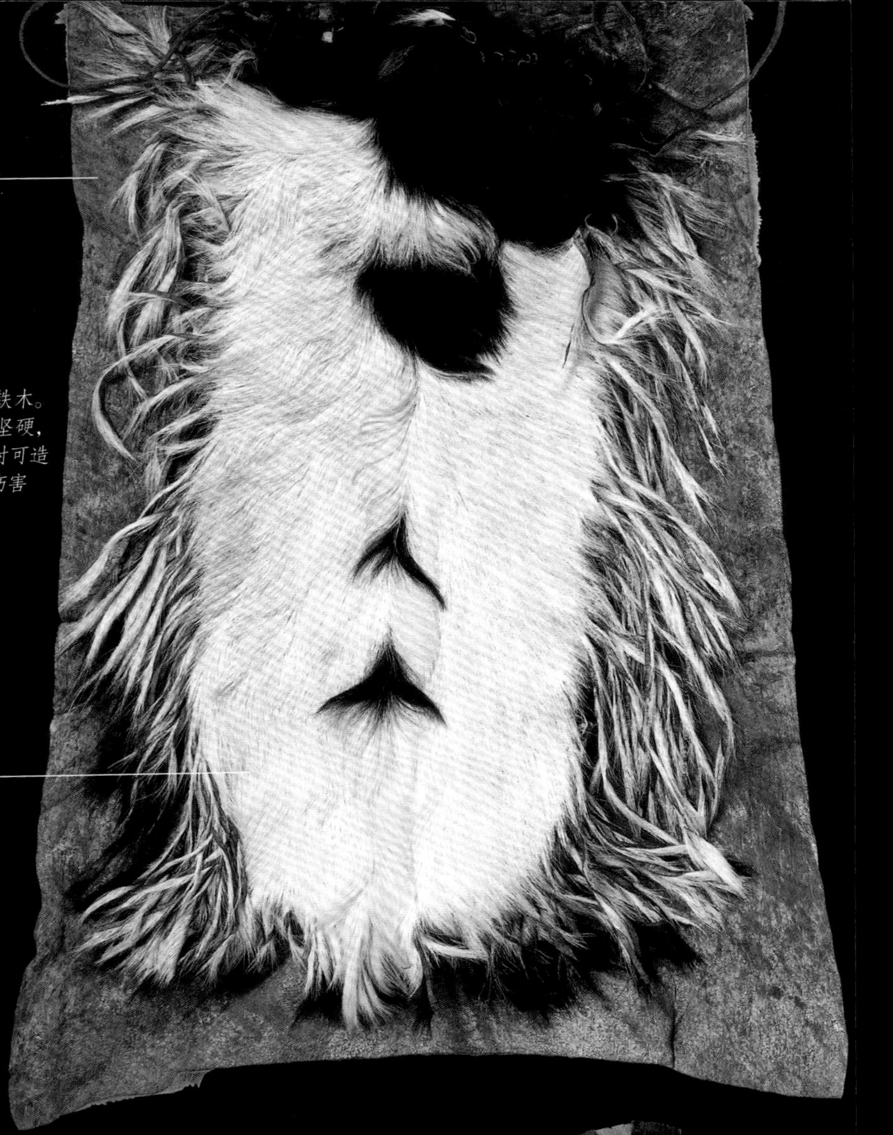

围裙

祖鲁武士的乌姆察(umutsha，围裙或称缠腰带)是用牛皮制成的，用于遮盖下身前后。图中这款围裙上装饰有一块较大的山羊毛皮。

圆头棒

左图的圆头棒是一根棒端为圆头的木棍，直径约为10厘米(4英寸)，由一整块木头精心雕琢而成。祖鲁工匠使用能找到的最硬的木料制作武器。质量最好的是铁木——一种颜色为黑色的重材。工匠们利用铁木制作出了这种用于棒击敌对部落武士的外形雅致的致命武器。

裆部遮挡物

所有的年轻武士在施行割礼后都会被发放这种遮挡物，它除了要在宗教仪式上穿戴外，在战场上出于身体保护目的也会使用。

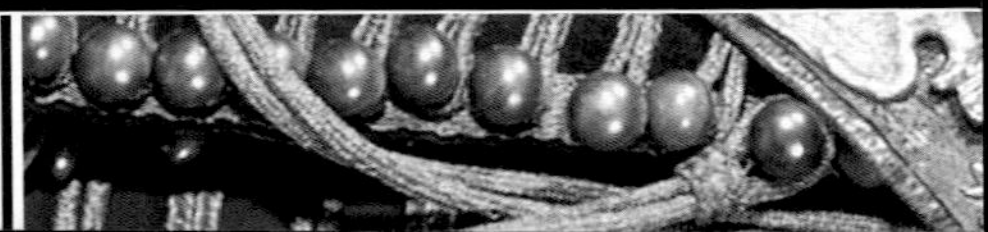

公元1860—1890年

苏族武士

我对白人充满了仇恨……我们喜欢打猎，而不愿在保留地上游手好闲地过日子。有时我们没有足够的粮食，但白人不允许我们外出打猎。我们只想过安静的生活，不想被打扰。

——奥格拉拉苏族部落酋长“疯马”（1842—1877）

从 19 世纪 60 年代到 80 年代，苏族（Sioux）各部落以及夏安族（Cheyenne）和阿拉帕霍族（Arapaho）等其他以猎杀野牛为生的大平原印第安人一起，为了保卫传统狩猎地，阻止白人殖民地者的圈地运动，孤注一掷，发动了旨在打击美国军队的游击战争。他们充分利用自身长处，即高超的骑术、了不起的狩猎本领以及擅长突袭作战的技能，发展出一种新的战争方式。尽管印第安人并没有获得最终胜利的可能，但事实证明，面对美军的强大意志力和出色谋略，以自身条件而论他们也不愧为杰出的战士。

对苏族人来说，战争是一种生活方式，是部落社会生活和经济生活的重要组成部分。在实现个人抱负方面，战争也发挥着十分关键的作用，因为一名武士只有通过战争才能证明他的勇气以及彰显他的战斗技能，从而才能有希望在武士阶层中往上攀升。战争发生的真实目的有很多且各不相同。部落可以向邻近部落发动一场劫掠战争，以抢夺对方的马匹或俘获妇女儿童以充实本部落人口。他们也可能为了争夺狩猎地或贸易控制权而发动战争。但是发动战争也有可能是为了报仇，某个部落认为受到了某种侮辱或遭遇到了某种不当行为，为了维护部落荣誉而施行报复。

大平原印第安人的传统战争方式是曾被欧洲人称为的“怯懦的战争方式”，由暗中展开的突袭战和伏击战组成。一支突袭队伍通常不会超过 30 或 40 人，常常事先选中目标，单次交手后即返回。一般情况下，突袭战的伤亡率不大。大平原印第安人的出生率很低，武士的生命是非常珍贵的资源，将伤亡率降低到最小限度是其作战的重要原则。部落战争中他们通常也不会对敌对部落造成重大的人员伤亡。战争也包含部分宗教仪式的元素在内，这就让其与体育运动有了某些相似之处。一名武士取得某项成就会获得相应“分数”，例如盗窃马匹的数量达到不同的程度会获得不同的分数等，而这些分数会成为这名武士等级高低的评判标准之一。一名苏族武士会因为用一根柳木棍触碰敌兵这样的勇敢之举而获得的分数多于远距离用箭射杀敌兵所获得的分数。虽然战争比较仪式化，但也不能就此认为苏族战争都是不流血的战争。

传统和创新

17 世纪，马匹被西班牙侵略者带入美洲大陆，自此，苏族印第安人不仅学会了骑马，而且马匹逐渐成为他们最宝贵的财产，在狩猎和战争中发挥着极为重要的作用。美洲马通常矮小强壮、速度敏捷，有实力的部落会积攒大量的马匹。

小巨角河战役重演

现代苏族人聚集在蒙大拿州小巨角河畔（见上图），重演 1876 年那场著名战役。战役中，苏族和夏安族武士部分歼灭了乔治·卡斯特（George Custer）将军率领的第 7 骑兵团。钢刀（见右图）是苏族人与欧洲移民物物交换而来的，通常是用毛皮换来的。钢刀比苏族人传统的石制工具锋利许多。

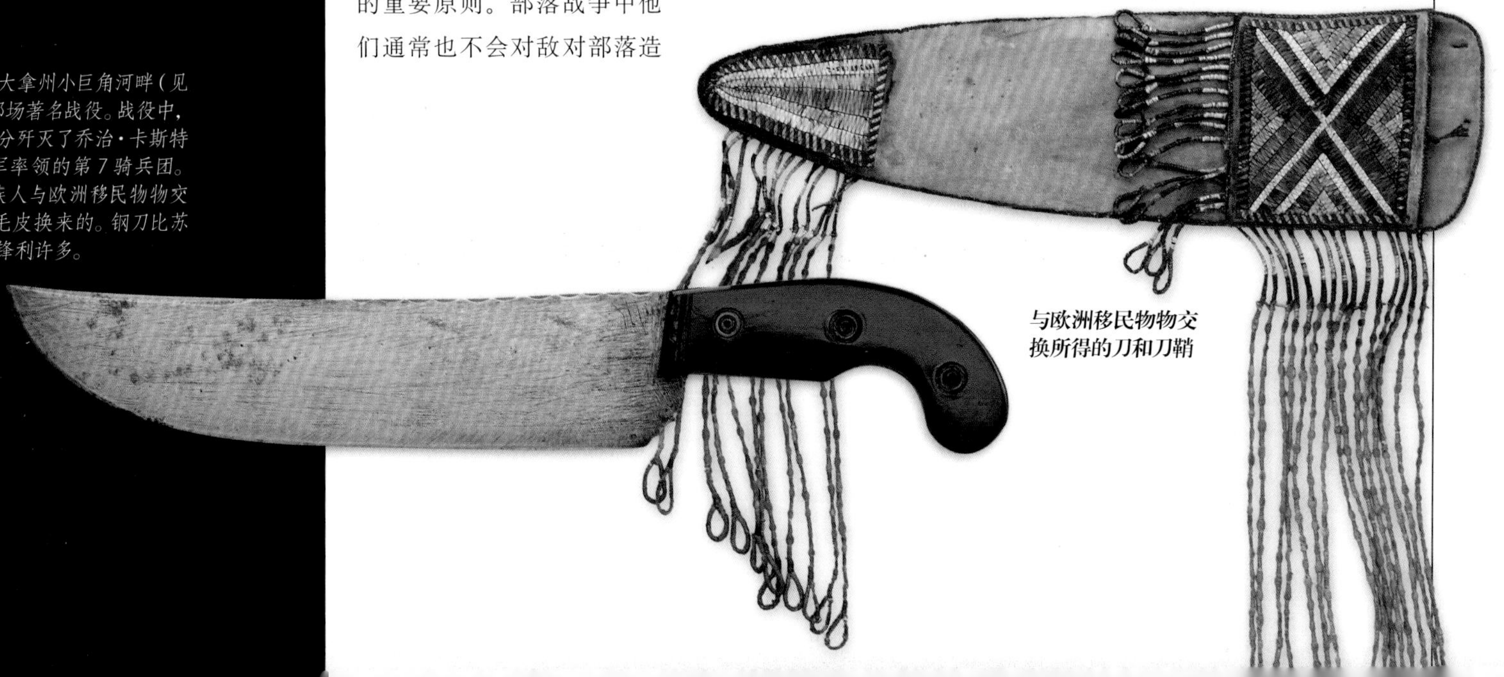

与欧洲移民物物交换所得的刀和刀鞘

“我们必须对苏族人实施切实的惩罚，甚至对其进行彻底的消灭，男人、妇女、儿童一个不留。”

——谢尔曼将军，1866 年

装饰精美的防御性武器

对于大平原印第安人来说，盾牌是非常重要的物件，不仅因为它能起到一定程度的保护作用，而且也因为其具备某种精神关联。图中的猎盾上绘有一头野牛的剪影并装饰有羽毛。

每名武士都会拥有一匹二流货色的小马作为日常骑行所用，以及一匹优质的战马。苏族人是出色的骑手，骑艺精湛，他们骑马急驰时能将身体悬挂在马匹的一侧，以马身为掩护与另一侧的敌兵周旋。他们也不总是骑马作战，战场上更多时候是步行作战。

印第安人主要的传统武器是木制复合弓，弓臂的外侧（背部）贴覆动物肌腱。苏族武士从孩提时代就接受箭术训练，能够快速准确地射中目标。其他的传统武器包括一杆较长的骑枪和一把匕首，匕首用于结束伤兵的生命或者剥下敌人的头皮。战斧是仪式上所用的物品，而不是战斗武器。苏族人的武器一直在不断地发展，尤其是在与欧洲移民和商人接触后，武器的发展步伐加快。19 世纪下半叶，本来骑无鞍马的苏族人多半都骑上了配有马镫和马鞍的马，同时他们也用上了金属箭簇，代替了之前一直使用的燧石箭簇。他们还通过战场缴获或商业贸易拥有了大量的火器，包括来复枪和柯尔特手枪。然而苏族人在火器上的造诣始终比不上传统的弓箭。

尽管大平原印第安武士会视战争为证明自身勇气的绝佳机会，但作为一支训练有素的军队的一分子，他们已习惯于服从集体，而集体纪律是由部落内部数支武士团体规定并强制执行的。

武士团体

武士团体是由那些经过考验并且有勇气有胆识的武士组成的。为了防止不服管教的个人做出草率冲动的事情，这些团体发挥类似于警察的作用，以维护集体纪律。在狩猎季节，成功猎杀大量野牛对整个部落的生存起着至关重要的作用，这时武士团体承担的任务尤其重要。任何资历较浅的武士只要不守规矩，危及狩猎任务的圆满完成，团体就会对其施行严厉的处罚。这条规定同样也适用于战场。苏族人明白自己与美军和白人移民进行的是一场殊死搏斗，为了应对这一次前所未有的挑战，武士团体的组织结构和规章制度就起着十分关键的作用。

苏族人的领地正好位于美国西部之路上，战争不可避免。从 19 世纪 60 年代早期开始，对于美国明目张胆的侵犯行为，印第安各民族利用部落战争中最常用的打了就跑的战术，多次袭击美军偏远的前哨基地和白人移民定居点，破坏美军运输线路和通讯线路，伏击其马车和运送补给的车队，扯断其电报线。与美军士兵相比较，苏族武士轻装上路、行动更为敏捷，能够轻松逃脱美军围剿行动。

博兹曼小道

1866 到 1868 年，奥格拉拉苏族部落的红云酋长（1822–1909）是将印第安游击战术运用得最成功的人。美国一心想要打通博兹曼小道——一条从东部通往蒙大拿金矿的线路，但这条线路穿越了苏族人的猎场。1866 年夏天，美军在小道沿途修建了三座要塞，以保障旅行者的安全。然而，美军要塞反而长期遭遇苏族战团围攻，袭击美国马车队的事件愈演愈烈。1866 年 12 月，威廉·J. 费特曼（William J. Fetterman）上校在卡尼堡要塞外中计，当时他率

苏族人的辉煌时刻

1876 年 6 月，大平原印第安人向美军发起冲锋，卡斯特将军率领的第 7 骑兵团无力招架。尽管图中所描绘的苏族人骑马作战，但在实战中他们很有可能是步行作战的。

兵追击一小队苏族武士，他们将美军引入印第安大军的包围之中，费特曼上校及手下 80 名骑兵和步兵全数阵亡。因无力保护旅行者的安全，美国政府于 1868 年同意关闭博兹曼小道，弃置沿途要塞，红云的杰出军事才能让他成为唯一一位作为战胜方与美国签订和平协议的印第安首领。

自 1874 年起，美军和淘金者逐渐向南达科他州的黑山渗透，而这里正是苏族人世界的精神中心，至此，大平原印第安人的悲情战争发展到了高潮。在主要指挥官“疯马”和“坐牛”的领导下，各武士团体成功将苏族人及其同盟军科曼奇人（Comanche）和阿拉帕霍人团结起来，战争规模进一步扩大，共同对抗美军骑兵部队的进攻。

小巨角

1876 年 6 月，大约有 1000 多名印第安武士参与了那场著名的小巨角河战役，打败了乔治·卡斯特（George Custer）率领的美军队伍。关于这场战争，历史上并未有任何真实可信的史料留存，但似乎是印第安人在来不及瞄准的情况下用极快的速度向美军的大概方向以较高的角度发射出大量箭支，这密集的箭阵如雨点般纷纷落在美军士兵头上。印第安人大概是步行作战，他们最大限度地利用有利的地形和茂密的植被作掩护，静悄悄地缓慢前行。

然而甚至是在小巨角战役中，印第安武士也无力坚守住阵地，战争次日即被迫撤退，并点燃草地，以烟幕为掩护躲避美军援兵。一旦政府下定决心想要打赢印第安战争，坚决果断地投入大量人力物力，中断印第安人食品供给和攻打印第安人营地都不在话下。第二年，因为饥饿和疲惫，“疯马”和其各色追随者们宣布投降美军。“坐牛”则逃往加拿大避难，但于 1881 年回国自首。

颇具讽刺意味的是，战败的苏族武士们很快就为美国大众文化所接受，并被奉为野蛮人里的贵族，而“坐牛”则成为名人，在“水牛比尔的蛮荒西部演出”中短暂亮相，并出售个人签名照大发横财。苏族人的现实命运当然是很凄凉的。1890 年的印第安人“鬼舞运动”以伤膝河一战悲惨结束，虽然印第安人内心清楚他们的抗争运动最终注定会走向失败，但这个臭名昭著的事件确是压垮这场运动的最后一根稻草。

从无鞍马到有鞍马

苏族人在历史上一直骑行无鞍马，到 19 世纪 50 年代，从欧洲商人处购得马鞍和马镫后，他们才骑上了配备马鞍和马镫的马匹。

全副武装的印第安突袭部队

通常情况下，苏族的战争方式包括暗中展开的突袭战和伏击战，一支队伍的人数为 30-40 名。

苏族武士战服

苏族人和其他大平原印第安武士展开突袭行动时，通常会携带弓箭、盾牌、长矛、棍棒以及剥头皮的小刀。19 世纪时，由于与欧裔美国移民和商人的接触越来越多，受其影响，苏族人的武器也不断得到发展。传统刃物武器的刃和尖不再是由石头或骨头制成的，取而代之为金属质地。同时苏族人从欧美商人处购买工业化生产的武器和工具，并且根据需要在成品上刻有某装饰性图案。尽管苏族人操作传统的弓箭更得心应手，但是他们也采用了火器。尽管欧洲移民拥有的先进武器让印第安人无力与其正面对决，但印第安人的武器在低层次的游击战争中却能发挥出强大的战斗力。

> 谁的声音首先响彻这片土地？是我们这些只用弓箭作为武器的红皮肤的人。
>
> ——奥格拉拉苏族人红云关于白人的侵略的评述

头饰
羽毛头饰常常被认为是 19 世纪美洲土著居民服饰上的一项显著特征，当然也是最容易识别的特征。然而事实上，除开宗教仪式的场合，这种头饰只有居住在中西部平原的苏族人部落才会佩戴。一名经验丰富、颇受族人尊重的武士才有资格佩戴如图中这顶用鹰的羽毛制成的武士战帽。

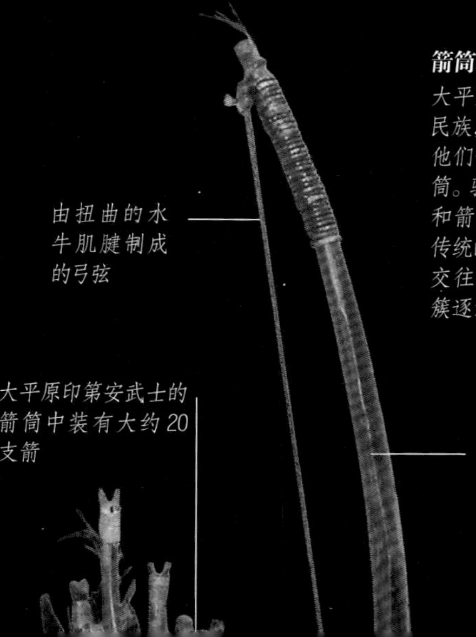

箭筒和弓袋
大平原印第安人是骑在马背上的民族，作战和狩猎都离不开马匹，他们使用一种组合式的弓袋和箭筒。骑手将由动物皮制成的弓袋和箭筒用皮带拴住，背在背上。传统的箭簇是石制的，但与欧洲人交往密切后，受其影响，铁制箭簇逐渐代替石制箭簇流行起来。

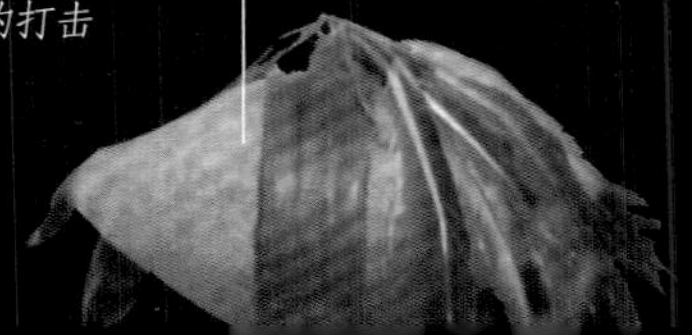

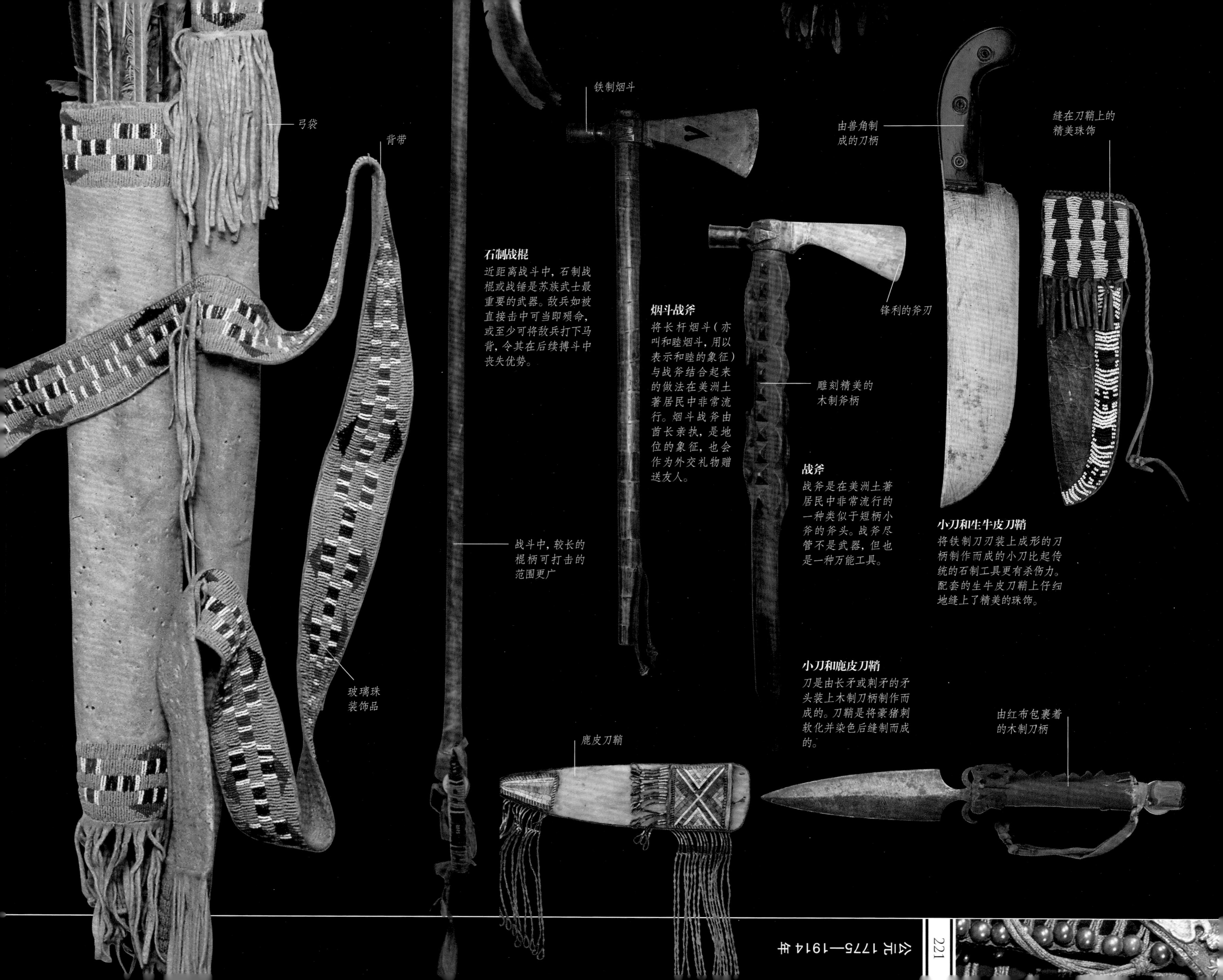

石制战棍

近距离战斗中，石制战棍或战锤是苏族武士最重要的武器。敌兵如被直接击中可当即殒命，或至少可将敌兵打下马背，令其在后续搏斗中丧失优势。

烟斗战斧

将长杆烟斗（亦叫和睦烟斗，用以表示和睦的象征）与战斧结合起来的做法在美洲土著居民中非常流行。烟斗战斧由酋长亲执，是地位的象征，也会作为外交礼物赠送友人。

战斧

战斧是在美洲土著居民中非常流行的一种类似于短柄小斧的斧头。战斧尽管不是武器，但也是一种万能工具。

小刀和生牛皮刀鞘

将铁制刀刃装上成形的刀柄制作而成的小刀比起传统的石制工具更有杀伤力。配套的生牛皮刀鞘上仔细地缝上了精美的珠饰。

小刀和鹿皮刀鞘

刀是由长矛或刺矛的矛头装上木制刀柄制作而成的。刀鞘是将豪猪刺软化并染色后缝制而成的。

印第安战争中的士兵

在19世纪下半叶的美国西进运动中，美洲土著居民为了保卫其属地，赶跑侵略者，对白人移民及美军采用游击战术、边打边跑，并伏击旅行者。美军则设法将印第安人从其属地上赶走，并追捕那些拒绝顺化的印第安族群。激战极少出现，通常情况下，美军会发现他们的印第安敌人神出鬼没，行踪不定，为了展开追捕行动，自己需要跨越几千公里的蛮荒之地。战争中步兵所起的作用极小，到1877年时，美国军队拥有将近1.1万名骑兵，却只有1万名步兵。美洲土著居民明白自己没有胜利的可能，但却凭借高超的本领和巨大的勇气顽强地坚持战斗。直到1890年，印第安人的抵抗运动才最终被无情地镇压了下去。

美国骑兵

与苏族、阿帕切族（Apache）、内兹佩尔塞族（Nez percé）以及其他印第安族群骑兵武士交手的美国骑兵部队绝大多数创建于美国内战末期。当内战即将结束、参加内战的军队纷纷解散时，多出来的那些数量不少的北方军军官们进入了新创建的骑兵部队担任较高的职位。而应征入伍的包括那些衣着邋遢、无牵无挂的冒险家们，触犯了法律的人，几乎不会说英语的、从欧洲过来的新移民，甚至还有相当大数量的前南方军军官。由白人指挥的两支美国黑人骑兵兵团被基奥瓦族（Kiowa）称为“野牛士兵”，他们在战争中表现出色，受到多方赞誉。

骑兵们的军营生活十分艰苦且任务繁重，包括驻防偏远要塞、护送旅行者通过有争议的领地，以及讨伐印第安战团等。早期的骑兵通常需要背负重达 22 千克（50 磅）的装备，包括一柄 2 千克（5 磅）重的剑以及重达 7 千克（15 磅）的供自己战马食用的谷物。渐渐地，他们开始效仿印第安人的作战方法。1876 年，追踪苏族首领“疯马”的骑兵们得到命令，仅需携带一只锡杯、一把卡宾枪和弹药，以及四天的定量口粮，而他们的战马食用的也不再是谷物，而是大草原上随处可见的青草。美军大量起用印第安侦察兵执行侦察任务，他们凭借高超的追踪技巧和快捷的移动速度在战场上发挥着极为重要的作用。骑兵部队在困难地形中对付狡猾的对手时表现出了一定的才能。

亨利 M1860 步枪

亨利步枪是第一批实用的连发步枪之一，19 世纪 60 年代为一些军队所采用。其他骑兵火器包括柯尔特手枪、斯潘塞来复枪和卡宾枪。

小巨角战役

1876 年，苏族和夏安族武士包围并攻击了隶属于美军第 7 骑兵团的小分队，这是印第安战争中美军骑兵部队遭遇到的最惨重的失败。

阿帕切人

19 世纪时，在今天的得克萨斯州西部、新墨西哥州、亚利桑那州和墨西哥北部的群山和沙漠里居住着 6 个阿帕切部落。直到 19 世纪 40 年代他们最大的敌人一直是墨西哥人，1848 年他们对美国占领西南部地区表示欢迎。但美国移民和军队对阿帕切领地的频繁入侵导致双方关系迅速恶化。

阿帕切人是英勇的战士，擅长游击战和伏击战。为了将白人从自己的土地上赶走，他们对白人移民和邮递马车进行了一系列的攻击。从 1862 年开始，内战向东继续蔓延，联邦军队和移民志愿兵们对阿帕切人展开了攻势。北方联邦军被命令“只要发现印第安人，不管何时何地，必须消灭”。1863 年，伯多柯荷阿帕切部落的首领曼加斯·科洛拉达斯（Mangas Coloradas）与美军指挥官会面协商和平事宜时遭到逮捕并被施以酷刑，后据称因试图逃跑而被枪杀。

为了报仇，阿帕切人进行游击作战。他们的抵抗运动最初的领导人是奇士奇热卡哈阿帕契柯部落酋长科奇斯（Cochise），他于 1874 年去世后，被白人称为“杰罗尼莫”（Geronime）的哥耶斯利（Goyathley）接替他继续领导阿帕切人的抵抗运动。到 19 世纪 80 年代中期，杰罗尼莫领导下的叛军仅剩下 17 名勇士及其家人。一支多达 5000 人的美军队伍以及几千名民兵和墨西哥志愿兵对这一小股印第安叛军穷追不舍。1886 年 9 月杰罗尼莫宣布投降。他被作为战犯投入监狱，直到 1909 年去世。

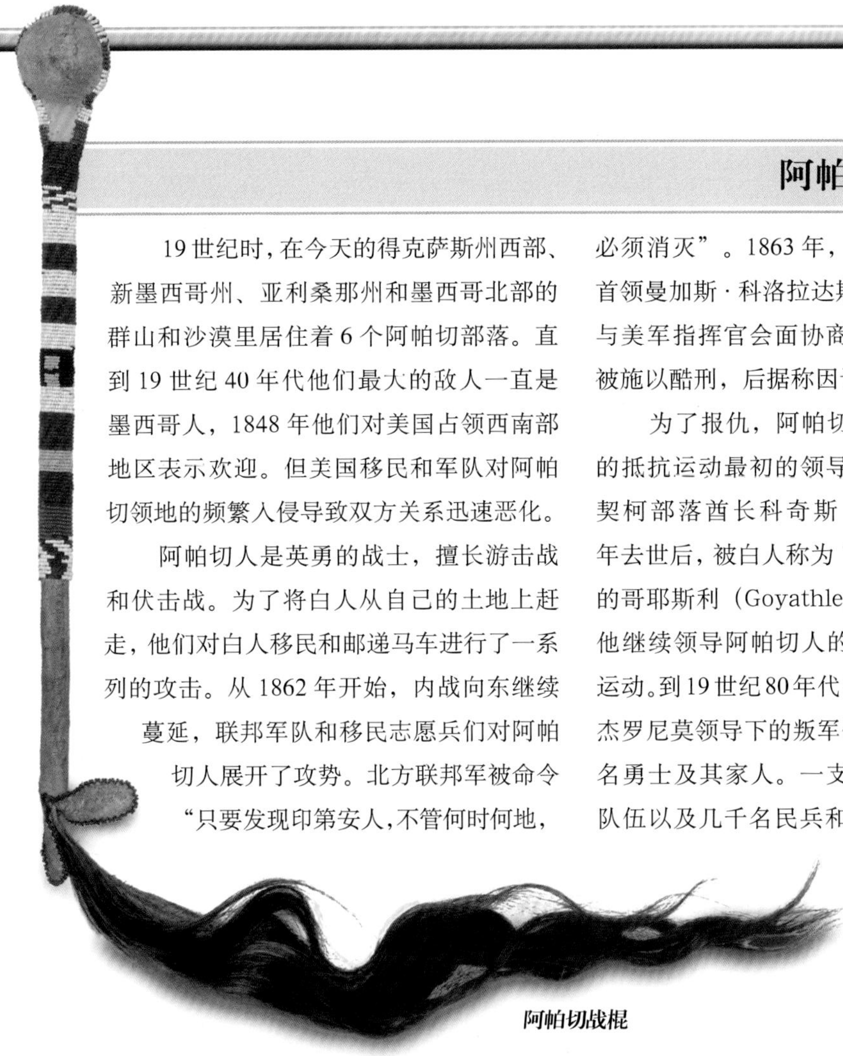
阿帕切战棍

阿帕切鹿皮战帽

装饰华丽的战帽
阿帕切武士头戴鹿皮战帽，帽上插有羽饰以及镶有五颜六色兼具精致个性化设计的珠饰。

内兹佩尔塞人

尼米普人（Nee Mepoo），被法裔加拿大捕兽者称为内兹佩尔塞人，他们在美国西北部的哥伦比亚高原上靠捕鱼和打猎为生。他们与白人的关系尚可，直到 19 世纪 60 年代淘金者侵入其属地。1863 年美国开放内兹佩尔塞保留地的大部分区域用于采矿。被白人称为“约瑟夫酋长”的瓦洛厄（Wallowa）群体的首领组织了和平抵抗运动，抗议白人侵占其属地。然而，1877 年 6 月美军和内兹佩尔塞人之间还是暴发了冲突。包括妇女和儿童在内，内兹佩尔塞人总人数不到 1000，他们也明白自己不具备与美军作战的实力。于是采取了另一种战术，在几千美军骑兵及其印第安辅助人员的追击下，跨越群山和高原，行程达 2000 千米（1200 英里），撤退到加拿大边境地区。

内兹佩尔塞人多次智胜及打败美军，威廉·谢尔曼（William Sherman）将军赞其在战争中“算计极其精密，几近完美”。然而在 1877 年 10 月，他们还是在离边境 65 千米（40 英里）处蒙大拿州的熊爪山中陷入了包围圈。许多内兹佩尔塞人牺牲在长达 5 天的围攻中，约瑟夫酋长被迫投降，他宣称：“我的心悲伤得在滴血。自此时此刻始，我永远也不会再战斗了。”有一些内兹佩尔塞武士偷偷越过美军防线逃往加拿大。其余幸存者则被流放到远离故土、疾病丛生的保留地。

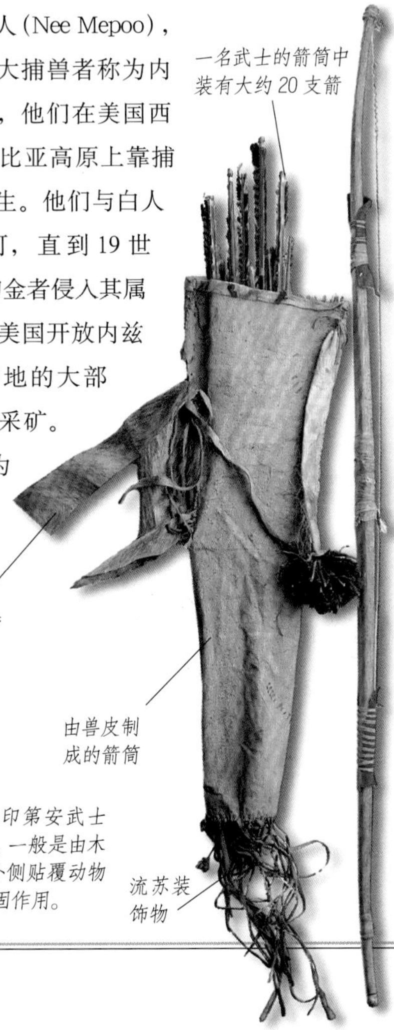

弓和箭筒
弓是所有美洲印第安武士最主要的武器。一般是由木头制成，弓臂外侧贴覆动物肌腱以起到加固作用。

内兹佩尔塞武士
在祭祀仪式中，一名武士头戴战帽，手持长枪。内兹佩尔塞人对饲养马匹特别擅长，并以此闻名，他们会将最优质的马匹用作战马。

公元1914—1945年

堑壕战与空战

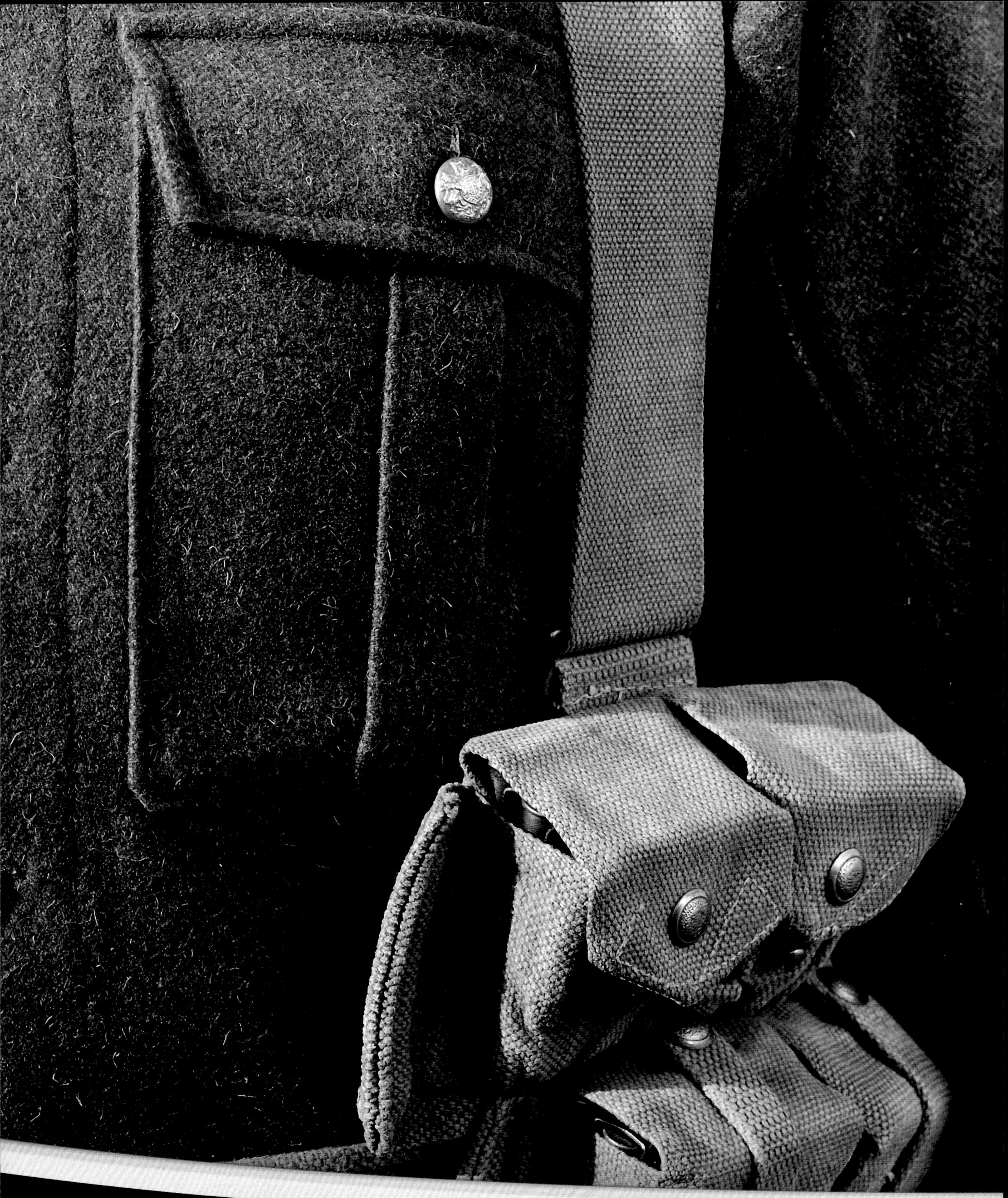

1914—1918年和1939—1945年的两次世界大战几乎是有史以来伤亡最惨重的战争。“一战”和“二战”的死亡人数总计或超过8000万。如此巨大的伤亡人数是实施“全面战争”的结果，即各现代工业化国家倾尽所有资源投入战争，利用所有可能的方法、不加限制、无所顾忌地攻击敌对手，甚至包括对平民采取有计划的杀戮以及不惜摧毁整座城市。这些大规模毁灭性战争中的士兵通常情况下是匆忙之中应征入伍、穿上军装的平民，或受大规模宣传活动蛊惑而志愿入伍的平民。

无论这名士兵入伍前服务于哪种政治制度，入伍后本质上就是一名公民士兵，为自己的社会而战，参战主要是受到爱国主义情感的驱使。如果一个国家参战不再受到其广大民众的积极支持，正如1917年的沙皇俄国，那么这个国家将注定灭亡。

强大的火力

两次世界大战的参战国阵容惊人的相似，均为德国对阵英国、法国、俄国和美国，尽管在第二次世界大战中，日本在亚洲和太平洋战场上与美国、英国及中国的战争为其增添了特别的元素，然而两次战争的战斗性质却极为不同。

“一战”从一开始，仅是有效火力的数量，从速射来复枪和机关枪到排列成行的重型火炮，就足以给不惜一切代价志在打赢这场战争的参战国军队造成巨大的损失。不久，至少在至关重要的西线战场，强大的火力，而不是主动进攻，对战争的成败起着重要的作用。在三年多的时间里，

人和机械

苏联士兵与T-34坦克并肩前行。苏联在“二战”期间能够调用的人力资源和工业化资源为其带来了战争的最终胜利，但所付出的代价也十分惊人。

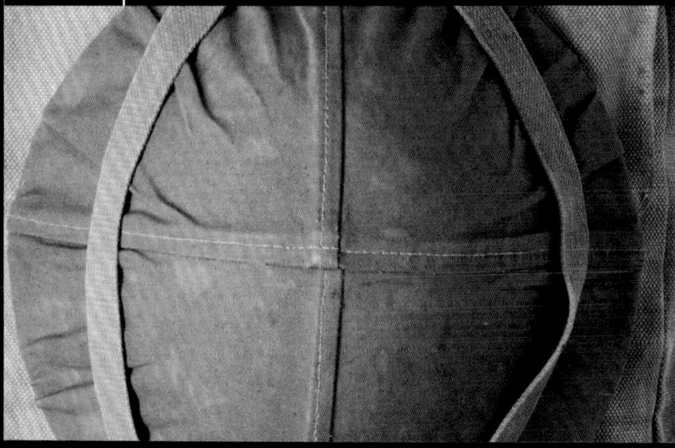

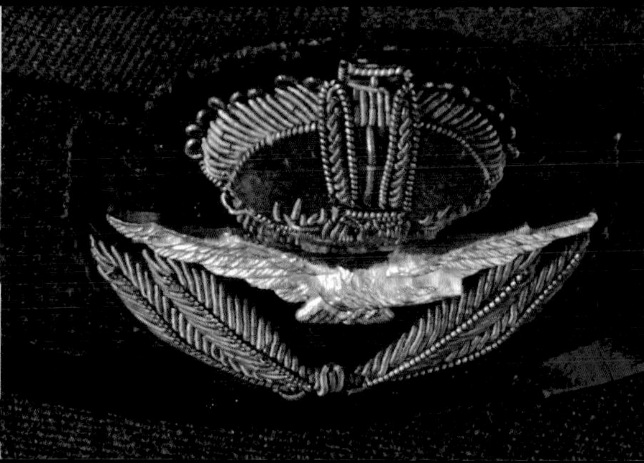

天降死神

德国斯图卡俯冲轰炸机（Ju-87 式）在英吉利海峡上空执行完轰炸英国护航舰队的任务后，正在返航，目的地是法国北部的德国空军基地。德国 1940 年在“二战”战场上占有绝对的优势，对此，斯图卡轰炸机功不可没，当然，也少不了德军坦克及其速度敏捷的机械化部队在入侵法国的“闪电战”中发挥的重要作用。

主要处于守势的堑壕战术在战场上发挥着重要作用，原因在于，骑兵在凶猛的火力围剿下毫无优势可言，再加上当时只有极少数可供使用的机动运输工具，各国军队均无能力进一步提高原有的进攻速度，以避免因敌军反攻而遇阻。步兵跃出壕沟，横越两军之间的无人地带，朝向敌军据守的壕沟发起冲锋， 这种行为常常无异于自杀。尽管战争末期有一些军队重新采取积极的攻势，但进攻中的伤亡率依然极高。

机械化战争

相比较之下，第二次世界大战具有更多的不稳定性和多变性。坦克和飞机在第一次世界大战期间所起的作用微乎其微，但在“二战”的绝大多数战役中却是决定性因素。当初，德国人在其军事干预西班牙内战（1936—1939）期间进行了新战术的试验，非常成功地在战争中运用了坦克和大炮。1939 年到 1941 年间，他们在一系列战役中运用“闪电战”战术攻占了欧洲的大部分土地，其中，机械化师和飞机的结合使用在战争中起到了决定性的震慑作用。1941—1942 年在亚洲及太平洋地区，日本的海上空军力量发挥了关键性的作用，取得了同样巨大的战略成果。盟军为扭转战争趋势，开始了漫长而艰难的战斗历程，进展上也较为缓慢，其间投入战争的武器装备数量越来越多。德国和苏联之间的坦克战是大规模的消耗战，如同“一战”时的堑壕战。盟军出动几千架次飞机轰炸德国和日本的城市。然而，同历史上任何时代的战争一样，士兵们英勇无畏的精神和高超的战斗技巧是无法替代的，在斯大林格勒，他们从一栋建筑物冲向另一栋建筑物；在阿纳姆，他们从高空跳伞加入战斗；在太平洋地区，他们冒着枪林弹雨强行登陆海滩；在欧洲，他们在大白天驾驶轰炸机穿越德军空防的密集火线。

空军力量

这一时期战争最大的单项新发明就是飞机的使用。从很早开始，人们就意识到飞行作战拥有陆上战争不可能具备的表现个人英雄主义的机会。“一战”时，战斗机飞行员驾机升空，远离堑壕战的残酷战斗，在空中与敌机对决，其胜负完全取决于他们的胆识和驾驶技术。最了不起的飞机员获誉为“空中骑士”，成为媒体的宠儿，如果不幸牺牲，甚至有时会享受国葬，当时绝大多数飞行员在战争中以身殉国。

在 1940 年的不列颠战场上，驾驶喷火式和飓风式战斗机、为保卫国家而战的飞行员们被尊奉为大家都应该感激的“极少数人”，他们是国家或民族英雄。然而尽管空战一般来说非常重视个人的战斗技巧，但飞行员空中对决常常是一场消耗战，在比例上，飞行员的人员牺牲状况与陆战最惨烈时牺牲士兵牺牲状况相差无几。1943 年在德国上空作战的盟军轰炸机飞行员的平均寿命与 1916 年索姆河战役中步兵的平均寿命相当。

精锐部队

不可避免的是，两次世界大战中的大规模征兵工作最看重的仍然是数量，而非质量。作为应对，挑选优秀的士兵组建精英部队的想法应运而生。“一战”时德军创建了精锐的“暴风突击队”，运用专业的“渗透”战术打头阵。“二战”中，美国空降部队和海军陆战队被升级为精锐特种兵，接受异常严格的训练，培养其在战斗中积极主动的作战精神。

消失的武士

虽然努力想要让传统的武士美德流传下去，但在工业化战争的时代里，几百万平民身穿军装走上战场，他们所面临的困难实在太多。绝大多数 1914 年参战国家的民众是深受爱国主义、自我牺牲精神以及视战死沙场为光荣之举所激励。但是对大多数人来说，当见识了堑壕战中大肆杀戮的场景之后，就再也不会将战争与英雄气概联系在一起了。

19 世纪 20 年代及 30 年代，日本军国主义者、意大利法西斯以及德国纳粹试图唤醒武士道德规范。纳粹当局很清楚如何组织一场规模宏大的军事阅兵，但在 1939 年战争爆发时，柏林街头并没有出现如同 1914 年那样的民众狂热参与的游行场面。1914—1918 年的战争被称为“为消灭战争而进行的战争”，但显然这场战争并没有做到这一点。1945 年 8 月，美军在日本的广岛和长崎投下原子弹，从而结束了第二次世界大战，而这种方式却预示了在未来的日子里，战争只不过仅会因为其所造成的伤损太过惨重而无法继续而已。

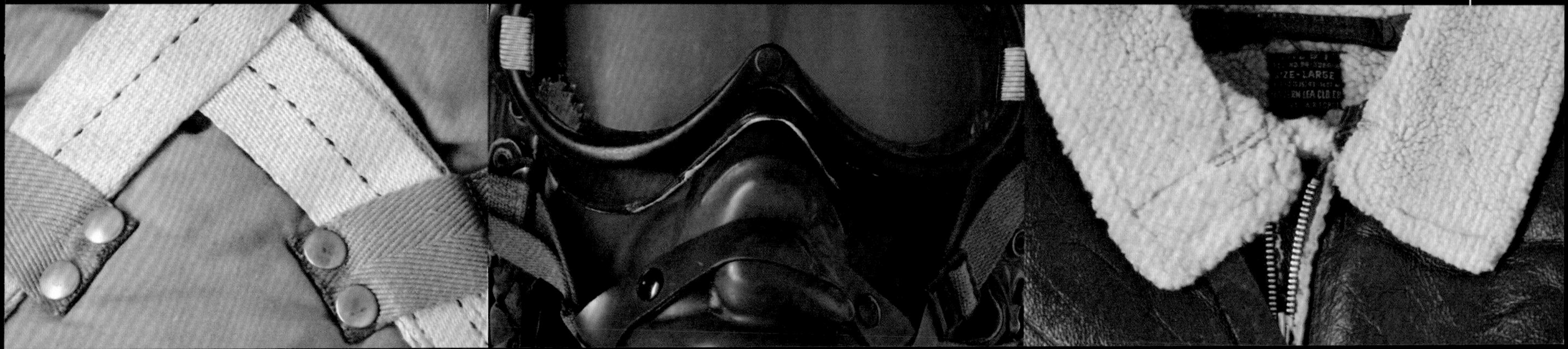

公元 1914—1918 年

英国步兵

承蒙上帝保佑，我们从来没有被子弹击中过，深深的泥淖反而成了我们的救星。我们咒骂着踩着烂泥前行，脚陷在其中行动困难，走起路来摇摇晃晃，脚下不时打滑，每向前一步，都要先费力将靴子从烂泥中拔出来。

——帕斯尚尔战役中的炮兵中尉迪克森（Dixon）

第一次世界大战期间，大约有 400 万名英军士兵在西线作战，并驻守协约国军在英吉利海峡和索姆河之间修建的一段战壕。大多数士兵或是自愿入伍或是被征入伍，他们离开工厂、办公室或农田，为了国家拿起武器。虽然伤亡人数超过了 170 万，但是英军士兵仍然以顽强的毅力直面敌军大炮的轰炸、毒气的攻击以及机关枪的扫射，并且他们最终赢得了战争的胜利。

1914 年 8 月参战的大国军队中唯有英军不是一支大规模征召的军队。战争爆发时英国正规军的人数并不多，当时被派往西线作战的英国远征军全是由一小部分正规军中的职业军人组成的，其中大多数士兵并没有挺过最初五个月的恶战。当时极少数人预见到战争会持续很长时间，而总参谋长基奇纳勋爵（Lord Kitchener）就是其中之一。他对将地方自卫队士兵，即战前业余士兵作为战争上的一支力量基本上不抱希望，决心从零开始征募一支大规模的新军。军队在大街小巷贴出标语“你的国家需要你”，呼吁平民志愿从军。受此激励，爱国青年潮水般地拥向征兵处，在征兵处外排成一列列长队。到 1914 年 9 月底，大约 75 万人志愿报名入伍。尽管第二年民众参军热情逐渐减退，但到 1916 年一再拖延的征兵制度终于实行时，已有总计达 260 万人志愿参战。

为了鼓励人们志愿从军，军队开出优惠条件，允许他们与同乡或相同职业的人组队并肩战斗。著名的“伙伴军团”（Pals' Battlions）由此诞生，其中包括有股票经纪人队伍、艺术家队伍以及足球运动员队伍（有时其中不仅有球员，还有球迷）；也有同校生组成的队伍，例如来自温特林汉姆中学的“格林斯比老同学”队伍；但绝大多数伙伴军团是由来自某个镇或村的同乡组成的，而来自同一座大城市的老乡因人数众多，可组成几支队伍。在爱尔兰，新教教徒为抵制自治法案的通过而组建的阿尔斯特志愿军，被允许整体转编为第 36（阿尔斯特）师。大量爱尔兰天主教徒也以集体为单位志愿入伍参战，其组成的伙伴军团包括一支由 350 名橄榄球球员组成的队伍和一支都柏林码头工人队伍。在伙伴军团的组建问题上未能预见到的结果就是，稍后，当其在战场上集体遭受重创时，故乡的全体居民都会为之悲伤不已，正如在索姆河战役中，由 720 人组成的“阿克灵顿伙伴军团”在短短的半小时之内伤亡数竟达 584 人。

向前线开拔

虽然战争初期，许多志愿报名入伍的人因为体检不合格而被拒之门外，但军队还是因为录取人数太多而导致训练和装备能力不足。新兵们被转送到临时的帐篷营地，因为缺乏卡其布，许多新兵只能穿上“基奇纳蓝”制服；在完全没有

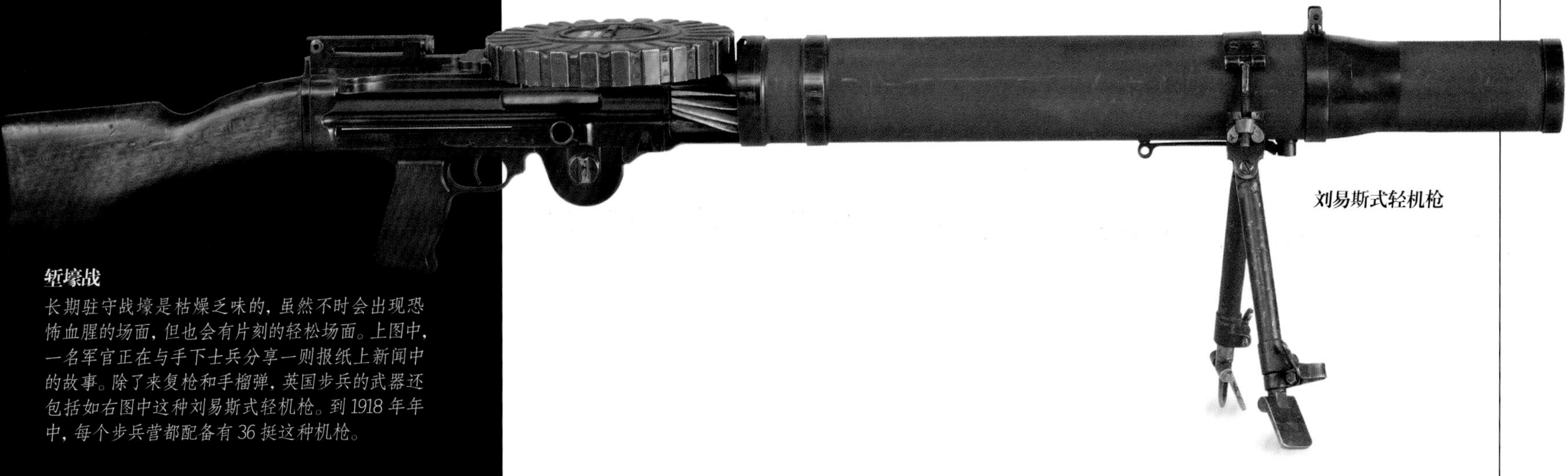

刘易斯式轻机枪

堑壕战

长期驻守战壕是枯燥乏味的，虽然不时会出现恐怖血腥的场面，但也会有片刻的轻松场面。上图中，一名军官正在与手下士兵分享一则报纸上新闻中的故事。除了来复枪和手榴弹，英国步兵的武器还包括如右图中这种刘易斯式轻机枪。到 1918 年年中，每个步兵营都配备有 36 挺这种机枪。

新兵和老兵

1914 年 8 月，士兵们在法国北部的一个小镇上等候着被送往前线（见右图）。到同年年底，这些士兵中的大多数不是牺牲就是受伤，由 1915—1916 年基奇纳招募的志愿兵顶上。到那时，战争的性质发生了极大的变化，这点从士兵脖子上挂着的防毒面具（见最右图）可明显看出。

武器的情况下，他们只能用扫帚代替枪支进行训练，而指挥官则是那些因为年纪太大而无法上前线打仗的顽固守旧的正规军士官。直到 1915 年这些士兵才逐渐穿上了合适的军装，领到了武器装备，由平民成为战士，新军规模初具。

士兵们在拉练中变得坚强，在军营生活中与战友们结下了深厚的情谊，到他们开拔前往法国参战时，士气普遍高昂。但是他们在训练中只学会了如何使用来复枪和刺刀，为应对堑壕战而做的战斗准备严重不足。

通常情况下，一个英军新建师会首先乘船横渡英吉利海峡，随后搭乘火车前往前线驻地，经过长途旅行最终抵达其应驻守的战壕。曾有多次新兵一俟抵达目的地，即刻投入战斗。1915 年 9 月 26 日两个英军新建师抵达路斯（Loos）前线后即是如此。新兵们冒着大雨在崎岖不平的鹅卵石路上行进了两天，疲惫不堪，抵达前线后，在完全没有任何战斗经验的情况下被驱赶上战场，直面德军炮火。这直接导致战斗第一天上兵的伤亡率竟达 80%。幸运的是，这种情况极少发生，且若足够幸运，新兵们还会被送到前线附近一处安静的区域，有时间向经验丰富的老兵们学习堑壕战的生存之术。

战壕生活

不可避免地，战争的残酷血腥会让刚刚抵达前线战壕的新兵们深感恐惧。

观察敌情

堑壕潜望镜是观察德军战壕和无人地带的必备工具。一些潜望镜构造很简单，只是两端装有镜子的金属管子，而另一些则复杂精密得多。

> “某些排或连的士兵们并肩作战，直到最后一个人倒下。”
>
> ——士兵斯蒂芬·格雷厄姆（Stephen Graham）关于英国步兵视死如归的描述

1915 年 11 月，于前线服役的温斯顿·丘吉尔在写给妻子的信中描述了这样的场景：“到处都是污物和垃圾，坟墓甚至也成为防御工事的一部分……死者的脚和衣物从泥土里显露出来，地上污水粪便横流。夜深了，在明亮的月光照耀下，硕大的老鼠成群结队到处乱窜。”然而士兵们生活在如此反常的环境中也安之若素。西线士兵的生活每日一成不变，长此以往则采取轮换制度，在前线服役一段时间后进入后备役部队休整或直接休假一段时间。在前线时，每天的生活都遵循一个基本的模式，通常在黎明时分喝上一小杯朗姆酒后进入备战状态，黄昏则解除战斗状态。除此之外，士兵们往往杂务缠身，维护和整修战壕的结构、清洁来复枪并将之排列整齐，再加上执行诸如站岗放哨的特殊任务，因为敌军驻扎在仅隔几百米远的地方，故而这类任务的重要性显而易见。士兵的定量粮食即使口感不好，但也是足量供应的，此外，士兵们多多少少都会吸点烟。到处都是来不及掩埋的士兵尸体和被丢弃的食物，老鼠泛滥成灾，再加上卫生条件极差，虱病肆虐，军队不得不长期与以上两种情况作斗争。战壕与战壕之间差别很大，士兵们的士气在相当大的程度上取决于其驻守战壕的实际条件。对于士兵来说，如果遇上的战壕条件不错，不透水又干燥，那真是天赐的好运。如果像佛兰德战役中那样，战场积水，战壕被水浸透，四下更是被炮弹搅成了一片烂泥，这样的驻地生活则几乎让人无法忍受。

士兵面临的危险程度则视其所在战场的战斗激烈与否。在前线的某些地区，交战双方心照不宣，进入休战状态。而其他地区，战壕迫击炮不停地轰鸣，炮弹雨点般落在阵地上，狙击手频频得手，持续不断地造成人员伤亡。有些日常事务，诸如从后方运送给养到前线的工作就变得十分危险，因为前线后侧是敌炮经常轰炸的地区。战友的突然死亡，或被狙击手的子弹击中前额，或被迫击炮弹击中以致身体四分五裂，这些无疑都会让士兵们深受震动。许多士兵宁愿选择主动战斗，而不愿过着按部就班、枯燥乏味的轮班日子，这

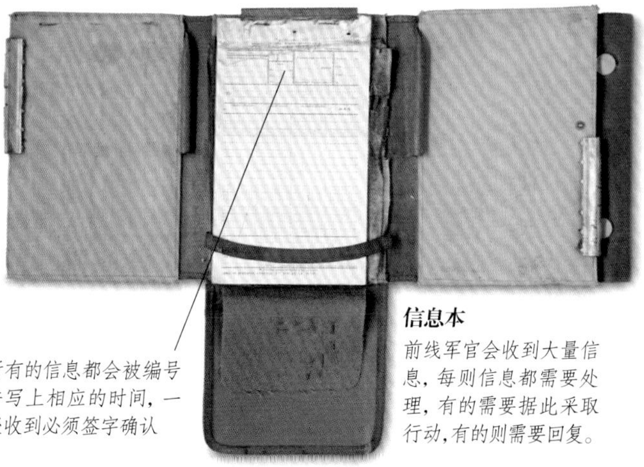

所有的信息都会被编号并写上相应的时间，一经收到必须签字确认

信息本

前线军官会收到大量信息，每则信息都需要处理，有的需要据此采取行动，有的则需要回复。

种情况下，死亡对于他们来说就是一种始终存在的可能性。夜袭敌军战壕或者在交战两军之间的无人地带深夜巡逻等类任务均不乏志愿者踊跃参与，即使此类小规模军事行动伤亡率也居高不下。

军官和士兵

军官同样饱尝堑壕战的艰辛，亦面临着极度的危险并付出了极高的伤亡代价，第一次世界大战中共有 58 名英国将军阵亡，此数字远高于第二次世界大战。

少尉和中尉等下级军官在战场上身先士卒，是死亡率最高的群体。普通士兵对待军官的态度取决于个人因素，尽管存在不可避免的社会等级差异，但尊重仍然多于敌意。即使有不少士兵出身于社会较高阶层，但大多仍来自工人阶级，这就为普通士兵定下了基调，尽管社会地位更高也会恪尽一个士兵的本分。军官们一般出身于中上阶层。战争初期，有公立学校教育背景的军人可以因为曾经在学校青年团服役过而直接当上军官。当然这并不意味着他们是没有能力的蹩脚军官，或不具备手下士兵所拥有的丰富战场经验，尽管其中一些军官确实两者兼具。实际上，即使在战前的英军中，从普通士兵中提拔军官也不是从未发生过，帝国总参谋长陆军元帅威廉·罗伯逊爵士（Sir William Robertson）初入伍时也只是一名普通士兵。自 1916 年以来，新任命的军官中绝大多数都是从普通士兵中提拔上来的。

纪律和惩罚

战壕生活中的紧张和压力无疑会导致纪律出现问题。英国士兵偶尔去附近的法国村庄消遣放松一下，常常喝得酩酊大醉，进而打架斗殴。尽管这些士兵身上并没有几个钱可以用来找乐子，但大多数仍然染上了性病。除了醉酒，会受到惩罚的不守纪律的常见行为还包括对上级无礼以及各种各样的着装或行为上的出格。在一些比较传统的兵团中，军官和士官们的态度一丝不苟，特别注意遵循纪律上的细则，但是军队实施这些细则时的过度执法行为会招致媒体的负面宣传，比如一名年轻军官因为刮掉胡子而被送上军事法庭接受审判，就因为受到公众的强烈抗议而被迫撤诉。尽管鞭刑很久之前就被废止，但还是存在粗暴的旧式军队惩罚方式，比如将违反纪律的军人绑在一门重炮的轮子上当众羞辱等。许多士兵指责这类行为极不恰当，与公民军队不相称。最严重的冒犯行为，诸如袭击上级和开小差，是可以判处死刑的。死刑极少实行，战争期间，大约有 260 名军人因为军事罪行，大部分是开小差而被处决。

既然有多达 570 万名英国士兵在第一次世界大战中服役，那么当战斗打响时，很明显，他们并不是因为害怕受到军法处置才会坚守阵地，或者紧紧跟随长官跃出战壕冲向敌军。

占领敌方战壕

军人们在一次冲锋得手后享受片刻的轻松时光，这样的时刻实在太少了。战壕需要在极短的时间内重新加固，准备迎接必然到来的德军反攻。

> 我又一次从烂泥中吃力地站了起来，并下达了冲锋的号令，士兵们听见号令全都挺身而起，迎着敌军的密集火力果断出击。
>
> ——埃德温·坎皮恩·沃恩（Edwin Campion Vaughan）中尉在第三次伊普尔战役中，1917 年

跃出战壕

从 1914 年年底到 1916 年夏季，前方阵线基本上无任何推进。甚至在这之后，协约国军逐渐瓦解了德军的抵抗力量，进展也极其缓慢。1918 年 11 月停战协议签订之日，比利时的绝大部分领土以及法国的重要地区仍处于德军控制之下。

有些步兵从未经历过重要的进攻战，而大多数仅仅参加过一次或两次大规模的战斗行动。有的在战壕中趴了几年，而从来未曾跃出战壕冲向敌军，这种情况是有可能的。但是当攻击战确实展开，这种经历肯定会让每一位幸存下来的军人一辈子都无法忘记。1916 年 7 月 1 日，索姆河战役刚开始的时候，毫无任何战斗经验的士兵们身背背包不顾德军的机关枪扫射以及德军战壕前并未事先切断的铁丝网而对其发动进攻，一天之内有 5.8 万人伤亡。不过像这样无用的、无差别式的攻击战是极个别的情况。通常情况下，士兵们会清楚地认识到自己正在参与的是一场残酷凶险的战争，而不是被驱赶上战场去接受德军的宰杀。他们会随身携带来复枪、基本的定量粮食以及挖掘工具，可能还会带上手榴弹，在黎明到来之前埋伏就位。第一波进攻时，士兵们会尽量靠近并跟随己方不断增强的炮火攻势，即徐进弹幕射击，去穿越无人地带，希望接近德军战壕时会发现铁丝网已被炮弹炸开或已被先行到达的步兵队伍攻破。距离缩短到一定程度时，双方开始交火，将德军混凝土浇筑的机关枪位拿下、凭借手榴弹和刺刀冲过德军前线战壕前的小片空地是非常困难的任务，需要付出极高的代价。通常需要仰仗后援部队的支持才能顺利通过被占领的德军战壕，直冲德军下一道防线。进攻越向前推进，就越发感到吃力。士兵们一路冲锋陷阵，暴露在敌军如阵雨般的炮火之下，再加上德军步兵开始发动反攻，进攻战这时会告一段落，甚至会被击退。

造成如此可怕的伤亡人数，不仅是因为批量生产的炮弹和机关枪所拥有的巨大杀伤效力，而且也是因为战争持续时间太长。交战双方完全凭借其坚韧的毅力坚持到了最后。1916 年 7 月开始的索姆河进攻战一直延续到 11 月中旬，而第二年在伊普尔（Ypres）的进攻战只打了不到一个月的时间，战役期间雨水不断，战场上遍地烂泥，条件十分恶劣。时间延续几个星期的进攻战役，大量士兵伤亡，但向前推进的距离最多只有几千米，这场消耗战因徒劳无益而出名是可以理解的。

电话上用于发送信息的按键，当时使用的是摩尔斯电码
当部队前进时，电话操作员会将电缆线铺在身后

战地电话

炮兵部队与步兵部队之间的通讯是否畅通对进攻战的成败至关重要。当时还未发明无线电，步兵只得依赖手提战地电话。

加入进攻

英国步兵沿着坑道（从前方阵线向前延展的一条狭长的战壕）向前进，通过铁丝网后，冲过无人地带。

战斗经历

战争后期，军队士气往往非常低落。战争初期泛滥的理想主义和爱国情怀到后期已经很少见到。士兵们咒骂军队参谋部在作战部署上所犯下的愚蠢错误，伤亡人数之多让他们感到恐惧。当德军长时间炮轰英军阵线时，士兵们只能坐以待毙，内心产生了极大的震动。毒气战也对士兵们造成了心理创伤，战场上的胜利往往不能消解心理上的困扰。一些士兵的精神出现了问题，有的呆若木鸡，对周遭环境毫无知觉，有的语无伦次，这些都是患上“弹震症”的病人。与身体上严重受伤的人相比，这类人人数极少。那个年代还没有发明抗生素，手臂或腿脚受伤只能用截肢来解决问题。然而有时候受点重伤也是士兵们期许的事情，因为受了名为“英国老家”的重伤是需要送回国治疗的，这也许可以捡回一条小命。

尽管如此，英国的公民士兵大部分都是在1918年前被征召入伍的，他们一直坚持战斗，毫不动摇。大多数士兵对他们逐渐掌握的军事技能深感自豪，相信这场战争英军必胜。他们与战友之间培养出了深厚的情谊，许多人在稍后的日子里回忆过去时都认为这一时期的战友情是他们一生中最亲密的关系。人们将日常生活中培养出来的勇敢精神和坚韧毅力投入到有史以来最残酷的战争中去，于1918年11月终于取得了战争的胜利。许多士兵对战后呈现出来的所谓和平景象大为失望，认为这场战争白白牺牲了大量年轻人的性命。但是在当时，大多数士兵私底下对自己在战争中的表现深感自豪，认为自己出色地完成了一项艰巨的任务。

突破战术

两军长期处于对峙状态的堑壕战使英军十分恼火，他们屡次寻求一种突破战术，结束对峙局面，最终成功地在德军防线上撕开了一条口子，使士兵们得以突破。到1917年，突破战术已相当成熟。首先由炮兵对敌军阵地进行一段短时间的猛烈炮击，然后步兵部队在炮兵徐进弹幕射击的掩护下向敌军阵地前进。炮兵徐进弹幕射击的移动速度是事先确定好的，应与步兵部队的前进速度一致。步兵部队“倚靠弹幕”，即与弹幕保持最多50米的距离紧跟其后，往往到达德军一线战壕时，发现因为猛烈的炮火，德军阵地防守力量已被削弱不少。前线炮兵观察员试图联络炮兵配合步兵的进攻，而通常这时候通讯中断。德军炮兵对准进攻的英军步兵猛烈射击，这时英军反弹幕射击的炮火很少能有效发挥作用。即使最终英军攻破德军纵深防御体系，事实证明因为战火激烈而无法提升进攻速度，进一步扩大最初的胜利果实是不可能的。

发动进攻

到1917年，英军对德军战壕的进攻战需要步兵和炮兵的精准配合，在炮兵发射的高爆炸弹、榴霰弹、烟幕弹和毒气弹的掩护下，步兵对德军展开一波又一波的攻势。当步兵部队穿越无人地带时，炮兵会展开猛烈的炮火攻势，旨在遏制德军防御体系的反击力量，以掩护步兵部队的进攻。

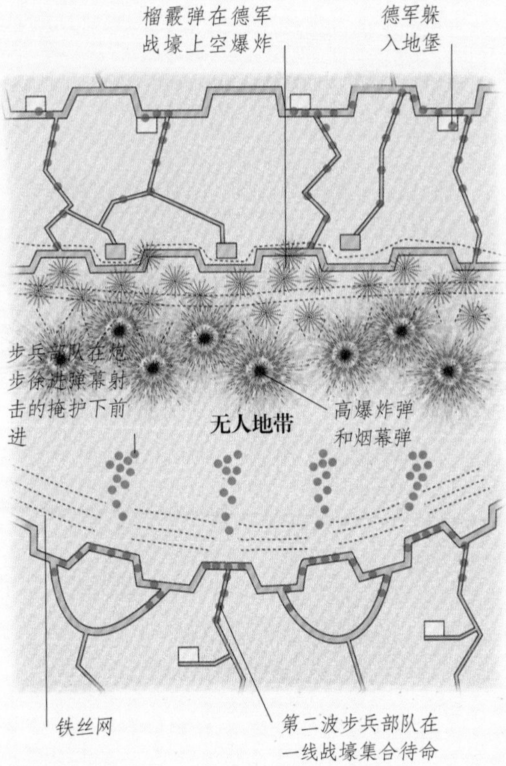
榴霰弹在德军战壕上空爆炸
德军躲入地堡
步兵部队在炮步徐进弹幕射击的掩护下前进
无人地带
高爆炸弹和烟幕弹
铁丝网
第二波步兵部队在一线战壕集合待命

黎明时进攻

步兵们趁着天色未明悄悄爬出战壕，匍匐在地，等待上级在黎明时分发出进攻号令，进行第一波攻击战。在预定时间到来时，步兵部队开始向前冲锋，穿越无人地带，而炮兵会在步兵冲锋前展开徐进弹幕射击行动。

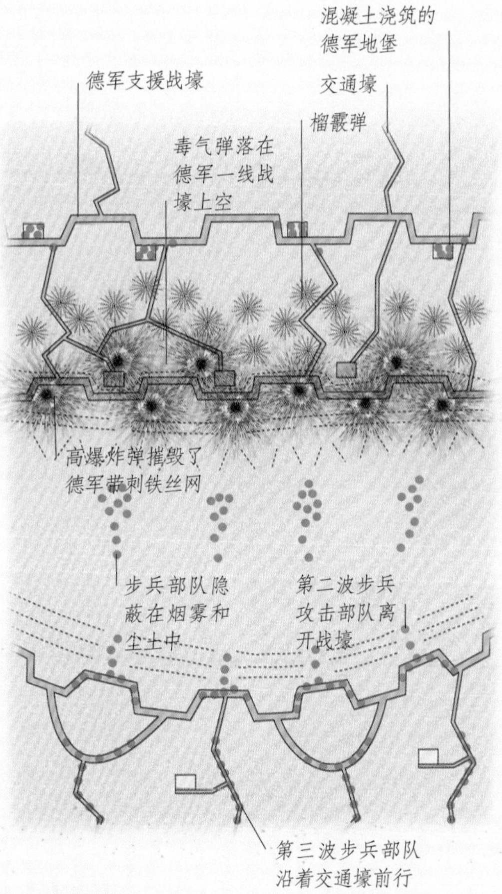
混凝土浇筑的德军地堡
德军支援战壕
交通壕
榴霰弹
毒气弹落在德军一线战壕上空
高爆炸弹摧毁了德军带刺铁丝网
步兵部队隐蔽在烟雾和尘土中
第二波步兵攻击部队离开战壕
第三波步兵部队沿着交通壕前行

徐进弹幕射击

弹幕射击火力强大，迫使德军躲入地堡，这使得英军步兵几乎毫发无损地接近了德军战壕。当英军炮兵弹幕射击火力越过德军前线战壕继续向前推进，德军重拾防御体系时，第一波英军步兵已经近在咫尺了。

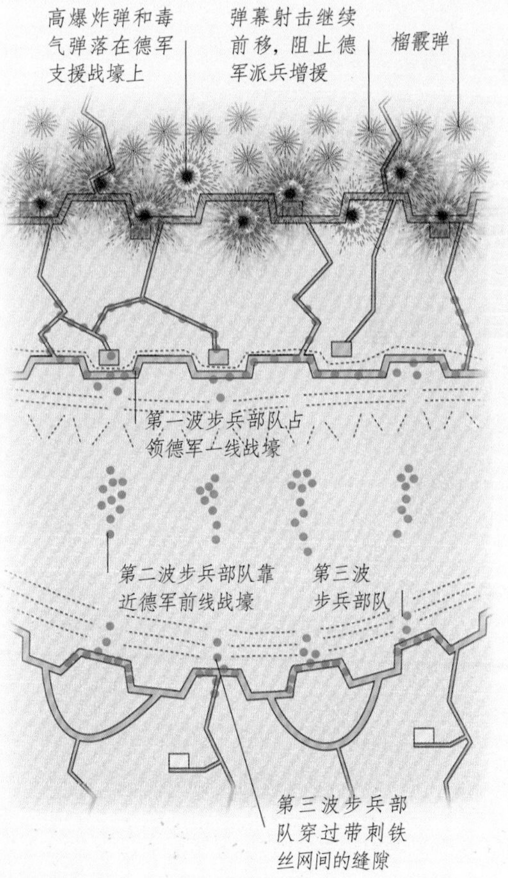
高爆炸弹和毒气弹落在德军支援战壕上
弹幕射击继续前移，阻止德军派兵增援
榴霰弹
第一波步兵部队占领德军一线战壕
第二波步兵部队靠近德军前线战壕
第三波步兵部队
第三波步兵部队穿过带刺铁丝网间的缝隙

纵深进攻战

第一波英军步兵部队与德军肉搏战后占领了德军一线战壕。英军炮兵的弹幕射击推进到德军二线战壕，用高爆炸弹和毒气弹炮轰德军二线战壕，试图为第二波步兵部队的进攻扫清障碍，助其接力第一波步兵部队继续向前攻击。

英国步兵制服

第一次世界大战中的英国步兵制服颜色为卡其色，这是英军在 19 世纪印度殖民战争以及 1899 至 1902 年的布尔战争中总结出来的经验。在非洲南部炎热干旱的大平原上，卡其色是很有效的伪装色，在“一战”佛兰德战场上泥泞的战壕中，步兵们也沿袭传统，身着卡其色制服。对于士兵的安全来说，当他们在地面上活动时不显露出其身形轮廓是非常重要的，其重要性强过衣服选用何种颜色。“一战”中，有关士兵服装方面的一项重要变化是 1916 年采用了钢制头盔。

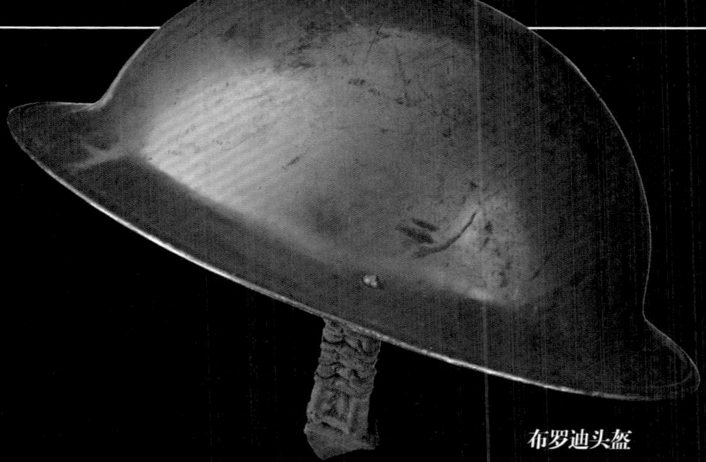

布罗迪头盔

有檐帽、军便帽和头盔
1914 年 8 月参战的军人们根据所属兵团的不同而佩戴不同样式的军帽。最常见的是标准军便帽(见下图)。随着伤亡人数不断攀升，所有作战人员都认识到佩戴钢盔的必要性。布罗迪头盔（或称“钢盔”）在 1916 年成为英军士兵的标准配置。

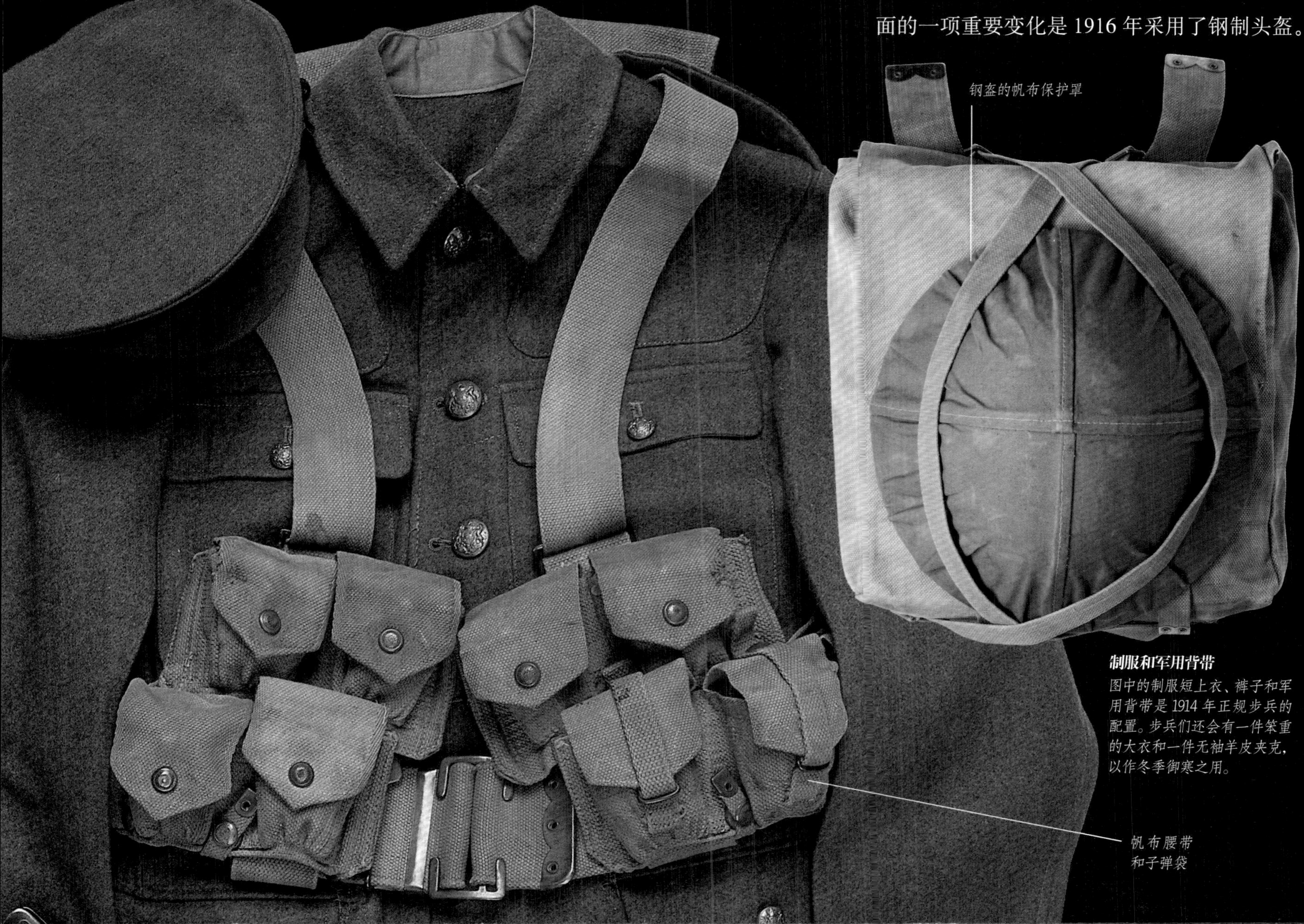

钢盔的帆布保护罩

帆布腰带和子弹袋

背包和头盔
士兵背包是 1908 式标准个人负载装备的一部分，其内装有大衣、一些换洗衣物和私人物品。在一线战壕作战时，士兵们常常将背包留在后方。当处于敌军炮火攻击范围内时，他们会一直戴着钢盔。

制服和军用背带
图中的制服短上衣、裤子和军用背带是 1914 年正规步兵的配置。步兵们还会有一件笨重的大衣和一件无袖羊皮夹克，以作冬季御寒之用。

肩上佩戴的兵团徽章

子弹袋里装的弹夹

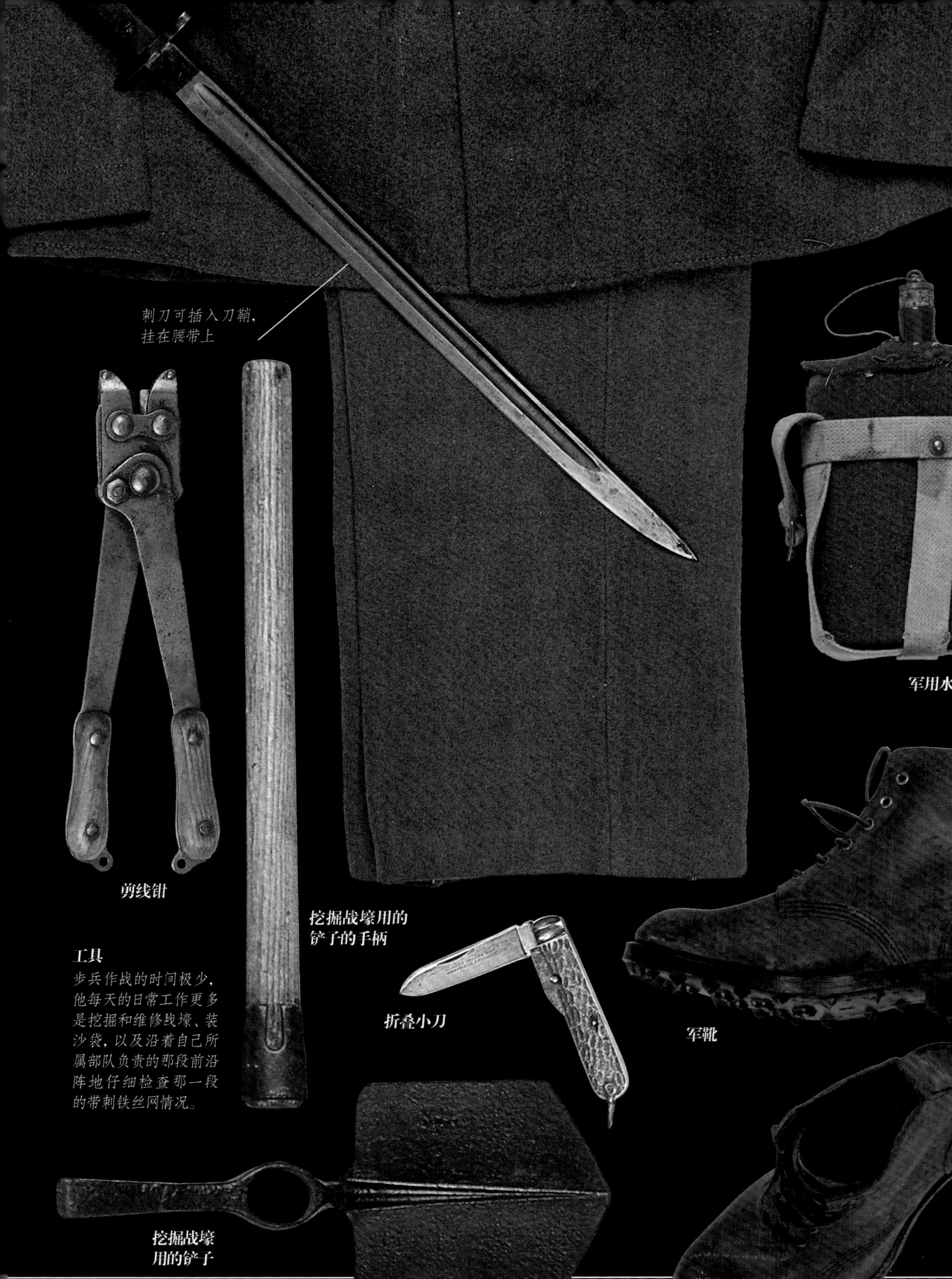

刺刀可插入刀鞘，挂在腰带上

剪线钳

挖掘战壕用的铲子的手柄

折叠小刀

挖掘战壕用的铲子

军用水壶

水壶带上的搭扣，可系在军用背带上

军靴

工具

步兵作战的时间极少，他每天的日常工作更多是挖掘和维修战壕、装沙袋，以及沿着自己所属部队负责的那段前沿阵地仔细检查那一段的带刺铁丝网情况。

军用饭盒

马克杯

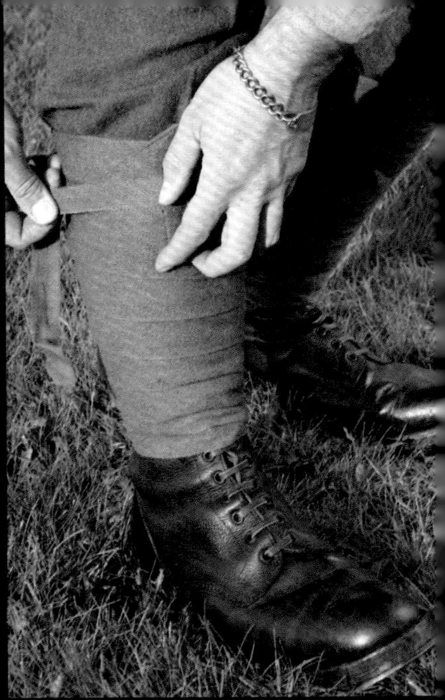

打上绑腿

食物和水

战壕里的每位士兵都配发有一个军用水壶，一个马克杯以及一个军用饭盒。与其他前线供给品一样，定额口粮通常也是在夜色的掩护下从后方运送来的。

一些士兵没穿军靴，他们将绑腿打在脚上；有些穿着捡来的软鞋；而还有些直接穿着袜子走路，双脚都在流血。

——伯纳德·约翰·迪诺尔（Bernard John Denore）下士关于英军从蒙斯撤退的场面的描述，1914 年 8 月

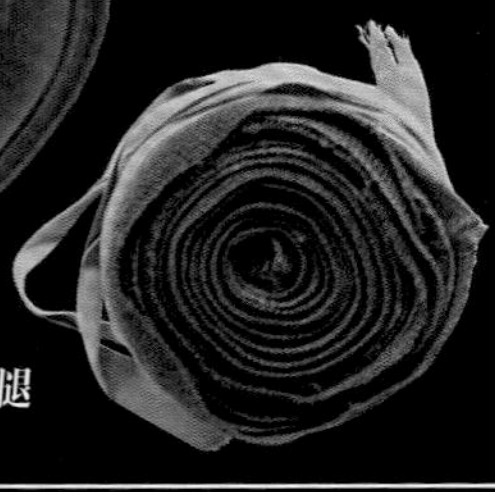

绑腿

绑腿和军靴

这双 1914 年的军靴是"一战"前发放的褐色款式，其后发放的大多数军靴都是黑色的。绑腿（英文 puttees，源自印地语）是尺寸较长的布条，可缠在小腿肚子上，对腿部起着支撑和保护作用。

步兵武器

“一战”初期，大多数英国步兵的武器只有步枪和刺刀，以及少量的重机关枪。用于堑壕战中的武器越来越精良并向多样化发展。战争初期德军使用的手榴弹很快就被英国人所采纳。步兵部队也发展了自己的炮兵部队，使用迫击炮作为武器。堑壕袭击战催生了从剪线钳到适用于肉搏战的简易原始武器等大量的武器装备。

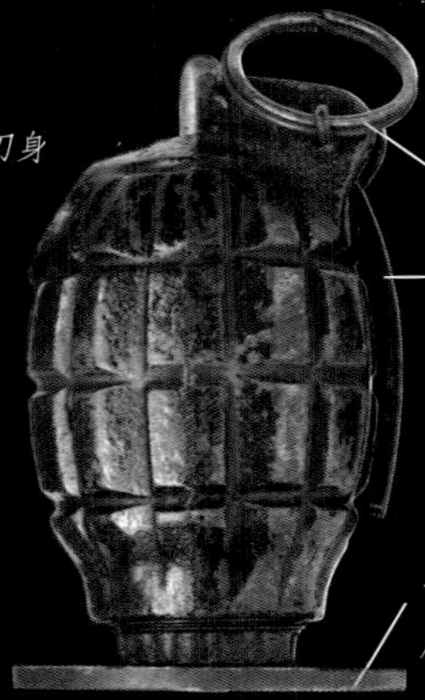

36 号手榴弹

杯型榴弹发射器

枪榴弹
为将手榴弹投掷到敌军战壕，各种装置都被派上了用场。米尔斯 36 号手榴弹可装在步枪上的杯型榴弹发射器中。士兵打一发空枪，其力量对手榴弹底座形成撞击而触发手榴弹。与普通手榴弹相比，其引信时间更长。触发海利斯 3 号长柄手榴弹也需要专门打一发空枪。长柄手榴弹的射程更远，但其引爆装置更复杂，性能也较差。

米尔斯手榴弹

手榴弹
针对手榴弹，英军试验了许多方案，有的采用触发引信，有的采用延时引信。早期的 1 号手榴弹专门设计了一条由飘带做成的尾巴，以确保其头部首先着地爆炸。最后，事实证明带延时引信的手榴弹效果更好。自 1916 年起，使用最广泛的手榴弹之一就是经典的菠萝造型的米尔斯手榴弹，“二战”期间仍在使用。

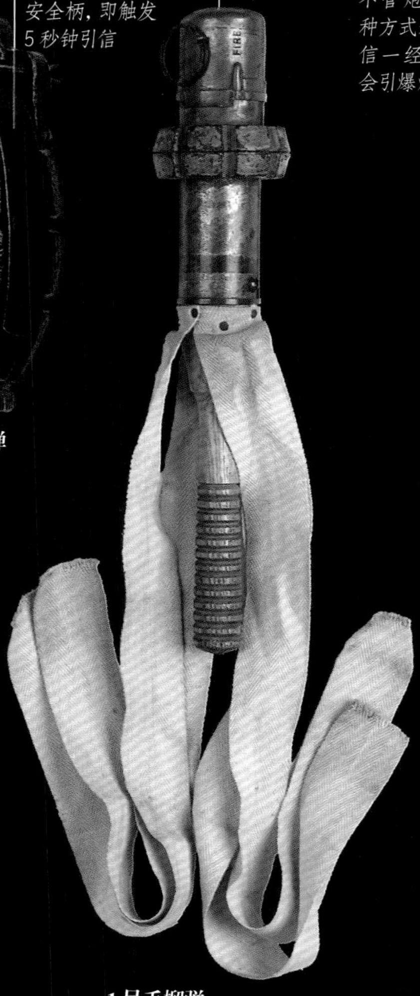

1 号手榴弹

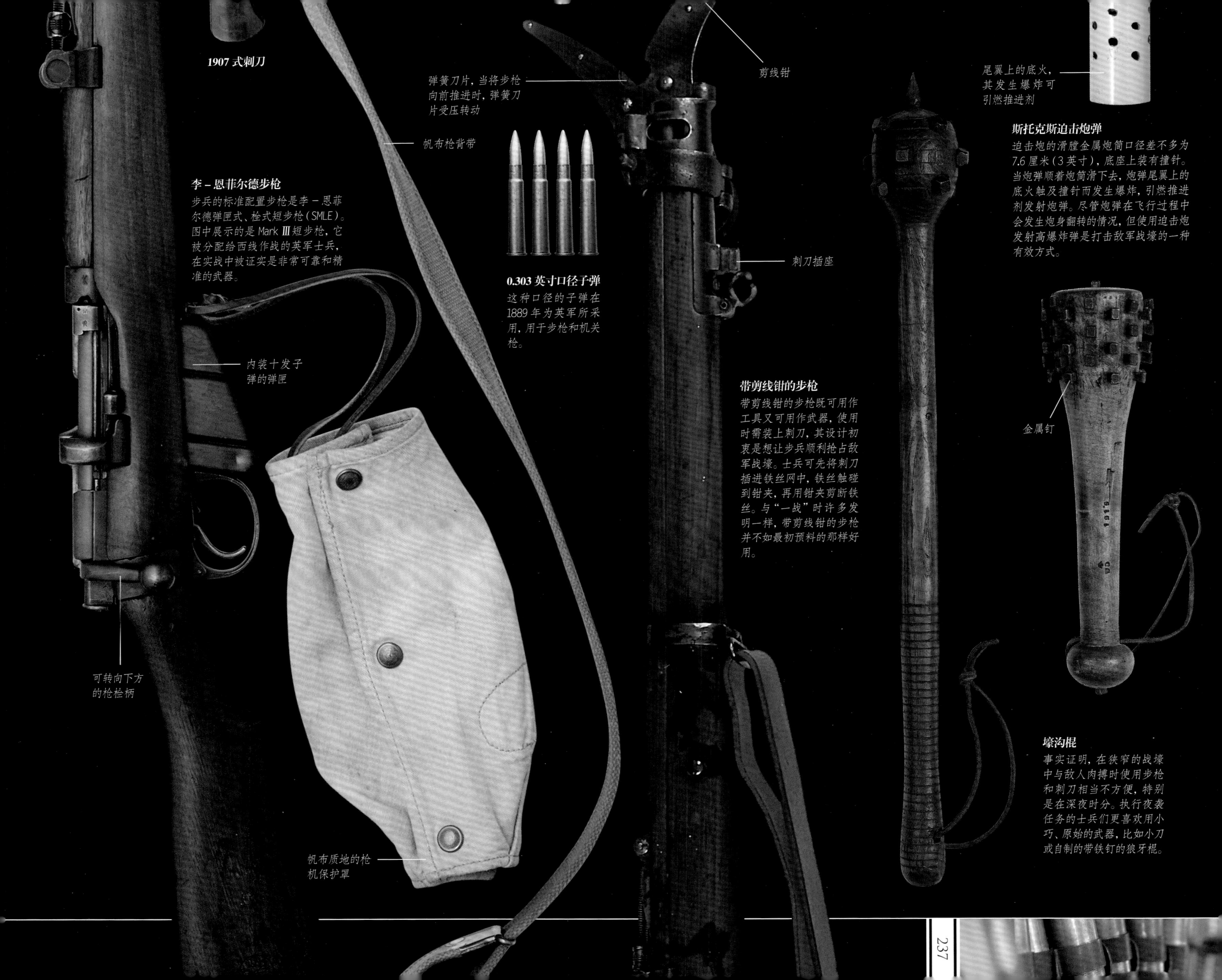

李–恩菲尔德步枪

步兵的标准配置步枪是李–恩菲尔德弹匣式、栓式短步枪（SMLE）。图中展示的是 Mark Ⅲ短步枪，它被分配给西线作战的英军士兵，在实战中被证实是非常可靠和精准的武器。

0.303 英寸口径子弹

这种口径的子弹在1889 年为英军所采用，用于步枪和机关枪。

带剪线钳的步枪

带剪线钳的步枪既可用作工具又可用作武器，使用时需装上刺刀，其设计初衷是想让步兵顺利抢占敌军战壕。士兵可先将刺刀插进铁丝网中，铁丝触碰到钳夹，再用钳夹剪断铁丝。与“一战”时许多发明一样，带剪线钳的步枪并不如最初预料的那样好用。

斯托克斯迫击炮弹

迫击炮的滑膛金属炮筒口径差不多为7.6 厘米（3 英寸），底座上装有撞针。当炮弹顺着炮筒滑下去，炮弹尾翼上的底火触及撞针而发生爆炸，引燃推进剂发射炮弹。尽管炮弹在飞行过程中会发生炮身翻转的情况，但使用迫击炮发射高爆炸弹是打击敌军战壕的一种有效方式。

壕沟棍

事实证明，在狭窄的战壕中与敌人肉搏时使用步枪和刺刀相当不方便，特别是在深夜时分。执行夜袭任务的士兵们更喜欢用小巧、原始的武器，比如小刀或自制的带铁钉的狼牙棍。

西班牙内战时期的士兵

持续三年的西班牙内战源于1936年7月西班牙国内发生的未遂军事政变，在这场政变中，弗朗西斯科·佛朗哥率领右翼民族主义者组建的国民军对抗效忠共和政府的军队。纳粹德国和法西斯意大利站在国民军一边，而共和政府军背后的支持力量相对较少，是苏联以及由志愿者组成的“国际纵队”。除了德国秃鹰军团使用空军力量进行了先进武器的试验，这次战争基本上都沿用了“一战”的战术和设备。民族主义者最终获得了这次战争的胜利。在这场战争中，超过50万人死亡，其中大约四分之一都是被残忍杀害的平民或囚犯。

国民军

国民军中发挥核心作用的是非洲军团，他们占领了西班牙在北非的殖民地——西属摩洛哥。国民军中的精锐部队是仿效法国外籍军团、建于1920年的西班牙外籍军团，但其士兵基本上是来自西班牙国内的志愿兵，至少直到内战爆发才有大量来自葡萄牙和其他地区的新兵。非洲军队中也有大量在西班牙军官领导下的坚韧顽强的摩洛哥里夫部落武士。欧洲大陆的军队中大多数都是未接受过良好训练的应征士兵，与此相反，外籍军团士兵和摩洛哥士兵都是坚强冷静的职业军人。

国民军中，除了非洲军团，最具战斗力的部队是天主教保皇党民兵。这些主要来自纳瓦拉山区的农民们在战斗中表现得坚定而顽强，他们“一手握手榴弹，一手持念珠”上阵作战。同时，国民军也得到了法西斯长枪党运动民兵以及大部分公民警卫队员的支持。公民警卫队是一支准军事警察部队，其装备优于征召军队。

内战初期，非洲军团一路凯歌，所有的迹象显示出国民军将轻易获取最终的胜利。他们乘坐德国和意大利军机抵达西班牙南部，然后挺进马德里，沿途大肆杀戮，几千人成了战争的牺牲品。然而在马德里郊区，这支殖民地军队遇到了顽强的抵抗，不得不停下了进攻的步伐，注定要打一场旷日持久的消耗战。得到境外大国支持的国民军，在其对手内部不团结的情况下，最终艰难获胜。

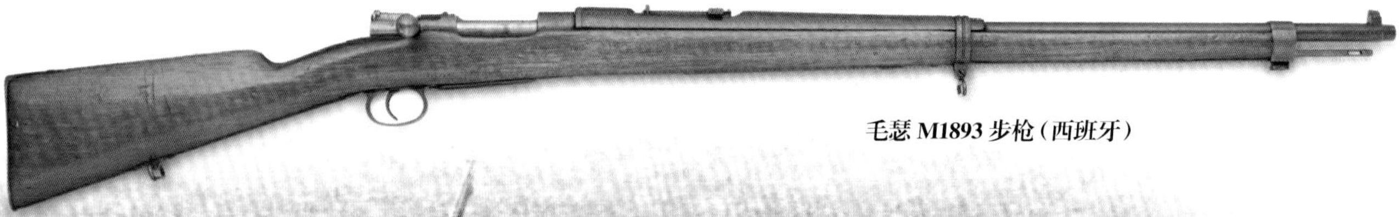

毛瑟 M1893 步枪（西班牙）

围攻马德里

在马德里前线，国民军士兵向对方阵地发起进攻。经过3年的战争，马德里最终于1939年3月被佛朗哥的军队攻占。

公元 1914—1918 年

德国暴风突击队

我们拼命向前冲，一直向前……如果晚上能等来盛载定量粮食的车和战地厨房，我们会很高兴。现在我们一路向前冲锋，经过了弹坑、战壕、被占领的炮位、堆放定量粮食的地方和军服仓库。

——德军上尉鲁道夫·拜登（Rudolf Binding）在日记中关于皇帝会战的描述，1918年3月

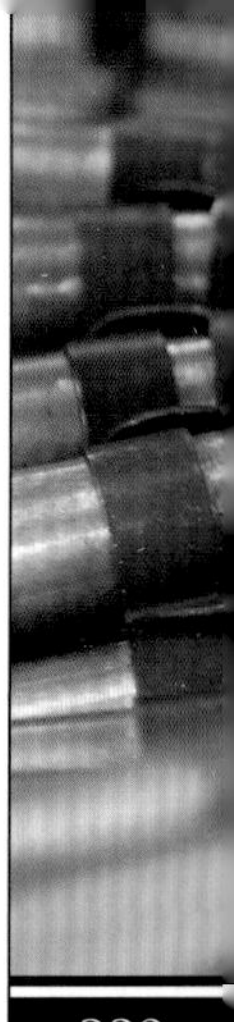

尽管德国在第一次世界大战中败北，但总体上来说，至少直到战争最后的几个月德军士气开始动摇之前，其步兵的表现一直都是非常出色的。在西线战场，德军士兵经历了堑壕战的恐怖和艰辛，但他们可谓无畏且执著，并且熟练掌握灵活多变的战场战术。对于德军精英部队——暴风突击队的队员们来说尤其如此，他们在 1918 年 3 月的皇帝会战（Kaiserschlacht）中担当德军进攻的先头部队。

第一次世界大战中，绝大多数德军士兵是应征入伍者和预备役军人，德国甚至在和平时期都在全国实施全民征兵制度，规定 17 岁到 45 岁之间的所有男性都有义务以某种形式服兵役。全民征兵制度的优点就在于其具有可感知的公平性，士兵来自社会不同阶层，并且大多是训练有素的男性公民，可直接输送到部队。预备役军人往往军训时间不足，军事技术不过硬，公民士兵的战斗质量在很大程度上仰仗军事素养极高的士官们。他们通常比其对手，即协约国军的士官们受教育程度高，他们培养下属士兵们严守纪律，确保其接受高水平的训练。德军士官也在战场上起着带头作用，有的担任排长，甚至连长，在战场上可发挥一定的主动性，而这种方式在协约国军中则不予鼓励。

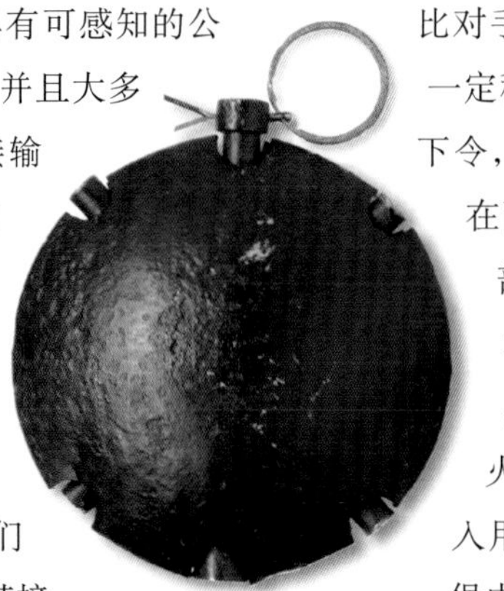

铁饼手榴弹

这种手榴弹在战争初期为德军士兵普遍使用。

防御战

战争初期，德军士兵积极性高涨，深信他们正在为保护祖国而战斗。尽管西线战场上的血腥杀戮场面不可避免地损失了些许士气，但直到战争结束，他们始终怀抱着对祖国的一片忠心。在前线战场上，士兵们在与战友并肩战斗的岁月中培养出了可贵的集体主义精神，在这种精神的激励下，他们与驻守德国国内战线的士兵们相比，要更加值得信赖和尊重。

在西线战场上，德军首先开挖战壕，他们比对手更快适应了壕沟系统。这一切一定程度上得益于其战略，因为德军下令，从 1915 年中旬到 1918 年春季在西线战场全面实施防御战术。大部分时间里，德军士兵埋伏在战壕中，其战壕内侧用铁丝网和木头加固，较为干燥，有时遇重型火炮狂轰猛炸，德军士兵也会进入用混凝土浇筑的地堡中躲避。地堡中装有电灯、自来水和通风系统。然而有些战壕系统的品质也不好，许多士兵只能在壕沟壁上挖一个洞以作藏身之所。德军发动反攻的原则是不惜任何代价寸土必争，在这种情况下，德军即使处于守势，伤亡也是巨大的。而且德军也会发动进攻战，令士兵直面对手炮火跨越无人地带。对于德军士兵们来说，长期处于炮火、毒气以及大规模进攻战的攻击之下，他们似乎常常会感到自己面对的是一支在物质上占优势的军队，而自己的坚持则徒劳无益。

袭击协约国军

1918 年 3 月在维莱布勒托讷（Villers-Bretonneux）的第一波春季进攻战中，德军暴风突击队队员在硝烟与战火中前进；兴登堡率领的第 18 军占领了索姆附近的盟军阵地（见上图）。德军在这次进攻战中使用了刚刚研制成功的伯格曼 MP18 轻型冲锋枪（见右图）。

伯格曼 MP18 轻型冲锋枪以及 32 发弹匣

向前进攻

不管是1916年的凡尔登战役和索姆河战役，还是 1917 年的协约国军进攻战，都造成了大量的人员伤亡，德军几十万士兵在战争中死亡。战争久拖不决，德军士兵出现了两极分化的现象，一边是从战场上的残酷战斗中幸存下来的、久经沙场的老兵，一边是被送上战场填补空缺的、年纪一大把的预备军人或从未上过战场、应征入伍的年轻士兵。最优秀的士兵被编入“暴风突击队”，在反攻和进攻战中担当先锋。暴风突击队的前身是由普鲁士近卫步兵团上尉威利·罗尔（Willy Rohr）于 1915 年 3 月创建的突袭队。从 1916 年到 1917 年，德国军队组建了大量以营为单位的暴风突击队，在标准步兵团中也组建了规模较小的暴风突击分队。暴风突击队的创建方式有两种，一种是将被称作“猎兵”（Jäger）的步兵队伍整体转编，另一种是从传统的步兵部队中挑选出最优秀的士兵组建而成。暴风突击队队员们接受高强度的训练，并且在军方的鼓励下，自视为“战壕中的王子”。暴风突击营中包括三到四支以来复枪和手榴弹为主要武器的步兵连队、一支机关枪连队、一支战壕迫击炮连队、一支轻步兵炮队伍以及一支火焰喷射器队伍。战场上，他们有望充分发挥主动性，力争一鼓作气攻破敌军战壕系统。在一场以密集火力为主要特征的残酷消耗战中，战局陷入瘫痪状态，创建暴风突击队是一次大胆的尝试，其目的在于利用训练有素、拥有出色战斗技能的步兵部队突破敌军防线。其缺点在于，标准步兵单位中最优秀的士兵被选拔进入暴风突击队，在代价高昂的反攻战或攻击战的第一线冲锋陷阵，伤亡必然巨大，而德军最优秀、战斗经验最丰富的士兵则牺牲最为惨重。

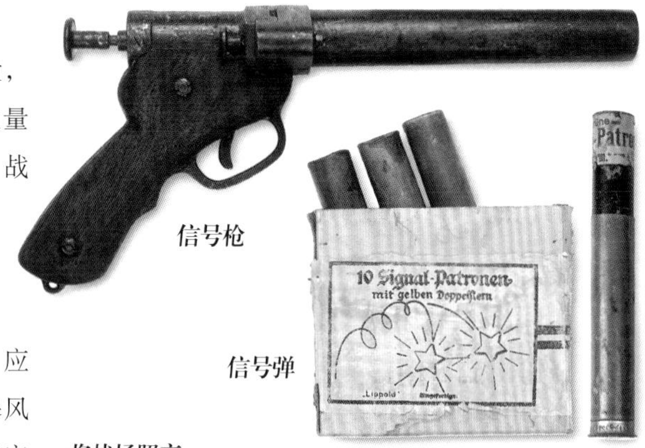

将战场照亮

信号枪将镁弹，也称作信号弹（照明弹），发射到空中，向士兵们发出预定信号。有时候，信号弹会附带降落伞，以延缓下降速度。它也会被用来照亮无人地带，可将敌军行动暴露无遗。

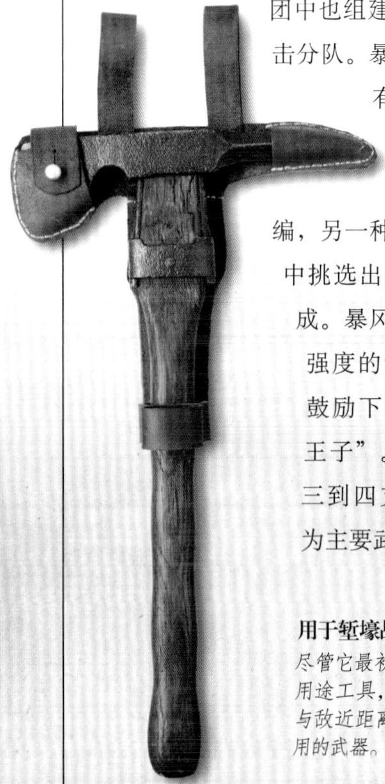

用于堑壕战的斧头

尽管它最初只是一种适用于战壕的多用途工具，但在执行突袭任务时，在与敌近距离战斗中它也是一种非常有用的武器。

皇帝会战

在 1918 年 3 月的皇帝会战中，德军实施进攻战术，这是对暴风突击队战斗力的严峻考验。德军在东线打败俄国后，最高司令部孤注一掷，倾尽全部资源投入西线战场，对协约国军发动大规模进攻战，希望能在美军介入前打赢这场战争。3 月 21 日，德军倾巢出动，对英军第 3 军和第 5 军展开全面进攻。

德军首先对英军阵地进行了持续 4 个小时的猛烈炮轰，当德军暴风突击队队员在炮火的掩护下，手提火焰喷射器、手榴弹和冲锋枪从清晨的浓雾中突然现身时，英军前线部队完全无力招架。在作战中，某些地方的暴风突击队队员一天之内

> “我试图说服自己，如果我不……先将刺刀刺入他的肚子，我的下场将会是什么。”
>
> ——德军第 29 师斯蒂芬·韦斯特曼（Stefan Westmann）

穿越无人地带

1918 年春天，德军打响了进攻战，全副武装的德国暴风突击队队员向前冲锋，穿越遍布弹坑的空旷地带。因为冲锋前例行的弹幕射击战术，对方对其行动步骤了如指掌。

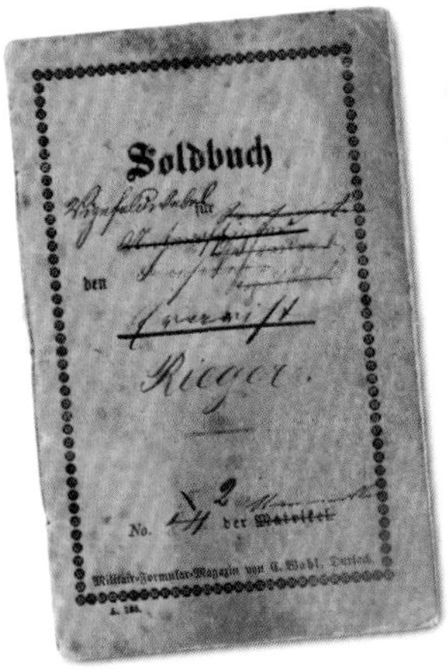

德军士兵证

每名德国军人都携带有士兵证。士兵证上详细记录有此名军人的薪水、探亲假、部队信息、所发装备以及医疗记录。

前进16千米(10英里)，一周可达65千米（40英里），这是自1914年年末对战壕进行加固以来取得的最了不起的军事进展。但在前线的另一些地方，德军进攻战基本上毫无建树。皇帝会战只是重新夺回了德国领土，而不是取得整场战争的胜利，这次会战令德军士兵疲惫不堪，筋疲力尽。

渗透战术

德国人试图打破第一次世界大战中壕沟防御战术在战场上的统治地位，精心设计了快速突破敌军阵地并向纵深发展的渗透战术。1917年9月冯·胡蒂尔（von Hutier）将军在里加战役中首次使用渗透战术，并将其运用到了极致。渗透战术并不采用对敌军战壕进行长时间猛烈炮轰的方式，相反，采用的是持续时间短的弹幕射击，即以密集火力进行“飓风”式攻击，之后暴风突击队发动攻击战。他们会绕开防守严密的战略要点，迅速攻占敌军一线战壕防守较弱的据点，接着迅速突破二线、三线战壕，对敌军的炮兵部队和通讯设施形成威胁。突击步兵紧随其后，扫清诸如机枪巢之类的小股抵抗力量。尽管使用渗透战术往往会达到突破敌军防线的目的，但却不能有效维持战斗进程。因为没有机动车辆，物流和运输问题无法解决，很快进攻速度就会慢如蜗牛。

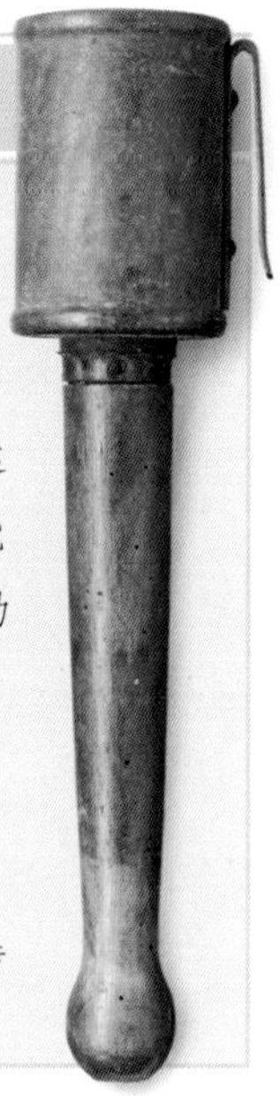

木柄手榴弹

长柄手榴弹，或称木柄手榴弹，是暴风突击队对敌军阵地实施快速袭击的最主要武器。

惨痛的失败

由于大量的农场工人应征入伍，甚至连农场养的马匹也被充入军中，结果到1918年时，德国出现了严重的粮食短缺问题，德国军队也不能幸免于此。一名士兵抱怨说复活节当天所领到的定量口粮仅有半条面包和一块烤马肉。在当年3月的攻击战中，当德军士兵占领堆满食物和饮料的协约国军仓库时，他们停止了前进，大肆劫掠和享用，严重影响了战斗进程。1918年下半年德军中突发流感疫情，士兵们因饮食质量较差而营养不良，身体素质下降，感染并死于流感的士兵众多。

对于德军士兵来说，比饥饿和病痛更为糟糕的是，当美军大部队到达欧洲战场后，他们再也无望赢得这场战争的胜利了。自1918年夏末，协约国军在一系列经过精心设计的攻击战中多次打败德军，迫使其投降。然而大多数德军士兵从未放弃，甚至在停战协议签订期间也一直坚守在异国阵地上。在这场大规模的战争中，德军阵亡了约200万名士兵，经历了异常艰辛的战斗。而在付出了如此惨重的代价后，许多德国人无法接受战败的事实。同时正是因为这种经历，大多数士兵退役后成了坚定的反战人士，也有少数人在重建战友情的幌子下成立了国家主义准军事组织。稍后时期出现的纳粹党便利用人们对暴风突击队的美好记忆，误导公众去追寻一种武士神话，为其侵略政策和军国主义制度正名。

防毒面具

德军的防毒气装备远胜协约国军的护目镜和棉垫。图中的防毒面具是一个圆筒形的空气过滤器，其连接处使用了拧紧的螺钉。

最后一道防线

尽管其他德军士兵已经撤离，但这名士兵仍然坚守战壕，准备给予猛扑而来的对手最后一击。

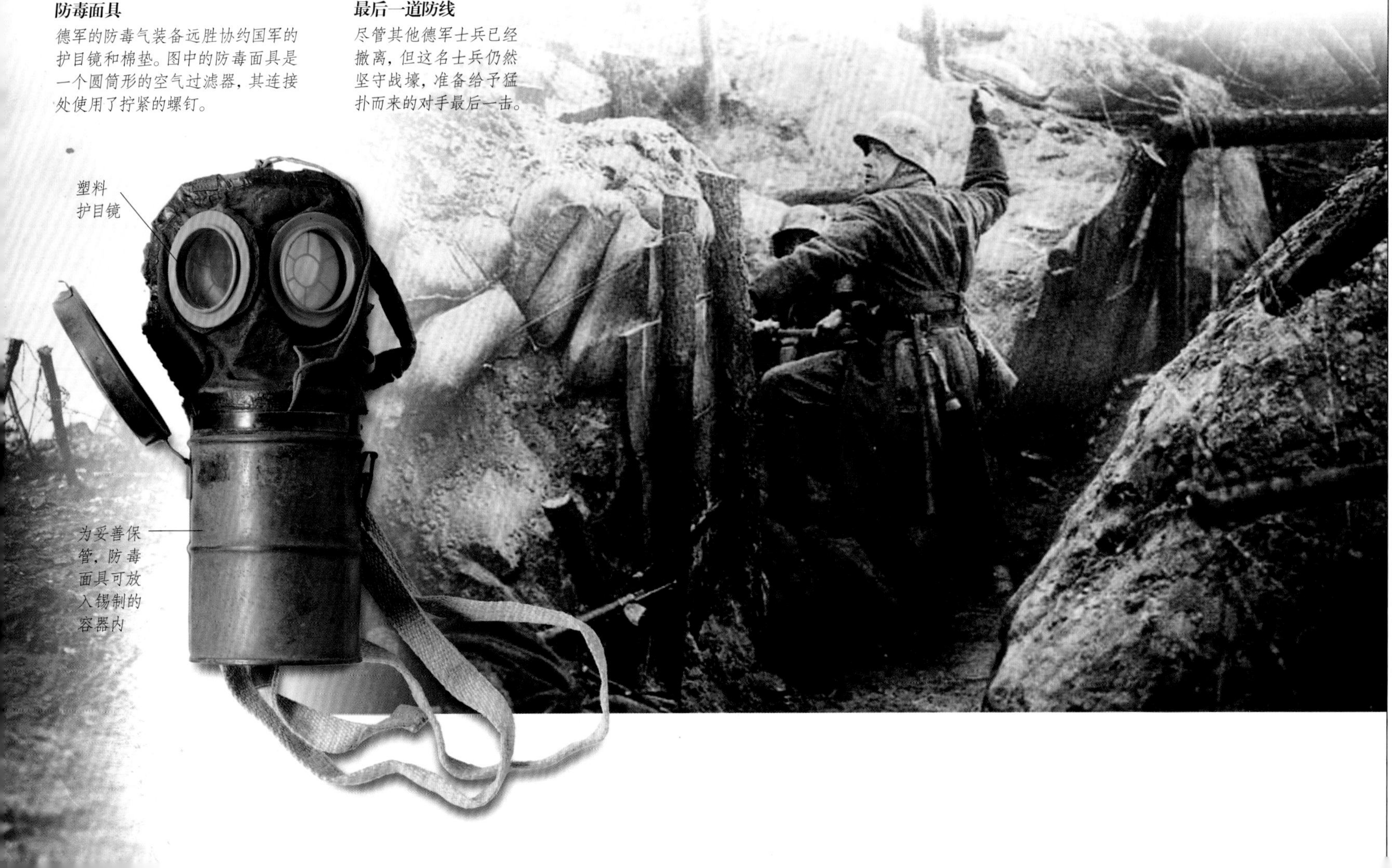

暴风突击队员装备

德国暴风突击队作为一支突袭部队，一直有所行动，1918 年几乎一整个春季都在向协约国军队的战壕发动突袭。其武器和装备的设计旨在便于士兵迅速移动、使用以及在激战正酣时可随手取用，从满载工具和武器的多用途腰带、攻击背包（内装食物和水、弹药、帐篷等许多东西）到手榴弹袋和毛瑟 KAR98AZ 短卡宾枪等无不如此。

钢盔
“一战”期间，所有军队都为其步兵配有钢盔。德式钢盔于 1916 年出现，其极具特色的“煤斗”形状起到了保护后颈部的作用。

制服上衣
这件标准制式暴风突击队员上衣保暖性能良好，只是非常沉重，尤其遇雨湿透时更甚。许多队员会用布条将肩章盖住，以防敌人看见其兵团徽章。

攻击背包
攻击背包小巧紧凑，背包中的物品包括一把军用铲、一张军用防水布（下雨时可用作雨披，也可用来搭建帐篷）以及装炊具的容器，容器盖子也可作煎锅使用，所有这些装备都被用皮带紧紧绑在一起。

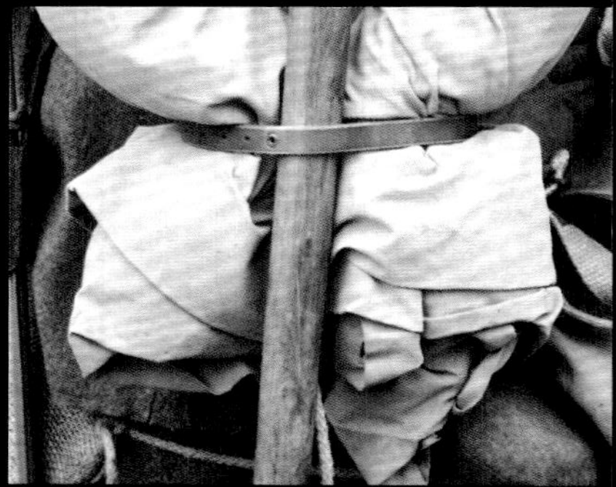
背在身后，携带方便的攻击背包

毛瑟 KAR98AZ 短卡宾枪是暴风突击队队员的主要武器

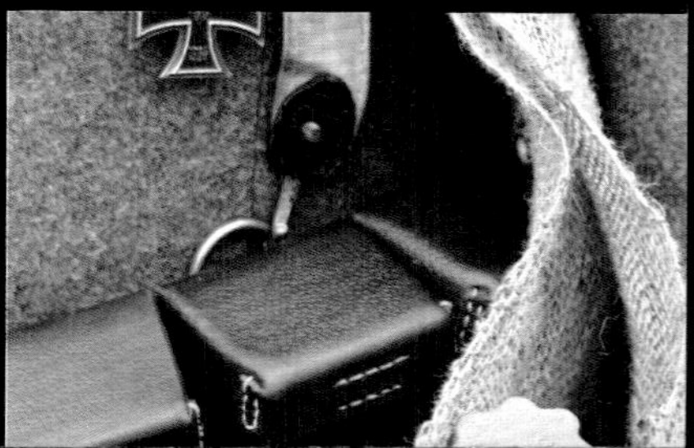
装备袋以及装手榴弹的帆布袋

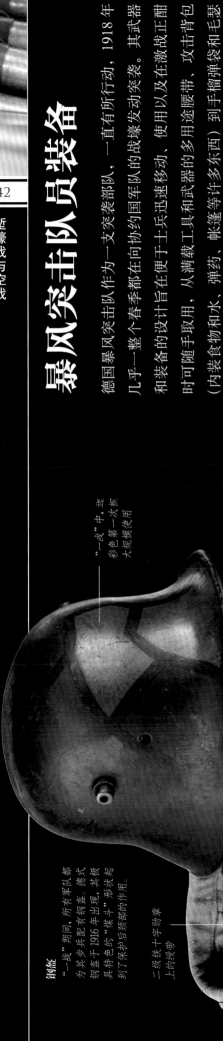

军用腰带

暴风突击队队员的腰带上悬挂着各式装备，包括面包袋、水壶、6 个弹药袋、刺刀和斧头。为方便取用，每种装备都单独放置。

木柄手榴弹

木柄手榴弹，或称长柄手榴弹，是“一战”后期和“二战”期间德军所用的主要手榴弹。如此命名皆因为其较长的木制手柄。

军裤

军裤上最鲜明的特征就是膝盖上的皮补丁。这对于机枪手来说是很正常的，因为膝盖是磨损最严重的地方，但这也是 1918 年时德军突袭部队很喜欢的军裤样式。

毛瑟短卡宾枪

在对协约国军战壕发动攻击时，毛瑟 KAR98AZ 短卡宾枪因其短小且容易操作，较之标准制式的毛瑟步兵步枪更受到突袭部队青睐。毛瑟枪栓以及尖头式弹头的子弹意味着其具有较高的精准度，射程也较远，据确认其射程为 790 米（2600 英尺）。

匕首

这把手柄弯曲的匕首由德马格（Demag）所发明。最初手柄颜色为原野灰。匕首装在黑色的刀鞘（图中未显示）内。其可装于毛瑟步枪上，与刺刀一起供士兵选择使用。

卷好的绑腿

绑腿是一卷窄布条，可绕圈紧紧地绑在小腿上，起保护和支撑作用。

德军战壕

第一次世界大战绝大多数时间里，其西线战场上，从比利时的尼乌波特（Nieuport）到瑞士边境绵延着一条长达700千米（450英里）的野战工事。1914年秋天，为应对战局临时开挖了第一道战壕，然而这条匆忙修筑的临时壕沟却逐渐发展成永久性的纵深防御体系，其中包括混凝土浇筑的地堡和防守据点，外侧布设了密密麻麻的带刺铁丝网。

对阵两军的战壕之间往往会有一块宽达200–300米（220–330码）的“无人地带”，尽管有些地方可能距离很近，只有25米（28码）。战壕的性质根据地形不同而有所改变。阿图瓦（Artois）和索姆地区的土质为坚硬干燥的白垩土质，士兵们可以深挖战壕，拥有安全舒适的庇护所。但是佛兰德地区的土质潮湿松软，该地区最重要的野战工事是布痕瓦尔德战壕（Bayernwald trench），为防其被水淹没、壕沟壁坍塌，必须用木材或柳条加固战壕。这种地区的战壕不能深挖，而且长期满布稀泥，潮气氤氲，士兵们的驻防生活苦不堪言。不过，德国人是最早开挖战壕的，至少还可以选择地势较高、较为干燥及对方炮火不能完全覆盖的地方。

战壕中，最起码需要建起一堵比一人还高的护墙，因为如果护墙高度不够，士兵的头部一旦冒出低矮的护墙，就会被对方狙击手干掉。战壕的建造和维修工作只能在夜色的掩护下进行。在整个战争期间，为保持战壕的坚固和干燥，士兵们花费掉了大量的精力和体力。

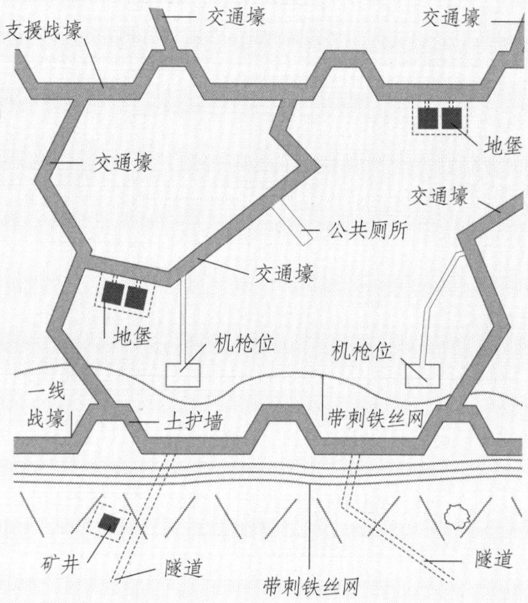

简化版的德军战壕体系
在1916年之后，德军在一线战壕配备较少的兵力。它们通过交通壕的通道网与后方的支援战壕和后勤储备战壕相连。

“一方进攻，另一方反攻，如此往复，慢慢地，两军战壕之间遍布弹坑的无人地带的尸体越堆越多。”

埃里希·马里亚·雷马克（Erich Maria Remarque），《西线无战事》（The Western Front）

引以为豪的工作
德军军官和士兵在一条新建成的战壕中合影留念。这条战壕的建筑质量之高令人惊叹，如此宽大的一线战壕实属罕见。

榴弹发射器
德国人在研发并制造诸如榴弹发射器之类的适用于堑壕战的特种武器方面，其速度更快于协约国。

弯道
战壕从来不是一条直线。转角可防止炮弹或榴霰弹的爆炸碎片扩散到整条战壕中，同时也可以有效地阻挡冲入战壕的敌军顺利前进。

射击踏台
士兵们踩上A形木梯的射击踏台，越过战壕的胸墙向敌军射击。在较干燥的地区，射击踏台是在战壕的墙体上直接挖出来的。

矿井入口

深挖矿井的目的在于将隧道修筑到敌军阵线下方并装上炸药，以期一举炸毁敌军阵线，正如1917年英军在梅西里斯附近所做的那样。

俯视矿井深处

现场残留2条深达17米（55英尺）的矿道。挖掘矿井的过程中不断有水渗入将井坑淹没，士兵们一定曾经心灰意冷过。

战壕中的横木

一段横跨战壕的木头可以有多种用途，例如可以在其上铺设电话线或水管。

柳条和沙袋

这个地区的土壤较为潮湿，不能深挖战壕，护墙是用沙袋堆砌而成的。

预制混凝土

布狼瓦尔德战壕原有10个地堡，现仅存2个。地堡建于1916年，其建造材料大都为预制混凝土砖，由窄轨铁路运送到前线。

两室地堡

每个地堡均有2个房间，其天花板仅有1.2米（4英尺）高。天花板上有根管子，既可改造为炉子的烟道，也可用作潜望镜观察外部动向。

条件糟糕的地堡

士兵们只能在遭遇猛烈炮火轰炸时才能避入地堡，地堡设计得十分狭窄，无任何舒适之感，因为军方唯恐士兵们待在其中丧失战斗意志，从而不愿再踏出地堡战斗。

第一次世界大战中其他国家的步兵

在1914–1918年的战争中，所有参战国的步兵在许多方面都拥有相同的经历。不管来自哪个国家，也无论驻守哪方阵地，士兵们每天都生活在同样肮脏的烂泥中，与老鼠、虱子为伍，都曾忍受过炮火的猛烈轰炸和毒气的攻击，都曾不顾机枪的扫射奋勇前进。进攻战总是会造成大量的人员伤亡，然而令人沮丧的是，牺牲了大量士兵换来的战斗成果却一般。那些匆忙间应征入伍的平民在这场极具破坏性的现代战争中表现出色，他们的勇气和奉献精神得到了充分展现。大多数士兵不仅在战争中努力挣扎着存活下来，而且从一名未经过严格训练的新兵成长为拥有出色战斗技能、坚强勇敢的战士。

法国“毛孩儿”

“毛孩儿”（Poilu）是对法国征召步兵的昵称，当时的法国政府旨在将每一名法国男性培养成为训练有素的战士。和平时期，所有法国男性公民必须服满两年兵役（1913 年延长为 3 年），服役期满后转为预备役。在政府的宣传下，士兵们以服兵役为傲，视其为爱国主义的行为。一旦战争爆发，军队能在短短数周内动员起来 300 多万公民士兵参战。法军步兵的制服十分鲜艳，在战场上极易识别并成为敌军火力的靶子，再加上其武器和装备不足，在进攻战中直面德军势不可当的凶猛火力时，溃不成军。法国集结大军在第一次马恩河战役中打败德军，但整整 3 个月后，法军伤亡人数多达约 100 万。遭受到如此惨痛的打击后，法国安定下来，进入消耗大量人力物力和军队士气的堑壕战阶段。法军战壕质量极差，食物单调乏味，可供休息的设施不足，总体上说，其前线的驻防条件要比英军和德军更差。在 1916 年的凡尔登战役中法军伤亡惨重，但士气犹存，然而于 1917 年初进行的一系列进攻战均以失败告终，法军内部兵变频发。军方被迫提高伙食条件，延长探亲假，以及更加珍视士兵的性命，不再徒劳无益地牺牲大量士兵的性命。1918 年法国步兵重振士气，取得了重大的胜利。第一次世界大战期间约有 830 万士兵参战，近 140 万战死。

制服和武器
1914 年时的法军制服颜色鲜艳，引人注目，1915 年法军将其制服变更为淡蓝色的外套和军裤，头戴亚德里安钢盔。

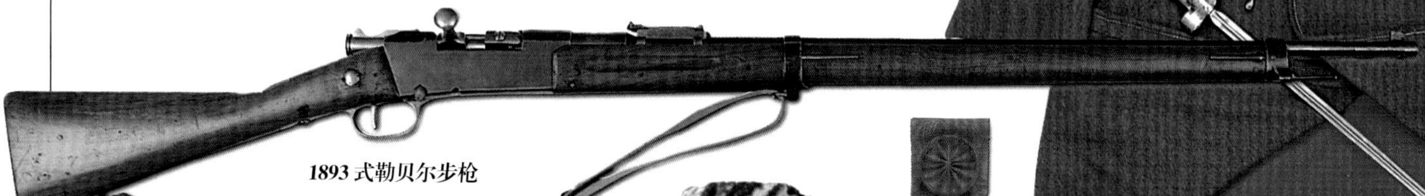

1893 式勒贝尔步枪

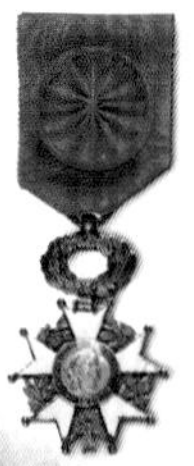

法国荣誉军团勋章

孤注一掷
在法国东部战场上，法军士兵用步枪，甚至石头试图逐出驻守在小山坡战壕里的德军士兵。

美国步兵

1917 年 4 月美国参加第一次世界大战时，政府正在扩建军队，扩建后的正规军人数达 14 万，并组建了一支包括美国国民警卫队在内的人数多达 40 万的志愿预备队。然而对于参与欧洲战争所需的庞大军队来说，这个数字远远不够。政府决定实施征兵制度，创建一支崭新的“国民军”。到 1918 年 6 月当美军在西线战场第一次作战时，美国远征军人数超过了 50 万。美军征召士兵的绰号为“油炸面团”（doughboys），他们年轻力壮、精神抖擞，让已经对战争感到厌倦的欧洲士兵印象深刻，他们的乐观与英法士兵愤世嫉俗的态度形成了鲜明的对照。

美军官兵战斗经验不足，在战争初期付出了惨痛的代价。其后勤供应系统组织不力，前线士兵有时还会挨饿。除了步枪，大部分装备都由英法提供。然而他们在战场上证明了自己的价值，特别是在 1918 年 9 月圣米耶尔进攻战中表现出色。

美军实行彻底的种族隔离制度，约有 20 万名非裔征召兵参加了第一次世界大战，其中仅有五分之一被允许上战场，且被编入全部由黑人组成的独立作战单位。战争结束时，欧洲战场上的美军士兵有 200 万名，约 5 万名阵亡，另约有 5 万名死在 1918 至 1919 年间暴发的流感疫情中。

美军装备

第一次世界大战的武器装备中也有美军的贡献，例如，用于清扫敌军战壕的霰弹枪。

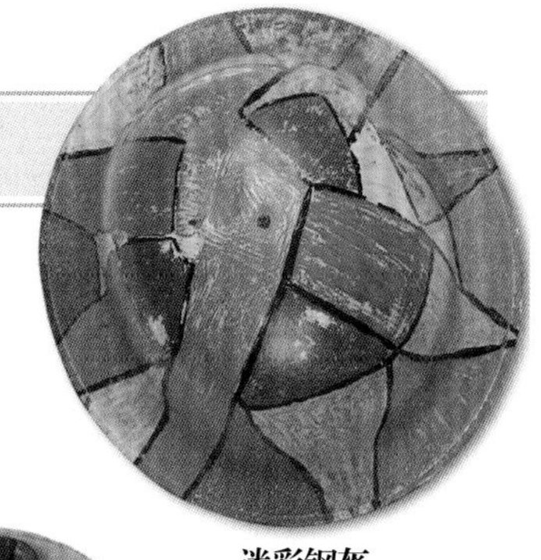

迷彩钢盔

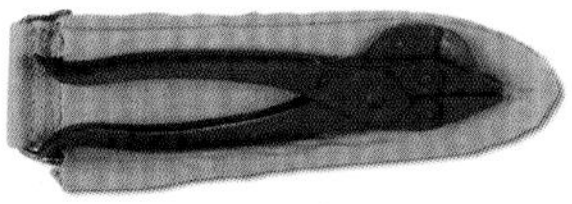

剪线钳

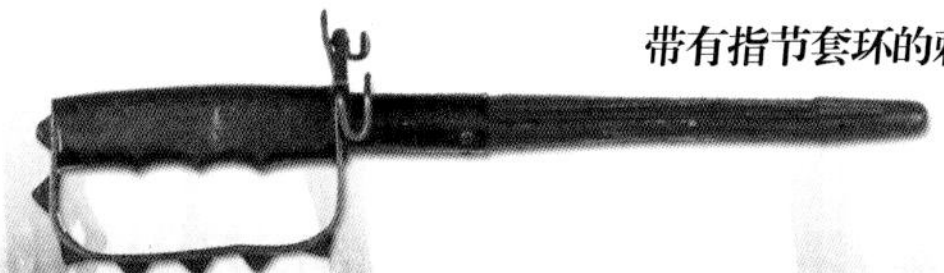

带有指节套环的刺刀

西线战场上的美军士兵

1918 年 9 月的圣米耶尔进攻战是美军在第一次世界大战中的第一次重大行动，这次行动大获全胜。图中为在这次战斗中，第 23 步兵团的士兵们在德军阵线上用 37 毫米口径机关炮对敌射击。

泵动式霰弹枪

加拿大步兵

第一次世界大战开始时，加拿大正规军仅有几千人。然而加拿大自治领毫不犹豫地与英国站在了同一阵营，招募志愿兵，组建了加拿大远征军。大约 60 万加拿大人应征入伍，其中 41.8 万人奔赴海外战场。从零开始组建一支军队是极具挑战性的任务，但加拿大士兵在接受了极其短暂的军事训练后，就在 1915 年 4 月被送往伊普尔战场，刚好赶上西线战场上第一次使用氯气。随着加拿大士兵被不断地送往前线，他们也随之见识了这场战争最惨烈的场面。在 1916 年夏季的索姆和次年的帕斯尚尔的烂泥地中，加拿大士兵伤亡惨重。他们杰出的战斗素质为世人所认可。1917 年 4 月 9 日，加拿大士兵冒着冰雹和大雪冲上光秃秃的陡峭斜坡，攻占了防守严密的维米岭（Vimy Ridge），这是其在战争中最伟大的壮举之一。此役中有超过 5.6 万名加拿大士兵阵亡。

> “突袭行动终告失败……因为士兵几乎都阵亡了。”
>
> ——加拿大纽芬兰兵团比弗 · 德 · 莱尔（Beauvoir De Lyle）将军于索姆河战役中

加拿大武器和装备

加拿大军队效仿英军，其制服颜色为卡其色，但他们使用的罗斯步枪却是本国生产的，与罗斯步枪配套的刺刀短而粗，其长度之短让人惊讶。

步兵军帽

罗斯刺刀

随身小折刀

罗斯 .303MK Ⅲ狙击步枪（ROSS .303 MK Ⅲ SNIPER RIFLE）

澳新军团士兵

第一次世界大战开始时，澳大利亚和新西兰的年轻人积极响应政府号召，志愿入伍支持英国——到最后大约五分之一的新西兰男性参军入伍。澳大利亚和新西兰联合军团简称“澳新军团”，一开始即被派往埃及驻地接受军训。其中，尤其是澳大利亚人很快就以坚韧顽强的品格赢得了众人的赞誉。他们无视军队规章制度的行为让英国军官十分恼火，不当班时候的所作所为简直吓坏了当地的埃及人。然而一旦走上战场，事实证明澳新军团士兵是协约国军方面最有战斗力以及最令敌人生畏的战士。在加里波利战役中，他们第一次接受了战火的洗礼，这次战役血腥残酷，大量士兵伤亡，但是他们却以顽强的意志经受了旁人无法承受的考验，并以高昂的士气奔赴索姆和帕斯尚尔战场继续战斗。从比例上来说，在所有国家中澳大利亚在第一次世界大战中伤亡率最高，在被派往海外战场的总计 32 万名士兵中，战死 6 万，受伤 22 万。新西兰伤亡 5.8 万，其中阵亡 1.7 万。

俄罗斯军队

俄罗斯军队中的绝大多数士兵是被征入伍的农民，其余也有部分是来自大城市的工人。战争动员工作实施得十分顺利，但是俄军领导不力，以至在1914年8月底的坦能堡（Tannenberg）一战中惨败。从此以后，俄军一直是德军的手下败将，尽管在与奥地利军队和土耳其军队交手中会有些许斩获。俄军屡次发动的进攻战均以失败告终，并造成了大量人员伤亡，再加上前线的驻防条件不断恶化，军队中怨声载道。士兵们憎恨那些被免除了兵役并依靠迅猛发展的战时经济大发横财的人，也对其傲慢无能的上司极为不满。1917年3月，预备役军人为推翻沙皇政权助了一臂之力。士兵委员会成立了，不受欢迎的军官被其手下驱逐。新成立的临时政府号召士兵们继续抵制“征服者的刺刀”，然而从1917年6月打响的进攻战中可以看出，士兵们对继续战斗基本上没什么兴趣。士兵们无心恋战，许多人当了逃兵。当农民士兵们纷纷放下手中的枪支，赶回家去加入土地争夺战时，军队的解体已成为必然。第一次世界大战中，约有180万俄军士兵阵亡。

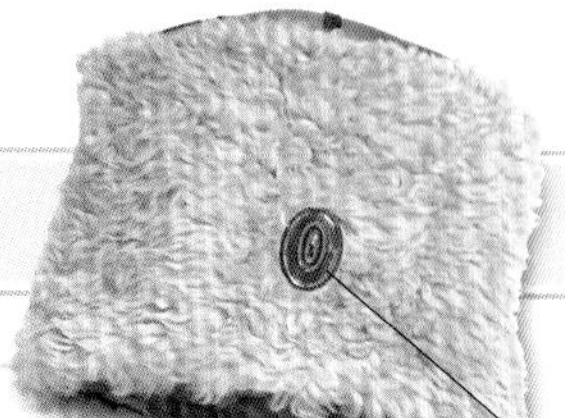

帕帕哈羊皮帽

帽徽颜色为罗曼诺夫家族所用的标志色

俄军制服

俄军从1907年开始更换为卡其色军服上装，其配件采取了更传统的样式，例如军帽有哥萨克式的帕帕哈圆形平顶高帽（papakha）。

莫辛－纳甘步枪（MOSIN–NAGANT RIFLE）

“如果我战死沙场，那么我们农民得到土地又有什么用？”

——一位俄罗斯农民士兵，1917年5月

意大利军队

狙击兵军帽

狙击兵部队（Bersaglieri）是一支一流的来复枪部队，其士兵们在阅兵时会戴上极具特色的插有公鸡羽毛的军帽。

直到1915年5月，意大利才向奥匈帝国宣战，宣战的动机源于其领土野心。国内大部分民众对此次战争十分不满。仅仅半个世纪前意大利才实现了统一，民众的爱国情绪尚未根深蒂固，来自西西里岛和南方的应征士兵普遍视意大利北方为另一个国家。意大利士兵被派驻的位于阿尔卑斯山区的前线阵地，地形与气候条件均十分恶劣。只有阿尔卑斯精锐山地部队拥有足以应付山地战争的技能。前线驻军常缺衣少食，医疗资源也十分匮乏，士兵们经常被上级军官虐待。

1917年10月德军抵达意大利前线，致使意军在卡波雷托一役中惨败。意军在多次进攻战中伤亡惨重，士兵疲惫不堪，士气大伤，再加上左翼革命论调的影响，军中弥漫着反战情绪和失败情绪。1917年冬季，皮亚韦河防线稳固下来。意军以谨慎的工作态度全心投入到重振士气的工作之中，经过一段时间的努力，意军派遣其新组建的突击部队主动对敌军发起进攻结束了战争。然而，意军士兵在战场上的整体表现让人失望到了极点。在这场战争中，约50万意大利士兵战死。

山地战壕

意军对奥地利军队据守的阵地进行了多次炮轰，最终展开了凶残的肉搏战，但仍然无法攻破其防线。

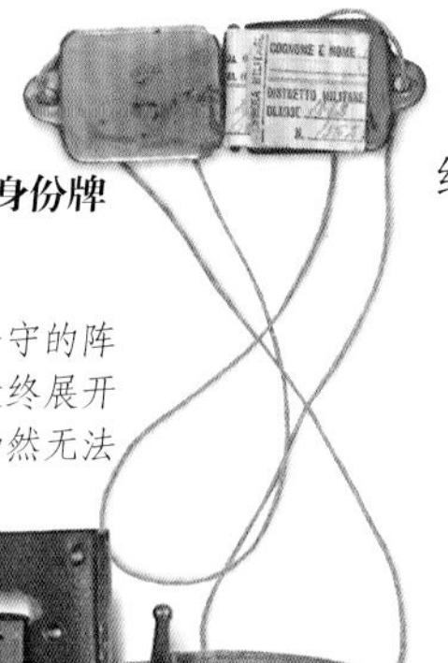

士兵身份牌

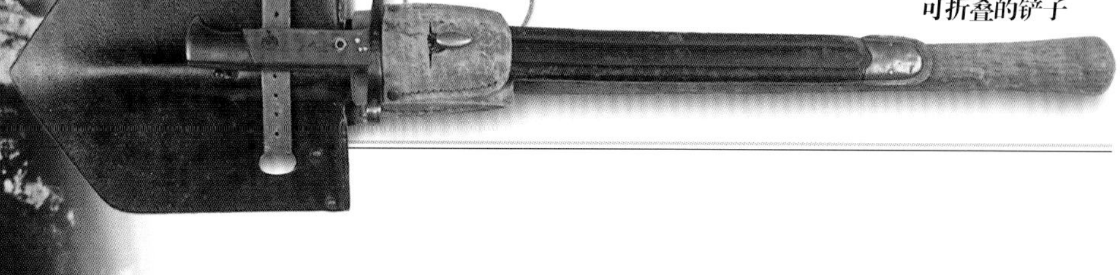

可折叠的铲子

奥匈帝国军队

奥匈帝国军队反映了一个多民族帝国的复杂性，军中奥裔德国人和匈牙利人高高在上，控制并支配其他各种民族的人，主要有捷克人、斯洛伐克人、克罗地亚人、斯洛文尼亚人、波斯尼亚人、罗塞尼亚人和波兰人。大多数军官说德语，但近半数的应征士兵是斯拉夫人，他们中的绝大多数不会说德语。军队最初的表现是很出色的，步兵武器尽管数量不足，但质量优良。然而在对帝国的忠诚问题上，军中很快就出现了裂痕。1916 年夏季，在俄罗斯的勃鲁西洛夫攻势（Brusilov offensive）中，奥匈帝国军队惨败并造成了巨大的人员伤亡，军队上下一片震动，捷克人和罗塞尼亚人中出现了大规模的逃兵潮。随着战争继续，军队愈加疲惫不堪，其控制权逐渐转到盟友德军的手中，这让许多士兵痛恨不已。到 1918 年 9 月，当失败已不可避免时，奥匈帝国军队分崩离析，分解为几支以民族为单位的独立军队。大约 100 万奥匈帝国士兵死于第一次世界大战。

山地部队
奥地利人组建的阿尔卑斯特种部队，凭借其出色的战斗技能在意大利东北部和喀尔巴阡山脉与俄军士兵周旋。

施瓦茨劳斯重机枪
事实证明，即使在阿尔卑斯山和喀尔巴阡山脉那种极度严寒的环境下，这款水冷式重机枪也是非常可靠的武器。

土耳其军队

kalabash 式军帽

步兵制服上衣

当 1914 年 11 月土耳其以德国盟友的身份参加第一次世界大战时，多民族的奥斯曼帝国正处于一场政治剧变之中，这场变革最终导致土耳其单一民族国家的建立。土耳其军队是一支征召军队，其士兵绝大部分是来自安纳托利亚地区的农民。军中有由库尔德人和阿拉伯人组成的队伍，但管理层认为其不值得信赖，犹太人和基督徒也只能起到辅助作用。土耳其军队在近来的巴尔干半岛战争中以及与意大利军队的交手中均表现得十分差劲。在 1915 年 4 月加里波利登陆战中，土耳其士兵们表现出的坚韧顽强和积极主动的精神让英法盟军大为震惊。然而勇气却无法弥补其经济上的不足和管理上的失败。随着战争久拖不决，土耳其军队与其国内民众一样，陷入粮食危机。医疗服务少得可怜，士兵因患病得不到医治而死去。德军因为在食品供应和武器装备等条件上都优于盟友土耳其军队而招致其士兵的仇恨。到 1918 年夏天，土耳其军队在伊拉克和巴勒斯坦地区惨败而致全面解体。大批士兵弃阵逃跑，回到家乡耕种荒废的土地或者直接落草为寇。第一次世界大战中超过 50 万土耳其士兵战死，可能还有约 20 万士兵死于疾病。

杀伤手榴弹

土耳其武器和制服
土耳其军队为士兵配发毛瑟步枪，有些是新的，而有些则是德军淘汰的老旧型号。从土军士兵的卡其色制服的样式也可以看出德军顾问的影响力。

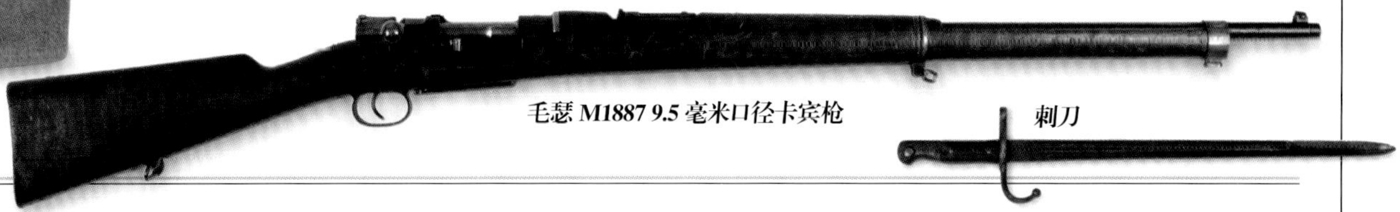

毛瑟 M1887 9.5 毫米口径卡宾枪

刺刀

进攻

第二次世界大战中，德军步兵准备对列宁格勒发动进攻。1942年，代号为“巴巴罗萨”的入侵苏联的计划终告失败，可以说这直接导致了纳粹帝国的覆灭。

秃鹰军团

自1936年11月起，德军将派往西班牙干预其内战的队伍组建为秃鹰军团。军团主要由驾驶军机的德国空军飞行员组成，其他的包括一支掌握轻型坦克和88毫米高射炮的队伍，用于摧毁对方坦克和飞机。

纳粹德国视此战为测试新武器和战术的试验场。容克87型斯图卡俯冲轰炸机和梅塞施米特Bf-109战斗机在西班牙内战中积累了一定的战斗经验后，在第二次世界大战初期发挥了关键作用。德国空军则在空对空作战以及空中支援地面部队方面获取了战斗经验。秃鹰军团臭名昭著的行径之一就是在1937年4月轰炸了格尔尼卡地区的巴斯克小镇，将这座城市几乎全部摧毁。

梅塞施米特Bf-109战斗机
参与西班牙内战的秃鹰军团中的大多数飞行员，驾驶着诸如梅塞施米特Bf-109之类的战斗机，第一次走上战场。

国际纵队

从1936年底开始，苏联组织国际纵队前往西班牙打击法西斯主义。来自包括法国、意大利、德国、波兰、英国以及美国等许多国家的志愿者们在巴黎组队，秘密奔赴西班牙。

在1936年11月的马德里保卫战中，第一支国际纵队准备充分，发挥了关键性的作用。1937—1938年，在一系列以失败告终的前线进攻战中，数千士兵阵亡，有些士兵则因偏离了正确的目标或开小差而被处决。

1938年9月，国际纵队解散，那些继续留下来的士兵被整编进入共和人民军。总计6万名志愿者参与了西班牙内战，其中1万名战死。

共和派

内战开始时，政府方面得到正规军中的支持者和准军事化突袭卫队中绝大多数人员的支持。然而决定共和国生死存亡的是由各种左翼团体组建的民兵队伍。他们从军火库中夺取武器，攻占大城市，抵御国民军的进攻。他们严格遵循民主路线管理民兵组织，民主选举军官。有时他们英勇无畏，表现十分出色，但要想在这场旷日持久的消耗战上打赢佛朗哥的正规军，对他们来说绝非易事。

或许让人感到奇怪的是，没人想到过利用游击战术打垮国民军。相反，共和政府坚持组建一支传统军队打一场传统战争。共和人民军收编了深得人心的民兵组织、内战开始以前的军队中的支持者以及在共和国控制地区内征召的新兵。苏联向共和政府提供了武器，并派遣了一支特种部队。

人民军中各种左翼团体的矛盾严重影响了军队的战斗力。士兵们勇敢顽强，但却因为指挥官常常不顾战场具体情况下令展开进攻战而导致士兵白白送命。人民军疲惫不堪，士气大伤，最终于1939年3月投降。

宣传海报
1937年的一张海报上的宣传语："少讲些无用的话，我们首先是要赢得战争！"

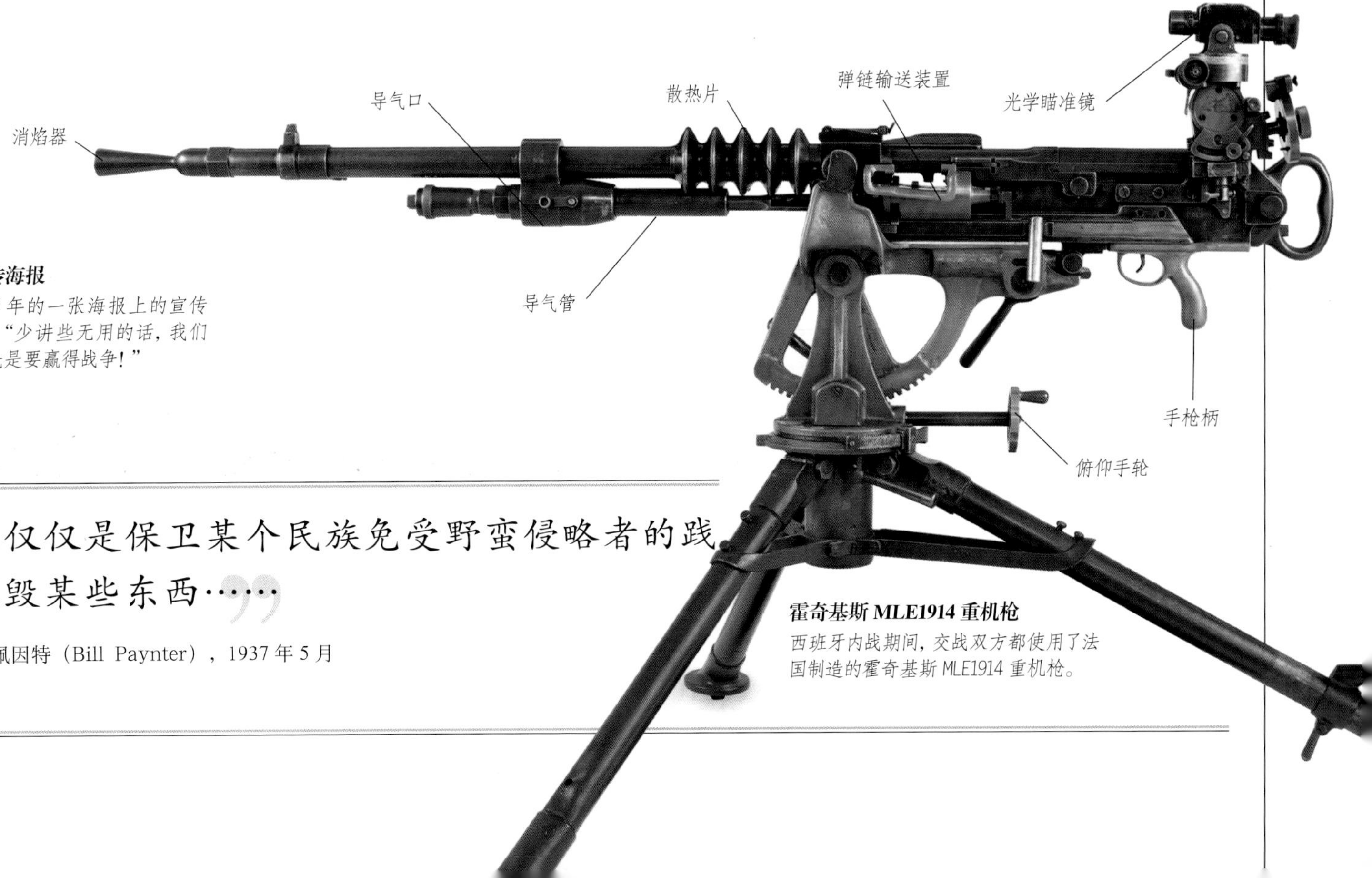

霍奇基斯MLE1914重机枪
西班牙内战期间，交战双方都使用了法国制造的霍奇基斯MLE1914重机枪。

> “进行一场战争不仅仅是保卫某个民族免受野蛮侵略者的践踏，而且也会摧毁某些东西……”
>
> ——英国国际纵队成员比尔·佩因特（Bill Paynter），1937年5月

公元 1940—1945 年

英国皇家空军战斗机飞行员

即使只剩下一架战机和一名飞行员，我们也要打赢这场战争……我们虽然普通，但我们的精神留待后世见证。

——第213飞行中队空军中尉罗纳德·怀特（Ronald Wight）

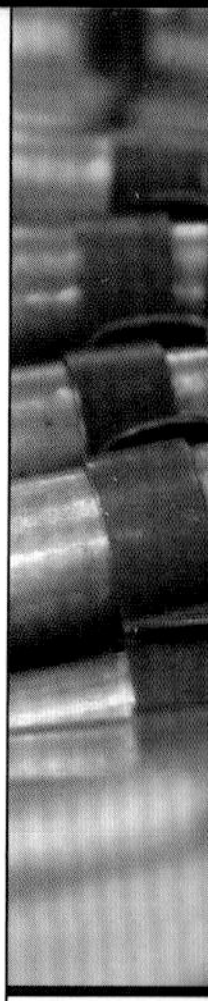

1940 年夏天，德国空军派遣轰炸机和战斗机对英国本土实施持续轰炸，英国皇家空军战斗机司令部面临着极大的挑战。这一场完全在空中进行的战斗被称作“不列颠之战”。尽管英国皇家空军事先采取了一些战争防御措施，主要是在海岸线附近部署了雷达接收器，然而这一场硬战仍旧前途难料。英国的防御力量薄弱，主要依靠一支人数很少的飞行员队伍（具体人数大约为 1500 人）竭尽全力顽强抵抗。

战前，英国皇家空军吸引了许多志愿者加入，其中一些被分派到战斗机司令部担任飞行员。年轻人想到有朝一日能驾驶英国最新最快的单翼机，即超级马林喷火式战斗机和霍克飓风式战斗机翱翔在蓝天而心潮澎湃。作为战斗机飞行员，他们也清楚地明白自己会成为男性嫉妒的目标和女性仰慕的对象。20 世纪 30 年代的英国社会等级分明，战斗机司令部被某些军官视为精英飞行俱乐部。一些军官是通过社会上的某些高级组织机构，诸如英国皇家空军预备队和牛津大学航空中队而进入战斗机司令部的，他们有着公立学校学生坚定沉着的气质，说话的语调诙谐而自谦。但是来自普通阶层、满怀抱负的年轻人也可以首先加入皇家空军志愿后备队，再通过遴选进入战斗机司令部。大多数志愿者只能当上空军军士，而与军官无缘。

来自海外的飞行员

参与不列颠之战的英国皇家空军飞行员中，约百分之二十来自海外。其中，来自英联邦国家的飞行员占十分之一，而这之中又以新西兰人居多。在射击技术上，来自英联邦国家的飞行员普遍强过平时不重视枪法训练的英国飞行员。其余的非本土飞行员都是来自被纳粹德国占领下的欧洲大陆逃出来的流亡者，有波兰人、捷克人、法国人和比利时人。1939 年 9 月德国入侵波兰，其空军重创波兰军队，波兰籍飞行员志在复仇，故此来自波兰的飞行员队伍不仅是人数最多，也是战斗积极性最高的一支欧洲队伍。不管他们来自何方，所有的飞行员年纪都非常轻，基本上中队长的年龄没有超过 26 岁。

战争打响

1940 年春天，德国入侵法国以及敦克尔刻大撤退时，英国皇家空军初次与德国空军进行了一系列的较量。与皇家空军飞行员相比，德国空军飞行员在作战经验和战术策略上都更胜一筹。整个 7 月，双方在英吉利海峡上空交战激烈，其后，8 月的第 2 个星期，在梅塞施米特战斗机护卫下，德国轰炸机编队对英国南部实施了狂轰滥炸，只要天气允许，德军就会在光天化日之下肆无忌惮地进行空中袭击。德国空军旨在建立空中优势，从而扫清由海路入侵不列颠群岛的障碍。英国空军总司令休 · 道丁（Hugh Dowding）打算珍惜使用手上的飞行员和战斗机，将这支有效防御力量保存下去。

不列颠之战

1940 年 7 月，一名皇家空军飞行员刚刚结束了与德国空军飞行员的战斗后返航，他坐在超级马林喷火式战斗机的驾驶舱内（见上图）。为防止被敌机击落而陷入敌方领地，每位飞行员都配发有一支口径为 0.38 英寸口径的恩菲尔德 MK1 转轮手枪（见右图）。

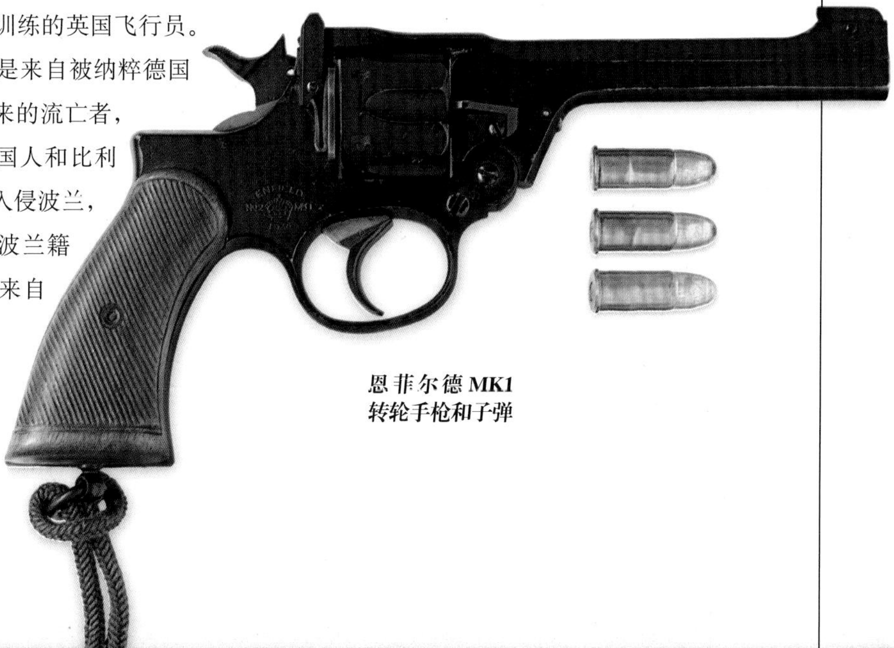

恩菲尔德 MK1 转轮手枪和子弹

飓风式战斗机和喷火式战斗机

第二次世界大战中，一架飓风式战斗机（图中前景位置）与一架喷火式战斗机并肩出击。尽管喷火式战斗机更出名，但飓风式战斗机在数量上占优势，且在与德军交战中表现更出色。

飞行员并不进行空中巡逻，而是在停机坪上自己驾驶的飞机旁待命，随时准备起飞。一旦监测到敌机，海岸线上的雷达站会向控制中心发出警报，控制中心立即下令各中队驾机升空迎敌。升空后，飞行员会接到无线电指令，提示敌机方位。

升空

飞行员驾机升空的速度一直以来都是极快的，因为每一秒的延误都会造成在迎击敌机时飞行高度不够。在最坏的情况下，驻守在临近南部海岸线的空军中队还可能会面临这样的风险，即没来得及驾机升空就被快速逼近的敌机从空中歼灭。因此，飞行员总是会飞奔前往自己的座驾。通常情况下，一支飞行中队起飞时间为 5 分钟。有时候，也有飞行员在毫无准备的情况下，在睡衣裤外直接套上飞行服，驾机起飞迎敌。

飞鹰中队飞行员

不列颠之战后，英国皇家空军出现了飞行员短缺的问题，于是开展了海外招募志愿兵的计划。飞鹰中队便是由美国飞行员组成的一支队伍。

驾驶舱盖的材质是有机玻璃，舱内十分狭窄，飞行员挤进驾驶舱后，双脚放在方向舵脚蹬上，右手握操纵杆，左手控制油门。在狭小的驾驶舱内，飞行员肢体基本上不能活动，只能靠转动颈部或变换飞机的飞行位置来观察四周情况。升空后，三架战机在飞行过程中排列成一个紧密的 V 字队形，一个飞行中队的十二架战机应该排列为四个 V 字队形，组队向前飞行。对那些经验不够丰富的飞行员来说，只是保持队形就很费心耗神了，完全没有时间观察敌机动向。尽管高层一再强调，要求基层飞行员在飞行过程中保持紧密的 V 字队形，但越来越多的飞行老兵带头违规。那些在战斗中表现较为出色的飞行中队，其在空中的队形松散，他们的战斗原则是，无论在何时采取何种方式，只要能够有效地打击敌人就是可行的。

通常情况下，德国空军轰炸机群出动时，梅塞施米特战斗机会紧随其左右或居其上方护航。德国空军战斗机驾驶员在西班牙内战中积累了丰富的战斗经验，他们会采用“双机制”编组，分为长机和僚机。长机驾驶员由资深的神射手担当，长机对敌机进攻时，僚机负责护卫其后侧。两对长机和僚机可以组合成一个松散的“四指”队形。这四架战机飞行中，高度稍有不同，位置相对分散，因此不会出现撞机的风险。较为松散的队形也不容易被敌军识别。

对于英国皇家空军飞行员来说，最糟糕的事莫过于在毫无察觉的情况下被德军梅塞施米特战斗机击中。如果他们未发现上方的德军战机，后者会快速向下俯冲，攻击居于编组队形尾部的战机。据说在被击落的英军战机中，五分之四的飞行员从未见过攻击者。德军战机充分利用俯冲的动力，并在英军飞行员有所反应前逃离。如果英军飞行员及时发现了德军战机，他们会转头与之交战，一场空中混战由此展开。他们互相追逐，不停地驾机急转弯以制服目标，对出现在视野范围内的任何敌军迅速开火。大多数空战持续时间不长，但却十分激烈，且场面混乱。

缺乏战斗经验的飞行员在紧张之下容易向出现在视野里的任何一架战机开火，不管是自己人还是敌人。最成功的战术就是咬住敌机的尾巴，从背后发动攻击，反制敌机。然而如果飞行员驾机转弯太急，会因为G力过载而出现昏厥。

向飞行速度较慢的多尼尔、容克斯和亨克尔轰炸机群发动攻击也存在着一定的困难。最有效的战术就是驾机迎头直冲轰炸机群，打乱敌机阵形。但这种战法也极其危险，要求飞行员要有极其强大的心理素质。大多数飞行员退而求其次，会选择从轰炸机群的侧翼或尾部发动攻击。轰炸机很容易被击中，但因其机体十分坚固，故而很难被击落。战斗机飞行员如想对其造成致命性的杀伤，就必须近距离开火，但这就会冒着自身被敌军训练有素的轰炸机炮手击中的危险。

最出色的飞行员和普通飞行员

当战机以超过480千米/小时（300英里/小时）的飞行速度遭遇空战时，飞行员必须具备非常优秀的专业素质才能掌控局面。在那个尚未发明计算机的年代，仅仅是操纵飞机就需要高超精准的技术水平，更不用说如何在空中混战中脱身以及如何锁定目标并发动攻击了。据估计，在不列颠之战中，只有不到百分之五的飞行员拥有一名出色的战斗机飞行员所应具备的战斗素质，即同时具备高超的飞行技术、绝佳的眼力、敏捷的反应力、对周遭环境的敏锐感觉以及杀手的本能。像空中“水手”——来自南非的王牌飞行员阿道夫·马兰、捷克飞行员约瑟夫·弗兰提斯克（Josef Frantisek）以及英国的“生姜”莱西（Lacey）那样的一流飞行员数量极少，但他们击落的敌机数量占比却极大。而处于另一个极端的是新晋的飞行员们，他们在战斗机上仅仅接受了12个小时的飞行训练后就独自驾机空战，极有可能在执行第一或第二次任务时丧生。尤其是中队长坚持使用经验丰富的飞行员打前锋，编组飞行时往往让新人驾机殿后，而这正是最容易受到攻击的位置。战后，飞行员休·邓达斯（Hugh Dundas）回忆自己第一次参加空战时的感受是“晕头转向，极度害怕，几近惊慌失措”。但是至少“当一架类似梅塞施米特的战机从其侧面经过时”，他成功地开了火。大多数飞行员参加第一次空战时，压根就没见识过敌机长什么模样——一切都发生得太快了。

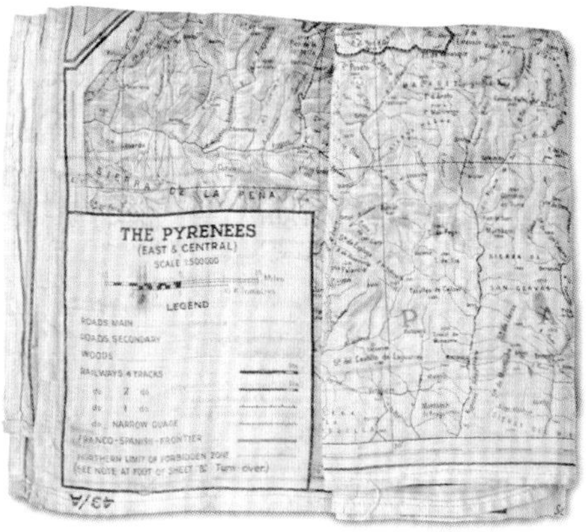

丝绸地图

这幅轻薄的丝绸地图被缝在了飞行员的上衣上。如果他被迫跳伞逃生的话，这幅地图就会派上用场。图中展示的便是一幅有关比利牛斯山脉的地图。

随着战斗经验的不断累积，皇家空军的战斗表现也愈加出色。许多才智平平的飞行中队长被战争所淘汰，取而代之的是一些杰出的飞行人才，如85中队队长彼得·汤森特（Peter Townsend）以及74中队队长马兰。

> “我国最好的防御力量就是敌人对我军战斗机发自内心的恐惧……如果我们的战斗机研发能力薄弱……我国的生产能力就会受到实质上的损伤。”
>
> ——英国空军总司令休·道丁爵士

飓风式战斗机中队

在1939年一次和平时期举行的军事训练中，12名飞行员匆忙奔向各自的飓风式战斗机。每名飞行员都在飞行服外套上了座式降落伞。

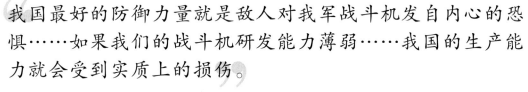

随着战争时日渐长，技艺精湛的飞行高手开始传授成功的战斗方法，例如，通过这种方式，飞行员们学会了逼近敌机开火的重要性，并且，开火时需要调整枪的位置，让火力呈锥形，汇聚于 228 米（250 码）远处，而不是战斗开始枪未调整时正常的 366 米（400 码）处。然而战争中也不乏呆板教条、凡事皆本本主义的飞行中队，他们严格按照战前流行的军事模式参战和调遣兵力，这种操作方式往往带来的是灾难性的后果。

消耗战

英国多雾，能见度低，在一定程度上削弱了德国空军的战斗力，英国皇家空军也因此而受益。雷达站和飞机制造厂本来应该是德国空军的头号打击目标，但他们很快被置于一旁，德军将袭击英军飞机场的任务排在了首位。那时，差不多有 700 架英国皇家空军战斗机在阻击德军轰炸机和护航战斗机。

接连好几个星期，飞行员们几乎每天都要驾机升空作战，体力不支成了严重的问题。飞行员们实在太疲倦了，以致在返航途中坐在驾驶舱内就能睡着。有时，因机场遭到德军空军的狂轰滥炸，在地面上也几乎得不到休息。战争造成的持续压力对于任何人来说都难以应对，“生姜”莱西可能是最优秀的飞行员，但在驾机升空作战前，也总会呕吐。到 9 月中旬，前线作战的飞行中队中的大多数飞行员都有至少一次被敌机击落过的经历。

因为战场就位于英格兰上空，飞行员们成功跳伞逃生，并且毫发无伤地返回部队的概率很高，然而还是有几百名军人没有这么幸运。飞行员的座椅后方是一块防弹钢板，前方是一块强化挡风玻璃，但如果遭遇一架梅塞施米特战斗机的机载机关炮近距离射击，这两样东西是招架不住的。几乎对于每一名飞行员来说，最焦虑的事莫过于战机着火。飞行员们在飞行过程中穿着飞行服，戴着护目镜，如果油箱被点燃，他们在很大程度上希望飞行服和护目镜能保护他们免受烧伤。一些飞行员在战机着火后幸存下来，但不幸被火焰烧伤了面部，被迫成为整形手术的实验对象。

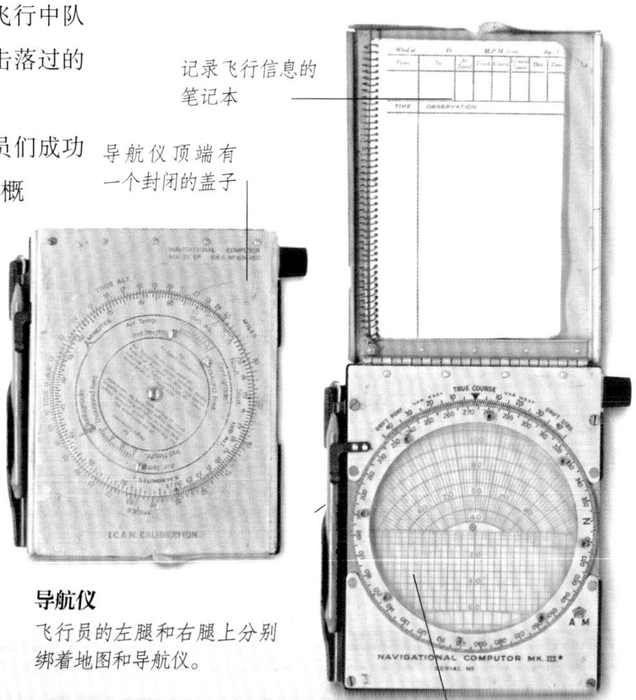

导航仪
飞行员的左腿和右腿上分别绑着地图和导航仪。

欢庆胜利
1944 年，英国皇家空军在法国上空战胜德国空军后，喷火式战斗机中队的飞行员们举着酒瓶庆祝胜利。一些参加过不列颠之战的战斗机飞行员一直坚持战斗，直至战争结束。

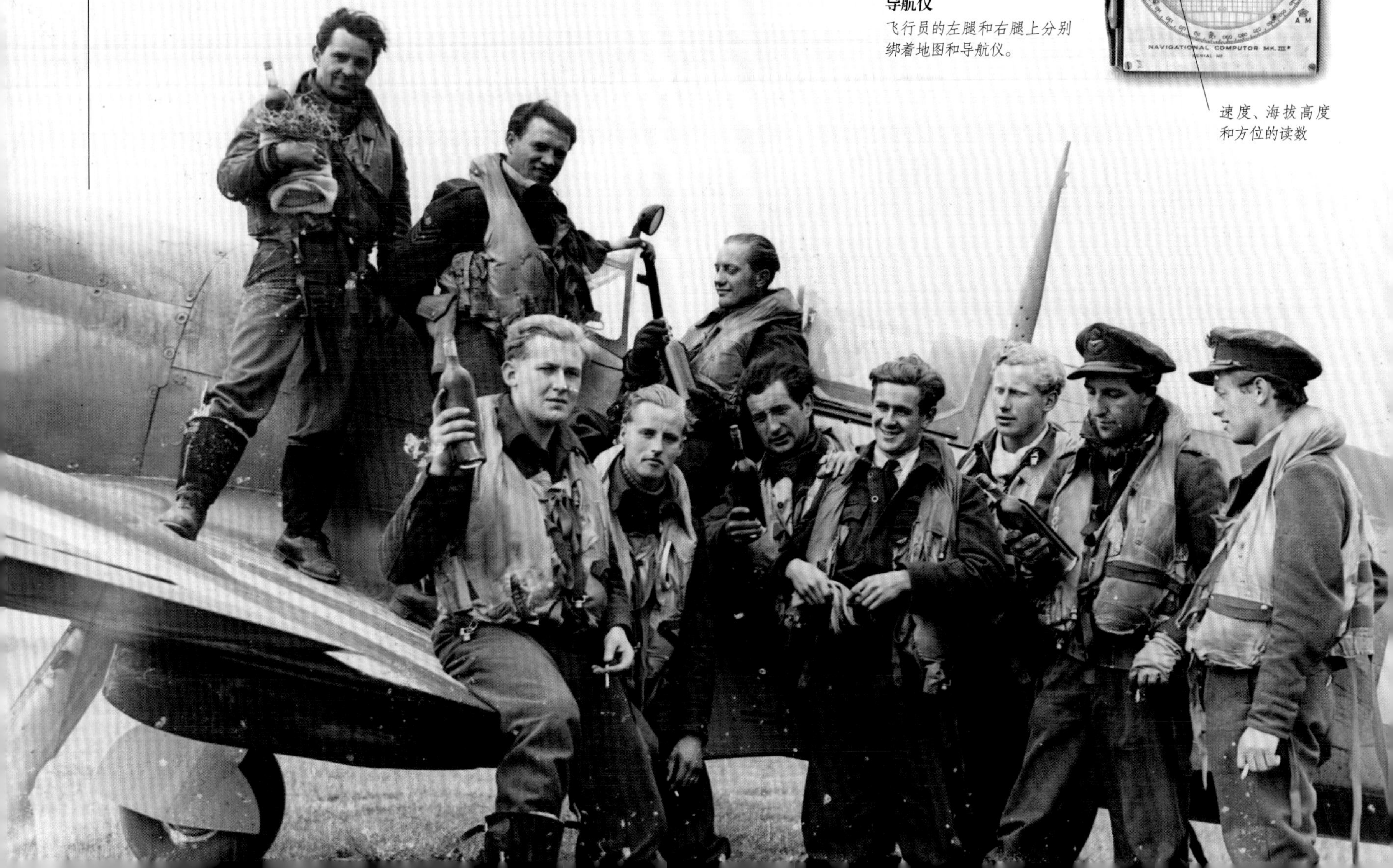

伦敦大轰炸
在1940年不列颠之战中，德国空军的多尼尔Do-17Z轰炸机群对伦敦实施了大轰炸。原本机场一直是德国空军首当其冲攻击的目标，而德国政府下令打击英国民用目标的决定缓解了机场的压力，使得英国皇家空军获得时间进行休整。

精神上的胜利

飞行员们享受翱翔在蓝天的感觉，也喜欢空战的刺激，飞行和战斗带来的纯粹的快乐是让他们坚持战斗下去的部分原因，也是他们已知人生中最激动人心的经历。事实证明大多数英国飞行员也具有强烈的爱国主义情怀，立志将侵略者拒于国门之外。飞行员道格拉斯·巴德（Douglas Bader）写下了他与许多战友的愤慨之情：“这些可恶的德国佬驾驶着涂上铁十字和纳粹标志的轰炸机在我国的领空耀武扬威，双手沾满了我国人民的鲜血，他们以为他们是谁？”对有些飞行员来说，尤其是波兰籍飞行员，他们对德国人的仇恨极其强烈，刻骨铭心。不管支撑他们的信念或承诺是什么，一直以来皇家空军的飞行员们面对敌人坚定顽强，从未动摇。皇家空军战斗机司令部的目标在于夺取德国空军的空中优势，在这一点上它取得了成功。虽然德国空军并未被打败过，但是却从10月份开始转入夜间轰炸，这变相地承认了其丧失了白天的空中优势。在不列颠之战中，被击落的德国战机约有1900架，而被击落的英国战机仅1000架左右。在这场战争中，英国皇家空军并未取得明显的胜利，但这也足够了。

英国皇家空军战术

战前，英国飞行员们接受了严格的训练，被要求无论是飞行或是战斗，都必须排列成严格规整的密集战斗阵型。其基本阵型是V字型，三架战机几乎翼尖对翼尖排列在同一水平面上。飞行中队在空中组成四个V字型，V字之间相互紧靠，对敌进攻时，四个V字型可变换排列为纵队、横队或其他阵形以发动各种攻势。然而在实战中，这种飞行阵型完全不切实际。飞行员们的注意力本应全神贯注于敌机的动向，现在却要分神来维持阵形以避免撞机。V字型极其容易被敌军从背后偷袭，为解决这个问题，一名飞行员被安排殿后起保护作用，然而多架执行殿后任务的战机被敌军击落后，英军被迫放弃了此战术。

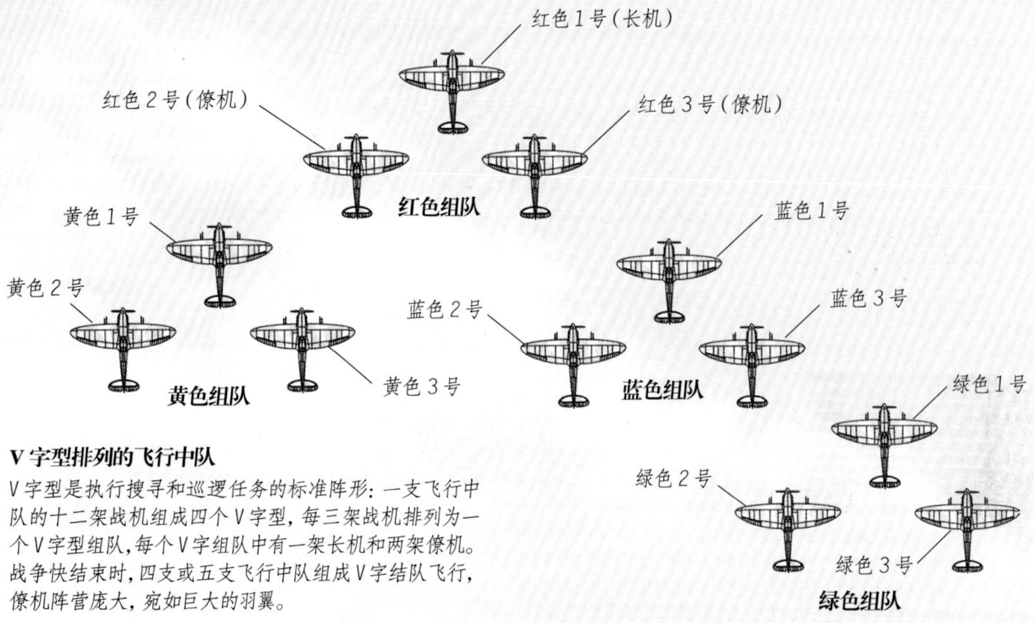

红色1号（长机）
红色2号（僚机）
红色3号（僚机）

V字型排列的飞行中队
V字型是执行搜寻和巡逻任务的标准阵形：一支飞行中队的十二架战机组成四个V字型，每三架战机排列为一个V字型组队，每个V字组队中有一架长机和两架僚机。战争快结束时，四支或五支飞行中队组成V字结队飞行，僚机阵营庞大，宛如巨大的羽翼。

组队阵型
除了V字型，飞行员们还学会了“横队”“纵队”和“梯形编队”飞行。横队是进攻阵形，纵队是防守阵形，而梯形编队可攻可守。

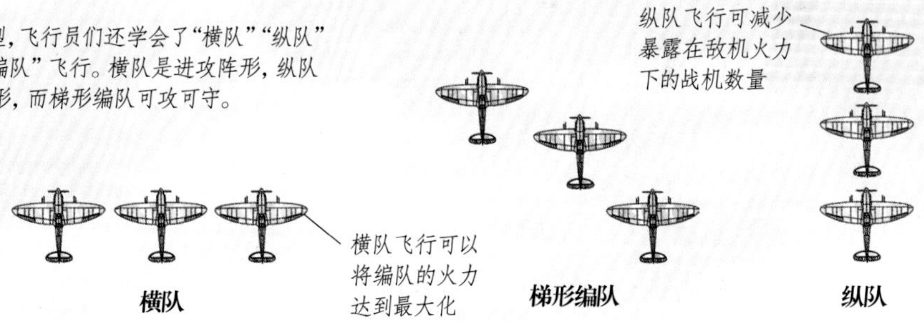

纵队飞行可减少暴露在敌机火力下的战机数量
横队飞行可以将编队的火力达到最大化

不列颠之战
皇家空军在第二次世界大战前所采用的战术并不适用于不列颠之战。当梅塞施米特战斗机护航下的德军轰炸机群飞临英国上空时，英军喷火式战斗机和飓风式战斗机只得不顾阵形一对一与敌机周旋。这往往就会导致一场空中混战，而双方战机都企图绕到对方尾翼处，反制对方。

向德军轰炸机发动正面攻击是最有效的战斗方式，但却需要飞行员具备相当的勇气和胆量

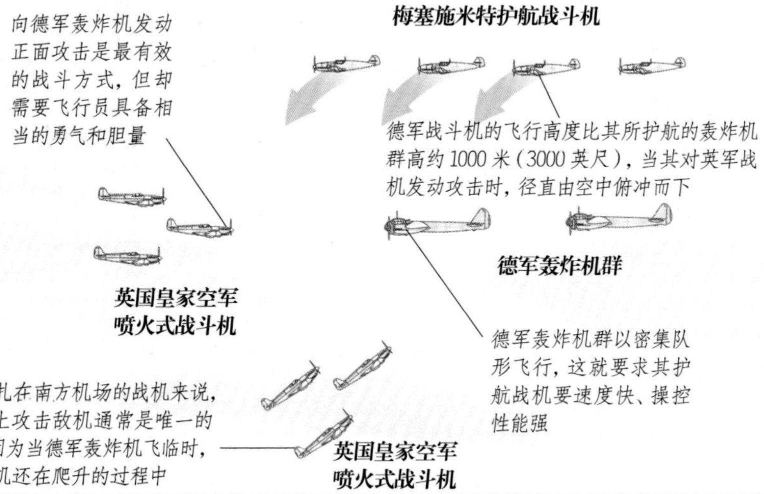
德军战斗机的飞行高度比其所护航的轰炸机群高约1000米（3000英尺），当其对英军战机发动攻击时，径直由空中俯冲而下
德军轰炸机群以密集队形飞行，这就要求其护航战机要速度快、操控性能强
对于驻扎在南方机场的战机来说，由下向上攻击敌机通常是唯一的选择，因为当德军轰炸机飞临时，英军战机还在爬升的过程中

英国皇家空军飞行员制服

英国皇家空军飞行员在执行飞行任务时一般会尽量多穿点衣服，以防遇上飞机着火的情况。如果位于驾驶员座舱前部的油箱被击中后爆炸起火，几秒之内火势就会向后越到座舱盖，并蔓延过飞机尾部，飞行员会被大火烧得面目全非，且终生无法恢复。因此，最好将身体的每一寸皮肤都遮盖住，并且，如果有可能的话，多穿一层衣服。另一方面，飞行员们在接到紧急指令而不得不匆忙登机的情况下，往往会穿着相当奇怪，例如在睡衣裤外面套着夹克。

大檐帽
这顶私人定制的军帽是某位军官军便服的一部分。通常情况下，军官们登上战机时会头戴大檐帽，进座舱后，会将帽子放置一旁，戴上头盔和面罩。由黄铜和金线制成的帽徽只有军官才能佩戴。

肩章上有表明军官军衔的饰带

如果飞行员遭遇海上迫降时，口哨是必备物品

军官徽章

作战服里的上衣和裤子
1940年，飞行员们开始穿着这种毛哔叽战斗服，作战服的某些部位用棉纹斜布镶边。根据规定，飞行员们在不当班的时候是不允许穿着作战服的。

飞行员绣章（胸徽）

杰出飞行十字勋章的绶带

超长手套，可保护手腕

D型手套
这种飞行手套于1942年开始使用，飞行员们还会在飞行手套里套上一层丝绸手套和（或）电加热的衬里。飞行手套被刻意加长，如遇飞机着火，可保护双手和手腕。

将氧气面罩和麦克风系在飞行头盔上

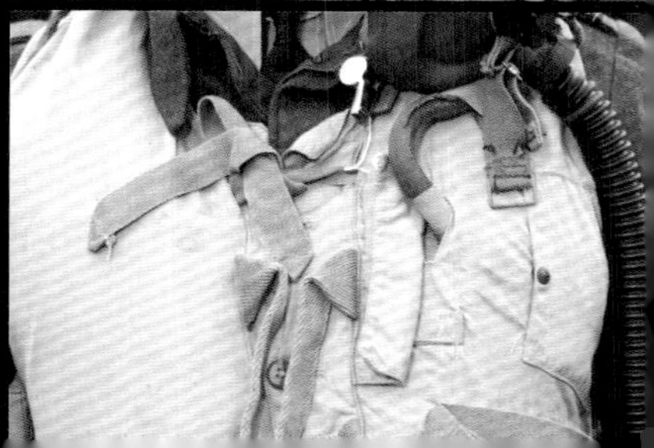

作战服外面会再穿上一件三粒扣的救生衣

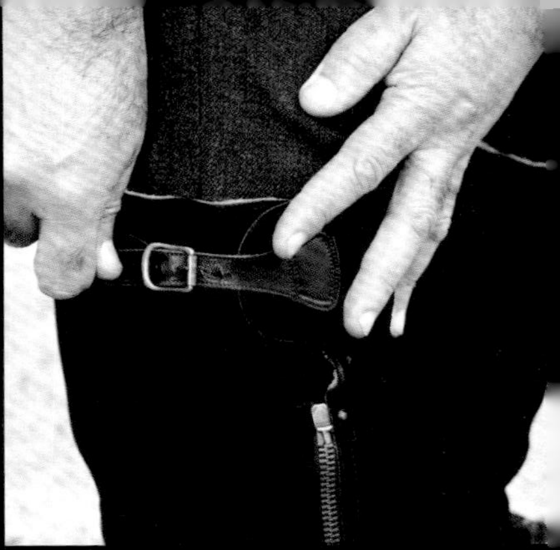

在作战裤的外面扣好逃跑靴

欧文式飞行夹克

飞行员们会在作战服外再穿上一件羊皮飞行夹克，战机升空后海拔高，温度低，这样可以起到保暖的作用。夹克上的大块面料设计很明显是第二次世界大战前的风格，而在战争期间物资短缺，飞行夹克不得不使用面积较小的多块面料缝制而成。后者虽然在质量上比不上前者，但却更有效地利用了资源。

1943式逃跑靴

1943式逃跑靴的设计目的在于，如果飞行员被敌机击落，跳伞后落入敌方领地，靴子的小腿部分可以剥离，而下面的鞋子为平民样式，飞行员可以在不引起敌人注意的情况下逃脱。靴子里暗藏了一把小刀。

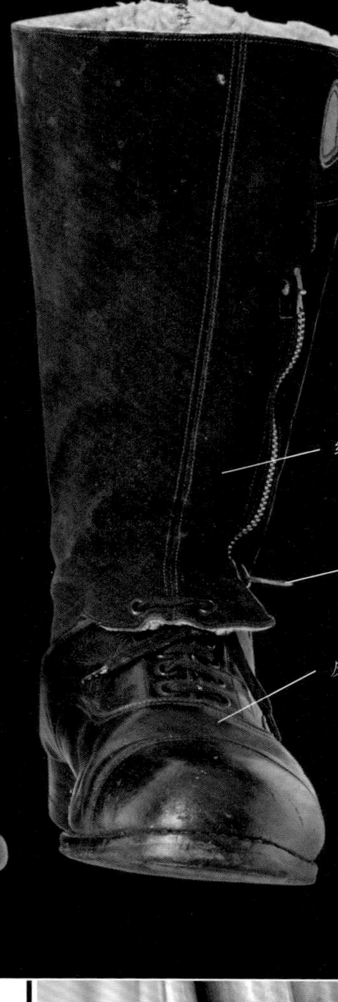

英国皇家空军飞行员装备

在不列颠之战中，使用甚高频（VHF）无线电通信是英国皇家空军的关键战略举措。甚高频无线电通信不仅可用于陆空对话，也是飞行员之间交流的重要手段。早期飞行员会在敞开式座舱飞机中戴上护目镜保护双眼，以免在空中飞行中风速太大对眼睛造成伤害，尤其在第二次世界大战中其主要是防止被大火烧伤双眼。由于使用了降落伞，被击落的飞行员过半得以生还。如遇海上紧急迫降的情况，飞行员生还的可能性依然很小，他们即使穿着救生衣也仅能在水中存活几个小时。

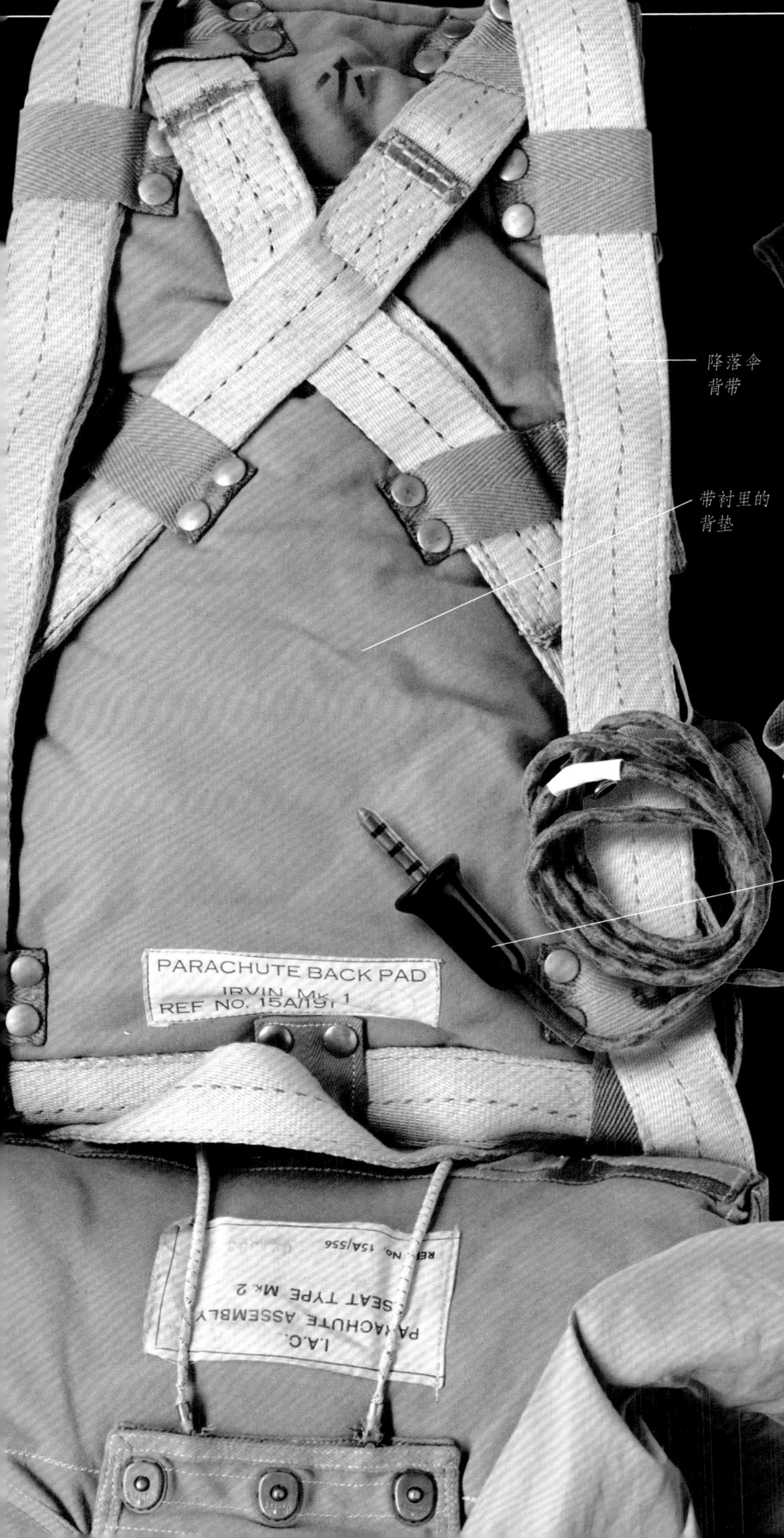

座式降落伞
说到这套降落伞装置构成了飞行员的一个座椅真是一点都不夸张，其上半部分可以用作椅背，下半部分中装有尼龙伞衣，另有降落伞背带。飞行员拉下开伞索即可打开伞衣。

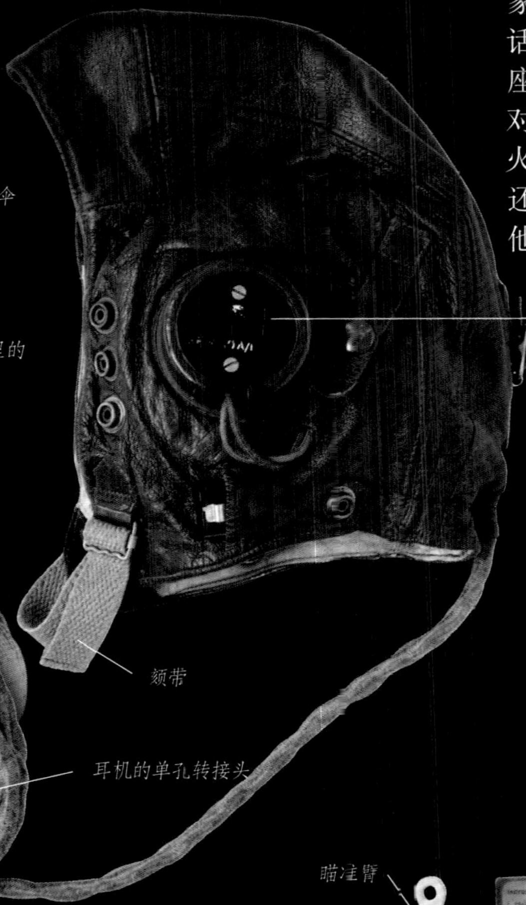

C 型飞行头盔
麦克风装在氧气面罩上，而飞行头盔套在氧气面罩上。耳塞套中装有无线电接收器，飞行员可以听见总部的命令以及本中队其他成员的对话。

VIII 型飞行员护目镜
英国皇家空军于 1943 年 10 月开始使用这款护目镜，直到 20 世纪 50 年代后才停止使用。

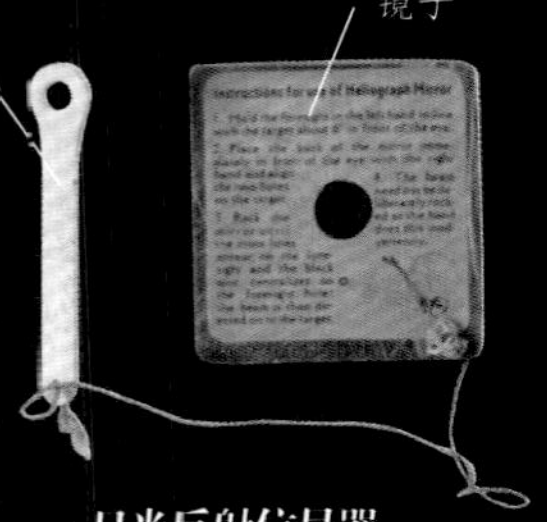

日光反射信号器

装日光反射信号器的小包

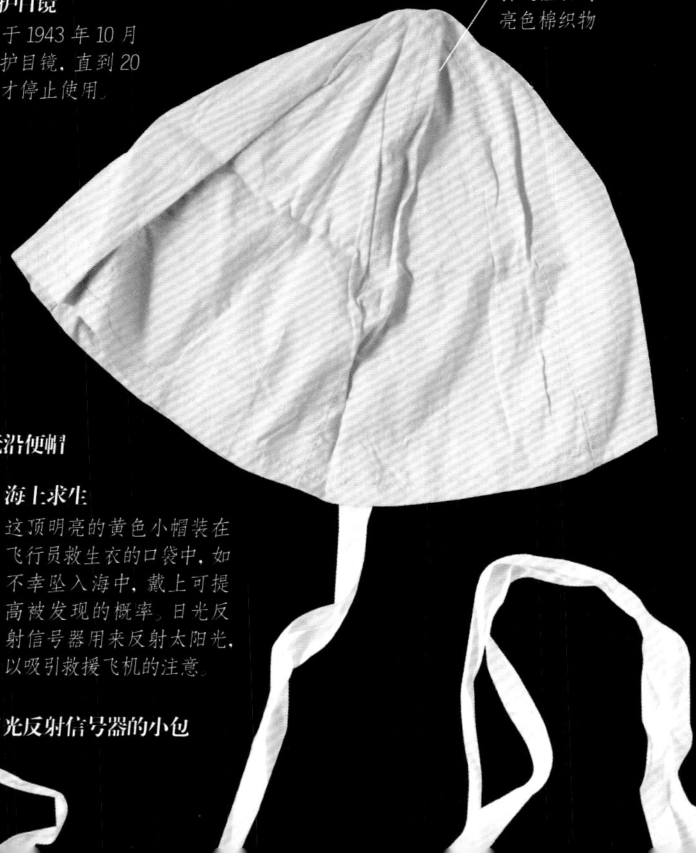

无沿便帽

海上求生
这顶明亮的黄色小帽装在飞行员救生衣的口袋中，如不幸坠入海中，戴上可提高被发现的概率。日光反射信号器用来反射太阳光，以吸引救援飞机的注意。

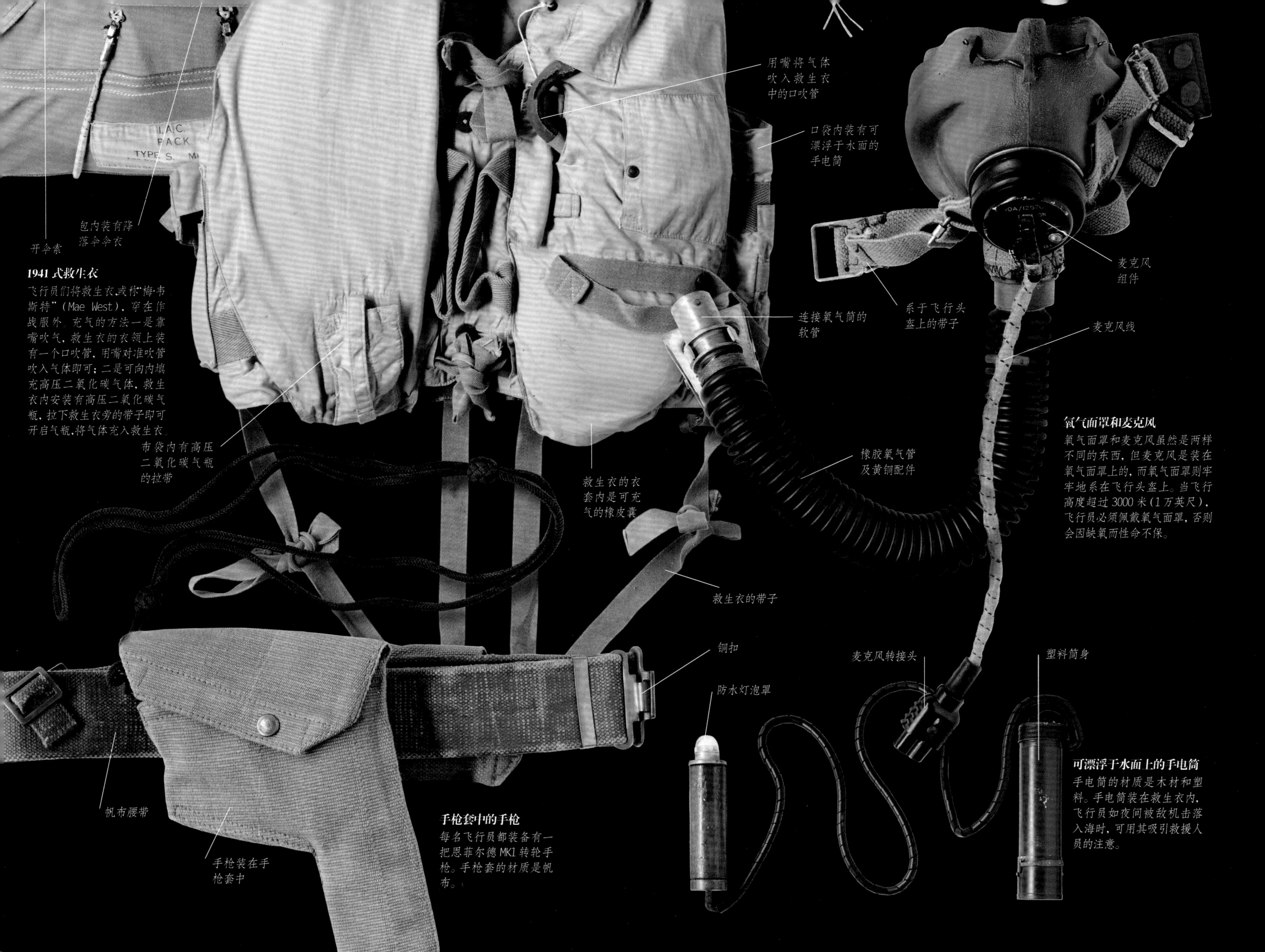

1941 式救生衣

飞行员们将救生衣戏称“梅·韦斯特”（Mae West），穿在作战服外。充气的方法一是靠嘴吹气，救生衣的衣领上装有一个口吹管，用嘴对准吹管吹入气体即可；二是可向内填充高压二氧化碳气体，救生衣内安装有高压二氧化碳气瓶，拉下救生衣旁的带子即可开启气瓶，将气体充入救生衣。

氧气面罩和麦克风

氧气面罩和麦克风虽然是两样不同的东西，但麦克风是装在氧气面罩上的，而氧气面罩则牢牢地系在飞行头盔上。当飞行高度超过 3000 米（1 万英尺），飞行员必须佩戴氧气面罩，否则会因缺氧而性命不保。

手枪套中的手枪

每名飞行员都装备有一把恩菲尔德 MK1 转轮手枪。手枪套的材质是帆布。

可漂浮于水面上的手电筒

手电筒的材质是木材和塑料。手电筒装在救生衣内，飞行员如夜间被敌机击落入海时，可用其吸引救援人员的注意。

德国U型潜艇兵

1941年到1943年期间是德国潜艇部队最风光的时候，他们几乎切断了英国在大西洋上的供给线。在具有独立性和冒险劲头十足的各位艇长的指挥下，德国潜艇兵们在辽阔浩瀚的海洋上四处寻找猎物，利用“狼群战术”攻击盟军的商船和护航舰艇。在整个“二战”期间，德国潜艇击沉多艘盟军商船，船上所载货物总计达140万吨左右。然而德国U型潜艇本身也是盟军护航战舰和海上巡逻飞机寻找并攻击的对象。德国潜艇兵可能是“二战”期间伤亡率最高的兵种，大约1000艘U型潜艇被击沉，差不多三分之二的潜艇兵丢掉了性命，沉死于海底。

U型潜艇兵参战前必须经过严格的训练，是名副其实的精英战士。策划U型潜艇计划的潜艇部队司令卡尔·邓尼茨（karl Dönitz）坚持其手下的士兵必须接受5年的军事训练后才能参战，因此潜艇兵不仅拥有极高的军事素养，而且具备良好的团队精神。最常见的是VII型潜艇，艇上共有4名军官、40名士官及水兵。一些潜艇兵拥有自己的专长，例如，艇上有负责维修和发射鱼雷的士兵，或操作恩尼格玛密码机的无线电士兵。而其他士兵则执行诸如值班或操作火炮等一般性的军事任务。

巡逻

在大西洋上巡航是非常艰苦的常规任务。U型潜艇航行在海面上，只有在遇到紧急情况时才会潜入海中。士兵们需要时刻保持警觉状态，以免遭敌军的飞机或军舰突袭。潜艇上一天24小时都有人值班，每次4名水兵轮守，每名水兵负责守望其当面90度的海空范围，同时瞭望台上还有一名值班军官。天气不好时，长达4小时的值班时间对于士兵来说是一种严峻的考验，潜艇在波涛汹涌的海水中上下起伏，冰冷刺骨的海水涌上甲板，拍打在士兵们身上。艇内十分拥挤，充斥着一种幽闭恐惧的气氛。由于执行换班制度，几名士兵共用一张铺位。只有艇长的铺位前才挂有一张床帘，拥有一定的私密空间。在执行一次长达数周，甚至数月的巡航任务中，士兵们无法洗澡、刮胡子或更换衣服。艇上配有除臭剂，以缓解封闭空间中让人恶心的体臭味。

进攻与防御

战争初期，德国U型潜艇会在夜间利用其在海面上较快的航行速度和不太引人注目的形象，对为商船护航的军舰发动攻击。它们出现在

> “潜艇仿佛被巨人用拳头猛击了一下，晃动得十分厉害。那声音听上去如同天崩地裂。我仿佛窒息了，喘不上气来，心想这下完蛋了。”
>
> ——沃夫冈·赫希菲尔德（Wolfgang Hirschfeld）关于被一艘美国驱逐舰发射深水炸弹击中后在德军U-109潜艇上的感受的描述，1942年

返回基地

1939年11月，一艘德国U型潜艇到达位于基尔的潜艇基地。大部分士兵身穿防风雨的皮衣站在甲板上。

敌舰监视屏上的时间极短，几乎不会引起敌人的任何注意而出其不意直击护航舰队核心位置。甲板上的当值军官通过传声筒将瞄准目标的指令传达给负责发射鱼雷的小组。战争后期，随着盟军雷达性能的提高，德军潜艇不得不逐渐转入水下进攻。当然，对于潜艇兵们来说，遭受袭击是最让人伤脑筋的一件事。如果被敌舰发现，对于他们来说，最好的解决办法就是迅速下潜，这需要花费大概30 秒钟。士兵们也不希望被敌舰的声呐和水中听音器监测到，当潜艇自身的水中听音器收到一艘护航战舰正在靠近的声音时，他们会保持绝对安静。对于潜艇兵们来说，被敌舰的深水炸弹攻击是对其意志力的严峻考验。即使未被击中，但与战舰擦身而过也会造成潜艇某些部位出现漏水和损毁，这往往会让全体人员忙个不停。畏缩地躲在海底极度打击士气，以致如果遭遇敌机轰炸，艇长往往情愿选择反击，赌赌运气，而不愿躲入海中。

直到 1943 年，U 型潜艇的损失仍很小，而商船被击沉的情况却很常见。但时代在改变。随着盟军反潜战技术从根本上得到了提高，U 型潜艇兵们的末日也随之到来。德军潜艇被击沉的数量不断增多，服役多年的精英士兵的伤亡不断扩大，新建造的 U 型潜艇匆忙之中投入使用，新上艇的士兵也仅接受了短暂的培训。第二次世界大战后期，XXI 型潜艇投入使用，德国人终于拥有了一艘真正意义上的潜艇，一艘可以在水底长时间巡航的潜艇。可惜的是，它来得太迟，数量也太少，未能影响整个战争的进程。

第三帝国帽徽
丝绸领巾
帽沿上印有“Kriegsmarine”字样，德语的意思是海军
所有军衔较低的水兵们所穿制服的衣领上通常都印有三条白道
纳粹德国海军徽章
整个第二次世界大战期间，德国水兵都穿着这种蓝色制服，而根据惯例，他们夏季则会换上白色制服。
羊毛裤子

水兵服

普通的水兵服是蓝色的。当在海中航行时，U 型潜艇上的士兵们往往会穿着工作服，甚至是休闲格子衬衫。

机舱

U 型潜艇的机舱是一条位于两部柴油机之间的狭窄通道。潜艇在海面上航行时，以柴油机为动力，而潜入海中航行时，驱动力则来自动力相对较小的电动机。

公元 1941—1945 年

苏联坦克兵

当炮弹直接命中目标，高速行驶的坦克爆炸起火……坦克兵逃出正在燃烧的坦克，在地上滚来滚去，想要把身上的火焰扑灭。

——库尔斯克战役中的苏联士兵叶夫根尼·斯柯德罗夫（Yevgeny Shkurdalov），1943年7月

从1941年6月纳粹德国入侵苏联到1945年5月柏林被盟军占领，苏联红军与纳粹德国展开了一场激烈的较量，蒙受了人类战争史上最为惨重的损失，800多万苏联士兵献出了自己宝贵的生命。苏联最终取得了这场战争的胜利，究其原因，应该在很大程度上归功于其坦克部队，因为正是苏联的T−34坦克兵们不惧强敌，奋勇抗击，最终打败了可怕的纳粹德国的装甲部队。

阿道夫·希特勒企图以一场“闪电战”迅速侵占苏联。战争初期，其进展似乎与他的期望一致，苏联红军在一系列的战役中惨败于德军之手，损失惨重，几百万红军士兵不是被杀就是被俘。德军乘胜追击，苏军被逼退到莫斯科城外。然而，即使苏军节节败退，德军仍然被苏军士兵身上彰显出的坚强无畏的战斗精神及其所秉持的崇高信念，即随时准备自我牺牲的精神所震撼。在这一点上，不仅步兵如此，苏军装甲部队也同样如此，他们因其对手经验丰富而在战场上伤亡惨重。一名德国军官曾记录下当时的场景：“即使坦克着火，哪怕只剩最后一口气，士兵们依旧坚持战斗。”

杰出坦克手奖章
这是颁给在战场上表现出色的坦克手的奖章。奖章上雕刻了一辆苏军坦克。

T—34进入战场

正是在这节节败退之时，1941年秋天，T−34坦克第一次出现在了战场上。T−34坦克做工粗糙，运行时噪音大，设计时也并未考虑过为坦克中的4名士兵营造一个舒适的操作空间。驾驶员坐在前排，身旁为机枪手。驾驶员仅能向前看，操纵坦克基本上靠指挥官通过内部通话装置传达指令。车长和装填手一起坐在炮塔上，其本身也并不具备全方位的视角。战斗中，他把脸紧紧贴在瞄准器的橡胶护圈上，将炮瞄准敌人，与此同时，装填手根据他的指令为炮装上炮弹。这项任务并不简单，因大多数弹药都储存在炮塔底板橡胶垫下的箱子中。炮塔往往处于一片混乱中，车长和装填手躲避着炮的后坐力，而同时，滚烫的炮弹壳落到炮弹箱和橡胶垫子上。还有一种情况也是难免的：缺乏战斗经验的车长容易在慌乱之中丧失对周遭战场局势的正确判断，尤其是当时没有一辆坦克装配无线电通讯设备。

然而，坦克兵们很快就发现了T−34具备的诸多优点。它坚固耐用，性能可靠，能在让其他坦克止步不前的冰雪路面或沼泽地中穿行。同时，T−34行进速度快、灵活敏捷，对此一名德国坦克军士评价道：“我们还没有把炮塔旋转到位，苏军的坦克……就已经爬上了一个斜坡，或者穿越了一片沼泽地。”

打到柏林去!
T−34坦克的一侧绘有苏军对德开展的持久反攻战的目标。作为第二次世界大战期间最具杀伤力的坦克，T−34装配有一门85毫米坦克炮（右图为炮弹），以及两挺7.62毫米DT机枪。

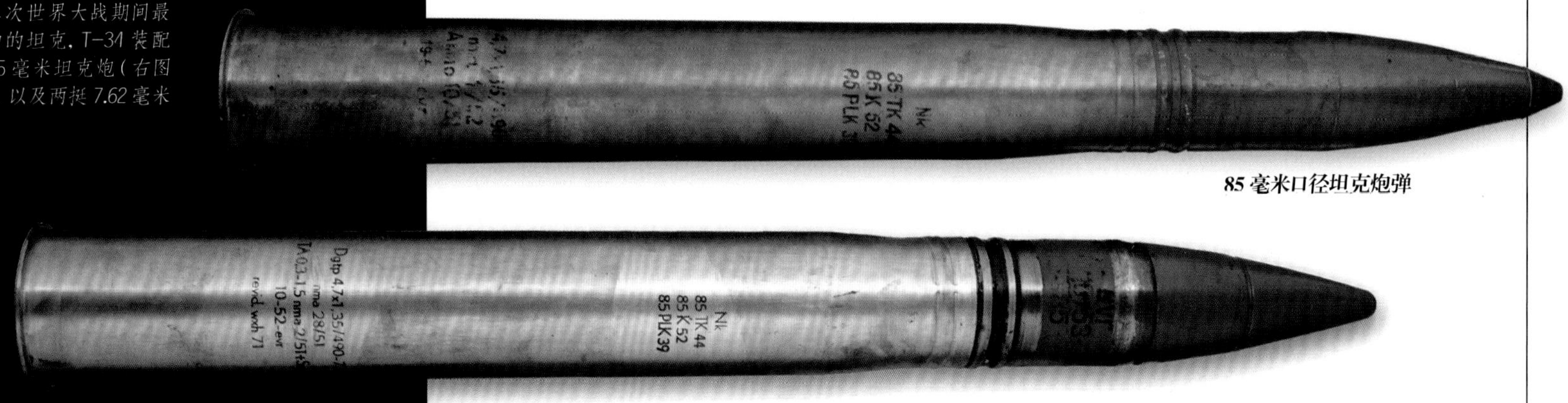

85毫米口径坦克炮弹

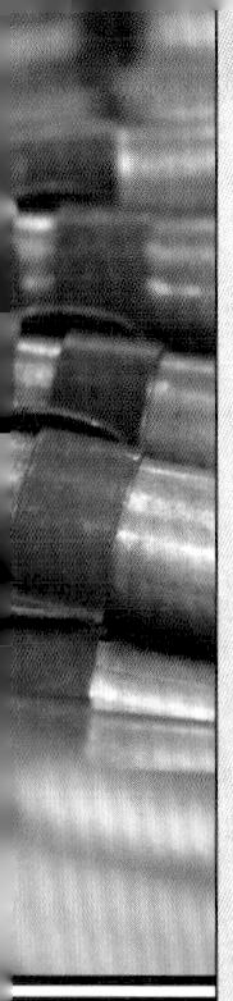

开着坦克上战场

T-34-85的动力来自12缸500马力（370千瓦）的柴油发动机，最高时速可达每小时55千米（即每小时34英里）。步兵们可乘坐在坦克后部的平台上以及坦克车体两侧，战斗时可及时提供支援。坦克车长的视线在一定程度上会被坦克的前开型炮塔舱口遮挡。

坦克战术的经验曲线效应

苏联红军摸索了很长时间，才总结出一套对付德军的有效的坦克战术。通常情况下，他们在战场上会严格地按照平时训练的队形进行排列，由于视野有限，总是摸索着前进，无意中就进入了德军反坦克炮的射程范围之内，遭遇灵活敏捷的德军坦克的突袭。用德军坦克手的话来说，围猎苏军坦克"就如同美洲豹潜随一群野牛般容易"。

然而，1943年初，红军整顿了装甲部队，理顺了坦克战的战略战术，发掘出了诸如第5近卫坦克军司令帕维尔·罗特米斯特罗夫（Pavel Rotmistrov）将军这样懂得如何利用坦克有效打击敌军的优秀将领。苏联的军工厂也源源不断地生产出了大量坦克。苏军坦克部队经过两年的浴血战斗，遭受了惨重的损失，幸存下来的士兵逐渐成熟，坦克手骨干队伍由此产生。而不断壮大的坦克部队中大量新入伍的士兵只经过了短时间的军事训练就被送上了战场，对于他们来说，只能凭借无畏的勇气来弥补经验上的不足。早前闪电战时期，德国装甲部队毫不费力连续攻破苏军步兵防线，他们在山间原野的移动速度极快，对苏军实施闪电包围战术。而1943—1945年间的机械化战争则与闪电战的战略战术截然不同。机械化战争是一场没完没了的消耗战，敌对双方不仅投入大量坦克和装甲车进行较量，还要与反坦克炮、大炮、步兵反坦克武器、反坦克飞机以及地雷等进行对抗。这样的战斗环境意味着，没有步兵和炮兵支持的坦克部队是无法施展其威力的，这也意味着在坦克战中，顽强的意志、坚韧不屈的精神，以及在坦克数量上的绝对优势，很可能比天赋异禀的军事才能和主动积极的态度更为重要。

苏军的胜利

1944年德军撤退后，一个苏联坦克营的士兵们在波兰罗兹受到当地人民的欢迎。图中后景是一辆T-34坦克。

库尔斯克大决战

第二次世界大战中规模最大的坦克战于1943年7月发生在库尔斯克。德军将其驻扎在东部前线的装甲部队约三分之一的兵力集结在前线突出部的南北两侧，意在将突出部内困守的苏联红军一网打尽。苏军提前获知了德军的计划，着手将突出部改造为一处满布地雷和壕沟的防御要塞，并部署了炮兵部队及集结了装甲部队严阵以待。7月5日，德军发起进攻。在北侧，苏军将坦克及反坦克炮部署在固定位置，德军坦克受其压制无法前行。然而在南侧，由武装党卫队装甲师打前锋，德军装甲部队向前推进，进入离苏军防线仅30千米（20英里）的普罗霍夫卡（Prokhorovka）。

7月7日，驻扎在离战场350千米（217英里）处待命的罗特米斯特罗夫率领的第5近卫坦克军接到命令，开赴普罗霍夫卡，向德军发起反攻。坦克兵们日夜兼程，天气酷热难耐，大规模的装甲部队列队前行，腾起滚滚灰色的尘土，

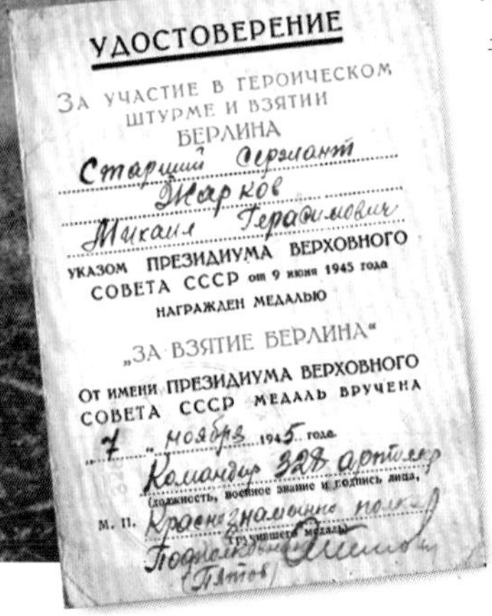

УДОСТОВЕРЕНИЕ
ЗА УЧАСТИЕ В ГЕРОИЧЕСКОМ ШТУРМЕ И ВЗЯТИИ БЕРЛИНА
Старший сержант
Жарков
Михаил Герасимович
УКАЗОМ ПРЕЗИДИУМА ВЕРХОВНОГО СОВЕТА СССР от 9 июня 1945 года
НАГРАЖДЕН МЕДАЛЬЮ
„ЗА ВЗЯТИЕ БЕРЛИНА"
От имени ПРЕЗИДИУМА ВЕРХОВНОГО СОВЕТА СССР МЕДАЛЬ ВРУЧЕНА
7 ноября 1945 года.
Командир 328 артполк
М. П.

坦克手的嘉奖令

苏军颁给参与1945年攻克柏林的坦克手一份嘉奖令及一枚奖章，图中为嘉奖令的首页。

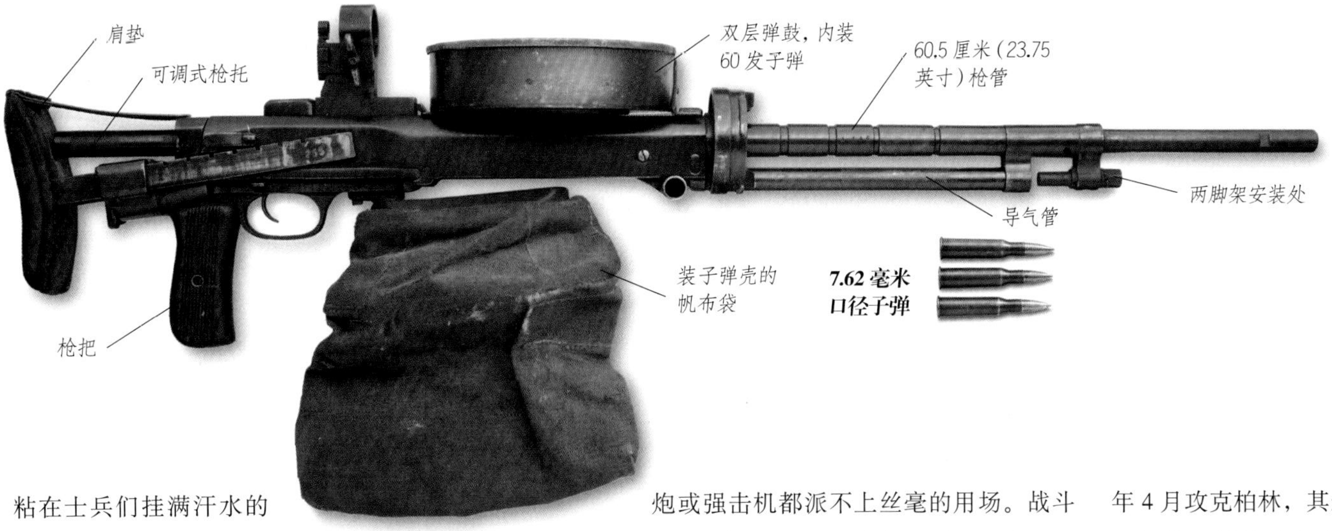

7.62DT 机关枪
T-34 坦克上安装有两挺 7.62DT 机关枪。其中一挺是固定的，可发射曳光弹，为主炮塔的大炮指示弹道和目标。

粘在士兵们挂满汗水的皮肤上，将士们本就已经口干舌燥，扬起的灰尘更呛得他们喘不过气来。部队行进了 3 天，到达指定战场时已筋疲力尽，但仍保持着整齐的队形。这次行军无论是对士兵们来说，还是对坦克来说，都是一次了不起的壮举。

7 月 11 日晨，苏军集结了约 850 辆坦克，向德军发动进攻；与此同时，约 600 辆德军坦克也向苏军发起攻击，双方在一块面积约 7.5 平方千米（3 平方英里）的地区展开了激烈的交战。一名德军军官描述苏军的 T-34 坦克"在战场上像老鼠一样窜来窜去，没完没了"。苏军坦克火力不敌德军的虎式和豹式坦克，故而力求靠近敌人，以使其口径较小的轻炮能发挥出最强的火力。很快双方装甲部队混战成一团，这时，两边的大炮或强击机都派不上丝毫的用场。战斗持续了 8 个小时，其间雷电交加，暴雨倾盆，在这样恶劣的天气环境中，双方装甲部队展开了一场大混战。T-34 坦克兵们在战斗中早已将生死置之度外。有些坦克掉了履带或者轮子，但仍然坚持作战，直至被敌军炮弹击毁，爆炸起火，坦克炮塔被炸飞，在空中打圈旋转。当弹药耗尽，车长们故意将坦克撞向一辆敌军坦克，心里想着"就算死了也要找个垫背的"。当天战斗结束时，多达 700 辆坦克被击毁，其中，苏军坦克多过德军坦克。然而，这点损失苏军还承担得起，德军则就另当别论了。

代价高昂的胜利

苏联红军从 1943 年库尔斯克大决战到 1945 年 4 月攻克柏林，其过程十分艰辛，付出了惨重的代价，尽管其伤亡人数远远低于 1941—1942 年间的战争。与其余所有苏联红军战士一样，苏联装甲部队的士兵们早已做好心理准备，甘愿承受几乎难以令人想象的损失，以及遭受常人无法忍受的艰难困苦，这是苏军最终取得胜利的关键所在。从某种意义上说，他们也别无选择。苏联军队极度严厉的纪律由内务人民委员会监督实施。如果任何一名士兵或军官被认定在战场上的表现胆小懦弱，或未能严格执行上级命令，就会马上被处决或贬到惩戒营。但是，毫无疑问的是，大多数苏联红军战士痛恨侵略者及其暴行，都怀着一颗爱国心，为保卫祖国领土的完整而战斗。

坦克纵队
从高加索地区的斯大林格勒开始，一直到攻克柏林，苏军对德军发动的进攻战旷日持久。图中展示的是在此次战斗中，一队 T-34 坦克正在向西进发。

T-34坦克兵装备

在苏联卫国战争中，与纳粹侵略者作战的苏联红军坦克兵们的装备极其实用。在严寒的气候条件下，他们的服装一直比德军的更为厚实，更保暖。秉承人人平等的精神，1917 年的俄国十月革命废除了军衔制度，但自 1943 年起重新予以恢复，采用了原俄罗斯军队一直使用的肩章制度。

> 我从未像那天一样，对俄国人的坚强及其庞大的数量感到如此震撼。
>
> ——一名德军士兵关于普罗霍夫卡战役战场情景的描述，1943 年 7 月 12 日

Schuba

Schuba 是苏联装甲部队的冬季军用羊皮外套。外套上并无军衔标识，但其上可缀肩章。今天的俄军坦克兵早已淘汰了一种被称作“telogrekia”的棉絮冬装，仍然穿着它。

坦克兵头盔

由于物资供应短缺，1941 式的头盔采用了帆布材质。1939 式头盔则是皮质的。

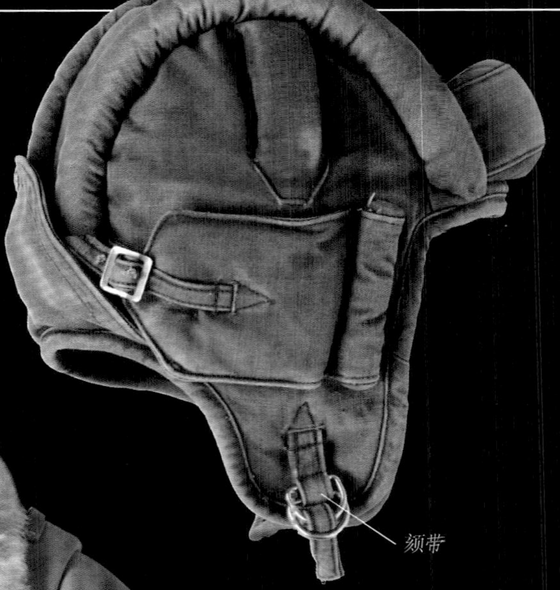

护目镜

无论是坦克兵、空军或是摩托车兵，苏联红军士兵都佩戴款式统一、非安全玻璃镜片的护目镜。

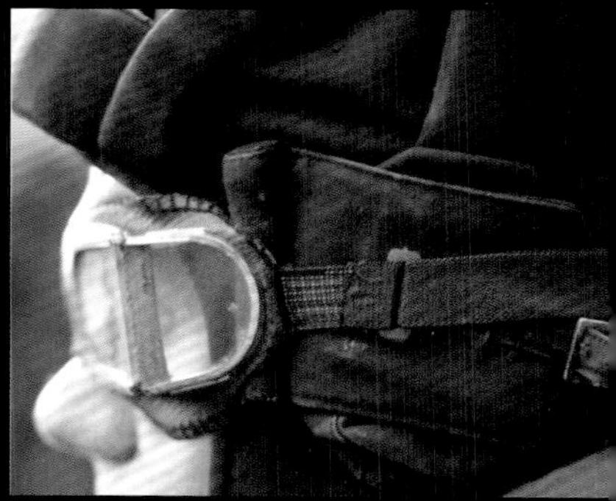
护目镜戴在头盔外

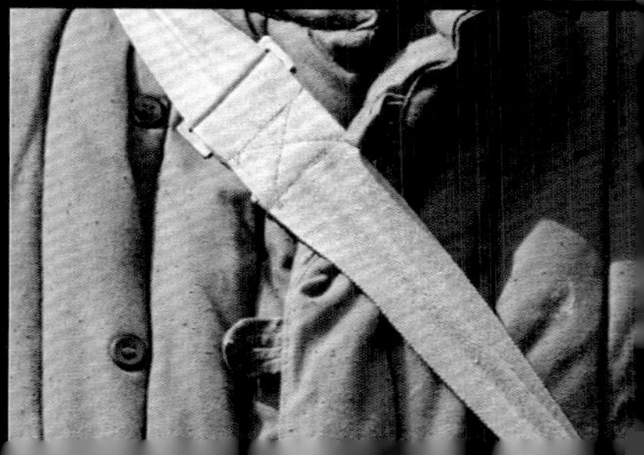
给养包的包带

装甲部队所有士兵均配有一把托卡列夫手枪

托卡列夫 TT1933 式手枪
对苏军来说，托卡列夫 TT 手枪是第一支在全军上下统一配发的自动手枪。此款手枪没有保险栓，但可将枪置于半锁闭状态。

加厚冬装上衣及连体工装裤
在极度严寒的天气下，士兵们不会选择穿着羊皮外套，而是会穿上厚重的棉服上衣（telogrekia）。下士以上军衔的士官们可以佩戴肩章，图中肩章属于某名中士。棉质连体工装裤的颜色多样，包括卡其色，裤子的开口在背后。连体裤的衣领上缀有属于坦克兵的领章，领章上刻有一辆铜质坦克，徽章的滚边是红色的。

长筒军靴
坦克兵所穿长筒军靴，或被称作“Sapogi”，其橡胶材质的鞋底上并没有钉上平头钉，也未在脚后跟钉上铁掌，否则在极度严寒的天气情况下，鞋底会被冰雪的路面冻住，双脚也会受凉。军靴脚面是皮质的，小腿部分的材质是合成橡胶（图中的靴子即为此种材质）或是焦油帆布。士兵们会先打上绑腿，而不是穿上袜子，再穿靴子，靴子穿上后较为宽松。有时，他们会在靴子里塞上稻草和报纸作为鞋垫。

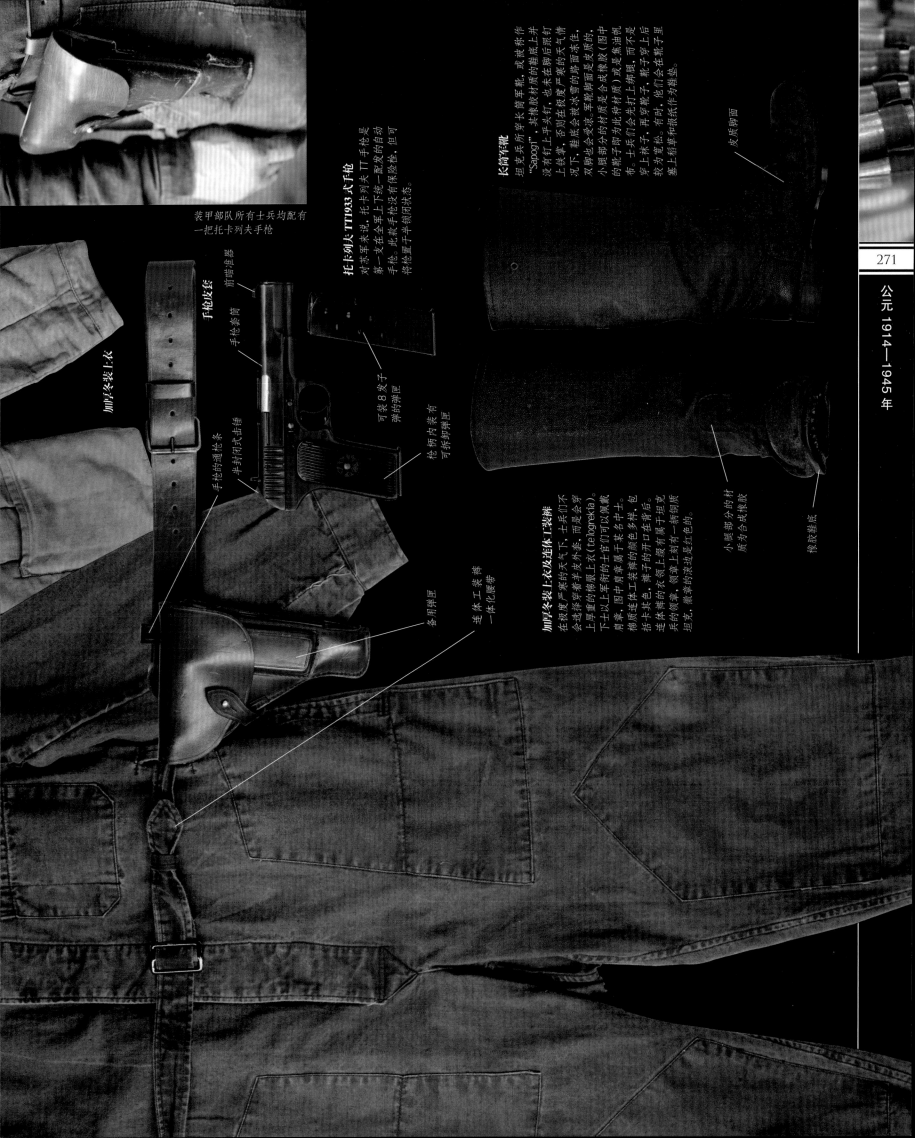

T–34 坦克

许多专家认为，从设计上来说，苏军的 T–34 是第二次世界大战时期最棒的坦克。尽管战争临近结束时，德军坦克在火力的凶猛程度上及其装甲钢板的抗打击能力上都远胜过苏军坦克，但是，当时德军的重型坦克属于尖端武器，不可能像 T–34 这样科技含量相对低的坦克一样大批量生产，而且一直以来其操作方法也不如 T–34 这么简单。整个第二次世界大战期间，苏联制造出了近 4 万辆 T–34 坦克。

T–34 的设计师是苏联工程师米哈依尔 · 柯希金（Mikhail Koshkin），他将美国发明家 J. 沃尔特 · 克里斯蒂（J.Walter Christie）开发出的悬挂系统应用在了 T–34 上。苏联于 1940 年夏季开始生产 T–34 坦克，最初 T–34 上装有一门 76 毫米的主炮，因此也被称为 T–34/76。T–34 可容纳 4 名士兵，包括兼任主炮手的车长。其最高时速可达每小时 51 千米（每小时 32 英里），这对装甲类机动车来说是很了不起的。同时，T–34 的重量较轻，履带较宽，越野性能较好，即使遇上泥泞路面或冰雪路面时也能应对自如。战斗中，其火炮发射速度快，进而穿甲能力很强大；而 T–34 自身的斜面装甲厚度约 100 毫米（4 英寸），敌军炮弹很难穿透。

T–34 绝非是一辆看上去很拉风的坦克，但是坚固结实，维修方便，非常适合批量生产。1944 年，在 T–34 基础上升级火力改进而来的 T–34/85 投入使用。除主炮的口径升级为 85 毫米，炮塔空间也有所扩大，可容纳 3 名士兵，如此，炮手和车长职责便可分离。直至 20 世纪 90 年代，它仍服役于苏军的某些部队。

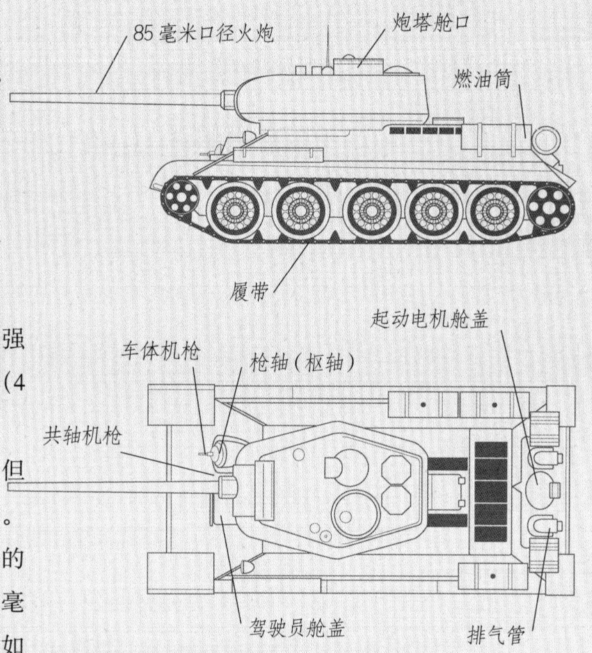

T–34/85

T–34/85 与其前身 T–34/76 的外形有所不同。T–34/85 的炮塔更为扁平，这使其成为较难命中的目标，而 T–34/85 的主炮炮身也较长。

战斗中的炮手

图中的炮手正在操作主炮的仰角控制器；其左手处为转速轮。除主炮外，他还负责操作主炮旁边的共轴机枪。

> T–34 是第二次世界大战中最有力的进攻性武器……我军缺乏可与之抗衡的武器。
>
> ——德国将军弗里德里克 · 冯 · 梅伦廷（Friedrich von Mellenthin）

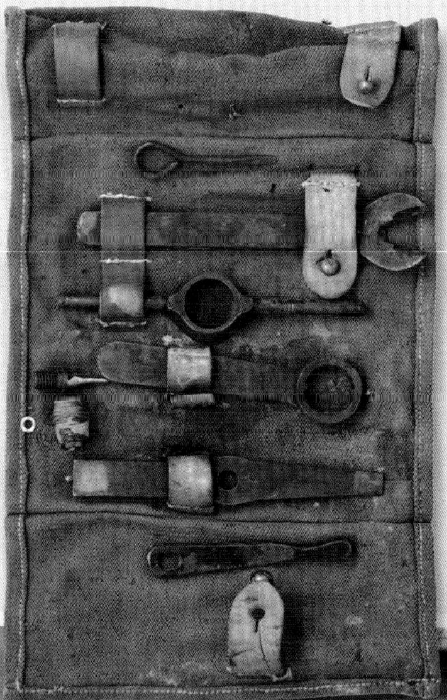

修理工具包

坦克里面还存放着一套基本工具，以满足日常维修的需要。

车体机枪

车体机枪安装在一个枢轴上，位于固定不动的共轴机枪下方，可相对自由地改变方向。炮手通过机枪管上方的孔洞进行瞄准。

驾驶员舱盖

驾驶员可以通过车体前方的一个小舱口爬到自己的座位上。驾驶员在驾驶坦克的过程中，不会扣上舱盖，以便视野更加清晰。

牵引索

坦克在行驶的过程中，其一侧系有一根钢缆，钢缆系在坦克车体上的金属眼板上。战场上，如遇其他坦克发动机失灵，无法启动，钢缆的作用是将其拖离战场。

钢轮

T–34 配有全钢轮子和金属履带，在行驶过程中会发出较大的噪音，但其悬挂系统会确保其具有绝佳的速度。

驾驶员座位

驾驶员的右边挤坐着车体机枪手。坦克内部十分狭窄，坐在其中并不舒适。

火炮瞄准器

在瞄准目标时，炮手会将头贴在光学瞄准器上的橡胶护圈上。开炮时拉下右侧的红色木制开关即可。

弹鼓

上图为随时准备交到炮手手上的共轴机枪所用的弹夹。共轴机枪通常使用的是曳光弹，为主炮塔的大炮指示弹道。

“装甲运兵车”

苏军步兵坐在T-34/85的后部开赴前线。在炮塔右侧、主炮旁可见共轴机枪的机枪眼。

清洁罐

坦克内存放有清洁罐，装有清洁火炮用的液体。

装填手位置

装填手坐在一个悬挂在炮塔内、可拆卸的座位上。这个座位不仅尺寸很小，而且是一个危险的地方，因为当转动炮口时，座位就会扭曲变形。

后视图

坦克尾部的排气管之间是起动电机舱盖。在坦克行进过程中，尤其是发动的时候，排气管会排放出阵阵浓烟，十分壮观。

备用燃油

坦克的车体外装载了3个备用外挂副油箱。很显然，这存在着很大的火灾隐患，不过通常情况下，战斗打响后这些备用燃油很快就会被消耗殆尽。

备用履带

坦克的备用履带挂在炮塔外，一旦原有履带出现了问题，可以及时换上；另外面对敌军炮火时，亦可为炮塔提供额外的保护。

第二次世界大战期间的其他坦克兵

在1940年，坦克似乎是最富魅力的军事车辆。纳粹宣传机构将最新科技与好斗的武士精神融合在一起，将坦克兵描绘为当代的骑士。然而，现实情况更接近英国人带有讽刺意味的描述，坦克兵们“坐在金属罐中，四周紧围着致命的汽油和弹药，兴高采烈地开赴战场”。在第二次世界大战初期，坦克预示着陆战的革命，坦克部队凭借其迅捷的调遣速度以及极强的震慑作用赢得了一次又一次决定性的胜利。然而到了1942年年底，战争再次进入相持阶段。步兵学会了如何对付坦克，双方规模庞大的坦克部队相互厮杀，场面宏大，战斗极为艰苦。这时，不是勇猛的战斗精神，不是聪明的才智，而是坦克的数量成为战争胜利的关键因素，其间坦克兵伤亡惨重。

美国坦克兵

第一次世界大战结束后，美国的高级指挥官们将坦克视为步兵部队的主要支援武器。第二次世界大战时期，美国人有幸在参战前能见识到1940年德国闪电战的成功案例。同年7月，美国组建了第1装甲师，其后，多个装甲师建立起来。

美军拥有一名出色的装甲部队指挥官，那就是行事张扬高调的巴顿将军，他为美军装甲部队于1942年进入北非战场做了大量的准备工作。当然，为了适应实战，士兵们花费了一段时间。然而巴顿将军凭借过人的胆识与气魄以及对战争天生的敏锐洞察力，明白保持部队进攻的凶猛势头的重要性。到1943年占领西西里岛时已经可以游刃有余地领导美军的装甲部队。

美国绝大多数装甲部队装备的是谢尔曼坦克，这种坦克速度快但车体的防护性能不佳，其装配的75毫米口径火炮也无法从正面摧毁德军的虎式坦克。但是，谢尔曼坦克可投入批量生产，因此数量上可占绝对优势。1944年诺曼底战役打响，美国坦克兵们，尤其是巴顿将军率领的第3集团军士兵们，奋勇杀敌，以极快的速度穿越法国，最后因为军需供应无法保障而被迫停止前进。1944年过渡到1945年的那个冬天，在突出部之役中，美国装甲部队反应迅速，成功抵制了德军反攻，为击败第三帝国再一次立下了赫赫战功。

攻陷慕尼黑

1945年5月，巴顿将军率领的第3集团军装甲部队沿着慕尼黑市的达豪大街前行，继而占领了整座城市。

英国坦克兵团

虽然是英国人发明了坦克，然而在第二次世界大战爆发之时，皇家装甲兵团在装甲战术的发展方面却落后于德军。英军拥有作为步兵部队的支援武器——大型的慢速坦克，执行侦察任务的轻型坦克，以及在持久战中与敌军坦克较量的“巡洋坦克”。然而在1940年的法国战场上，所有这些坦克均抵制不住德军的迅猛攻势。第7装甲师（被称为“沙漠之鼠”）在利比亚大败意大利军队，但是1941年德国非洲军团抵达北非战场后，英国人的辉煌很快就成了过去。战争初期，英军坦克存在着太多的不足之处。玛蒂尔达重型坦克最高时速仅达每小时13千米（8英里）；十字军坦克是一种巡洋坦克，其速度快，但车体的装甲过薄，坦克炮不仅火力不够，而且其精准度也不高。战术上，英军对德军的88毫米反坦克炮束手无策，因此进攻时，他们陷入了与第一次世界大战时期的步兵们一样的悲惨境地直到战争后期，美国提供的谢尔曼坦克和英国自己研发的克伦威尔巡洋坦克才在上述各方面有所改进，但对于德军来说它们都是“英国佬烤肉机”，因为这些坦克被德军击中起火爆炸的次数实在是太多了。

然而，英国坦克兵向来不缺乏勇气和决心。他们不仅将隆美尔赶出了非洲，而且经过艰苦卓绝的战斗，取得了诺曼底登陆战的成功，最终攻占德国首都，结束了战争。

沙漠战争

英国第8集团军在北非战场上大量使用了美国制造的格兰特中型坦克和李式坦克。这辆格兰特M3A3式坦克是蒙哥马利将军用来观测前方战场的座驾。

德国坦克兵

纳粹德国装甲部队的总策划师是海因茨·古德里安将军。20 世纪 30 年代，他制定了著名的闪电战战术。他的设想是，在机械化步兵和炮兵部队的支援下，使用大规模装甲部队，攻破敌军防线上的薄弱环节，利用打开的缺口迅速向纵深推进。古德里安的计划获得了纳粹德国政府的支持——对于集结最大兵力参战，以期对敌人产生强大震慑力这一信条，希特勒正是一位虔诚的信徒。

闪电战和消耗战

第二次世界大战初期，德国坦克不仅在数量上少于盟军，而且在技术上也不占优势。但是，在技能的熟练度和主动性方面，德国的装甲指挥官和坦克兵们是无可匹敌的。1940 年夏天，古德里安率领下的德国装甲部队开始将其发明的闪电战战术付诸实践并获得巨大成功，在法国北部战场上，他们势如破竹，无人能敌。1941 年 1 月隆美尔接管非洲军团后，在沙漠战场上多次智胜英军装甲部队。1941—1942 年，这一幕在苏联战场上再次成功上演。然而逐渐地，在各条战线上，德军装甲部队最终败给了在数量上占绝对优势的盟军装甲部队。

战争后期，德国推出了虎式和豹式坦克，在坦克炮火力和装甲的抗穿甲能力上只有苏联的 T-34 能与之相抗衡。1944 年 7 月在艰难的诺曼底登陆战中，该地区的树篱和堤岸不能让德军施展其在速度和机动性上的优势，即使如此，他们仍然重创了盟军装甲部队。一辆德军豹式坦克曾创下在一天之内击毁 9 辆谢尔曼坦克的战绩。然而在东线战场，这些德国的精密机械由于数量极少，且故障频出，终究无力挽回败局。

德国坦克兵制服

由于坦克内部空间小，坦克兵的外套短小、紧身。坦克兵都是武装党卫队的成员，他们的制服上镶有党卫队的胜利符号、军衔以及所属师的标志。

> 装甲车辆的发动机也是武器，犹如主炮。
>
> ——海因茨·古德里安将军

公元 1942—1945 年

美国轰炸机机组成员

当你离目标越来越近时，会心跳加快，呼吸越来越困难……每当地面敌军发射高射炮弹时，你就会非常紧张和害怕，飞机猛地一动，你就会想：这下全完了。

——旋转炮塔炮手约翰·J. 布瑞欧（John J. Briol）的日记摘录

B–17 轰炸机机组成员
一个 B–17 轰炸机机组在一次空袭德军任务顺利完成后返回英格兰空军基地（见上图）。机组成员都配有一件充气救生衣，一旦被敌机击落掉入海中，扯下救生衣上的拉绳即可将二氧化碳充入衣内的管状物中。

在第二次世界大战期间，于德国和被德国占领的欧洲上空驾驶着 B–17 空中堡垒轰炸机和 B–24 解放者轰炸机执行日间轰炸任务的美国轰炸机机组成员是美军阵亡率最高的兵种之一。执行日间轰炸任务的战机最初是没有战斗机护航的，极易遭受德军的高射炮和战斗机的袭击。为了深入敌国领地袭击指定目标，这些美国轰炸机编队只得“一路杀进去，然后再一路杀出来”。

美国陆军航空队的所有士兵均为自愿入伍，大多数士兵只有 20 岁左右，来自美国各个地方，有着不同的职业背景，有股票经纪人，也有农场工人，不过几乎全是白人，因为空军高级指挥官们坚持不用黑人。轰炸机机组成员在被送出国参战前，需在国内空军基地接受全方位的训练。一架 B–17 的机组成员中有四名军官，即驾驶员（通常军衔较高，一般为上尉，同时也兼任飞行指挥官）、副驾驶员、投弹手以及领航员。机组成员同时还包括六名军士，即一名无线电操作员、一名飞行工程师、两名机身中部机枪手、一名尾部炮手以及一名旋转炮塔炮手。根据岗位的不同，每名军官或士兵都要学会相关的专业技能。尤其是驾驶员必须要掌握密集队形飞行技能，尽管在训练中，密集队形飞行发生过多起重大事故并造成人员伤亡。一个机组可能需要接受约 360 个小时的飞行训练后才能正式参战，但是对于他们到达欧洲战场后将要面对的一切，任何准备都谈不上是充分的。

战略轰炸

驻扎在英格兰、北非以及后期意大利空军基地的美国陆军航空队对德军实施了战略轰炸。空军指挥官们相信，其重型轰炸机速度快，能对敌人的工厂、燃料供应地等目标实施精确打击。轰炸机群白天行动，在高空以密集队形飞行。从理论上来说，为确保其安全，速度、空中飞行高度以及凶猛的火力三者缺一不可，而新发明的精密仪器——诺登投弹瞄准器可提高投弹手打击目标的精准度。

理论与实践

然而实际情况与预先设想相差甚远。事实证明，轰炸机群很难做到精确打击目标。士兵们参战前在美国南部与西部地区的空军基地接受飞行训练，那里常年蓝天白云、天气晴朗，而欧洲的天气状况则迥然不同，空袭目标容易被云层遮蔽，加之，实战中只有极少数投弹手能将复杂的投弹瞄准器操作成功。为此，美军很快转变战术，轰炸机群中只有领队的轰炸机才配备投弹瞄准器，当领队的飞机投弹时，其他飞机才会投下炸弹。比不能精确打击敌军目标更严重的问题是如何在战斗中保住性命。在 1943 年空袭战的第一阶段中，美军付出了惨重的代价。例如，1943 年 8 月 17 日，美军 376 架 B–17 轰炸机对施韦因富特（Schweinfurt）和雷根斯堡（Regensburg）两座城市的工厂实施了空袭，此战中有 60 架轰炸机被击落，另外还有 11 架轰炸机损毁严重，只有宣告报废。

1943 年，对于驻扎在英格兰东部的某美国空军基地的飞行员们来说，在有战斗任务的日子里，一天的工作很早就开始了。凌晨 3 点左右，

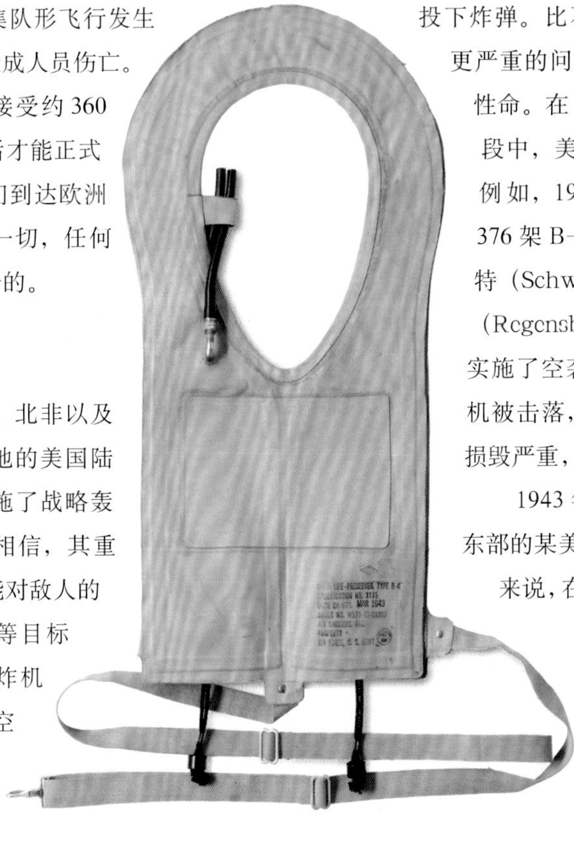

美国陆军航空兵的救生衣

战略性轰炸

1945 年 4 月 8 日，第 398 轰炸机大队的 B-17 轰炸机群正在执行轰炸德国新明斯特（Neumwnster）的任务。战争进行到了这个阶段，德国战斗机已经无法与空中堡垒轰炸机相抗衡。

作战行动指挥官会首先打开宿舍的电灯，士兵们在拥挤的宿舍中醒来，他们在黑暗中跌跌撞撞地来到受命室了解当天任务的大概内容。

当得知此次为深入德国境内执行空袭任务，士兵们不由得同时发出一阵痛苦的呻吟，间或夹杂着几句骂娘的话。当地勤人员检视飞机、做起飞前的准备工作时，士兵们则享用着早餐，当然，如果他们有胃口的话。出发时间通常是在黎明时分，每架 B-17 轰炸机起飞升空时间间隔为 30 秒，满载炸弹与燃油的轰炸机滑行与起飞所需要的距离贯穿整条跑道。随后，机群需要攀升到指定高度集合点后进行汇合并组队（这并非易事），向着被德国占领下的欧洲的海岸线飞去。直到起飞之后，尾部炮手和旋转炮塔炮手才会坚守自己的岗位。旋转炮塔炮手的位置是最不让人羡慕的，他要像胎儿一样蜷缩在飞机腹部下方，地方实在太小，甚至连降落伞都没法随身携带。但是在整个飞行过程中，其他机组成员也并不好过。在 7600 米（2.5 万英尺）高空的无增压空间中，四周气温低至零下 45 摄氏度。想要在这种环境下生存数小时，需要佩戴氧气面罩以及穿着电加热飞行服，曾有士兵出现过冻伤的情况，也有人因供氧不足而死亡。

轰炸机在飞行中一旦超出护航战斗机现有射程范围之外，就会成为德军梅塞施米特和福克－沃尔夫战斗机群的袭击目标。以密集队形飞行的优点之一就是可以团结整个机群的力量，调动所有炮塔，协同火力对付敌机，但这也意味着，如遇敌机攻击，轰炸机飞行员们则无法采取避让行动。当炮手设法击中快速移动的敌机时，先前的厌倦与不适迅速消失，取而代之的是恐惧与激动，身体里的肾上腺素加速分泌。许多炮手因此忘记了平时的训练内容，不是在敌机尚未进入射程范围内就开火，就是无法做到正确地操作瞄准器。在很短的时间内，飞机中部和顶部炮塔的炮手发射出大量子弹，身旁堆满了空弹药箱。

斯佩里炮塔炮手

旋转炮塔，亦称球形炮塔，位于轰炸机的腹部下方。图中，在同伴的注视下，一名炮塔炮手正挤进一架 B-17E 轰炸机的旋转炮塔中。炮手从来不会在飞机起飞前就位，而是会在飞机升空后才从机舱内部爬进炮塔之中。

一些德军飞行员对美军轰炸机进行正面攻击，而轰炸机正面位置的唯一防御手段仅是投弹手和领航员以手持式机关枪进行防卫。B-17 被击中引起爆炸起火后，飞行员们纷纷跳伞求生，一时间空中的降落伞犹如花朵一样绽放。在敌军猛烈的高射炮火中接近空袭目标是整个任务中最危险的部分。轰炸机群中，领队飞机的实际掌控者是投弹手，他使用的诺登瞄准器是与自动驾驶仪连接在一起的。进入轰炸航路后，整个机群必须保持整齐队形稳定飞行，但这也极易被地面德军高射炮击中。B-17 投弹那一瞬间，机身会猛地向上窜动一下，此时每名机组成员都会感到一阵欣慰。当然，回程不一定比来程更轻松，原因是这时往往机身在一定程度上已受损，机上或已有机组成员受伤及死亡。幸存者驾驶飞机回到基地大约在下午 3 点，基地工作人员将会统计损失情况，并安排受伤者接受治疗。

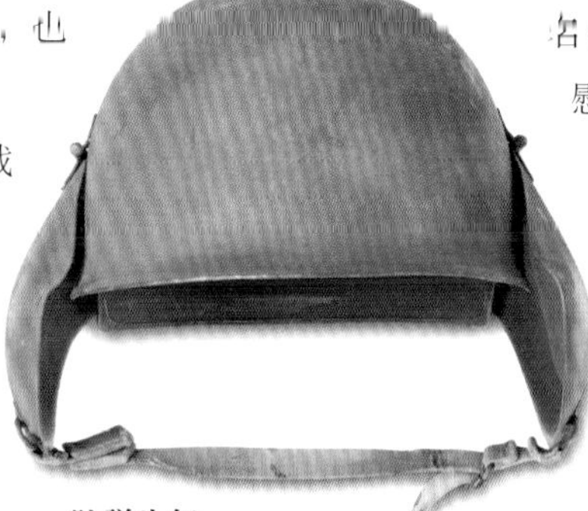

防弹头盔

这是一顶防弹钢盔。钢盔上有一层特殊的涂层，在高空气温极低时，可防止机组成员的手指受冻后粘于其上。

合作与生存

对于一个轰炸机组来说，其军旅生涯最初只需执行 25 次战斗任务，其后则会增加到 35 次。一名士兵生存下来的概率是三分之一，这是当时大家普遍承认的事实。如果机组运气不佳，死亡的概率将大增。1943 年，一个驻扎在东英吉利亚（East Anglia）的飞行中队在执行完 25 次飞行任务后，原本 9 名机组成员，仅有 2 名幸存。

当军旅生涯中仅剩下一两次飞行任务时，士兵们所承受的紧张感几乎令他们难以忍受。军中迷信盛行，他们在战斗中总是会随身携带一封珍

藏的情书或一枚幸运币，期望这些能赐予他们好运，从而幸运地活下来。如有士兵在战斗中牺牲，他留下的所有痕迹很快就会被战友们抹去，大家都认为最好不要再提到他，就当他从未存在过。月复一月，地勤人员一直都是那些老面孔，然而，轰炸机组总有新面孔出现，因为随时会有战友牺牲，并补充进新人。对大多数机组成员来说，他们所在的机组是其重要的精神支柱，他们之间已培养出了深厚的战友情谊。

获胜

尽管对德军实施的战略性轰炸困难重重，但随着战争的进一步发展，情况确实在向好的方面转变。1943 年下半年，B-17s 轰炸机的机头下安装了机关枪，极大地减轻了敌军正面进攻造成的伤害。1944 年初，远程护航战斗机的出现，尤其值得一提的是 P-51 野马式战斗机，提升了日间轰炸能力。远程护航战斗机随轰炸机群深入德国境内执行轰炸任务，击落了大量德军战斗机，致敌元气大伤，再无力量与之抗衡。战争末期，盟军对德狂轰滥炸，德国工业生产、通讯系统以及最重要的燃料供给均陷入瘫痪状态。然而，尽管盟军赢得了战争的胜利，却也付出了惨重的代价。1942 年到 1945 年间，在英格兰境外执行军事任务的第 8 航空队，起初拥有 21 万名士兵，牺牲了八分之一；如果将受伤以及跳伞后被俘士兵计算在内，总计损失人数达 5.3 万名，超过了其兵力的四分之一。第 9 航空队（1944 年由意大利换防至英格兰）以及第 15 航空队同样伤亡惨重。美军士兵们能在如此险恶的战斗环境中坚持下来，表现出了非凡的勇气和高度的责任感。

箱式战斗编队

一支标准的 B-17 轰炸机编队是由三个飞行中队组成的一个群，每个中队有 6 至 7 架轰炸机。一个飞行中队排“头”，其右上方为一个“上”飞行中队，左下方为一个“下”飞行中队。所有飞机需保持不同的飞行高度，这样炮手对敌开火时才有一定的自由空间。三个轰炸机编队排列在一起，构成一个多于 54 架次的“翼”式组合，它们同样以“头”“上”“下”形式排列。然而在这种排列中，排列在箱式战斗编队的后边缘地带的飞机相对来说是暴露在敌机火力之下的。

顶视图

箱式战斗编队水平展开，但没有一架飞机处于另一架飞机的火力路径上。事实上，许多飞机遭受到来自位于其上方的敌机发动的攻击，这也证明了保持密集队形存在着一定的问题。排列在最后方的飞机被称为“尾部查理”（tail-end Charlies），即末尾飞机。这一位置基本上完全暴露于敌机火力之下。

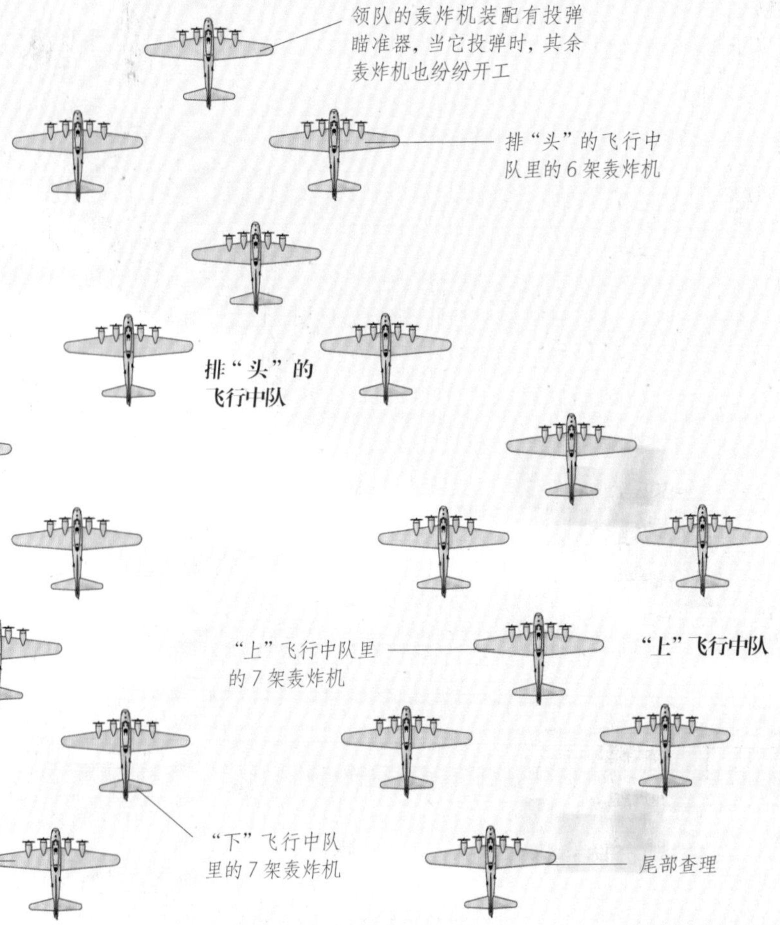

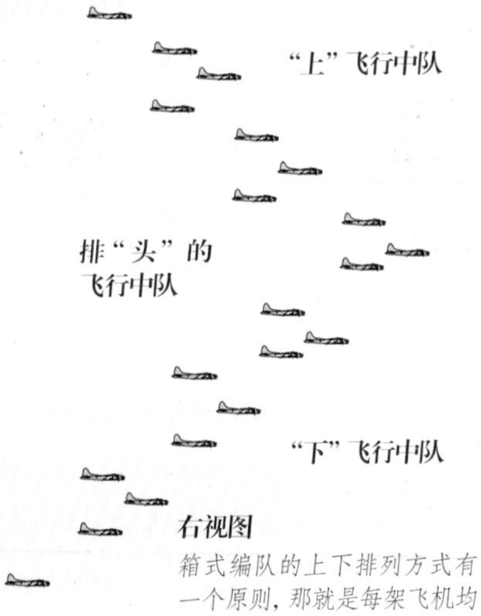

右视图

箱式编队的上下排列方式有一个原则，那就是每架飞机均采取错位排列的方式，其侧身机枪均未被友机遮挡，可直接对敌开火。

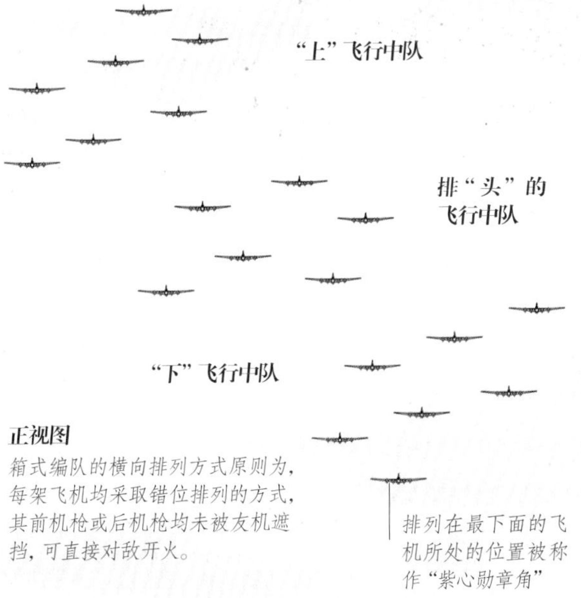

正视图

箱式编队的横向排列方式原则为，每架飞机均采取错位排列的方式，其前机枪或后机枪均未被友机遮挡，可直接对敌开火。

B-17轰炸机机组成员制服

轰炸机机组成员的装备是针对高空恶劣的生存环境而专门设计的。衣服必须保暖，因为在高空，机舱内的温度可降至零度以下。除了厚重的衣物，还可选择电加热飞行服，然而，机组成员却偏爱皮质和羊毛衣物。在高空稀薄的空气中，也必须进行人工供氧，否则人会在数分钟内失去意识。机组成员还得随时做好跳伞逃生的准备。

飞行服
B10 飞行服是一件结实紧密的棉织上衣，内衬羊驼毛。为增强衣服的保暖性能，其配有毛领、针织袖口及腰带。B10 飞行服最早在 1943 年开始使用，并成为飞行服设计的一个样板。D1 飞行服的设计早于 B10，但直到 19 世纪 50 年代仍有使用。

A11 头盔
A11 头盔是所有轰炸机机组成员的标准配置，其装有内置耳机，以及配有按扣，以便能紧扣上 A14 氧气面罩。B8 护目镜配有麂皮衬里，在寒冷的环境中会让人稍感舒适，并附带有无色透明的、琥珀色的、红色的或绿色的镜片，以应对不同的光线环境。

将氧气面罩系在头盔上

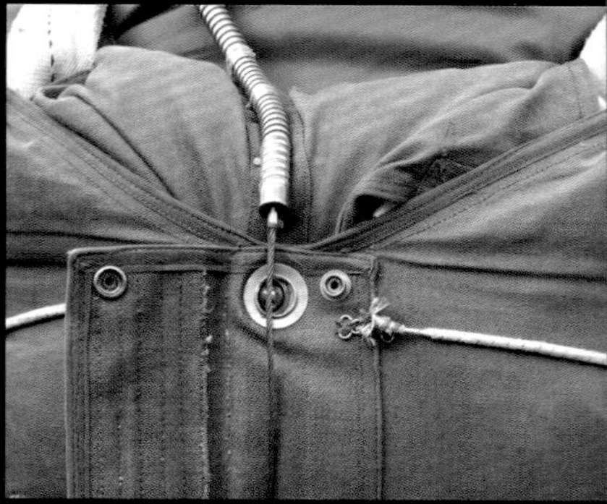
降落伞后部的开伞索

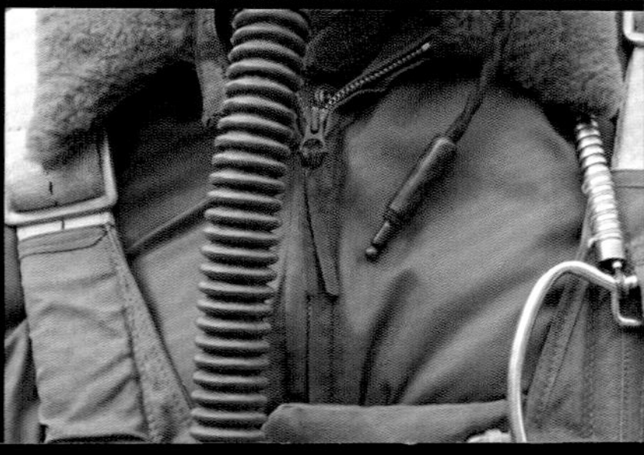
胸前的降落伞背带，右边是开伞索

A10 手套
为了活动方便，炮手们偏好使用各手指均有独立空间的手套，而不是带内衬的较厚的连指手套。手套材料中添加了人造纤维丝，以增强保暖效果。

A3 军裤
A3 军裤是羊皮毛一体的，其上被喷涂了大量的丙烯酸清漆。

B8 降落伞背包
B8 降落伞是通过拽拉背带前的一根开伞索手动打开的。士兵在进行高空跳伞时，需要携带应急氧气瓶，以避免在下降途中晕厥。

M3 防弹背心
M3 防弹背心的材质是橄榄绿色的纯棉粗帆布，其只在背心的正面嵌有防弹层。座位靠背有防弹层的机组成员，比如飞行员和旋转炮塔炮手，才会穿着这种背心。

军鞋

鞋
机组成员应先穿上一双普通的军鞋，然后再套上飞行靴，如果跳伞落地后遇到复杂地形，这时有一双普通的军鞋是极其有必要的。A6 飞行靴改良了鞋底花纹，增大了鞋底的粗糙度，从而加大了摩擦力，并且以拉链取代了搭扣。

A6 飞行靴

B-17 轰炸机

1935 年 7 月 28 日，由波音公司制造的 B-17 轰炸机的原型机 Model 299 首次试飞时，新闻记者们立刻就为其送上了一个绰号：“空中堡垒”，这个绰号让人印象深刻，流传至今。B-17 属于新一代的全金属单翼机，有着封闭式驾驶员座舱。以当时的标准来看，B-17 体型大，速度快。这款带有 4 个发动机的轰炸机成为第二次世界大战时期美国对德实施战略轰炸的重要武器。

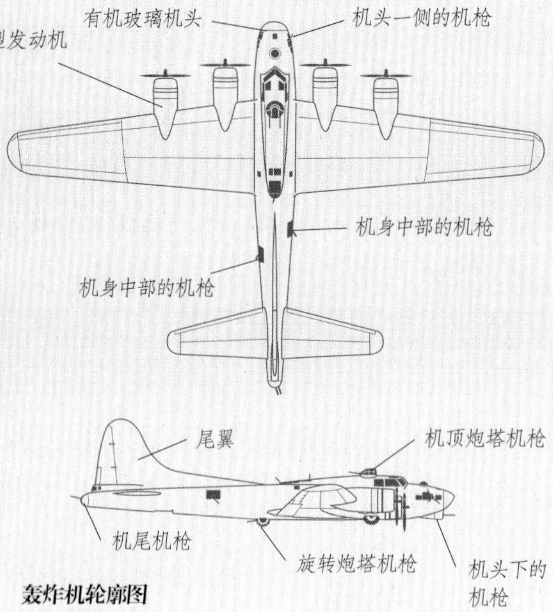

轰炸机轮廓图
B-17 的翼展达 31.62 米（103 英尺 9 英寸），机头到机尾长约 22.78 米（74 英尺 9 英寸）。巨大的垂直尾翼使其显得与众不同。

美国参战前对 B-17 原型机进行了重大的改进。1941 年 9 月，B-17E 投入量产，这也是第一种投入量产的 B-17 轰炸机机型；1942 年 B-17F 和 B-17G 相继问世。在美国出产的所有 B-17 轰炸机机型中，B-17G 大约占三分之二。B-17G 上安装有多达 13 挺机关枪（其绰号由此而来），并且在 7600 米（2.5 万英尺）高空中，最高时速可达每小时 462 千米（287 英里），尽管其在大规模组队飞行时的正常飞行时速仅为每小时 290 千米（180 英里）。

短途飞行时，B-17 载弹量达 7983 千克（17600 磅），但是长途飞行时，因其需要承载大量燃油，这就意味着实际上，其有效负载通常只在 1814 到 2724 千克之间（4000 磅到 6000 磅之间）。对于 B-17 上的 10 名机组成员来说，B-17 虽然从未给人舒适感，但却深受他们的青睐，因为 B-17 具备传奇般的绝境求生的能力。即便如此，其损失仍然惨重，第二次世界大战期间，美国总共生产了 12761 架 B-17，其中大约 4750 架在执行战斗任务时被损毁，占比超过三分之一。

> 我们生活在一起，一起睡觉、一起吃饭、一起工作、一起玩乐。我们愿意一直这样生活下去，直到死去，直到战争结束。
>
> ——B-17 领航员罗兰 · 佩平（Roland Pepin）中尉

飞行靴
机组成员在高空中为了保暖，会穿上带羊毛皮内衬的橡胶鞋底靴子。他们也会穿上电加热飞行服，在飞机上可接上电源加热。

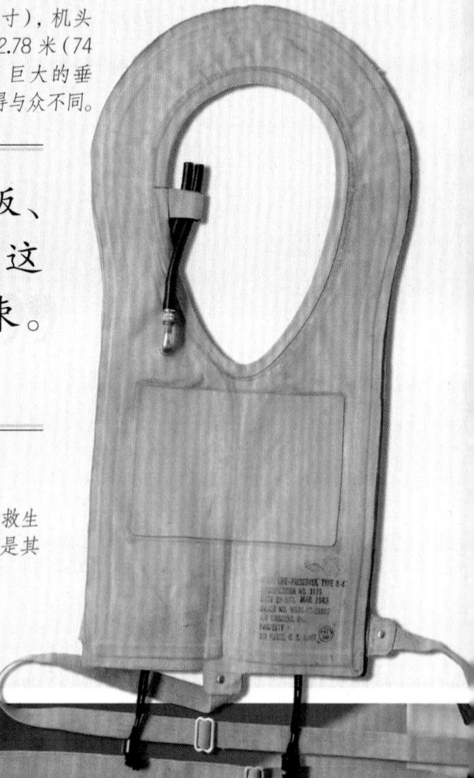

救生衣
机组成员配备有一系列的救生装备，充气式海上救生衣是其中之一。

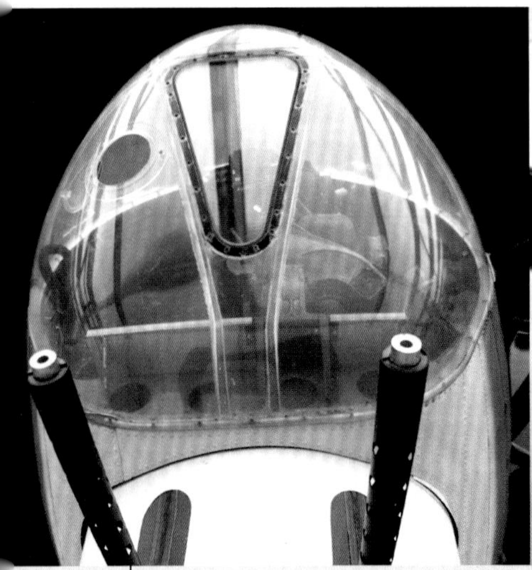

机头
投弹手的任务之一就是指示飞机轰炸目标所在位置，而 B-17 的有机玻璃机头为投弹手提供了清晰的视角。

机头下的机枪
图中为飞机上机头下的一挺机枪，机头下的机枪都是由投弹手遥控操作的。其设计初衷是为了应对敌机的迎头攻击。

星型发动机
B-17 有 4 个发动机，每个发动机所产生的马力可达 1200 匹，并加装了涡轮增压器，这使其在高空可以更好地发挥作用。

翼根
为让 B-17 投入批量生产，其制造方法被尽量简化。铆接铝板是 B-17 的重要部件。

机顶炮塔

机顶炮的炮塔是液压驱动的，由空勤机械师负责操纵，炮塔在空中可进行 360 度的旋转。

机枪

B-17 的机身中部安装有 0.5 英寸口径的勃朗宁机枪，在第二次世界大战时期，许多军队都配发有此款美制机枪。

机头一侧的机枪

有机玻璃的机头两侧有时会装上灵活的机枪，0.5 英寸口径的勃朗宁机枪就是其中之一，由领航员负责操作。

可持续生产能力

图为 1945 年一架 B-17 正翱翔在欧洲的上空。第二次世界大战期间，德军每击落一架战机，美国的军工厂就会再生产两架。因此，在战争最后的几个月里，于军中现役的 B-17 比以往任何时候都多。

坚固的轮子

在飞行过程中，液压悬架可以降低起落架所承受的压力。

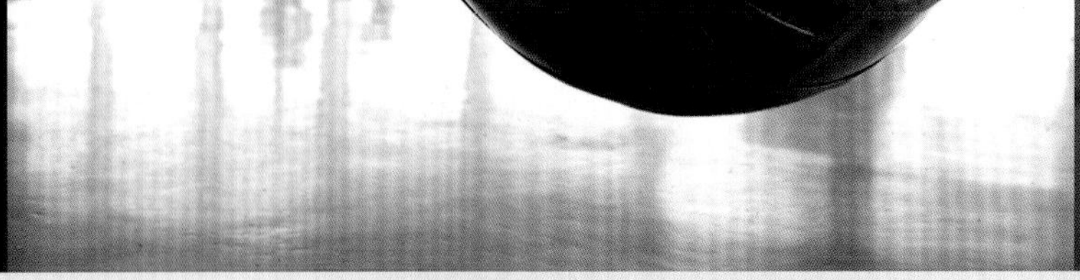

斯佩里旋转炮塔

斯佩里旋转炮塔可水平面旋转 360 度，在垂直面能旋转 90 度。炮塔悬挂在一个旋转支撑机构之上，而它则连在一根固定在机身顶部壁板的管子上。

铝板外壳

飞机机身的制作方法是，将细长的铝条与铝合金环状物钉在一起，并在其上覆盖一层薄薄的铝板。

B–17 内部

B–17 里几乎塞满了弹药和燃油，留给机组人员的空间极其有限。投弹手和领航员只能低头屈膝挤进机头的舱位中，当然一旦就位，他们的视野会非常开阔。驾驶员和副驾驶员坐在驾驶舱中，空勤机械师坐在正副驾驶员的上方和后方。驾驶舱旁是炸弹舱，而炸弹舱旁就是无线电操作员舱位，这是飞机上唯一一处人可以站直的地方。众所周知，旋转炮塔炮手的位置是在机身下一处非常狭窄的地方，机尾炮手也只能通过爬行才能进入飞机尾部的位置中去。

机顶机枪
机顶机枪安装在B–17 机身的顶部，战斗中由无线电操作员和空勤机械师操控。

手动操作
B–17 的操作方式非常复杂，需要正副驾驶员的协同操作方能平稳驾驶。

诺登投弹瞄准器
诺登投弹瞄准器安装在有机玻璃机头和投弹手座位之间。瞄准器作为高度机密的仪器，在战机执行完任务后会被移出机舱，严格管控，在执行下次任务前再被安装到机舱中去。

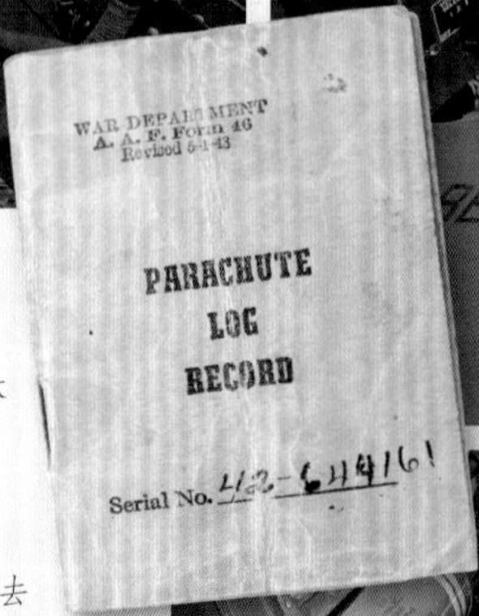
WAR DEPARTMENT
A. A. F. Form 46
Revised 6-1-43

PARACHUTE
LOG
RECORD

Serial No. 42-614161

降落伞使用日志
每次打包、使用和维修降落伞，都需要在日志本上做好记录。

旋转炮塔
旋转炮塔内部空间十分逼仄，炮手会在起飞后才爬进去。进去之后他只能保持膝盖贴近胸部的姿势，并且不能携带降落伞。如遇紧急情况需要跳伞求生，他只能迅速穿上一件。

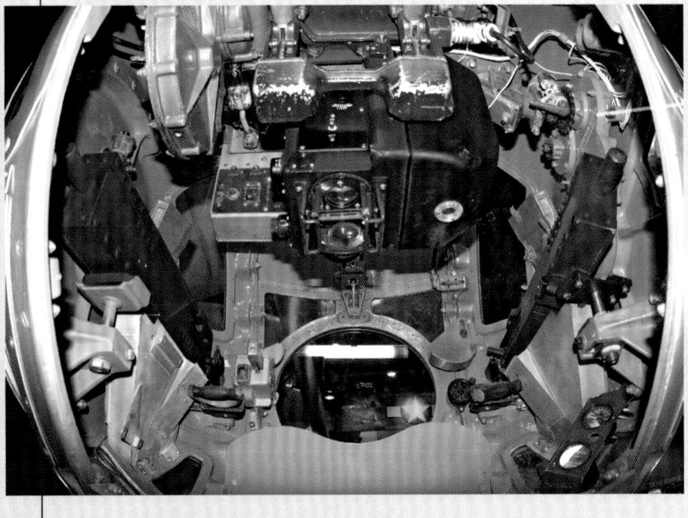

炸弹舱
炸弹舱紧邻驾驶舱，内中过道仅宽约 20 厘米（8 英寸）。一般情况下，轰炸机携带大约 2700 千克（6000 磅）重的炸药，其中包括烈性炸弹和燃烧弹。

供氧调节器
每名机组成员的座位上均安装有氧气管。如果他需要在机舱内移动，也只能在氧气瓶周围行走。

瞄准装置和弹药
机身中部的机枪配备有精确的瞄准装置，以助炮手提高命中率。理论上来说，一名炮手会在半分钟消耗完一条弹药带，尽管事实上他用的时间会短得多。

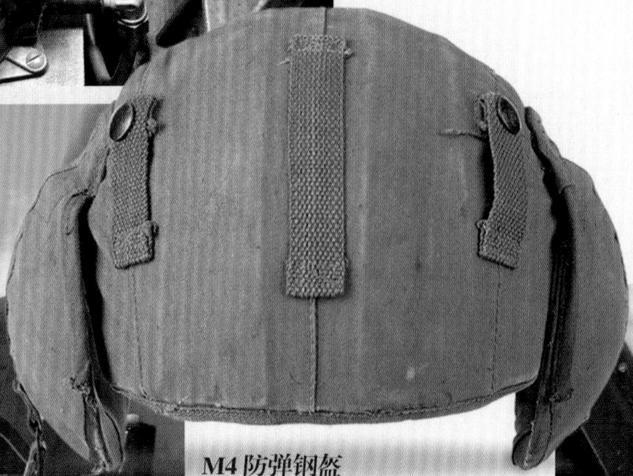

M4 防弹钢盔
外面覆盖了一层绿色布料的 M4 防弹钢盔于 1943 年底开始配发使用。钢盔配置耳机，为了让炮手能在炮塔内也能戴上钢盔，钢盔特意被改装变小。

氧气瓶
飞机上大约配有 18 个氧气瓶。氧气瓶是必不可少的装备，因为在作战飞行时，飞行高度为 7600 米（2.5 万英尺）。

机身中部的机枪
飞机中部两侧均部署有炮手，其位置介于无线电操作舱与尾炮塔之间，暴露在寒冷的空气中。一旦机枪开始射击，飞机机舱的地板上就会堆满用过的空弹壳。

尾炮塔
机尾炮手是穿着护膝跪在地上操作机枪的。由于战斗机对轰炸机的机尾展开攻击是其惯用战术，故这两挺机枪在保证轰炸机的安全方面起到了关键的防御作用。

驾驶舱
正副驾驶员坐在飞行控制系统两侧，正驾驶在左侧，副驾驶在右侧。驾驶舱内能见度极高。

机舱顶走线
控制电缆的布线位置在机舱顶部，从驾驶员座舱一直铺设到飞机的尾部和双侧机翼，飞机的方向舵和襟翼均通过它控制。

机身内部
顺着机身向前观望，可以看见无线电操作员舱以及远处的炸弹舱。肉眼可以看见构造机身的重要部件——铝合金环状物（铝圈）。黑色的圆柱支撑着机身下方的球形炮塔。

B-17 机身中部炮手

B-17"空中堡垒"配备有多达13挺0.50英尺口径的勃朗宁机枪。图中为1943年正在英格兰上空作战的机身中部炮手，他们都是接受过专业射击训练的军士。当时的美军轰炸机也会从北非和意大利的空军基地起飞作战。

第二次世界大战中的战斗机飞行员

战斗机飞行员是第二次世界大战时期最富魅力的工作岗位，所有参战国的年轻人都想争取到这个机会，以期驾驶世界上最先进的战斗机飞上蓝天。但只有那些极少数综合素质高的人，即同时具备敏捷的反应能力、极好的视力以及杀手本能的人，才能有机会在空战中发挥其独特的作用。据估计，在所有被击落的战机中，其中百分之四十是由飞行员中最优秀的百分之五歼灭的。因此，如果一个国家在空战中损失惨重，被迫选用大量缺乏战斗经验的新手驾机升空作战，那么空战的天平会彻底朝不利于这个国家的方向倾斜。战争的最后阶段，德国和日本均陷入上述困境，并且无法摆脱。

美国护航战斗机飞行员

美国最初设计 B−17 和 B−24 轰炸机时，其目的在于让其无需战斗机护航即能对敌展开日间进攻。但 1942—1943 年美国轰炸机损失惨重，这一事实证明战斗机护航是必需的。战争初期，在欧洲上空的美国战斗机群中，绝大多数都是喷火式战斗机或 P−38 闪电式战斗机，前者续航能力差，而后者则机动性不佳。共和 P−47 雷霆式战斗机的研制成功是一大进步，但其仍无法掩护轰炸机群长距离飞行，深入德国腹地执行轰炸任务。1944 年初，北美 P−51 野马式战斗机的到来改变了这个局面。野马式战斗机优于当时服役的任何德国战斗机，最高时速竟达到每小时 700 千米（435 英里），令人惊叹，机上还配备有副油箱，飞行距离与轰炸机不相上下。

到 1944 年，许多美军飞行员已服役多年，拥有丰富的战斗经验，但是美军仍然会为他们开设密集的培训课程，以保证每个人在战斗中都处于最佳状态。与轰炸机群一样，战斗机基地大多位于英格兰或意大利。在不同的战斗机群之间也存在着竞争。第 332 战斗机大队是一支全由黑人飞行员组成的飞行大队，他们在此方面的愿望尤为强烈。黑人飞行员们宣称，他们曾经陪伴轰炸机群执行过最棘手的任务，包括轰炸柏林和普洛耶什蒂油田，而从未使一架轰炸机受损，这或许有些夸大其辞。

野马式战斗机

P−51 野马式战斗机是公认的“二战”时期的顶级战斗机。它的机身是美国制造的，而发动机是英国劳斯莱斯梅林发动机。

德军飞行员及时调整了战术，以应对野马式战斗机的挑战。他们编队迎战，快速向盟军轰炸机群发动攻击，企图趁其护航战斗机还来不及做出反应的时候就迅速飞离其射程范围。德军也推出了 Me−262 战斗机，这是第一种投入实战的喷气式战斗机，其时速比野马式战斗机快 160 千米（100 英里）。但是没有什么能遏止德军的损失。战争结束时，野马式战斗机大队击落了约 5000 架次德军战斗机，摧毁了其基地之 4000 多架次战斗机。

Keep us flying!
BUY WAR BONDS

塔斯基吉飞行员

第 332 战斗机大队的黑人飞行员们因为曾在阿拉巴马州的塔斯基吉（Tuskegee）接受过飞行训练，故而也被称为“塔斯基吉飞行员”，他们是非洲裔美国英雄。

德国战斗机飞行员

第二次世界大战初期，德国战斗机飞行员在训练程度、战术以及战斗经验方面都强过对手。他们自诩精英，敢于反抗权威。其地位取决于飞行经验以及战斗纪录（例如，那些曾经于西班牙内战期间在秃鹰军团效力过的士兵们会被大家认为是享有特权的精英阶层），并且，军中鼓励实行战斗表现评分制，以培养士兵们的竞争意识。然而，随着战争的不断深入，德国空军原本的优势地位不复存在。在不列颠之战中，为在英格兰上空执行任务的轰炸机群护航的德国战斗机飞行员队伍被一分为二：一部分在德国上空对付盟军轰炸机队机群，执行国土防御任务；另一部分被派往东部前线，支援与苏联作战的德国陆军。尽管执行国土防御任务的空军队伍无论是在日间还是在夜晚的战斗中均表现得极为出色，然而，一俟美国的远程护航战斗机投入使用，德军战斗机便不断被击落，最终遭受了巨大的损失。在东部前线，境况更趋严重，尽管德军飞行员击退了一波又一波在数量上占绝对优势的苏联空军的大规模进攻——埃里希 · 哈特曼（Erich Hartmann）击落了 352 架敌机，成为战争史上击落敌机最多的王牌飞行员。到 1944 年冬，德国空军燃油不足，且由于伤亡严重，也欠缺经验丰富的飞行员。许多幸存下来的诸如阿道夫 · 加兰德（Adolf Galland）等王牌飞行员，在战争后期只能驾驶试验性的梅塞施米特 Me-262 喷气式战斗机，拦截数量上占绝对优势的盟军空军。到那时，德国人已经明白大势已去，坚持战斗只是为了保住仅有的尊严。

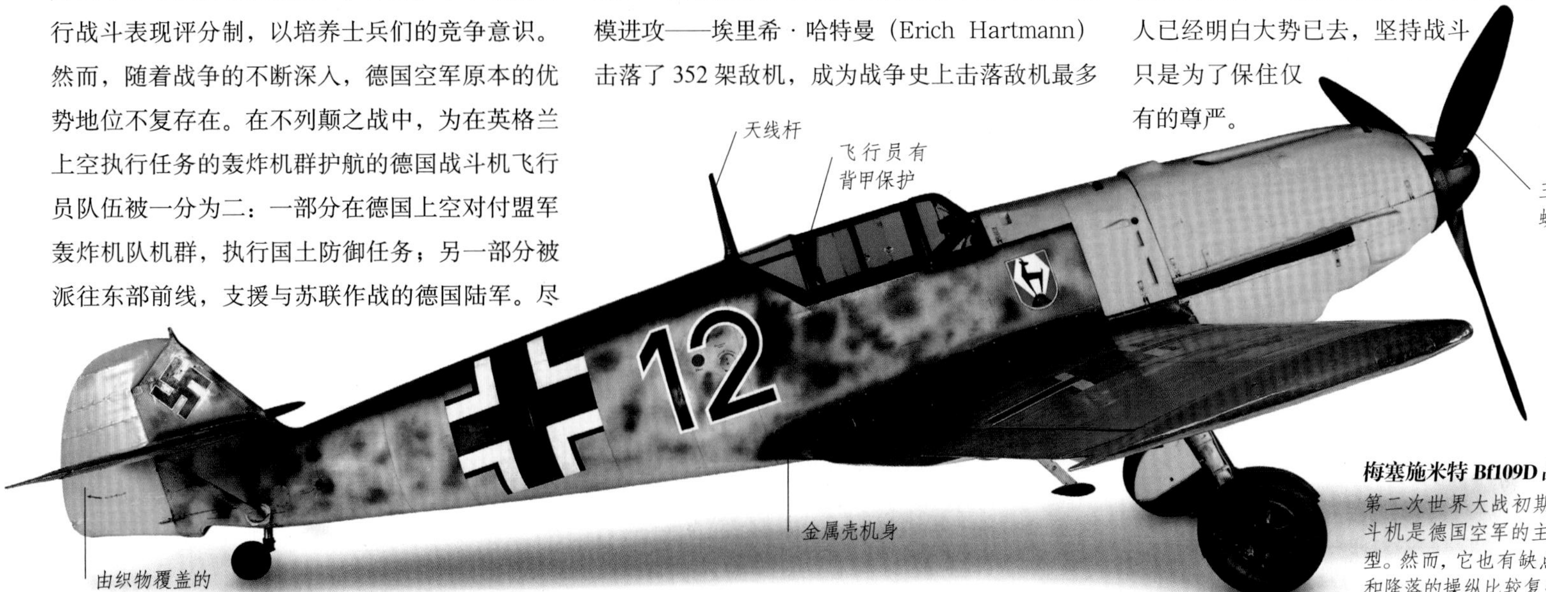

梅塞施米特 Bf109D 战斗机

第二次世界大战初期，Bf109 战斗机是德国空军的主要作战机型。然而，它也有缺点，其起飞和降落的操纵比较复杂，许多飞行员因此而丧命。

日本海军飞行员

1941 年 12 月，日本海军航空兵对夏威夷珍珠港的美国海军基地进行了毁灭性袭击。当时的日本海军堪称世界一流，不仅拥有最高品质的三菱零式舰载战斗机，飞行员队伍也接受过极为严格的训练，并且参加过 1937 年爆发的全面侵华战争，战斗经验十分丰富。

从 1942 到 1943 年间，日本海军航空兵在太平洋战场上的表现与美国飞行员相比，一直不相上下；但是，随着战争的深入，其伤亡不断扩大，拥有丰富战斗经验的日本海军航空兵数量锐减，而同时，美国飞行员的素质却在不断提升，飞机性能也稳步提高。1944 年 6 月在菲律宾海上空的较量中，日军曾经在一天之内损失了 300 架战斗机，整支航母舰队被歼灭，幸存下来的海军航空兵们驾机从海岸陆地起飞迎敌。在 1944 年 10 月的莱特湾海战中，基地位于菲律宾的日军第 1 航空舰队实施了自杀性袭击战术。被美国人称为“神风特攻队”队员的日本海军航空兵们驾驶满载炸药的飞机，直接撞毁在美国军舰的甲板上。他们头缠历史上日本武士曾经佩戴过的、被称为“钵卷”的头带，这被认为是精英武士的象征。但是，因为拥有丰富战斗经验的航空兵们数量少而显得极为宝贵，实际上，“神风特攻队”很快就招募新手来执行自杀性袭击任务，他们几乎没接受过什么培训就直接驾机出战。直至 1945 年 7 月，日军组建了一支由 2000 多架战斗机组成的执行“特殊进攻”任务的大规模队伍，这支队伍专门从事自杀性袭击。到战争结束时，“神风特攻队”实施的这种疯狂的自杀性袭击共撞沉了美军战舰 34 艘，损毁了 288 艘。

“神风特攻队”的自杀性袭击

1944—1945 年，日本对盟军舰队展开了一系列的自杀性袭击。图为一架日本零式战斗机正撞向美军“密苏里”号战舰。

公元1940—1945年

英国特别行动处特工

对于被压迫国家的国民们，为了协调与他们的工作，鼓励他们，以及控制和帮助他们……我们需要绝对保守秘密、具备某种狂热的激情……在政治上

破坏专家
在SOE开展过的最成功的破坏行动中，其中之一的发生地点就在纳粹占领下的挪威。在得知位于尤坎（Rjukan）的挪威海德鲁水电厂生产的重水可能会被德国人用于制造核弹后，SOE派遣挪威籍突击队员（见上图）乘机前往尤坎，成功地破坏了水电厂设施。SOE特工们喜欢使用韦伯利-斯克特1907式自动手枪（见右图），曾多次在此类行动中使用。

第二次世界大战期间，总部位于伦敦的特别行动处（Special Operations Executive，简称SOE）派遣特工深入德国占领下的欧洲大陆，支援和组织抵抗组织的运动、收集情报、蓄意破坏及进行暗杀活动。他们的工作十分危险，许多人不幸落入敌手。英国首相温斯顿·丘吉尔曾为SOE制定了宏伟的目标——“让欧洲燃烧起来”，即便它从未完全实现此目标，但亦为战争的胜利做出了巨大贡献。

丘吉尔曾下定决心，即使条件再困难，也要与敌人展开斗争，为此于1940年7月成立了特别行动处。英法联军的惨败，让德国及其盟国在欧洲大陆占据了无可争议的军事优势。英国政府设想针对纳粹和亲纳粹政府在欧洲大陆进行一场彻底的革命起义。特别行动处由经济作战大臣休·道尔顿博士负责，道尔顿博士预见到组织一场类似于北爱尔兰新芬党领导下的游击队那样的革命运动是很有必要的，并建议采取一切行动，以削弱德国的威胁，例如，“破坏德国及其盟国的工业设施和军事设施，发动工人举行工潮和罢工，开展长期的宣传活动争取民众的支持，开展恐怖活动除掉叛徒和德国领导人，对其进行联合抵制以及在其境内发动暴动”等。

招募和培训

SOE高级成员的招募是通过私下接触的方式，具有典型的英国风格，其理想人选来自国内一流公立高中、剑桥大学和牛津大学的校友关系网。尽管他们有时会受到老牌情报机构的苛责，但这并不意味着他们是不合适的人选，或者无法胜任这份工作。例如，精力充沛的科林·格宾斯（Colin Gubbins）上校负责SOE特工的培训和行动计划，他对非常规战争的战术及策略有深入的研究。SOE将其总部设于伦敦贝克大街64号，在不列颠各地购买农舍用作培训中心。特工备选人和SOE其他职员来自各行各业，其中，维奥莉特·绍博（Violette Szabo）是最厉害的女特工之一，她是一名伦敦汽车经销商的女儿，有一半的法国血统。因为特工在执行任务时，需要融入国外的生活环境，所以，语言能力很重要。与绍博一样，大多数特工都是父母有一方是外裔或外籍公民、会说两种语言的英国公民，其中还包括流亡在外的同盟国政府军成员。SOE遍寻各地，力求能找到具备特殊技能的人才。窃贼教特工们撬锁，已定罪的伪造犯为特工们制作假的身份证件。SOE全盛时期，其雇员有1.3万多人，其中包括约5000名正在执行各种任务的特工。

在初期的培训中，主要是训练特工备选人的身体机能以及教会他们如何使用基本武器。同时，观察他们大量饮酒后会有何反应，并评估他们的心理适应性。那些成功通过初期测评的特工备选人会被派往崎岖不平的苏格兰高地接受突击队训练。其间他们会学会跳伞求生，掌握爆破技术，以便在敌占区进行破坏活动以及空手杀敌等技能。传授致命格斗技巧的是上海公共租界工部局警务处前雇员E. A.赛克斯（E. A. Sykes）和W. E.费尔贝恩（W. E. Fairbairn）。培训最后阶段的主要内容是作为一名卧底需要掌握的基本技能，这包括一系列的课程，例如，如何识别敌对国警察的各警种和来自不同安全机构的人员，如何操作短波无线电，密码的使用方法，以及对抗审讯的各种手段。

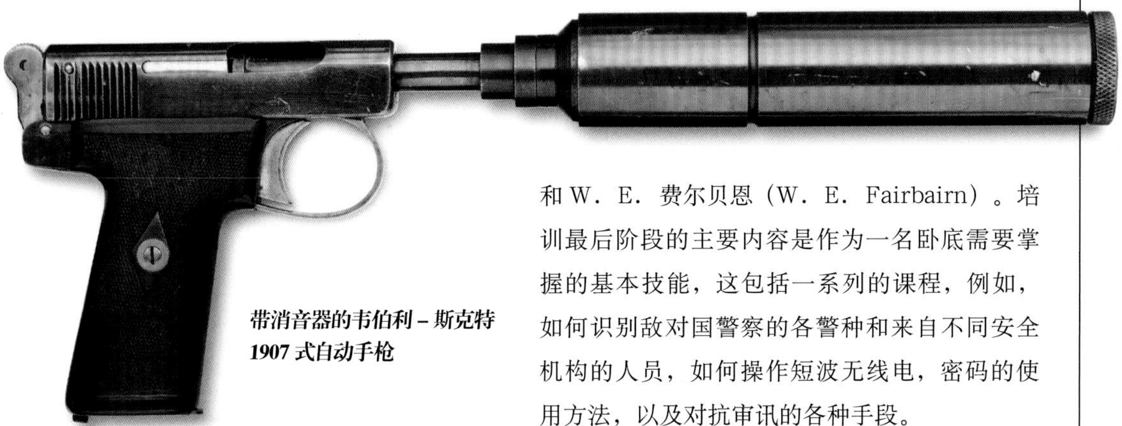

带消音器的韦伯利-斯克特1907式自动手枪

牵线木偶从床上跳起来对付闯进来的人，被一枪毙命后，地板上的盖子马上打开，‘许多人’从桌子和椅子下面冒出来，在闯入者还未来得及反应过来的情况下，猛冲上去，攻击枪手的脑袋。

——尤安·巴特勒（Ewan Butler）关于自己在SOE时期于E．A．赛克斯手下受训时场景的回忆

秘密降落

即使跑道不够长，莱桑德式飞机也能安全着陆，因此非常适合向德国占领下的欧洲大陆运送SOE特工及军需物资。

事实证明，特工培训并非面面俱全，其装备质量也需进一步提高。例如，没人会想到德国人很快就掌握了短波无线电讯号的追踪方法，但是特工们在培训中并未被充分告知在使用该设备时时间不能过长，并且不能在同一个地方多次操作。因此，他们总是几乎一开始工作就会被捕。一般情况下，为特工们伪造的假身份证明十分完美，但在细节上却有疏漏，比如，有时就没有提供正确的香烟品牌。SOE是最早使用塑胶炸药的，然而却把时间浪费在奇思异想上，例如，把炸药塞进死老鼠的身体里去，或者把炸药伪装成动物粪便，撒在道路上。总的来说，由于英国政府急于对德采取行动，对于即将面临的艰巨任务，许多特工在进入欧洲大陆前准备实在欠缺。

进入德国占领下的欧洲大陆

SOE起初选择海路将特工送进欧洲大陆，用渔船或快速机动巡逻艇将他们送至海岸线上的偏远地带，但皇家海军不愿合作，同时，英国秘密情报局（SIS）也想采取此种方式输送人员，与SOE争夺资源，这些都迫使SOE转而使用空运。特工们搭乘夜航飞机进入欧洲大陆后跳伞着陆，军需物资也采用了此种方式投送，或者直接乘坐诸如莱桑德式那样的飞机抵达指定地点，这类飞机能够在短小的跑道、崎岖不平的地面降落。通常情况下，刚刚抵达的特工会受到接待委员会的欢迎，该委员会一般由当地抵抗组织成员或先期抵达的SOE特工同行组成。他们会在地面用柔和的灯光标注出着陆带或伞降区。对于一名特工来说，进入敌对国占领地后，从最初的着陆地或伞降区转移到安全密室无疑是最危险的一段行程。

假身份证明

对于所有SOE的特工来说，在敌占区活动时拥有一份毫无破绽的假身份证明是极为必要的，这样才不会被敌人察觉。

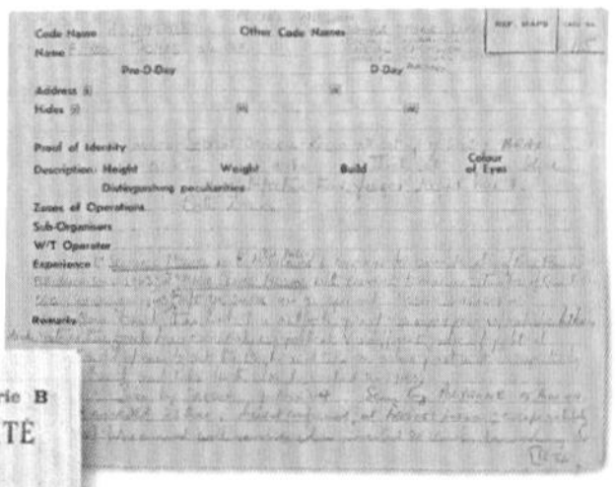

SOE档案卡

最初的和变更后的法国身份证

深入敌后

SOE的罗普中尉在法国上萨瓦地区萨弗隆附近的一个小树林中。这是他跳伞着陆后不久所拍的照片。

秘密行动

SOE特工肩负多重任务，其中最重要的便是负责牵头组建和发展抵抗组织。无线电操作员和破坏专家几乎全是男性特工，地下交通员一般是女性特工，部分原因是因为女性在外走动不太会引起怀疑。特工们利用假身份生活在警戒森严的敌对国占领地，用格宾斯的话来说，他们“长期一天24小时都在焦虑中度过”。

一旦被捕，他们定会遭到严刑逼供，活下来的概率很小。为了保命，他们每时每刻都需要戴着面具生活，且需心思缜密，注意自己的每个小行为，同时注意融入当地环境，不能让人看出自己不是本国人，避免引起关注。无论做任何事情，他们都得与当地人打交道，但任何接触都会冒着被人告密的危险，因为纳粹占领区的情况并不像 SOE 曾经天真设想的那样，人人痛恨纳粹，全民参与抵抗运动。压力之下，一些特工似乎忘记了作为一名特工所应该具备的常识，以及大部分受训内容。密码和地址应该用脑子记下，他们却用笔写下来，或者同时携带两个不同化名的身份证件，甚或两名特工在公共场所碰面时，公然用英语交流。但同时也有一些特工成功地融入了当地环境，甚至当遭到敌人怀疑并被反复盘问时，利用假身份渡过危机。

战争中的女性

SOE 在战争期间雇用了大量女特工。她们有些负责破坏行动或操作无线电设备（见左图），但大多数女特工是工作出色的地下交通员。

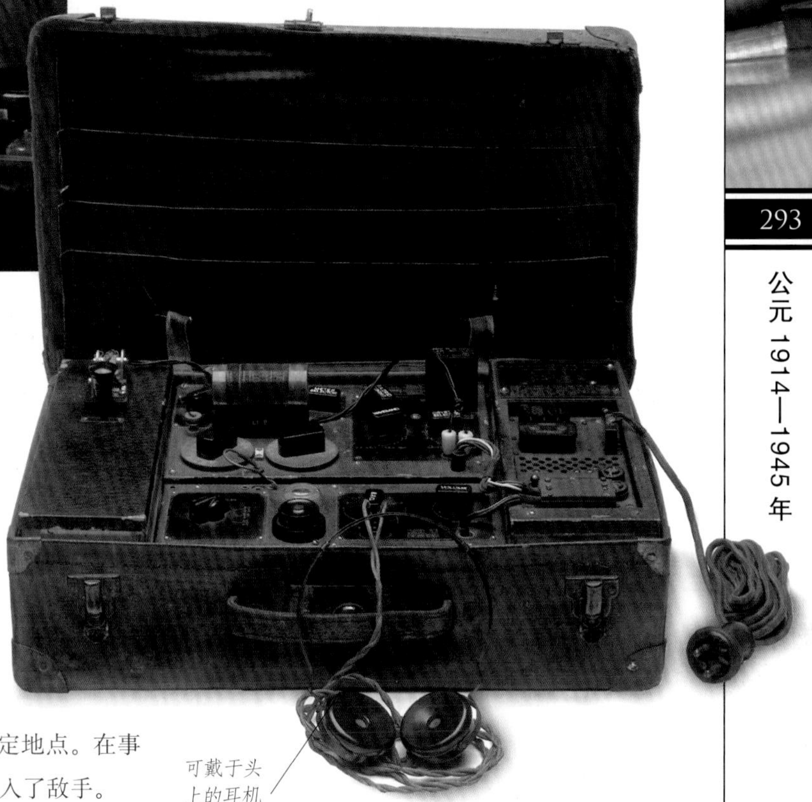

秘密通讯

SOE 特工在敌占区使用 3 型 MK II 手提箱无线电通讯设备与总部保持联系。为避免被纳粹察觉，密码通讯方式不断演化。

SOE 无线电操作员答应为敌传送讯息，他在操作过程中故意漏掉安全检测环节，以警示国内情报部门他已经被“策反”。但不可思议的事是，SOE 高级官员们竟无视这一“疏漏”，并按照对方的指令，运送特工及军需到纳粹指定地点。在事情败露之前，50 多名特工就这样落入了敌手。

成功和失败

SOE 最有名的行动之一就是成功刺杀盖世太保副首领莱因哈德 · 海德里希。他是被特工简 · 库比斯（Jan Kubis）和约瑟夫 · 加比奇克（Josef Gabcik）在布拉格击毙的。他们于 1942 年 5 月跳伞进入欧洲大陆。作为报复，德国人夺走了约 5000 名捷克平民的性命；库比斯和加比奇克也被一名特工叛徒出卖，惨遭杀害。另一更加彰显成功的举措就是 1943 年 2 月对挪威海德鲁水电厂的破坏行动；该水电厂生产的重水可能会被德国人用于制造核弹。挪威籍的 SOE 特工不仅炸毁了工厂，而且凿沉了一艘发往德国、满载重水的货轮。

然而，某些 SOE 行动耗费了大量人力、物力，最终一败涂地，最失败的案例是 1942—1944 年在荷兰发展抵抗组织。最初一批潜入的特工被一名荷兰卖国贼出卖，德国情报机构破译了其通讯密码。一名被捕的

大规模抵抗运动

到 1944 年，SOE 为南斯拉夫、希腊和法国南部的“马基”（Maquis，法国游击队）等许多抵抗组织提供人力、物力，以支持其开展农村游击战争。尽管 SOE 并没有发起这些运动，但派遣特工到达当地以表支持，明显提升了士气，而且提供的武器装备提振了抵抗组织的信心，他们才得以向德军发动进攻，牵制住了大量德国军队。SOE 最辉煌的时候大概是在 1944 年 6 月的诺曼底登陆战之时，SOE 特工和法国抵抗组织为盟军提供了德国守军的重要情报，并且破坏其交通枢纽，阻断德国援军通往诺曼底的道路。

战争期间，几百名 SOE 特工死在了纳粹刑讯室和集中营。举例说明，在法国的特工死亡率大约为四分之一。付出如此惨重的代价是否是值得的，这个问题已无法得出正确的答案。然而，显而易见的是，SOE 特工的勇敢程度不亚于战场上的任何一名士兵。

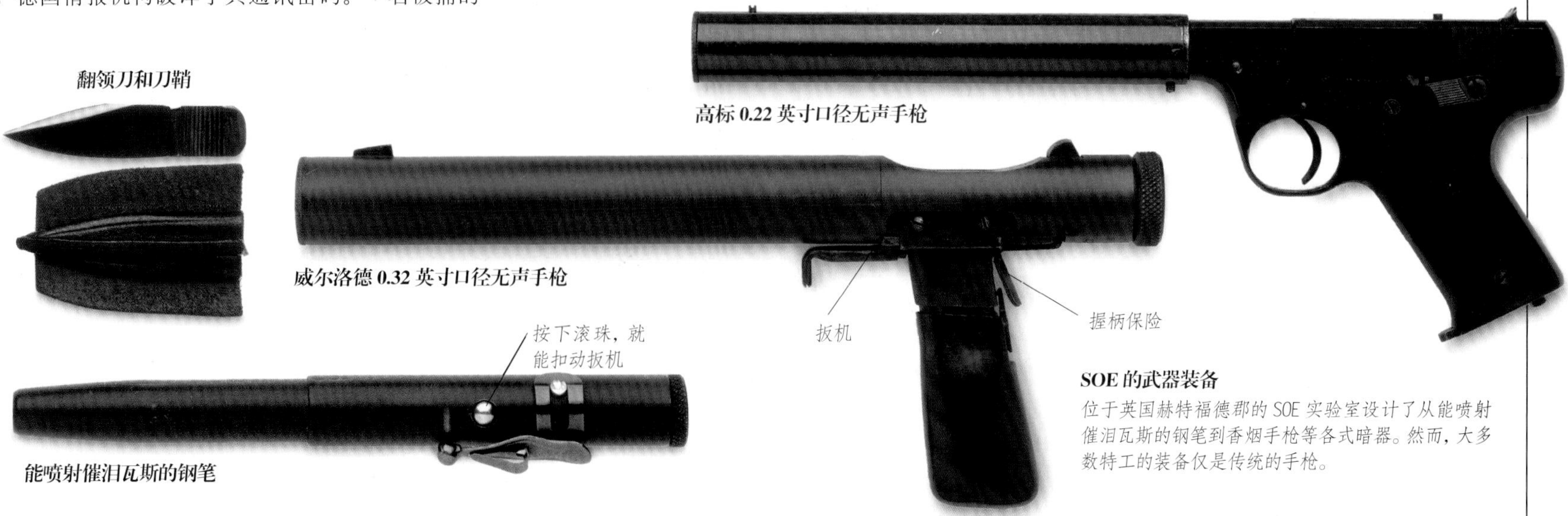

SOE 的武器装备

位于英国赫特福德郡的 SOE 实验室设计了从能喷射催泪瓦斯的钢笔到香烟手枪等各式暗器。然而，大多数特工的装备仅是传统的手枪。

SOE的装备

英国特别行动处培训和装备了几百名特工。许多特工身穿图中所示的服装跳伞进入敌占区，支援当地抵抗组织并协调其工作。有时，已经先期抵达的特工携带便携式无线电收发器(S–phone)在地面引导运载特工的飞机抵达安全的降落区域。特工也会带上指南针和地图，如果由于某种原因，他们没能与接待委员会取得联系，就需要自己找路。

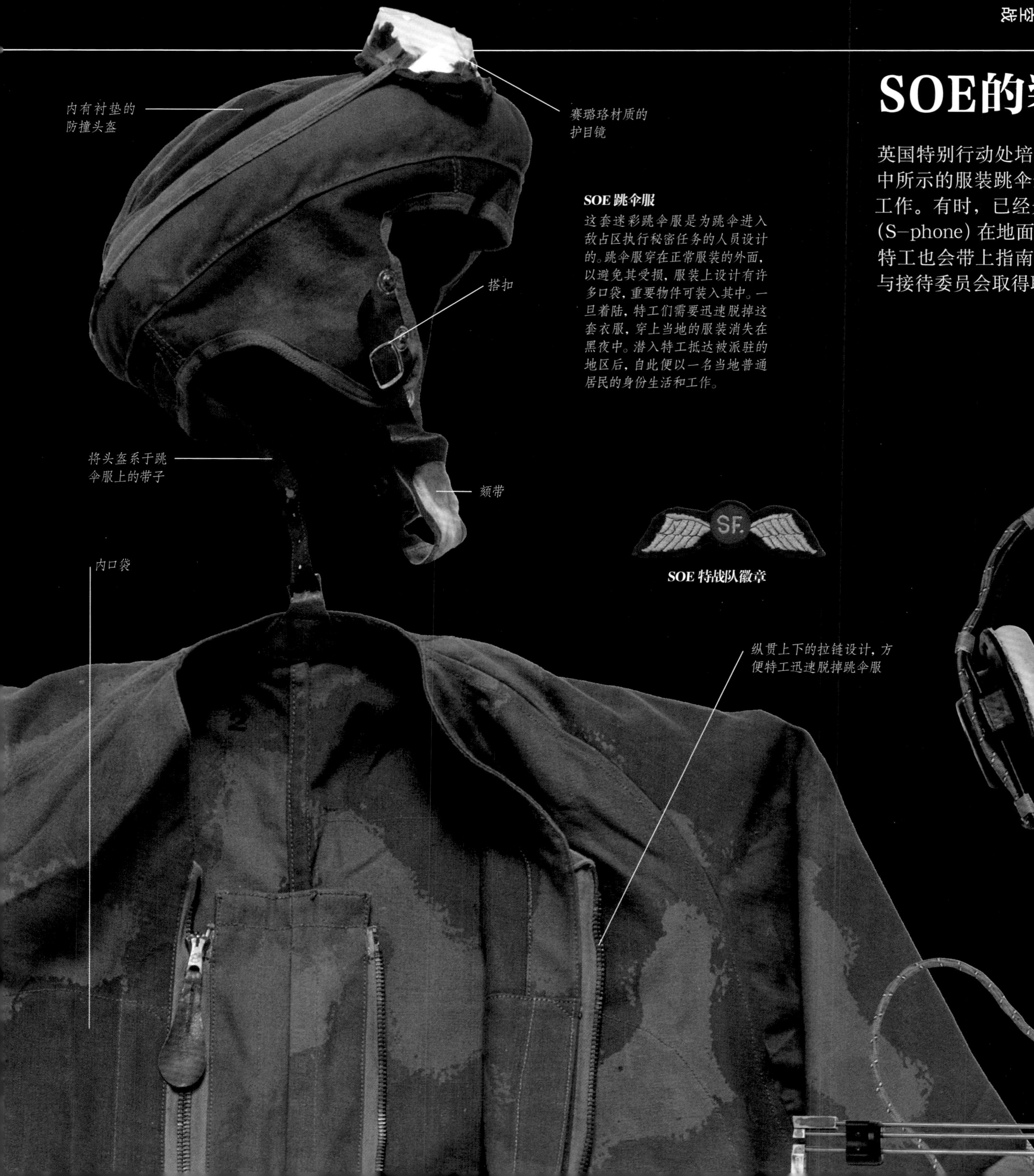

SOE 跳伞服
这套迷彩跳伞服是为跳伞进入敌占区执行秘密任务的人员设计的。跳伞服穿在正常服装的外面，以避免其受损，服装上设计有许多口袋，重要物件可装入其中。一旦着陆，特工们需要迅速脱掉这套衣服，穿上当地的服装消失在黑夜中。潜入特工抵达被派驻的地区后，自此便以一名当地普通居民的身份生活和工作。

SOE 特战队徽章

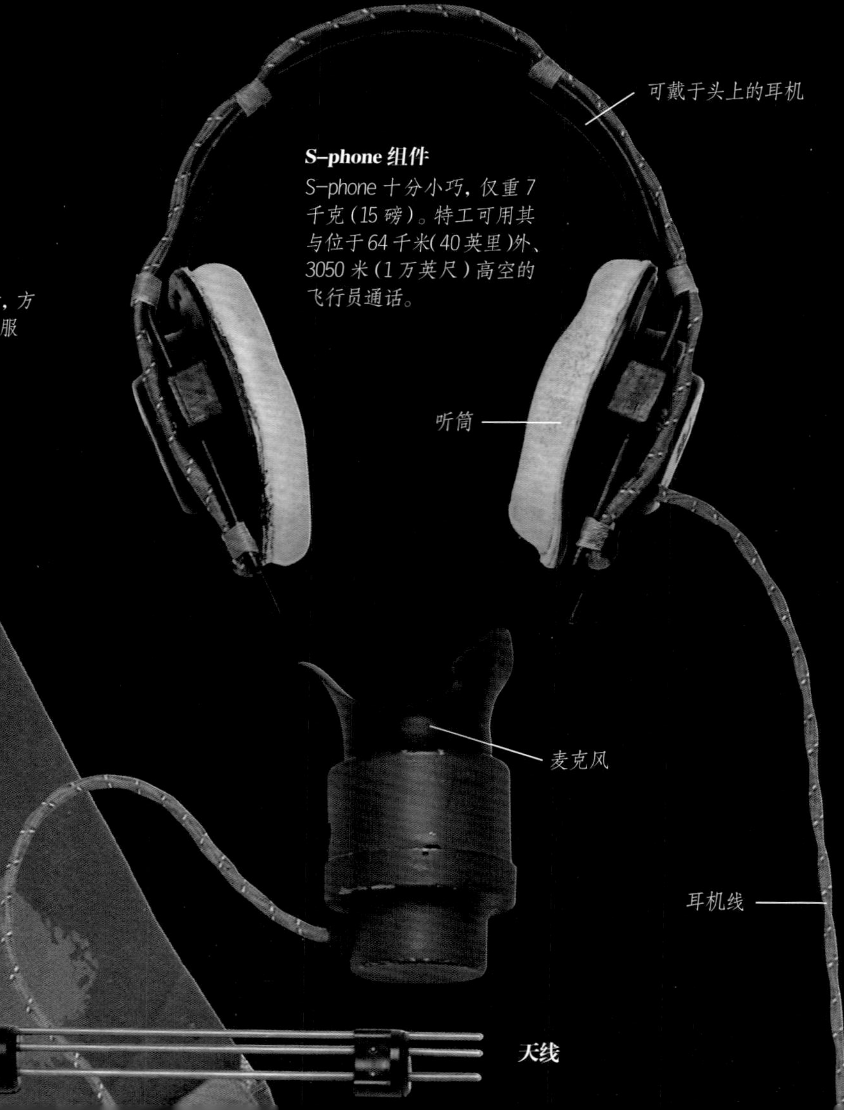

S–phone 组件
S–phone 十分小巧，仅重 7 千克（15 磅）。特工可用其与位于 64 千米(40 英里)外、3050 米（1 万英尺）高空的飞行员通话。

天线

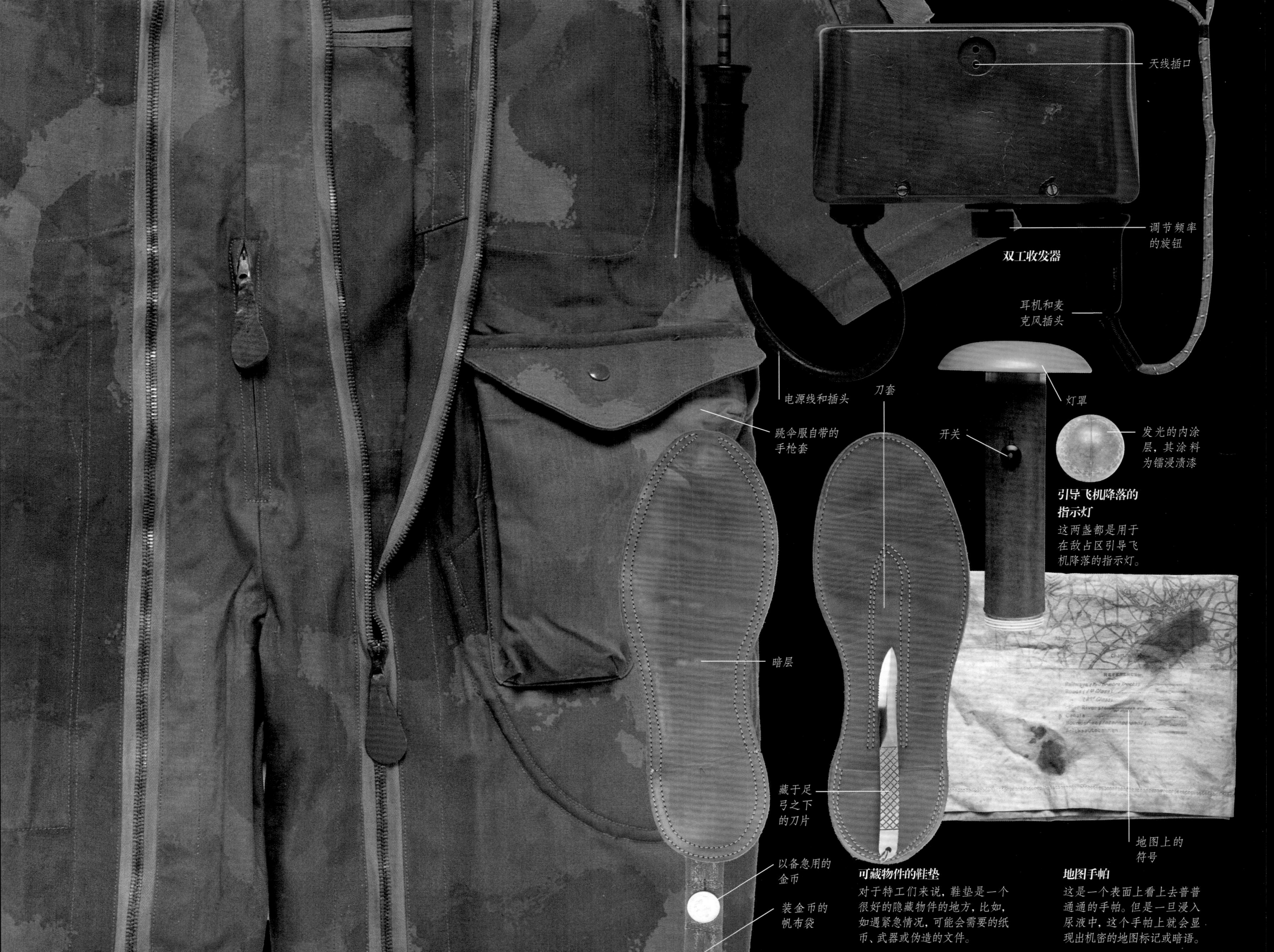

引导飞机降落的指示灯

这两盏都是用于在敌占区引导飞机降落的指示灯。

可藏物件的鞋垫

对于特工们来说，鞋垫是一个很好的隐藏物件的地方，比如，如遇紧急情况，可能会需要的纸币、武器或伪造的文件。

地图手帕

这是一个表面上看上去普普通通的手帕。但是一旦浸入尿液中，这个手帕上就会显现出机密的地图标记或暗语。

SOE的武器

SOE 特工们有着各式各样构思巧妙的武器。正常尺寸的无声手枪是很常见的武器，他们甚至会用上弩，但是其他许多可作为暗器的武器都是在位于伦敦附近韦林花园城的 SOE 实验室中设计出来的。特工们需要从相对简单的翻领刀和香烟枪到更加精密复杂的腰带手枪那样的尺寸很小的武器，可作为日常物件随身携带，便于隐藏或伪装。但也因为这些武器尺寸很小，故而其射程有限，通常不超过 3.7 米（12 英尺）。尽管一般情况下，只有在特工的身份暴露之后，在逃避敌人追捕的过程中，这些武器才会派上用场。

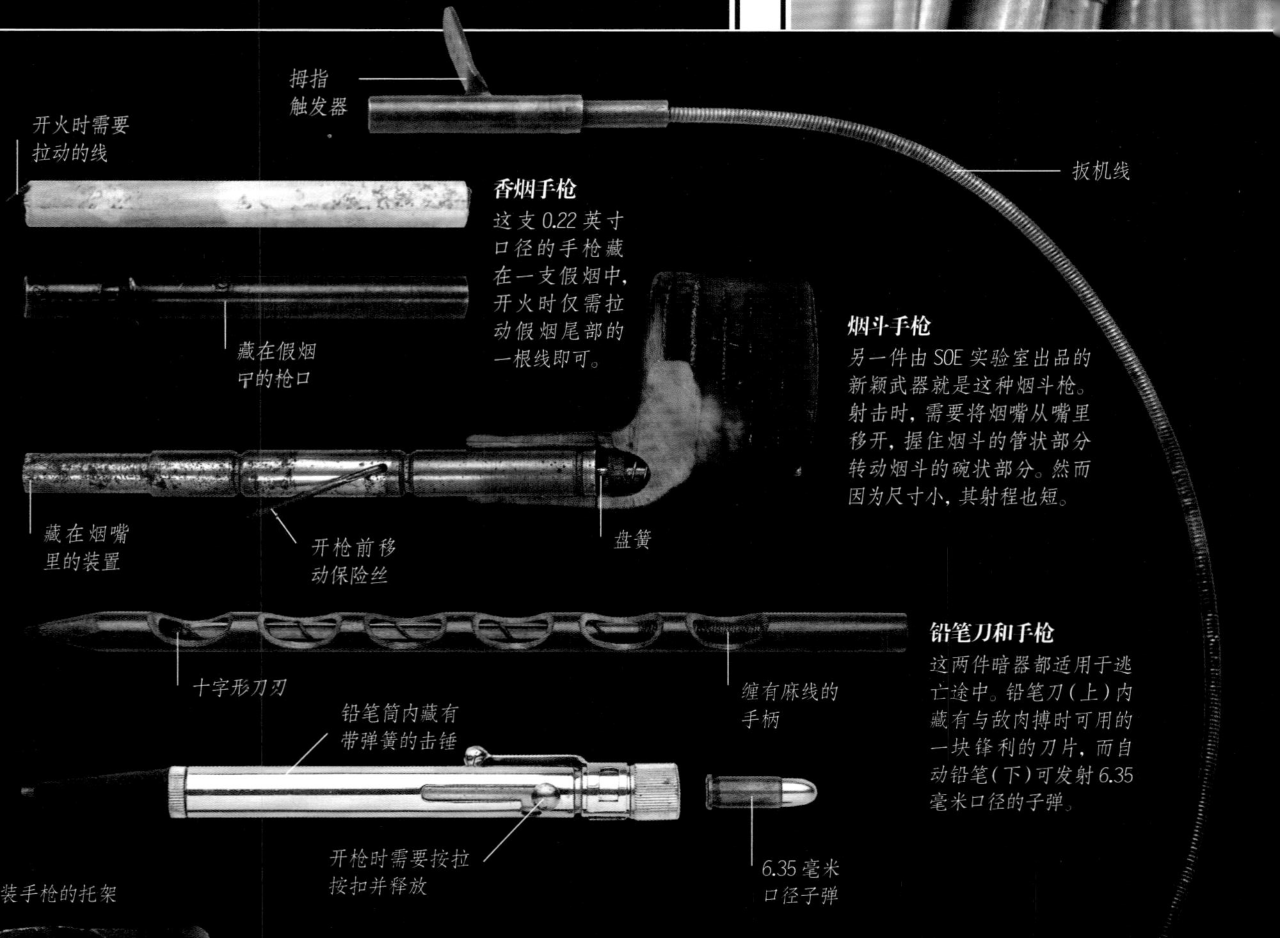

香烟手枪

这支 0.22 英寸口径的手枪藏在一支假烟中，开火时仅需拉动假烟尾部的一根线即可。

烟斗手枪

另一件由 SOE 实验室出品的新颖武器就是这种烟斗枪。射击时，需要将烟嘴从嘴里移开，握住烟斗的管状部分转动烟斗的碗状部分。然而因为尺寸小，其射程也短。

铅笔刀和手枪

这两件暗器都适用于逃亡途中。铅笔刀（上）内藏有与敌肉搏时可用的一块锋利的刀片，而自动铅笔（下）可发射 6.35 毫米口径的子弹。

弩箭

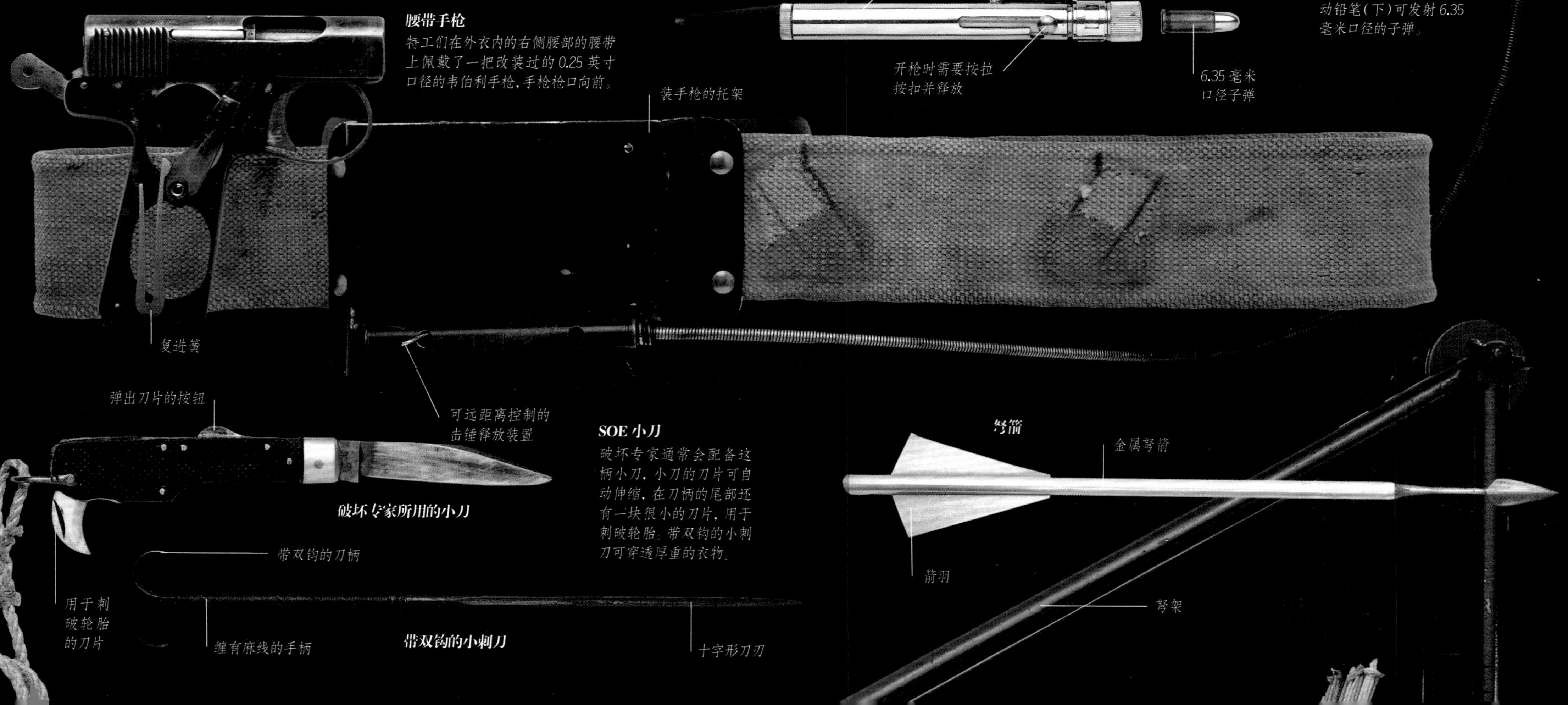

腰带手枪

特工们在外衣内的右侧腰部的腰带上佩戴了一把改装过的 0.25 英寸口径的韦伯利手枪，手枪枪口向前。

SOE 小刀

破坏专家通常会配备这柄小刀，小刀的刀片可自动伸缩，在刀柄的尾部还有一块很小的刀片，用于刺破轮胎。带双钩的小刺刀可穿透厚重的衣物。

破坏专家所用的小刀

带双钩的小刺刀

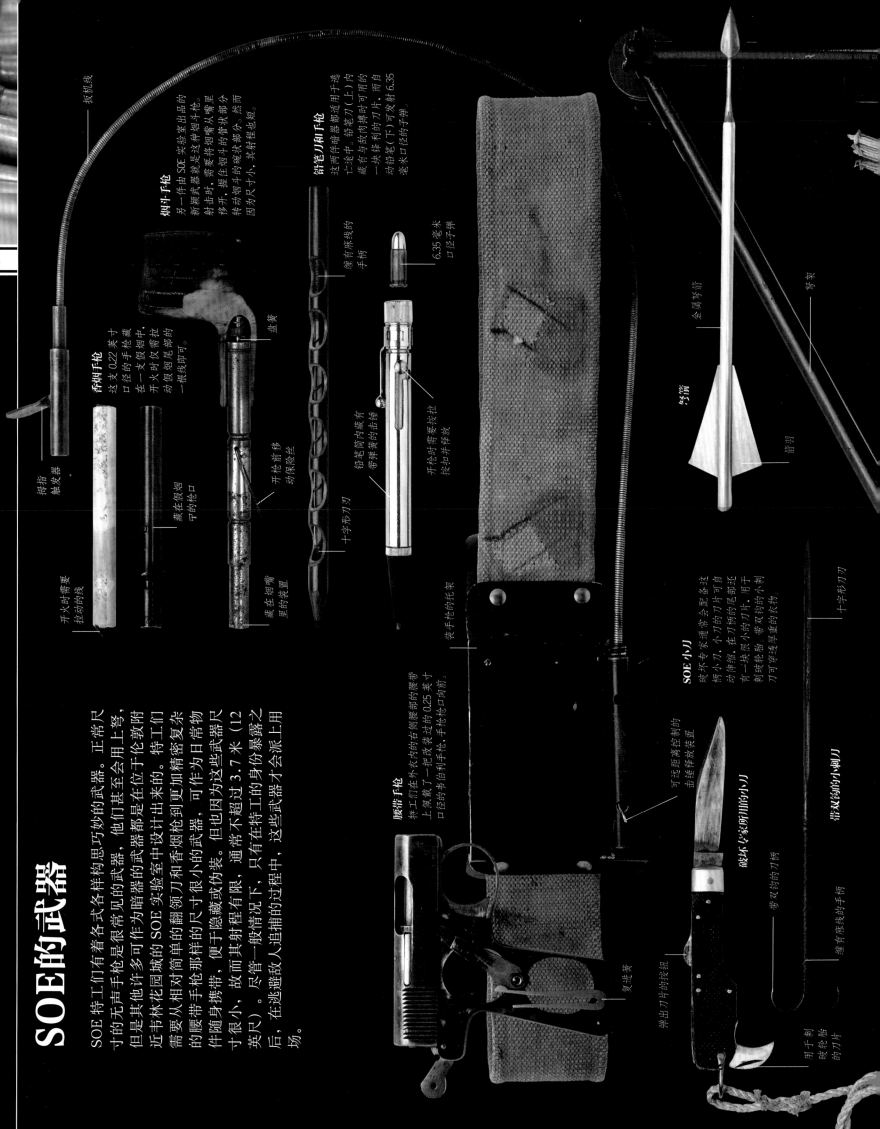

弩和弩箭
弩的使用方法是，用手转动绞盘把手，将橡皮圈拉到一定位置，松手将箭射出。弩架的前半部分和肩托是可以折叠的，这样方便携带。弩箭（上）的材质为金属。

威尔冈冲锋枪
专为 SOE 设计的威尔冈冲锋枪是一款重量轻、小巧易携带的试验型冲锋枪。其装配有顶部折叠枪托和 32 发弹匣。

韦伯利－斯克特 1907 式手枪
20 世纪初期，韦伯利－斯克特制作了几款手枪，其中就有 1907 式手枪。第二次世界大战期间的英国特工都配备了这款手枪，枪上装配有消音器。

柯尔特手枪和手枪皮套
SCE 特工们通常会将手枪及其皮套藏在外套内。

公元 1942—1945 年

美国空降兵

早期那些美国先驱们身上所具备的战无不胜的勇气是美国的立国之本，如同他们一样，我们打破了过去的一切和旧的传统，就是为了建立我们所追求的未来宣言。

——美国颁布第五号将军令，宣布成立第101空降师时的祝语，1942年8月

第二次世界大战期间，美国组建了5个空降步兵师，均为拥有出色战斗能力的精英部队。空降兵们并不仅仅会使用降落伞或乘坐滑翔机着陆，而且还经过了严格训练，拥有过人的身体素质和超强的战斗技能，擅长主动进攻。在欧洲战场的一些最艰苦的战斗中，其中包括诺曼底D日登陆行动，绰号“全美第一师”的第82空降师和绰号“呼啸山鹰”的第101空降师发挥了极为重要的作用。

美国组建空降步兵部队的时间相对较晚，美国参战前苏联、日本、意大利、德国和英国均已成立了自己的空降步兵部队。1942年8月，第82空降步兵师成立，这是美国第一支空降兵专门兵种师级部队，随后成立了第101空降师。1943年，第11、第13以及第17空降师相继成立。

参加第二次世界大战的绝大多数美国士兵都是应征入伍的公民士兵，并不是职业军人。但是，空降兵团并不会强征士兵，而是向应征入伍者发出邀请，希望他们自愿加入。这对于那些雄心勃勃、好胜心强的新兵们来说，是一项不错的选择，因为这样在军队中既不会虚度光阴，又能有机会证明自身的价值。为吸引士兵加入，空降兵团承诺会支付额外的报酬，尽管这也很受欢迎，然而与之相比，能够加入精英部队，表明自己符合其严格的录取标准，还能骄傲地戴上象征精英士兵的徽章，这更让人感到振奋。正因如此，一直以来，自愿申请加入空降兵团的士兵人数都超过了招收人数。只有那些身体特别强壮、意志特别坚定的士兵才能通过初选以及经受住接下来长达数月的严格训练。在实行种族隔离的美国军队中，只有白人才能加入空降兵团，除此之外，士兵们可以说是来自美国各地以及社会的各个领域。大多数士兵在成长过程中，都曾在大萧条时期经历过一段艰难的岁月。军队的训练条件十分艰苦，但与那些娇生惯养长大的新兵们相比，这些对他们的影响力尚小。有人说，为了能佩戴上银色的翅膀徽章，能将裤子塞进靴子，这些军人甘愿冒牺牲生命的危险。让人费解的是，滑翔机兵团也是空降师的一个重要组成部分，并且，乘坐滑翔机着陆比跳伞降落的危险系数高很多，但其士兵却不是志愿加入的，也不能享受额外的报酬。

空降兵特种部队徽章

空降兵们曾经将这枚银色徽章配戴在夹克衫的口袋上，其上雕刻有一双伞兵的翅膀以及一顶降落伞。

空降奇兵

从一开始，新兵们在体能训练中就被要求突破自身极限。他们日夜不停地行军，行军途中，教官鼓励士兵之间以及团队之间展开竞争。尽管在训练中，士兵们已经到了忍耐极限，但没有任何一名士兵因为疲劳或害怕想要退出，没有人想要被淘汰出去。对于他们来说，第一次跳伞始终是重要的挑战，相当多的士兵因为缺乏足够的胆量而未能通过这项考验。

入战西西里岛

1943年7月23日，在西西里岛上空，美军空降兵准备跳伞（上图）。1942年，专为空降兵设计了配装折叠枪托的M1卡宾枪（右图）。

枪托可折叠的M1卡宾枪

几千只白色的降落伞在密集的高射炮火中缓缓飘落，而……滑翔机狠狠地撞击在高压线上，蓝色的火星四处溅落。

——法国飞行员皮埃尔·克洛斯特曼（Pierre Clostermann）关于空降兵空降莱茵河上空场景的描述，1945 年 3 月

士兵们也必须立即无条件地执行上司的命令。幸运的是，军官们普遍素质很高，受到士兵们的尊重，从普通的空降志愿兵中选拔上来的士官们同样如此。

他们受训在敌后降落，并有可能仅凭小股力量孤军作战。他们必须学会使用无线电收发报机，使用烈性炸药开展破坏行动，具备夜间作战的能力，以及学会在得不到再补给的情况下如何长时间生存。士兵们必须随身携带轻步兵作战所需的所有装备，背负沉重的装备已让他们步履维艰，迈步登上 C-47 运输机已很困难，更不用说携带所有装备跳伞了。对于那些需要携带机枪或迫击炮的士兵们来说，尤其如此。

服役日记本

士兵的基本装备中包括一本重量较轻的服役日记本。

派驻海外

第一批被派驻海外的美国空降兵的目的地是北非。1943 年 7 月 9 日晚，第 82 空降师入战西西里岛，进行了第一次空降作战。第 82 空降师还参加了第二年 9 月空降萨莱诺（Salerno），入战意大利本土的行动。然而，大多数美国空降部队被派往英国，准备参加诺曼底登陆战。这些年轻的士兵不仅从未有过实战经验，而且绝大多数人之前从未离开过美国。他们乘坐拥挤的运兵船横渡大西洋，抵达位于英格兰农村的军事基地，展现在眼前的景象与他们之前生活的环境截然不同。摆脱了父母的管束，他们就像脱缰的野马一样自由自在，宛如来到了天堂。但是在军营中，严苛的训练耗尽了他们所有的精力。

在入战西西里岛的行动中，由于风大、夜间飞行本身存在的诸多问题以及敌军猛烈的高射炮火，空降兵们降落时太过分散。尽管如此，盟军计划于 1944 年 6 月诺曼底登陆战时，仍然采用夜间空降的作战计划，同时也包括滑翔机降落作战。

在 D 日行动之前，英国举行了大规模军事演习，但在演习中并未解决夜间空降作战存在的任何问题，不过，第 82 和第 101 空降师仍然计划空降海滩后方，攻占内陆重要目标。

市场花园行动

在 1944 年市场花园行动中，美国空降兵从运输机上跳伞，降落在丹麦的一片农田里。此图前景中是先期抵达的盟军滑翔机部队。

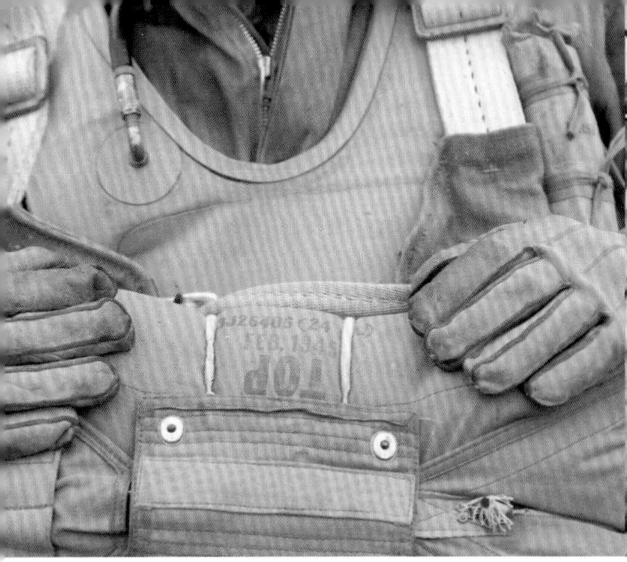

入战法国

第 439 空运联队的道格拉斯 C-47 运输机上满载着空降兵，正准备从位于英格兰的空军基地起飞。为防止紧急情况的出现，士兵们还穿上了备用降落伞和救生衣（左）。

大多数空降兵并未参加过入战西西里岛或意大利的战斗，此次空降任务是他们受训两年后的第一次实战。因为空降行动是在漆黑的夜里进行，部队向他们配发了一种带响片的小装置以及传达了密码口令，一旦着陆，希望他们可以凭声音找到队友，凭密码口令可避免误伤队友。一些士兵剃光了头发，在脸上抹上颜料，为战斗所做的准备工作十分充分。

诺曼底登陆

6 月 5 日到 6 日夜，盟军运输机群拖拽滑翔机群，装载多支空降部队从英国机场起飞，但是到达法国海岸时却陷入了混乱状况。海岸被大雾所笼罩，能见度差，再加上运输机为了闪避敌军猛烈的高射炮火，未能将空降兵集中投放，着陆点十分分散。许多士兵丢失了随身装备。一些士兵降落在大海或沼泽地中，不幸溺水身亡。正因为参战前接受过高质量的军事训练，这些基本上毫无战斗经验的空降兵们，用仅存的少许武器以小股力量与敌人作战，取得了胜利，使德军敌后陷入一片混乱。他们攻占了重要的炮台、桥梁和堤道，为美军在犹他海滩遏制住德军的反扑助了一臂之力。接下来的三到五周时间中，空降兵们继续在诺曼底与德军作战，战况十分激烈，他们亦伤亡惨重。

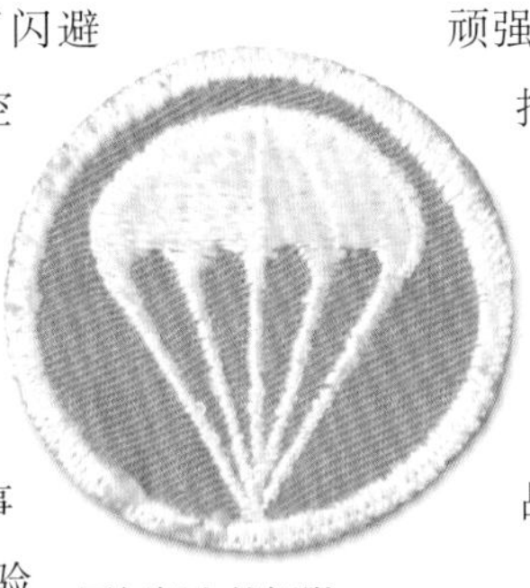

军便帽上的帽徽

帽徽上有一顶带步兵蓝色滚边的白色降落伞。

战斗到最后

诺曼底战役之后，盟军指挥官们对空降作战信心百倍。这直接导致他们在 1944 年 9 月花园市场行动中押下重注。大约 33970 名美国、英国和波兰空降兵组成第 1 联合空降军，计划从德军手中夺取德占荷兰境内的马斯河、瓦尔河和莱茵河上的多座桥梁并坚守直至装甲部队到来。这次第 82、101 空降师再次代表美国出征。美军完成了既定目标，占领了多座桥梁并抵制住多次德军反攻，但英军仅占领了莱茵河大桥的一端。从总体上看，这次行动意义不大。在一系列的激烈战斗中，第 82、101 空降师的士兵们付出了超乎凡人的努力，短暂休整之后，重新投入战斗，于 1944 年 12 月到 1945 年 1 月的突出部战役中，顽强抵抗德军的疯狂进攻。第 101 空降师在巴斯托涅阻击战中表现尤其突出。这次战役中，第 17 空降师是第一次参战，这支战斗经验相对欠缺的空降师随后参加了在 1945 年 3 月莱茵河以东打响的最后一次重要的空降突击战斗。在这次战斗中，盟军在空降作战和滑翔机作战方面取得了全面胜利。

洗漱用具

标配洗漱用具包括安全剃刀、刀片、酸中和牙粉，以及无刷剃须皂。

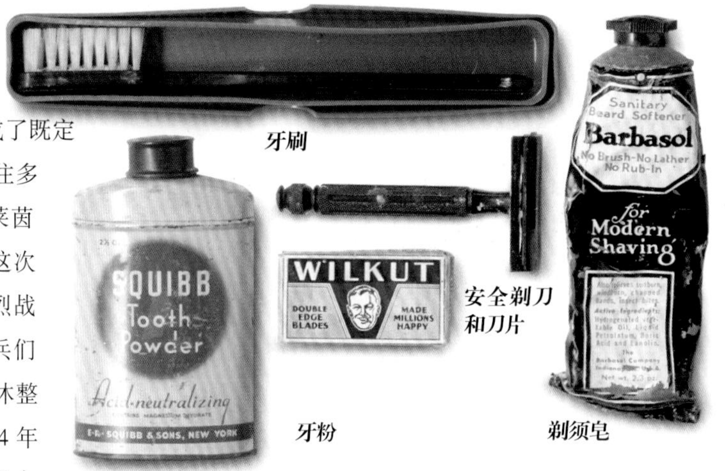

出色的战斗表现

总的来说，在第二次世界大战中，大规模空降作战的局限性暴露无遗。空降兵在从空中飘向地面的过程中，极易遭受地面炮火的攻击。盟军损失了大量滑翔机，有的是因为发生了意外事故，有的则是被敌军炮火击中。天气不好，再加上敌军密集的炮火攻击意味着运输机不可能集中空投空降兵，其着陆地点离既定目标很远。面对敌军的反攻，如果没有重型装备加身，空降兵的伤亡率会很高。简而言之，空降作战的未来发展不太乐观，但作为轻步兵精英队伍，空降师的战斗表现十分出色。第 101 和 82 空降师伤亡人数多达 1.6 万多名，其中 3400 人阵亡。传统一旦形成，就不会被轻易舍弃。战争结束后，第 82 空降师继续留在军中，第 101 空降师于 1954 年重返作战序列。第 101 和 82 空降师均为美军精英部队，但不再采用大规模空降作战的战术。

沉重的负荷

1944 年 6 月 6 日，在诺曼底登陆战中，第 82 空降师的空降兵们正准备跳伞。他们随身携带的物品十分沉重，其中包括一顶备用伞以及塞满了装备的腿袋。

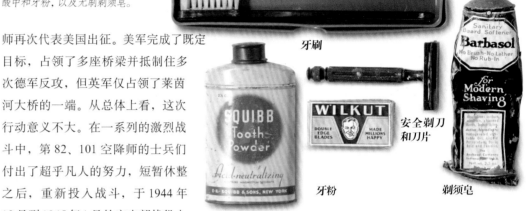

美国空降兵制服

最初，空降部队在设计士兵制服时刻意要彰显其与标准步兵制服的差距，以此表明空降兵的精英身份，而完全未注意到实用性的问题。穿上与普通步兵不一样的靴子，将裤子塞进靴子里，让裤子腿儿显得鼓胀，这些都是空降兵所独享的特权，亦让其他士兵艳羡不已。因其特色鲜明的制服，第 509 空降步兵营在安齐奥（Anzio）被一名德国士兵戏称为“穿肥裤子的恶魔”。

我着装整洁，在其他士兵的眼中我会是……我爱护武器和装备，表明我是一名……训练有素的士兵。

——《空降兵信条》

M2 空降兵头盔
配发的头盔颜色原本为朴素的橄榄绿色，士兵们会在上面抹上迷彩涂料。第 509 营的徽章标记是“姜饼人”。

M1942 跳伞服
上衣和裤子是橄榄绿色，配发到所属部队后，再喷涂上迷彩色。士兵穿上制服，并用一个纸盒遮盖住头部后，再进行全身喷涂，这样除去衣领部位，全身均可涂上。多出的子弹带被切割后，缝在外套里层，可作为额外的口袋使用。

发光的小圆盘，佩戴后可在黑夜中识别战友

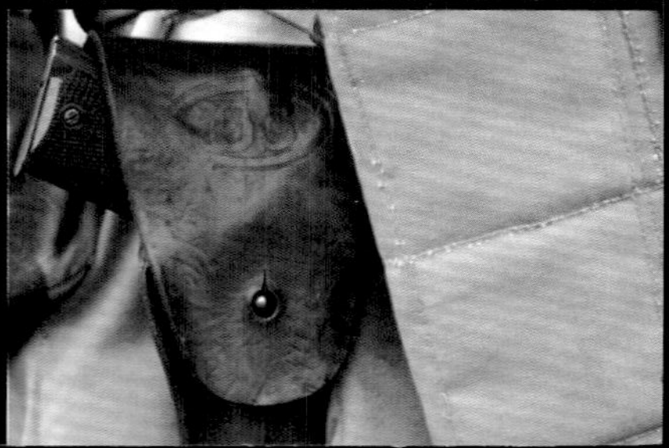
柯尔特 0.45 英寸口径佩枪，随身携带在方便的位置，以便能以极快的速度拔枪迎敌

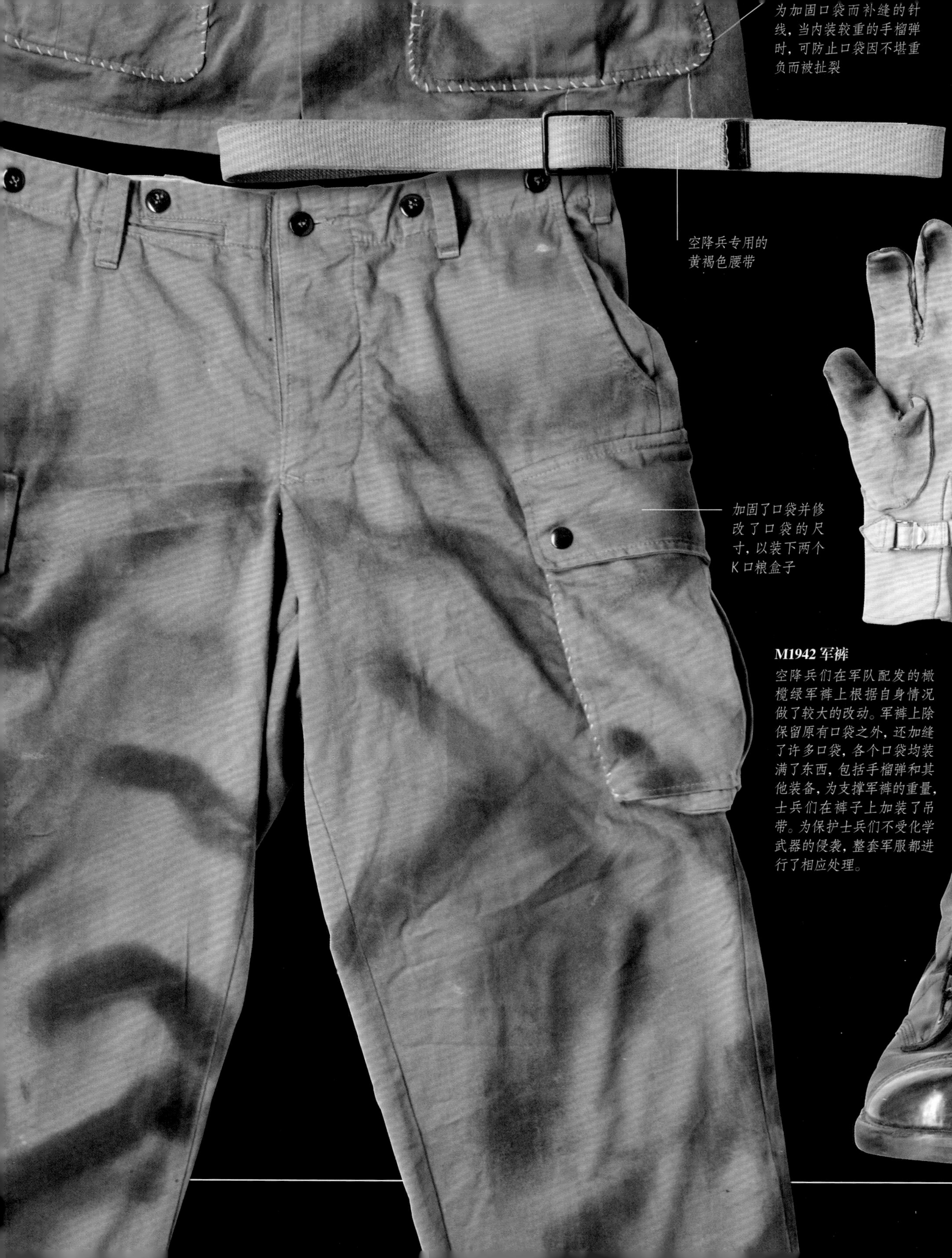

为加固口袋而补缝的针线，当内装较重的手榴弹时，可防止口袋因不堪重负而被扯裂

空降兵专用的黄褐色腰带

加固了口袋并修改了口袋的尺寸，以装下两个K口粮盒子

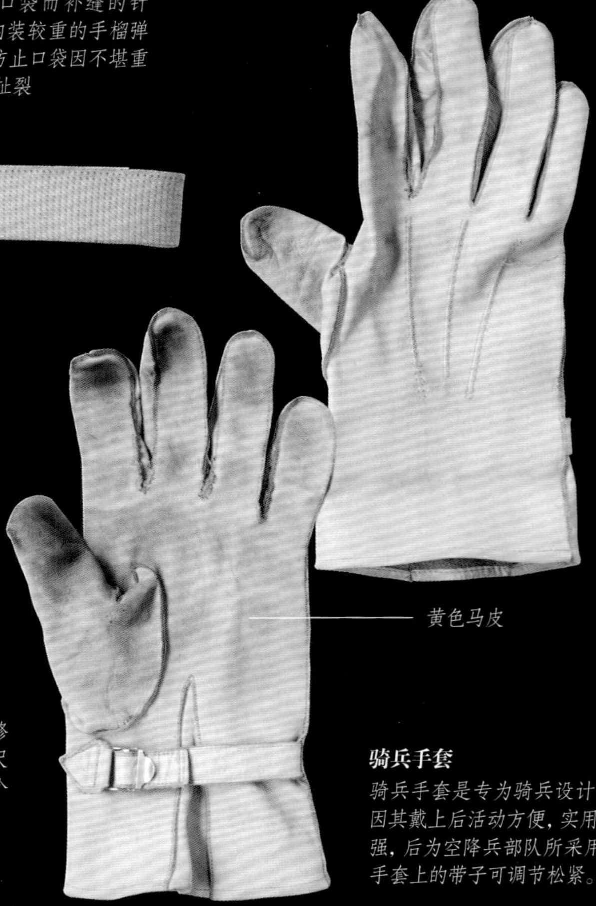

黄色马皮

骑兵手套
骑兵手套是专为骑兵设计的，因其戴上后活动方便，实用性强，后为空降兵部队所采用。手套上的带子可调节松紧。

佩戴在小腿处的M3双刃格斗刀

M1942军裤
空降兵们在军队配发的橄榄绿军裤上根据自身情况做了较大的改动。军裤上除保留原有口袋之外，还加缝了许多口袋，各个口袋均装满了东西，包括手榴弹和其他装备，为支撑军裤的重量，士兵们在裤子上加装了吊带。为保护士兵们不受化学武器的侵袭，整套军服都进行了相应处理。

镀铬皮

伞兵靴
伞兵靴是空降兵地位和身份的象征，许多士兵梦寐以求的就能是能穿上伞兵靴，成为一名空降兵。伞兵靴在设计上尤其重视安全因素，为预防靴子被不平整的飞机甲板戳坏，伞兵靴加装了护踝，加固了鞋尖，且削斜了鞋跟。

靴内加装有帆布护踝

鞋跟向后倾斜

美国空降兵装备

美国空降兵的大多数装备与“二战”时美国步兵的标准装备一样，只是倾向于使用配置重量轻巧、便于携带的物件。比如，K 口粮，对于在无法补给的情况下不得不在敌后生存的士兵是非常适合的，K 口粮是 1942 年首先在空降兵中试验，才进行全军推广的。K 口粮可以由能量丰富的 D 口粮替代；还有 M3 格斗刀，用于与敌人肉搏，M3 格斗刀从 1943 年开始批量生产。

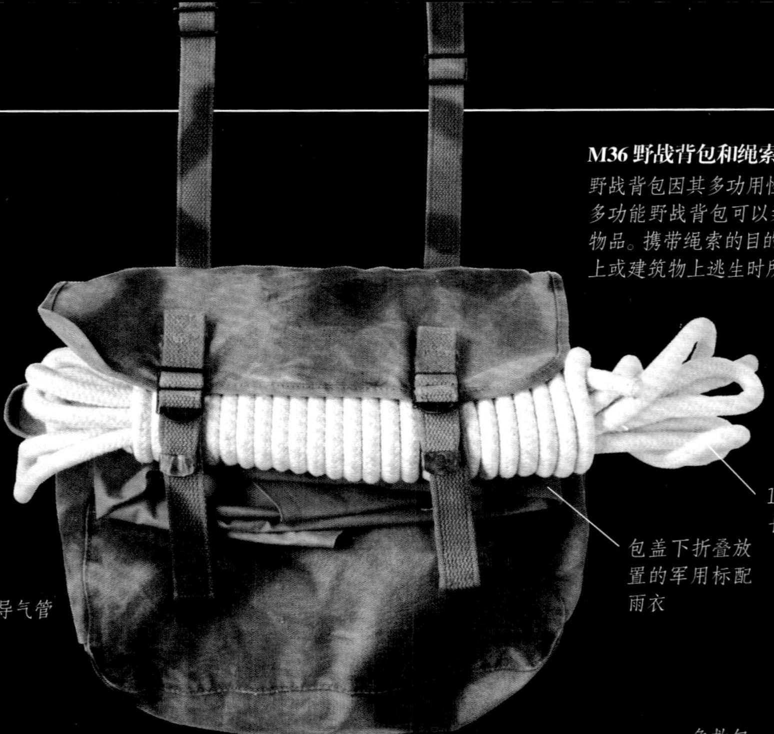

M36 野战背包和绳索
野战背包因其多功用性而为空降兵所采用。多功能野战背包可以装弹药、口粮及私人物品。携带绳索的目的是供士兵需要从树上或建筑物上逃生时所用。

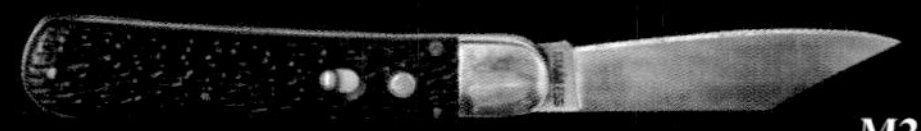

M2 折叠刀
士兵如被缠绑，可使用此刀割断缠绑的带状织物。

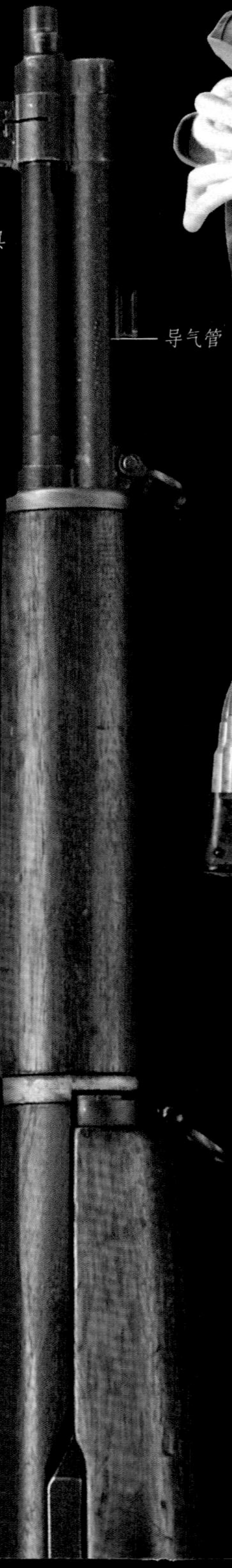

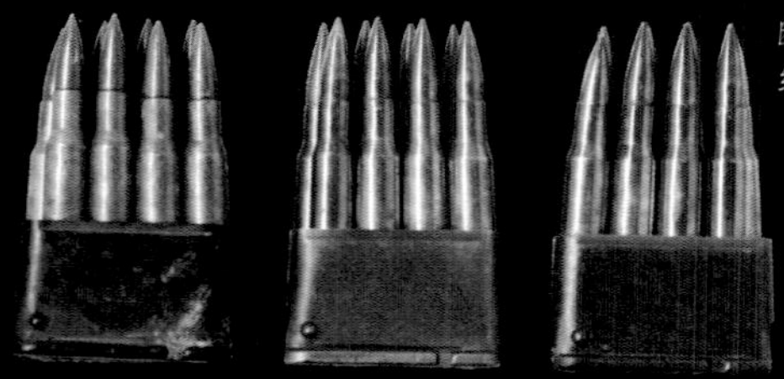

M1A1 加兰德步枪和弹药
加兰德步枪是第二次世界大战期间美军装备的制式步枪。这支半自动步枪的供弹方式是依靠弹簧的弹力，将一个 8 发子弹的钢制弹夹压入空弹匣。当士兵打完最后一发子弹，空弹夹会自动弹出来。士兵换弹夹时必须小心，以防枪栓突然扣上，这样士兵的大姆指就会被夹到受伤，导致出现“M1 姆指”的情况。M1A1 卡宾枪也是空降兵部队的专用武器。

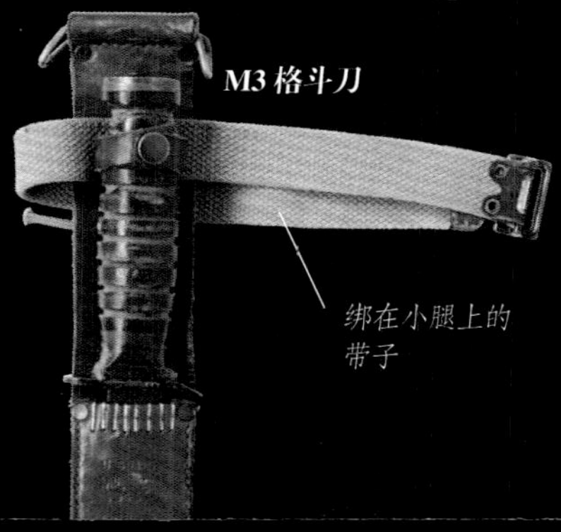

M3 格斗刀

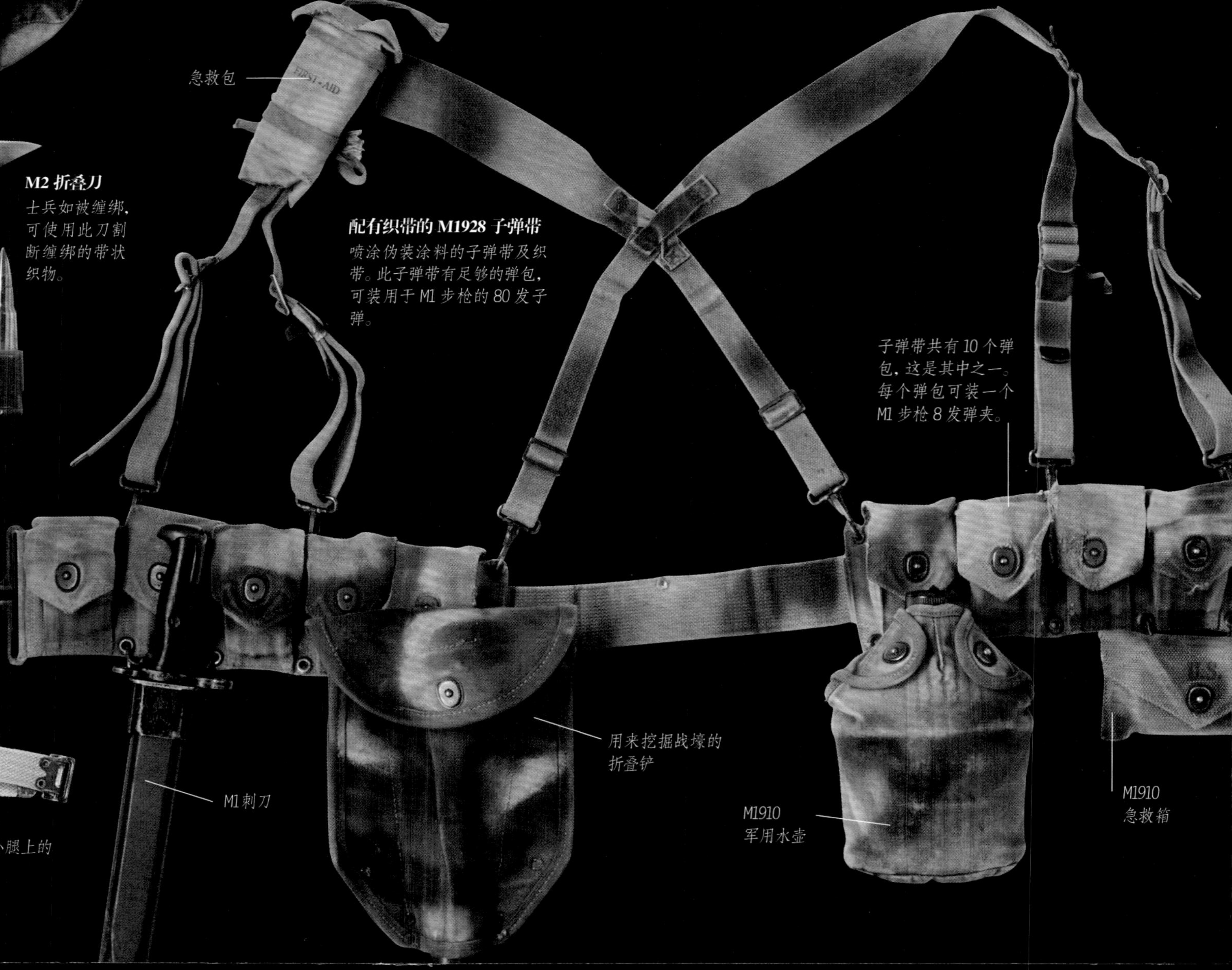

配有织带的 M1928 子弹带
喷涂伪装涂料的子弹带及织带。此子弹带有足够的弹包，可装用于 M1 步枪的 80 发子弹。

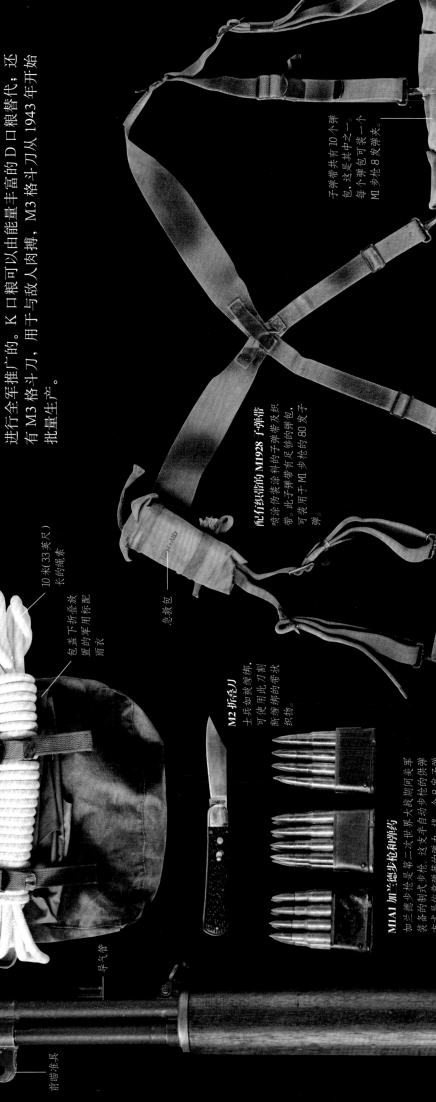

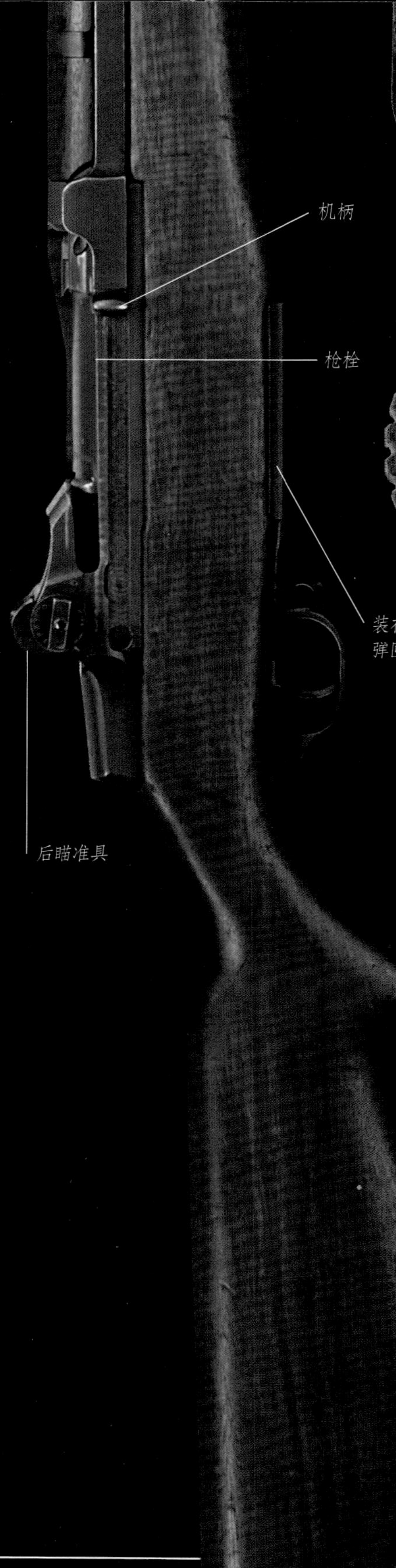

MK II 手榴弹

备用弹药带

士兵将备用弹药带斜挂于胸前，如果子弹带弹药用尽，可作为补充。备用弹药带有6个小弹袋，每个弹袋中放入一个完整的弹夹，每个弹夹装有8发.30-06步枪弹。

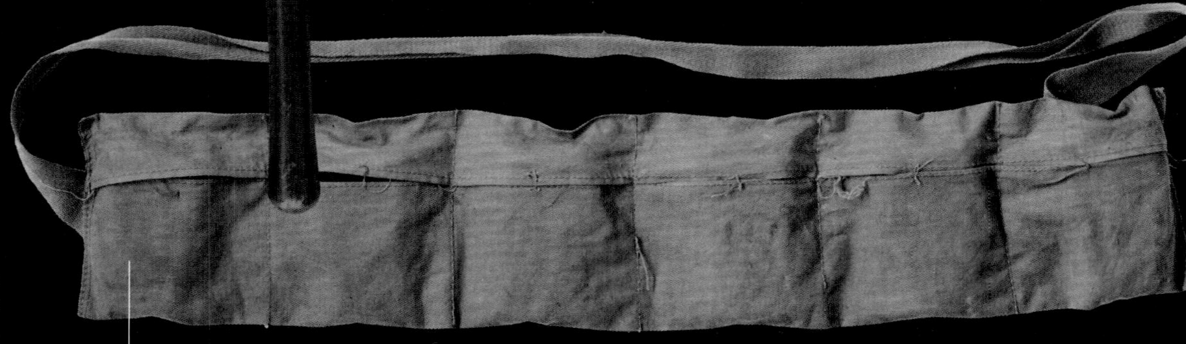

K口粮

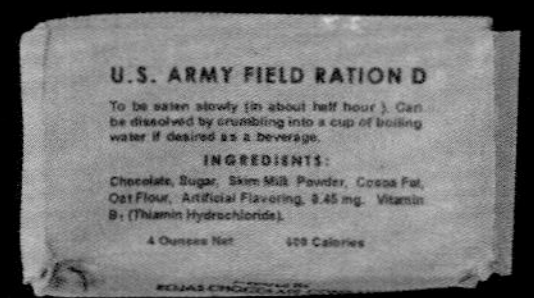

D口粮

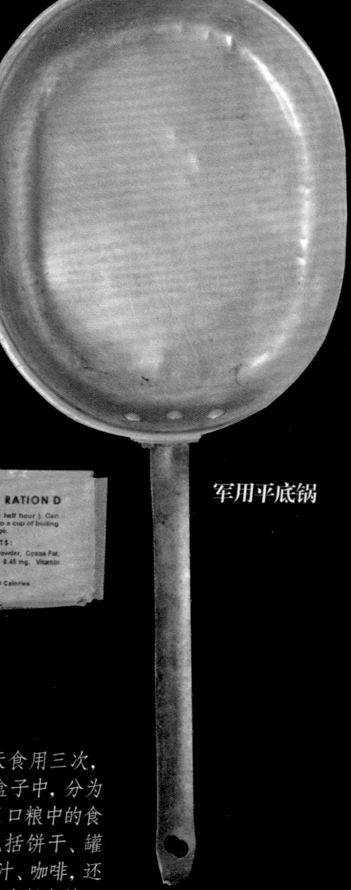

军用平底锅

军队标配刀叉

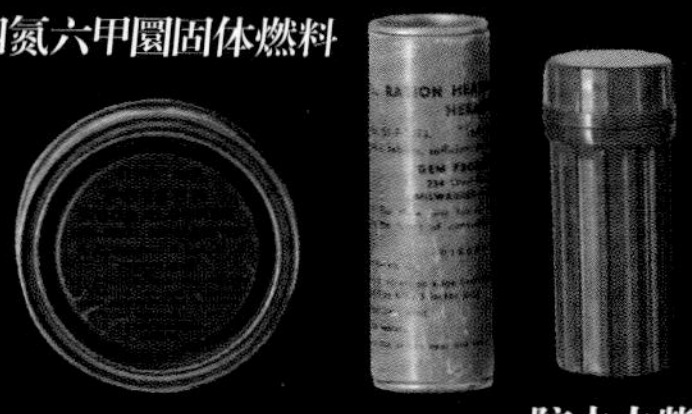

甲醇

防水火柴盒

口粮

一份K口粮可供一天食用三次，包装在三个独立的盒子中，分为早餐、午餐、晚餐。K口粮中的食物不易发霉变质，包括饼干、罐装鸡蛋火腿、糖、果汁、咖啡，还有口香糖和香烟。作为紧急情况下食用的口粮，K口粮里面的食物是固定配置、一成不变的，其口味单一，士兵如果长期食用，摄入的热量不能满足身体所需。D口粮是高度浓缩的、添加了富含维生素的燕麦和巧克力条，用以补充身体所需能量。

炊具

士兵们配备有同一标准的平底锅和刀叉。他们用甲醇或四氮六甲圜固体燃料块做饭。甲醇火焰很猛，而四氮六甲圜不用引火即可燃烧。

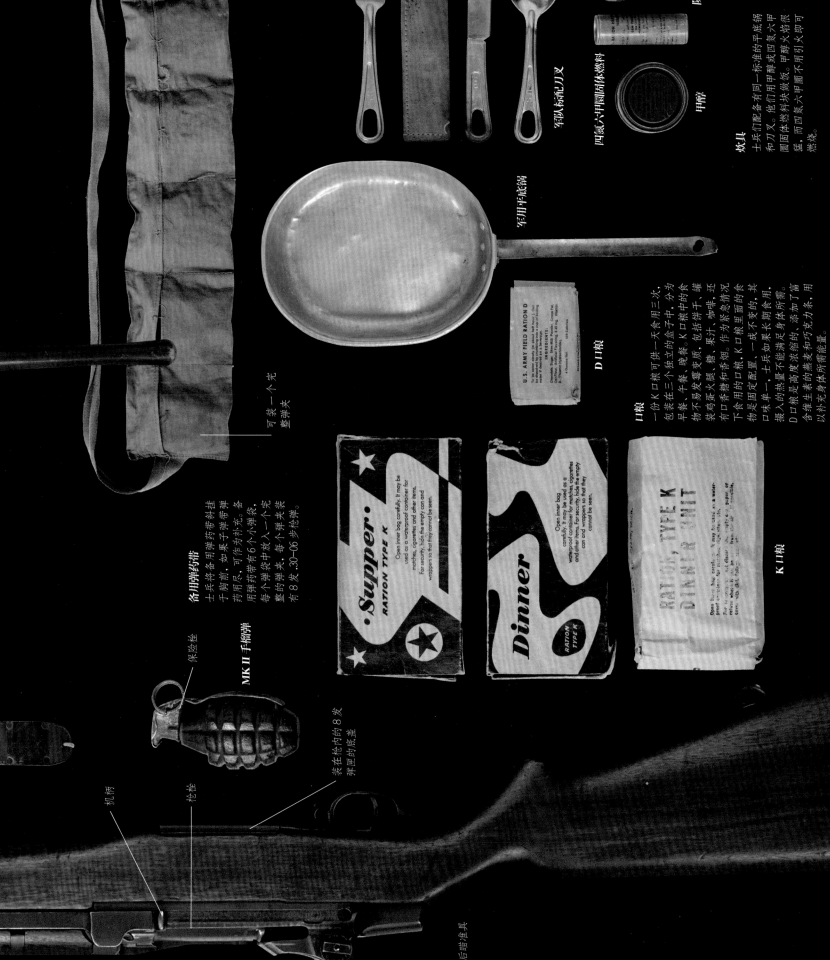

降落伞

尽管空降部队战功卓著，但其空降作战的重要装备——降落伞却存在着严重的缺陷。在地面敌军密集的高射炮火中、在漆黑的夜里或在恶劣的天气条件下能够准确地跳伞到达指定位置不是一件容易的事。空降兵在跳伞过程中很容易被敌军炮火击中，一是因为他们清晰可见，二是因为他们无法躲闪。着陆后空降兵还需要一点时间脱掉装备，在这段时间中也同样容易被射中。空降兵如果携带太多装备，跳伞就会不太方便；但如果携带的装备太少，一旦着陆，就无法有效地开展行动。

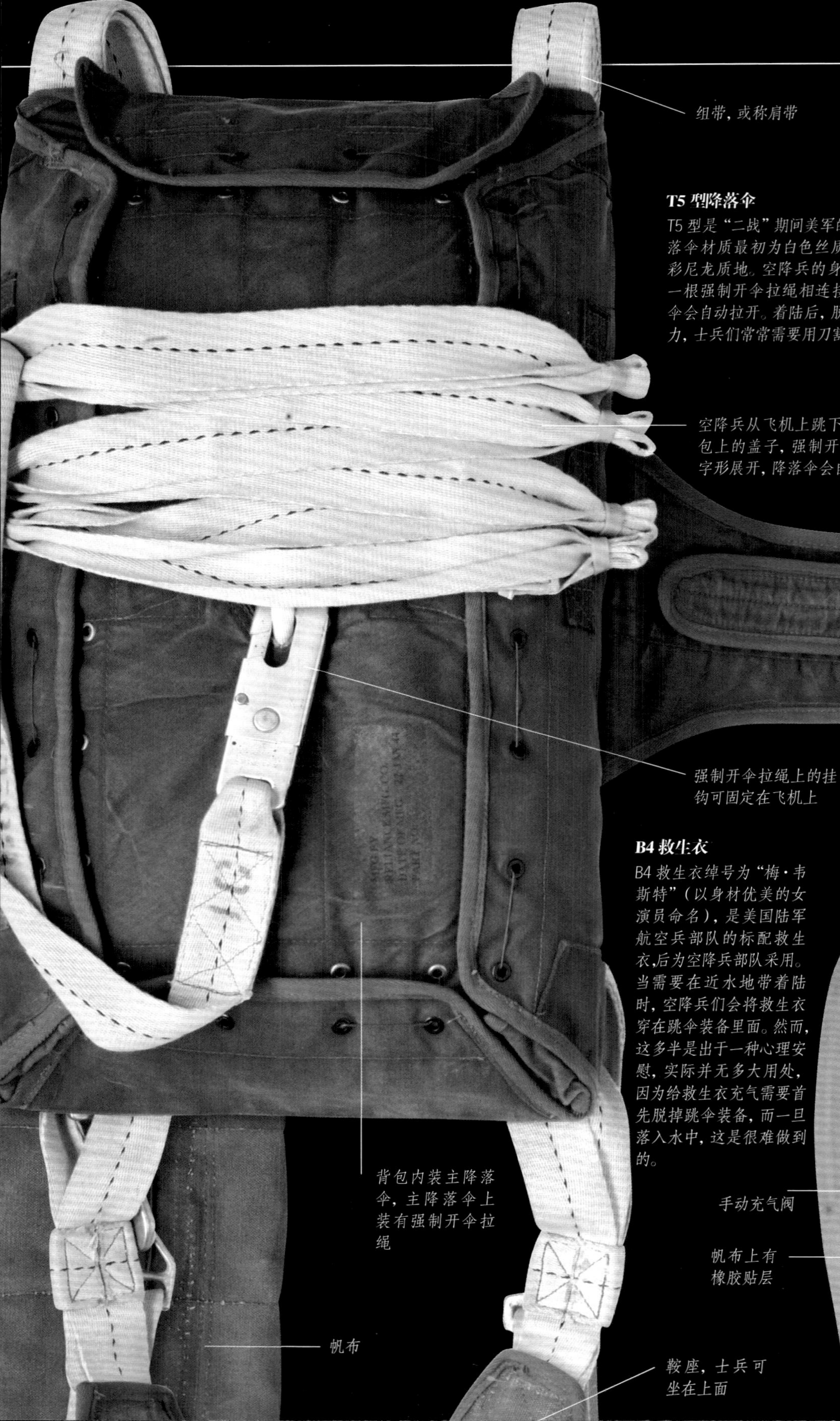
组带，或称肩带
空降兵从飞机上跳下后，扯开背包上的盖子，强制开伞拉绳呈Z字形展开，降落伞会自动打开。
腹带穿过紧急降落伞上的两个圈形物，将紧急降落伞固定在主降落伞上
强制开伞拉绳上的挂钩可固定在飞机上
背包内装主降落伞，主降落伞上装有强制开伞拉绳
帆布
鞍座，士兵可坐在上面

T5 型降落伞

T5 型是“二战”期间美军的标配降落伞。降落伞材质最初为白色丝质，稍后改进为迷彩尼龙质地。空降兵的身体与飞机之间有一根强制开伞拉绳相连接，跳下去后降落伞会自动拉开。着陆后，脱掉降落伞比较费力，士兵们常常需要用刀割断带子。

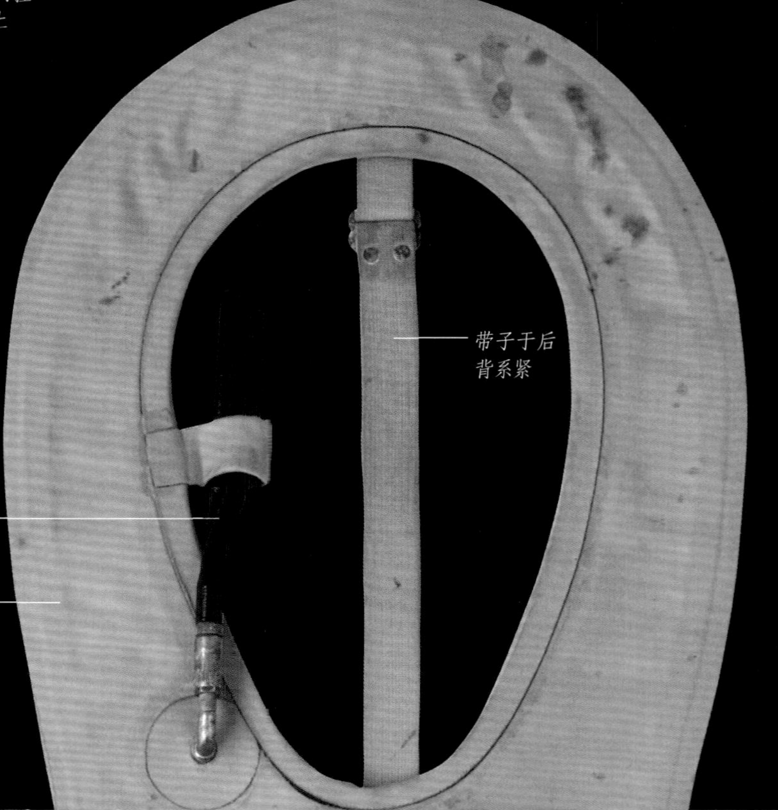
带子于后背系紧
手动充气阀
帆布上有橡胶贴层

B4 救生衣

B4 救生衣绰号为“梅·韦斯特”（以身材优美的女演员命名），是美国陆军航空兵部队的标配救生衣，后为空降兵部队采用。当需要在近水地带着陆时，空降兵们会将救生衣穿在跳伞装备里面。然而，这多半是出于一种心理安慰，实际并无多大用处，因为给救生衣充气需要首先脱掉跳伞装备，而一旦落入水中，这是很难做到的。

野战背包夹在跳伞装备的正面

救生衣穿在跳伞装备里边

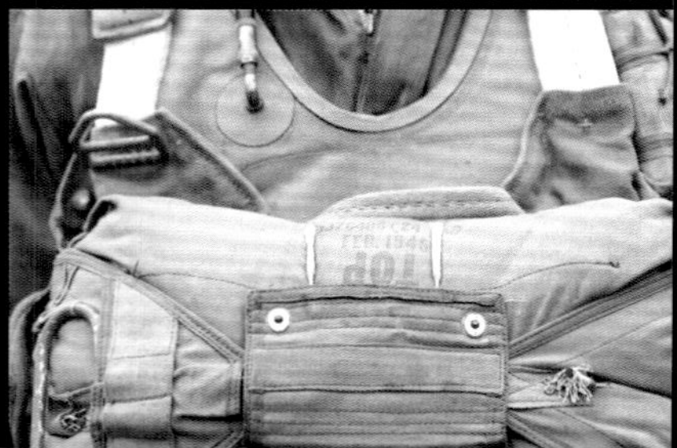
露出释放手柄的紧急降落伞

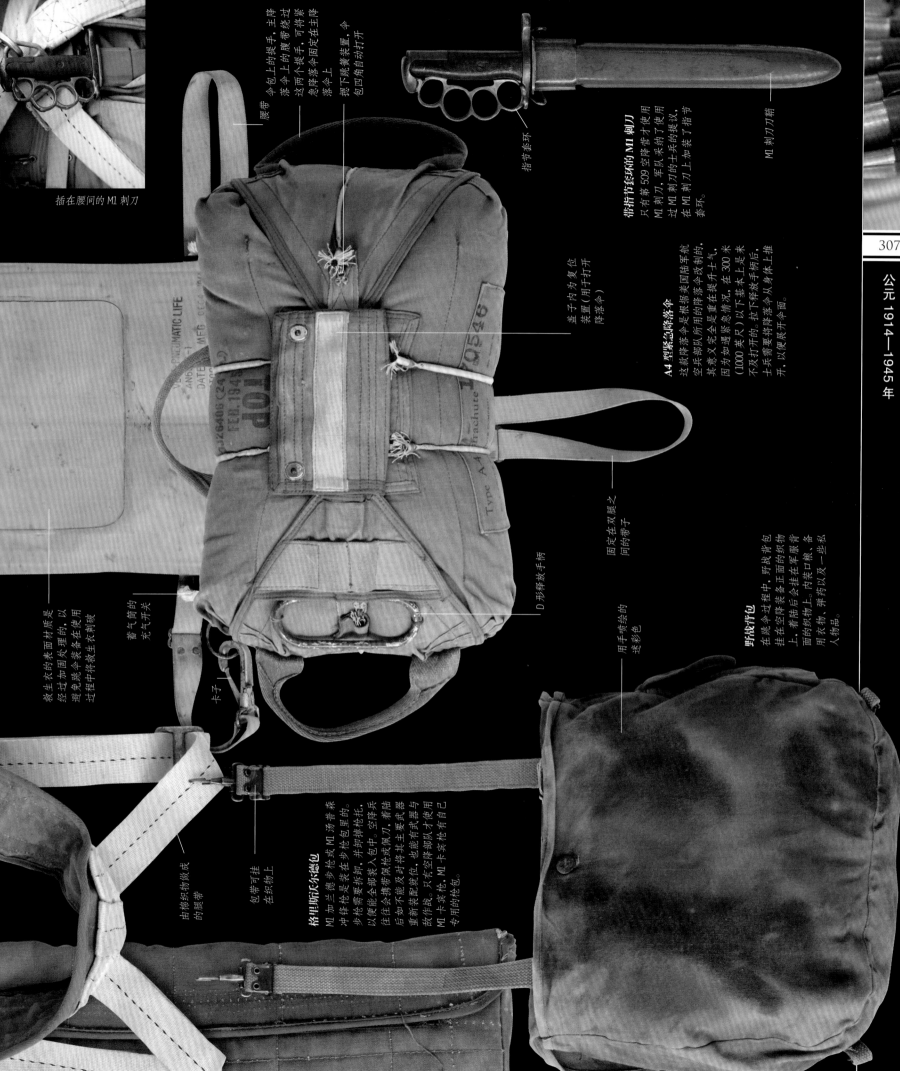

救生衣的表面材质是经过加固处理的，以避免跳伞装备在使用过程中将救生衣刺破

蓄气筒的充气开关

由棉织物做成的腿带

卡子

包带可挂在织物上

插在腰间的 M1 刺刀

腰带

伞包上的提手，主降落伞上的腹带绕过这两个提手，可将紧急降落伞固定在主降落伞上

摁下跳簧装置，伞包四角自动打开

格里斯沃尔德包

M1 加兰德步枪或 M1 汤普森冲锋枪是装在步枪包里的。步枪需要拆卸，并卸掉枪托，以便能全部装入包中。空降兵往往会携带佩枪或佩刀，着陆后如不能及时将其主要武器重新装配就位，也能有武器与敌作战。只有空降部队才使用 M1 卡宾枪，M1 卡宾枪有自己专用的枪包。

D 形释放手柄

指节套环

盖子内为复位装置（用于打开降落伞）

用手喷绘的迷彩色

固定在双腿之间的带子

带指节套环的 M1 刺刀

只有第 509 空降营才使用 M1 刺刀，军队采纳了使用过 M1 刺刀的士兵的提议，在 M1 刺刀上加装了指节套环。

A4 型紧急降落伞

这款降落伞是根据美国陆军航空兵部队所用的降落伞改制的，其意义完全是重在提升士气，因为如遇紧急情况，在 300 米（1000 英尺）以下基本上是来不及打开的。拉下释放手柄后，士兵需要将降落伞从身体上推开，以便展开伞面。

野战背包

在跳伞过程中，野战背包挂在空降装备正面的织物上，着陆后会挂在军服背面的织物上。内装口粮、备用衣物、弹药以及一些私人物品。

M1 刺刀刀鞘

1945年至今

游击队与突击队

1945年5月8日24时，德国无条件投降的正式签字仪式在柏林郊区卡尔斯霍斯特举行。投降书自5月9日零时开始正式生效。8月6日和9日，美国先后在日本的广岛和长崎各投下一颗原子弹；8日，苏联亦宣布对日作战，8月15日，败局已定的日本正式宣布无条件投降。9月2日，日本无条件投降的签字仪式在停泊于日本东京湾的美国战列舰“密苏里”号上举行。至此，第二次世界大战正式结束。自1945年第二次世界大战结束以后，世界没有一天是和平的，总有某个地方在进行着战争。军事理论家曾多次预测，不管是核武器，还是从安全距离发射的精确制导武器，均会导致传统意义上的士兵在现代战争中被淘汰，直至消失。然而，即便是装备了先进电子设备、导弹和远程控制飞机的最先进的军队，也多次在实战中被迫与对方军队展开面对面的战斗。

冷战

在第二次世界大战结束后的前40年里，美国和苏联两大核武器国家在全球各地区的冲突不断。两国均忌惮对方核武器的杀伤力，没有直接发生战争，但是持续地挑起局部性战争，它们有时会派遣军队介入地区战争，有时会向小国军队提供援助。其中规模最大的战争当数发生在1950年到1953年的朝鲜战争，其时，美国及其盟友打着联合国的旗号支持南朝鲜的李承晚政府，对抗北朝鲜；其次便是爆发于20世纪60年代的越南战争。

在此时期内，各参战方步兵们的战争体验与第二次世界大战差别并不太大，除了新增了直升机，以用作运输以及火力支援。

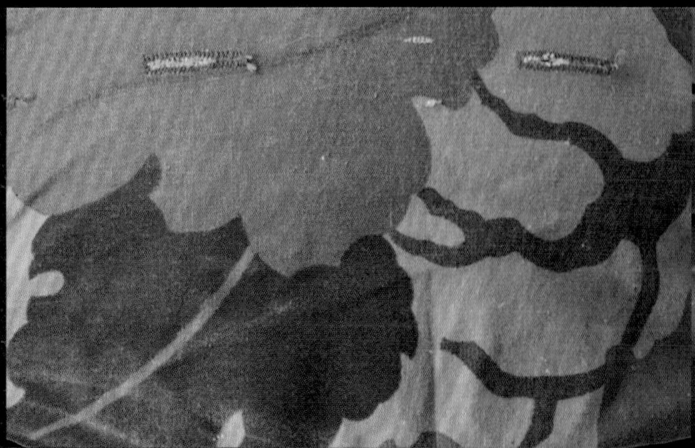

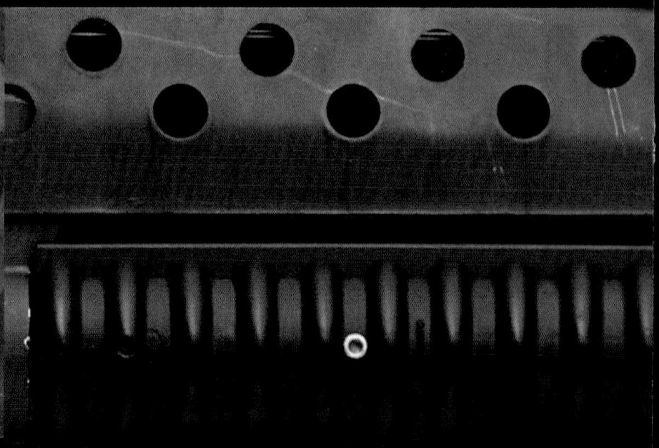

三角洲部队

在军事训练中，士兵们正从一辆行驶的悍马车上往下跳。三角洲部队是为了反恐行动和国家干预行动而专门组建的一支特种部队，在追捕奥萨马·本·拉登行动中发挥了关键的作用。三角洲部队与英国皇家特别空勤团一样，均属特种部队。三角洲部队的应征者必须经过惩罚性的挑选过程才能入选其中。

帝国的崩塌

越南战争不仅仅是一场在冷战背景下进行的局部战争，还是一场民族解放战争，是全世界范围内殖民地独立战争的一部分。

第二次世界大战使得那些曾在 19 世纪瓜分了非洲和亚洲大部分土地的欧洲殖民大国在经济上、军事上和心理上经受了重创。战争结束后，欧洲的殖民地兴起了独立运动，有些地区甚至选择拿起武器争取自己的权益。拉丁美洲掀起了民族解放运动，反抗美国的殖民统治，拉美人同样视这场运动本质上为全世界反殖民主义运动的一部分。

在中国，工农民众在农村建立游击队，开展了一系列的小规模游击战，逐渐壮大升级为大规模传统战争，最终在 1949 年赢得了伟大的胜利。世界各原帝国主义殖民地的斗士们受此启发，在与殖民军作战时采取了游击战的作战方式。20 世纪 60 年代到 70 年代间，越南北方政府也复制了此种作战方式，脚穿橡胶拖鞋的北方游击队在战争中逐渐发展壮大，建立了越南北方政府军，开着坦克打败了美国支持下的越南南方傀儡政府。

然而，整体上来看，游击队的规模相对较小，装备也比较简陋。在那些被游击队成功夺权的国家中，其取得胜利的原因在于其对手放弃了抵抗的意愿。但是，尽管采取游击战术的运动往往以失败告终，仅有少数最终取得了胜利，无论怎样，游击队战士无疑是当代最令人崇拜的勇士之一。

传统战争

20 世纪 70 年代末，殖民时期宣告结束，但战争的发生率却没有明显的降低。20 世纪 80 年代，美国是游击战争的支持者，为阿富汗的非正规军提供援助，对抗外国势力的入侵；协助尼加拉瓜、安哥拉和莫桑比克的非正规军抗衡当地的左翼政府。与此同时，西方强国对组建快速反应部队的兴趣日渐深厚，以便如有需要，随时准备海外介入。军队大规模征召士兵的时代已经过去，越来越依赖训练有素的职业军人。特种部队的重要性日益突显，它们不仅可以在传统战争中发挥重要的作用，而且还可以用于对付游击队及其他非正规军事力量。

特种部队还在打击国际恐怖主义日渐嚣张的行径中发挥重要作用。诸如暗杀、炸弹袭击等恐怖主义手段一直以来都是游击战争的辅助性战术，但是自从 20 世纪 60 年代末以来，与以美国为首的资本主义世界为敌的某些组织将恐怖主义发展为一种独立存在的形式，并以此作为武器打击对手。由于战略家们考虑的是如何对抗几乎触碰军事底线的敌对行为，因此特种部队的训练内容中包括反劫机行动和解救人质行动。在反恐战争中启动传统军事力量，如 2001 年美国总统乔治·沃克·布什所做的那样，一直以来都被形容为如同拿着手枪去对付一群蜜蜂。

1945 年至今

法国外籍军团

> 每位军团成员都是你的手足。作战时无七情六欲，尊重战败的敌人，不管受伤或是死亡都决不放弃，在任何情况下决不投降……

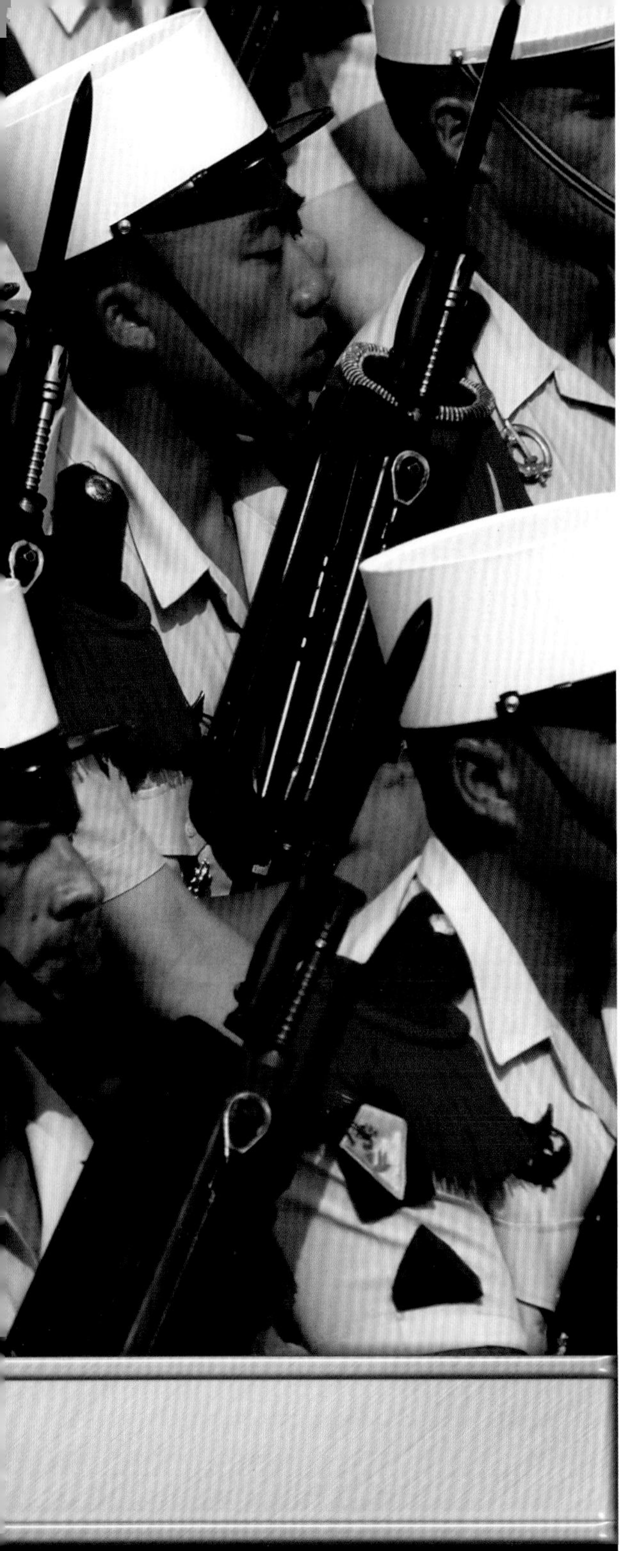

法国外籍军团是一支特别的雇佣军队伍，秉承历史，它也无条件地接受那些漂泊不定、与制度格格不入的人。在其特殊的历史中，最受人关注的时期当属第二次世界大战后，法国努力维持其殖民帝国的地位，外籍军团在这场冲突中战斗在最前线，虽然最后以失败告终。然而，法兰西帝国衰亡后，外籍军团非但没有消失，反而继续发展，直到21世纪的今天，成长为世界上的精英军事组织之一。

法国军队本身是不允许征召外国籍士兵入伍的，为了避开这个规定，1831年成立了外籍军团。外籍军团将基地设在阿尔及利亚的西迪贝勒阿贝斯（Sidi-bel-Abbès），不管应征者来自何处，军团表示一律接受，并且不会询问其身份和个人历史。军团上下纪律严明，士兵坚韧顽强，很快就拥有了知名度。军团吸引了国内外很多人志愿加入，其中不仅有冒险家，还包括难民、无业人员以及无家可归的人士，他们中的有些人想证明点什么，而有些人曾经走过弯路，其中肯定还包括一些本应被关进狱中的罪犯。第一次世界大战后，军团规定，必须采集新兵指纹，以将逃犯拒之门外，但是军团仍然成为许多想忘掉过去的人的避风港。德国战败后，军团在法国控制下的战俘营中积极招收新人，其中包括一些本应被送上军事法庭接受审判的德国党卫军士兵。甚至在今天，外籍军团对那些想换个环境从头开始的人们仍存在着一定的吸引力。不过如今，那些前往法国外籍军团的征兵办公室想要报名成为军团士兵的人，必须出示有效护照或其他能证明自己身份的文件。为安全起见，军团也会对他们的背景进行调查。但是，用假名注册仍然司空见惯，隐瞒婚姻状况也是可以接受的，军团规定所有的军团士兵必须未婚。

士官臂章

这枚菱形的臂章上有军团的标志：一枚正在爆炸的手雷。

训练和选拔

进入军团的主要条件就是生理上和心理上要绝对健康。应征者必须接受一系列的体检和心理测试，满足条件后还要挨过艰苦的训练阶段才能成功进入军团。这也算是明智之举，因为，依据惯例，军团训练制度之严苛是世界上大多军队都比不上的，包括背负全套装备进行残酷的强行军训练。作为一名军团士兵，必须遵守军队严格的纪律，军营生活也是很清苦的，再加上某些士兵入伍动机本就不纯，军中开小差的现象屡见不鲜。初次服役期限为5年。如果一名外国籍士兵服役期满后选择再次入伍，可在10年兵役期满后申请法国公民身份；服役整15年可享受退休金。所有的士官都是从普通士兵中提拔上来的，但军官中只有百分之十是提拔产生的，其余军官都是由法国军队派遣而来的。

游行队伍中的外籍军团士兵

在2006年7月14日一年一度的巴士底日游行中，法国外籍军团士兵手中端着装上刺刀的FAMAS突击步枪，行进在巴黎香榭丽舍大街上。右图中的MAT49冲锋枪在20世纪50年代到60年代时为外籍军团所使用。

MAT49冲锋枪

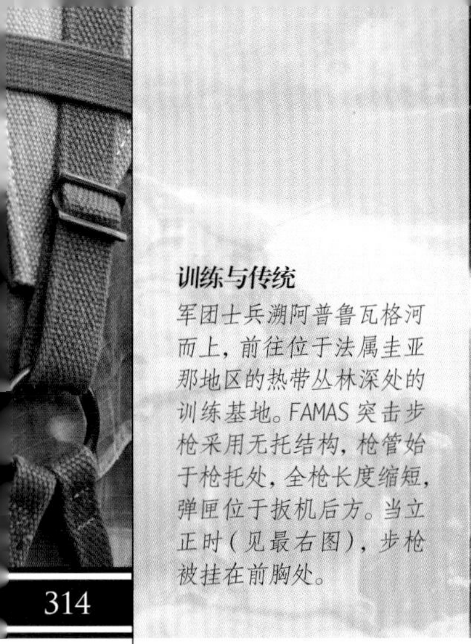

训练与传统

军团士兵溯阿普鲁瓦格河而上，前往位于法属圭亚那地区的热带丛林深处的训练基地。FAMAS突击步枪采用无托结构，枪管始于枪托处，全枪长度缩短，弹匣位于扳机后方。当立正时（见最右图），步枪被挂在前胸处。

你以身为一位忠诚效命法国的自愿者引以为傲。每位军团成员都是你的手足，不论国籍、种族及教义……你将展现出一家人永远结合在一起、坚定且直接的团结。

——法国外籍军团荣誉信条

军团中的指挥语言为法语，所以来自法国或与法国关系友好的国家的士兵们往上晋升的机会最大。

军团士兵来自世界各国，因此，一直以来，都被教导要效忠于军团，而不是法国，军团的格言就是“军团就是我们的祖国”。军团向士兵们反复灌输其170多年的优秀历史，如果在战斗中甘于牺牲奉献，那么虽败犹荣，会比获胜赢得更多的荣誉与赞赏。军团的声望是建立在其数十年的沙漠战争上的，北非的游牧部落在阿卜杜勒·卡迪尔（Abd al-Qadir）以及阿卜杜勒·克里姆（Abd al-Krim）的率领下力图消除法国在北非的影响力，而军团在北非为维护法国利益付出了极大的努力。外籍军团曾参与多次远征作战，如19世纪50年代的克里米亚、60年代的墨西哥、80年代的中南半岛以及90年代的达荷美共和国（贝宁的旧称）和马达加斯加的征战，使其成为法国最受欢迎的远征军。远征墨西哥时，在著名的卡梅伦战役中，外籍军团的一整支连队全军覆没。在欧洲，从1859年意大利的马真塔战役和苏法利诺战役到第一次界世大战西线战场的堑壕战，军团同样表现出色。第二次界世大战时期，1940年法国战败导致外籍军团一分为二，一部分归顺维希政府，而剩下的则投奔了自由法国运动；军团士兵曾在1941年叙利亚战场上自相残杀，但为时不长。但是，在1942年的西部沙漠战役的战场上，外籍军团辖下部队在比尔哈克姆战役中对阵隆美尔率领的德军，表现十分突出，最后1944年参加了解放法国的战争。

空降兵徽章

这枚贝雷帽上的徽章镂刻有空降团的标识：一把长有多个翅膀的匕首。

帝国的衰亡

1945年以后，法国一心想要维系其殖民帝国的海外势力，当然需要借力于外籍军团。从政治上来说，法国军队绝大多数都是征召兵，不可能将其投入到代价高昂的镇压反殖民起义运动中去，于是这项任务就落在了法国殖民军，尤其是外籍军团的肩上。在这段极受争议的历史中，外籍军团很有可能表现得比以往任何时候都更加卖力，当然，此后也没有哪个时期能及得上此时。德国部队是军团中规模最大的外籍部队，正如前面所提到的，大多数德国兵是在战争结束之时直接从战俘营中征召入伍的。称呼这些德国兵为“身经百战的硬汉”都低估了他们，因为他们中的绝大多数曾经战斗在德国的东部前线，经历过常人几乎无法想象的残酷战争。新兵的另一大主要来源是曾经在德国占领法国期间与纳粹政府合作过的法国人，他们为了逃避应得的惩罚而加入外籍军团以寻求庇护。这些士兵在1946年到1954年间为法国争夺中南半岛的控制权，与当地民众进行了残酷的战斗。那一时期，在中南半岛的军团士兵的数量一直维持在2万到3万名之间。由于对手使用游击战术，机动性强，军团指挥士兵们在有争议的占领区上修筑令对手望而生畏的、名为“刺猬”的战略据点。

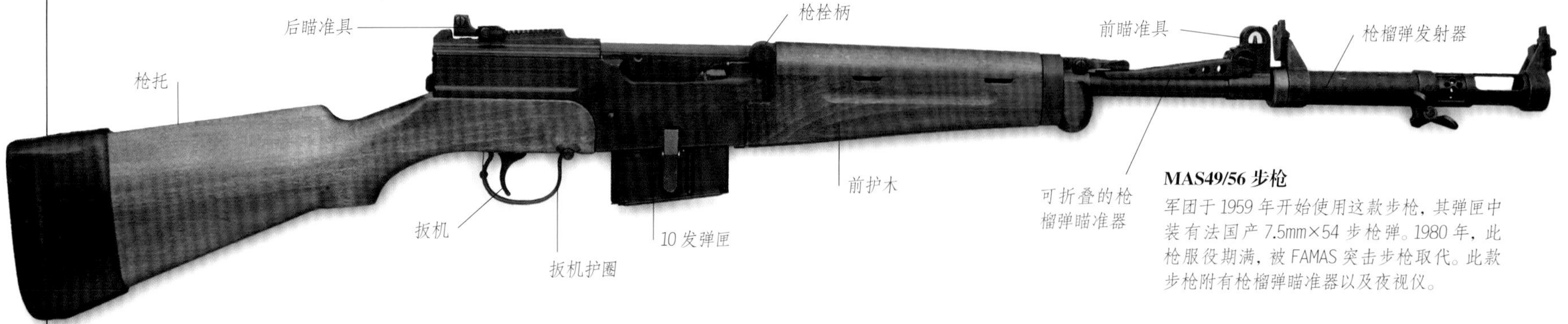

MAS49/56步枪

军团于1959年开始使用这款步枪，其弹匣中装有法国产7.5mm×54步枪弹。1980年，此枪服役期满，被FAMAS突击步枪取代。此款步枪附有枪榴弹瞄准器以及夜视仪。

因为当地游击武装十分擅长埋伏战，经常在公路旁袭击向战略据点运送给养的法军或其换岗部队，因此军团创建了首批空降营，向战区空投战斗人员。整个战争期间，军团进行了156次空降行动。最终，法军于1954年在奠边府战役中惨败。总体上来说，在此次战场上，约1万名军团士兵战死，3万多名受伤或被俘。对于军团来说，这无疑是一场灾难。这场战争刚刚结束，军团的老巢，阿尔及利亚又燃起了新一轮的硝烟。

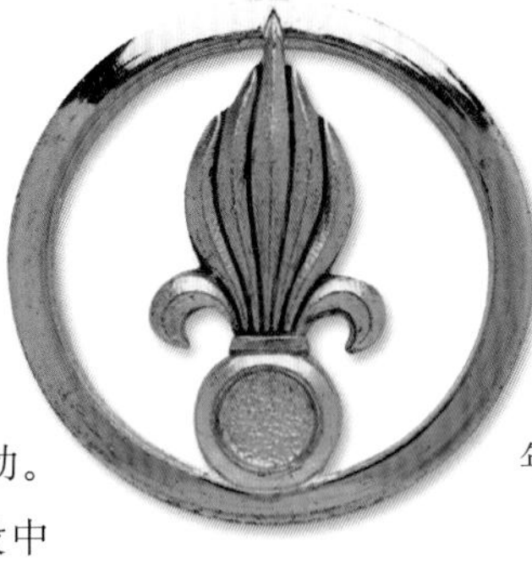

法国外籍兵团徽章

1963年，法国外籍兵团开始采用这个圆环状的徽章，环内是一枚冒着七道火焰的手雷。

阿尔及利亚战争及之后的战争

自1954年始，阿尔及利亚民族解放阵线（FLN）发动了民族独立运动，打响了游击战，以期将法国人赶出阿尔及利亚。外籍军团再一次在法国军事反击战中起到了核心作用。1957年，在颇受争议的阿尔及尔之战中，法国外籍军团第1伞兵团（REP）发挥了主要作用。在这场战役中，军团对在老城区喀斯巴活动的FLN人员进行了残酷的镇压，其采用的手段多样，其中包括严刑拷打。当1961年法国总统戴高乐将军正式宣布法国承认阿尔及利亚独立，一些法国将军不满此决定，发动了政变，法国外籍军团第1伞兵团不仅支持此次政变，并且在其中发挥了重要作用。然而，由于军团中的大多数士兵以及绝大多数的法军将领反对，政变失败。由于参与叛乱，第1伞兵团被永久解散。

1962年10月24日，军团总部从阿尔及利亚永久撤离，搬迁至法国南部欧巴涅（Aubagne）。那时看来军团的前途似乎一片暗淡，但是，在世界各地维护法国势力需要一支训练有素的军队，这是十分有必要的。驻扎在科西嘉岛的第2伞兵团作为一支快速干预部队，亦参加了多次海外行动。

奠边府战役

奠边府是越南与老挝交界处一处偏远的山谷。1953年过渡到1954年的那个冬天，法国向奠边府空投约1.6万名士兵，其中，大多数士兵来自法国外籍军团，他们构筑的防御工事不仅坚固，还建有多处后勤设施。到1954年3月，越盟约5万大军包围了奠边府，在周围的小山上部署了重型火炮。

法国人相信他们能依靠空中运输得到强有力的后援保障，他们强大的火力能够摧毁对手的进攻。但是，对方的炮兵部队很快就让法军的飞机跑道陷入瘫痪，高射炮火令法军空投增援的任务危险重重。3月13—14日，法军两处名为“比阿特丽斯”和“伊莎贝尔”的偏远的战略据点被占领，但是之后法军整固防线，严阵以待。有军团士兵自愿请缨，作为增援部队被空投进战区，其中一些士兵拥有了人生中第一次跳伞经历。然而，他们的“勇气”未能派上用场。5月7—8日，法军被彻底击溃，阵地尽失。在奠边府一战中，有4000名法军士兵阵亡，其中一半来自于外籍军团。

空降兵跳伞进入奠边府

1953年，在灾难性的中南半岛战争中，军团士兵跳伞进入奠边府防守严密的山谷中。

法国外籍军团的装备

世界上很少有军事组织如法国外籍军团一样如此珍视并遵从传统。因此，如白色高顶军帽这样在如今并无多大实际意义的装备，由于其具有重要的象征意义，现今依然佩戴在兵团士兵头上。一直以来，法国为军团装备的武器都是最顶尖的，例如，在中南半岛的战争中，MAS49 是当时最先进的步枪。MAS49 可靠性强，精确度高，直到阿尔及利亚战争期间还在使用。

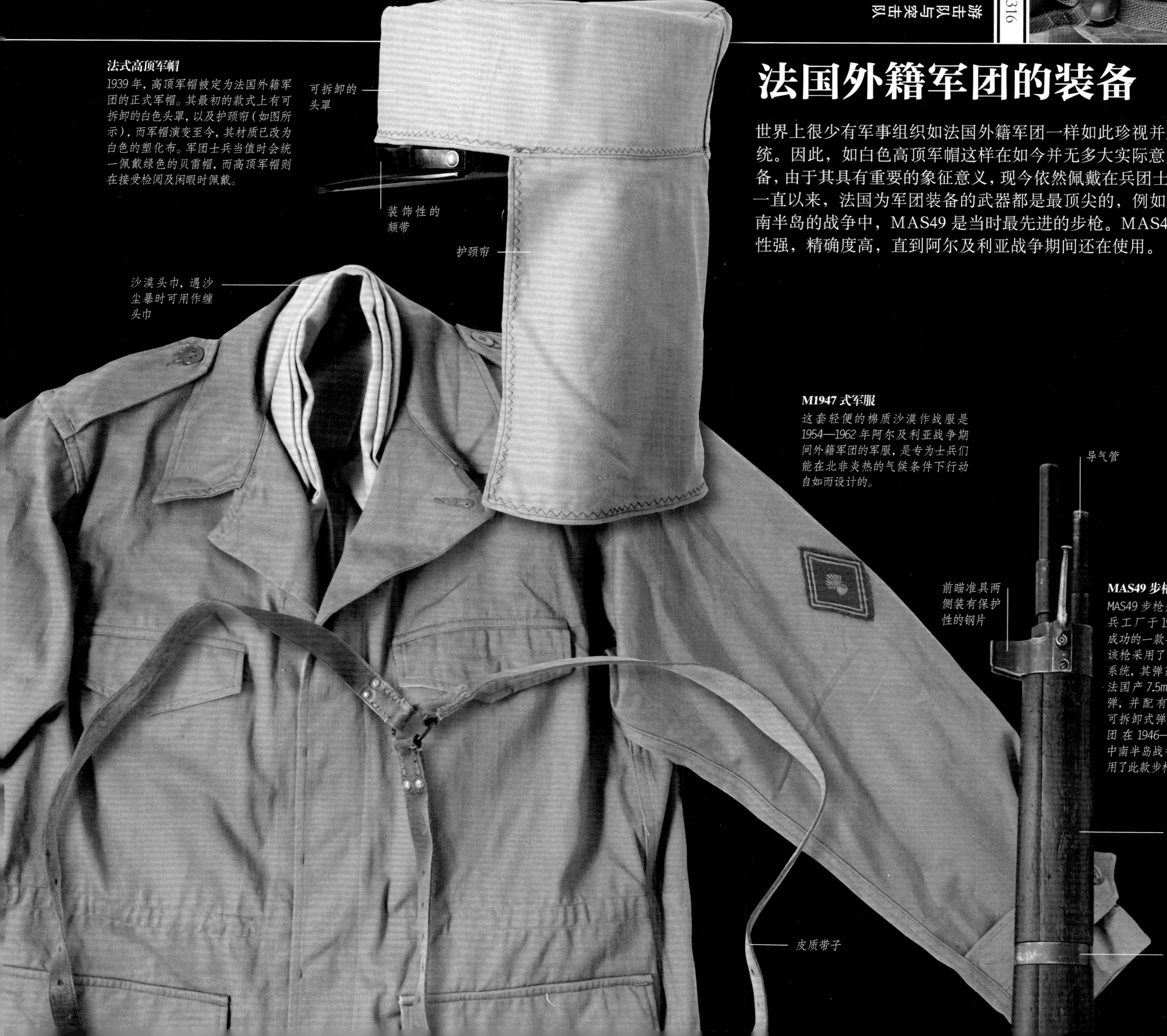

法式高顶军帽

1939 年，高顶军帽被定为法国外籍军团的正式军帽。其最初的款式上有可拆卸的白色头罩，以及护颈帘（如图所示），而军帽演变至今，其材质已改为白色的塑化布。军团士兵当值时会统一佩戴绿色的贝雷帽，而高顶军帽则在接受检阅及闲暇时佩戴。

M1947 式军服

这套轻便的棉质沙漠作战服是 1954—1962 年阿尔及利亚战争期间外籍军团的军服，是专为士兵们能在北非炎热的气候条件下行动自如而设计的。

MAS49 步枪

MAS49 步枪是圣艾蒂安兵工厂于 1949 年研制成功的一款半自动步枪。该枪采用了气吹式导气系统，其弹药匣中装有法国产 7.5mm×54 步枪弹，并配有一个 10 发可拆卸式弹匣。外籍军团在 1946—1952 年的中南半岛战争中首次使用了此款步枪。

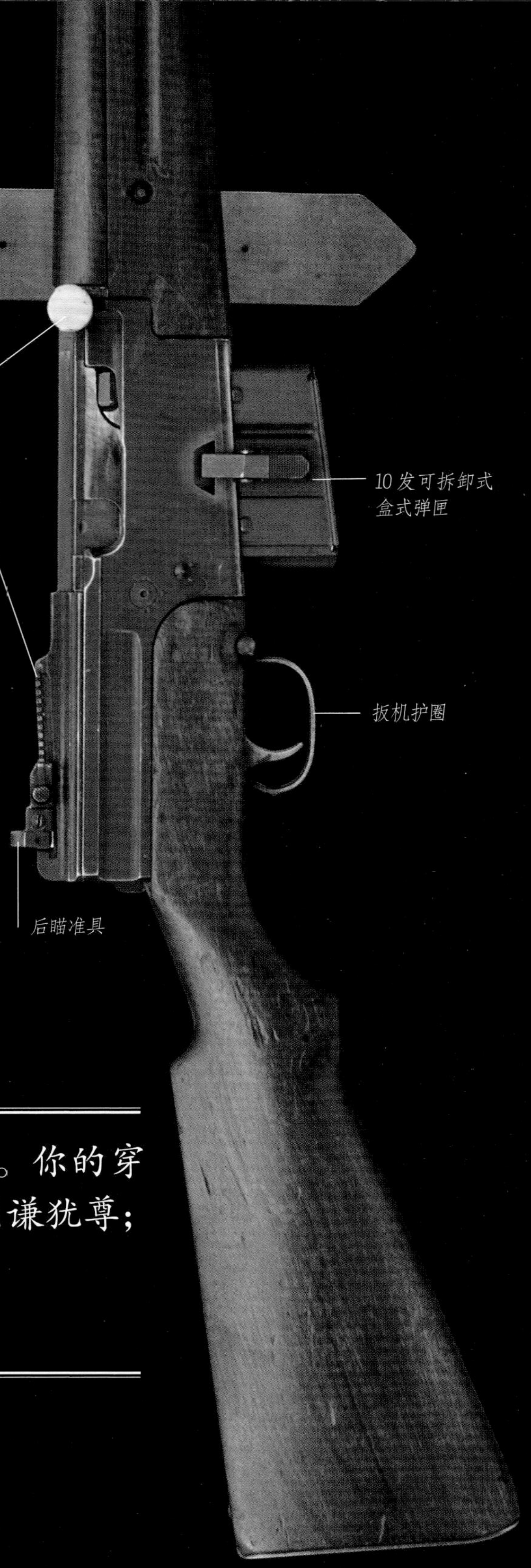

阿尔及利亚战争期间士官所佩戴的高顶军帽

自19世纪中期开始，法国外籍军团的高顶军帽款式不断地变化。最初的蓝红相间军帽如今仅士官和准尉还在佩戴；大多数士兵佩戴的则是上页所示的高顶军帽的各种改良样式。

> 你应以身为军团一分子为荣。你的穿着，优美雅致；你的言行，虽谦犹尊；你的居室，永保整洁。
>
> ——《行为准则》第四条

公元 1965—1971 年

美国海军陆战队

在世界上的所有军队中，仅有美国海军陆战队可以算得上是一支精英部队。海军陆战队员是一种尊称。无论何时提起这个词，都会让人联想到古时的斯巴达人，他们是全美国精英人士的杰出榜样，是精英中的精英。

——美国海军陆战队中士比尔·M. 布劳尔（Bill M. Brower），服役时间为1969—1972年

美国在侵越战争中采取进攻性作战行动时派遣的第一支地面部队就是美国海军陆战队，陆战队队员于1965年3月8日在越南南部岘港登陆。美国在介入此次战争时选择海军陆战队作为先头部队，既体现了其精英作战部队的身份，又发挥了其作为美国海外干涉工具所具备的传统角色。这场耗时6年的战争将会对海军陆战队的忍耐力进行极限挑战。

参与侵越战争中的美国海军陆战队具有悠久的历史，其历史可追溯到1775年成立的大陆海军陆战队，最初仅有两个海军步兵营，美国独立战争期间在海军舰只上服役。从19世纪到20世纪初期，海军陆战队逐渐承担了美国海外干涉的任务，其开展的著名行动之一就是在1898年美西战争期间侵占了古巴的关塔那摩海湾。他们在第一次世界大战中表现出众，其战斗准备工作明显强于美国陆军。到第二次世界大战时，海军陆战队已经具备了两栖作战技术，在1942—1945年的太平洋战场上，针对日军开展的跳岛作战非常成功。海军陆战队队员自称是最坚韧顽强的美国步兵，当然，就这点来说，美国陆军不会同意。

美国海军陆战队徽章

鹰和船锚分别代表着海军陆战队的空中和海上力量。

训练和精英

海军陆战队队员的战斗素质在很大程度上取决于其训练质量。侵越战争之时，海军陆战队同如今一样，是一支拥有大炮、直升机以及定翼机等各种武器的独立部队。但是，海军陆战队登陆作战中发挥最关键作用的还是其步兵（飞机主要是为步兵提供近距离空中支持的），而且所有的陆战队新兵必须接受步兵训练。海军陆战队新兵们在帕里斯岛新兵训练营中以及在位于圣地亚哥的其他新兵训练设施中接受的为期13周的军事训练是艰苦的，但也颇具传奇色彩。仅仅是长途行军、俯卧撑和长跑这些训练项目就已经让士兵们筋疲力尽，但是他们同时还要忍受教官们的厉声训斥和侮辱。13周的军事训练快要结束时，新兵们需要通过一个长达54小时的名为“炼狱”的野外演习，在这整个演习中，新兵们最多只能有8个小时的睡眠时间。顺利通过训练期的新兵们就会被分派到其他营地，接受常规步兵训练，以期掌握多项特殊技能，其训练重心在于远距离精确射击。帕里斯训练基地有块标牌上写着：“世界上最致命的武器——海军陆战队队员和他手中的枪。”

被派往中南半岛参战的海军陆战队步兵通常情况下只有18到20岁左右。新兵们来自美国各地，尽管军队倾向于大量招收来自中西部和南部乡村的青年人。朝鲜战争后期，种族隔离制度被彻底废除，大量非洲裔黑人青年争相加入海军陆战队，因为在美国本土就黑人民权问题争论得如火如荼之时，他们发现军队不仅提供了较好的就业机会，而且相对来说，能够得到较为平等的待遇。

侦察队

在侵越战争中，美国海军陆战队第1师的一名排长正在使用无线电通话设备（见上图）。海军陆战队所使用的机枪中最主要的款式是M60通用机枪（见右图）。

M60通用机枪

两栖作战
两栖登陆技术是海军陆战队作战训练的主要内容。图中是1965年在中南半岛，一支海军陆战连队从一辆LVTP5两栖装甲运兵车上登岸。

军用水壶
图中这款军用水壶为美军标准配置，直到今天仍然在使用，可装95毫升（1美制夸脱）水。

到1908年的时候，只有十分之一的海军陆战队员是黑人，而在侵越战争最艰苦的阶段，黑人士兵占比显著升高，但在相对安全的技术或管理岗位上，黑人的占比较低。黑人军官极少，1968年的时候，还不到百分之一。不论白人还是黑人，步兵通常来自受教育较少、最穷困的美国下层社会。他们会逐步成熟，但不一定能成为代表美国生活方式的、具备敏锐触觉的文化使者。

进入战场

海军陆战队被部署在靠近非军事化区（DMZ）的地方。非军事化区将这个国家一分为二。海军陆战队的活动区域包括人口密集的沿海平原地带以及靠近内陆地区的安南山脉的荒野丛林之中。对于海军陆战队队员们来说，这里的沿海平原和崇山峻岭都是十分陌生的，充满了各种挑战。在沿海平原的乡村和稻田中，队员们面对的是文化上截然不同、语言上存在隔阂的当地人，他们时刻面临生命危险。在高地地区，他们必须得在怪石嶙峋的山脊中和云雾缭绕的沟壑中追寻流动性极强的对手，用砍刀在浓荫蔽日的丛林中那些缠结的藤蔓中开辟出一条道路，还要忍受那无所不在的昆虫的叮咬，以及炎热的天气和潮湿的气候。甚至在例行巡逻途中，也一直都会有因为误踩地雷、陷阱，或被对方狙击手击中而死亡的情况。一旦离开美军基地，士兵们的精神都会保持高度集中，不能有片刻的松懈——仅因为天气炎热而脱下防弹衣就有可能丧命。

最初，尽管海军陆战队队员们在当地遇到各种困境，但他们只有抖擞精神，方能应对各种状况。他们展开了联合作战计划，旨在镇压乡间“暴动”。这项行动计划将海军陆战队队员分成多个小组，安置在“友好的”小村庄中，与当地武装组织毗邻而居，以杜绝对手的渗透。美军选择将普通的当地人视为可能的朋友和盟友的情况极少。但是，他们却很少花时间去赢得民心。他们的主要任务就是在人烟稀少的高地地区搜寻和消灭对手。美军指挥官相信，如果利用直升机调遣战斗人员，以及将美军已有火力发挥到最大效能，他们是能够赢得这场战争的。海军陆战队在前沿阵地设置重火力点，当步兵向对方领土发起进攻时，炮兵可提供炮火支援。直升机将由6到8人组成的多支武装侦察队投入对方占领区，追踪对方部队的行动，或者将较大规模的军事组织运送到丛林中的着陆地点（LZ），这些士兵可由此搜寻对手。

事实证明，发动战争劳神费力，代价高昂。士兵们在森林密布的山脉中行军时负重达36千克（80磅），包括一把M16步枪、手榴弹、弹药、军用水壶、挖掘战壕的工具、砍刀、急救箱以及防弹衣。士兵们在如此全副武装的情况下行军速度能达到每小时500米（1650英尺）就算不错了。

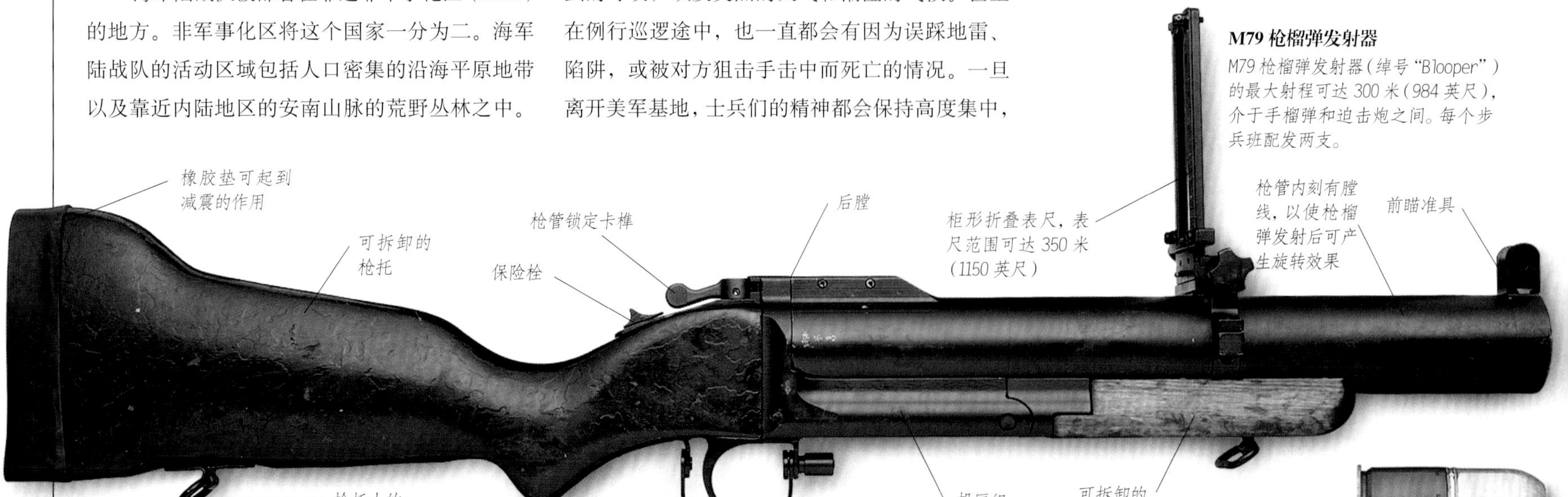

M79枪榴弹发射器
M79枪榴弹发射器（绰号“Blooper”）的最大射程可达300米（984英尺），介于手榴弹和迫击炮之间。每个步兵班配发两支。

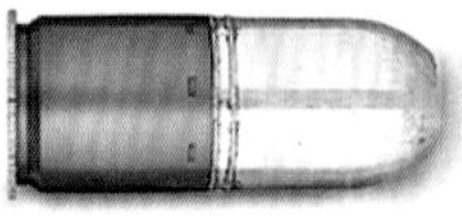

M79 40毫米口径枪榴弹

即使不在战斗状态，也一直都会有士兵因为高空坠落、毒蛇咬啮、中暑和其他自然因素而出现伤亡。“非接触型”任务很常见。与训练有素、坚韧顽强的对方步兵交火时，海军陆战队不可避免地会出现人员伤亡的情况。使用直升机转移伤员则拯救了不少士兵的性命，尽管直升机在执行抢救伤员的任务时是十分危险的，这是因为直升机低空盘旋时，是对方炮火打击的首要目标。

遭遇困境

当海军陆战队部署于DMZ停战区南侧的重火力点和前哨基地遭遇对方军队攻击时，队员们发现自己正日益陷入不利位置，被迫采取守势。1967年9月，对方步兵对美军在康天的山顶基地发动进攻，势在必得，海军陆战队的要塞守备部队击退了这次进攻，但是，随后，对方部署在DMZ内的130毫米和152毫米口径的火炮就对其展开了无休无止的轰炸，而海军陆战队的大炮和飞机开始还击，对基地四周的对方炮兵部队和步兵部队进行猛烈的炮轰。对于那些躲在康天地堡中的士兵们来说，这次经历让人回想起第一次世界大战时期的堑壕战。一旦雨季来临，基地很快就成为一片齐膝深的红色泥沼地。地堡被水淹没，其周围被炮火轮番轰炸，遍布弹坑，成为一片焦土，跟荒芜的月球表面类似。10月底，康天解除困境，但是，这一战预示着战争未来的走向。

1968年1月21日，对方军队使用了大炮、火箭炮和迫击炮，向位于长山山脉的海军陆战队溪山基地发起进攻。美军的临时军火供应站爆炸，大量军需毁于一旦。对于美军来说，这是一个不祥之兆，因为接下来他们将在对方军队的围攻中度过痛苦的77天。这个基地的驻军约有6000人，大多数士兵属于海军陆战队第26团。

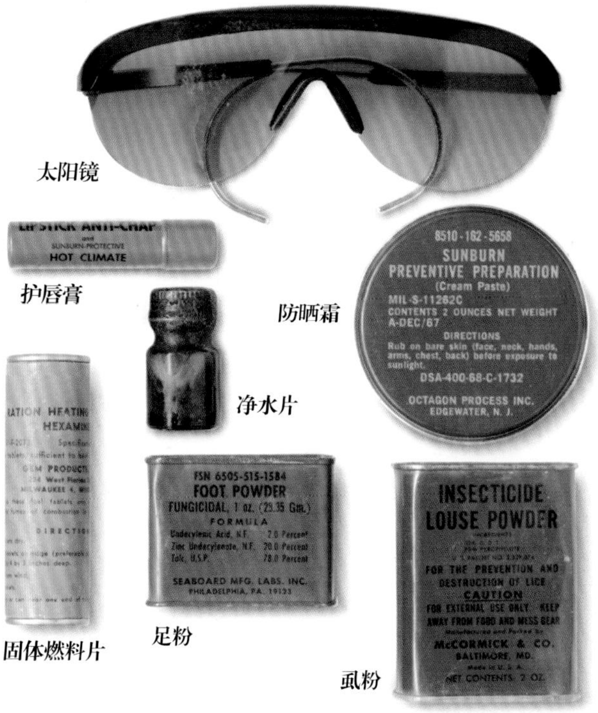

丛林生存工具包
每名海军陆战队队员都有一只丛林生存工具包，内装各种药剂和预防药物。在缺乏点火工具的情况下，他们可使用四氮六甲圜固体燃料片点火做饭。

海上骑士直升机
一架CH-46海上骑士直升机到达海军陆战队溪山基地。CH-46不仅可在任何天气情况下，而且不论白天或夜晚均可执行运输人员、设备及物资的任务。

搜索歼击战术

美军地面部队在南部采取攻势，旨在“发现、定位并摧毁”对手。对方军队一般在丛林中活动，而通常情况下，直升机会将一个连级作战单位空运其中。在直升机飞临指定着陆地点前，离此地点最近的美军基地会出动飞机或动用大炮将此地点周围区域轰炸一番，以此清除隐患。这个连队到达指定地点后，有时单独行动，有时与其他作战单位一起联合行动，在丛林中进行较大范围的搜寻工作，徒步穿越丛林，努力寻找对手踪迹。

空中支援及炮火支援

当交火时，美军会呼叫炮火支援和空中支援，对对方阵地进行猛烈轰炸。但所实施的包围行动通常会失败。因为对方士兵非常灵活敏捷，擅长突破任何形式的包围圈以及伏击美军增援部队。美军拥有的强大火力，令对方游击队和正规军伤亡巨大。另一方面，美军士兵常常发现对方在人数上占有绝对的优势，自己在战斗中则处于不利地位。

包围美军基地的对方士兵约有 4 万人。他们在距离沙袋和铁丝网不到 90 米（100 码）的距离内挖掘壕沟，但也没能成功攻下基地。另一方面，海军陆战队在保障空中运送给养方面困难重重。基地的飞机跑道暴露于对方迫击炮和大炮的火力之下，而对方的高射炮火让美军运输机很难接近基地。空中云层较低，且持续时间较长，使得飞机降落十分危险。如果发生基地被对方攻陷或被迫投降的情况，如同 1954 年奠边府战役中法军惨败一样，那对美军来说将是一场噩梦。当基地被围，对方军队利用坦克攻势，攻陷美军老村前哨时，美军内部出现了焦虑情绪，从而引发了一阵骚动。但是，海军陆战队守住了溪山基地及其四周的多处山顶前哨，直到 4 月 8 日救援部队到来。在这场围困之中，共计 199 名海军陆战队队员阵亡，830 人受伤。在围攻溪山的同时，对方展开了春节攻势（战争发生在当地人民庆祝传统新年期间），试图从美军手中夺取南部大量城镇的控制权。在大多数城市，美军和当地仆从军队抵挡住了对方的进攻，有些城市虽然被攻陷，但也很快就夺回了控制权，仅顺化一地被攻陷的时间长达 25 天。海军陆战队在这场争夺战中发挥了主要作用。他们步步设防，寸土必争，据报道，曾经一度，美军每夺回一寸土地都会有士兵流血或死亡。对方军队最终于 2 月 24 日放弃抵抗。在这场战斗中，海军陆战队伤亡人数将近 1 千人。

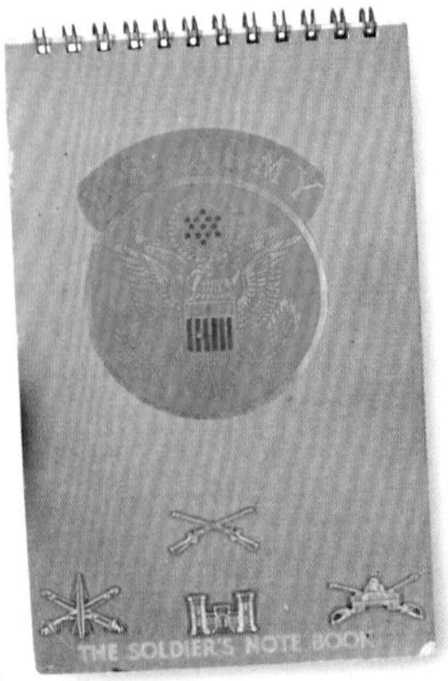

美军记事本

在战争期间，海军陆战队的大多数军用装备，除了作战装备，均为美军标配。

士气危机

在溪山战役和顺化战役中，海军陆战队队员展现出了其应有的品质与素养。许多队员的忍耐力经受住了最严峻的考验。战地通讯员用笔记录下了他们的状况，队员们因为长期作战，精神上承受了巨大的压力，出现了脑中一片空白、精神涣散、眼神空洞的情况，也就是俗称的“千码之瞪”。

执行巡逻任务

1968 年 5 月，查尔斯·罗伯（Charles Robb）上尉带领一队海军陆战队队员在岘港南部执行巡逻任务。通常情况下，执行巡逻任务以排（20 人）或连队（100 人）为单位进行。

炊煮工具

海军陆战队队员们的大多数食物是罐装的。就餐完毕后，队员们会将餐具通过其尾部的小孔挂在平顶锅的把手上，这样可以一起清洗。

> 狼群的力量汇聚于孤狼，孤狼的力量来自于群狼。
>
> ——第三轻装甲侦察营的格言

然而，他们据守阵地，继续接受着炮火的煎熬。尽管如此，与驻扎在那里的其他美国地面部队一样，海军陆战队的士气大幅下滑。阵亡的海军陆战队队员会被装进绿色的橡胶裹尸袋运送回国，随着阵亡人数越来越多，普通士兵肯定会一心想要活下来，努力熬过 13 个月的海外服役期，活着回国。一直以来，美国国内大量民众反对美国介入这场战争，爆发了轰轰烈烈的反战运动，同时，媒体记者长期不懈地抨击政府，反对战争，但是即使未受到此类事件影响，士兵们本身也认为战争胜利希望渺茫。对于黑人士兵来说，践行入伍誓词尤其艰难。1968 年 4 月黑人民权运动领袖马丁·路德·金遭到暗杀一事动摇了许多非裔黑人的为国效忠的决心，开始怀疑自己为国而战的选择是否正确。

城市作战

对方军队开展春节攻势，攻下了顺化。面对无处不在的狙击手，代号为“X射线”的海军陆战队下属部队与对手展开了巷战，历时一个月，最终重新占领了顺化。

战争之后

1971 年海军陆战队撤出，留下美国陆军独自苦撑局面。截至那时，他们已经很长时间都没有对对方采取主动进攻。大约 80 万海军陆战队队员参与了这场战争，其中 13091 名士兵死亡，51392 名士兵受伤。总体来说，美军战死士兵总人数中，海军陆战队队员占四分之一。为了重塑军队形象以及重振军队士气，海军陆战队花费了整整 10 年时间才挺过了这段艰难的时期。

紫心勋章

紫心勋章，或称军事贡献勋章，是 1782 年由当时的大陆军总司令乔治·华盛顿所设立的，授予在战斗中受伤或牺牲的士兵。

美国海军陆战队制服

1965 年，海军陆战队进入侵越战场，彼时，陆战队并无适合当地环境的战地装备。直到 1966—1967 年，美军才为陆战队配发了丛林军装（正式名称为热带作战服），取代了先前的标准橄榄绿军服（OG–107）。巡逻和搜索行动十分危险，海军陆战队伤亡惨重。军队由此高度重视对士兵的保护工作，配发了防弹衣，最终还对军靴进行了加固处理。

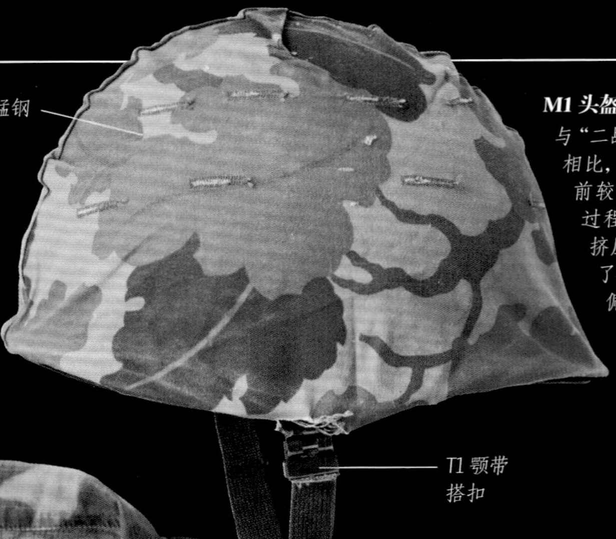

M1 头盔
与“二战”时的美军头盔相比，M1 盔形较浅。早前较深的盔形在制造过程中是不能被大力挤压的。颚带上使用了搭扣，以防士兵在佩戴过程中因为颚带太紧而使颈部勒得难受。

WR II 型热带作战上衣
这件军用衬衫的面料是纯棉府绸布，不仅防风效果好，而且几乎是可以防水的。除此之外，这种布料的透气性好，并且可防昆虫叮咬，非常适合热带战场环境。

M1955 防弹背心
海军陆战队员在巡逻或作战时，会穿上由弹道尼龙和多伦板（doron，一种由玻璃纤维压制而成的纤维板材）制成的防弹背心。由这种复合材料制成的防弹背心是不能挡住每一颗子弹的，但肯定能够有效阻挡弹片。防弹背心有一定重量，在热带环境下穿着会感觉非常闷热，许多士兵在战场上受伤甚至丧命就是因为想要感觉舒服而脱下了它而造成的。

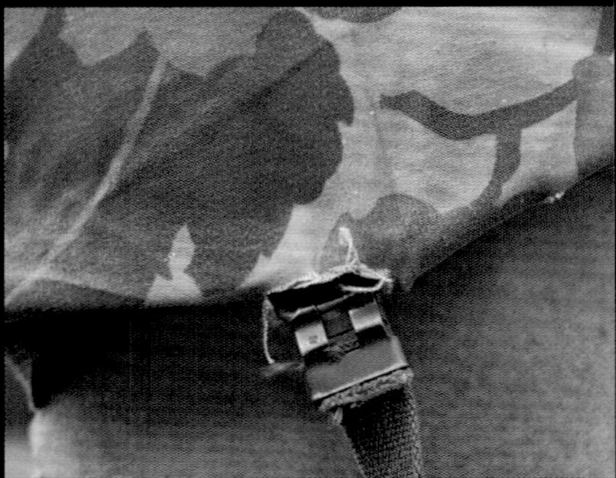
双面迷彩盔罩

腰间所系的带子

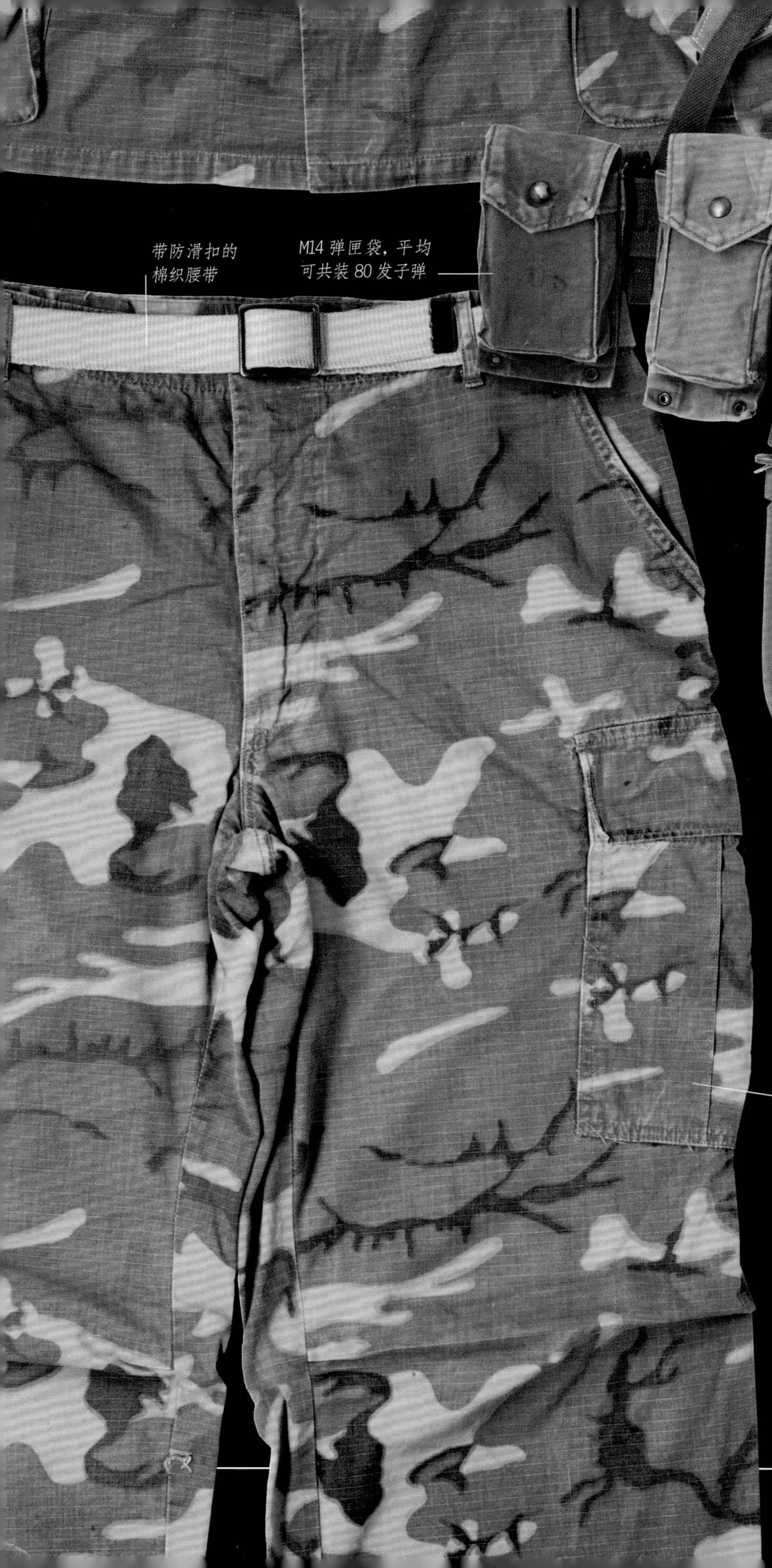
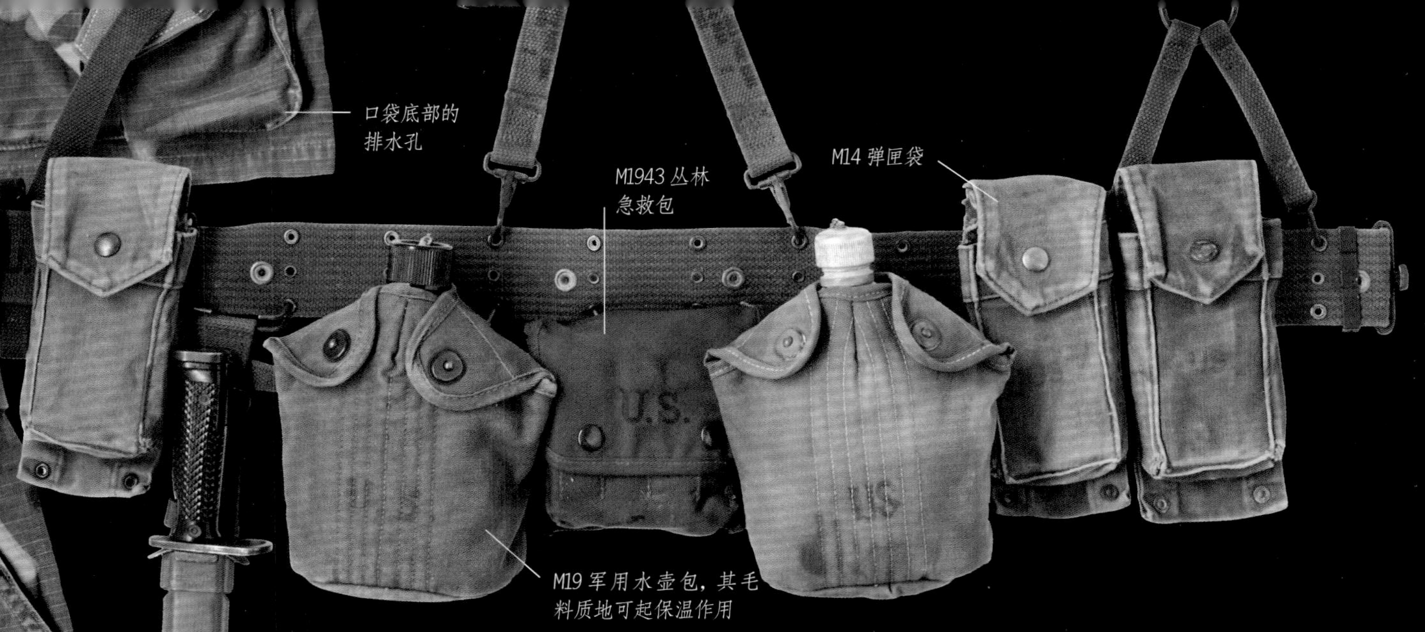

M61 织带
织带可穿戴在身上。可将织带的肩带挂在肩部，装备悬挂在腰间。织带的背面有更多的按扣，用于悬挂步枪子弹袋。

WR II 型热带作战裤
迷彩作战裤是美军标配，美国陆军士兵和海军陆战队队员均穿着此款军裤。军裤脚踝处装有拉绳，士兵会将军裤卷到军靴上方，以防被水浸湿。

“做好战斗准备不重要。重要的是到达战场后如何取胜战争。”

——美国海军陆战队中将 V. H. 克鲁拉克（V. H. Krulak）向一支即将开赴战场的海军陆战队部队致辞，1965 年 4 月

热带作战靴
海军陆战队队员们穿着最普通的军靴，军靴靴面材质为皮革和帆布，而由于缝线在热带气候条件下容易腐烂，硬橡胶靴底直接采用一次成型工艺与鞋面黏合在一起。自 1967 年开始，海军陆战队统一配发了巴拿马底作战靴，靴底嵌入钢板，以防士兵踩上尖竹钉（埋藏于草堆或坑中以刺伤对方士兵）。

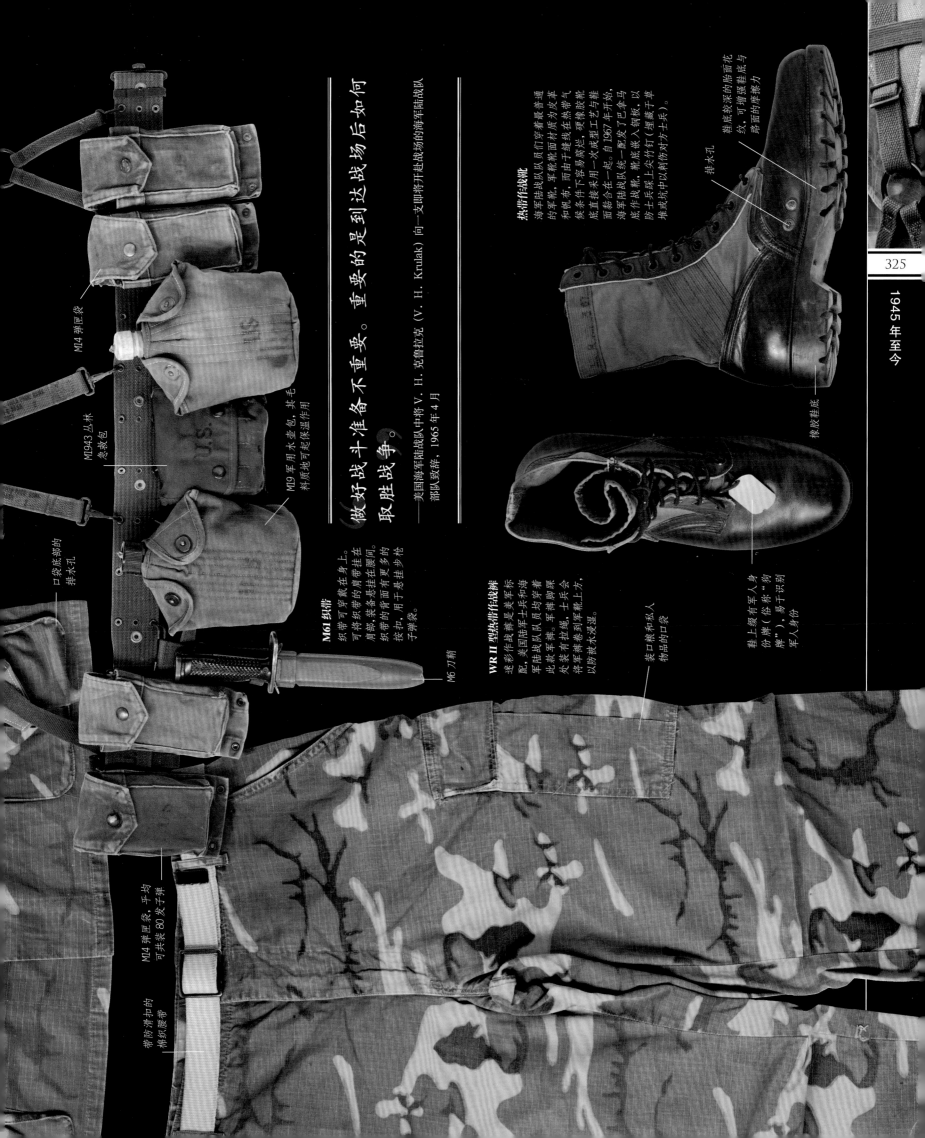

美国海军陆战队装备

海军陆战队使用的大部分武器装备都是“二战”时期或朝鲜战争时期的款式。1965 年使用的 M14 步枪是从“二战”时期 M1 加兰德步枪直接发展而来的，尽管在 1967 年的时候，M14 步枪在很大程度上被新一代 M16 步枪所取代。他们还使用了可手动发射的降落伞照明弹，以对抗夜袭。在丛林作战中，驱虫剂也是必不可少的。

M7 小刀和 M8 刀鞘

M7 小刀既可用作作战刀使用，亦可作为刺刀。M8 刀鞘适用于多种型号的小刀。

刀鞘上的带子，可直接悬挂在织带上

M8 刀鞘

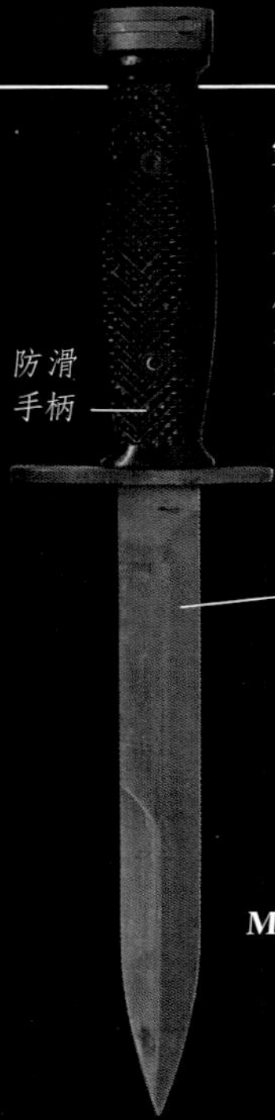

防滑手柄

材质为碳钢的双刃刀身

M7 小刀

军用水壶和水杯

铝制军用水壶可装美制 1 夸脱（950 毫升）水。如图所示，水壶套在水杯中。有时候，士兵们会将水杯穿挂起来，临时用作炉具。

基地地图

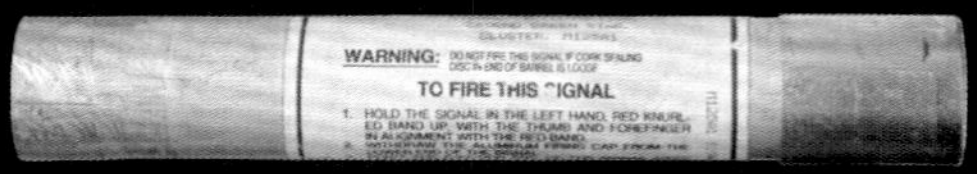

降落伞照明弹

弯头手电筒

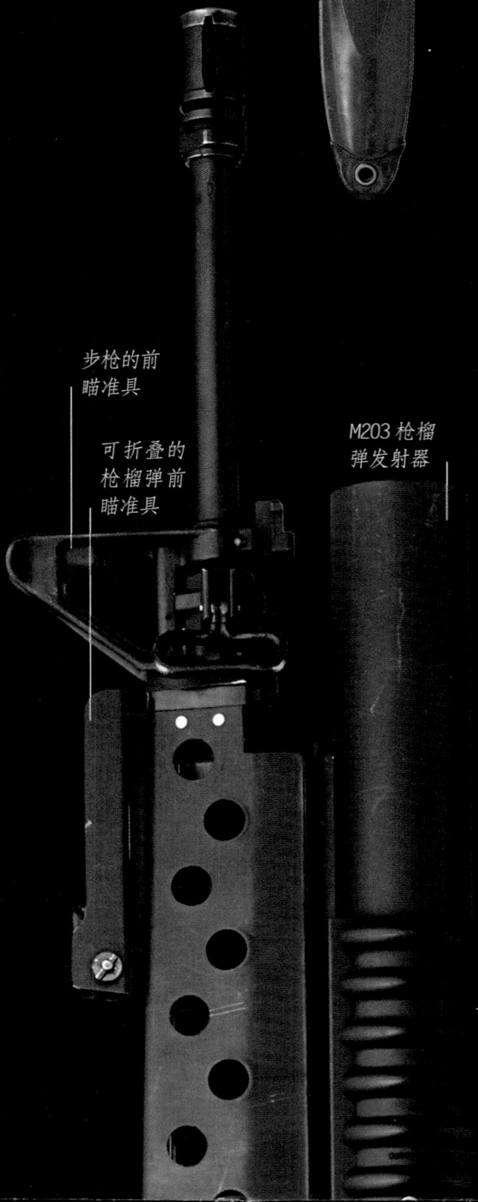

步枪的前瞄准具

可折叠的枪榴弹前瞄准具

M203 枪榴弹发射器

装填/退壳滑柄

只有海军陆战队才使用“米切尔”迷彩伪装罩

M1941 背包系统

M1941 分体背包系统包括上背包和下挂包，下挂包中装有口粮和私人物品。帆布双人帐篷的半幅可与另一个士兵背包上的半幅组成一个三角型小帐篷，两个半幅帐篷相交处有按扣相连。

卷成筒状的帆布双人帐篷的半幅

M1943 可折叠战壕铲

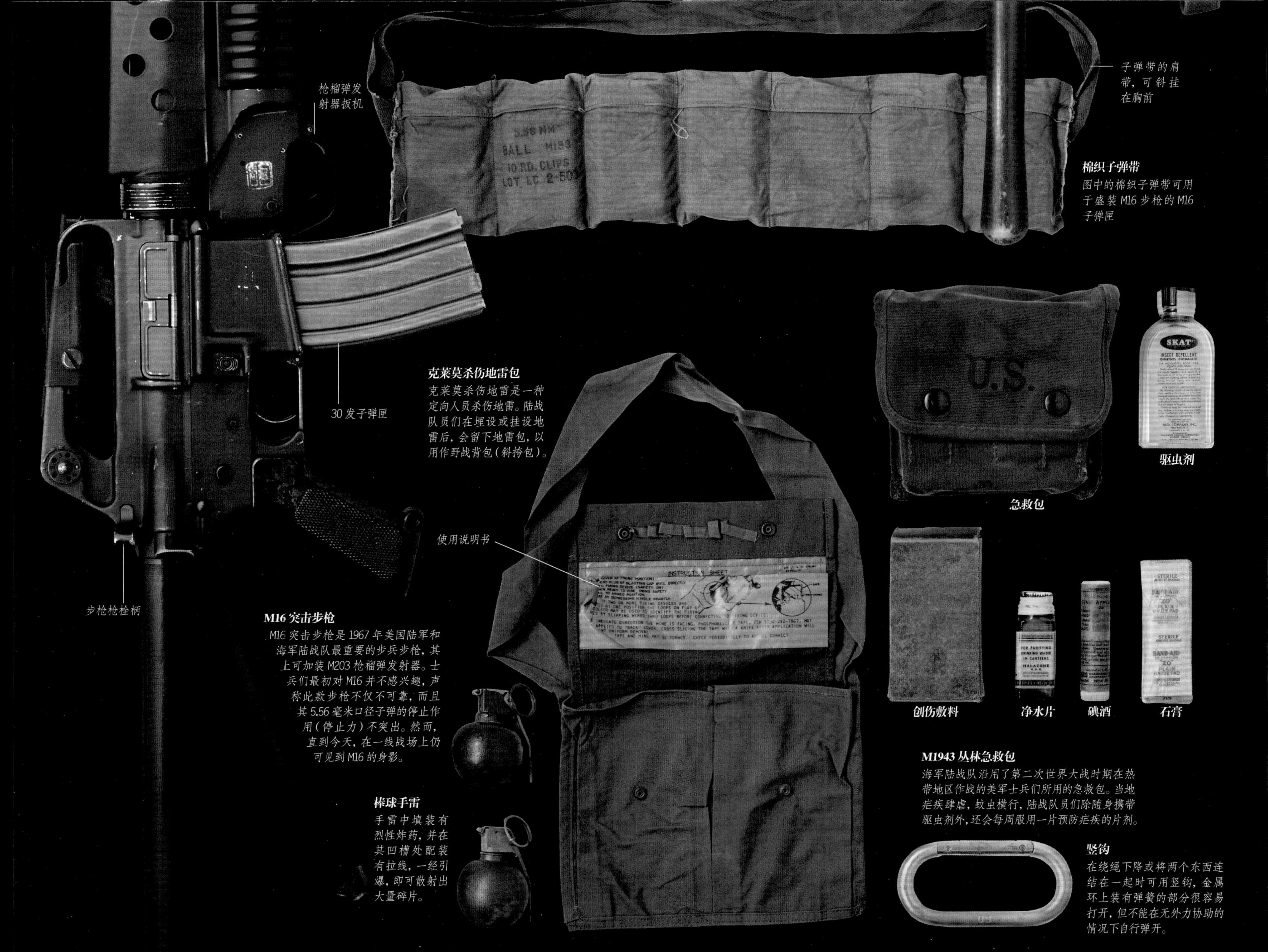

枪榴弹发射器扳机

子弹带的肩带，可斜挂在胸前

棉织子弹带

图中的棉织子弹带可用于盛装 M16 步枪的 M16 子弹匣

30 发子弹匣

克莱莫杀伤地雷包

克莱莫杀伤地雷是一种定向人员杀伤地雷。陆战队员们在埋设或挂设地雷后，会留下地雷包，以用作野战背包（斜挎包）。

驱虫剂

急救包

使用说明书

步枪枪栓柄

M16 突击步枪

M16 突击步枪是 1967 年美国陆军和海军陆战队最重要的步兵步枪，其上可加装 M203 枪榴弹发射器。士兵们最初对 M16 并不感兴趣，声称此款步枪不仅不可靠，而且其 5.56 毫米口径子弹的停止作用（停止力）不突出。然而，直到今天，在一线战场上仍可见到 M16 的身影。

创伤敷料

净水片

碘酒

石膏

棒球手雷

手雷中填装有烈性炸药，并在其凹槽处配装有拉线，一经引爆，即可散射出大量碎片。

M1943 丛林急救包

海军陆战队沿用了第二次世界大战时期在热带地区作战的美军士兵们所用的急救包。当地疟疾肆虐，蚊虫横行，陆战队员们除随身携带驱虫剂外，还会每周服用一片预防疟疾的片剂。

竖钩

在绕绳下降或将两个东西连结在一起时可用竖钩，金属环上装有弹簧的部分很容易打开，但不能在无外力协助的情况下自行弹开。

入侵
美军于1965年9月开展代号为“食人鱼”的军事作战行动。11月，海军陆战队第7团的士兵们在乘坐登陆艇抵达巴坦加斯角后，涉水上岸。1965年，大量美军开始抵达战场。

公元 1965—1975 年

越共游击队

夜晚……属于越共游击队。游击队员们在夜色的掩护下进入阵地，展开多次进攻。

——摘录自美国《时代》杂志上的一篇文章，1967年7月21日

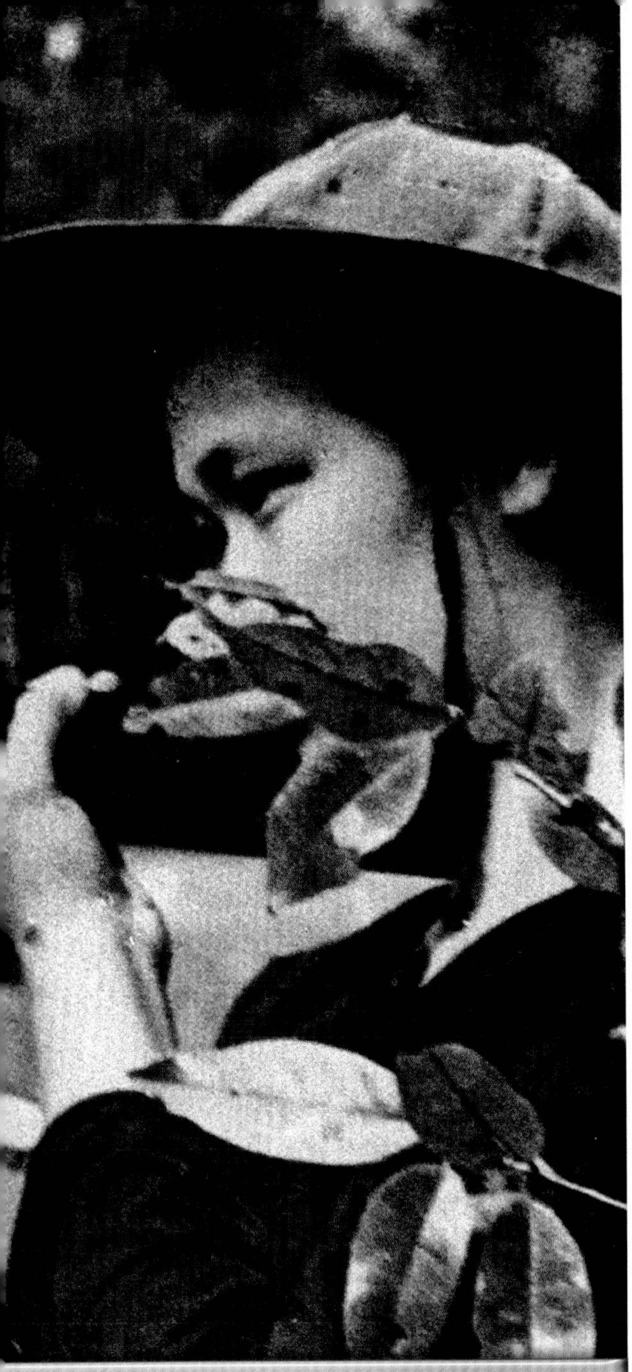

被其美国敌人称为人民解放武装力量（PLAF）的是一支以农村为根据地的游击队，在越南战争中，与美国及美国支持下的南方傀儡政府对抗。与同一条阵线上的北越人民军（NVA）步兵们一样，越共游击队队员们不仅拥有娴熟的战斗技能，而且具有勇于献身的精神。在战斗中，他们几乎一直承受着比其对手严重得多的损失，但却凭借深厚的同志情谊和明确的目标坚持了下来。

1954年法军失败撤离后，越南陷入分裂状态，美国支持下的吴庭艳傀儡政府控制了南部地区，而北部地区则在越共手中。国家分裂之际，南部地区成千上万的游击队员们选择投入北方的怀抱。

事实证明吴庭艳政府腐化堕落，野蛮残忍，很快就为南部地区大多数民众所憎恨。到1957年，在大部分农村地区，小规模的游击战争再次出现。1959年，越南北方意识到重新打响统一战争，解放越南南部的时机已经成熟，便派遣了数万名前越盟游击队员返回南部，作为组织全面暴动的骨干分子。

这些人在北方的时候曾经就革命战争的理论与实践接受过严格的训练。他们了解政治斗争与军事斗争是密不可分的。他们经过漫长艰苦的跋涉，穿越了渺无人迹的热带丛林来到南部地区后，大量接触当地村民，趁夜色潜进村庄与当地居民交流，为发动游击战争赢得其支持。这些来自北方的骨干分子与村民们谈论的是与其切身相关的问题，例如政府的过度税收以及地主对当地人的盘剥等，村民们把他们当作了自己人，愿意倾听他们的讲话。北方于1960年成立了南方民族解放阵线（NLF），作为游击运动的政治力量，利用秘密电台、海报和新闻传单支持骨干分子在南方的宣传活动。

游击队

骨干分子在南方各地争取民众支持的同时也招募游击队员。他们鼓励那些最有前途的年轻人离开家乡，全身心投入游击战争，也招收女性做后勤工作。职业游击队员们被细分为多支地方部队，在家乡地区进行低水平作战行动，而主力部队的士兵们则会在基地接受全面的步兵训练，其后以大型军事编队投入大规模战争之中。留在村庄里的农民会被收编进业余游击队。他们只接受过最基本的军事训练，但却能发挥一系列的辅助作用，例如，为游击队提供情报、设下陷阱打击巡逻的伪政府军，挖掘地道为游击队员们提供藏身之所，或隐藏他们的武器装备。

到1965年初的时候，游击队主要通过开展小规模游击战争，其控制范围已达南部四分之三的地区。其领导下的游击分队袭击村庄，刺杀伪政府任命的村长及亲伪政府民兵组织成员。

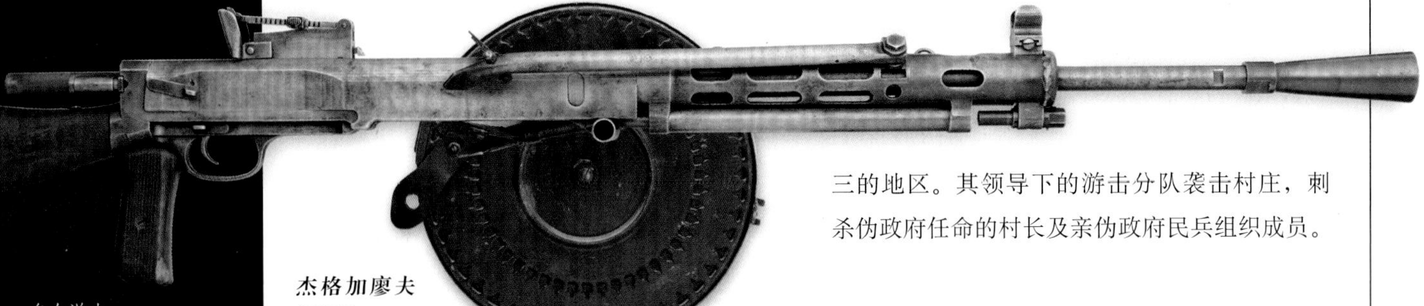

杰格加廖夫轻机枪

女性游击队员

1968年的湄公河三角洲地区，一名女游击战士肩扛RPG-7火箭筒准备战斗。越共宣传画中的女游击队员形象十分显眼，但事实上，大多数女性在游击队中从事后勤工作。杰格加廖夫轻机枪（见右图）是苏联援助游击队的苏制武器。

偏远地区的军事前哨基地被游击队占领。他们多次组织实施伏击战，道路被毁坏，无法通行。在城市中，游击队将行动对准了伪政府聘任的美国军事顾问，美国人常去的电影院和俱乐部遭到了炸弹袭击。

超级指南针

图中这种指南针对于在丛林中辨明方向是必不可少的。

对抗

自1965年始，战争的性质彻底改变。为防止南方傀儡政府垮台，美国派军进入。同一时间，北方人民军也开始大举进攻南部。尽管游击队的作战方式仍然以伏击战、埋设陷阱等为主，但大部分战斗却是人民军、游击队主力和美军之间的较量，主要战场移至远离城镇、人烟稀少的乡野山村。事实证明，若论轻步兵的战斗力量，越共与美军地面部队相比毫不逊色。他们军官与士兵患难与共，士兵士气高昂。在乡间，他们行动敏捷灵活，擅长组织实施伏击战和包围战；为避免美军展开空中支持，采取与美军近距离交火的战术。美军发现他们的对手十分机敏，每逢遭遇决定性打击前总能悄悄撤走，这难免让人沮丧。但是游击队员们无法避开美军的轰炸和炮击，及美军的凝固汽油弹、定翼飞机和武装直升机的攻击，对于他们来说，与美军作战是一种极为严酷的考验，伤亡惨重。

远离家乡

游击队员们在战争中经历了各种艰难困苦：面对死亡感到恐惧，闲暇时分生活枯燥，思乡情绪浓厚。热带丛林对于从稻田里出来的农民和美军士兵绝无二异，都是全然陌生的环境。对于当地人来说，热带丛林覆盖下的崇山峻岭令人生畏，里面生活着“鬼魂”和可怕的野生动物，疟疾肆虐，毒蛇咬人事件频发，他们为此深受其苦。游击队员们脚上穿着的是当地有名的橡胶拖鞋，如若遇上有毒的爬虫类动物，拖鞋的防护性很差。他们主要依靠少量的稻米、盐、晒干的鱼和肉类为生，长期处于半饥饿状态。为了果腹，他们也会捕捉丛林中生活的动物，如猴子、大象和大型蛾类，生火烤熟食用。

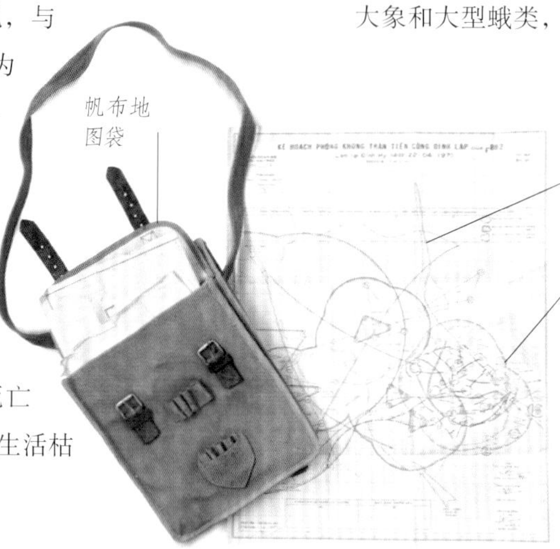

地图和地图袋

这幅地图对于敌军基地位置标注得非常详细。

游击队的武器

游击队使用的步兵武器多种多样，其中许多是苏制武器。图中的游击队队员们使用的武器包括朝鲜战争时期遗留下来的戈留诺夫7.62毫米口径重机枪、西蒙诺夫步枪以及最先进的AK47突击步枪。

> 在大白天里通常是见不到他们的踪影的，他们或是隐匿在茂密的丛林中睡觉，或躲藏在山崖上的洞穴里。
>
> ——美国《时代》周刊，1967年6月21日

游击队员们每月军饷60比索（约为2美元），他们常常会用来订购诸如糖、肥皂和香烟之类的奢侈品，而这些都需要军需官在柬埔寨市场上去购买。他们的娱乐活动很少，除了战斗，游击队员们不间断地进行军事训练，或上政治思想教育课，了解世界局势。偶尔去一下娱乐场所总是令队员们欢欣鼓舞，尽管通常都是重复播放积极向上的爱国电影和歌曲。为了解决队员们想家的问题，游击队偶尔也会让队员们回家探亲，但是穿过战区看望家人也需要冒极大的风险。

美军一旦开始实施搜索摧毁战术，对对手活动频繁的地区进行扫荡或进行空中轰炸，游击队员们的烦闷情绪会一扫而光。他们可能不得不立刻撤走，接连数日在森林中跋涉，白天竭尽全力躲避美军的搜索，夜晚睡在吊床上。大家公认最可怕的是美军的B–52轰炸机，炸弹落下，触地爆炸，整片森林发出一声巨响，耳膜被震裂，神经几近崩溃。有些队员会躲藏在地道中，许多地道设施齐全，有厨房、卧室和临时医院，会起到一定程度的保护作用，但是，队员们总是担心地道一旦垮塌，自己会被活埋其中。一些游击队员因为长期遭受轰炸袭击而患上弹震症，不得不住院治疗。

春节攻势及以后的战争

1968年1月至2月间是越南庆祝传统新年的时候，大量越南南方傀儡政府军的士兵离队外出过节，游击队利用此时机发动进攻，占领了南方各大城镇，甚至连南方傀儡政府的首府西贡也曾短暂解放。这就是众所周知的春节攻势，北方在这次进攻中付出了惨重的代价，但彻底打消了美国想要把战争拖延下去的念头。第二年，游击队中发生了开小差事件，起因是游击战的压力和艰辛越来越令不坚定者无法忍受。但在开小差的人数上，伪政府军一直以来都超过游击队。一位北方的领导人曾说过：“尽管游击队食物短缺，队员们时常生病，但是他们一直保持着高昂的斗志，珍惜同志情谊，坚信他们是在为着一个共同的目标浴血奋战。在常人难以忍受的艰苦条件下，他们互相帮助，凭着战友之间质朴、真诚的深厚情谊坚持战斗。”

最终，人民军利用诸如坦克和大炮之类的传统武器，发挥传统战术，于1975年打败了南方伪政府军。这场战争结束了外国的野蛮武力干涉，改善了人民大众的家庭生活。

陷阱

游击队在越南南部的乡村中开展小规模游击战争，陷阱是对付敌军的重要手段之一。其中最有杀伤力、最原始的办法就是尖竹钉。村民们把竹片削尖，在竹尖上涂一层粪便或其他一些传染性物质，然后把竹尖朝上竖直插在地面，上面再覆盖一层树叶或杂草。如果敌军士兵踩在上面，竹尖就会刺穿他的鞋底。有时当地人会在整片开阔地上插满尖竹钉，以避免被敌军用作直升机着陆点。美国人随后增厚了军靴的靴底作为应对措施，但游击队员又发明了一种由两块钉板组成的装置，如果不小心踩到，钉板上的钉子会直接刺进脚中。其他陷阱装置还包括：将手榴弹连接到用钓鱼线做成的绊网上，将偷来的美军榴弹炮炮弹重新装上导火线，改装成遥控地雷。这些陷阱武器对美军或南方军造成了毁灭性的心理影响。他们即使保住了性命，往往也会惨遭截肢。有时游击队的狙击手会埋伏在陷阱旁，随时准备对那些不小心踩上陷阱而陷入一片恐慌的敌军士兵再补上一枪。

钉板

游击队常用的钉板和手榴弹（图中手榴弹未配绊网）。

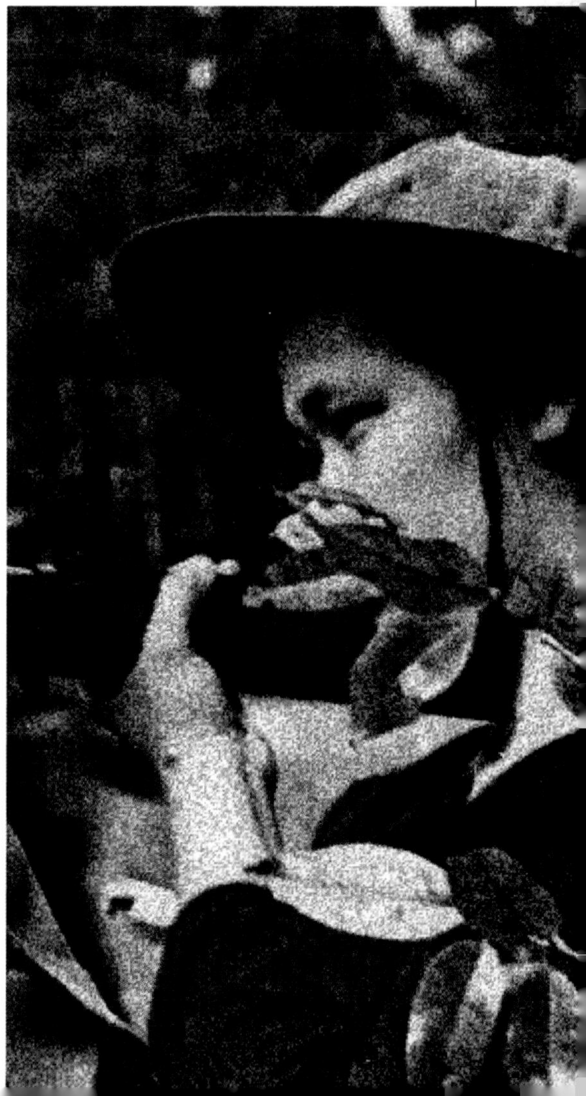

游击队的装备

游击队采取的最重要的战略就是让队员们伪装成平民，混入平民之中，所以其基本的服装仅为一套黑色的棉布便服，一顶黑色的垂坠感较强的宽檐帽以及一条围巾。这样的装束不分男女，与当地村民并无二致。作战时，他们擅长利用丛林作为掩护。他们有时也会捡到美军战机空投的物资，如披巾和头盔罩等，对于他们来说，这些都是很难得的东西。

> 两套黑色便服、几条内裤、一顶蚊帐，再加上几平方码的轻尼龙布料……这些就是一名游击队员的所有家当。
>
> ——张阮庄，《越共回忆录》

迷彩帽

游击队员们通常佩戴的帽子是和其服装风格相符的黑色纯棉帽，或者是当地农民的圆锥形草帽。然而战斗中他们会换上与美军士兵一样的迷彩遮阳帽或与之类似的帽子。

米袋

游击队携带给养的方法简单且实用，队员们将米装在帆布做成的管状袋中，像子弹袋一样套在脖子上。

男队员的制服上衣

男队员与女队员的制服上衣均为黑色，且款式几乎无太大区别，只是女队员上衣的缝线略有不同。

轻便的铲子

在游击战中，挖土掘地发挥了重要的作用。除了有名的丛林地底下的地道系统，他们还建造了隐蔽性极好的地堡和要塞。

从美军手中缴获的轻型反坦克武器

迷彩披巾和AK47突击步枪

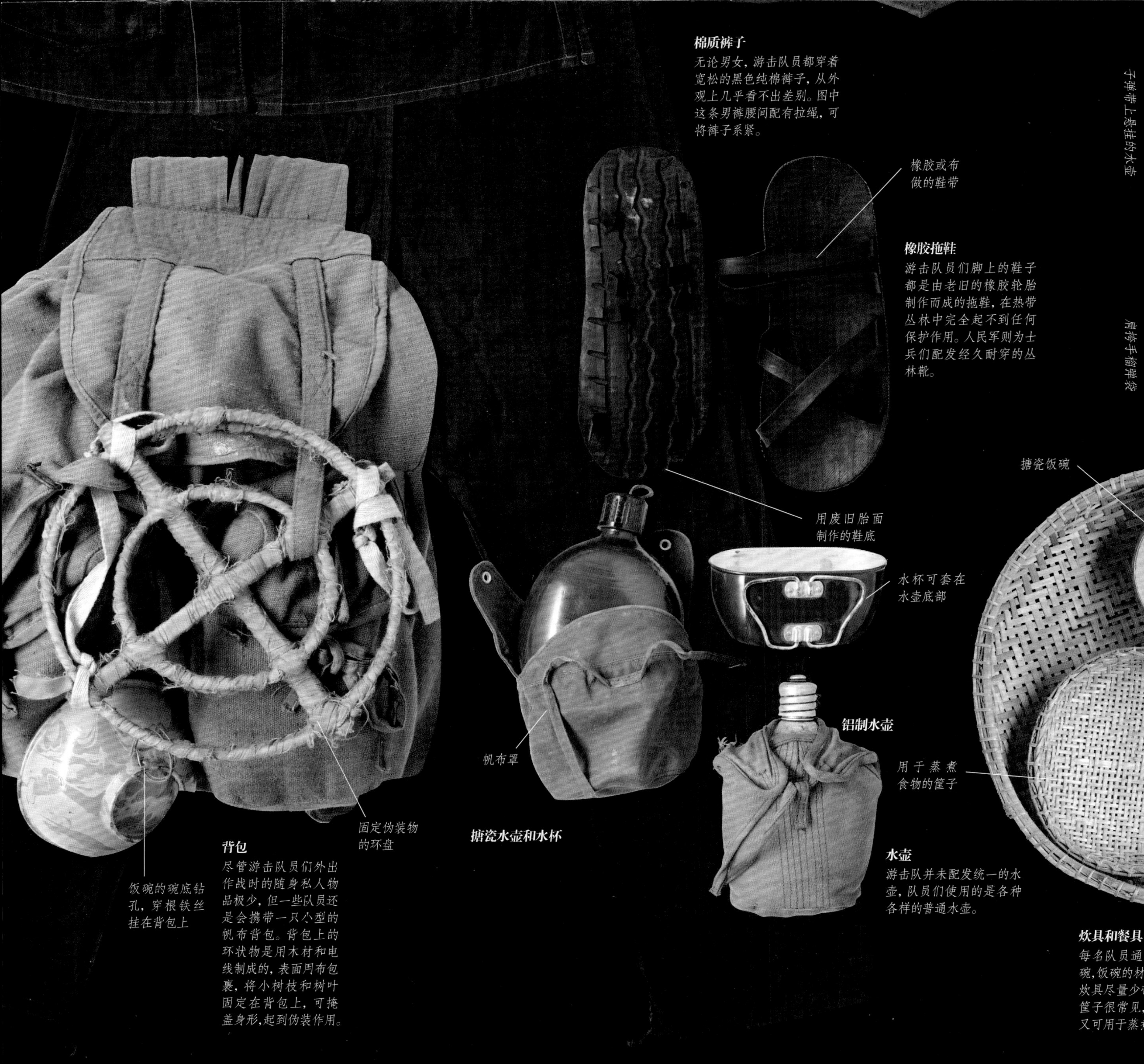

棉质裤子

无论男女，游击队员都穿着宽松的黑色纯棉裤子，从外观上几乎看不出差别。图中这条男裤腰间配有拉绳，可将裤子系紧。

橡胶拖鞋

游击队员们脚上的鞋子都是由老旧的橡胶轮胎制作而成的拖鞋，在热带丛林中完全起不到任何保护作用。人民军则为士兵们配发经久耐穿的丛林靴。

搪瓷水壶和水杯

铝制水壶

背包

尽管游击队员们外出作战时的随身私人物品极少，但一些队员还是会携带一只小型的帆布背包。背包上的环状物是用木材和电线制成的，表面用布包裹，将小树枝和树叶固定在背包上，可掩盖身形，起到伪装作用。

水壶

游击队并未配发统一的水壶，队员们使用的是各种各样的普通水壶。

炊具和餐具

每名队员通常都会有自己的饭碗，饭碗的材质一般都是搪瓷钢。炊具尽量少带，但是重量较轻的筐子很常见，这既可用于盛装，又可用于蒸煮。

子弹带上悬挂的水壶

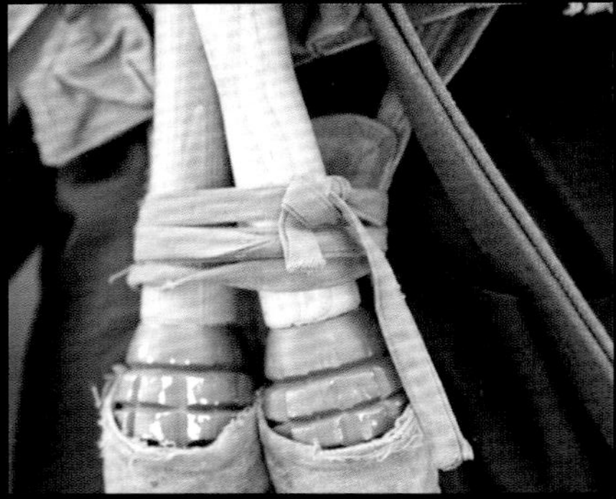

肩挎手榴弹袋

游击队的武器

在这场暴动刚开始的时候，游击队员们能弄到什么武器，就用什么武器，并自制武器，表现出了极强的创造力。其后，他们通过胡志明小道，以及和人民军的关系，获得了苏联和中国制造的机枪、步枪和榴弹发射器。他们也通过各种渠道得到了敌军的大量物资，其中包括向对方军队士兵购买的武器和弹药。

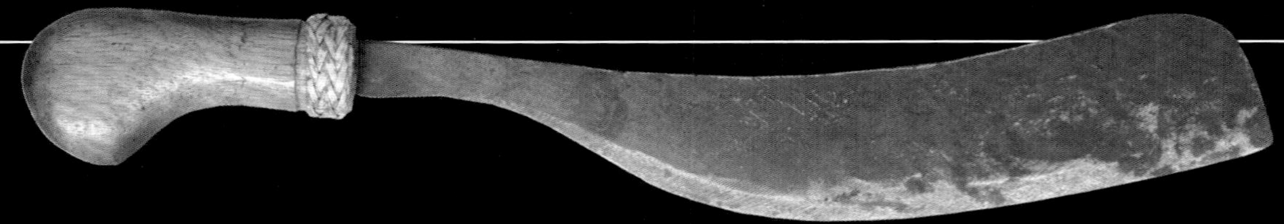

弯刀

游击队员十分擅长回收利用现代战争的废弃物。他们时常会从报废的美国机动车上取材，用以制作图中这种小型多功能弯刀之类的小刀。

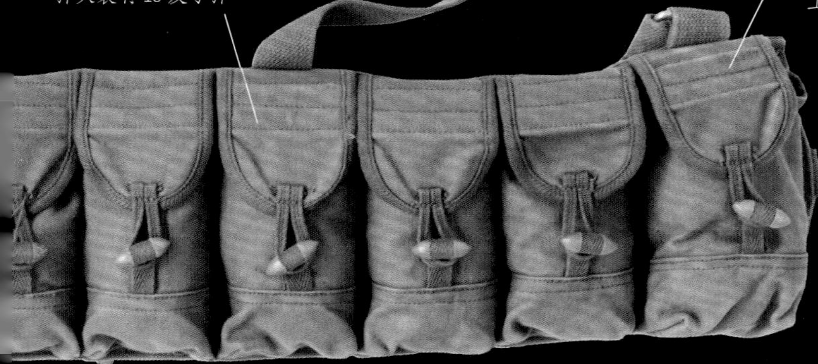

每个袋子里装有两到三个子弹夹，每个子弹夹装有 10 发子弹

最后一个袋子里装有 SKS 步枪的清洁工具包

子弹带

这款轻便的布制子弹带是专为 SKS 半自动步枪子弹夹设计的。将肩带绕过颈部在背部系紧，子弹袋横放在腹部的位置。

SKS 半自动步枪子弹夹

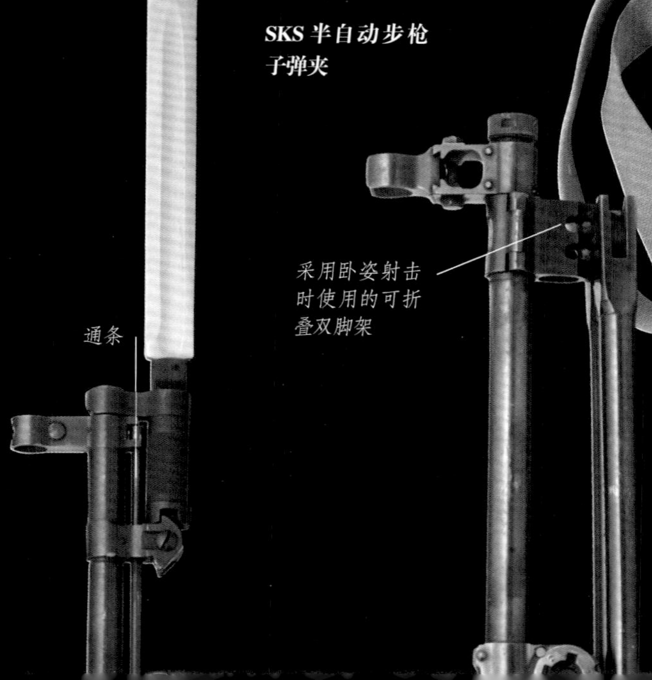

一体化刺刀，可沿枪管折叠起来

通条

采用卧姿射击时使用的可折叠双脚架

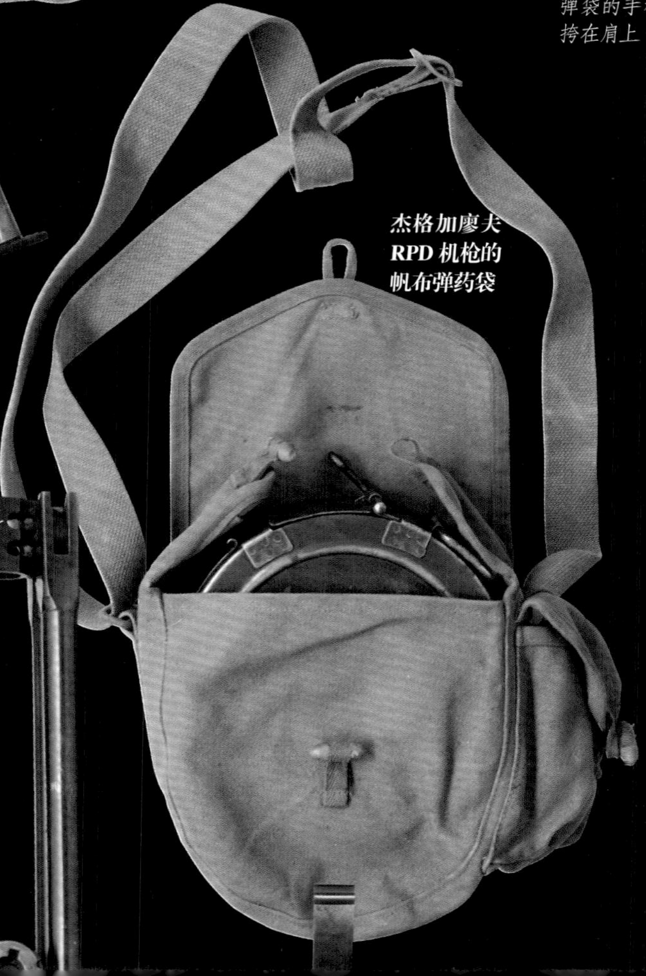

杰格加廖夫 RPD 机枪的帆布弹药袋

手榴弹

游击队使用的手榴弹是苏联和中国制造的，品种多样。其中特别受欢迎的是苏制 RKG-3 式反坦克手榴弹。一旦拉下安全栓，手榴弹就会释放出稳定伞，可使得手榴弹垂直飘落而下，直击坦克顶部，这也正是整辆坦克最脆弱之处。

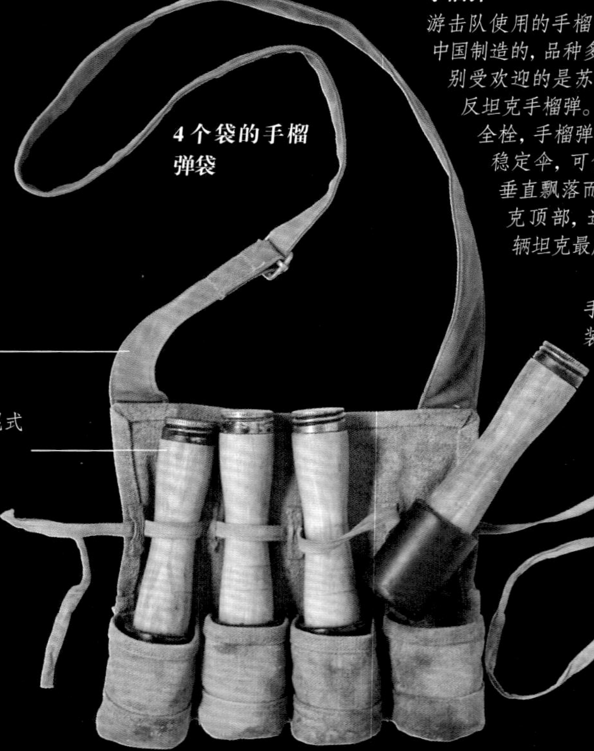

4 个袋的手榴弹袋

肩带，将类似子弹袋的手榴弹袋挎在肩上

中国制棍式手榴弹

手榴弹尾部装有稳定伞

当榴弹从弹筒中被发射出来时，伴随而来的还有其燃烧释放的烟和气体

RKG-3 式反坦克手榴弹

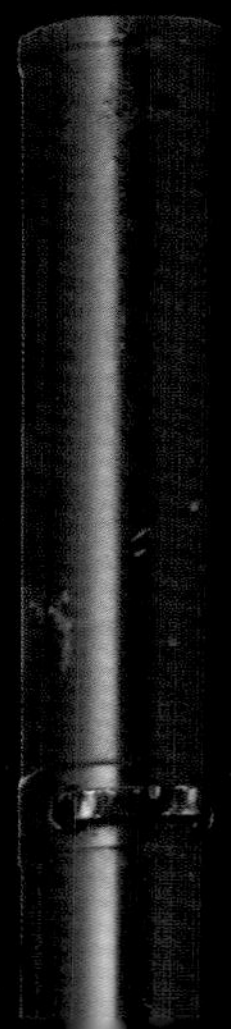

保险栓

苏制 RGD-5 手榴弹

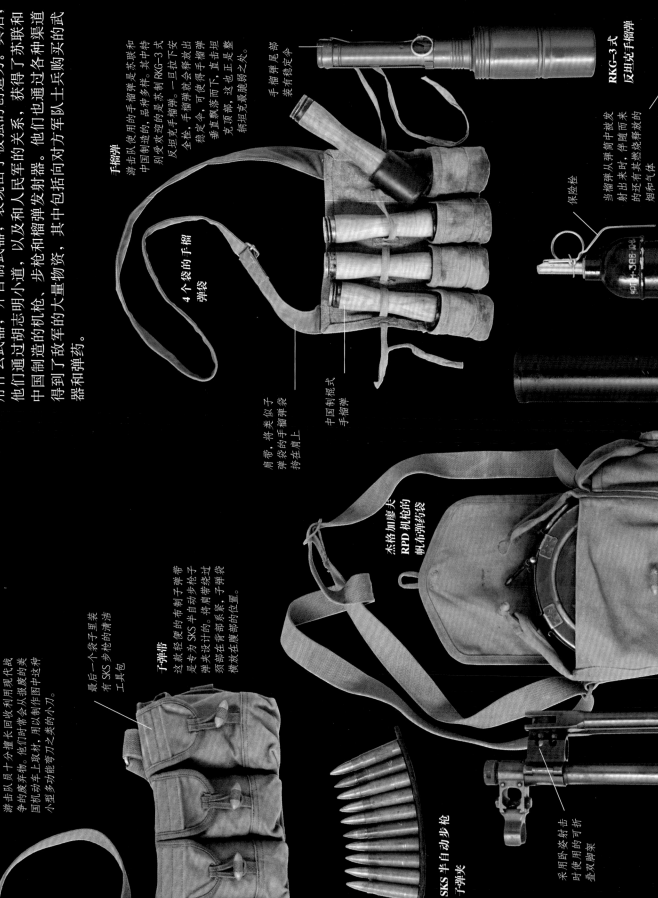

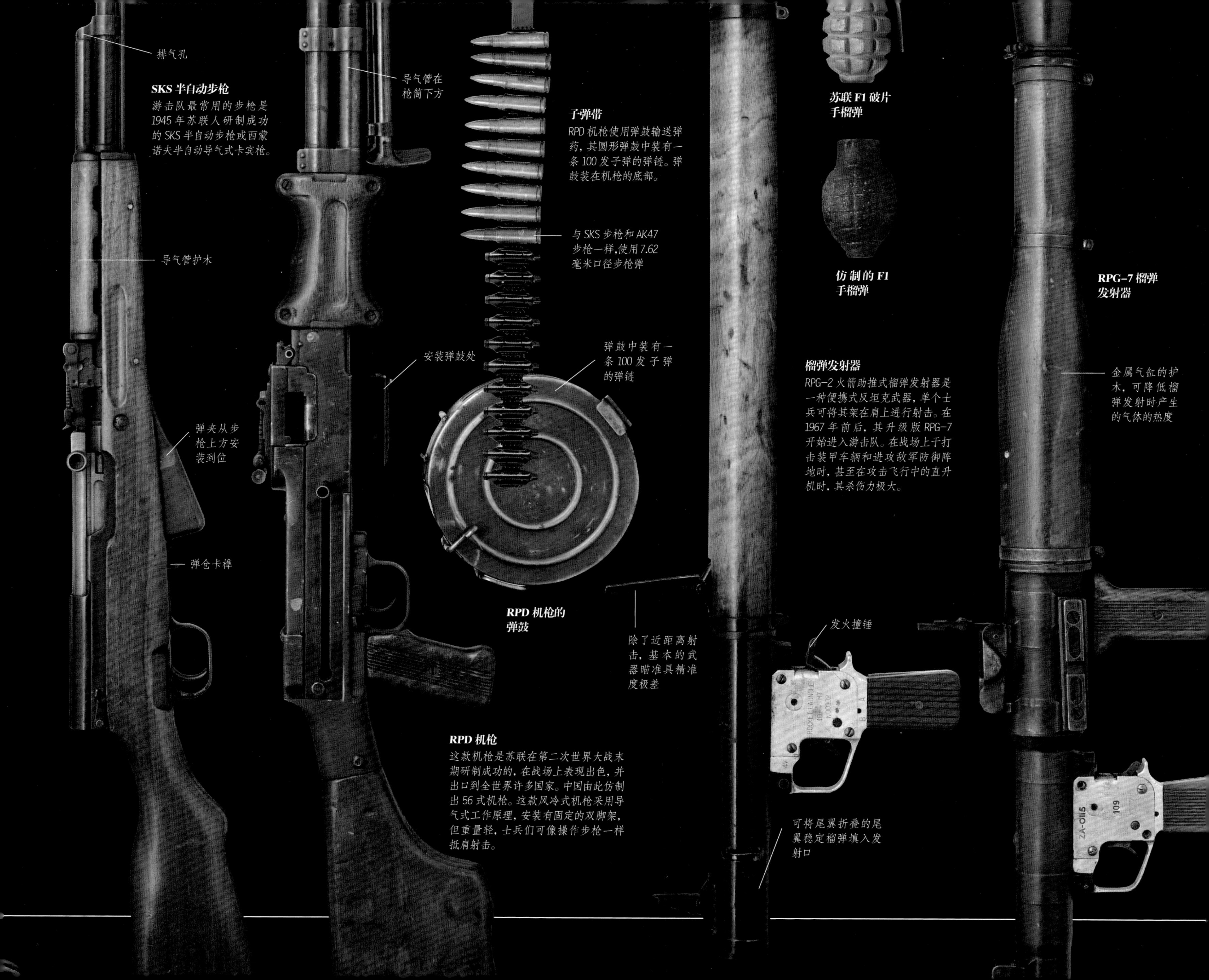

SKS 半自动步枪
游击队最常用的步枪是1945 年苏联人研制成功的 SKS 半自动步枪或西蒙诺夫半自动导气式卡宾枪。

子弹带
RPD 机枪使用弹鼓输送弹药，其圆形弹鼓中装有一条 100 发子弹的弹链。弹鼓装在机枪的底部。

RPD 机枪
这款机枪是苏联在第二次世界大战末期研制成功的，在战场上表现出色，并出口到全世界许多国家。中国由此仿制出 56 式机枪。这款风冷式机枪采用导气式工作原理，安装有固定的双脚架，但重量轻，士兵们可像操作步枪一样抵肩射击。

榴弹发射器
RPG–2 火箭助推式榴弹发射器是一种便携式反坦克武器，单个士兵可将其架在肩上进行射击。在1967 年前后，其升级版 RPG–7 开始进入游击队。在战场上于打击装甲车辆和进攻敌军防御阵地时，甚至在攻击飞行中的直升机时，其杀伤力极大。

1941 年至今

英国特别空勤团士兵

在学习如何与恐怖分子的对抗中，其中一项内容就是学习如何成为一名恐怖分子，在这方面，团里的小伙子们或许是世界上最专业的人。

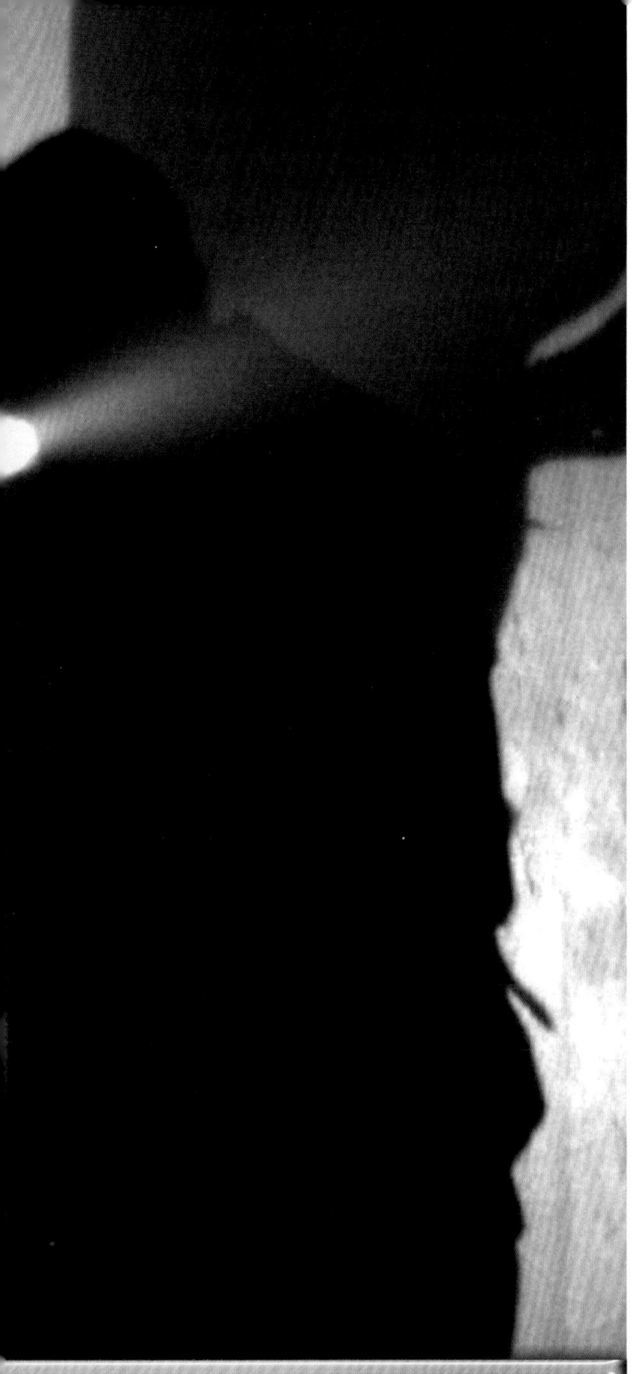

英国特别空勤团（SAS）是一支成立于第二次世界大战期间的步兵精锐部队，现已发展成为英国陆军特种部队的骨干力量。其最初创建的目的是在传统战争的背景下深入敌后开展行动，它也曾多次参与了反游击战争以及反恐行动，例如，被广泛报道的1980年袭击伦敦的伊朗大使馆行动。SAS士兵们具备超强的专业技能，这一点被全世界所公认。

SAS是英军在1941年7月为了对付轴心国军队，在沙漠战争中深入敌后进行突袭活动而在北非创建的，第二次世界大战结束后即被解散。在马来半岛的热带丛林中与游击队作战时，英军意识到组建特种部队的必要性，于是在20世纪50年代，SAS得以重生，当时是被纳入到正规军的序列之中。到了20世纪70年代，SAS以其坚韧顽强的精神、超强的战斗力在军事界拥有极高的声誉，其精英地位牢不可破，这也可能是它有机会参与多次军事行动的主要原因。在英军中，SAS也以其最严格的招募条件和最艰苦的训练日程而闻名。

英国特别空勤团徽章

这是一柄高举双翼的达摩克利斯之剑，其上绣着特别空勤团的座右铭“勇者必胜”。

招募和训练

SAS的成员是从正规军或从自己的本土防卫队中招募的。因此，所有的应征者在参加SAS选拔前，就至少已经接受过基本的军事训练了。志愿加入者，不管是军官、士官还是其他军衔等级的军人都需要提交一份上司的推荐信。加入SAS，向自己的心理极限和身体极限发起挑战，并作为精英部队的一分子获得旁人的尊重和羡慕，这对男性来说具有不小的吸引力。第一关包括彻底的身体检查以及标准体能测试，而应征者中大约有十分之一的人过不了第一关。剩下的通关者会进入长达三周的初选。

初选地点在威尔士的布雷肯山。应征者们都是现役军人，他们已经对军队的基本纪律了如指掌，在初选中，他们被安排接受一系列难度递增的测试，挑战大自然，挑战自身极限。在人烟罕至的荒野中身背沉重的背包和步枪长途跋涉，这似乎是对一个人价值的大致考验。即便如此，当暴露在大自然的恶劣天气中时，那些应征加入SAS的军人们还是克服了疲惫和孤独，证实了自己能够挑战自身心理的承受极限。受伤是常见的，有几次还出现过受训者在山中死亡的情况。到初选结束时，大概五分之四的应征者会被淘汰并返回原部队。

解救人质

一支SAS人质解救小组（见上图）头戴S10防毒面具、手持装有镁光手电筒的MP5冲锋枪向一座农舍发起进攻。MP5是SAS的常用武器，型号多样，其中有一款配有枪榴弹发射器（见右图）。

H&K MP5K冲锋枪

训练中

所有士兵互相交流战斗技能，包括反恐技能，其中，士兵们需要学会如何在封闭空间中快速移动（见最右图）。专业训练内容取决于士兵所属部队：空军部队（空降训练）、舟艇部队（水上训练）、机动部队（陆上机动车训练），或山地部队（攀岩和滑雪技能）。

与它本身的特点一样，SAS 的选拔过程简单、直接、卓有成效。

——SAS 地方自卫队志愿兵迈克尔·阿舍（Michael Asher），《往死里打》（*Shoot to Kill*）

如果应征者熬过这一切，就可以正式成为SAS的一员。但是他仍然需要接受大量专业训练，从外语学习、攀岩、自由落体式跳伞，到野战外科学等各种内容。

如果初选过关，专业训练顺利毕业，这名士兵应该思想稳健、自主自立，无论是在心理抑或身体素质上都处于最佳状态。他必须能够在困难的环境中，长期战斗在一支小团队里，并且不与战友发生矛盾。如有必要，他必须能在没有上级指示的情况下独立开展行动。SAS 士兵在受训中被要求当认为有必要时，动手必须冷酷无情，但是那些被认为对杀戮有偏好的人会被淘汰出局。好斗、挑衅这类行为会受到严格的控制和管理。在压力下保持冷静的头脑是SAS 成员们的一项显著特质。他们既不打架斗殴，也不吹嘘自夸。操练和军事上的“废话”（这点是众所周知的）都控制在最低限度，军衔上的差别不重要，重要的是军事技能和战场表现。

战术

SAS 秉承传统，向成员强调要保守秘密、不能暴露身份，禁止在大庭广众谈论有关部队的一切情况。围攻伊朗大使馆改变了SAS 的公众形象。20 世纪 60 年代末到 70 年代，一连串的劫持人质和劫机事件频繁发生。作为应对措施，SAS 在赫里福德成立了 CRW 训练学校，他们研发解决人质危机的种种办法，并进行各种演练。在这里，有一所专门用于控制人质的、被称为“杀戮房”的房子，以及一架仿制的飞机，专供各种解救人质、解决劫机事件的演习所用。SAS 组建了 CRW 快速反应小组，以随时应对恐怖事件。1980 年 5 月 5 日，SAS 多年的训练终于付诸实践，为了解救被 6 名恐怖分子挟持的 26 名人质，他们突袭了位于伦敦王子大道的伊朗大使馆。

伊朗大使馆模型

进攻前，为了让士兵们熟悉他们即将进入的这座建筑，SAS 制作了伊朗大使馆的木制建筑模型。每一层都是可拆分的，以便能看清楚下一层的布局。

攻入战术

20 世纪 70 年代，针对攻入被敌对武装组织占领的建筑物中解救人质这类行动，SAS 在研究相关战术方面发挥了突出的作用。首要问题就是如何攻入建筑物，这可能会涉及使用定向爆破技术炸掉门或窗。第二步就是向已被炸掉的门窗中投放眩晕手榴弹或催泪瓦斯，让挟持人质者丧失方向感。武装小组会按照平日无数次排演过的程序，手持自动武器迅速清扫整片区域，识别所有的敌对存在。SAS 成员们在平时就接受过相关的严格训练，以规避互相射杀或枪杀无辜人质的风险。每名成员都会被定位，无论任何时间，小组其他成员都不会进入他的火力范围内。SAS 的策略就是射杀所有的挟持人质者，由此避免其引爆隐藏的爆炸装置。

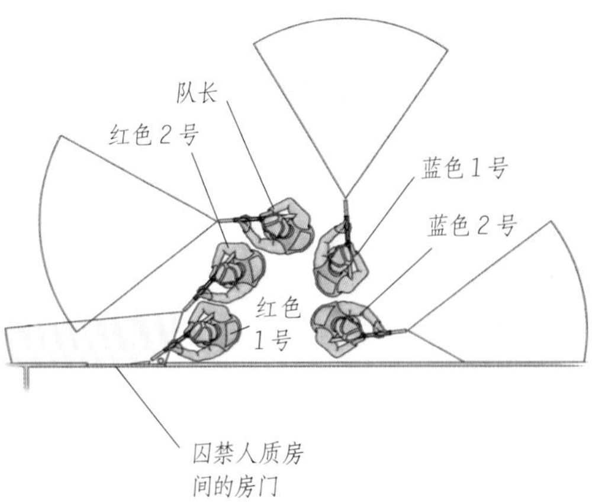

门旁集结

一支典型的武装小组包括有 5 名成员，红色 1 号和红色 2 号打头，队长居中，蓝色 1 号和蓝色 2 号殿后。在清理房间之前，小组会首先在门把一侧的门旁“集结”。

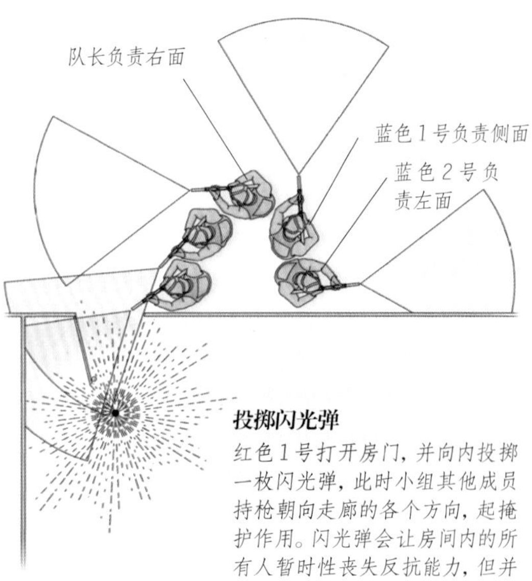

投掷闪光弹

红色 1 号打开房门，并向内投掷一枚闪光弹，此时小组其他成员持枪朝向走廊的各个方向，起掩护作用。闪光弹会让房间内的所有人暂时性丧失反抗能力，但并不会造成持久性伤害。

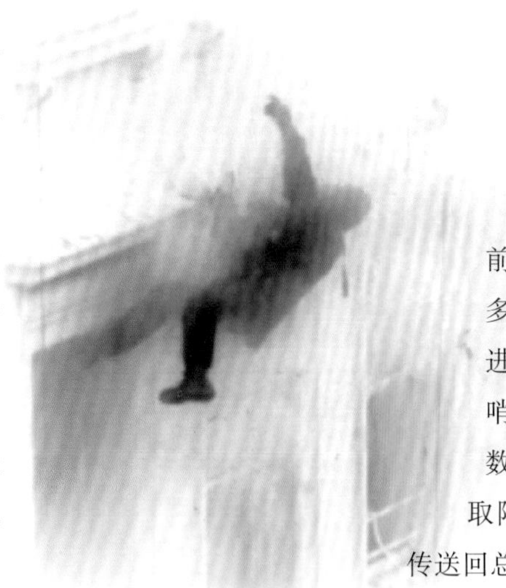

事先经过了精心的安排和部署，计划周详，这次突袭仅花11分钟就达到了目的。5名劫持者被打死，其余被俘。但两名人质死在了劫持者手中。电视台直播了此次突袭，SAS因此扬名世界。

突袭伊朗大使馆塑造了SAS的新形象，其冷血杀手的一面让人印象深刻，因为至少有些劫持者是在放弃抵抗后被枪杀的。20世纪80年代SAS与爱尔兰共和军（IRA）进行了长时间的对抗，据称其手段极端残酷无情，外界出现了对SAS的批评，直到SAS的“往死里打”政策受到强烈指责，最终迫使其撤出北爱尔兰地区。1988年3月SAS在直布罗陀地区进行的一次军事行动被媒体广泛报道，在此次行动中，SAS在有争议的情况下枪杀了三名IRA爆炸手。SAS成员的冷酷得到了一些人的肯定，但同时受到了另一些人的批评，然而，没有人提出他们属于执法过当。

围攻伊朗大使馆

在1980年围攻伊朗大使馆的行动中，一名SAS士兵被自己的绳索缠住。当时这支作战小组从屋顶绕绳下降至一楼的阳台。

专业步兵

尽管SAS吸引了公众的注意力，其主要角色仍然是专业轻步兵。1982年，在英国与阿根廷争夺福克兰群岛（阿根廷称马尔维纳斯群岛）控制权的传统战争中，SAS的特殊技能得以展现。当时福克兰群岛被阿根廷军队占领，作为被派往前线的英国特种部队，SAS组成多支四人侦察小组，乘坐直升机进入群岛之中，建立隐蔽的观察哨。在恶劣的气候条件下，接连数周隐藏在复杂的地形之中，获取阿根廷军队部署的详细情况并传送回总部。一支侦察小组确定了阿根廷军队的一处简易机场作为突袭目标后，50多名SAS士兵乘坐直升机突入机场，摧毁了地面的11架阿根廷战机后迅速撤离，仅造成少数伤亡。除了使用了直升机，这次行动简直就是第二次世界大战沙漠战争中SAS对抗隆美尔军队的军事行动的翻版。1991年海湾战争中，SAS参与了相似的敌后作战行动。他们乘坐直升机空降目标地境内，或者驾驶陆虎越野车或摩托车越过目标地边境线，搜索并摧毁飞毛腿导弹发射器，破坏对方的通讯网络。

继续前行

当服役期满，通常情况下只有士官和普通士兵会离开SAS。占一定比率的退役军人会找到能够运用到自身技能的工作，例如当保镖、工业间谍，甚至成为雇佣兵。军官仅是从原有部队暂调至SAS的，一段时间后往往会转而从事较为传统的职务。一些军人会受到提拔，升任英国陆军中非常高级的职位，这也反映了SAS所受到的高度尊重。

SAS“粉红豹”

以其沙漠伪装色而命名的这辆改装的陆虎自20世纪60年代至80年代在SAS中服役，其油箱容量大，续航里程可达2400千米（1500英里）。

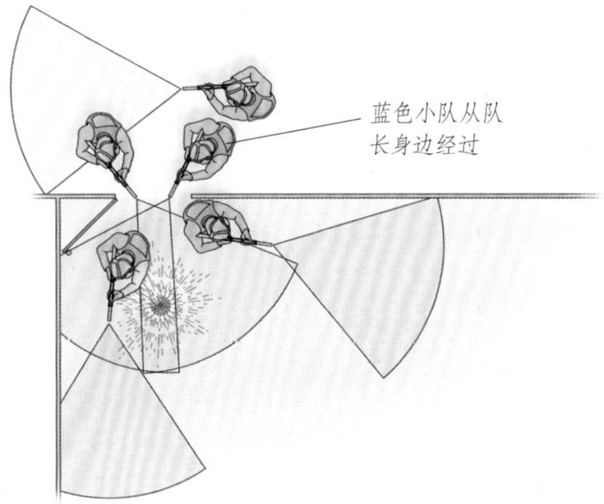

致命的漏斗形布阵

红色1号首先进入房间，并持枪扫瞄右半侧，红色2号紧随其后，持枪朝向左侧。队长持枪扫瞄走廊，掩护蓝色1号和蓝色2号进入房间。

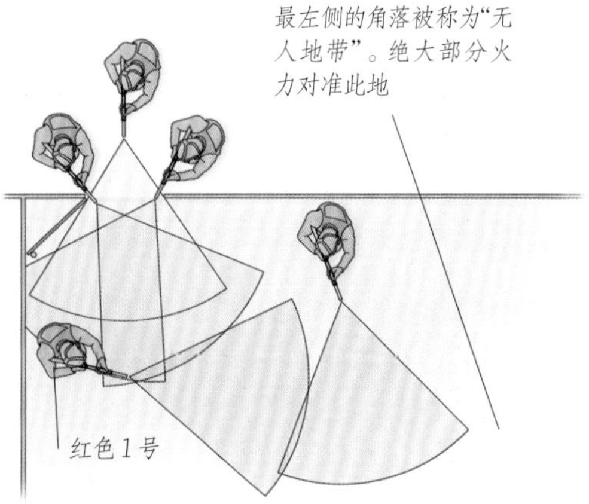

清理房间

当红色1号移动到最右侧的角落，背墙持枪对准其对侧时，红色2号靠近左侧角落，持枪对准对面的墙壁。

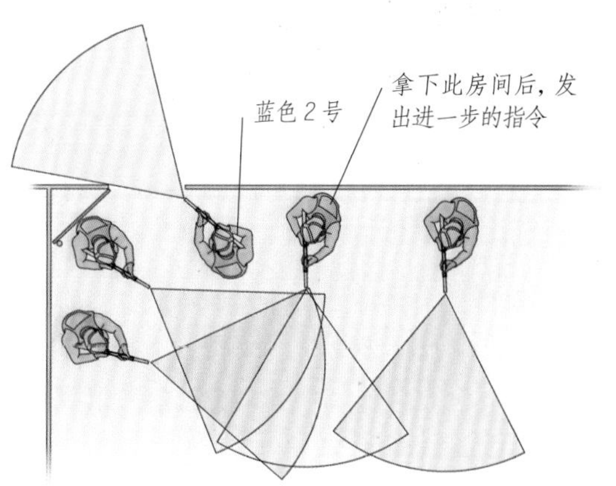

最后确认

当红色1号对准最左侧时，红色2号负责左侧角落。蓝色1号进入房间并负责最右侧角落，随后蓝色2号后退进入房间，一直持枪对准门口。最后队长进入。

SAS士兵的装备

20 世纪 70 年代，SAS 提升其战斗能力时，配置了一系列适合在建筑物或飞机上进行突袭以解救人质的服装和武器。当 SAS 在 1981 年突袭位于伦敦王子大道的伊朗大使馆时，使用了让挟持人质者丧失方向感的眩晕手榴弹和催泪瓦斯。防毒面具可使士兵们能在毒气弥漫的环境中作战。

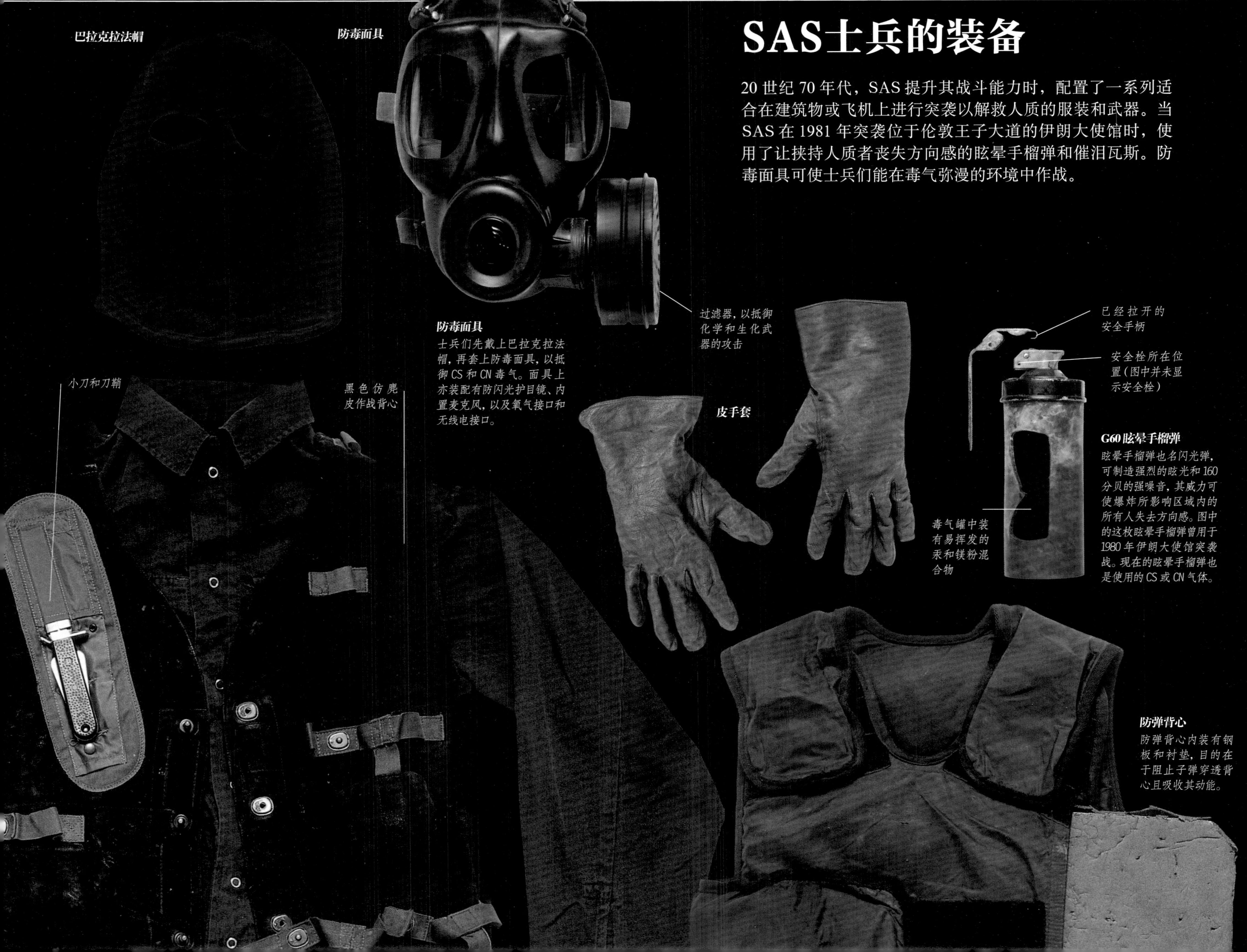

防毒面具
士兵们先戴上巴拉克拉法帽，再套上防毒面具，以抵御 CS 和 CN 毒气。面具上亦装配有防闪光护目镜、内置麦克风，以及氧气接口和无线电接口。

G60 眩晕手榴弹
眩晕手榴弹也名闪光弹，可制造强烈的眩光和 160 分贝的强噪音，其威力可使爆炸所影响区域内的所有人失去方向感。图中的这枚眩晕手榴弹曾用于 1980 年伊朗大使馆突袭战。现在的眩晕手榴弹也是使用的 CS 或 CN 气体。

防弹背心
防弹背心内装有钢板和衬垫，目的在于阻止子弹穿透背心且吸收其动能。

突击作战服
士兵们穿上这套连体作战服后，行动并不受限，可最大限度地活动自如。黑色的阻燃面料在夜间可为士兵们提供最佳的掩护。

勃朗宁大威力手枪
勃朗宁9毫米大威力手枪的弹匣容量是13发。

皮靴

MP5A5 冲锋枪
MP5的射速可达800rpm（每分钟800转）。此款枪也配有ISTEC 40 x 46M枪榴弹发射器。

其他特种部队

自第二次世界大战以来，各国军队均认识到了创建精英部队的好处，它不仅能在传统战争中以小股力量深入敌人后方作战，也能作为打压游击性质的动乱的军事力量。所有的特种部队均有着严格的录取程序和艰苦的训练计划，重视培养士兵的个人能动性、精神力量、有节制的进攻行为，以及在困难条件下的生存能力。为了应对两次世界大战那样的大规模作战，特种部队重申专业化的重要性，强调依靠军队的质量而不是数量取胜。自从20世纪70年代以来，反恐战争一直是特种部队的中心任务，各国之间也会互相交流处理人质危机的相关技巧。

以色列特种部队

加利尔突击步枪

为了与苏联的 AK47 抗衡，1974 年以色列人加利尔（Galil）设计出了这款轻便的气动式突击步枪。其原型为芬兰瓦尔梅特 M62 步枪，其弹匣中装有美国的 5.56×45 子弹。

以色列人开展游击战争，于1948 年建立了以色列国，长期以来他们习惯于进行冷酷无情的隐蔽作战，包括突袭敌占区、蓄意破坏和暗杀行为。建国后，在与周边国家的冲突以及周边地区的准军事化组织作战中，以色列人一直沿用此作战方式。以色列第 101 部队是其第一支特种部队，指挥官是阿里埃勒·沙龙，这支部队在约旦河西岸开展的一次军事行动中，杀害了 69 名巴勒斯坦平民，这次臭名昭著的袭击行动导致其于 1953 年被解散。然而，之后也出现过其他特种部队，包括戈兰尼旅侦搜队、提赞哈里姆旅侦搜队，以及最著名的总参谋部直属侦搜队（即大家所熟知的“The Unit”）。

成立于 1958 年的以色列总参侦搜队原是一支通过私人关系和家庭关系招募士兵的绝密部队，某种程度上与战时英国的 SOE 类似。这在一定程度上说明了总参侦搜队与以色列统治精英的密切关系。这支特种部队的现有士兵都是志愿兵，他们都曾经经历过极度严苛的选拔过程。其多次深入其他国家搜集情报、实施阴谋突袭，并由此建立了一定的名气。他们的许多行动至今仍未向公众公开，人们通常认为，他们参与了暗杀那些被以色列怀疑为敌人的人。这支特种部队的另一项专长就是解救人质，被媒体最广为报道的一次行动就是于 1976 年 7 月在乌干达恩德培机场成功营救了被恐怖分子挟持的人质。

GSG-9

1972 年在慕尼黑奥运会上发生了恐怖分子绑架人质事件，联邦德国人的解救行动完全失败，由此暴露出联邦德国缺乏一支像样的反恐部队的缺点。GSG-9（联邦德国边防军第 9 反恐大队，又称“边防第 9 旅”）于 1973 年 4 月 17 日开始正式行动。由名称来看它是联邦德国边防军的一个下属单位，而事实上，它是一个隶属于国家警察部队的全新的组织机构。在乌尔里克·魏格纳（Ulrich Wegener）强有力的领导下，GSG-9 快速发展成为一支反恐精英部队。1977 年 10 月，一帮激进分子在祖海尔·阿卡切的率领下劫持了一架汉莎航空公司的飞机，机上共有 86 名乘客。他们要求联邦德国释放被监禁的他们的成员，作为交换条件，他们会释放机上所有乘客。在机长被杀害之后，GSG-9 的特种兵们在两名 SAS 士兵的配合下向停靠在索马里摩加迪沙机场的被劫持飞机发动了突袭。最终，有四分之三的激进分子在交火中死亡，而仅有一名人质受伤。摩加迪沙行动使得 GSG-9 声名远扬，在随后的多次行动再次证实其的确不负盛名。

GSG-9 徽章

运兵机

GSG-9 使用多款直升机将军官运送到德国各地，贝尔·休伊运兵机就是其中之一。

美国特种部队

1952年，美军试验性地组建了美国陆军特种部队，也就是人们所熟知的“绿色贝雷帽”，在那之后的半个多世纪里，美军创建了大量致力于非常规战争、反暴乱和反恐的作战单位。自1987年，以上所有特种部队均归属于位于佛罗里达州坦帕市的美国特种作战司令部管辖。据估计，到21世纪早期，美军中约有5万名特种兵。

“绿色贝雷帽”最初驻扎在北卡罗莱纳州的布拉格堡。20世纪60年代初，美国总统约翰·F. 肯尼迪致力于提升国家的反暴乱能力，对特种部队的组建与发展表示支持，之后，“贝雷帽”受到了各方的关注。侵越战争期间，“贝雷帽”参与了一系列行动。同样在这一期间，美国陆军游骑兵得以重新组建，执行远程巡逻任务。同时美国致力于反游击战争，期间所取得的另一项成就是于1962年创建的美国海军海豹突击队（SEAL，海空陆三个英文单词的缩写，意指为三栖特种部队），1966年将其派往海外参战，专门开展江河作战行动。20世纪70年代时，随着国际恐怖主义日益抬头，美国调整了战略重心。1977年，查理·贝克卫斯（Charles Beckwith）上校创建了美军战斗应用大队，也就是大家所熟知的“三角洲”部队，其最初是一支反恐作战单位。作为一支非常规战斗部队，“三角洲”部队一直笼罩着一层神秘的面纱，部分原因可能是它曾经于1980年试图解救被伊朗挟持的美国人质，任务失败后却被媒体广为报道，陷于难堪的境地之中。

在近年来的多次冲突中，美国特种部队都发挥了十分重要的作用。美国国防部认为特种部队未来在反击全球恐怖主义网络的威胁中将起到关键作用。

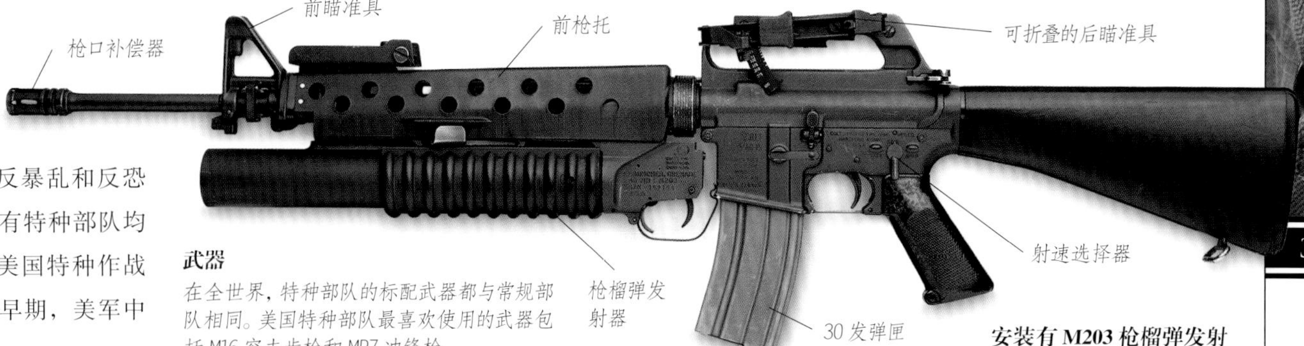

武器
在全世界，特种部队的标配武器都与常规部队相同。美国特种部队最喜欢使用的武器包括M16突击步枪和MP7冲锋枪。

安装有M203枪榴弹发射器的M16A1突击步枪

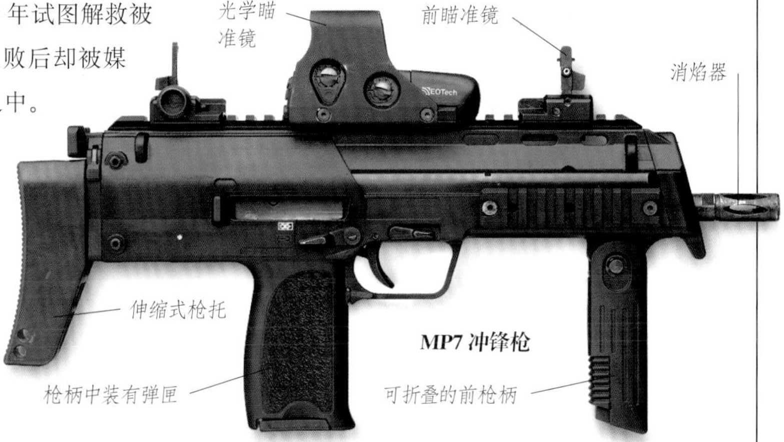

MP7冲锋枪

> 为战争受训，为胜利而战，为国家抗敌。
>
> ——美国海军海豹突击队荣誉准则

小艇队
1994年，美国海军海豹突击队队员们与小艇队一起在巴拿马执行特别任务。图片前景中，一名身着迷彩服的士兵手持一支安装有M209枪榴弹发射器的M16A3突击步枪。

现代西方步兵

20世纪80年代末，北大西洋公约组织（NATO）与苏联之间结束了冷战，这意味着其成员国军队可能会发现自己已没有了相抗衡的对手。然而，1990年伊拉克入侵科威特的行动促使美国及其盟友于1991年发起了海湾战争，以此对抗伊拉克军队。又由于恐怖主义对西方国家毫不妥协的态度导致事态进一步恶化，美英两国带头于2001年入侵阿富汗，并且于2003年入侵伊拉克，紧随其后的军事占领行为使得阿富汗与伊拉克这两个国家的局势更加动荡不安。参与以上战争的美国、英国等国家的步兵队伍全部由志愿兵组成，他们训练有素、装备尤为精良。但是，从这些志愿兵们的战场经历来看，这些现代步兵们所具备的技能与素质与历史上任何时期的士兵基本相同。

美国步兵

1973 年美国从侵越战场上撤了军，自此之后，美国陆军一直是一支全部由志愿兵组成的军队，向所有人提供均等的参军机会。历史上战争一直是女人的禁地，大量妇女参军入伍（从 1973 年占总人数的百分之二到 2006 年几乎百分之十五）标志着现代战争与男性占主导的传统战争彻底决裂。无论男女，志愿兵主要来自美国那些就业前景黯淡的社会阶层，这也为军队带来一定的问题，士兵们通常受教育程度不高，对遵守纪律有潜在的抵触情绪。强行提高入伍标准在某种程度上缓解了这个问题。新兵首先接受基本作战训练，然后是高级单兵训练，后者是根据现代战争所必需的战斗技能而安排的专业训练课程。

在 1991 年的海湾战争和 2003 年的伊拉克入侵战争这类传统战争中，当面对一支无论在装备上还是军事训练上都不如自己的对手时，美军均展现出了强大的战斗力。陆、海、空三军在统一的组织指挥下协同作战，促使战争一直保持着较快的推进速度和强大的威力，战争的胜利为美国带来了其急需的“战争信誉”——至少在战场上，美军的战斗能力自侵越战争以后一直为世人所质疑。但是，接下来对伊拉克和阿富汗的军事占领显示美军并无能力压制其装备有尖端轻型武器、下定决心打赢战争的顽强对手。尽管挫折常有，大部分美国士兵仍然自始至终对军队忠心耿耿，他们发现服兵役也是学习宝贵技能的绝佳机会，同样也能为自己赢得在平民社会里难以得到的尊重。

正在执行巡逻任务的美国步兵

2005 年，在伊拉克战场，一名手持安装有枪榴弹发射器的 M16 突击步枪的美国士兵站在一辆装甲运兵车中，正在执行巡逻任务。

英国步兵

对于发生在海外的局部战争，英国历史上的传统做法就是派遣一支小型职业军队前往海外征战，20 世纪两次世界大战时的大规模征召士兵仅属例外。因此，20 世纪 60 年代初英国重新开始组建一支全部由志愿兵组成的常规军队的做法是符合其传统的。在其他方面，其作战方法却颠覆了传统，英军不断对其被广泛认为已经过时的兵团系统进行改革，在这一点上却遭遇支持者的强烈反对。

直到 20 世纪 90 年代，第二次世界大战后的英国军队作为 NATO 的一分子，其主要任务是防范苏联进攻西德，尽管这种情况并未出现；另一项任务是被派往英国统治下的各地区镇压暴乱活动，最近的一次是在北爱尔兰。冷战结束后，爱尔兰共和军的暴乱活动也随之终止，这很自然地让那些注重节约成本的政治家们在 20 世纪 90 年代立案缩减了步兵人数。在看重快速部署和机动性的当代战争中，英军也遵循美国的军事学说，转而对高科技和高水平训练加大投入力度。

在 1991 年的海湾战争中，以美国为首的多国部队将伊拉克军赶出了科威特，在多国部队中，英军人数占第二位，当然，人数最多的当属美军。到 21 世纪初，在美军入侵阿富汗（2001）和伊拉克（2003）的两场战争中，英国再次派遣军队加入战斗，在随后的占领阶段，英军也对反暴乱行动表示了大力支持。如此规模的战争如果久拖不决，就会有严重影响军队士气的风险，并会暴露出军队装备上和后勤上的缺陷。

2007 年，英军拥有超过 10 万名全职军人，以及约 4 万名地方自卫队“兼职”士兵。或许是因为英国失业率较低，英军在国内招募的人数往往达不到预期人数，于是便越来越多地招募国外的士兵，其中大部分应征士兵来自英联邦国家。

沙漠作战服
图中这款沙漠作战服的材质是棉和涤纶混纺面料，是专为沙漠作战而设计的轻便服装。21 世纪早期，英军就是穿着这款服装征战伊拉克和阿富汗的。

SA80 突击步枪
SA80 突击步枪是世界上采用犊牛式设计的三款步枪之一，其他两款分别是法国 FAMAS 步枪和奥地利 AUG 步枪。为了缩短步枪的长度，枪机置于枪托内，弹匣置于扳机后方。图中为 SA80 衍生枪型——L85A1 突击步枪的样品。

战场上的美国海军陆战队队员

2004 年 4 月，在费卢杰，一个海军陆战队行动小组乘坐一辆载重 7 吨的卡车，执行清扫的任务。大多数士兵在防弹衣外背着水袋背包，手持安装有 M203 枪榴弹发射器的 M16 突击步枪。

致谢

本书出版商由衷地感谢以下名单中的人员提供照片使用权。

缩写关键词：
关键词： a=上方，b=下方，c=中间，l=左侧，r=右侧，t=顶端，f=底图，s=边注

2-3 Getty Images: AFP. **4 DK Images:** Board of Trustees of the Armouries (tl). **4-5 DK Images:** By kind permission of the Trustees of the Wallace Collection (bc). **5 DK Images:** American Museum of Natural History (bl); Imperial War Museum (cb); Pitt Rivers Museum, University of Oxford (br); Royal Green Jackets Museum, Winchester (bc). **7 DK Images:** State Historical Museum, Moscow (tl). **9 DK Images:** Board of Trustees of the Armouries (tr) (bl). **14 DK Images:** British Museum (c). **14-43 Werner Forman Archive:** British Museum (t/sidebar). **15 DK**/Sharon Spencer: Ermine Street Guard (tr) (bc) (bl). **16-17 akg-images:** Erich Lessing. **17 DK Images:** British Museum (cr). **18 The Art Archive:** Museo di Villa Giulia, Rome / Dagli Orti (t). **Hellenic Navy:** (bl). **19 Alamy Images:** Walter Bibikow (b). **DK Images:** British Museum (cra). **20 The Art Archive:** Archaeological Museum, Naples / Dagli Orti (b). **21 Alamy Images:** The Print Collector (tl). **DK**/Sharon Spencer: Hoplite Society (tr). **22 DK**/Sharon Spencer: Hoplite Society (tr/shield). **24-25 Luisa Ricciarini Photoagency, Milan. 26-27 Corbis:** Araldo de Luca (t). **27 DK Images:** British Museum (crb) (br) (cr). **28-29 DK/** Sharon Spencer: Ermine Street Guard (b). **30 Corbis:** Roger Wood (b). **Lunt Roman Fort:** (tl/fort). **31 Corbis:** Nathan Benn (tr). **32 akg-images:** (tr). **34 DK**/Sharon Spencer: Ermine Street Guard (tr/cheek guards). **35 DK Images:** Ermine Street Guard (tr). **DK**/Sharon Spencer: Ermine Street Guard (tl/purse). **36 DK Images:** British Museum (tc). **38 akg-images:** (bl). **Tyne and Wear Museum**/Sharon Spencer: (bc) (br). **The Viking Ship Museum, Roskilde, Denmark:** (tr). **39 Tyne and Wear Museum**/Sharon Spencer. **40 DK Images:** British Museum (fcl) (cla). **Tyne and Wear Museum**/Sharon Spencer: (bl) (ca). **40-41 Tyne and Wear Museum/** Sharon Spencer: (b). **41 DK Images:** British Museum (bc). **Tyne and Wear Museum**/Sharon Spencer:(tl) (br) (tr). **42 Corbis:** Gianni Dagli Orti (b) (cr). **43 Corbis:** Araldo de Luca (cl). **DK Images:** British Museum (bl). **Werner Forman Archive:** British Museum (br). **46 DK Images:** Warwick Castle, Warwick (bl). **DK**/Sharon Spencer: (cb). **46-105 DK Images:** By kind permission of the Trustees of the Wallace Collection (t/sidebar). **47 The Board of Trustees of the Armouries:** (bl) (bc). **The Art Archive:** Laurie Platt Winfrey (t).

DK Images: Board of Trustees of the Armouries (br). **48-49 Corbis:** The Art Archive / Alfredo Dagli Orti (t). **49 DK Images:** Statens Historiska Museum, Stockholm (cr). **50 Sky High Entertainment, Quebec:** (b). **51 DK Images:** Statens Historiska Museum, Stockholm (cla); Universitets Oldsaksamling, Oslo (br). **52 Corbis:** Werner Forman (tr). **Andrew Horeckyj:** (tc). **53 Corbis:** Ted Spiegel (b). **54 Geoff Buxton:** (tc). **Andrew Horeckyj:** (ftr) (tr). **55 Andrew Horeckyj:** (tl). **58 Mick Baker:** (cl). **The Viking Ship Museum, Roskilde, Denmark:** Erwan Crouan (bl) (bc); Werner Karrasch (br). **59 The Viking Ship Museum, Roskilde, Denmark:** (tl) (l); Erwan Crouan (cra) (crb); Werner Karrasch (tr) (br). **60 The Art Archive:** Musée de la Tapisserie, Bayeux / Dagli Orti (b). **61 akg-images:** Amelot (br). **62 Ancient Art & Architecture Collection:** R. Sheridan (ca). **DK Images:** By kind permission of the Trustees of the Wallace Collection (br). **63 DK Images:** Nigel Hicks (tc). **66-67 akg-images:** British Library. **68 The Board of Trustees of the Armouries:** (bc). **Corbis:** Gianni Dagli Orti (tl). **DK Images:** By kind permission of the Trustees of the Wallace Collection (cr) (br). **69 The Board of Trustees of the Armouries:** (cla). **The Bridgeman Art Library:** British Library, London © British Library Board (br). **70 Corbis:** Bettmann (b). **Getty Images:** Kean Collection / Hulton Archive (t). **71 DK Images:** Board of Trustees of the Armouries (fbl) (bl) (br); By kind permission of the Trustees of the Wallace Collection (r) (bc). **72 DK Images:** By kind permission of the Trustees of the Wallace Collection (bc). **72-73 DK Images:** By kind permission of the Trustees of the Wallace Collection (ca); Warwick Castle, Warwick (b) (bc). **73 DK Images:** Board of Trustees of the Armouries (t/sword) (br/cuisses); Warwick Castle, Warwick (cra/leg protection) (cr) (fbr). **74-75 The Art Archive:** Biblioteca Nazionale Marciana, Venice / Dagli Orti. **76 Corbis:** Darama / zefa (cl); Angelo Hornak (bl). **DK Images:** Order of the Black Prince (cr). **77 National Trust Photographic Library:** Alasdair Ogilvie (bc) (ftl). **Richard White:** (tl) (br) (fbr) (ftr) (tr). **78 DK Images:** Warwick Castle, Warwick (cl). **79 The Bridgeman Art Library:** Bibliothèque Nationale, Paris (br). **80-81 Getty Images:** Bridgeman Art Library (t). **81 DK Images:** Board of Trustees of the Armouries (br). **82 The Art Archive:** British Library (b) (tc). **83 DK Images:** Board of Trustees of the Armouries (b); Robin Wigington, Arbour Antiques Ltd, Stratford-upon-Avon (crb/arrows). **Getty Images:** Stringer / Hulton Archive (c). **86 The Art Archive:** (bl). **The Bridgeman Art Library:** Collection of the Earl of Leicester, Holkham Hall, Norfolk (c). **87 The Board of Trustees of the Armouries:** (bl). **DK Images:** Board of Trustees of the Armouries (crb/bolts); By kind permission of the Trustees of the Wallace Collection (cr). **88-89 akg-images:** (t). **90 Corbis:** Barry Lewis (b). **DK Images:** University Museum of Archaeology and Anthropology, Cambridge (cl). **91 The Bridgeman Art Library:** Private Collection (b). **92 The Board of Trustees of the Armouries:** (bl). **92-93 The Board of Trustees of the Armouries:** (br) (t). **93 The Board of Trustees of the Armouries:** (cl) (tc). **94-95 The Kobal Collection:** Warner Bros. / David James (t). **95 DK Images:** By kind permission of the Trustees of the Wallace Collection (b). **96 Alamy Images:** Photo Japan (tc). **DK Images:** Judith Miller / Barry Davies Oriental Art Ltd (c); Pitt Rivers Museum, University of Oxford (b). **97 Corbis:** Burstein Collection (b). **DK Images:** Judith Miller / Sloan's (tl). **98 DK Images:** Board of Trustees of the Armouries (bl) (cla) (cr). **98-99 DK Images:** Board of Trustees of the Armouries (cr) (c) (t). **99 DK Images:** Board of Trustees of the Armouries (cra). **100 DK Images:** Board of Trustees of the Armouries (cla) (ca/sword & scabbard). **100-101 DK Images:** Board of Trustees of the Armouries (c); Pitt Rivers Museum, University of Oxford (t) (b) (br/top kogai). **101 DK Images:** Board of Trustees of the Armouries (br/top kozuka). **102-103 Alamy Images:** Jamie Marshall / Tribaleye Images. **104 The Art Archive:** University Museum Cuzco / Mireille Vautier (l). **Justin Kerr:** (br). **105 The Art Archive:** Eileen Tweedy (b). **DK Images:** CONACULTA-INAH-MEX / Michel Zabe (tl) (c). **106 TopFoto.co.uk:** Roger-Viollet (b). **108 DK Images:** By kind permission of the Trustees of the Wallace Collection (bl). **108-141 DK Images:** Board of Trustees of the Armouries (t/sidebar). **109 The Board of Trustees of the Armouries:** (bc). **Corbis:** Brooklyn Museum (tr). **DK Images:** Pitt Rivers Museum, University of Oxford (br). **110-111 The Art Archive:** Château de Blois / Dagli Orti (t). **111 DK Images:** By kind permission of the Trustees of the Wallace Collection (br). **112 akg-images:** (b). **Getty Images:** Handout / Hulton Archive (t). **114-115 DK Images:** Board of Trustees of the Armouries (b) (ca) (t); By kind permission of the Trustees of the Wallace Collection (b/armour) (c). **116 akg-images:** (bl). **117 DK Images:** Board of Trustees of the Armouries (clb) (cr). **118-119 The Bridgeman Art Library:** Topkapi Palace Museum, Istanbul, Turkey (t). **120 Alamy Images:** Images&Stories (tr). **The Bridgeman Art Library:** Topkapi Palace Museum, Istanbul, Turkey (tc). **DK Images:** Board of Trustees of the Armouries (br). **121 The Art Archive:** Topkapi Museum Istanbul / Dagli Orti (bl). **124-125 Corbis:** Stapleton Collection (t). **126 The Bridgeman Art Library:** Egyptian National Library, Cairo, Egypt / Giraudon (bl). **DK Images:** National Museum, New Delhi (br). **127 The Board of Trustees of the Armouries:** (ca). **128-129 The Board of Trustees of the Armouries:** (t) (b) (ca). **DK Images:** Board of Trustees of the Armouries (ca/mace). **129 The Board of Trustees of the Armouries:** (br) (crb). **DK Images:** Pitt Rivers Museum, University of Oxford (tr). **130-131 Paul Self:** English Civil War Society (tl). **132 Corbis:** Bettmann (t). **136-137 akg-images:** Rabatti - Domingie. **139 Corbis:** Underwood & Underwood (b). **140-141 akg-images:** (b). **141 DK Images:** Imperial War Museum (r). **144-223 DK Images:** Musée de l'Empéri, Salon-de-Provence (t). **145 The Board of Trustees of the Armouries:** (bl). **DK Images:** Pitt Rivers Museum, University of Oxford (bc). **National Archives and Records Administration, USA:** (tr). **146-147 Military & Historical Image Bank:** (tl). **148 Army Art Collection, U.S. Army Center of Military History:** H. Charles McBarron (tl). **149 Corbis:** William A. Bake (b). **Peter Newark's Military Pictures:** F. C. Yohn (tl). **153 The Art Archive:** (ca). **Art Resource, NY:** (tr). **Getty Images:** Brendan Smialowski / Stringer (bl). **154 The Bridgeman Art Library:** Courtesy of the Council, National Army Museum, London (b). **DK/** Sharon Spencer: **156-157 The Bridgeman Art Library:** Art Gallery of New South Wales (tl). **158 The Art Archive:** Musée de L'Armée, Paris / Dagli Orti (t). **159 The Bridgeman Art Library:** Musée du Louvre, Paris (tl). **DK Images:** David Edge (tr) (br) (cr). **160-161 The Bridgeman Art Library:** Musée Condé, Chantilly, France / Giraudon (b). **166 DK Images:** David Edge (bl) (bc) (cra). **166-167 The Art Archive:** Musée du Château de Versailles / Dagli Orti (bc). **167 The Bridgeman Art Library:** Musée de l'Armée, Brussels / Patrick Lorette (br). **168-169 The Bridgeman Art Library:** National Gallery of Victoria, Melbourne, Australia. **170-171 DK/** Sharon Spencer: (tl). **172 Getty Images:** Time & Life Pictures (tr). **173 Mary Evans Picture Library:** (b). **174 akg-images:** (b). **DK Images:** Royal Green Jackets Museum, Winchester (cr). **180-181 National Maritime Museum, London:** Denis Dioghton (tl). **182 The Bridgeman Art Library:** Stapleton Collection, UK (tl). **182-183 National Maritime Museum, London:** Greenwich Hospital Collection (bc). **186 Alamy Images:** Gary Curtis (br); Richard Naude (cl); Trafalgar 2005 (bc). **Royal Naval Museum, Portsmouth:** (crb). **187 Alamy Images:** Nigel Reed (br). **188 Royal Naval Museum, Portsmouth:** (cl). **189 Royal Naval Museum, Portsmouth:** (cla). **190-191 Getty Images:** Stringer / Hulton Archive (tl). **192 Library Of Congress, Washington, D.C.:** (b) (tr). **194 DK Images:** Confederate Memorial Hall, New Orleans (bl/except friction matches). **National Archives and Records Administration, USA:** (tl). **Robert Szabo. 195 Library Of Congress, Washington, D.C.:** (b). **Robert Szabo:** (tl). **199 DK Images:** Gettysburg National Military Park, PA (cra/Ketchum hand grenade). **200 The Bridgeman Art Library:** Private Collection (b). **202-203 National Archives and Records Administration, USA. 204-205 Corbis:** Anders Ryman. **205 DK Images:** Pitt Rivers Museum, University of Oxford (b). **206 DK Images:** Pitt Rivers Museum, University of Oxford (ca). **PhotoNewZealand:** Geoff Mason (tr). **207 DK Images:** Pitt Rivers Museum, University of Oxford (bl). **PhotoNewZealand:** (r). **208-209 The Bridgeman Art Library:** Michael Graham-Stewart (b). **210-211 The Kobal Collection. 211 The Board of Trustees of the Armouries:** (br). **DK Images:** Powell-Cotton Museum, Kent (br/shield). **212 The Board of Trustees of the Armouries:** (bl). **Corbis:** Underwood & Underwood (t). **213 Alamy Images:** The Print Collector (b). **The Bridgeman Art Library:** Stapleton Collection, UK (tr). **214 The Bridgeman Art Library:** Private Collection / Heini Schneebeli (tl). **DK Images:** Powell-Cotton Museum, Kent (tr) (cr/club). **214-215 The Board of Trustees of the Armouries:** (cr). **DK Images:** Powell-Cotton Museum, Kent (br). **215 The Bridgeman Art Library:** Heini Schneebeli. **DK Images:** Powell-Cotton Museum, Kent (tl). **216-217 Corbis:** Brian A. Vikander. **217 DK Images:** Pitt Rivers Museum, University of Oxford (br). **218 Alamy Images:** Visual Arts Library (London) (bl). **DK Images:** American Museum of Natural History (t). **219 Corbis:** (b). **DK Images:** American Museum of Natural History (cr). **220-221 DK Images:** American Museum of Natural History (br) (crb). **221 DK Images:** American Museum of Natural History (cl); British Museum / Museum of Mankind (ca); Pitt Rivers Museum, University of Oxford (knives and sheaths). **222 DK Images:** Board of Trustees of the Armouries (cl). **Getty Images:** MPI / Stringer / Hulton Archive (b). **223 The Bridgeman Art Library:** Private Collection, Peter Newark's American Pictures (br). **DK Images:** American Museum of Natural History (tl) (tr); British Museum /

Museum of Mankind (bl). **225 DK Images:** Collection of Jean-Pierre Verney (cl/canteen). **226 DK**/Sharon Spencer: (c). **227 Corbis:** Bettmann (tr). **228-229 Alamy Images:** Popperfoto. **230 Corbis:** Hulton-Deutsch Collection (tl). **232 Alamy Images:** Popperfoto (b). **234 DK Images:** Board of Trustees of the Armouries (clb). **234-235 DK Images:** Imperial War Museum (bl) (cr/boots). **235 DK Images:** Collection of Jean-Pierre Verney (bc). **236 DK Images:** Board of Trustees of the Armouries (b/ bayonet); Collection of Jean-Pierre Verney (cra/no.1 grenade); Imperial War Museum (ca/mills bomb). **237 DK Images:** Collection of Jean-Pierre Verney (t) (c) (ca). **238-239 Corbis:** Bettmann. **239 DK Images:** Board of Trustees of the Armouries (b). **240 Corbis:** Hulton-Deutsch Collection (b). **DK Images:** Collection of Jean-Pierre Verney (tc). **241 Corbis:** Bettmann (br). **244 Corbis:** Bettmann (cl). **DK Images:** Collection of Jean-Pierre Verney (crb). **Peter Gombeir:** Bayernwald Trench (bl) (br). **245 Peter Gombeir:** Bayernwald Trench (tl) (bc) (bl) (br) (c) (tc) (tr). **246 Corbis:** Hulton-Deutsch Collection (bl). **DK Images:** Collection of Jean-Pierre Verney (cb) (cr). **247 Corbis:** Bettmann (cra). **DK Images:** Collection of Jean-Pierre Verney (tr) (bc) (cl); Ministry of Defence Pattern Room, Nottingham (bl). **248 Corbis:** Bettmann (bl). **DK Images:** Collection of Jean-Pierre Verney (tr) (br) (cl) (crb); Firepower, The Royal Artillery Museum, Royal Artillery Historical Trust (cla). **249 Corbis:** Hulton Deutsch Collection (cra) (fbr/bayonet). **DK Images:** Collection of Jean-Pierre Verney (cla) (clb) (crb); Firepower, The Royal Artillery Museum, Royal Artillery Historical Trust (br/ carbine). **250-251 Getty Images:** Stringer / Hulton Archive. **252 Corbis:** EFE (b). **253 The Bridgeman Art Library:** Bibliothèque Nationale, Paris / Archives Charmet (clb). **Robert Hunt Library:** (tc). **254-255 Getty Images:** Arthur Tanner / Stringer / Hulton Archive. **256 Getty Images:** Fox Photos / Stringer (tc); Hans Wild / Stringer (bl). **257 Getty Images:** Fox Photos / Stringer (b). **258 Getty Images:** Harry Shepherd / Stringer / Hulton Archive (b). **259 Corbis:** Hulton-Deutsch Collection (tl). **264 Corbis:** Bettmann (b). **265 Alamy Images:** Popperfoto (bl). **266-267 DK**/Sharon Spencer. **268 Getty Images:** Hulton Archive (bl). **269 Corbis:** The Dmitri Baltermants Collection (b). **272 DK**/Sharon Spencer: (fbl) (br). **273 DK**/Sharon Spencer: (bc). **274 DK Images:** Imperial War Museum (bl). **Getty Images:** Horace Abrahams / Stringer / Hulton Archive (cr). **275 DK Images:** Michael Butler Collection (c) (clb) (r). **276-277 Corbis:** Hulton-Deutsch Collection. **278 Getty Images:** Frank Scherschel / Stringer / Time & Life Pictures (bl). **Wikipedia, The Free Encyclopedia:** (tl). **279 Getty Images:** Frank Scherschel / Stringer / Time & Life Pictures (tl). **282 Alamy Images:** Nic Hamilton (fbl). **Getty Images:** Margaret Bourke-White / Stringer / Time & Life Pictures (cl). **283 Alamy Images:** Nic Hamilton (tl). **Getty Images:** Keystone / Stringer / Hulton Archive (c). **284 EAA:** (bl) (bc) (cl). **Brian Lockett (www. air-and-space.com) :** (tr). **285 DK Images:** Board of Trustees of the Armouries (cla). **EAA:** (cr) (br). **286-287 Getty Images:** PNA Rota / Stringer / Hulton Archive. **288 Wikipedia, The Free Encyclopedia:** National Archives and Records Administration (cb); USAF (cr) (bl). **289 Corbis:** Hulton-Deutsch Collection (br). **290-291 The Ronald Grant Archive. 291 DK Images:** Board of Trustees of the Armouries (br). **292 Cody Images:** (cl). **DK Images:** Imperial War Museum (cra). **Imperial War Museum:** (bl). **293 DK Images:** Imperial War Museum (fbl) (bl); Ministry of Defence Pattern Room, Nottingham (b); Royal Green Jackets Museum, Winchester (tr). **The Kobal Collection:** Central Office Of Information (tc). **294 DK Images:** Imperial War Museum (c). **294-295 DK Images:** Imperial War Museum (b). **295 DK Images:** The late Charles Fraser-Smith (tc/lights) (tr); H. Keith Melton Collection (cra) (cr/ belt pistol). **296 DK Images:** H. Keith Melton Collection (cl/pipe pistol); Imperial War Museum (c) (br) (fbr). **Imperial War Museum:** (cl/pencil knife). **296-297 DK Images:** RAF Museum, Hendon (c). **297 DK Images:** Imperial War Museum (r). **298 Corbis:** Bettmann. **300 Getty Images:** Time & Life Pictures / Stringer (b). **301 Getty Images:** Time & Life Pictures / Stringer (tc); US Army Air Force / Stringer / Time & Life Pictures (br). **304-305 DK Images:** Board of Trustees of the Armouries (b). **310 DK Images:** Board of Trustees of the Armouries (br). **Getty Images:** Frederic J. Brown / AFP (c). **311 U.S. Army:** PFC Brandon R. Aird (tc). **312-313 Corbis:** Alain Nogues. **313 DK Images:** Board of Trustees of the Armouries (br); Denis Lassus, Paris (c). **314 Corbis:** Robbie Cooper (tc); Pierre Vauthey (tr). **DK Images:** Lieutenant Commander W.M. Thornton MBE RD RNR (c). **315 akg-images:** ullstein bild (b). **DK Images:** Lieutenant Commander W.M. Thornton MBE RD RNR (tl). **318-319 Getty Images:** Three Lions / Stringer / Hulton Archive. **319 DK Images:** Board of Trustees of the Armouries (b); Royal Marines Museum, Portsmouth (c). **320 DK Images:** Board of Trustees of the Armouries (b). **Getty Images:** Paul Schutzer / Stringer / Time & Life Pictures (t). **321 Corbis:** Bettmann (b). **322 Corbis:** Bettmann (bl). **323 Corbis:** Bettmann (r). **DK Images:** Andrew L. Chernack (bl). **328-329 Getty Images:** Paul Schutzer / Stringer / Time & Life Pictures. **330-331 Getty Images:** AFP. **332 Getty Images:** Three Lions / Stringer / Hulton Archive (b). **338-339 Military Picture Library. 339 DK Images:** Board of Trustees of the Armouries (br); Royal Signals Museum, Blandford Camp, Dorset (c) (ca). **340 DK Images:** Imperial War Museum (c). **Military Picture Library:** Peter Russell (tl) (tr). **341 Cody Images:** (tl). **DK Images:** Vehicle supplied by Steve Wright, Chatham, Kent (cr). **342-343 DK Images:** Imperial War Museum (clothing). **343 DK Images:** Board of Trustees of the Armouries (tr/ submachine-gun, ammunitions and grenade). **344 Cody Images:** (bl). **345 Corbis:** Leif Skoogfors (b). **346 Corbis:** Tim Tadder. **348-349 Corbis:** Lynsey Addario

All other images © Dorling Kindersley
For further information see:
www.dkimages.com

Dorling Kindersley would like to thank the following events, re-enactment organizations, and individuals for the modelling and supply of kit, as well as their advice and information:

Events:

Kelmarsh Festival of History event, Kelmarsh Hall, English Heritage

Military Odyssey history event, Detling, Kent Gary Howard

Battle of Hastings event, English Heritage
(Norman and Saxon re-enactment)

Organizations and private collectors:

Greek Hoplite Society
(Ancient Greek re-enactment), George Georgiou
www.4hoplites.com
(Ancient Greek kit), Elaine and Andy Cropper
Ermine Street Guard
(Roman re-enactment, kit), Chris Haines
Tyne & Wear Museums, Discovery Museum Newcastle upon Tyne
(Roman Fort), Alex Croom
Vikings! (of Middle England)
Viking kit supplied by:
Dagmaer Raemundsson
Halfdan Badgerbeard
Hrothgar Sigurdsson
Rafen, The Merkismathir
Bölverkr inn fróthr
Viking Ship Museum, Denmark
(Viking longship tour), Rikki Tørnsø Johansen
Battle of Hastings event
(Norman and Saxon re-enactment), Thanks to all the groups featured in this book including:
Alan Larsen of **The Troop**
Hag Dik Arnaud Lefèbre
Franko-Flamischoa-Kontingent
Triglav Domsborgelag
Igor Gorewicz
English longbowman model, Royal Armouries:
Andrew Balmforth
Shogun Fight School
(Samurai re-enactment), Dean Wayland, Mary Gentle, and Robert Johnson
English Civil War Society
(English musketeer kit), George Bowyer, Christian Towers
Queen's Rangers
(US War of Independence - Queen's Rangers kit, American rifleman kit), Michael Butterfield, Chris Smith
47th Regiment of Foot
(Redcoats of American Revolutionary War re-enactment), Paul Pattinson, Nigel Hardacre
1er Chasseurs à Cheval de la Ligne, 2e Compagnie
Affiliated to the Napoleonic Association of Great Britain (Napoleonic cavalryman kit), John Norris
The Polish Light Horse Display Team Napoleonic cavalry re-enactment), George Lubomski
Polish Vistula Legion
(Napoleonic armies re-enactment)
33rd Re-enactment
(Redcoats of Napoleonic era re-enactment), Kate MacFarlane
68th Durham Light Infantry
(Redcoat of Napoleonic era re-enactment, kit), Kevin Walsh
RN Sailor model,
Royal Armouries: Stuart Greig
HMS *Victory*
(Ship of the line tour)
Peter Goodwin, Keeper and Curator
Southern Skirmish Association
(American Civil War re-enactment – Union kit, Confederate kit), Roy Daines, Andrew Rose and Steve Boulton
South Staffordshire Regiment Museum, Whittington Barracks, Lichfield, Staffs
(WWI and WWII objects), Erik Blakely and Willy Turner
Birmingham Pals
(WWI British Infantryman kit), Richard Sheard, Edwin Field, Sean Featherstone, and Malcom Cook
5te. Kompagnie, Infanterie Regiment nr. 28 'von Goeben'
(WWI German Stormtrooper kit), John Pearce
WWII RAF fighter pilot kit
Private collector, Richard Simms
2nd Guards Rifle Division
(WWII Soviet tank crewman kit), Adrian Stevenson
Soviet T-34 tank
Private collector: Neil Culham
WWII B-17 bomber crew kit
Private collectors: Tim Parker, Richard Simms
First Allied Airborne Associaton
(WWII US Paratrooper kit), Lee Bowden and Neil Galloway
Private collector: Tim Parker
Flame Torbay Costumiers
Lionel Digby (Prussian soldier kit, German U-boat crew kit, French Foreign Legionnaire kit)
US Marine kit
Private collector: Tim Parker
Vietnam Rolling Thunder
(Viet Cong guerrilla kit), Stuart Beeney

封面图片
Front: Fairy-tale castle, Dorling Kindersley: Courtesy of the Pitt Rivers Museum, University of Oxford; Delta Force, Courtesy of U.S. Army: PFC Brandon R. Aird; Norman helmet, Dorling Kindersley: Vikings of Middle England; Tournament armour: Dorling Kindersley: Wallace Collection, London.

Thanks also for the assistance from the following groups and individuals not featured due to the limited confines of the book:

The Garrison Keith Brigstock
Ranger Re-enactment David Pratt
95th Regiment (Royal Green Jackets) Neil Collins, Andrew Rayfield, Ian Wilkinson, and Rob Gray
Anglesey Hussars Ian Walker

DK would also like to thank the following for their contributions to this book:

The Royal Armouries in Leeds and Phillip Abbott for his help and advice; Richard Holmes for advice about trenches; John Freeman for the presentation photo shoot; Dennis Bacon for assistance on location photoshoots; Steve Setford Phillip Parker, and Tom Broder for editorial work; Ted Kinsey and Terry Jeavons for design work; Shaz Madani and Sarah Oiestad for design support;
Phil Gamble for tactics illustrations; Rob Strachan for DTP support; Sarah Smithies for picture research; Myriam Megharbi for picture research support.

本书英文版参与制作人员

高级艺术编辑	Sharon Spencer
艺术编辑	Victoria Clark
设计	Phil Gamble, Philip Fitzgerald, Kenny Osinnowo, Peter Laws
排版	John Goldsmid
高级编辑	Alison Sturgeon
项目编辑	Ferdie McDonald, Chris Stone, Andrew Szudek
索引制作	Helen Peters
艺术总监	Karen Self
总编辑	Debra Wolter
艺术指导	Bryn Walls
出版发行	Jonathan Metcalf
出版人	Liz Wheeler
顾问	Dr Arnold Harvey
图片研究	Jenny Baskaya, Sarah Hopper, Romaine Werblow
摄影	Gary Ombler, Roger Dixon
制图	Advanced Illustration Ltd
制片总监	Tony Phipps